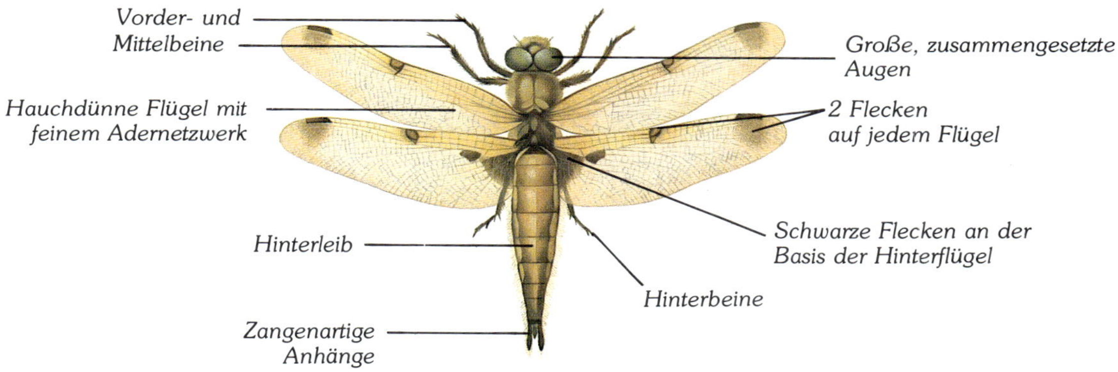

Vierfleck-Libelle

kosmos

Das große Kosmos Handbuch der Natur

Michael Chinery

Buchfink (Männchen)

Kosmos
Gesellschaft der Naturfreunde
Franckh'sche Verlagshandlung
Stuttgart

Aus dem Englischen übersetzt von
Dr. F. Bischof (Säugetiere, Blütenpflanzen),
S. Bischoff (Einleitung, Kriechtiere
und Lurche, Fische, Wirbellose Tiere,
Moos- und Farnpflanzen, Algen und
Tange), H. J. Conert (Bäume und
Sträucher), M. Häusler (Pilze),
Dr. H. Schröder (Vögel, Schmetterlinge).
Titel der Originalausgabe »The Natural
History of Britain and Europe«, erschienen
bei Kingfisher Books Limited, London
1982,
unter ISBN 0-86272-037-0

Mit 160 Farbfotos (siehe Fotografennachweis
Seite 400), 371 Verbreitungskarten,
27 Schwarzweißzeichnungen und
1750 Farbzeichnungen von Norma
Birgin, Wendy Bramall, Terry Callcut,
Martin Camm, Alan Male, Denys Ovenden,
Gordon Riley, Bernard Robinson,
Rod Sutterby, George Thompson,
Norman Weaver, David Wright.

Umschlaggestaltung Kaselow Design,
München.

CIP-Kurztitelaufnahme
der Deutschen Bibliothek

Das große Kosmos-Handbuch der Natur /
Michael Chinery.
[Aus d. Engl. übers. von F. Bischof...].
– Stuttgart : Franckh, 1986.
Einheitssacht.: The natural history of Britain
and Europe ⟨dt.⟩
ISBN 3-440-05655-4
NE: Chinery, Michael [Hrsg.]; EST

Franckh'sche Verlagshandlung,
W. Keller & Co., Stuttgart / 1986

Printed in Portugal /
Imprimé au Portugal / LH 14 os
ISBN 3-440-05655-4
Satz: G. Müller, Heilbronn
Druck und Buchbinder:
Printer Portuguesa
Industria Grafica LDA,
Mem Martins/Portugal

Inhalt

Einleitung

Von den arktischen Wüsten um den Nordpol bis zu den warmen Gebieten der Mittelmeerländer gliedert sich Europa in verschiedene Klimagebiete, die sich in den verschiedenen Vegetationszonen widerspiegeln. Diese Zonen sind unregelmäßig verteilt und außer durch das Klima durch weitere örtliche Gegebenheiten bestimmt, wie Bodenart, Wasserhaushalt und Höhenlage. Nur wenige Tier- und Pflanzenarten sind auf einen einzigen Lebensraum beschränkt; einige sind sogar auf dem ganzen Erdteil verbreitet. Jede Vegetationszone hat jedoch eine Anzahl charakteristischer Tier- und Pflanzenarten, die man normalerweise in ihr antreffen kann.

Die Tier- und Pflanzenwelt Europas wurde vor allem durch zwei geschichtliche Ereignisse geprägt. Zuerst machte eine Folge von Eiszeiten große Gebiete des Kontinents unbewohnbar. Von besonders großer Bedeutung war dabei die letzte Eiszeit, die Europa vom Nordpol bis zur Linie Südengland – Berlin – Warschau – Moskau mit einer Eisdecke überzog. Zu dieser Zeit, vor rund 15000 Jahren, waren sogar die Mittelmeerländer kalt und unwirtlich. Als sich das Eis wieder zurückzog, dehnten allmählich auch Tiere und Pflanzen ihren Lebensraum weiter nach Norden aus. Da zusätzlich neue Arten aus Afrika und Asien zuwanderten, hat die europäische Tierwelt viele Beziehungen zu diesen Gebieten.

Das andere Ereignis, das Europas Tierwelt formte, war das Auftreten des Menschen, das in neuerer Zeit in eine regelrechte Bevölkerungsexplosion mündete. Siedlungen, Land- und Forstwirtschaft und Industrie haben die Landschaft und Vegetation des ganzen Gebietes gewaltig verändert – und damit auch die für die Tiere verfügbaren Lebensräume. Die europäischen Lebensräume sind vom Menschen stark umgestaltet worden. Besonders die Vernichtung von Waldland in einigen Gebieten ist bedenklich, da z. B. viele unserer einheimischen Säugetiere ursprünglich Waldtiere sind.

Der gesetzliche Schutz, den viele Pflanzen und Tiere genießen, bleibt ohne jede Wirkung, wenn den geschützten Arten nicht der geeignete Lebensraum zur Verfügung steht. Die grundlegende Bedeutung der Erhaltung der verschiedenen Lebensräume für das Überleben unserer Tier- und Pflanzenwelt kann daher gar nicht stark genug betont werden!

Zum Umgang mit diesem Buch

In diesem Buch werden alle Hauptgruppen der Pflanzen und Tiere beschrieben, von den Säugetieren bis zu den Quallen, von den riesigen Mammutbäumen bis zu den winzigen Pilzen und mikroskopisch kleinen Algen.

Die beschriebenen Pflanzen und Tiere sind nach ihrer systematischen Stellung im Pflanzen- und Tierreich geordnet, als Überschrift gilt stets die Familie. (Eine Familie umfaßt eine mehr oder weniger große Anzahl von Arten, die sich in vielen Merkmalen gleichen. Bei den Tieren endet der wissenschaftliche Familienname stets auf -idae, bei den Pflanzen auf -aceae).

Die meisten in diesem Buch vorgestellten Arten besitzen einen deutschen und einen wissenschaftlichen Namen. Der wissenschaftliche Name wird auf der ganzen Welt verstanden, da er auf einem internationalen Überein-

kommen beruht. Er besteht aus zwei Teilen: der erste bezeichnet die Gattung, der zweite die Art.
Aufgrund neuer Erkenntnisse geschieht es ab und zu, daß Wissenschaftler eine Pflanze oder ein Tier einer anderen als der bisherigen Gattung zuordnen. Da es dadurch, nach international festgelegten Regeln, immer wieder zu Namensänderungen kommt, ist es möglich, daß der Leser in diesem Buch manche Pflanzen und Tiere unter einem neueren wissenschaftlichen Namen findet als in anderen Werken.
Wenn nichts anderes angegeben ist, bezeichnet die angegebene Größe bei den einzelnen Tier- und Pflanzenarten den Durchschnittswert ausgewachsener Exemplare. Da aber alle Tiere und Pflanzen Lebewesen sind, die ihr Wachstum den örtlichen und klimatischen Bedingungen anpassen, können die Maßangaben nur ungefähre Anhaltspunkte sein.
Viele Tiere, vor allem bodenbewohnende Wirbellose, erscheinen nur zu ganz bestimmten Zeiten des Jahres. Die Daten, die in den Beschreibungen der Arten angegeben sind, beziehen sich auf die Zeiten, zu denen die erwachsenen Tiere normalerweise gefunden werden (im südlichen Europa z. B. haben diese Tiere viel länger »Saison«!). Wenn keine Zeiten angegeben sind, kann man davon ausgehen, daß die Art das ganze Jahr über anzutreffen ist, obwohl viele Tiere in den kälteren Monaten einen Winterschlaf halten.
Noch ein wichtiges Wort zum Schluß: Tiere und Pflanzen sollten wir immer nur mit den Augen betrachten. Pflanzen – egal, ob geschützt oder ungeschützt – sollten nie ausgegraben, abgerissen oder anderweitig beschädigt werden! Beim Beobachten von Tieren oder näherem Betrachten einer bestimmten Pflanze sollte man darauf achten, möglichst wenig Vegetation niederzutreten und zu zertrampeln.
Insekten, die wir zur näheren Bestimmung vorsichtig eingefangen oder aufgesammelt haben, beobachten wir in einem luftigen Glasgefäß und lassen sie sofort nach dem Bestimmen und Betrachten wieder an der Fundstelle frei. Vogelnester und andere »Kinderstuben« beobachten wir mit einem Fernglas, jede unnötige Annäherung stört Junge und Eltern und trägt keinesfalls zu deren Wohlgefühl bei!

Kapitel 1

Säugetiere

Die Säugetiere bilden die höchstentwickelte Klasse der Wirbeltiere und zeichnen sich durch folgende gemeinsame Merkmale aus:

1. Sie sind warmblütig, d. h., sie können in gewissen Grenzen ihre Körpertemperatur unabhängig von der Umgebungstemperatur konstant halten.
2. Sie ernähren ihre Jungen mit Milch, die in den Milchdrüsen der Mutter gebildet wird.
3. Sie tragen, zumindest im Embryonalstadium, ein Haarkleid. Erwachsen sind manche wildlebenden Säugetiere fast oder ganz nackt, z. B. Wale, Seekühe, Nashörner, Elefanten und Flußpferde.

Die Größe der Säugetiere schwankt sehr stark und reicht von der kleinsten Art, der 4–6 cm langen und nur 3–7 g schweren Zwergspitzmaus bis zur größten Art, dem bis 33 m langen und bis 130 t schweren Blauwal.
Mit Ausnahme der Kloakentiere (Ameisenigel und Schnabeltier), die noch Eier legen, bringen alle anderen Säugetiere lebende Jungen zur Welt.

Die Mehrzahl der Säugetiere, zu denen auch alle in diesem Buch besprochenen Arten zählen, gehören zur Gruppe der Mutterkuchenträger (Placentalia), d. h., der Embryo entwickelt sich in der Gebärmutter des weiblichen Tieres, wird über ein spezielles Organ, die Plazenta, ernährt und in unterschiedlichen Stadien der Vollkommenheit geboren. Mäuse und Kaninchen z. B. kommen blind und nackt zur Welt und benötigen in den ersten Tagen und Wochen ihres Lebens noch sehr viel Pflege und Schutz. Katzen und andere Raubtiere werden ebenfalls blind geboren, besitzen gewöhnlich aber schon ein schützendes Fell. Sie beginnen auch schon kurz nach der Geburt umherzukrabbeln, benötigen aber trotzdem noch sehr viel Aufmerksamkeit und Schutz. Huftiere, wie z. B. Pferde und Antilopen, werden in einem viel vollkommeneren Stadium geboren und können schon eine Stunde nach der Geburt selbständig umherlaufen. Innerhalb von 1–2 Tagen sind sie sogar schon in der Lage, mit der Herde mitzuziehen – eine absolute Notwendigkeit, um in freier Wildbahn Feinden zu entgehen.
Die andere Gruppe der Säugetiere bilden die Beuteltiere (Marsupialia), die keine Plazenta besitzen und ihre Jungen schon in einem sehr frühen, noch unentwickelten Stadium zur Welt bringen (beim Riesenkänguruh schon 39 Tage nach der Befruchtung). Ihre erste Lebenszeit verbringen die Jungtiere, festgeheftet an den Zitzen der Mutter, geschützt in einem Beutel auf der Bauchseite der Mutter.

Weltweit gibt es ungefähr 4000 Säugetierarten, von denen jedoch nur rund 200 in Europa leben. Wissenschaftler haben die Säugetiere in 17 Gruppen (Ordnungen) eingeteilt, 11 davon sind in Europa vertreten, 8 (*) werden in diesem Buch genannt:

Kloakentiere	*Nagetiere
Beuteltiere	*Wale
*Insektenfresser	*Raubtiere
Pelzflatterer	Rüsseltiere
*Fledermäuse	Klippschlieferartige
Affen	Seekühe
Zahnarme	*Unpaarhufer
Schuppentiere	*Paarhufer
*Hasenartige	

Obwohl die auf den folgenden Seiten (10–37) aufgeführten Säugetierarten in sehr guten Farbzeichnungen abgebildet und mit ihren wichtigsten Merkmalen (Farbe, Größe, Besonderheiten), ihrem Verbreitungsgebiet und Lebensraum beschrieben sind, wird es nicht immer leicht sein, ein gesehenes Tier eindeutig zu bestimmen, denn innerhalb einer deutlich abgegrenzten Art gibt es einen weiten Variationsspielraum, der oft verwirrend ist. Unterschiede im Erscheinungsbild hängen ab von der Jahreszeit der Beobachtung, dem Alter, der Ernährung, dem Lebensraum und den genetischen Besonderheiten des jeweiligen Individuums. Zu diesen Schwierigkeiten kommt noch das praktische Problem, die Tiere im Freiland überhaupt zu finden und zu beobachten. Säugetiere sind scheu, viele sind nur nachts aktiv. Außer ein paar ungewöhnlich zutraulichen oder großen Arten bekommt man sie kaum zu Gesicht; meist sieht man sie nur, wenn sie gerade im Gestrüpp verschwinden.
(Falls nichts anderes angegeben, sind jeweils die Männchen dargestellt.)

Schädel- und Gebißformen einiger europäischer Säugetiere

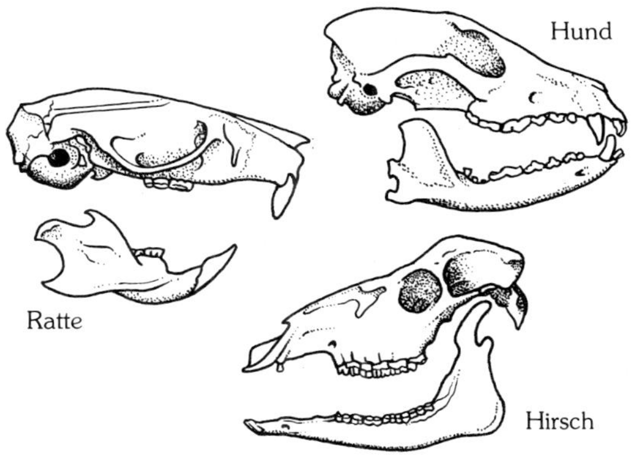

Links: Grauhörnchen sind in England ebenso häufig anzutreffen wie Eichhörnchen bei uns. Sie halten sich jedoch häufiger am Boden als im Geäst auf und suchen sich gerne Baumstümpfe als »Futtertisch« aus. Im Herbst und Winter ernähren sie sich hauptsächlich von Eicheln und Nüssen – was man deutlich an den Schalenresten erkennen kann, die um den Futtertisch herum liegenbleiben.

Insektenfresser
Ordnung *Insectivora*

Zu dieser weitverbreiteten Ordnung gehören 8 Familien mit über 300 Arten. Davon kommen in Europa 3 Familien vor, die Igel (Erinaceidae), die Maulwürfe (Talpidae) und die Spitzmäuse (Soricidae). Alle Arten sind klein, haben eine lange Schnauze und spitze, höckerige Zähne. Die kurzen Beine tragen je fünf Zehen mit Krallen.
Insektenfresser sind meist nachtaktiv und leben von Insekten und kleinen Wirbeltieren.

Igel
Familie *Erinaceidae*

Igel tragen glatte Stacheln; Gesicht, Glieder und Unterseite sind mit Haaren bedeckt. Bei Störungen rollen sie sich zu einer dichten Kugel zusammen. Sie können graben, aber auch schwimmen und klettern. In Europa kommen 3 Arten vor.

Europäischer Igel
Erinaceus europaeus
Körper 19–27 cm. Unterseite einheitlich matt gelbbraun. Kopfstacheln mit schmalem Scheitel. Nachtaktiv. Überwintert von Oktober – April. Der osteuropäische Weißbrustigel (*E. concolar*) unterscheidet sich durch einen deutlichen weißen Brustfleck, der südeuropäische Wanderigel (*E. alginus*) ist im ganzen heller und trägt einen breiten Scheitel am Kopf.

Europäischer Igel

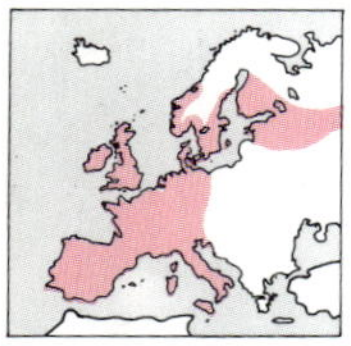

Europäischer Igel

Europäischer Maulwurf

Pyrenäen-Desman

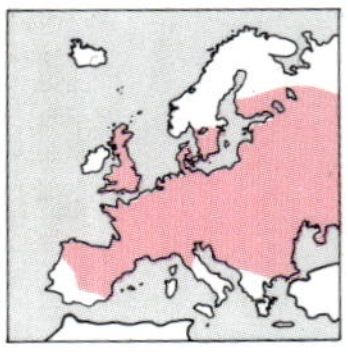

Europäischer Maulwurf

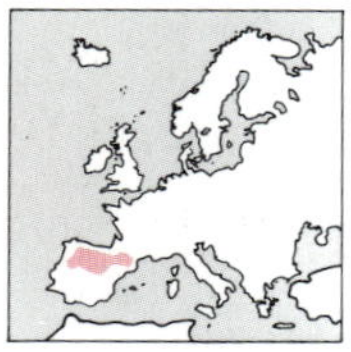

Pyrenäen-Desman

Maulwürfe
Familie *Talpidae*

Ungefähr 20 Arten im nördlichen Eurasien und in Nordamerika. Zu ihnen gehören die Maulwürfe, die in unterirdischen Röhrensystemen leben, sowie die am oder im Wasser lebenden Desmane.

Europäischer Maulwurf
Talpa europaea
Körper 12–15 cm, Schwanz um 40 mm, Hinterfuß 17–19 mm. Dunkelgrauer bis schwarzer Pelz ohne Strich, so daß das Tier sich ungehindert vor- und rückwärts bewegen kann. Tag- und nachtaktiv, jedoch stets unterirdisch tätig. Wirft 3–4 Junge im Frühjahr. Die Maulwurfshügel entstehen durch Auswurf von Erde aus dem unterirdischen Tunnelsystem, das ständig erweitert wird. Lebt hauptsächlich von Würmern.

Pyrenäen-Desman
Galemys pyrenaicus
Körper 11–13,5 cm. Schnauze lang, abgeflacht. Schwanz seitlich abgeflacht und mit steifen Haaren besetzt. Hinterfüße groß und mit Schwimmhäuten.
Lebt in Uferlöchern von Bergflüssen und Kanälen in Nordspanien und Portugal. Frißt kleine Wassertiere. Wurf mit 4 Jungen im Frühjahr.

Spitzmäuse
Familie *Soricidae*

Diese große Familie umfaßt mehr als 200 Arten. Spitzmäuse sind klein, haben kurze Beine und lange, spitze Schnauzen. Das kurze Fell ist meist braun oder grau, die Augen sind sehr klein, aber Gehör und Geruchssinn sind gut entwickelt. Sie sind selten Wasserbewohner, sind tag- und nachtaktiv und einzelgängerisch. Obwohl sie gelegentlich auch Pflanzen verzehren, sind sie Fleisch- oder Insektenfresser. Zur genauen Bestimmung ist meist die Untersuchung von Schädel und Gebiß notwendig. Die 15 europäischen Arten gliedern sich in zwei Gruppen: *Sorex* und *Neomys* mit roten Zähnen sowie *Suncus* und *Crocidura* mit weißen Zähnen.

Waldspitzmaus
Sorex araneus
Körper 70–85 mm, Schwanz 45 mm, Hinterfuß 12–13 mm. Zähne mit roten Spitzen. Seidiges Fell, oben dunkelbraun, unten blaß, an der Seite mit deutlichem Streif einer Zwischenfarbe.
Lebt in grasigen Hecken, im Wald und Moor. Frißt meist kleine Bodentiere, wie Insekten, Würmer und Spinnen, auch Aas. Einzelgängerisch. Tag- und nachtaktiv. 3 oder mehr Würfe von Mai bis September, jeder mit 5–8 Jungen. Wird bis 15 Monate alt.

Zwergspitzmaus
Sorex minutus
Körper 45–60 mm, Schwanz ziemlich lang. Deutlich kleiner als die Waldspitzmaus und ohne helleres Band an den Seiten. Weit verbreitet, in Südeuropa aber nur in höheren Lagen.

Hausspitzmaus
Crocidura russula
Körper 65–85 mm, Schwanz 35–50 mm. Trägt Borsten am Schwanz. Das Graubraun der Oberseite geht nach unten zu allmählich in ein gelbliches Grau über. Lebt in trockenem Grasland, in Wäldern und Hecken in Süd- und Mitteleuropa. Tag- und nachtaktiv. Die Jungen werden in Südeuropa von Februar bis November geboren.

Feldspitzmaus
Crocidura leucodon
Körper 64–87 mm, Schwanz 28–39 mm. Die dunkelgraue Oberseite ist scharf von der gelblich-weißen Unterseite abgesetzt. Schwanz mit Borsten, ebenfalls zweifarbig. Oft an Waldrändern und in den Steppen von Osteuropa anzutreffen.

Etruskerspitzmaus
Suncus etruscus
Körper 36–50 mm, Schwanz 24–29 mm. Kleinstes Säugetier der Welt. Wiegt meist weniger als 2 g. Lange Haare ragen aus dem normalen Fell und bilden am Schwanz Schnurrhaare. Oberseite rötlich-grau, Unterseite matt grau. Zähne ganz weiß. Weit verbreitet auf Wiesen, auch oft auf Ackerland und in Gärten.

Wasserspitzmaus
Neomys fodiens
Körper 70–90 mm. Oberseite fast schwarz, Unterseite silbergrau bis schwarz. Zahnspitzen rot. Borstensäume an Schwanzunterseite und Hinterfüßen erleichtern das Schwimmen. In ganz Europa außer Irland an bewachsenen Ufern und Gewässern anzutreffen. Lebt von Insektenlarven und Wassertieren. Größere Beute, wie Fische, Frösche und sogar kleine Säuger, tötet sie mit ihrem giftigen Speichel. Mindestens 3 Würfe im Jahr mit je 5–8 Jungen.

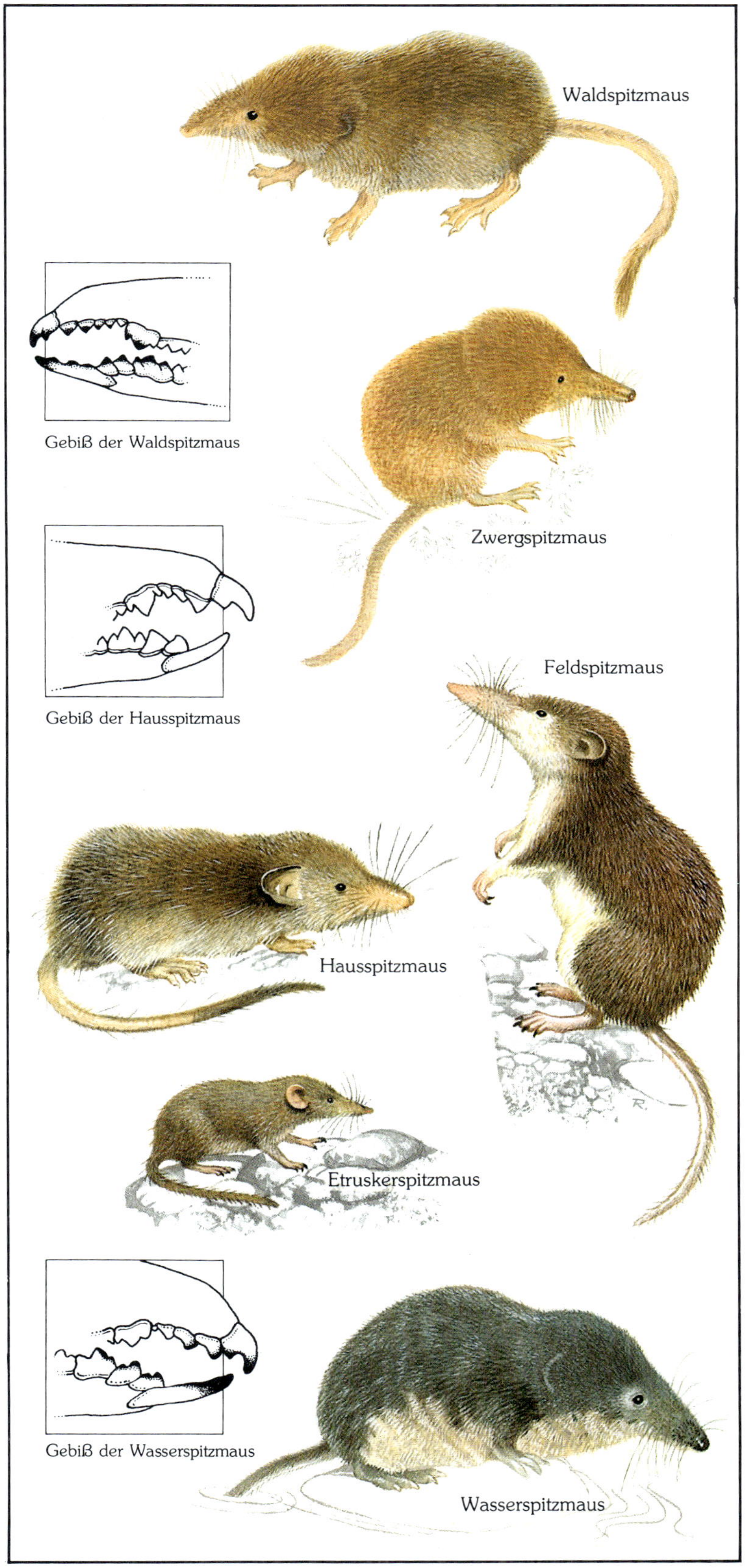

Fledermäuse
Ordnung *Chiroptera*

Unter den Säugetieren können sich zwar einige Arten im Gleitflug bewegen, aber nur die Fledermäuse können wirklich fliegen. Ihre Flügel sind Hautmembranen, die zwischen den Fingern, den Vorder- und Hinterbeinen und dem Schwanz aufgespannt sind. Die zur Zeit bekannten rund 1000 Arten sind weltweit mit Ausnahme der Polarregionen verbreitet, wobei sie die Tropen und Subtropen bevorzugen. Flughunde (Unterordnung Megachiroptera) kommen in Europa nicht vor, aber rund 30 Arten von Kleinfledermäusen (Unterordnung Microchiroptera). Fledermäuse fliegen meist nachts und stoßen zum Navigieren und zum Auffinden der Beute Ultraschallimpulse aus. Tagsüber suchen sie Schutz vor Licht und hängen regungslos in hohlen Baumstämmen, in Höhlen, unter Dächern oder in Kellern. In gemäßigten Klimazonen halten sie einen Winterschlaf. Die genaue Bestimmung einiger europäischer Arten ist schwierig und kann nur anhand genauer Untersuchungen von Schädel und Gebiß vorgenommen werden. Bei den meisten Gattungen und Arten genügen jedoch die in obiger Abbildung gezeigten Merkmale. Die drei in Europa vorkommenden Familien sind die Hufeisennasen (Rhinolophidae), die Glattnasen (Vespertilionidae) und die Bulldoggfledermäuse (Molossidae).

Hufeisennasen
Familie *Rhinolophidae*

Die 5 in Europa vorkommenden Arten dieser Familie sind leicht zu erkennen an den hufeisenförmigen Hautlappen im Gesicht. Hufeisennasen leben in Kolonien und hängen in großer Anzahl frei an Höhlendecken, dicht eingehüllt in ihre häutigen Flügel. Ihr Winterschlaf dauert von Oktober bis März.

Große Hufeisennase
Rhinolophus ferrumequinum
Größte Fledermaus Europas. Körper ungefähr 70 mm. Das dichte Fell ist an der Oberseite grau, an der Unterseite blaß gelbbraun. Große breite Ohren mit gebogener Spitze. Flug relativ langsam und dicht über dem Boden.

Bulldoggfledermäuse
Familie *Molossidae*

Von den 80 Arten dieser großen Familie kommt nur eine in Europa vor. Kennzeichnend ist der Schwanz, der weit über die schmale Schwanzflughaut hinausragt. Selbst in Europa hält diese Art selten einen Winterschlaf, sondern bleibt ganzjährig aktiv.

Bulldoggfledermaus
Tadarida teniotis
Körper bis zu 85 mm. Die einzige europäische Fledermaus, bei der der Schwanz weiter als zwei Wirbel weit vorsteht. Sie bevorzugt felsige Gegenden und fliegt hoch und schnell.

Glattnasen
Familie *Vespertilionidae*

Diese Familie umfaßt rund 280 kleine Fledermäuse, von denen 26 in Europa vorkommen. Sie ist in den gemäßigten Zonen und in den Tropen weit verbreitet. Die Nase ist einfach gebaut, und der Schwanz reicht höchstens 1–2 Wirbel über die Flughaut hinaus. Unter den europäischen Arten dieser Familie kann man 3 Gruppen unterscheiden: die meist kleinen *Myotis*-Fledermäuse mit einem langen, schmalen, zugespitzten Deckel im Ohr, die größeren Arten der *Nyctalus*-Gruppe mit kurzem, nierenförmigem Deckel und die *Pipistrellus*-Arten mit kurzem, stumpfem Deckel. Nur bei Arten der *Pipistrellus*- und *Nyctalus*-Gruppe erstreckt sich die Flughaut etwas über das Hinterfußspornbein hinaus.

Zwergfledermaus
Pipistrellus pipistrellus
Kleinste europäische Fledermaus. Körper 38–50 mm. Ohr kurz, breit und dreieckig, Ohrdeckel kurz und abgerundet. Färbung von dunkelbraun bis hell rötlich, einfarbig. Die genaue Bestimmung der Pipistrellus-Arten ist nur anhand des Gebisses möglich. Bildet große Kolonien in Bäumen und Häusern. Winterschlaf in Höhlen. Lebt von Fluginsekten.

Wasserfledermaus
Myotis daubentoni
Kleine Fledermaus. Körper 50 mm. Ohrdeckel gerade und schmal. Oberseite graurot, Unterseite stumpf weiß. Ohren und Schnauze rotbraun. Lebt in Waldgelände an Gewässern, schläft im Sommer in Bäumen und Gebäuden, überwintert in Höhlen.

Fransenfledermaus
Myotis nattereri
Körper 40–50 mm. Oberseite graubraun, Unterseite weißlich. Am Rand der Schwanzflughaut befindet sich eine Leiste steifer Haare. Ohrdeckel sehr lang und spitz.

Großes Mausohr
Myotis myotis
Größte *Myotis*-Art. Körper 65–90 mm. Flügel breit, Ohren sehr groß, Hinterfußsporn leicht gekielt. Oben braun, unten grau-weiß.

Bartfledermaus
Myotis mystacinus
Klein. Körper ungefähr 50 mm. Fell dunkelgrau. Flug ziemlich langsam.

Braunes Langohr
Plecotus auritus
Körper ungefähr 50 mm. Kennzeichnend sind die großen Ohren, die sich am Ohransatz berühren. Ohrdeckel lang und schmal. Rüttelt im Flug, um Insekten von Blättern aufzunehmen.

Abendsegler
Nyctalus noctula
Große Fledermaus; Körper 82 mm, Unterarm 46–55 mm. Fell an Ober- und Unterseite rotbraun. Abendsegler schlafen gesellig, meist in Bäumen, seltener in Höhlen. Beim Beuteflug fliegen sie ziemlich hoch und wandern auch über beträchtliche Entfernungen.

Junge Kaninchen halten sich in den ersten Tagen und Wochen stets in unmittelbarer Nähe des Höhleneingangs auf, um bei drohender Gefahr sofort »untertauchen« zu können.

Hasentiere
Ordnung *Lagomorpha*

Zu dieser Ordnung gehören eine Anzahl kleiner bis mittelgroßer Landtiere. Sie ernähren sich vegetarisch und tragen nur einen kleinen oder gar keinen Schwanz. Sie besitzen alle 2 Paare oberer Schneidezähne, von denen eines direkt hinter dem anderen sitzt. Trotz großer äußerer Ähnlichkeit sind die Hasentiere nicht verwandt mit den Nagetieren.

Kaninchen und Hasen
Familie *Leporidae*

Arten dieser Familie sind leicht zu erkennen an ihren langen Ohren, langen Hinterbeinen und dem kurzen Pinselschwanz. Die Pfoten sind behaart, Gehör, Gesichts- und Geruchssinn sind gut entwickelt. Mit ihren langen Hinterläufen entkommen die Tiere in schnellem Lauf den meisten Feinden.

Kaninchen
Oryctolagus cuniculus
Körper bis zu 40 cm. Unterscheidet sich vom Hasen durch geringere Größe und durch kürzere Ohren und Beine. Farbe braun bis sandfarben. Augen groß und vorstehend. Lebt in Kolonien in unterirdischen Bauen, wo es im Frühjahr und im Herbst je 4–6 Junge wirft. Meist nachtaktiv. Frißt meist Gras, zerstört aber auch Getreide, Wurzeln und junge Bäume. Beutetier von Wiesel, Fuchs, Katze, Hund und Greifvögeln.

Feldhase
Lepus capensis
Körper 50–60 cm. Oberseite gelblichbraun, Bauch weiß. Lange Ohren mit schwarzen Spitzen, Schwanz schwarzweiß. Lebt von grünen Pflanzen, Rinde und Samen und richtet dabei häufig Schäden in Land- und Forstwirtschaft an. Einzelgängerisch, meist nachtaktiv. Beutetier von Fuchs, Wildkatze und Adler. Die jeweils 2 Jungen der 3–4 Würfe im Jahr werden im tiefen Gras geboren. Vor der Paarung jagen sich die Tiere, vollführen akrobatische Sprünge und tragen Boxkämpfe aus.

Schneehase
Lepus timidus
Körper 50–60 cm. Kürzere Ohren und längere Beine als der Feldhase.
Schwanz ganz weiß. Sommerfell braun mit leicht blauer Tönung, Winterfell meist weiß mit Ausnahme der schwarzen Ohrspitzen. Lebt in gebirgigen Gegenden über der Baumgrenze, in Grasland und Mooren. Frißt Gräser und Sträucher, auch Heidekraut.

Nagetiere
Ordnung *Rodentia*

Größte Säugetierordnung, die mit rund 1500 Arten weltweit verbreitet ist. In Europa kommen ca. 60 Arten vor. Sie besetzen die verschiedensten Lebensräume und haben eine Vielfalt verschiedener Lebensweisen entwickelt. Alle Nagetiere besitzen 4 scharfe, meißelförmige, ständig nachwachsende Schneidezähne. Zwischen ihnen und den 3 oder 4 Backenzähnen klafft eine größere Lücke. Fast alle Arten sind relativ klein. Einige von ihnen, z. B. die Ratten, sind Allesfresser, die meisten ernähren sich aber rein vegetarisch und können beträchtliche Schäden in Land- und Forstwirtschaft anrichten.

Hörnchen
Familie *Sciuridae*

Diese Familie umfaßt nicht nur die bekannten Eichhörnchen, sondern auch Erdhörnchen und einige Flughörnchen. Zu ihr zählen rund 350 weit verbreitete Arten, von denen jedoch nur 7 in Europa vorkommen. Meist ernähren sie sich von Nüssen, Samen und anderer pflanzlicher Kost. Mit Ausnahme der nachtaktiven Flughörnchen sind die meisten Arten tagaktiv. Einige Arten gelten als Schädlinge, andere sind Pelzlieferanten.

Eichhörnchen
Sciurus vulgaris
Körper 22 cm, Schwanz 18 cm. Fell rot bis schwarz mit jahreszeitlichen Unterschieden. Sommerfell meist leuchtend rot mit dunklerem Rücken, Winterfell grauer, und die Ohren tragen jetzt einen deutlich sichtbaren Haarpinsel. Lebt in allen bewaldeten Zonen Europas, vor allem in Nadelwäldern. Tagaktiv, ernährt sich von Samen und Nüssen, aber auch von jungen Baumtrieben. Hält keinen echten Winterschlaf, schläft aber im Winter über längere Zeiträume. Besitzt meist mehrere Schlafnester, als „Kinderstube" dient meist ein hohler Baum. Beutetier von Mardern und Greifvögeln. Wurfzeit gebietsweise unterschiedlich, jedoch meist 2 Würfe pro Jahr mit je 3–4 Jungen.

Grauhörnchen
Sciurus carolinensis
Körper 26 cm, Schwanz 21 cm. Winterfell grau mit gelblich-braunem Rückenstreifen, Sommerfell etwas rötlich, vor allem an den Seiten.
Schwanz mit hellen Längsstreifen, ohne Ohrpinsel. Stammt ursprünglich aus den Waldgebieten Nordamerikas; wurde mehrfach nach England und Irland eingeführt, wo es jetzt in Laubwäldern weit verbreitet ist. Frißt hauptsächlich Nüsse, Eicheln, Wurzeln, Knospen, aber auch Insekten, Eier und kleine Vögel.

Flughörnchen
Pteromys volans
Körper 16 cm, Schwanz 12 cm. Oberseite grau oder graubraun, Unterseite weiß. Augen groß, Ohren klein. Zum Segeln kann es eine behaarte Flughaut zwischen den Beinen entfalten. Frißt Samen wie Eicheln, Kastanien und Kiefersamen, aber auch Früchte und kleine Vögel. Nachtaktiv, versteckt sich tagsüber in hohlen Bäumen. Hält Winterschlaf. Meist 2 Würfe pro Jahr mit je 3–6 Jungen.

Alpenmurmeltier
Marmota marmota
Körper 50–60 cm, Schwanz 13–16 cm. Größtes Eichhörnchen mit massivem Körperbau und breitem Kopf mit kleinen Ohren. Graurötliches Fell, Schwanzspitze schwarz. Lebt im hohen Bergland und gräbt sich auf Almwiesen oberhalb der Baumgrenze tiefe Höhlen. Frißt Gras und niedere Kräuter. Lebt in kleinen, tagaktiven Familien. Beutetier von Fuchs und Adler. Winterschlaf von Oktober bis April. In einem Jahr wird nur 1 Wurf mit 2–4 Jungen ausgetragen.

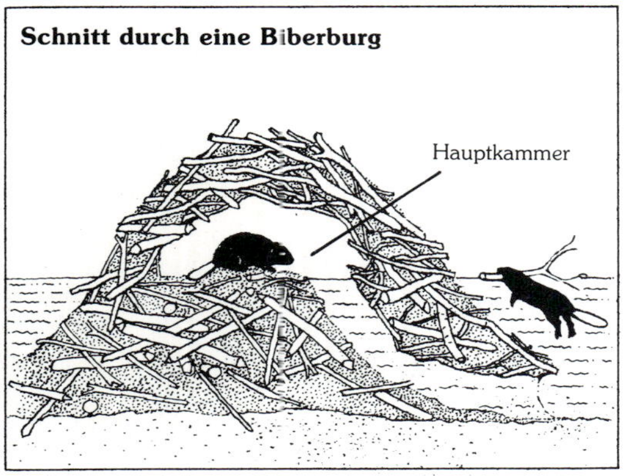

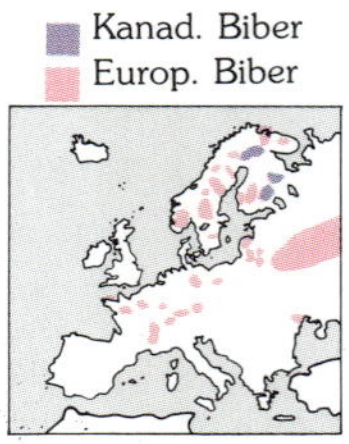

Europäischer Biber

Stachelschwein

Nutria

Europäischer Biber
Castor fiber
Körper 90 cm, Schwanz 35 cm. Größtes europäisches Nagetier. Fell braun mit sehr dichten Wollhaaren und einer glatten Decke von Grannenhaaren. Schnauze stumpf, massiver Körperbau. Schwanz breit, abgeflacht und mit Schuppen besetzt. Beine kurz, Hinterfüße mit Schwimmhäuten. Lebt in waldreichem Gelände an Flüssen und Seen. Ernährt sich von Wasserpflanzen und Baumrinde, vor allem von Pappel und Weide. Fällt Bäume, um an ihre zarten Triebe heranzukommen. Der Biber ist nachtaktiv und verbringt die meiste Zeit im Wasser. Die neuerdings bevorzugten Uferhöhlen besitzen mehrere Eingänge, die zum Teil unter Wasser liegen. Die aus Ästen und Schlamm gebauten Burgen haben eine zentrale Kammer über dem Wasserspiegel. Damit die Eingänge unter Wasser bleiben, baut er zur Regulierung des Wasserstandes Staudämme. Normalerweise 1 Wurf pro Jahr mit 2–4 Jungen.

Nutria
Myocastor coypus
Körper 60 cm, Schwanz 40 cm, lang und schuppig. Kopf groß mit kurzen Ohren. Hinterfüße mit Schwimmhäuten.
Dieses ursprünglich in Südamerika heimische Tier wird in vielen Teilen der Welt in Pelztierfarmen gehalten. Aus Pelztierfarmen entkommene Tiere sind in Deutschland, Holland, in der Camargue und dem französischen Loiretal sowie in Südengland heimisch geworden. Ernährt sich von Wasserpflanzen und Muscheln. 2 Würfe mit bis zu 9 Jungen werden jährlich geboren. Sehr hoch an den Körperseiten sitzende Zitzen ermöglichen das Säugen im Wasser.

Stachelschweine
Familie *Hystricidae*

Zu dieser Familie gehören die altweltlichen Stachelschweine mit 12 Arten. Diese großen Nager leben in kleinen Gruppen am Boden. Die charakteristischen Stacheln tragen keine Widerhaken und werden bis 40 cm lang. Wenn sie mit Hilfe von Hautmuskeln aufgerichtet werden, rasseln sie als Warnung. Wird ein Stachelschwein angegriffen, geht es rückwärts auf den Feind los, um ihn aufzuspießen. Die Stacheln gehen dabei leicht aus.

Stachelschwein
Hystrix cristata
Körper 70 cm, Schwanz 10 cm. Großer, braunschwarzer Nager mit weißem Halsband. Kopf und Nacken tragen einen Kamm aus langen braunen und weißen Stacheln. Am Rumpf zwei Arten von schwarz-weiß gebänderten Stacheln: lange und schlanke oder kurze

und dicke. In der Lendengegend sind sie meist schwarz, am Schwanz weiß.
Lebt in deckungsreichem, felsigem Hügelland. Nachtaktiv, frißt Wurzeln, Blätter und Rinde. 1 Wurf von 2–4 Jungen, der im Frühjahr in einer Erdhöhle ausgetragen wird.

Bilche
Familie *Gliridae*

Kleine Familie mit rund 10 Arten in Europa, Asien und Afrika. Fünf Arten kommen in Europa vor. Die meisten Arten haben einen buschigen Schwanz, große Augen, rundliche Ohren und kurze Beine. Sie sind Klettertiere und leben meist von Knospen und Nüssen. Die scheuen, nachtaktiven Tiere können in Obstgärten zu Schädlingen werden. Sie halten einen sehr langen Winterschlaf.

Gartenschläfer
Eliomys quercinus
Körper 15 cm, Schwanz 9 cm lang, schlank, mit abgeflachter schwarz-weißer Quaste. Rumpf an der Oberseite graubraun, an der Unterseite weiß. Schwarze Augenstreifen von der Schnauze bis hinter die Ohren. Lebt in Waldland mit Sträuchern und Obstgärten. Nachtaktiv. Bewegt sich meist am Boden. Ernährt sich sowohl von Insekten, Schnecken, Vogeleiern, jungen oder kleinen Vögeln und kleinen Säugern als auch von Früchten und Nüssen. Beginnt seinen Winterschlaf im Herbst nach der sommerlichen Mastperiode. Jährlich 1–2 Würfe mit je 3–6 Jungen.

Siebenschläfer
Glis glis
Körper 14–19 cm, Schwanz 13 cm. Größter Bilch. Oberseite graubraun, Unterseite etwas heller. Dunkle Streifen an der Außenseite der Beine, dunkle Augenringe. Langer, buschiger Schwanz. Lebt in Waldland und Obstgärten. Frißt Nüsse, Samen, Früchte und Insekten. Winterschlaf von Oktober bis April. Meist 1 Wurf jährlich mit 4–5 Jungen.

Haselmaus
Muscardinus avellanarius
Körper 7 cm, Schwanz 7 cm. Kleiner Bilch. Oberseite hell gelbbraun, unten gelblich-weiß. Kehle und Brust weiß. Schwanz dicht behaart. Lebt in Laubwäldern mit Unterholz und dichten Hekken. Frißt Nüsse, Samen und Insekten. Nachtaktiv. Schläft zusammengerollt in einem geschützten Nest von Oktober bis April. Oft 2 Würfe jährlich mit je 3–4 Jungen.

Haselmäuse bauen sich in Büschen und Bäumen kunstvolle kugelförmige Nester aus Gras, Laub und Rindenstücken, in denen sie im Sommer ihre Jungen zur Welt bringen und tagsüber schlafen.

Hamster, Wühlmäuse, Blindmäuse und Langschwanzmäuse
Familie *Muridae*

Zu dieser größten Nagetierfamilie gehören über 1000 Arten. Die kleinen, sich rasch vermehrenden und nur kurzlebigen Tiere sind in fast jedem Winkel der Erde zu finden. Die Familie teilt sich in mehrere Unterfamilien, von denen 2 – die Hamster (Cricetinae) und die Langschwanzmäuse (Murinae) – oft als eigene Familien angesehen werden. Viele Arten sind Schädlinge in der Landwirtschaft und in Vorratsräumen; mehrere Arten übertragen Krankheiten. Von den 40 in Europa vorkommenden Arten sind sehr viele nur anhand des Schmelzmusters ihrer Backenzähne eindeutig zu bestimmen.

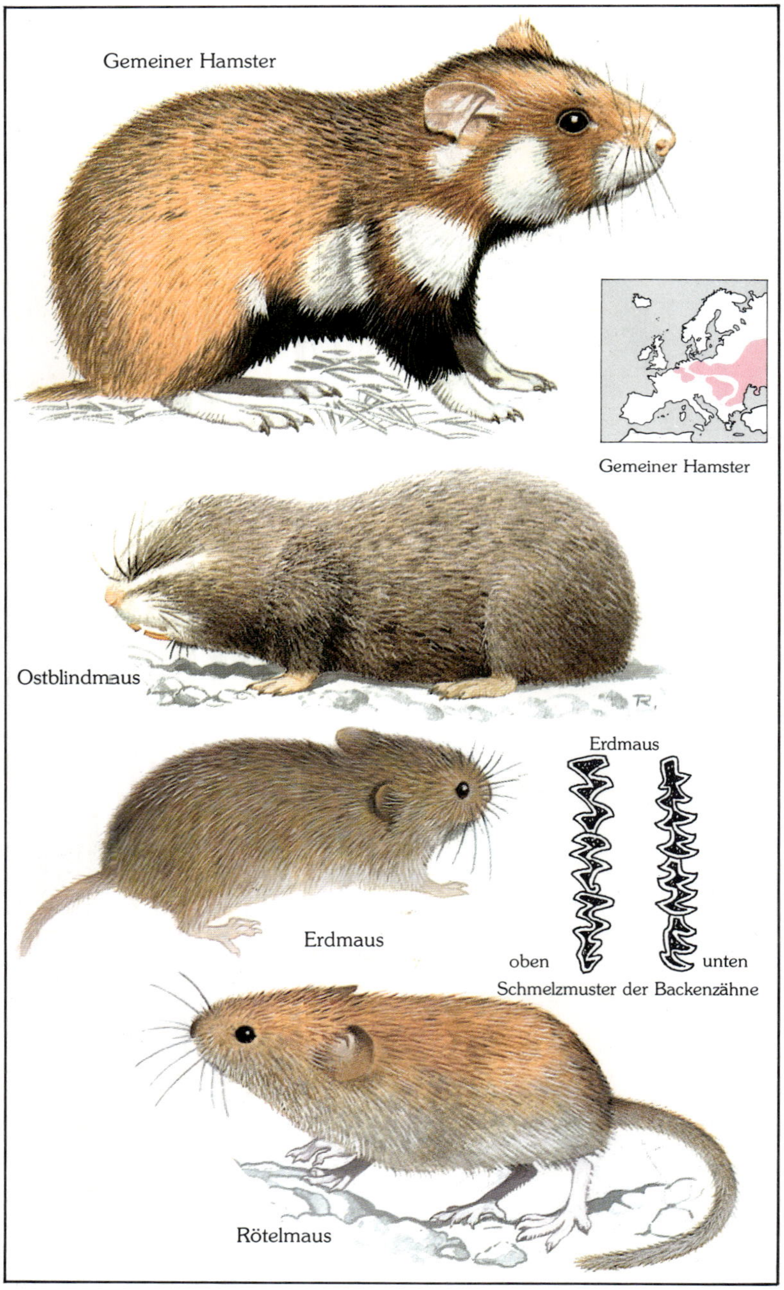

Hamster
Unterfamilie *Cricetinae*

Weitverbreitete Unterfamilie, aber nur 3 Arten in Europa vorkommend. Die meist kleinen Bodenbewohner haben einen kurzen Schwanz, kleine Ohren und Backentaschen.

Gemeiner Hamster
Cricetus cricetus
Körper 22–32 cm. Größter Hamster. Dichtes Fell, oben hellbraun, unten schwarz mit weißen Flecken an den Seiten. Breite Füße und große Backentaschen. Lebt in Wiesen und Kulturland, meist in der Nähe von Wasser. Ernährt sich fast ausschließlich von Samen und Körnern, aber auch von Wurzeln und Insekten. Baut ausgedehnte Gangsysteme mit mehreren Kammern, von denen einige der Vorratshaltung dienen. Meist nachtaktiv. Meist 2 Würfe jährlich mit 6–12 Jungen.

Blindmäuse
Unterfamilie *Spalacinae*

Von dieser kleinen, nur 3 Arten umfassenden Familie hochspezialisierter Nager kommen 2 Arten in Europa vor. Sie verbringen fast ihr ganzes Leben unterirdisch und sind dieser Lebensweise ähnlich wie Maulwürfe angepaßt. Nur Jungtiere auf der Wanderung zu neuen Revieren kommen an die Oberfläche. Zum Graben werden die Zähne benutzt, die Kiefer sind äußerst beweglich und die Kiefermuskeln stark entwickelt. Lose Erde wird mit den Füßen nach hinten geschafft.

Ostblindmaus
Spalax microphthalmus
Körper 24–30 cm. Weiches, graues Fell, am Kopf mit weißen Streifen. Kommt in Osteuropa im Grasland vor. Legt ausgedehnte unterirdische Tunnelsysteme an.

Wühlmäuse
Unterfamilie *Microtinae*

Die rund 25 Arten dieser Unterfamilie, die in Europa leben, zeichnen sich durch einen ziemlich kurzen Schwanz, kurze Beine, eine stumpfe Schnauze und die mehr oder weniger dreieckigen Schmelzschlingen ihrer Backenzähne aus. Ihre Anzahl ist starken periodischen Schwankungen unterworfen. Bei Vermehrungshöhepunkten können sie zur Landplage werden.

Erdmaus
Microtus agrestis
Körper 9–13 cm, Schwanz 3–4,5 cm. Färbung unterschiedlich: Oberseite gelbbraun bis dunkelbraun, Unterseite weißgrau. Stumpfer Kopf mit kurzen runden, behaarten Ohren. Schwanz oben dunkel, unten heller. Häufige und weitverbreitete Art in Grasland, Wiesen und auch in sumpfigem Gelände; liebt aber dichten Bewuchs.
Frißt Stengel und Blätter von Gräsern, aber auch tierische Nahrung. Schält im Winter oft Rinde von Bäumen. Gräbt flache Baue im Boden und Gangsysteme zwischen Boden und Pflanzen. Kann in Obstanlagen und auf Wiesen erhebliche Schäden anrichten. Jedes Jahr mehrere Würfe mit 3–6 Jungen.

Rötelmaus
Clethrionomys glareolus
Körper 8,5–10 cm, Schwanz 4–6,5 cm. Oben hell kastanienfarben bis rötlich, unten gelblich, gelbbraun oder grauweiß. Lebt in Büschen, Laubwald und Hecken und ernährt sich von pflanzlicher Kost und Insekten. In kurzen Perioden tag- und nachtaktiv. Mehrere Würfe von 3–6 Jungen pro Jahr.

Ostschermaus
Arvicola terrestris
Körper 16–19 cm, Schwanz 8–10 cm. Sieht aus wie eine große Erdmaus mit ziemlich langem Schwanz. Dichtes, langes, glänzendes Fell, Oberseite schwarzgrau oder rotbraun, Unterseite gelblichgrau. Bevorzugt dicht bewachsene Ufer von Seen und langsam fließenden Flüssen, lebt aber auch in trockeneren Wiesen. Ernährt sich vorwiegend von grünen Pflanzenteilen, verschiedenen Nüssen und Wurzeln.
Schwimmt gern, ist aber an das Leben im Wasser nicht eigens angepaßt. Legt am Ufer Baue mit grasgepolsterter Nisthöhle an. Sowohl tag- als auch nachtaktiv. Im Sommer mehrere Würfe mit 4–6 Jungen.

Bisam
Ondatra zibethicus
Körper 30–40 cm, Schwanz 19–27 cm. Viel größer als einheimische Wühlmäuse, mit seitlich abgeflachtem Ruderschwanz. Oberseite dunkelbraun, Unterseite schmutzig weiß. Lebt in Wassernähe; guter Schwimmer ohne Schwimmhäute. Ernährt sich von Uferpflanzen, Wurzeln und Feldfrüchten. Nachtaktiv. Mehrere Würfe mit 4–8 Jungen jährlich.

Berglemming
Lemmus lemmus
Körper rund 13 cm, Schwanz 2 cm. Langhaariges Fell, gelbbraun mit deutlichen schwarzen Streifen und Flecken, unten heller. Lebt in Tundragebieten. Frißt Gräser, Wurzeln, Moose und Flechten. Gräbt flache unterirdische Gänge im Schnee. Mehrere Würfe jährlich mit je 4–8 Jungen, selbst im Winter.

Waldlemming
Myopus schisticolor
Körper 8,5–9,5 cm, Schwanz 1,6–1,8 cm. Ähnelt einer Wühlmaus.
Gleichförmig grau, am Rücken rötlich übertönt. Lebt in Nadelwäldern und frißt hauptsächlich Moose und Flechten. Auf 3 Weibchen kommt nur 1 Männchen, Übervermehrung selten.

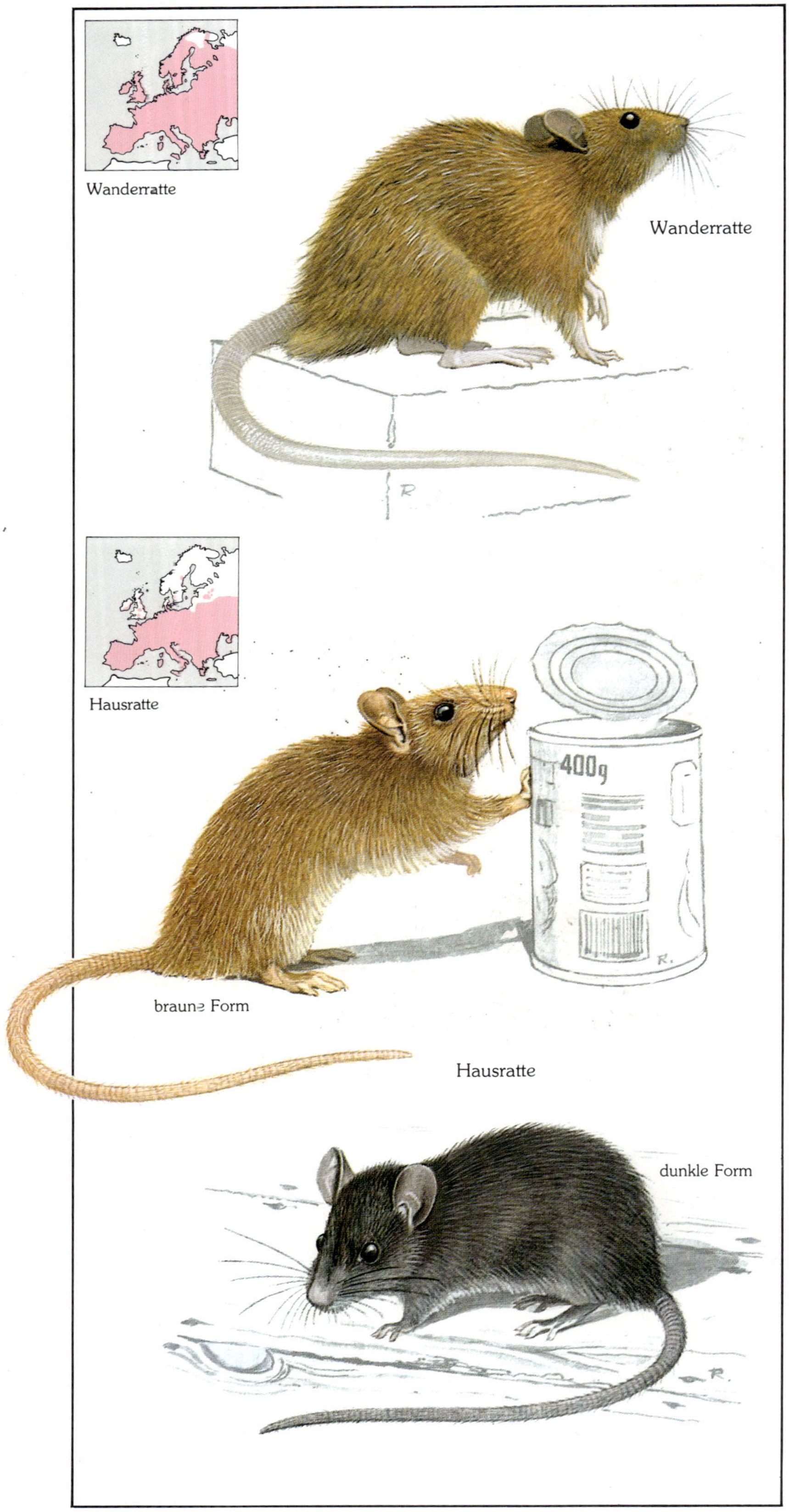

Langschwanzmäuse
Unterfamilie *Murinae*

Diese große Unterfamilie ist stark vertreten in Asien und Afrika. Die meisten Arten sind tropisch oder subtropisch. Die Verbreitung der Gattungen Mus und Rattus ist wegen ihrer Bindung an den Menschen weltweit. In Europa leben 12 Arten. Kennzeichen der Arten dieser Unterfamilie sind: langer Schwanz, große Ohren und 3 Backenzähne in Ober- und Unterkiefer. Die anpassungsfähigen Tiere haben die verschiedensten Lebensräume besetzt, sie graben, klettern, schwimmen und sind zum Teil vom Menschen abhängig. Die meisten leben von Samen, aber auch von anderen Pflanzenteilen; vor allem die Mitbewohner menschlicher Häuser und Siedlungen sind Allesfresser. Viele richten in der Landwirtschaft und in Lagern Schäden an, andere sind Überträger von Krankheiten.

Wanderratte
Rattus norvegicus
Körper 20–26 cm, Schwanz 17–23 cm. Oberseite meist braun, gelegentlich auch schwarz, Unterseite grau. Albinos werden als Versuchstiere verwendet. Für wissenschaftliche Zwecke und den Zoohandel werden auch andere Farben gezüchtet.
Wurde um 1500 von Asien nach Europa eingeschleppt. Lebt vor allem im Winter in menschlichen Siedlungen. Landbewohner, kann aber auch gut schwimmen. Allesfresser, bevorzugt jedoch Körner und Samen. Bedeutender Lagerschädling, der nicht nur durch Fraß, sondern auch durch Verschmutzung Vorräte unbrauchbar macht.
Krankheitsüberträger. Meist nachtaktiv. Wirft bei zusagenden Lebensbedingungen alle 3–4 Wochen 7–8 Junge.

Hausratte
Rattus rattus
Körper 16–23 cm, Schwanz 18–25 cm. Unterscheidet sich von der Wanderratte durch einen längeren Schwanz und kurze Hinterfüße. Drei Farbvarianten kommen vor: einheitlich dunkelgrau, oben braun mit unten grau und oben braun mit unten weiß. Wurde wahrscheinlich auf dem Landweg zur Zeit der Kreuzzüge aus Asien eingeschleppt. In Südeuropa häufiger als die Wanderratte und enger an menschliche Siedlungen gebunden. Als „Schiffsratte" häufig auf Schiffen und in Häfen. Allesfresser. Besserer Kletterer als die Wanderratte. Vorratsschädling und Krankheitsüberträger. Ganzjährig etwa 5 Würfe mit 5–10 Jungen. Wird in Nordeuropa wegen scharfer Bekämpfungsmaßnahmen seltener.

Waldmaus
Apodemus sylvaticus
Körper 8–11 cm, Schwanz 7–11 cm. Oberseite gelblich-braun, Unterseite silbergrau. Trägt meist einen gelben Brustfleck, der auch streifig verlängert sein kann. Augen und Ohren groß. Häufig in Waldland, aber auch in Gärten und Hecken anzutreffen; dringt auch in Häuser ein. Frißt meist Samen, vor allem Eicheln, Bucheckern und Haselnüsse, verzehrt aber auch Insekten und andere wirbellose Tiere. Behender Kletterer. Nachtaktiv, Hauptbeutetier von Eulen und kleinen Raubtieren. Mehrere Würfe im ganzen Jahr mit je 4–7 Jungen.

Gelbhalsmaus
Apodemus flavicollis
Körper 9–12 cm, Schwanz 9–13,5 cm. Etwas größer und auffälliger gefärbt als die Waldmaus. Unterseite weiß, mit großem, kragenförmig verbreitertem Brustfleck. Lebt in Wäldern und Gärten, dringt aber auch in Wohnungen ein. Ähnlich der Waldmaus.

Felsenmaus
Apodemus mystacinus
Körper 10–13 cm, Schwanz 10,5–14 cm. Größte Art der Gattung Apodemus. Oberseite sandgrau, Unterseite weiß. Ohne Brustfleck. Ähnlich einer jungen Ratte, ist aber schlanker und hat vergleichsweise kleine Hinterfüße.
Griechenland, Albanien und die Küstengebirge Jugoslawiens. Lebt in offenem Wald- und Buschland, besonders wo Felsen eine gewisse Deckung bieten.
Nur wenig bekannt.

Brandmaus
Apodemus agrarius
Körper 9–11,5 cm, Schwanz 7–8,5 cm. Sieht der Waldmaus sehr ähnlich, trägt aber einen auffälligen dunklen Streifen vom Nacken bis zur Schwanzwurzel. Der Schwanz ist kürzer als Kopf und Rumpf. Oberseite rötlich-braun, Unterseite weiß.
Lebt in Gebüsch, Grasland, Hecken und an Waldrändern, nicht aber in geschlossenem Wald. Schwimmt nicht freiwillig wie die Waldmaus.
Mehrere Würfe im Jahr mit 5–7 Jungen.

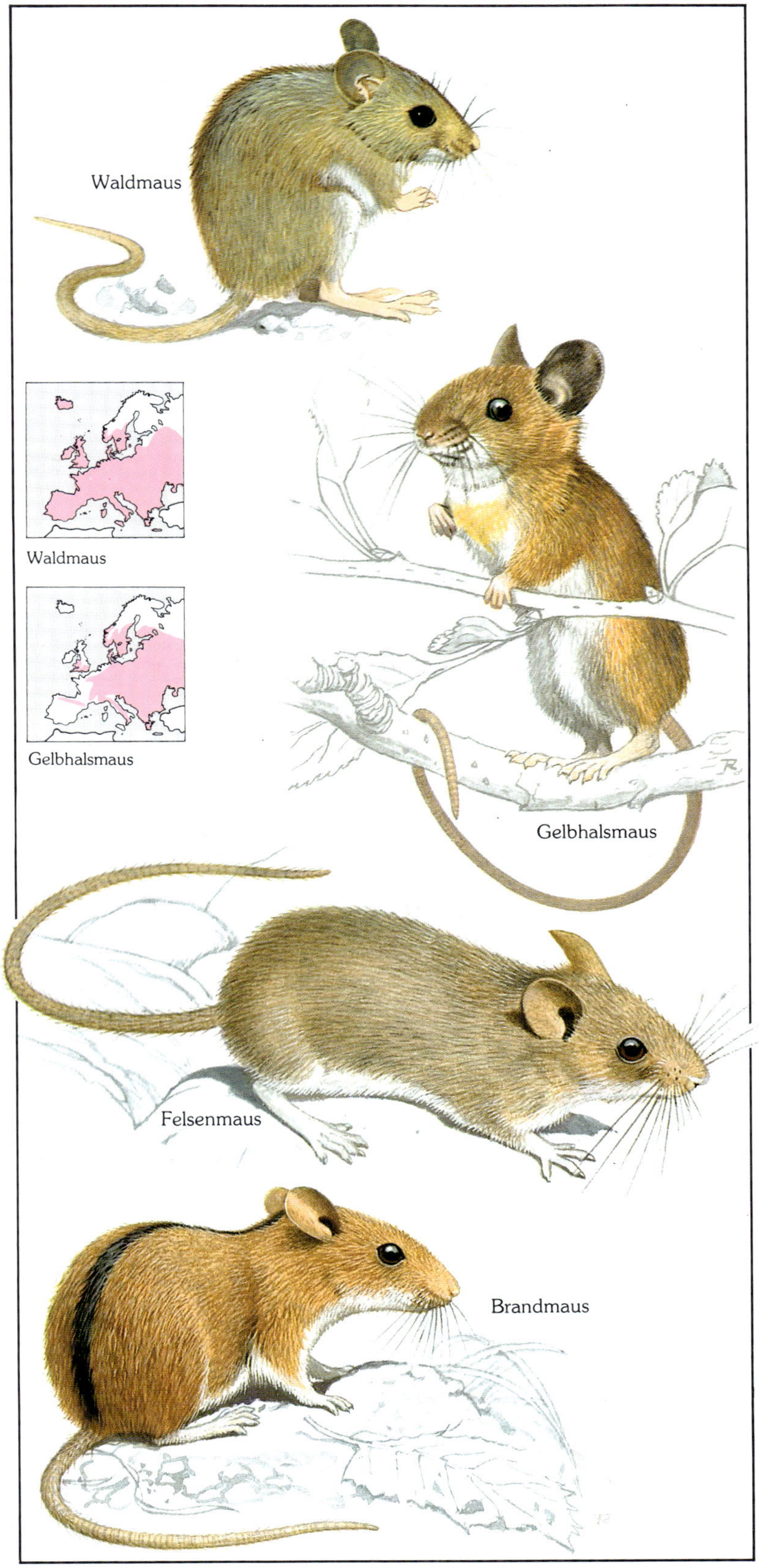

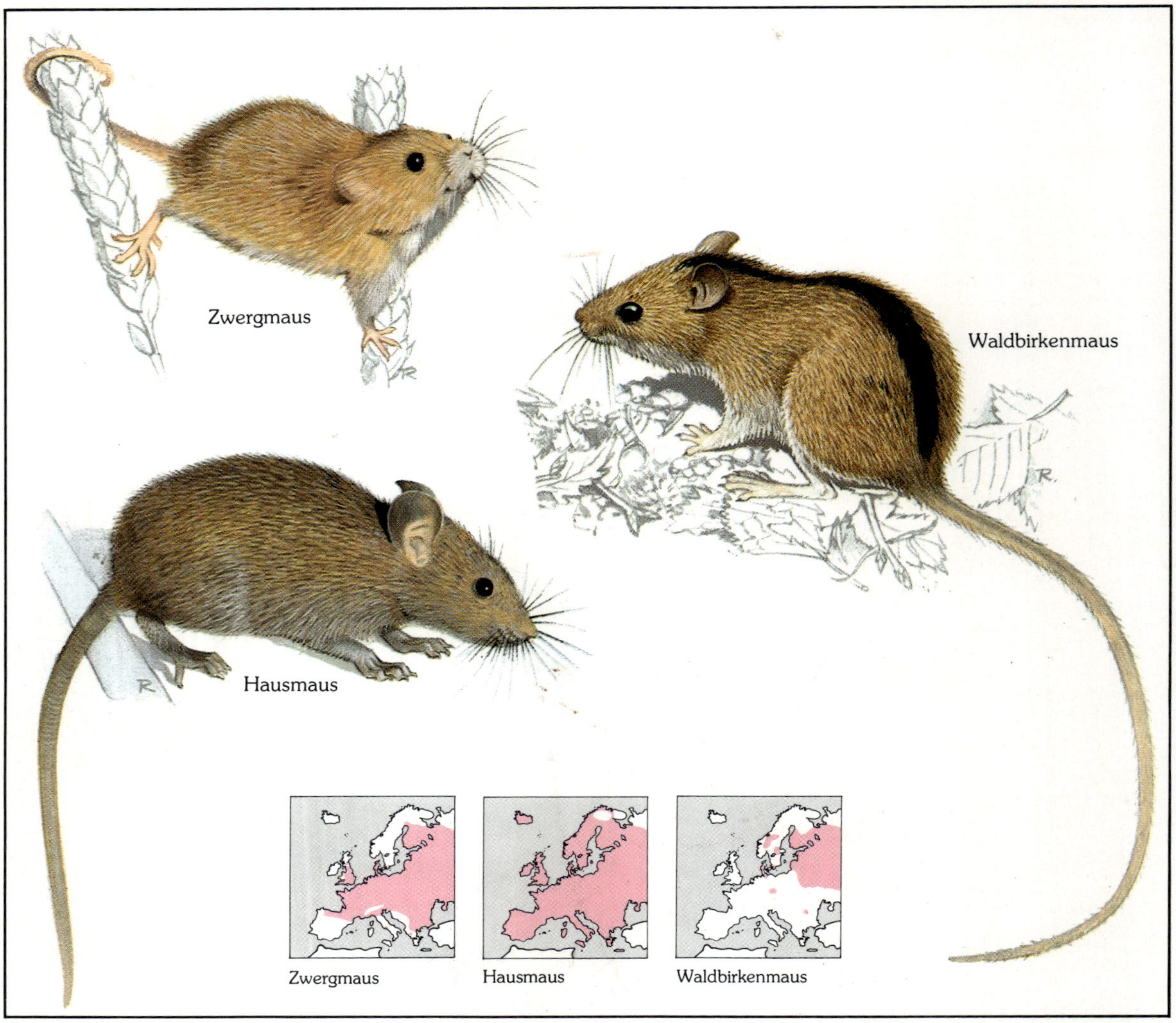

Zwergmaus
Micromys minutus
Körper 6–7,5 cm, Schwanz 5–7 cm. Kleiner Nager mit dichtem, weichem Fell. Oberseite braun mit gelblichem oder rötlichem Anflug, Unterseite weiß. Der zum Greifen geeignete Schwanz ist zweifarbig und dient als Kletterhilfe. Füße breit, Ohren klein und rund. Bevorzugt in Getreidefeldern, hohem Gras und Röhricht, wo sie an den Halmen auf- und abklettern und ihr aus Gras geflochtenes, kugeliges Nest aufhängen.
Frißt meist Samen, Früchte und Knollen, nimmt aber auch – vor allem im Sommer – Insektennahrung auf. Legt für den Winter unterirdische Vorratsspeicher an. Tag- und nachtaktiv. Hält keinen Winterschlaf. Jährlich mehrere Würfe von 5–9 Jungen.

Hausmaus
Mus musculus
Körper 7–9,5 cm, Schwanz 7–9,5 cm. Weiches braungraues Fell, unten etwas heller, Färbung unterschiedlich. Augen groß. Charakteristischer Mäusegeruch. Stammt ursprünglich aus Zentralasien, kommt heute jedoch weltweit als Kulturfolger vor. Frißt fast alles, bevorzugt aber Körner. Sie ist einer der Hauptschädlinge in Lebensmittellagern und überträgt auch verschiedene Krankheiten. Meist nachtaktiv. Bei zusagenden Bedingungen Vermehrung ganzjährig mit mehreren Würfen mit bis zu 10 (!) Jungen.

Birkenschlupfmäuse
Familie *Zapodidae*

Diese Familie mit rund 11 Arten ist auf der Nordhalbkugel weit verbreitet. In Europa kommen 2 Arten vor. Sie haben einen außergewöhnlich langen Schwanz, der zum Greifen geeignet ist, und einen deutlichen dunklen Rückenstreifen. Der Oberkiefer besitzt einen zusätzlichen Backenzahn. Man bekommt diese Tiere nur sehr selten zu Gesicht: Sie sind nachtaktiv und halten einen sehr langen Winterschlaf.

Waldbirkenmaus
Sicista betulina
Körper 5–7 cm, Schwanz 7,5–10 cm. Oberseite rotbraun, Unterseite weiß, mit einem deutlichen dunklen Rückenstreifen vom Nacken bis zur Schwanzwurzel. Lebt meist in feuchten Birkenwäldern mit dichtem Unterwuchs. Frißt kleine Insekten, aber auch Samen und Knollen. Nachtaktiv. Lebhaft und mit Hilfe des langen Greifschwanzes ein hervorragender Kletterer. Winterschlaf von Oktober bis April. Meist 1 Wurf pro Jahr mit 3–5 Jungen.

Rechts: Die Zwergmaus (Micromys minutus), die kleinste Maus Europas, hält sich bevorzugt im »Halmwald« von Wiesen und Getreidefeldern auf. Die kleinen Zehen umklammern beim Klettern die Stengel, der Schwanz dient als Sicherung.

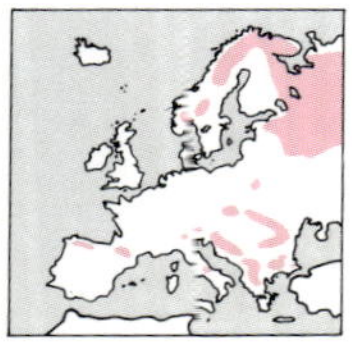
Braunbär

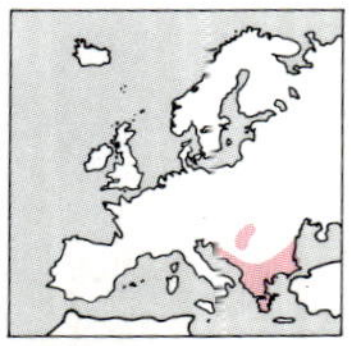
Schakal

Raubtiere
Ordnung *Carnivora*

Weltweit sind ungefähr 250 Raubtierarten verbreitet, ungefähr 25 Arten kommen in Europa vor. Der Name Carnivora bedeutet Fleischfresser; die meisten Arten sind dieser Ernährungsweise durch starke Kiefer, scharfe Zähne und mächtige Kaumuskeln angepaßt, wenn sie auch nicht völlig auf pflanzliche Nahrung verzichten.

Bären
Familie *Ursidae*

Die ungefähr 10 Arten dieser Familie sind auf der Nordhalbkugel einschließlich des nördlichen Südamerika verbreitet. Bären sind große, schwer gebaute Tiere mit kleinen Augen und Ohren. Sie haben an jedem Fuß 5 Zehen mit starken Krallen.

Braunbär
Ursus arctos
Körper bis zu 200 cm, Schwanz sehr kurz. Zottiges Fell in verschiedenen Brauntönen. Wiegt bis 250 kg. Lebt in rauhen Gegenden, oft im Gebirge. Lebt meist von vegetarischer Kost aus Wurzeln, Zwiebeln, Beeren und Samen; aber auch von kleinen Säugetieren, Eiern und Fischen. Öffnet Bienennester, um an den Honig zu gelangen. Einzelgänger; meist nachtaktiv. Hält Winterruhe in Höhlen und Erdlöchern. Die Jungen werden im Januar oder Februar geboren.

Hunde
Familie *Canidae*

Diese Familie, zu der Hunde, Wölfe und Schakale gehören, umfaßt etwa 35 Arten. Außer auf Neuseeland und einigen ozeanischen Inseln findet man sie auf der ganzen Welt, in Europa sind 5 Arten heimisch. Die meisten Mitglieder dieser Familie sind Jagdspezialisten mit langen Beinen und breiter Brust. Die Eckzähne sind groß, der Schneidemechanismus der Backenzähne ist gut entwickelt. Die stumpfen Krallen sind nicht einziehbar.

Schakal
Canis aureus
Körper bis 75 cm, Schwanz bis 36 cm. Kleiner und leichter gebaut als der Wolf; Unterscheidungsmerkmal ist auch die rotbraune Färbung seitlich des Nackens. Fell schmutzig gelb mit schwarzen und braunen Haaren. Schwanz rötlich mit schwarzer Spitze. Lebt meist in Steppe

und Buschland, ist in Wäldern seltener anzutreffen. Ernährt sich von kleinen Säugern, Vögeln, Aas, Eiern und Fischen. Lebt paarweise oder in kleinen Familien in Revieren, die durch Duftmarkierungen (Urin) abgegrenzt werden. Nachtaktiv. Die 4–5 meist im Frühjahr geborenen Jungen werden von beiden Eltern aufgezogen.

Wolf
Canis lupus
Körper bis zu 140 cm, Schwanz 40 cm. Hundeähnlich mit breitem Kopf und breiter Brust; Schwanz lang, buschig, hängend; Ohren spitz. Farbe meist bräunlich oder gelblich-grau. Lebt in abgelegenen Wäldern, Gebirgen und in der Tundra. Ernährt sich von größeren Huftieren wie Hirsch, Reh und Elch, jagt aber auch kleinere Beute. Lebt im Sommer im Familienverband in festgelegten Revieren; im Winter schließen sich die kleinen Gruppen zum Jagen zu großen Rudeln zusammen. 5–6 Junge, die im Frühjahr geboren und von beiden Eltern aufgezogen werden.

Rotfuchs
Vulpes vulpes
Körper ca. 60 cm, Schwanz 40 cm, buschig, meist mit weißer Spitze. Fell oben sandfarben bis braunrot, unten grauweiß. Vorderseite der Beine und Rückseite der Ohren schwarz. Schnauze spitz, Ohren spitz und aufrecht. Lebt bevorzugt in Wäldern. Frißt meist kleine Säuger, aber auch Insekten, kleine Vögel, Eier, Gras, Früchte und Aas. Meist Einzelgänger, die Männchen helfen jedoch bei der Aufzucht der Jungen. Meist nachtaktiv, jagt aber auch tags. Bis 4 Junge, die im Frühjahr geboren werden.

Marderhund
Nyctereutes procyonoides
Körper 50–55 cm, Schwanz 13–18 cm. Grundfarbe gelblich-braun; an Schulter, Rücken und Schwanz sind die Haarspitzen schwarz. Kopf mit waschbärartiger schwarzweißer Zeichnung. Glieder schwarz. Winterfell sehr lang und dicht. Ursprünglich in Ostsibirien und Asien heimisch, wurde zur Pelztierzucht in Europa eingeführt. Entkommene Tiere leben hauptsächlich in Flußtälern, Wiesenebenen und in Wäldern. Ernährt sich von Nagetieren, Fischen, Eicheln, Beeren und Früchten. Verbringt die härteste Winterzeit im Winterschlaf. Meist 1 Wurf mit 6–8 Jungen jährlich.

Eisfuchs
Alopex lagopus
Körper bis zu 67 cm, Schwanz bis 42 cm. Sommerkleid meist graubraun, Winterkleid weiß. Schnauze und Ohren kürzer als beim Rotfuchs. Wird wegen des wertvollen Pelzes sehr stark bejagt. Lebt in der Tundra und in Küstennähe. Ernährt sich hauptsächlich von Mäusen, Lemmingen, Vögeln, Aas, Krebsen und Muscheln. Gilt als sehr zutraulich. Pro Jahr bis zu 2 Würfe mit je 5–8 Jungen.

Marder
Familie *Mustelidae*

Mit Ausnahme von Australien, Madagaskar und einigen Ozeanischen Inseln ist diese Familie weltweit verbreitet. Zu ihr gehören rund 70 Arten mittelgroßer, kurzbeiniger Tiere, die sich mit ihrem langen Körper schlängelnd fortbewegen: Wiesel, Marder, Dachse, Otter, Nerze und ähnliche Tiere. Die meisten Arten besitzen Stinkdrüsen am After. Sie sind Fleischfresser mit ausgeprägten Eckzähnen und gut entwickelten schneidenden Backenzähnen. Viele Arten werden ihres Pelzes wegen gejagt, andere werden als Schädlinge verfolgt.

Mauswiesel
Mustela nivalis
Körper um 20 cm, Schwanz 6 cm, ohne schwarze Spitze. Weibliche Tiere kleiner als männliche. Kleinstes europäisches Raubtier. Oben rötlich-braun, unten weiß, oft mit braunen Flecken. Bekommt im Norden des Verbreitungsgebietes (Rußland, Skandinavien) ein weißes Winterkleid.
Ist fast überall anzutreffen, selbst in Städten. Tag- und nachtaktiv, jagt Mäuse, Wühlmäuse und andere kleine Nager und Vögel und frißt sehr gerne Eier. Kann in Geflügelfarmen und unter Wildvögeln erhebliche Schäden anrichten.
1–2 Würfe jährlich mit je 4–6 Jungen.

Tigeriltis
Vormela peregusna
Körper 30–38 cm, Schwanz 15–20 cm. Ähnlich wie Iltis, Körper jedoch deutlich dunkelbraun und cremefarben gezeichnet. Unterseite dunkelbraun.
Lebt in offenem Gelände mit Gestrüpp und Bäumen, kommt aber auch auf Kulturland vor.
Frißt kleine Säuger, Vögel, Eidechsen und andere Kleintiere.

Iltis
Mustela putorius
Körper 30–44 cm, Schwanz 13–18 cm. Grobe, dunkelbraune Grannenhaare überdecken ein dichtes gelbliches Fell aus Flaumhaaren. Unterseite schwarz. Schnauze und Stirn weiß. Lebt meist in Waldgebieten in der Nähe von Gewässern. Frißt Nager, Kaninchen, Frösche, Eier, Vögel und wirbellose Tiere. Fast ausschließlich nachtaktiv und einzelgängerisch lebend. Bodentier, das auch gut schwimmen kann.
1 Wurf jährlich mit 5–6 Jungen.
Wurde früher wegen seines Felles gejagt und auch wegen der Schäden, die er gelegentlich in der Geflügelhaltung anrichtet.

Steppeniltis
Mustela eversmanni
Körper 30–44 cm, Schwanz 13–18 cm. Dem Iltis sehr ähnlich, Oberseite aber von hellerer Farbe. Kommt meist in Grasland, Gebüsch und auf Feldern vor. Hauptbeute sind Steppentiere wie Hamster und Ziesel. Tagaktiver als der Iltis.

Hermelin
Mustela erminea
Körper 22–32 cm, Schwanz 8–12 cm, mit schwarzer Spitze. Männchen beträchtlich größer als Weibchen. Körper lang und schlank mit kurzen Beinen. Oberseite rötlich-braun, Unterseite weiß bis gelblich. Im nördlichen Verbreitungsgebiet ist das Winterkleid bis auf die schwarze Schwanzspitze weiß.
Das anpassungsfähige Tier lebt meist in Wäldern, kommt aber auch in Hecken und moorigem Gelände vor. Es ernährt sich fast ausschließlich von Nagetieren, Kaninchen, Fischen, Vögeln und Eiern. Nachtaktiv, jagt gelegentlich aber auch tagsüber.
1 Wurf jährlich mit 4–5 Jungen. Die Populationsdichte schwankt stark mit dem Nahrungsangebot.

Der Iltis besitzt glänzende dunkelbraune bis schwarze Grannenhaare und eine gelblich-weiße Unterwolle, die vor allem an den Seiten immer wieder durchschimmert, so daß das Fell zweifarbig erscheint.

Iltis
Steppeniltis
Weibchen
Mauswiesel
Männchen
Tigeriltis
Steppeniltis
Iltis
Winterfell
Hermelin
Sommerfell
Hermelin

Nerz
Mustela lutreola
Körper 35–40 cm, Schwanz 13–14 cm. Männchen größer als Weibchen. Fell einfarbig braun mit Ausnahme des weißen Kinns und der weißen Oberlippe. Füße mit Andeutungen von Schwimmhäuten.
Lebt in sumpfigem Gelände sowie an Fluß- und Seeufern. Schwimmt und taucht gut.
Frißt Nagetiere, die am Wasser leben, Vögel, Frösche und Fische.
Nachtaktiver Einzelgänger. Wohnhöhlen meist am Rand eines Gewässers mit einem Zugang von der Wasserseite aus und einem vom Land her. Schläft tagsüber auch oft in hohlen Bäumen oder unter Wurzeln.
Meist 1 Wurf mit 4–5 Jungen jährlich.

Edelmarder
Martes martes
Körper 40–55 cm, Schwanz 22–27 cm, buschig. Fell oben und unten braun bis fast schwarz. Deutlicher gelblicher bis orangefarbener Kehlfleck. Spitze Schnauze, Ohren aufrecht.
Lebt in Wäldern, vor allem Kiefernwäldern, in Nordeuropa.
Ernährt sich von kleinen Vögeln, Eichhörnchen und anderen kleinen Nagetieren, Kaninchen und Eiern; verzehrt aber auch Honig und Beeren. Meist nachtaktiv. Jagt in kleinen Gruppen oder auch allein. Guter Kletterer.
Meist im Frühjahr 1 Wurf mit 3 Jungen. Der Edelmarder wird wegen seines Pelzes stark gejagt, deshalb in vielen Teilen seines Verbreitungsgebietes selten geworden.

Steinmarder
Martes foina
Körper 40–48 cm, Schwanz 22–26 cm. Der Steinmarder ähnelt dem Edelmarder, besitzt aber einen rein weißen Kehlfleck, der oft durch einen dunklen Streifen geteilt ist. (Bei der kretischen Form ist der Kehlfleck sehr klein oder kann auch ganz fehlen.)
Lebt in Laubwäldern und felsigen Gebieten, häufig in der Nähe von Ansiedlungen.
Ernährt sich von Mäusen, Spitzmäusen, Vögeln, Fröschen und Eidechsen; frißt gelegentlich auch Beeren und andere Früchte. Verhalten ähnlich wie Edelmarder. Legt seine Baue in Häusern und Scheunen an und fühlt sich auch in Ortschaften wohl.
Meist 1 Wurf pro Jahr mit 3–6 Jungen.

Otter
Lutra lutra
Körper 60–80 cm, Schwanz 35–45 cm, sich allmählich verjüngend. Oberseite sattes Braun, Unterseite heller, besonders am Hals. Die dichten grauen Flaumhaare werden von langen, glänzenden Grannenhaaren überragt. Kurze Beine, Füße mit Schwimmhäuten, Ohren sehr klein. Lebt an Seen und Fließgewässern und ernährt sich vorwiegend von verschiedenen Fischen, frißt aber auch Krebse und andere Wirbellose sowie Vögel. An Land fängt er Mäuse, Kaninchen und andere Kleinsäuger. Meist nachtaktiv. Einzelgänger. Sehr guter Schwimmer und Taucher.
Meist 2–3 Junge pro Wurf. Wird wegen seines Pelzes und zum Schutz von Fischzuchten gejagt, ist daher und wegen der Zerstörung seines Lebensraumes in Teilen seines Verbreitungsgebietes selten geworden.

Dachs
Meles meles
Körper 60–70 cm, Schwanz 12–19 cm. Kopf mit langer, spitzer Schnauze. Fell oben grau, unten und an den Beinen schwarz. Kopf weiß mit zwei auffälligen schwarzen Streifen von den Backen über die Augen bis zu den Ohren, deren Spitzen wieder weiß sind. Lebt in Wäldern und Dickichten in ausgedehnten, unterirdischen Bauen, kommt auch auf Feldern und in Hecken vor. Ernährt sich von den verschiedensten Tieren und Pflanzen, einschließlich Regenwürmern, kleinen Säugern, Aas, Früchten, Nüssen und Knollen. Lebt im Familienverband. Nachtaktiv. Einzelgänger. Legt mehrere Meter tiefe Erdbaue mit vielen Ein- und Ausgängen an.
Im Spätwinter oder zeitigen Frühjahr ein einziger Wurf mit 1–4 Jungen.

Vielfraß
Gulo gulo
Körper 70–80 cm, Schwanz 16–25 cm. Dichtes, zottiges Fell; Oberseite braun mit einem helleren Band an den Seiten und weißlicher Stirnbinde, Unterseite ebenfalls dunkel. Kurze, kräftige Beine. Lebt in Nadelwäldern im nördlichen Europa und in Tundren.
Ernährt sich im Sommer vorwiegend von Nagetieren, Vögeln, Eiern und wirbellosen Tieren, im Winter hauptsächlich von Aas. Greift auch kranke und schwache größere Tiere, selbst Hirsche, an. Seine ungewöhnlich starken Kiefer sind zum Zerreißen von Aas geeignet. Jagt allein oder paarweise. Nachtaktiv.
Jedes Frühjahr ein einziger Wurf mit 2–3 Jungen.

Schleichkatzen und Mangusten
Familie *Viverridae*

Diese Familie kleiner bis mittelgroßer Raubtiere mit ungefähr 75 Arten ist in Asien, Afrika und auch Südeuropa weit verbreitet. Zu ihr gehören Genetten, Zibetkatzen und Mangusten, von denen viele ein gestreiftes oder getupftes Fell tragen. Der Körper ist geschmeidig, der Schwanz lang und buschig.
Zibet, die Ausscheidung aus den Stinkdrüsen einiger Arten, wird für die Parfumherstellung und in der Pharmaindustrie verwendet.

Manguste
Herpestes ichneumon
Körper 50–55 cm lang und biegsam. Schwanz 35–45 cm, spitz auslaufend und am Ende schwarz. Einheitlich graubraun.
Häufig in Afrika von Ägypten bis zum Kap, von dort vermutlich nach Spanien und Portugal eingeführt. Lebt in Gebüsch und in lichten Wäldern. Frißt Nagetiere, Vögel, Eier und Reptilien. Wegen ihres unglaublich schnellen Reaktionsvermögens kann sie ohne Gefahr selbst giftige Schlangen erlegen. Nachtaktiv, gelegentlich aber auch tagsüber unterwegs. Meist einzelgängerisch, wird gelegentlich aber auch in kleinen Familienverbänden angetroffen. Pro Jahr meist 1 Wurf im Spätsommer.

Ginsterkatze
Genetta genetta
Körper 50–60 cm, Schwanz 40–50 cm, spitz. Das blaßbraune Fell ist dunkel gefleckt, der Schwanz in denselben Farben geringelt. Beine kurz, Ohren groß.
Kommt in fast ganz Afrika und Arabien vor. Lebt in Spanien und Südfrankreich in Buschland und Gestrüpp.
Ernährt sich meist von kleinen Säugern, Vögeln und Insekten. Nachtaktiv, gewöhnlich Einzelgänger.
Meist 1–3 Junge in 2 Würfen (Frühjahr und Spätsommer).

Kleinbären
Familie *Procyonidae*

Zu dieser kleinen Familie mit rund 18 Arten gehören Waschbären und Wickelbären. Zum Teil werden auch die asiatischen Katzenbären und Bambusbären dazugerechnet. Nur eine Art kommt in Europa vor; sie stammt aus den tropischen und gemäßigten Zonen Amerikas. Die meisten Arten sind kleine bis mittelgroße Raubtiere mit langem Schwanz und gut entwickelten Eckzähnen.

Waschbär
Procyon lotor
Körper 50–60 cm, Schwanz 30–40 cm. Leicht zu erkennen an der schwarzen Gesichtsmaske auf weißem Grund und dem deutlich geringelten Schwanz. Sonst einheitlich graubraun gefärbt. Weit verbreitet in Nord- und Südamerika. Aus deutschen Pelztierfarmen ausgebrochen. Jetzt heimisch in Hessen, Norddeutschland, Holland und Luxemburg. Lebt hauptsächlich in Wäldern, bevorzugt in Gewässernähe. Frißt meist Wassertiere, vor allem Krebse, Fische und Wasserinsekten, aber auch Nagetiere und einige Landpflanzen. Nachtaktiv.
Meist 1 Wurf von 3–4 Jungen im Frühjahr.

Katzen
Familie *Felidae*

Diese Familie mit über 36 Katzenarten ist weltweit verbreitet, aber nur 3 Arten sind in Europa heimisch. Obwohl sich die Arten in Größe und Fellzeichnung stark unterscheiden, sind sie alle unverkennbar katzenähnlich mit gelenkigem, muskulösem Körper, kurzem, rundem Kopf, Augen, deren Pupillen sich zu senkrechten Schlitzen verengen, und deutlich ausgebildeten Schnurrhaaren. Die Krallen sind einziehbar.

Die Wildkatze geht vor allem in der Dämmerung auf Jagd. Mit ihrem guten Seh- und Hörvermögen kann sie aber auch nachts sehr sicher Beute ausmachen und erlegen.

Wildkatze
Felis sylvestris
Körper 50–65 cm, Schwanz 30 cm lang, stumpf endend. Kräftiger als Hauskatze, mit kurzem, buschigem Schwanz, der deutlich dunkel geringelt ist, meist deutlich gestreiftes Fell und helle Pfoten.
Lebt in dichten Wäldern und felsigen Hügeln.
Frißt meist kleine Säuger, Hasen und Kaninchen, erlegt aber auch Kitze und Lämmer, Vögel, Fische und einige Insekten. Nachtaktiv und Einzelgänger. Meist 2–4 Junge im späten Frühjahr.

Wildkatze

Luchs
Felis lynx
Körper 80–130 cm, Schwanz 11–25 cm, mit schwarzer Spitze. Mit langen Beinen, deutlichen Pinselohren und rundem Kopf mit Backenbart. Fell rötlich mit dunklen Flecken in unterschiedlicher Zahl. Der kleinere und deutlicher gefleckte spanische Luchs (Pardelluchs) wird von einigen Zoologen als eigene Art betrachtet. Heimisch in Nordamerika und Asien, früher auch in Europa weit verbreitet. Heute fast im ganzen Verbreitungsgebiet selten und in vielen Gebieten geschützt. Lebt meist in Nadelwäldern in gebirgigem Gelände, auch in Buschland.
Jagt Hasen, Nagetiere, junges Hirsch- und Rehwild. Nachtaktiv. Meist 2–3 Junge im Frühjahr.

Luchs

Unpaarhufer
Ordnung *Perissodactyla*

Zu dieser Ordnung gehören etwa 17 Arten von Pferden, Tapiren und Nashörnern. Die Anzahl der Zehen ist auf 3 oder 1 verringert; das Gewicht des Tieres ruht auf der mittleren Zehe.

Pferde
Familie *Equidae*

Eine Familie asiatischen und afrikanischen Ursprungs mit charakteristischem langem Hals und langem Kopf, nur einem belasteten Zeh an jedem Fuß und langem Schwanz. Pferde sind Steppentiere.

Pferd
Equus caballus
Größe je nach Rasse unterschiedlich. Pferde sind durch den Menschen weltweit verbreitet worden. In Europa gibt es keine echten Wildpferde, obwohl in einigen Gegenden recht ursprüngliche Rassen in fast wildem Zustand überleben (wie die Ponys von New Forest und Exmoor in England und die Camargue-Pferde in Frankreich). Das Przewalski-Pferd aus China und der Mongolei, das dem Wildpferd am nächsten kommt, wird oft in Herden in Zoos gehalten.

Paarhufer
Ordnung *Artiodactyla*

Zu dieser Ordnung gehören alle Tiere mit gespaltenem Huf wie Schweine, Schafe, Hirsche, Antilopen, Giraffen und Rinder. Fast alle größere Pflanzenfresser zählen dazu. Das Körpergewicht wird von den beiden mittleren Zehen getragen. Viele Arten sind Wiederkäuer. Sie besitzen einen kompliziert gebauten Magen mit mehreren Kammern, der große Mengen pflanzlicher Nahrung bewältigen kann.

Schweine
Familie *Suidae*

9 Schweinearten kommen in Europa, Afrika und Asien vor. Sie leben bevorzugt in Wäldern mit guter Deckung. Alle Wildarten haben lange Schnauzen und viele Zähne. Die Hauer haben sich aus Eckzähnen entwickelt.

Wildschwein
Sus scrofa
Körper 180 cm, Schwanz 30 cm. Dichtes, borstiges Fell von grauer bis schwarzer Farbe, lange, bewegliche Schnauze (Rüssel). Männchen mit stark entwickelten Eckzähnen (Hauer). Jungtiere (Frischlinge) mit gelben Längsstreifen auf dem Rücken. Kommt bevorzugt in Laubwäldern vor. Frißt Wurzeln, Zwiebeln, Eicheln und Bucheckern, aber auch Fleisch. Kann in der Landwirtschaft in Hackfrüchten größere Schäden anrichten. Große Würfe mit bis zu 12 Jungen im Frühjahr.

Hornträger
Familie *Bovidae*

Zu dieser Familie gehören mehr als 100 Arten, die fast weltweit verbreitet sind. Sie leben vegetarisch und haben zusammengesetzte Mägen. Die meisten Arten tragen unverzweigte Hörner aus einem mit den Schädelknochen fest verwachsenen Knochenzapfen, der von einer Hornscheide umgeben ist. Viele Arten leben gesellig und bilden große Herden.

Mufflon
Ovis musimon
Körper 120 cm, Schwanz 6 cm. Kurzes, grobes, rotbraunes Fell mit dunklen Stellen; bei den Böcken an den Flanken je ein weißer Fleck. Beine und Schnauze weiß. Lebt auf dem europäischen Festland in lichten Wäldern, auf Mittelmeerinseln in offenem Gelände. Ernährt sich hauptsächlich von Gräsern, Kräutern und Sträuchern. Gesellig. Im Frühjahr 1–2 Lämmer.

Hausziege
Capra hircus
Unterscheidet sich von der Wildziege in der komplizierten Biegung der Hörner, die nach hinten stark nach außen und an den Enden nach oben geschwungen sind. Weibchen mit kurzen Hörnern. Fell verwilderter Hausziegen lang und unterschiedlich gefärbt.
Verwilderte Hausziegen leben in England und auf vielen Mittelmeerinseln.

Alpensteinbock
Capra ibex
Körper 140 cm, Schwanz 15 cm. Weibliche Tiere deutlich kleiner. Wildziege mit vorwiegend grauem Fell mit dunkleren Zonen und schwarzen Streifen an den Seiten. Am Bauch weiß. Gehörn schwer und nach hinten geschwungen, vorn mit hohen Wülsten. Das kurze Gehörn der Weibchen zeigt gerade nach hinten.
Lebt auf Alpenwiesen und Matten über der Baumgrenze.
Frißt meist Sträucher, Gräser und Sauergräser, im Winter gelegentlich auch Flechten. Im Frühjahr ein einziges Kitz.

Gemse
Rupicapra rupicapra
Körper 90–130 cm, Schwanz 3–4 cm. Ziegenähnlich, Fell rauh und steif. Sommerkleid rötlichbraun mit schwarzem Rückenstrich, Winterkleid länger und fast schwarz. Unterseite heller und mit weißem Kehlfleck. Beide Geschlechter tragen ein hakenförmiges Gehörn, das am Ansatz dicht beieinander steht. Die Hörner werden bis zu 20 cm lang.
Lebt im Gebirge an bewaldeten Hängen und auch über der Baumgrenze. Zieht im Winter zu tiefer gelegenen Weidegründen in den Tälern.
Ernährt sich im Sommer fast ausschließlich von Kräutern, im Winter auch von Flechten und Moosen, frißt auch Triebspitzen von Bäumen. Gesellig, bildet im Winter größere Herden. Männchen meist Einzelgänger, außer während der Brunftzeit. Bekannt für ihre gewaltigen Sprünge.
Im Frühjahr wird meist ein einziges Kitz geboren.

Das Dartmoor-Pony ist eines der wenigen Pferde, die heute noch halbwild vorkommen.

Wildschwein
Mufflon
Hausziege
Alpensteinbock
Gemse
Wildschwein
Mufflon
Alpensteinbock
Gemse

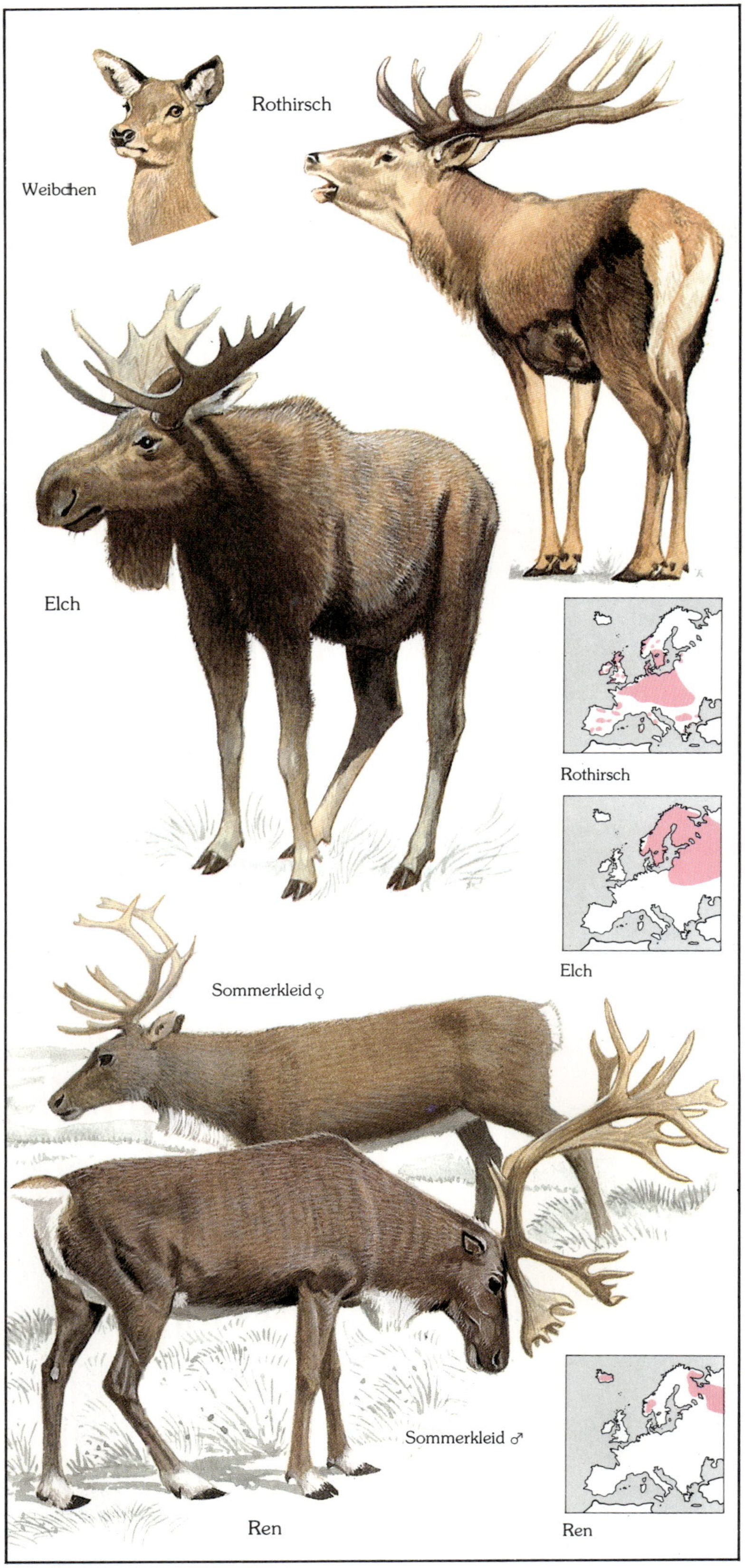

Hirsche
Familie *Cervidae*

Diese Familie mit rund 53 Arten ist weit verbreitet. Zu den 5 ursprünglich heimischen Arten kamen 5 weitere nach Europa. Bei allen Arten tragen zumindest die Männchen Geweihe. Dies sind feste knöcherne Fortsätze, die auf den mit Haut überzogenen Rosenstöcken auf dem Schädel sitzen. Die Geweihe bilden sich jedes Jahr neu und werden nach der Brunftzeit abgeworfen. Die frisch wachsenden Geweihe sind von einer stark durchbluteten Haut, dem Bast, umgeben.

Rothirsch
Cervus elaphus
Schulterhöhe bis zu 140 cm. Rotbraunes Sommerfell, dichteres, braungraues Winterfell. Unterseite weißlich, um den Schwanz hellbraun. Kälber meist braun gefärbt mit helleren Flecken. Nur männliche Tiere tragen Geweihe, die im August voll ausgebildet sind.
Lebt in dichten Laubwäldern, hat sich örtlich auch an Moore und lichte Wälder angepaßt. Ernährt sich von Laub, Trieben von Laubbäumen und Sträuchern; verzehrt auch Nüsse und Früchte.
Hirschkühe mit ihren Kälbern bilden eigene Herden; die männlichen Tiere leben außerhalb der Brunft einzelgängerisch oder in losen Trupps. Im Frühsommer meist nur ein einziges Kalb.

Elch
Alces alces
Schulterhöhe 180–200 cm. Körper graubraun bis schwarz, Beine und Schnauze heller. Beine sehr lang. Schnauze breit und charakteristisch nach unten gebogen. Männliche Tiere tragen ein Schaufelgeweih mit zahlreichen Enden. Lebt im Sommer in Sumpfgebieten und begibt sich im Winter auf trockeneres Land, oft auch in Wälder. Frißt im Sommer Blätter, junge Triebe und Wasserpflanzen, im Winter Rinde und Zweige. Brunft im September. Meist werden im Mai/Juni Zwillinge geboren.

Ren
Rangifer tarandus
Schulterhöhe 110–120 cm. Dichtes Fell unterschiedlicher Färbung, im Sommer meist dunkel graubraun und im Winter heller. Ohren klein, Schwanz kurz. Hufe besonders breit und tief gespalten. Beide Geschlechter tragen Geweihe.
Die Geweihe der Weibchen sind kleiner, werden aber auch im Winter getragen, während das Männchen sein Geweih im Frühwinter abwirft. Lebt in der Taiga und Tundra Nordeuropas.
Frißt im Sommer Gräser, Sauergräser und einige kleine Tiere, im Winter Flechten und junge Triebe. Brunft im Spätherbst; ein Kalb oder Zwillinge im Frühjahr.

Damhirsch
Cervus dama
Schulterhöhe rund 100 cm. Oberseite meist rötlichgelb mit weißen Flecken, Unterseite gelblich-weiß. Im Winter mehr grau mit weniger deutlichen Flekken. Hinterteil mit kräftigem schwarzweißem Muster. Ziemlich langer Schwanz mit schwarzem Streifen. Flache, schaufelförmige Geweihe nur von männlichen Tieren getragen. Sie sind im August voll entwickelt und werden im Mai abgeworfen. Lebt in Laub- und Mischwäldern mit Unterholz und Lichtungen. Ernährt sich von Gräsern, Kräutern und Beeren, im Winter auch von der Rinde junger Bäume. Bilden im Winter gemischte Herden, im Frühjahr sondern sich die Männchen ab. Brunft im Herbst, ein Kalb wird im Frühjahr geboren.

Sikahirsch
Cervus nippon
Schulterhöhe 80–90 cm. Sommerkleid hellbraun mit undeutlichen Flecken, Kopf grau, Winterkleid dunkler braun. Schwanz kurz und weiß. Weißes Hinterteil, dunkel umrandet. Die Geweihe haben bis zu 4 Enden, sind im September frei von Bast und werden im April wieder abgeworfen. Kommt ursprünglich in den Laubwäldern Ostasiens vor, ist in viele Parks nach Europa eingeführt. Frißt Gräser, Kräuter und Laub von jungen Trieben. Brunft September bis Oktober; ein Kalb im Mai/Juni.

Reh
Capreolus capreolus
Schulterhöhe 75 cm, Geiß kleiner. Sommerfell glatt, rotbraun, Winterfell länger, graubraun. Unterseite weiß. Schwanz kaum sichtbar. Geweihe klein und aufrecht, am Ansatz stark ausgebildete Rosen, haben nur 3 Enden. Das Gehörn ist im Mai entwickelt und wird im November abgeworfen. Kitze getupft. Häufig in Waldgebieten Nordeuropas, seltener im Süden. Bevorzugt lichte Wälder. Frißt vor allem Blätter von Bäumen und Sträuchern, nimmt aber auch Gräser, Nüsse, Pilze und Kräuter auf; im Winter Triebe und Baumrinde. Brunft im Spätsommer, Wurfzeit im Frühsommer des nächsten Jahres.

Muntjak
Muntiacus reevesi
Schulterhöhe 40 cm. Dunkelrotes Fell mit weißen Flecken an Kinn, Kehle und Spiegel. Weibliche Tiere heller. Schwanz lang und buschig. Böcke tragen einfache, nach hinten gebogene Geweihe, die auf sehr langen, behaarten Rosenstökken sitzen. Kitze mit geflecktem Fell. Aus seiner Heimat Südchina in Parks in England und Frankreich eingeführt. Lebt in Wäldern mit ausreichender Deckung und grast dort auf Lichtungen. Ernährt sich von Kräutern, Gräsern, Früchten, Laub und Triebspitzen. Schält auch Bäume. Keine feststehenden Brunftzeiten. Einzelne Kitze werden zu jeder Jahreszeit geboren.

Robben
Ordnung *Pinnipedia*

Zu dieser Ordnung gehören rund 30 Arten von Raubtieren, die weltweit in küstennahen Gewässern leben, am häufigsten jedoch in gemäßigten und kalten Klimazonen. Ihre Körper sind stromlinienförmig, die Füße flossenähnlich und mit Schwimmhäuten versehen. Die Ohren sind klein oder fehlen ganz, die Nasenlöcher schlitzartig.

Seehunde
Familie *Phocidae*

Die 18 Arten der ohrenlosen Seehunde sind weltweit verbreitet. Tran- und Pelzindustrie haben den Bestand an Seehunden gefährdet. Heute sind die selten gewordenen Tiere geschützt.

Seehund
Phoca vitulina
Länge 200 cm, Weibchen kleiner. Färbung von graugelb bis dunkelbraun, meist mit deutlichen dunklen Flecken. Nasenlöcher V-förmig angeordnet. Schnauze im Profil konkav. Ernährt sich von Fischen, Mollusken und Krustentieren. Im Hochsommer wird ein einziges Junges an Land geboren. Es kann sofort nach seiner Geburt schwimmen.

Kegelrobbe
Halichoerus gryphus
Länge 380 cm, weibliche Tiere viel kleiner. Schnauze lang und deutlich kegelförmig. Nasenlöcher weit auseinanderstehend. Fell dunkelbraun oder schwarz mit helleren Flecken. Weibliche Tiere heller. Jungtiere weiß, werden aber nach 2–3 Wochen dunkler. Frißt hauptsächlich Fische und Tintenfische. Die wanderfreudigen Tiere vermehren sich in großen Kolonien. Die Jungen werden im Herbst an Land geboren und schon nach 2–3 Wochen verlassen.

Mönchsrobbe
Monachus monachus
Länge 270 cm. Oberseite braun. Unterseite mehr grau mit deutlichem weißem Bauchfleck. Jungtiere schwarz. Bildet zur Wurfzeit im Herbst kleine Kolonien in abgelegenen Buchten.

Wale
Ordnung *Cetacea*

Zu dieser deutlich abgegrenzten Ordnung gehören etwa 90 Wassertiere. Aus europäischen Meeren sind 25 Arten bekannt. Mit den zu Flossen umgebildeten Vorderbeinen, den fehlenden Hinterbeinen, der Stromlinienform und dem kräftigen Schwanz mit waagrechter Flosse, der zur Fortbewegung dient, hat sich der Wal dem Leben im Wasser ideal angepaßt. Die Nasenlöcher liegen als sogenannte Blaslöcher am höchsten Punkt des Kopfes.

Schweinswale
Familie *Phocoenidae*

Echte Schweinswale werden nie größer als 2 m. Die Schnauzen sind stumpf und nicht geschnäbelt. Von den insgesamt 7 Arten lebt eine in europäischen Gewässern.

Schweinswal
Phocoena phocoena
Länge bis zu 1,8 m. Plump gebaut, ohne Schnabel, mit kleiner, breiter Rückenflosse. Oberseite schwarz, Unterseite weiß, Flossen schwarz.
Weit verbreitet im Nordatlantik, vom Weißen Meer bis zum Mittelmeer und Schwarzen Meer. Lebt gern in Küstengewässern und begibt sich auch in Buchten und große Flüsse. Frißt Fische, Tintenfische und Krustentiere. Lebt in kleinen Gruppen. Schwimmt relativ langsam. Tragzeit ungefähr 1 Jahr. Im Juli – August wird ein Junges geboren.

Delphine
Familie *Delphinidae*

Aus dieser Familie mit rund 55 Arten kleiner Wale kann man 10 Arten in europäischen Meeren antreffen. Sie können sehr schnell schwimmen und leben meist von Fischen. Sie schließen sich oft in Gruppen, manchmal auch in Schulen von Hunderten von Tieren zusammen.

Delphin
Delphinus delphis
Länge bis zu 2,4 m. 10–12 cm langer, schlanker Schnabel, durch eine Furche deutlich von der Stirn abgesetzt. Oberseite schwarz, Unterseite weiß mit einem unregelmäßigen graugelb-weißen Muster an den Seiten. Unterhalb der Rückenflosse deutlich bogenförmiger Übergang zwischen heller und dunkler Färbung. Dunkler Augenring, der sich bis zur Stirn erstreckt. Weltweit in gemäßigten und warmen Meeren, wandert aber gelegentlich auch in arktische Gewässer. Lebt meist von Fischen, Kraken und Tintenfischen. Gesellig. Schwimmt sehr schnell. Tragzeit ungefähr 10 Monate. Ein einziges Junges wird im Sommer geboren.

Grindwal
Globicephala melaena
Länge bis zu 8,5 m. Stirn stark gewölbt, sehr kurzer Schnabel. Schwarz, mit Ausnahme der weißen Kehle und Brust. Lange und zurückgebogene Rückenflosse ungefähr auf halber Länge. Schmale, lang zugespitzte Flossen.
Häufig in Küstengewässern von der Arktis bis zum Mittelmeer. Frißt meist Kraken und Tintenfische.
Versammelt sich oft zu großen Schulen von bis zu 100 Tieren. Wandert im Sommer nordwärts. Lange Tragzeit, deshalb werden einzelne Junge nur alle 2–3 Jahre geboren.

Schweinswal

Delphin

Grindwal

Delphine sind sehr verspielte und äußerst gelehrige Tiere, die gesellig in kleineren oder größeren Gruppen (Schulen) leben.

Kapitel 2

Vögel

Die Vögel (Aves) bilden eine der größten Klassen der Wirbeltiere mit ihren 28 Ordnungen und etwa 9000 Arten. Ihre charakteristischen Merkmale sind der Besitz von Federn, die Umbildung der vorderen Gliedmaßen zu Flügeln und ihre Warmblütigkeit.

Die meisten Vögel sind zu aktivem Flug fähig. Eine Einbuße des Flugvermögens erfolgte aber bei Vögeln mit großem Körpergewicht (z. B. Strauße), bei einigen Wasservögeln durch Umbildung der Flügel zu Ruderorganen (z. B. Pinguine) und bei Vögeln, die besondere Lebensräume und -gewohnheiten besitzen (z. B. der nächtlich lebende Kiwi).

Die Größe der Vögel variiert sehr stark, vom riesigen Strauß, der bis zu 2,70 m hoch und über 150 kg schwer werden kann, bis zum kleinen Kolibri, dessen Körperlänge nur 6 cm beträgt und der nicht mehr als 2 g wiegt. Vögel kommen überall vor, vom offenen Meer bis in die Wüste, von den eisigen Polargebieten bis in die tropischen Regenwälder. Und so vielgestaltig und unterschiedlich ihr Lebensraum ist, so verschieden sind ihre Lebens- und Verhaltensweisen.

Beine und Schnabelform eines Vogels können uns z. B. eine Menge über seinen Lebensraum und seine Ernährung sagen. So haben Vögel, die in sumpfigen Gebieten zu Hause sind, gewöhnlich lange Beine mit langen, weit auseinandergespreizten Zehen. Vögel, die sich die meiste Zeit ihres Lebens im Wasser aufhalten, besitzen meist kurze, mit Schwimmhäuten versehene Beine, und bei Vögeln, die viel auf Ästen und Zweigen sitzen (wie die meisten unserer Gartenvögel), sind zum besseren Halt drei der vier Zehen nach vorne und eine nach hinten gerichtet. Körner- und samenfressende Vögel besitzen in der Regel einen kurzen, kräftigen Schnabel, Insektenfresser entweder kurze, dünne Schnäbel, die sie wie eine Pinzette benutzen, oder lange, dünne Schnäbel, mit denen sie tief in Spalten und Ritzen nach Freßbarem stochern können. Fleisch- und Aasfresser haben kräftige, vorne gebogene Schnäbel, mit denen sie ihre Beute zerkleinern können.

Links: Die meisten Vögel, hier ein Paar Dompfaffen, bauen Nester zur Aufzucht ihrer Jungen.

Unten: Buchfinken-Männchen im Brutkleid

Bestimmung eines Vogels

Um einen Vogel zu bestimmen, kann man verschiedene Merkmale heranziehen: Größe und Gestalt, Färbung und Zeichnungsmuster reichen dazu gewöhnlich aus. Doch gibt es auch Arten, die sich sehr ähnlich sehen. In solchen Fällen werden Verhalten, Flugbild, Stimme, Gesang und nicht zuletzt die Kenntnis der Lebensstätten und des Vorkommens dazu helfen, den Namen einer Art herauszufinden.

Im folgenden Kapitel (Seite 40–105) sind die Vögel in systematischen Gruppen (Ordnungen oder Familien) zusammengefaßt. Eine kurze Einleitung zu jeder dieser Gruppen macht den Leser mit charakteristischen Merkmalen und Lebensgewohnheiten vertraut. Die im einzelnen aufgeführten Vogelarten sind farbig abgebildet, wobei Unterschiede zwischen Männchen und Weibchen sowie der Wechsel im Gefieder zu verschiedenen Jahreszeiten besonders hervorgehoben werden. Männchen und Weibchen sehen gleich aus, wenn bei einer Abbildung der Hinweis auf eines der beiden Geschlechter fehlt. Ergänzt werden die Abbildungen noch durch einige Farbaufnahmen. Der Text umfaßt den deutschen Namen, den wissenschaftlichen Namen (Gattung und Art in Kursivdruck), die Größe (von der Schnabelspitze bis zum Schwanzende gemessen), Angaben zum Verhalten sowie Hinweise auf die Lebensräume, in denen die betreffende Vogelart zu erwarten ist.

Karten wie diese, die in verkleinerter Form durch das ganze Buch hindurch zu finden sind, zeigen jeweils das Verbreitungsgebiet einer Vogelart innerhalb Europas.
Im violetten Gebiet kann die Art das ganze Jahr über beobachtet werden, im blau markierten Gebiet nur vom Spätherbst bis zum zeitigen Frühjahr, die blaßrote Farbe bezeichnet die Gebiete des Sommeraufenthaltes vom späten Frühjahr bis zum Beginn des Herbstes, während in den weiß belassenen Gebieten die betreffende Vogelart überhaupt nicht angetroffen wird, es sei denn auf ihrem Zug zwischen den blaßrot und blau markierten Gebieten.

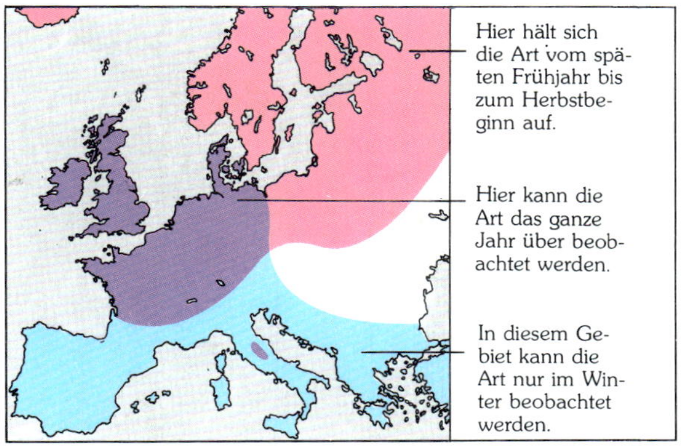

Seetaucher
Ordnung *Gaviiformes*

Große Schwimmvögel, die mehr unter als über Wasser zu Hause sind. Ausgezeichnete Taucher, die entweder plötzlich tauchen oder sich langsam absinken lassen.
An Land sind diese Vögel recht unbeholfen, sie suchen es normalerweise auch nur zum Brüten auf. Im Winter sind alle Seetaucher oberseits graubraun, unterseits weißlich gefärbt. Sie können dann nur anhand ihrer Größe, Schnabelform und Rückenfärbung erkannt werden.

Eistaucher
Gavia immer
76 cm. Starker Schnabel. Sommer: Kopf schwarz; Rücken schwarz-weiß gemustert. Winter: Rücken graubraun.
Nistet an Seen auf Island, sonst an der Küste zu finden.

Prachttaucher
Gavia arctica
63 cm. Schlanker Schnabel. Sommer: schwarzer Kehlfleck, Rücken dunkel gefleckt. Winter: Rücken schwarz.
Nistet meist auf kleinen Inseln in einsamen Seen. Im Herbst und Winter an Meeresküsten, oft in kleinen Trupps.

Sterntaucher
Gavia stellata
56 cm. Schlanker, leicht aufgebogener Schnabel. Sommer: roter Kehlfleck; Rücken grau, ungemustert. Winter: Rücken graubraun, weiß gepunktet.
Nistet an der Küste und an Seen, von wo er täglich zur Nahrungssuche ans Meer fliegt. Im Herbst und Winter vor allem auf Küstengewässern.

Lappentaucher
Ordnung *Podicipediformes*

Lappentaucher sind elegante Wasservögel mit einem bunten Prachtkleid im Frühjahr und Sommer. Die auffallende Färbung von Kopf und Hals, die langen Ohrbüschel und Federkrausen unterscheiden sie deutlich von den Seetauchern. Im Winter verlieren sie Farben und Federschmuck, werden oberseits graubraun und unten weiß. Sie ähneln dann Seetauchern, sind aber kleiner und haben keilförmige Köpfe. Lappentaucher jagen unter Was-

ser nach Fischen und anderen Wassertieren. Sie fliegen nur selten und tauchen bei Gefahr so weit unter, daß nur noch der Kopf über Wasser bleibt. Ihre Schwimmnester aus Wasserpflanzen sind im Röhricht der Gewässerränder versteckt. Die zumeist vier Eier werden beim Verlassen des Nestes mit Pflanzenteilen zugedeckt. Vor dem Nestbau absolvieren die Lappentaucher eine in ihren grotesken Bewegungen sehr eindrucksvolle Balz. Die Jungen sitzen oft im Rückengefieder der Eltern.
Während des Zuges im Herbst und Winter kann man Lappentaucher auf den verschiedensten Binnengewässern sowie an Meeresküsten beobachten.

Haubentaucher
Podiceps cristatus
46 cm. Langer weißer Hals und rötlicher Schnabel. Sommer: Federohren und Federkrause. Im Sommer und Winter auf Binnengewässern mit einem Schilfgürtel, im Winter auch an der Küste. Wegen seines dichten, seidigen Bauchgefieders früher bejagt und z. B. in England fast ausgerottet gewesen.

Rothalstaucher
Podiceps griseigena
43 cm. Mittellanger Hals und schwarzgelber Schnabel. Sommer: roter Hals und hellgraue Wangen, aber ohne Federkrause. Lebt während des Sommers auf Binnengewässern, im Winter meist an der Küste.

Ohrentaucher
Podiceps auritus
36 cm. Blaugrauer Schnabel. Sommer: goldfarbene Federohren und dunkel rostroter Hals. Winter: weiße Wangen. Zur Brutzeit auf Binnengewässern, sonst häufig in Meeresbuchten.

Schwarzhalstaucher
Podiceps nigricollis
30 cm. Leicht aufgeworfener Schnabel. Sommer: schwarzer Hals und goldgelbe Federohren. Winter: grauer Hals und Wangen. Im Sommer oft in kleinen Trupps auf Binnengewässern, im Winter auch an den Küsten.

Zwergtaucher
Tachybaptus ruficollis
25 cm. Entenähnliche Gestalt, aber ohne Schwanz. Sommer: rostfarbener Hals. Im Sommer und Winter auf Binnengewässern zu beobachten, im Winter auch an den Küsten.

Rothalstaucher im Sommerkleid. Zwischen den Flügeln des auf dem Nest sitzenden Elternteils lugt ein Junges hervor.

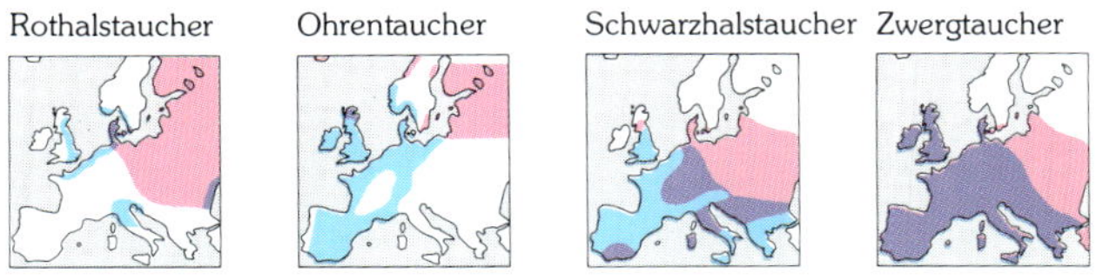

Sturmtaucher und Sturmschwalben

Ordnung *Procellariiformes*

Sturmtaucher (Familie Procellariidae) und Sturmschwalben (Familie Hydrobatidae) sind Hochseevögel, die das Land nur während der Brutzeit aufsuchen. Man sieht sie dann kolonieweise an Küstenfelsen und auf kleinen Inseln. Sie haben die Größe von Möwen, sind aber an ihrem Flug, mit steifen Schwingen dicht über das Wasser segelnd, gut zu erkennen.

Eissturmvogel
Fulmarus glacialis
46 cm. Dickhalsig; kräftiger Schnabel; hellgrau mit weißem Kopf und weißer Unterseite (helle Phase) oder insgesamt rauchgrau (dunkle Phase). Brütet kolonieweise auf Klippen. Eltern verteidigen ihre Jungen durch Ausspritzen einer öligen, übelriechenden Flüssigkeit.

Gelbschnabel-Sturmtaucher
Calonectris diomedea
46 cm. Graubrauner Kopf; gelber Schnabel. Brütet auf Mittelmeerinseln und fliegt im Herbst bis zum Atlantik.

Schwarzschnabel-Sturmtaucher
Puffinus puffinus
36 cm. Schwarze Oberseite und weiße Unterseite. Brütet kolonieweise in Erdhöhlen auf Inseln und Klippen. Häufigster europäischer Sturmtaucher.

Kappensturmtaucher
Puffinus gravis
46 cm. Schwarze Kopfplatte und weiße Kehle; weißer Fleck an der Schwanzwurzel. Brütet im Winter im Südatlantik und besucht im Sommer und Herbst den Nordatlantik. Wird auf hoher See gesichtet.

Dunkler Sturmtaucher
Puffinus griseus
41 cm. Einfarbig schwarz, schmalflügelig. Brütet im Winter im Südatlantik und besucht im Sommer und Herbst den Nordatlantik.

Sturmschwalbe
Hydrobates pelagicus
15 cm. Gerades Schwanzende, flatternder Flug. Nistet auf Inseln in Felsspalten oder im Gemäuer.

Wellenläufer
Oceanodroma leucorrhoa
20 cm. Flach gegabelter Schwanz, hüpfender Flug. Brütet in Höhlen auf Inseln. Flug unregelmäßiger als der der Sturmschwalbe.

Tölpel, Pelikane und Kormorane
Ordnung
Pelecaniformes

Tölpel (Familie Sulidae), Pelikane (Familie Pelecanidae) und Kormorane (Familie Phalacrocoracidae) sind die größten Seevögel Europas. Die Füße sind kurz und alle Zehen durch Schwimmhäute verbunden. Bemerkenswert ist die unterschiedliche Art des Beuteerwerbs.

Baßtölpel
Sula bassana
91 cm. Körper weiß mit spitzem Schwanz, Flügelspitzen schwarz. Gelber Kopf mit blauem Augenring. Brütet im Sommer in starken Kolonien auf Felsinseln. Ans Meer gebunden, oft weit draußen auf See. Stürzt sich beim Fischfang kopfüber ins Wasser.

Kormoran
Phalacrocorax carbo
91 cm. Atlantikform schwarz mit weißem Kinn. Festlandform schwarz mit weißem Kopf und Hals. An Küsten und gelegentlich an Binnengewässern. Fliegt dicht über das Wasser, auf das er sich vor dem Tauchen niederläßt. Sitzt aufrecht, oft mit halbgeöffneten Flügeln. Die Atlantikform brütet auf Felsklippen, die Festlandform auf Bäumen und Büschen.

Krähenscharbe
Phalacrocorax aristotelis
76 cm. Grünschwarz mit gelber Schnabelbasis. Kleiner als der Kormoran, dem sie im Verhalten gleicht. Im Binnenland selten. Brütet auf Küstenfelsen.

Zwergscharbe
Phalacrocorax pygmaeus
48 cm. Brutkleid: Gefieder dunkel gefleckt; rotbrauner Kopf. Außerhalb der Brutzeit: Gefieder ungefleckt; weiße Kehle und rotbraune Brust. Gewöhnlich auf Binnengewässern und in Sümpfen. Nester auf Bäumen und Büschen.

Rosapelikan
Pelecanus onocrotalus
168 cm. Unterseite der Flügel mit weißem Vorderrand und schwarzen Schwingen; fleischfarbene Füße. Brütet in Sümpfen im östlichen Mittelmeergebiet. Im Winter auch an der Küste zu beobachten. Fischt mit Hilfe des dehnbaren Hautsackes am Unterschnabel. Selten.

Krauskopfpelikan
Pelecanus crispus
168 cm. Unterseite der Flügel bis auf die dunkle Spitze weiß; graue Füße. Bewohnt das gleiche Gebiet und zeigt dasselbe Verhalten wie der Rosapelikan. Selten.

Reiher u. Verwandte
Ordnung *Ciconiiformes*

Diese eleganten, langbeinigen Vögel waten vor allem in flachem Wasser, wo sie mit ihrem langen Hals und Schnabel Wassertiere erbeuten. Manche Reiher spannen beim Fischen die Flügel aus, vielleicht, um die Spiegelung des Himmels auszuschalten. Reiher und Rohrdommeln (Familie Ardeidae) sowie Störche (Familie Ciconiidae) haben gerade, spitze Schnäbel. Im Flug sind sie leicht zu unterscheiden, da die Störche ihren Hals ausgestreckt, die Reiher und Rohrdommeln aber angewinkelt haben. Ibisse, Löffler und Flamingos zeichnen sich durch ungewöhnliche Schnabelformen aus.

Graureiher
Ardea cinerea
91 cm, hellgrau und weiß mit langer schwarzer Haube und schwarzen Flügelrändern. An Flüssen, Seen und an der Küste, wo er im oder nahe am Wasser steht und auf Beute lauert. Nistet in Kolonien, meist auf Bäumen.

Purpurreiher
Ardea purpurea
79 cm. Langer, S-förmiger, kastanienbrauner Hals mit schwarzen Streifen; gelbbraune Unterseite. Lebt in Sümpfen, wo er kolonieweise im Röhricht, gelegentlich auch auf Büschen, brütet.

Seidenreiher
Egretta garzetta
58 cm. Gelbe Füße, im Sommer mit langer, weißer Haube. In flachen Gewässern und Sümpfen. Nistet in Wassernähe. Im Sommer mit lang herabhängender Haube.

Silberreiher
Egretta alba
89 cm. Schwarze Füße, im Sommer ohne Haube. In Sümpfen, an See- und Flußufern. Nistet im Röhricht.

Rallenreiher
Ardeola ralloides
46 cm. Dickhalsig und untersetzt; blaß semmelbrauner Körper mit weißen Flügeln; im Flug überwiegend weiß. In Sümpfen, Morasten und Lagunen, versteckt lebend. Nistet im Röhricht oder auf Büschen. Erinnert an die Rohrdommel.

Nachtreiher
Nycticorax nycticorax
61 cm. Untersetzt und kurzbeinig; schwarzer Rücken; weiße Brust, schwarze Kopfkappe. In der Dämmerung auf Nahrungssuche an Teichrändern und in offenem Sumpfgelände; tagsüber im Gebüsch und auf Bäumen.

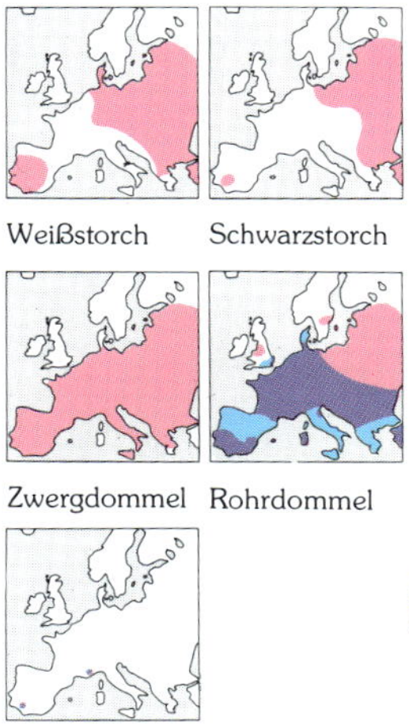

Schwarzstorch

Weißstorch

Weißstörche, die auf einem Kamin nisten.

Zwergdommel

Rohrdommel

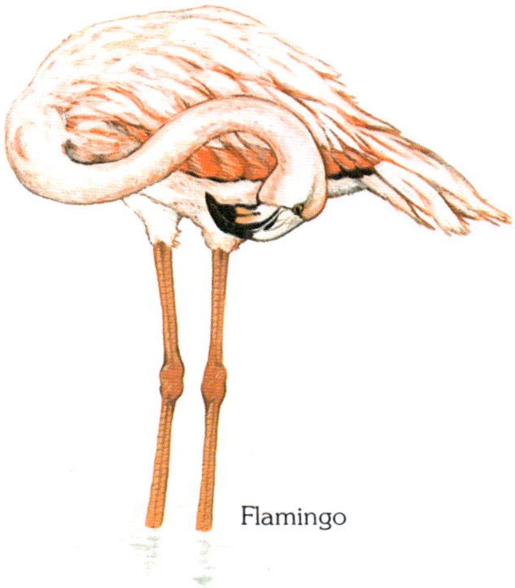
Flamingo

Zwergdommel
Ixobrychus minutus
36 cm. Schwarze Flügel mit gelblichweißem Fleck; Rücken schwarz (Männchen) oder dunkelbraun (Weibchen). An vegetationsreichen Ufern. Nistet in dichtem Röhricht in Wassernähe. Bei Gefahr Pfahlstellung einnehmend.

Rohrdommel
Botaurus stellaris
76 cm. Lebensraum und Verhalten wie bei der Zwergdommel, doch wesentlich größer als diese. Bei Gefahr typische Pfahlstellung mit senkrecht nach oben gerichtetem Schnabel. Nebelhornähnlicher Ruf.

Flamingo
Phoenicopterus ruber
125 cm. Abgeknickter Schnabel; Hals und Beine sehr lang; Flügel scharlachrot und schwarz (im Flug). In großen Kolonien in Südfrankreich (Camargue), wo er auch brütet, und in Südspanien (Coto de Donana), wo er jedoch nur selten brütet. Einzelvögel sind zumeist entflogen. Watet im flachen Wasser, aus dem er mit seinem Schnabel kleine Tiere seiht. Nistet auf Schlammbänken oder aufgehäuften Schlammnestern.

Weißstorch
Ciconia ciconia
102 cm. Hals und Oberseite weiß, Schnabel und Beine rot. In Sümpfen, feuchten Wiesen und Auen. Nistet auf Gebäuden und auf Bäumen. Schreitet langsam und gemessen.

Schwarzstorch
Ciconia nigra
96 cm. Hals und Oberseite schwarz. In sumpfigen Auen innerhalb von Waldungen. Nistet auf hohen Waldbäumen. Selten.

Gänsevögel
Ordnung *Anseriformes*

Diese Vogelgruppe umfaßt Enten, Gänse und Schwäne, Wasservögel mit breiten Häuten zwischen den Zehen, die gut schwimmen können. Die Jungen werden mit Dunen geboren und können bald nach dem Schlupf laufen und schwimmen. Viele Arten trifft man sowohl auf Parkteichen wie auch in freier Wildbahn an.

Enten
Familie *Anatidae*

Enten sind gewöhnlich kleiner und kurzhalsiger als Gänse und Schwäne. Außerdem haben die beiden Geschlechter ein unterschiedliches Gefieder, obwohl die Erpel (Männchen) nach der Mauser im Spätsommer einige Zeit den Weibchen ähneln. Enten nisten am Boden oder in Höhlen.
Schwimmenten leben in flacherem Wasser, wo sie nach tierischer und pflanzlicher Nahrung gründeln. Sie fliegen ohne Anlauf sofort vom Wasser auf und haben meist einen prächtig gefärbten »Spiegel« am Hinterrand des Flügels. Die Farbe des Spiegels ist für die Bestimmung der einfarbigen Weibchen von Bedeutung.
Tauchenten bevorzugen tiefere Gewässer, in denen sie nach Wasserpflanzen und -tieren tauchen. Ihre Beine sind weiter zurückgesetzt, und sie rennen beim Abflug über die Wasserfläche. Die dritte Gruppe der Enten, die Säger, sind ebenfalls Taucher, doch haben sie schlankere Schnäbel mit Hornzähnen an den Rändern, die sich gut zum Fischfang eignen.

Stockente
Anas platyrhynchos
58 cm. Männchen: dunkelgrüner Kopf, tiefbraune Brust. Weibchen: purpurblauer Spiegel. Schwimmente. Eine sehr häufige Art auf fast jedem Gewässer, im Winter auch an Küsten; oft in Trupps. Von ihr stammen alle europäischen Hausenten ab.

Krickente
Anas crecca
36 cm. Männchen: brauner und grüner Kopf. Weibchen: klein, grüner Spiegel. Schwimmente. Kleinste europäische Ente. Im Sommer besonders auf verschilften Teichen, im Winter auf mehr offenen Gewässern.

Schnatterente
Anas strepera
51 cm. Männchen: grauer Körper mit schwarzem Hinterende, kastanienbraune Flügeldecken, schwarzweißer Spiegel. Weibchen: weißer Bauch, schwarz-weißer Flügelspiegel. Schwimmente. Bevorzugt Binnengewässer.

Knäkente
Anas querquedula
38 cm. Männchen: weißer Streifen am Kopf. Weibchen: blaugraue Vorderflügel, undeutlicher Flügelspiegel. Schwimmente. Bevorzugt Binnengewässer.

Pfeifente
Anas penelope
46 cm. Männchen: rotbrauner Kopf mit hellem Scheitel, weißer Flügelfleck. Weibchen: weißer Bauch, schwarzer und grüner Spiegel. Schwimmente. Bevorzugt im Sommer Binnengewässer, im Winter in Trupps an den Küsten.

Spießente
Anas acuta
63 cm. Männchen: langer, zugespitzter Schwanz, weißer Halsstreifen. Weibchen: dünner Hals und langer Schwanz. Schwimmente. Bevorzugt im Sommer Binnengewässer, im Winter vor allem an den Küsten.

Löffelente
Anas clypeata
51 cm. Löffelförmiger Schnabel. Männchen: grüner Kopf, weiße Brust und rostbraune Flanken. Weibchen: blaue Vorderflügel mit dunkelgrünem Spiegel. Schwimmente. Meist auf Teichen und in Sümpfen. Mit dem breiten Löffelschnabel filtert sie Pflanzen und kleine Tiere aus dem Wasser.

Mandarinente
Aix galericulata
46 cm. Männchen: orangefarbener »Backenbart«, orangefarbene »Segel« auf den Flügeln. Weibchen: weißer Augenring und -streifen, weißes Kinn, gefleckte Unterseite. Schwimmente. Aus China eingeführt; vor allem in Parks und auf Zierteichen, zum Teil in halbwildem Zustand. Brütet in Baumhöhlen.

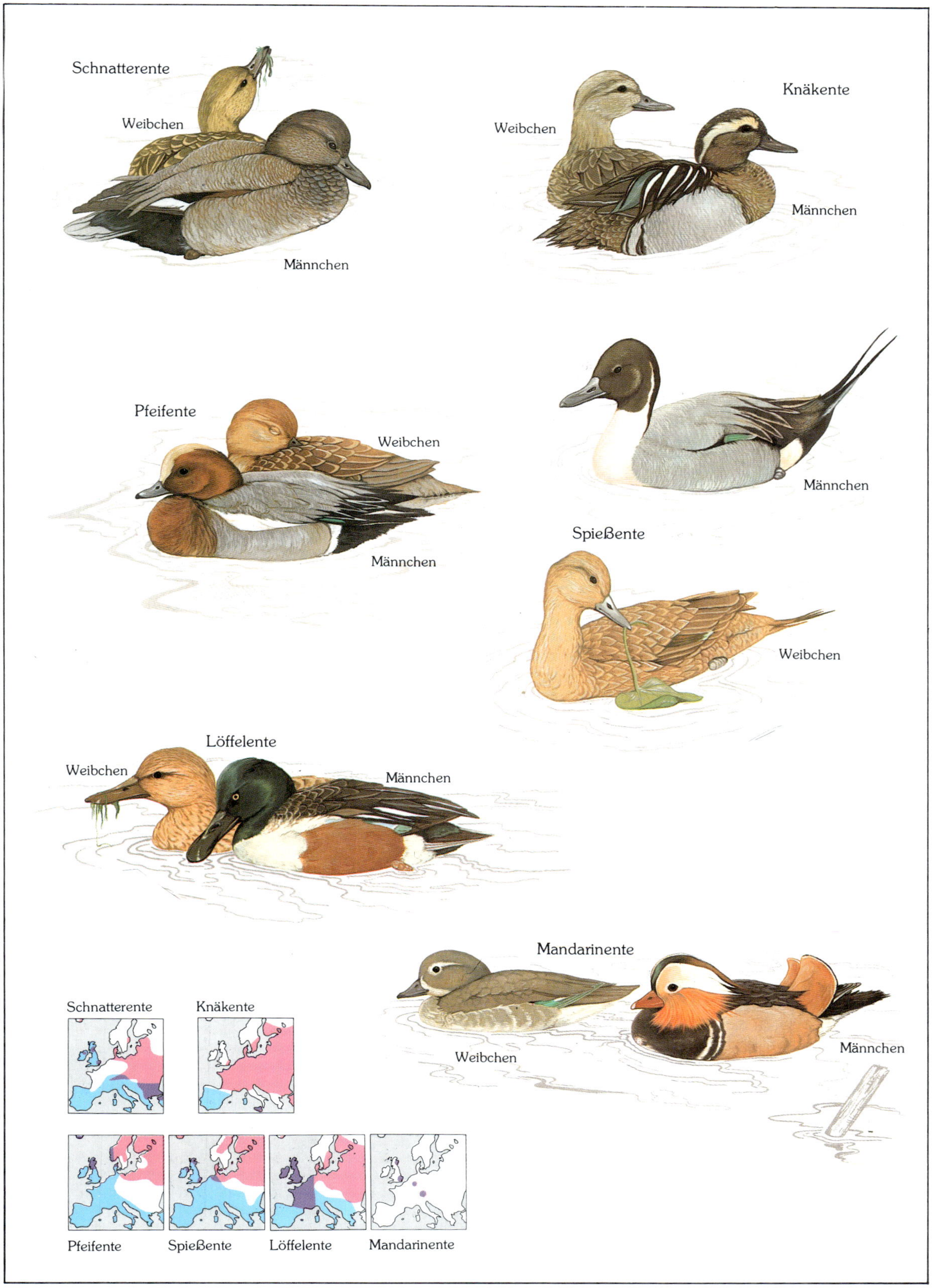
Schnatterente
Weibchen
Männchen
Knäkente
Weibchen
Männchen
Pfeifente
Weibchen
Männchen
Männchen
Spießente
Weibchen
Löffelente
Weibchen
Männchen
Mandarinente
Weibchen
Männchen
Schnatterente
Knäkente
Pfeifente
Spießente
Löffelente
Mandarinente

Kolbenente
Netta rufina
56 cm. Männchen: kastanienbrauner Kopf mit rotem Schnabel, breites weißes Flügelband, weiße Flanken. Weibchen: graubraun mit hellen Wangen und schmutzig-weißem Flügelband. Tauchente. Bevorzugt Binnengewässer.

Bergente
Aythya marila
46 cm. Männchen: wie Reiherente, jedoch ohne Federbusch und mit grauem Rücken. Weibchen: wie Reiherente, jedoch ohne Federbusch und mit großem weißem Fleck am Schnabelgrund. Tauchente. Nistet im Binnenland, sonst in Meeresbuchten und Flußmündungen anzutreffen.

Tafelente
Aythya ferina
46 cm. Männchen: dunkel kastanienbrauner Kopf und Hals mit hellgrauem Rücken, schwarze Brust. Weibchen: brauner Kopf mit hellem Augenstreifen, blauer Schnabelring, graue Flügelbinde. Tauchente. Nistet in dichtem Röhricht.

Eiderente
Somateria mollissima
61 cm. Männchen: weißer Rücken und schwarzer Bauch. Weibchen: braun, dicht schwarz gebändert. Tauchente. Ans Meer gebunden, nur selten im Binnenland. Nistet an der Küste und polstert das Nest mit weichen Brustfedern, den Eiderdaunen, aus.

Reiherente
Aythya fuligula
43 cm. Männchen: herabhängender Federbusch, dunkler Kopf und Hals, schwarzer Rücken und Schwanz, weißer Bauch. Weibchen: kleiner Federbusch, kleiner heller Fleck am Schnabelgrund, weißes Flügelband. Tauchente.

Moorente
Aythya nyroca
41 cm. Männchen: Kopf, Hals und Brust dunkel kastanienbraun, weiße Augen, weiße Unterschwanzdecken, weiße Flügelbinde. Weibchen: wie Erpel, aber matter braun, mit braunen Augen. Tauchente. Nistet im Röhricht von Binnengewässern. Im Winter auf offenen Binnengewässern, selten an der Küste.

Weißkopf-Ruderente
Oxyura leucocephala
46 cm. Männchen: weißer Kopf, blauer Schnabel (im Sommer). Weibchen: helle Wangen mit dunkler Linie. Tauchente. An verschilften Binnengewässern.

Gänsesäger
Mergus merganser
66 cm. Männchen: dunkelgrüner Kopf mit langem, schmalem rotem Schnabel, weiße, rot übertönte Brust und Flanken. Weibchen: wie beim Mittelsäger, mit nur einer Haube und auffallend weißer Kehle. Säger. Nistet in Baum- oder Erdhöhlen in Wassernähe.

Brandente
Tadorna tadorna
61 cm. Männchen: grünlich-schwarzer Kopf und weißer Körper mit breitem fuchsrotem Band, roter Schnabelhöcker. Weibchen: wie der Erpel, aber ohne roten Schnabelhöcker. Große gänseartige Ente. Nistet in Baumhöhlen oder Kaninchenbauen unter Buschwerk.

Zwergsäger
Mergus albellus
41 cm. Männchen: weiß, mit schwarzen Flecken und auffallendem Augenfleck. Weibchen: weiße Wangen und Kehle mit rotbrauner Kappe und Nacken. Säger. Brütet in Baumhöhlen am Wasser.

Mittelsäger
Mergus serrator
56 cm. Männchen: grünlich-schwarzer Kopf mit Doppelhaube, weißes Halsband und rostbraunes Brustband. Weibchen: rostbrauner Kopf mit Doppelhaube. Nistet in Wassernähe, das Nest zwischen Vegetation oder Felsen versteckt. Im Winter vor allem an den Küsten.

Schellente
Bucephala clangula
46 cm. Männchen: runder weißer Fleck vor dem Auge. Weibchen: brauner Kopf mit weißem Halsband. Tauchente. Nistet in Baumhöhlen und Kaninchenbauen in Wassernähe. Im Winter auf Seen, Flüssen und Küstengewässern.

Gänse
Familie *Anatidae*

Gänse stehen größenmäßig zwischen Enten und Schwänen. Sie suchen ihre Nahrung vor allem an Land und können mit ihren weiter vorn ansetzenden Beinen gut laufen. Die Geschlechter sind gleich gefärbt. Gänse der Gattung *Anser* sind graubraun die der Gattung *Branta* schwarz und weiß.

Graugans
Anser anser
84 cm. Rosa Beine und Füße, Kopf und Hals nicht dunkler als der Körper; orangefarbener (westliche Unterart) oder fleischfarbener Schnabel (östliche Unterart). Nistet gesellig in Sümpfen, Mooren, in sumpfigem Dickicht und auf Inselchen. Im Winter auf Feldern, in Sumpfniederungen und Flußmündungen.

Bläßgans
Anser albifrons
71 cm. Weißer Fleck am Schnabelgrund; unregelmäßige schwarze Querflecken am Bauch, rötlicher (Nominatform) oder gelber bis orangefarbener Schnabel (grönländische Unterart). Brütet im hohen Norden. Man unterscheidet zwei Unterarten: die grönländische Unterart (*A. albifrons flavirostris*) und die Nominatform (*A. a. albifrons*).

Zwerggans
Anser erythropus
61 cm. Wie Nominatform der Bläßgans, aber mit gelbem Augenring und größerem weißem Fleck. Im Vorkommen und Aussehen ähnlich der Bläßgans, aber kleiner.

Saatgans
Anser fabalis
76 cm. Orangegelbe Füße und Beine, dunkler Kopf und Hals, schwarz und orangegelber Schnabel. Nistet in der offenen Tundra oder unter Bäumen; überwintert auf Wiesenflächen in Wassernähe.

Kurzschnabelgans
Anser brachyrhynchus
68 cm. Wie Saatgans, jedoch mit rötlichen Füßen und Beinen sowie rötlichem und schwarzem Schnabel. Nistet in der Tundra oder in Felsschluchten; überwintert wie die Saatgans.

Ringelgans
Branta bernicla
58 cm. Schwarzer Kopf und Hals mit kleinem weißem Halsfleck an den Seiten. Wintergast an Küsten und Flußmündungen. Ernährt sich hauptsächlich von Seegras während der Ebbe. Eine hellbäuchige Unterart (*B. bernicla hrota*) brütet in Grönland und Spitzbergen, die dunkelbäuchige Nominatform (*B. b. bernicla*) im nördlichen Rußland.

Nonnengans
Branta leucopsis
63 cm. Weißes Gesicht, schwarzer Hals und schwarze Brust. Arktischer Wintergast in Salzsümpfen und Wiesen an Flußmündungen. Nistet in Kolonien auf den Simsen steiler Felsen in der Arktis, gelegentlich auch in der offenen Tundra.

Kanadagans
Branta canadensis
97 cm. Langer schwarzer Hals, schwarzer Kopf mit weißer Kehle, weißliche Brust. Größte europäische Gans. Aus Nordamerika als Parkvogel eingeführt. Verwilderte Vögel brüten in England und Schweden und überwintern an den Küsten der Nord- und Ostsee. Wilde Vögel nisten auf buschbestandenen Seeinseln und weiden in Sümpfen und auf Feldern in Wassernähe.

Schwäne
Familie Anatidae

Schwäne sind die größten Schwimmvögel und an ihrem langen, schlanken Hals zu erkennen. Sie tauchen mit dem Kopf tief in das Wasser, um Pflanzen abzuweiden. Die Geschlechter sind gleich gefärbt. Die schwarzen Schwäne, die in den Parks zu sehen sind, stammen aus Australien. Man sollte sich diesen Vögeln nur mit Vorsicht nähern, besonders zur Brutzeit.

Höckerschwan
Cygnus olor
152 cm. Orangefarbener Schnabel mit schwarzem Höcker, Hals meist gebogen. Sehr häufig. Oft halbdomestiziert als Parkvogel auf Teichen und Flüssen. Brütet gewöhnlich an Gewässerrändern; winters auf offenen Wasserflächen und an geschützten Meeresküsten.

Singschwan
Cygnus cygnus
152 cm. Gelber Schnabel mit schwarzer Spitze, Hals steil aufgerichtet. Brütet in Sümpfen und an Seen im hohen Norden. Überwintert an den Küsten sowie auf Seen und Flüssen. Im Flug laute trompetende Rufe.

Zwergschwan
Cygnus bewickii
122 cm. Schwarzer Schnabel mit gelber Basis, Hals aufgerichtet. Wintergast aus dem hohen Norden. Lebt ähnlich wie der Singschwan, bevorzugt aber größere Wasserflächen in offenem Gelände.

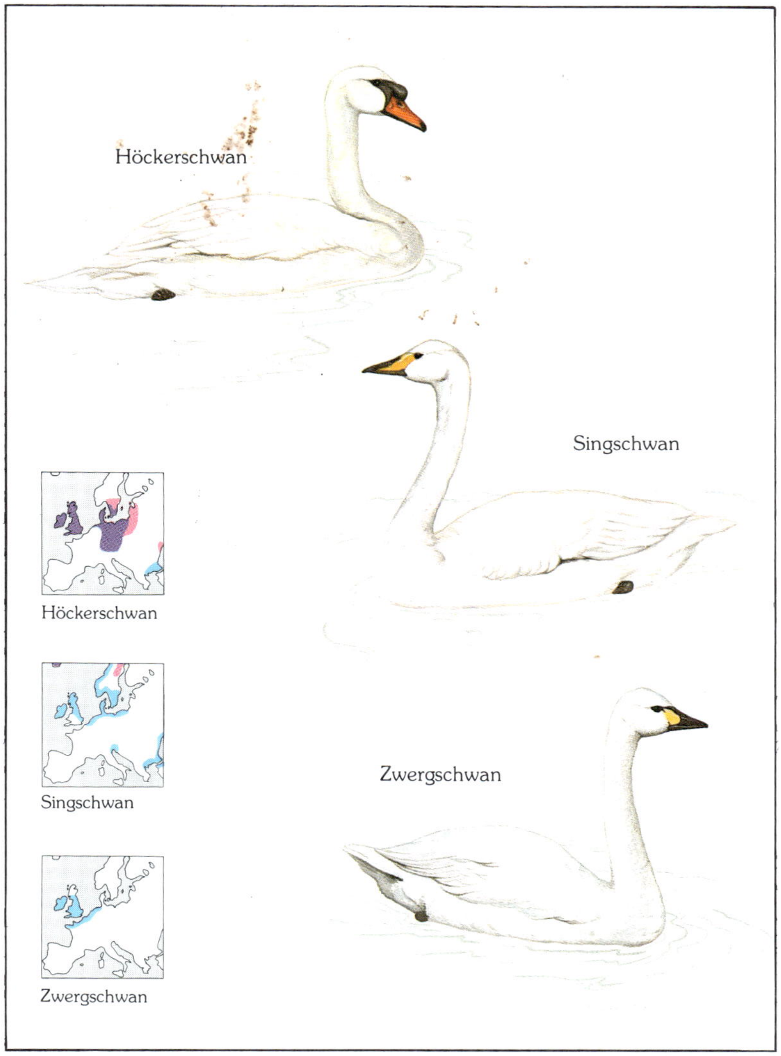

Greifvögel
Ordnung *Falconiformes*

Die Greifvögel jagen andere Tiere, gewöhnlich lebende Beute am Boden, in der Luft oder im Wasser, sie fressen aber auch Aas. Andere Vögel wie Eulen oder Krähen tun dies auch, doch haben die Greifvögel spitze Krallen, um ihre Beute zu fassen, und einen Hakenschnabel, um sie zu kröpfen. Auch jagen Greifvögel, im Gegensatz zu den meisten Eulen, am Tage.

Greife
Familie *Accipitridae*

Die meisten Greife schweben hoch in den Lüften, suchen mit scharfen Augen nach Beute und stürzen sich dann auf das meist arglose Opfer. Geier hingegen werden von verendeten Tieren angezogen; neben Aas fressen manche auch Abfälle. Adler suchen zumeist nach lebender Beute. Bussarde und Milane erinnern im Flug an kleine Adler, doch sieht man Bussarde auch auf Bäumen sitzen. Milane sind an ihrem gegabelten Schwanz zu erkennen. Habichte und Weihen fliegen dicht über dem Boden, die ersteren mit schnellem Stoß, die letzteren in ruhigem Gleitflug.

Schmutzgeier
Neophron percnopterus
63 cm. Langer, dünner Schnabel und nackte gelbe Kopfhaut, weißliches Gefieder mit schwarzen Handschwingen. Gewöhnlich im Gebirge, kommt aber auch an die Abfallhaufen in Ortschaften. Aus Afrika ist bekannt, daß er Steine auf Straußeneier fallen läßt, um sie zu öffnen.

Gänsegeier
Gyps fulvus
100 cm. Weißer Kopf und Hals mit weißlicher Halskrause. Vor allem im Gebirge. Anders als bei Adlern erscheinen Kopf und Schwanz im Flugbild sehr klein.

Mönchsgeier
Aegypius monachus
102 cm. Dunkle Flecken am Kopf; langer nackter Hals mit brauner Krause. Sowohl in den Bergen wie auch in der Ebene, aber selten.

Bartgeier
Gypaetus barbatus
110 cm. Lange, schmale Flügel, langer, keilförmiger Schwanz, rostfarbene Brust. Lebt in entlegenen Bergketten. Einzelgänger, kommt nicht mit anderen Geiern zum Aas. Läßt Knochen aus großer Höhe fallen, so daß sie an Felsen zerschellen.

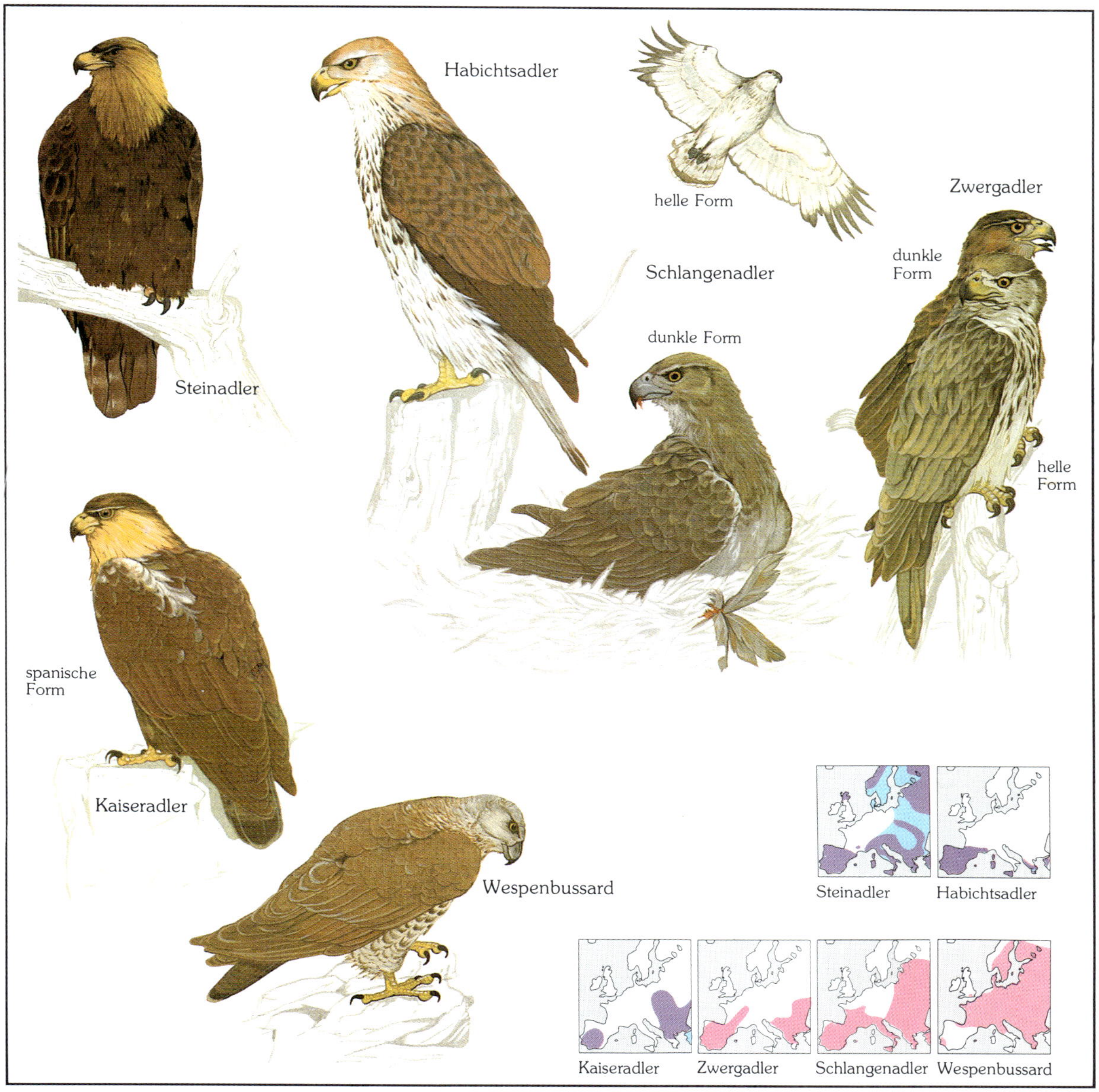

Steinadler
Aquila chrysaetos
84 cm. Insgesamt dunkelbraun mit goldgelben Federn an Kopf und Nacken. Schwebt meist über einsamen Gebirgswänden, jagt jedoch mehr in Bodennähe. Gelegentlich auch an der Küste oder in Gebirgswäldern. Nistet auf Felsvorsprüngen oder Bäumen.

Kaiseradler
Aquila heliaca
81 cm. Weiße Schultern, kurzes weißes Flügelband (nur die spanische Form). Lebt in Wäldern, Steppen und Sumpfgebieten. Nest auf hohen Einzelbäumen.

Habichtsadler
Hieraaetus fasciatus
71 cm. Weiße Unterseite, Flügel oben dunkel, unten weiß mit einer dunklen Binde. Gewöhnlich in felsigem Gebirge, zieht im Winter in die Ebenen. Jagt in schnellem Flug kleine Säuger und Vögel. Nistet an Felswänden, gelegentlich auf Bäumen.

Zwergadler
Hieraaetus pennatus
51 cm. Mit langem, schmalem Schwanz. Meist in Wäldern, wo er auf den Lichtungen jagt. Nistet auf Bäumen. Tritt in zwei Farbphasen auf, von denen die helle Form viel häufiger ist als die dunkle.

Schlangenadler
Circaetus gallicus
66 cm. Körper und Flügel unterseits weiß, oft mit dunkler Brust und dunklem Kopf. An Gebirgshängen, in Schluchten, Wäldern, auf sumpfigen Ebenen und an der Küste. Rüttelt häufig und späht nach Schlangen, Echsen und Fröschen. Nistet auf Bäumen. Kopfgefieder hell oder häufiger dunkel.

Wespenbussard
Pernis apivorus
53 cm. Wie Mäusebussard, aber längerer Schwanz mit schwarzen Binden. Vor allem an Waldrändern und Lichtungen. Sucht die Nester von Wespen und Bienen, um ihre Larven zu fressen. Nistet auf Bäumen. Gefieder cremefarben bis dunkelbraun.

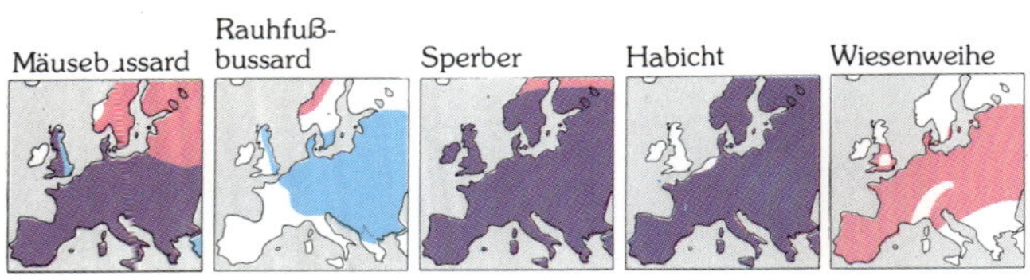

Weibliche Wiesenweihe am Nest

Mäusebussard
Buteo buteo
53 cm. Ähnelt einem kleinen Steinadler, Schwanz jedoch breit und gerundet. In Wald- und Kulturlandschaften, an Felsküsten und in gebirgigem Gelände. Kreist stundenlang, jagt aber dicht über dem Boden. Nistet auf Bäumen oder Felsvorsprüngen. Gefieder variiert von hell cremefarben bis dunkelbraun.

Rauhfußbussard
Buteo lagopus
56 cm. Dunkler Bauch, weißer Schwanz mit breiter dunkler Endbinde. Im Sommer an Berghängen, im Winter in Mooren, Sümpfen und auf Feldern. Nistet meist auf Felsklippen oder auf dem Boden der Tundra. Rüttelt häufig, bevor er sich auf kleinere Säuger stürzt; jagt auch Vögel.

Sperber
Accipiter nisus
33 cm. Breite, gerundete Flügel und langer Schwanz, eng gebänderte Unterseite. Hauptsächlich in Wäldern, aber auch in baum- und buschbestandenem Kulturland. Kleine Vögel werden in schnellem, durch den Wald und dicht über Hecken führendem Flug gejagt. Weibchen wesentlich größer als das Männchen. Nistet auf Bäumen oder in hohen Büschen.

Habicht
Accipiter gentilis
53 cm. Beide Geschlechter dem Sperber ähnlich, jedoch größer. Besonders in Nadelwäldern, wo er in gewandtem Flug Vögel jagt. Nistet meist auf Fichten. Ähnelt dem Sperberweibchen, ist jedoch größer. Weibchen größer als das Männchen.

Wiesenweihe
Circus pygargus
43 cm. Männchen: wie die Kornweihe, aber mit schwarzer Flügelbinde, grauem Bürzel und braungestreifter Unterseite. Weibchen: sehr ähnlich dem Weibchen der Kornweihe. Teilt dieselben Lebens-

räume mit der Kornweihe, der sie auch im Verhalten gleicht.

Rotmilan
Milvus milvus
63 cm. Bussardähnlich, aber von rötlicher Färbung und mit tiefgegabeltem Schwanz. Hauptsächlich in bewaldetem Hügelland. Nistet auf Bäumen.

Schwarzmilan
Milvus migrans
53 cm. Wie der Rotmilan, aber mit dunklem Gefieder und flachgegabeltem Schwanz. In baumbestandenem Gelände, meist in der Nähe von Seen oder Flüssen. In Südeuropa auch an offeneren Stellen und in Ortschaften nach Abfall suchend. Nistet auf Bäumen.

Seeadler
Haliaeetus albicilla
81 cm. Brauner Körper und weißer Schwanz. An Küsten und entlegenen Binnengewässern. Fängt Fische an der Oberfläche des Wassers oder taucht nach ihnen; greift auch Säuger und Vögel. Nistet auf Felsvorsprüngen und hohen Bäumen.

Rohrweihe
Circus aeruginosus
51 cm. Männchen: graue Armschwingen und Schwanz. Weibchen: Scheitel und Kehle dottergelb. Fliegt niedrig über Moore und Sümpfe mit großen Röhrichtbeständen, in denen sie auch nistet.

Kornweihe
Circus cyaneus
46 cm. Männchen: grau mit weißem Bürzel und gleichgefärbter Unterseite. Weibchen: bräunlich gestreift, mit weißem Rumpf (ähnlich der Wiesenweihe). In offenem Gelände, in Mooren, Heiden und Sümpfen. Jagt in niedrigem Flug. Nistet am Boden.

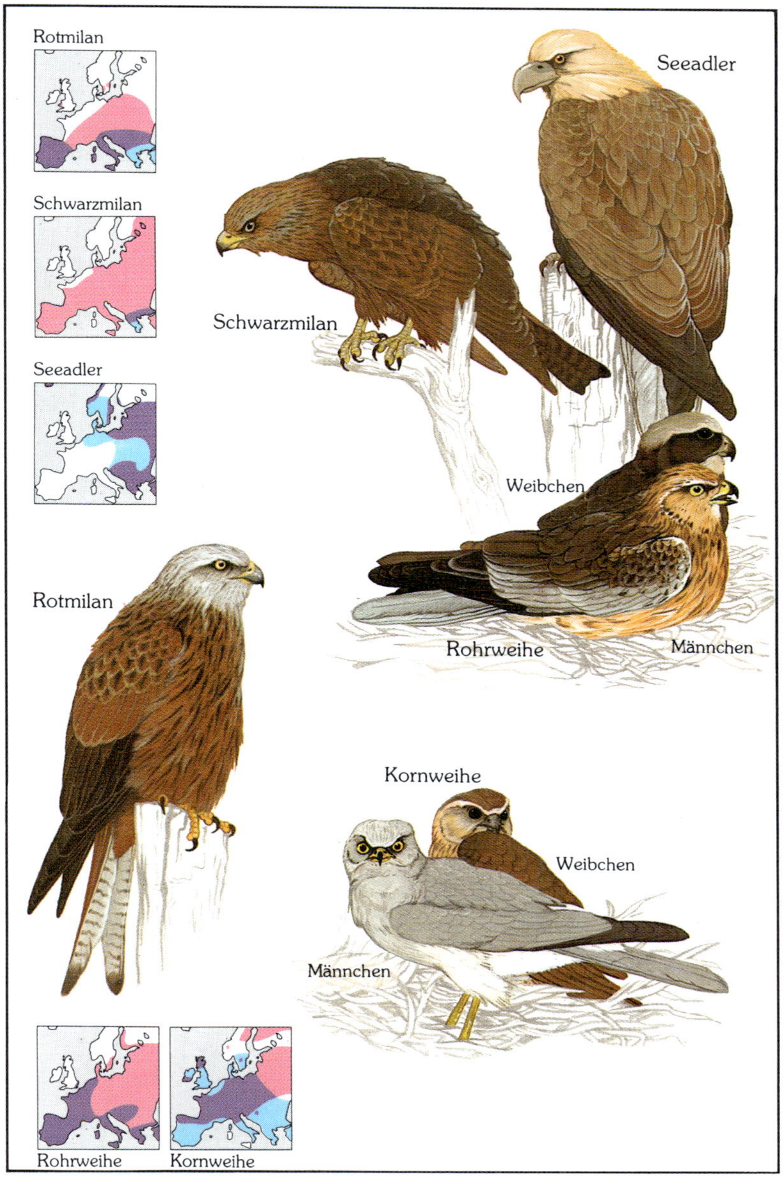

Fischadler
Familie *Pandionidae*

Der Fischadler wird in eine eigene Familie gestellt, weil er sich in einigen Merkmalen von allen anderen Greifvögeln unterscheidet. Z. B. besitzt er eine umkehrbare Außenzehe, die er zum Fangen und Festhalten schlüpfriger Fische benützt, und er kann seine Nasenlöcher schließen – eine sinnvolle Einrichtung bei Vögeln, die ins Wasser eintauchen.

Fischadler
Pandion haliaetus
56 cm. Dunkle Oberseite und weiße Unterseite, weißer Kopf mit schwarzer Seitenlinie. An größeren Binnengewässern und an den Küsten. Kreist oder rüttelt hoch über dem Wasser und taucht – mit den Füßen voran – nach Fischen. Baumt dann in Wassernähe mit der Beute auf.

Falken
Familie *Falconidae*

Falken sind im allgemeinen kleiner als die anderen Greifvögel. Sie haben lange, spitze Flügel und einen langen Schwanz. Bei der Jagd stoßen sie zumeist mit rasender Geschwindigkeit auf ihre Beute. Die Weibchen sind gewöhnlich größer als die Männchen. Früher wurden Falken des öfteren zur Jagd abgerichtet.

Baumfalke
Falco subbuteo
33 cm. Gestreifte Unterseite und rostbraune »Hosen«. In lichten Wäldern und Kulturland mit verstreutem Baumwuchs. Jagt kleinere Vögel sowie größere fliegende Insekten. Nistet auf Bäumen, meist in alten Krähennestern.

Wanderfalke
Falco peregrinus
43 cm. Helle Unterseite schwarz gebändert, schiefergrauer Rücken, schwarzer Bartstreifen. Hält sich gerne an steilen Felsen auf, wo er auch nistet, aber auch in der Ebene und in Sümpfen (im Winter) sowie in offenen Wäldern und Städten. Stürzt sich rasend schnell und mit fast geschlossenen Flügeln senkrecht auf seine Beute, besonders Vögel (Tauben).

Gerfalke
Falco rusticolus
53 cm. Wie ein großer Wanderfalke, aber mit heller grauem oder seltener weißem Gefieder, ohne Bartstreifen. Lebt in Felsgebieten, an Waldrändern sowie an Meeresküsten. Nistet auf Felsklippen. Jagt wie der Wanderfalke, dem er in der Schnelligkeit gleichkommt.

Merlin
Falco columbarius
30 cm. Männchen: blaugrauer Rücken und rotbraun gefleckte Unterseite. Weibchen: wie Männchen, aber mit braunem Rücken. Im Sommer in offenen und hügeligen Landschaften sowie in Sumpfgebieten, winters auch an der Küste. Nistet am Boden oder auf Bäumen. Jagt dicht über dem Boden kleinere Vögel, doch rüttelt er auch.

Turmfalke
Falco tinnunculus
33 cm. Männchen: graublauer Kopf und Nacken, rotbraune gefleckte Oberseite, grauer Schwanz mit schwarzer Binde. Weibchen: wie Männchen, doch Kopf und Nacken braun, Oberseite und der braune Schwanz gebändert. Recht zahlreich in allen Landschaften, oft auch in Städten und am Rande von Autostraßen. Rüttelt häufig, gegen den Wind gestellt, und stößt in steilem Winkel auf kleine Nager, Insekten und andere Beute.

Rötelfalke
Falco naumanni
30 cm. Männchen: wie Turmfalke, Rükken und Flügel aber ungefleckt. Weibchen: dem Turmfalken ähnlich. In offenem, felsigem oder sumpfigem Gelände, oft auch auf Feldern in der Nähe von Ortschaften. Nistet in Felsnischen und auf Gebäuden. Dem Turmfalken ähnlich, rüttelt aber seltener.

Der Baumfalke ist kein guter Nestbauer. Meist übernimmt er das Nest anderer Vögel und legt darin seine 2–3 Eier ab.

Hühnervögel

Ordnung *Galliformes*

Vögel von plumper Gestalt, mit kurzen, abgerundeten Flügeln. Sie fliegen nur selten sehr weit oder hoch und ziehen es vor, zu laufen oder sich bei Gefahr zu verstecken. Als Bodenvögel können sie sehr gut laufen, und mit ihren kräftigen Füßen scharren sie nach Sämereien und Insekten. Auch ihre Nester stehen auf dem Boden. Die Jungen der Hühnervögel sind Nestflüchter. Die Hähne haben in der Regel ein sehr prächtiges Gefieder.

Rauhfußhühner

Familie *Tetraonidae*

Die Läufe und oft auch die Zehen dieser Vögel, die in nördlichen Gebieten leben, sind befiedert.

Moorschneehuhn
Lagopus lagopus
38 cm. Hahn: im Sommer rotbraun, Flügel und Bauch weiß; im Winter rein weiß mit schwarzem Schwanz. Henne: im Sommer wie der Hahn, doch weniger rot und mehr gestreift; im Winter wie der Hahn. In Mooren und Heidegebieten mit Birken und Wacholdergestrüpp.

Schottisches Moorschneehuhn
Lagopus lagopus scoticus
38 cm. Hahn: rotbraun mit dunklen Flügeln und Schwanzrändern. Henne: wie der Hahn, doch weniger rot und mehr gestreift. Die in England verbreitete Form des Moorschneehuhns zeigt keinen Wechsel in der Färbung. Sein dunkles Rotbraun ist allenfalls im Sommer etwas heller. In Moorgebieten mit Rausch- und Moosbeere, im Winter auf Feldern.

Alpenschneehuhn
Lagopus mutus
36 cm. Hahn: wie das Moorschneehuhn, doch grauer im Sommer und Herbst und mit dunklem Gesicht im Winter. Henne: sehr ähnlich der des Moorschneehuhns, doch gewöhnlich in größeren Höhen. An steinigen Berghängen, meist über der Baumgrenze. Die Farbe wechselt von Braun und Weiß im Sommer über Grau und Weiß im Herbst zu rein Weiß im Winter. Auf diese Weise ist es immer gut getarnt.

Birkhuhn
Lyrurus tetrix
Hahn 53 cm, Henne 41 cm. Hahn: glänzend schwarz mit leierförmigem

Schwanz. Henne: graubraun mit leicht gegabeltem Schwanz. In Heiden, Torfmooren und Gelände mit einzelnen Bäumen. Im Frühjahr versammeln sich die Vögel an Balzplätzen, wo die Hähne unter Flügelspreizen und Aufstellen des leierförmigen Schwanzes vor den Hennen balzen.

Auerhuhn
Tetrao urogallus
Hahn 86 cm, Henne 61 cm. Hahn: dunkel mit breitem fächerartigem Schwanz, bräunliche Flügel. Henne: wie die des Birkhuhns, aber mit gerundetem Schwanz und rostfarbenem Brustfleck. In Nadelwäldern des Hügellandes und der Gebirge. Bei der Balz stellt der Hahn seinen Schwanz fächerartig auf.

Haselhuhn
Tetrastes bonasia
36 cm. Hahn: schwarze Kehle und schwarze Binde im grauen Schwanz. Henne: wie der Hahn, doch mit weißer Kehle. Lebt in Mischwäldern (Espen und Birken), in denen es sich in der dichten Vegetation versteckt hält.

Feldhühner und Fasane
Familie *Phasianidae*

Im Gegensatz zu den Rauhfußhühnern haben diese Vögel unbefiederte Läufe und Füße und leben nicht in kalten Gebieten. Fasane nisten am Boden und erbrüten sehr viele Küken. Auch die Feldhühner sind Bodenbrüter und sehr schwer zu entdecken. Ihr Flug ist schwerfällig und wenig ausdauernd. Allein die Wachtel ist als Zugvogel bekannt.

Steinhuhn
Alectoris graeca
33 cm. Rote Beine, weißer Kehlfleck schwarz eingefaßt. Auf felsigen Halden oder licht bewaldeten Hängen, meist über der Baumgrenze. Dem Rothuhn sehr ähnlich.

Rothuhn
Alectoris rufa
34 cm. Wie Steinhuhn, jedoch mit schwarzen Streifen unterhalb des Kehlflecks. Auf sumpfigem Boden und Feldern, in flachem, baumlosem Hügelland, doch oft auch auf trockenem, steinigem Gelände.

Rebhuhn
Perdix perdix
30 cm. Graue Beine, rostfarbenes Gesicht, dunkelbrauner Bauchfleck (nur beim Hahn). Vor allem auf Feldern, aber ebenso in Mooren, Heiden und Sanddünen sowie auf sumpfigem Gelände.

Fasan
Phasianus colchicus
Hahn 84 cm, Henne 58 cm. Hahn: sehr langer Schwanz, grüner Kopf und roter Augenfleck, manche mit weißem Halsring. Henne: gelblich-braun gefleckt und langer, spitzer Schwanz. Vor allem im Winter zahlreich auf Feldern, auch in Wäldern und auf sumpfigem Gelände.

Wachtel
Coturnix coturnix
18 cm. Gestreifter Kopf, dunkler Kehlfleck (nur beim Hahn). Kleinster europäischer Hühnervogel und zugleich der einzige ziehende. Auf Weiden und Feldern sehr versteckt lebend.

Kraniche, Rallen und Trappen

Ordnung *Gruiformes*

Alle diese Vögel besitzen lange Beine, und viele von ihnen waten im seichten Wasser. Kraniche (Familie Gruidae) sind stattliche und elegante Vögel, die auf trockenem und auf feuchtem Gelände leben. Dagegen sind Rallen, Sumpfhühner, Bläßhühner und Teichhühner (Familie Rallidae) vornehmlich Wasserbewohner von geringer bis mittlerer Körpergröße. Trappen (Familie Otididae) sind mittelgroße bis große Landvögel mit langen, dicken Hälsen.

Kranich
Grus grus
114 cm. Roter Scheitel und weißer Wangenstreifen, buschig herabhängender »Schwanz«. Nistet am Boden in feuchtem Gelände, oft im Röhricht. Erscheint im Winter an Flußufern, auf Feldern und in Steppen. Fliegt mit ausgestrecktem Hals, ziehende Scharen in langen Linien oder V-Formation. Im Frühjahr vollführen sie eigenartige Balztänze.

Wachtelkönig
Crex crex
25 cm. Gefieder rahmfarben mit rötlichen Flügeldecken. Nistet in Wiesen und Feldern mit üppigem Pflanzenwuchs; lebt sehr versteckt.

Wasserralle
Rallus aquaticus
28 cm. Langer roter Schnabel. Lebt sehr versteckt im Schilf kleiner Gewässer und nistet hier auch über flachem Wasser. Bei kaltem Wetter gelegentlich auch im Freien sitzend.

Tüpfelsumpfhuhn
Porzana porzana
23 cm. Dunkelbraun geflecktes und gestricheltes Gefieder. Noch scheuer als Wasserralle, im Verhalten und Vorkommen dieser ähnlich.

Zwergsumpfhuhn
Porzana pusilla
18 cm. Graue Unterseite mit schwarzweiß gebänderten Flanken; fleischfarbene Beine. Vorkommen und Verhalten wie Wasserralle.

Kleines Sumpfhuhn
Porzana parva
19 cm. Männchen: wie Zwergsumpfhuhn, aber Flanken nicht gebändert, grüne Beine. Weibchen: wie das Männchen, aber rahmfarbene Unterseite. Vorkommen und Verhalten wie die Wasserralle, aber viel kleiner als diese. Sehr scheu.

Teichhuhn auf seinem Nest, das am Rande des Gewässers liegt und aus abgestorbenem Schilf und Ried besteht.

Teichhuhn

Bläßhuhn

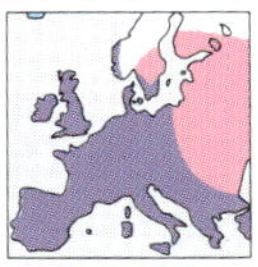

Zwergtrappe

Teichhuhn
Gallinula chloropus
33 cm. Schwarz, mit rotem Schnabel und rotem Stirnschild. Auf Teichen, Tümpeln und Flüssen, auf denen es unter Kopfnicken umherschwimmt und gelegentlich nach Nahrung taucht. Oft auch in Parks. Nistet im Röhricht und Gebüsch, selten auf Bäumen, in Wassernähe.

Bläßhuhn
Fulica atra
38 cm. Schwarz, mit weißem Schnabel und weißem Scheitel. Auf Seen, größeren Teichen und Flüssen, auch in Parks. Im Winter oft an der Küste. Bevorzugt größere offene Wasserflächen und taucht oft. Meist in Trupps, recht zänkisch. Nistet im Röhricht oder zwischen anderer Ufervegetation.

Zwergtrappe
Tetrax tetrax
43 cm. Hahn: schwarze und weiße Halszeichnung (nur im Sommer). Henne und Hahn im Winter: braungestreifter Kopf und Hals. Drückt sich bei Gefahr flach auf den Boden.

Regenpfeifervögel
Ordnung
Charadriiformes

Diese umfangreiche Ordnung umfaßt sehr unterschiedliche Vogelgruppen, die aber alle zumindest einen Teil ihres Lebens im oder in der Nähe des Wassers verbringen. Regenpfeifer und Schnepfenvögel leben an den Küsten oder in Sumpfgebieten.

Austernfischer
Familie *Haematopodidae*

Austernfischer
Haematopus ostralegus
43 cm. Schwarzes und weißes Gefieder mit langem rotem Schnabel. Die einzige Art dieser Familie in Europa. Lebt an Küsten, an denen er zwischen Felsen und auf Wattflächen nach Nahrung sucht. Muscheln werden geschickt mit dem Schnabel geöffnet.

Regenpfeifer
Familie *Charadriidae*

Regenpfeifer unterscheiden sich von fast allen anderen Watvögeln durch ihren kurzen Schnabel. Sie suchen in Erde, Schlamm und Sand, sowohl im Binnenland als auch an der Küste, nach Würmern, Insektenlarven und Schnecken. Sie laufen lebhaft umher und bleiben nur kurz zum Aufpicken von Futtertieren stehen. Alle Regenpfeifer nisten am Erdboden.

Kiebitz
Vanellus vanellus
30 cm. Schwarzes und weißes Gefieder mit langer Kopfhaube, Rücken schillernd grünlich-schwarz. Sehr häufiger Regenpfeifer. Auf sumpfigen Wiesen, Mooren und Feldern. Im Winter auch an der Küste. Meist in großen Scharen.

Sandregenpfeifer
Charadrius hiaticula
19 cm. Schwarzes Brustband, orangegelbe Beine, weiße Flügelbinde (im Flug). An Sand- und Schlammküsten, mitunter im Binnenland.

Flußregenpfeifer
Charadrius dubius
15 cm. Wie Sandregenpfeifer, aber ohne Flügelbinde, blaßgelbliche Beine. An steinigen oder sandigen Ufern von Seen und Flüssen, auch in Kiesgruben.

Seeregenpfeifer
Charadrius alexandrinus
15 cm. Wie Sandregenpfeifer, Brust-

band aber unvollständig, Beine schwarz. An Meeresküsten, auf Sand- und Kiesstränden.

Kiebitzregenpfeifer
Pluvialis squatarola
28 cm. Sommer: unten schwarz, oben weißlich. Winter: unten weiß, oben grau. Auf Schlammflächen und an sandigen Küsten.

Goldregenpfeifer
Pluvialis apricaria
28 cm. Sommer: unten schwarz, oben goldbraun. Winter: unten weiß, oben goldbraun. Nistet im Moor im Heidekraut, winters auf Feldern und an der Küste.

Mornellregenpfeifer
Eudromias morinellus
23 cm. Weißer Augenstreifen und weißes Brustband, dunkle Unterseite. Nistet auf erhöhten kahlen Bodenstellen. Im Winter auf Feldern und an Küsten.

Steinwälzer
Arenaria interpres
23 cm. Sommer: rotbraun- und schwarzgefleckte Flügel. Winter: dunkles Brustband und orangegelbe Beine. An der Küste, meist an felsigen und steinigen Stränden. Dreht auf der Suche nach Nahrung Steine, Muscheln und Tang um.

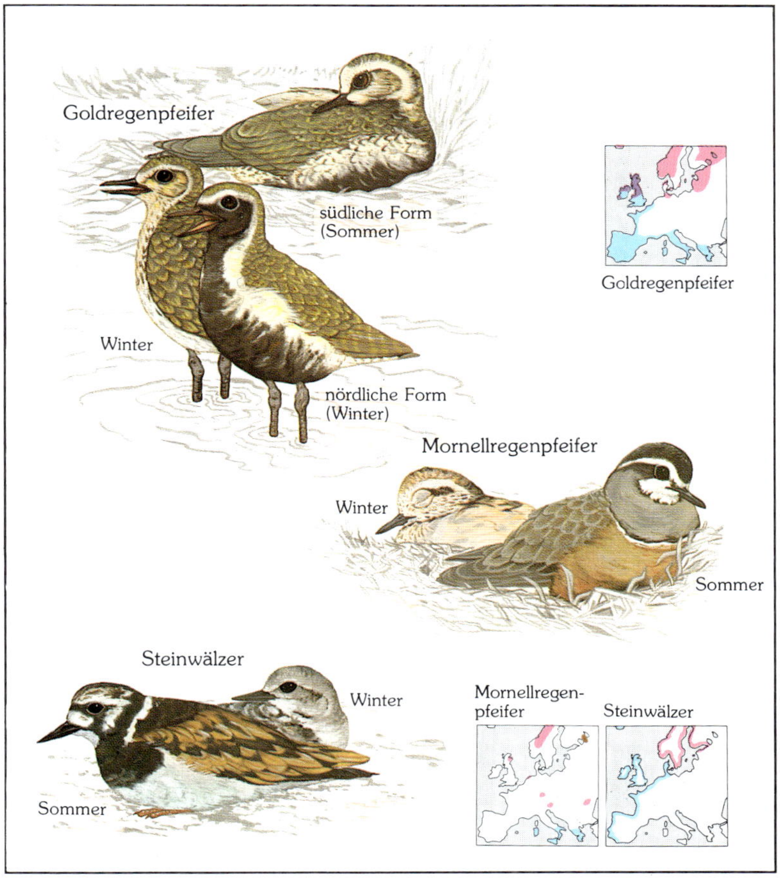

Schnepfenvögel
Familie Scolopacidae

Die Watvögel der Familie Scolopacidae sind durch einen meist langen Schnabel und oft sehr lange Beine ausgezeichnet. Sie leben sowohl in sumpfigen Gebieten des Binnenlandes wie an der Küste und nisten meist am Boden. Oft suchen Trupps aus verschiedenen Arten am Strand gemeinsam nach Nahrung, wobei sie mit ihren Schnäbeln im Wasser, Schlamm oder Sand herumstochern. Die Schnabellänge ist bei den einzelnen Arten unterschiedlich, so daß sie jeweils in bestimmten Tiefen ihre tierische Nahrung aufspüren.

Bekassine
Gallinago gallinago
27 cm. Langer, gerader Schnabel, dunkle Längsstreifen auf dem Kopf. Zickzackflug. Lebt versteckt in Sümpfen, nassen Mooren und feuchten Wiesen. Bei Sturzflügen während der Balz verursachen die Schwanzfedern ein charakteristisches dumpfes Brummen.

Zwergschnepfe
Lymnocryptes minimus
19 cm. Wie Bekassine, aber viel kürzerer Schnabel und spitzer Schwanz. Gleiches Vorkommen und Verhalten wie Bekassine, lediglich der Flug ist mehr geradeaus führend.

Waldschnepfe
Scolopax rusticola
36 cm. Langer Schnabel, dunkle Bänder auf Scheitel und Nacken, untersetzte Gestalt. Versteckt in feuchten Wäldern mit üppiger Bodenvegetation. Am ehesten in der Dämmerung beim langsamen Balzflug zu beobachten.

Großer Brachvogel
Numenius arquata
56 cm. Sehr langer, abwärts gebogener Schnabel, Scheitel nicht gestreift. Nistet in Moorgelände und Sümpfen, feuchten Wiesen und Sanddünen. Im Winter auf Schlammflächen in Küstennähe.

Regenbrachvogel
Numenius phaeopus
41 cm. Wie Großer Brachvogel, aber kürzerer Schnabel und gestreifter Scheitel. Nistet in Moorgelände und Sümpfen, feuchten Wiesen und Sanddünen.

Uferschnepfe
Limosa limosa
41 cm. Langer, sehr leicht aufgebogener Schnabel. Sommer: rostbraune Brust und weißer Schwanz mit schwarzem Endband. Winter: graue Brust, sonst wie Sommer. Nistet in feuchten Wiesen und in sumpfigem Gelände.

Pfuhlschnepfe
Limosa lapponica
38 cm. Wie Uferschnepfe, aber aufgebogener Schnabel und gebänderter Schwanz. Nistet in Sümpfen im hohen Norden und kommt im Winter an die Meeresküsten.

Waldwasserläufer
Tringa ochropus
23 cm. Weißer Bürzel und dunkle Beine, keine Flügelbinde. Nistet in sumpfigen Wäldern. Im Winter in Sümpfen, an Seen und Flüssen, selten an der Küste.

Bruchwasserläufer
Tringa glareola
20 cm. Weißer Bürzel und gelbe Beine, keine Flügelbinde. In den Wäldern des Nordens und in der Tundra, wo er am Boden in Wassernähe oder in alten Baumnestern brütet.

Flußuferläufer
Tringa hypoleucos
20 cm. Dunkler Bürzel, im Flug weiße Flügelbinde sichtbar. Nistet an See- und Flußufern, oft in hügeligem Gelände. Im Winter auch an der Küste. Ständiges Kopfnicken und Schwanzwippen.

Rotschenkel
Tringa totanus
28 cm. Weißer Bürzel mit langen roten Beinen, im Flug weißes Band auf der Flügeloberseite. Nistet in Wiesen, Mooren und Heiden sowie in Binnen- und Küstensümpfen. Nest zwischen Grasbüscheln. Im Winter an der Küste.

Dunkler Wasserläufer
Tringa erythropus
30 cm. Sommer: schwarz mit roten Beinen, kein Flügelband. Winter: blaßgrau mit roten Beinen, kein Flügelband. Nistet im hohen Norden und kommt im Winter an Meeresküsten und in Sümpfe.

Grünschenkel
Tringa nebularia
30 cm. Weißer Bürzel mit grünlichen Beinen, kein Flügelband. Nistet am Boden in Mooren oder Wäldern, meist in Wassernähe. Im Winter an Küsten und Binnengewässern.

Knutt
Calidris canutus
25 cm. Sommer: rostrote Unterseite. Winter: plumper Körper, kurzer Hals, heller Schwanz. Wintergast aus der Arktis. Oft in dichten Schwärmen an schlammigen Meeresufern. Vögel im Sommergefieder im Frühjahr und Herbst zu beobachten.

Alpenstrandläufer
Calidris alpina
18 cm. Schnabelspitze leicht abwärts gebogen. Sommer: schwarzer Bauch. Winter: oben braungrau, unten weiß. Nistet in Mooren und Sümpfen. Im Winter schwarmweise auf Schlammflächen an der Küste oder im Binnenland sowie an Flußmündungen. Fliegt in dichten Schwärmen.

Sanderling
Calidris alba
20 cm. Sommer: rostbraune Oberseite, weißer Bauch. Winter: hellgraue Oberseite mit dunklem „Schulterfleck". Im Winter an flachen Sandküsten, unermüdlich umherrennend. Nistet in der arktischen Tundra.

Kampfläufer
Philomachus pugnax
Männchen 30 cm, Weibchen 23 cm. Männchen: mit Halskrause (Frühling und Sommer), Rücken stark braun gesprenkelt (Herbst). Weibchen: wie das Männchen im Herbst, aber kleiner. Nistet in Mooren, Sümpfen und Wiesen; im Winter an Fluß- und Seeufern. Im späten Frühjahr balzen die Männchen und locken die Weibchen mit ihrer großen, aufrichtbaren Halskrause aus bunten Federn.

Stelzenläufer
Familie *Recurvirostridae*

Zu dieser Familie gehören die elegantesten Watvögel. Sie stelzen langbeinig durch das flache Wasser, schnappen Insekten aus der Luft oder suchen mit dem langen Schnabel im Wasser nach Nahrung.

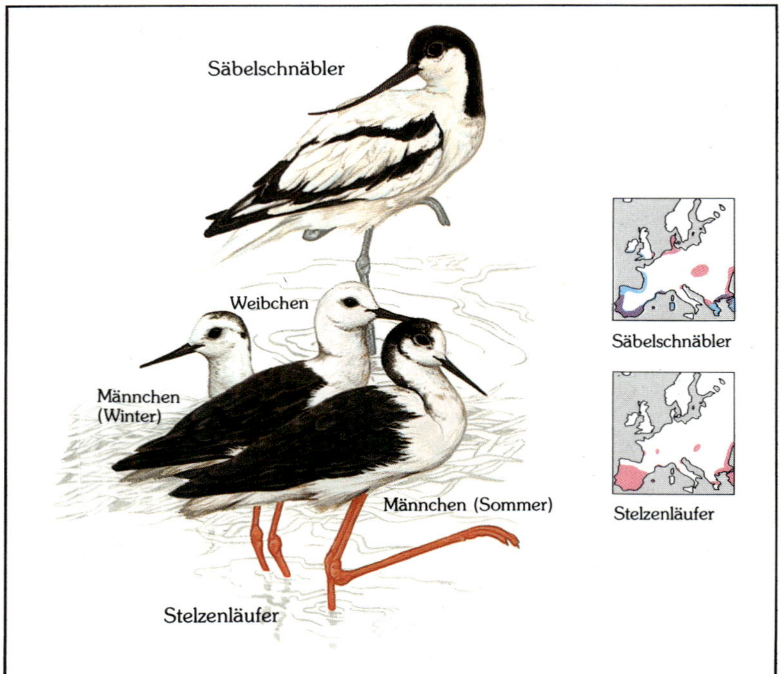

Säbelschnäbler
Recurvirostra avosetta
43 cm. Langer, aufwärtsgebogener Schnabel. Schwarz-weißes Gefieder. Nistet in Sümpfen in der Nähe der Küste; im Winter an Flußmündungen. Am ehesten in Reservaten zu beobachten. Bei der Nahrungssuche im Flachwasser wird der lange, aufwärts gekrümmte Schnabel seitwärts bewegt.

Stelzenläufer
Himantopus himantopus
38 cm. Langer, gerader Schnabel. Rükken schwarz, Unterseite hell, lange, rötliche Beine. In Sümpfen und Lagunen, wo er oft über längere Strecken im tieferen Wasser watet.

Wassertreter
Familie *Phalaropodidae*

Odinshühnchen
Phalaropus lobatus
18 cm. Im Sommer Weibchen: orangeroter Hals und weiße Kehle; Männchen: wie Weibchen. Im Winter beide Geschlechter grau-weiß. Nistet in Sümpfen und an Seeufern; im Winter an der Küste. Schwimmt sehr gerne, wobei es auffallend hoch im Wasser liegt. Bei der Nahrungsaufnahme im flachen Wasser dreht es sich in typischer Weise, um kleine Tiere vom Boden aufzuwirbeln.

Die größeren und lebhafter gefärbten Weibchen werben um die Männchen, die auch das Nest bauen, brüten und die Jungen aufziehen.

Triele
Familie Burhinidae

Triel
Burhinus oedicnemus
41 cm. Große gelbe Augen, kräftige gelbe Beine, weiß-braunes Gefieder. Nistet auf steinigem oder felsigem, aber auch sandigem Boden. Rennt bei Beunruhigung geduckt und mit tiefgehaltenem Kopf. Sein Ruf (meist in der Dämmerung) erinnert an den des Großen Brachvogels.

Brachschwalben
Familie *Glareolidae*

Brachschwalbe
Glareola pratincola
25 cm. Mit hellem, schwarz umrandetem Kehlfleck und rötlich-braunen Flügelunterseiten. Auf ausgetrockneten Schlammflächen, grasigen Ebenen und freien Plätzen in Sümpfen. Ähnelt im Flug großen Schwalben, rennt aber auch am Boden umher. Steht oft auf Zehenspitzen und reckt den Hals, als ob sie nach etwas Ausschau hielte.

Raubmöwen
Familie Stercorariidae

Raubmöwen sind kräftige, fast greifvogelartig wirkende Seevögel mit schmalen, gewinkelten Flügeln. Sie leben räuberisch, indem sie andere Seevögel, zum Teil im Sturzflug, so lange jagen, bis diese die aufgenommene Nahrung wieder erbrechen. Die Reste werden dann von den Raubmöwen meist im Flug erhascht.

Skua, Große Raubmöwe
Stercorarius skua
58 cm. Kurzer, keilförmiger Schwanz, fast einförmig braunes Gefieder. Nistet auf Mooren in Meeresnähe; zieht im Winter längs der Küste oder über den Atlantik bis Südspanien.

Schmarotzerraubmöwe
Stercorarius parasiticus
46 cm. Mit verlängerten, spitzen mittleren Schwanzfedern und langen, spitzen Flügeln. Entweder einförmig dunkel oder oberseits dunkel, unterseits weiß. Lebt an ähnlichen Stellen wie die vorige Art.

Lachmöwen folgen oft scharenweise dem Pflug des Bauern, um die zutagekommenden Insektenlarven und Würmer aufzusammeln.

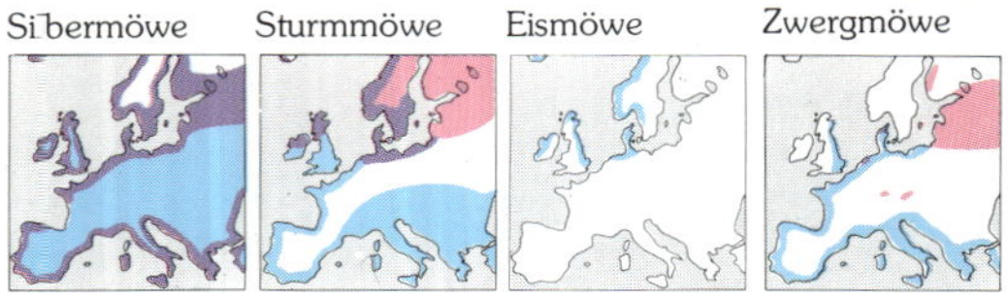

Möwen und Seeschwalben

Familie *Laridae*

Diese beiden wohlbekannten Gruppen der Seevögel sind leicht zu unterscheiden:

Möwen haben breite Flügel, einen fächerförmigen Schwanz und einen breiten, an der Spitze gehöckerten Schnabel. Sie beleben in Scharen die Küsten und Häfen und sind mit ihren rauhen, klagenden Rufen nicht zu überhören. Besonders im Winter begegnet man einigen Arten regelmäßig im Binnenland. Sie suchen hier auf Müllkippen nach Nahrung, folgen dem Pflug oder lassen sich füttern, wobei sie zugeworfene Brocken geschickt in der Luft auffangen. Möwen nisten in Kolonien am Erdboden oder auf Klippen.

Seeschwalben haben schmale Flügel, einen gegabelten Schwanz und einen spitzen, im Flug oft abwärts gerichteten Schnabel. Häufig rütteln sie und tauchen aus der Luft nach Fischen. Sie bevölkern Meeresküsten sowie Sümpfe und Seen im Binnenland. Sie nisten kolonieweise am Erdboden und legen große Entfernungen zurück, wenn sie zu ihren Überwinterungsplätzen im Süden aufbrechen.

Silbermöwe
Larus argentatus
56 cm. Rücken hellgrau, schwarzweiße Flügelspitzen und gelber Schnabel mit rotem Fleck. Sehr häufige Möwe, sowohl an der Küste wie im Binnenland.

Sturmmöwe
Larus canus
41 cm. Wie Silbermöwe, aber Beine und Schnabel grünlich-gelb, letzterer ohne roten Fleck. An der Küste und noch öfter als die Silbermöwe im Binnenland.

Eismöwe
Larus hyperboreus
71 cm. Rücken und Flügel silbergrau, Flügelspitzen rein weiß. Nistet auf arktischen Inseln; im Winter an den Küsten und in Häfen, seltener im Binnenland. Raubt Eier und kleine Vögel.

Zwergmöwe
Larus minutus
28 cm. Ähnelt der Lachmöwe, im Sommer aber schwarzköpfig, ohne Schwarz auf der Flügeloberseite und mit schwärzlichem Unterflügel. Auffallend kleiner als die anderen Möwenarten. Nistet gewöhnlich in Sümpfen, sonst an den Küsten und auch im Binnenland.

Lachmöwe
Larus ridibundus
38 cm. Dunkelbrauner Kopf (nur im Sommer), rein weißer Flügelvorderrand, unterseits dunkelgraue Handschwingen. Sehr häufige Möwe. Nistet in Sümpfen, Mooren sowie an Fluß- und Seeufern. Zahlreich im Binnenland, auf Feldern sowie an den Küsten und in Häfen. Allesfresser.

Dreizehenmöwe
Rissa tridactyla
41 cm. Schwarze Flügelspitzen (ohne jedes Weiß) und schwärzliche Beine. Nistet koloniewe ise an Felswänden, mitunter an Gebäuden in Küstenstädten. Im Winter meist draußen auf dem Meer.

Mantelmöwe
Larus marinus
68 cm. Rücken und Flügel schwarz, Beine weißlich-fleischfarben. Meist an felsigen Küsten und vorgelagerten Inseln. Frißt häufig die Eier und Jungen anderer Seevögel.

Heringsmöwe
Larus fuscus
53 cm. Rücken und Flügel schiefergrau (Britische Form) oder schwarz (Ostseeform); Beine gewöhnlich gelblich oder fleischfarben. Oft an Küsten, in Häfen und auch im Binnenland.

Dreizehenmöwen-Kolonie. Die Nester werden aus Gras und Tang gebaut und mit Schlamm gut auf der Nestunterlage befestigt.

Lachmöwe

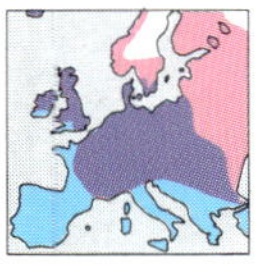

Dreizehenmöwe

Mantelmöwe

Heringsmöwe

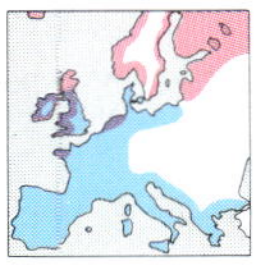

Rosenseeschwalbe
Sterna dougallii
38 cm. Schwarzer Schnabel, zuweilen mit roter Wurzel, sehr langer Schwanz. Nistet auf felsigen Inseln, gelegentlich am Strand, zusammen mit Küsten- und Flußseeschwalben. Selten im Binnenland.

Zwergseeschwalbe
Sterna albifrons
24 cm. Gelber Schnabel mit schwarzer Spitze, weiße Stirn. Nistet vor allem auf Sand- und Kiesstrand, seltener an Binnengewässern.

Brandseeschwalbe
Sterna sandvicensis
41 cm. Schwarzer Schnabel mit gelber Spitze, leichte Haube. Nistet in großen Kolonien auf Sand- oder Kiesstrand sowie auf Inseln, selten auch am Ufer von Binnengewässern.

Flußseeschwalbe
Sterna hirundo
36 cm. Orangeroter Schnabel mit schwarzer Spitze. Nistet an Stränden, auf Sanddünen, in Küstensümpfen und auf Inseln im Salz- und Süßwasser. Fliegt an den Stränden und taucht nach Fischen.

Küstenseeschwalbe
Sterna paradisaea
36 cm. Blutroter Schnabel, kurze Beine. An denselben Plätzen wie die Flußseeschwalbe, doch weniger im Binnenland. Fliegt zum Überwintern sehr weit nach Süden.

Trauerseeschwalbe
Chlidonias niger
24 cm. Schwarzer Kopf und Körper, Flügel und Schwanz grau. Baut Schwimmnester im Flachwasser von Sümpfen und Seen. Auf dem Zuge im Frühjahr und Herbst auch an der Küste. Jagt fliegende Insekten über dem Wasser oder nimmt sie von der Oberfläche auf.

Weißbartseeschwalbe
Chlidonias hybrida
24 cm. Grauer Bauch, weiße Wangen. An denselben Stellen wie die vorige Art; taucht öfter nach Nahrung.
Anmerkung: Die Beschreibungen und Abbildungen der Seeschwalben beziehen sich auf ihr Sommergefieder. Im Wintergefieder haben alle Arten eine weiße Stirn und einen schwarzen Schnabel; sie sind dann schwer zu unterscheiden. Trauerseeschwalbe und Weißbartseeschwalbe werden außerdem unterseits weiß.

Der Schnabel des Papageitauchers hat gesägte Ränder, so daß er mehrere Fische gleichzeitig halten kann.

Alken
Familie *Alcidae*

Alken sehen Pinguinen ähnlich und verhalten sich auch wie sie. Die Vögel jagen unter Wasser nach Fischen, wobei die Flügel als Ruder und die Füße zum Steuern eingesetzt werden. An Land halten sie sich aufrecht und watscheln umher. Sie verbringen die meiste Zeit auf dem Meer und kommen nur zum Brüten an die Küste. Anders als Pinguine, können die Alken fliegen – nur der ausgestorbene Riesenalk war flugunfähig. Für Jäger war er deshalb eine leichte Beute; das letzte Paar wurde im Jahre 1844 getötet. Der Riesenalk erreichte die Größe einer Gans.

Tordalk
Alca torda
41 cm. Seitlich zusammengedrückter Schnabel mit weißer Querlinie. Brütet in Kolonien mit Trottellummen. Im Winter auf dem Meer, von Stürmen oft an die Küste gezwungen.

Krabbentaucher
Plautus alle
20 cm. Kurzer Schnabel. Nistet in der Arktis. Im Winter auf den nördlichen Meeren, strandet zuweilen bei schweren Stürmen.

Papageitaucher
Fratercula arctica
30 cm. Dreieckiger Schnabel (im Sommer leuchtend rot, gelb und blau). Brütet kolonieweise in Höhlen an Steilhängen über dem Meer. Rennt zum Starten mitunter hangabwärts. Hält sich im Winter in küstennahen und -fernen Meeresteilen auf und wird nur selten vom Sturm an die Küste getrieben.

Gryllteiste
Cepphus grylle
33 cm. Sommer: schwarzer Körper mit weißem Flügelschild. Winter: oberseits weiß gefleckt mit weißem Flügelschild. Nistet in Höhlen oder unter Steinblöcken an Felsufern und auf Meeresklippen, aber meist nur vereinzelt. Im Winter in Küstennähe.

Trottellumme
Uria aalge
41 cm. Schlanker, spitzer Schnabel. Nistet in dichten Kolonien auf Felssimsen an der Küste und auf Inseln. Die birnenförmigen Eier werden auf den nackten Fels gelegt. Im Winter sind die Tiere auf dem Meer; starke Stürme treiben sie gelegentlich an die Küste.

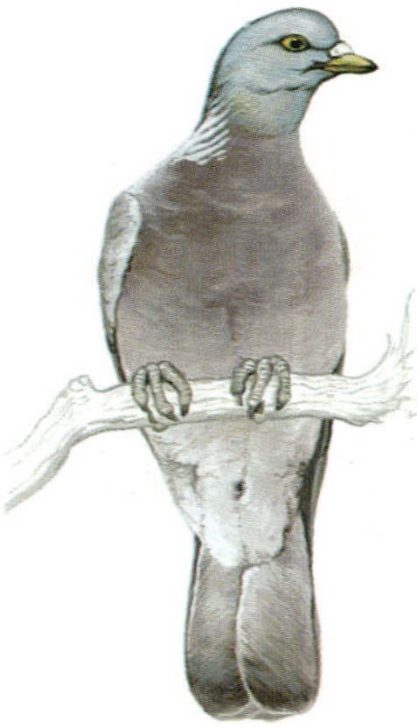

Ringeltaube

Unsere Stadttauben stammen von der wilden Felsentaube ab.

Türkentaube

Hohltaube

Felsentaube

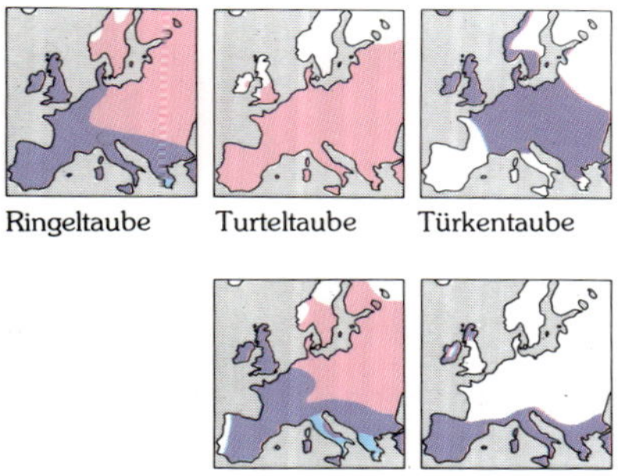

Turteltaube

Taubenvögel
Ordnung
Columbiformes

Zwei Familien gehören zu den Taubenvögeln: Flughühner (Familie *Pteroclidae*) und Tauben (Familie *Columbidae*).

Flughühner leben und nisten vorwiegend in Wüsten und Trockengebieten. Nur das Steppenhuhn tritt sporadisch in Mitteleuropa auf.

Tauben haben einen rundlichen Körper, einen kleinen Kopf und kurze Beine. Tauben sind teils Baum-, teils Höhlenbrüter.

Hohltaube
Columba oenas
33 cm. Grauer Bürzel, ohne besondere Hals- oder Flügelzeichnung. In Wäldern und Kulturland, auch in Parks, auf Klippen und Sanddünen an der Küste; oft zusammen mit Ringeltauben.

Felsentaube
Columba livia
33 cm. Weißer Bürzel, ohne Halszeichnung, zwei schwarze Flügelbinden. An felsigen Küsten und in felsigem Gelände des Binnenlandes; nistet in Höhlen und an Felswänden. Die verwilderten Haustauben in den Städten und Parkanlagen stammen alle von der Felsentaube ab. Zur Nahrungsaufnahme besucht sie in großen Scharen die Felder.

Ringeltaube
Columba palumbus
41 cm. Grauer Bürzel, weiße Halszeichnung und weißes Flügelband. In Wäldern und Kulturland, oft auch in Parks und Gärten.

Turteltaube
Streptopelia turtus
28 cm. Dunkler Schwanz mit weißem Ende, weißer Halsfleck mit schwarzen Streifen. Im Frühjahr und Sommer in lichten Wäldern und in offenem Gelände mit vereinzelten Gehölzen und Hecken, auch in Parks und Gärten.

Türkentaube
Streptopelia decaocto
30 cm. Schwarzer, weiß eingefaßter Nackenfleck. Hauptsächlich in Städten und Dörfern. Nistet gewöhnlich auf Bäumen, oft auch an Gebäuden. Etwa seit 1930 hat sich die Türkentaube von Asien und Südosteuropa aus nach Nordwesten ausgebreitet.

Kuckucksvögel
Ordnung *Cuculiformes*
Familie *Cuculidae*

Kuckucke sind dafür bekannt, daß sie ihre Eier in die Nester anderer Vögel legen und diesen das Ausbrüten und die Aufzucht ihrer Jungen überlassen.

Kuckuck
Cuculus canorus
33 cm. Grauer Kopf. Unterseite weißlich, dunkelgrau gebändert. Weibchen gelegentlich rotbraun und auch oberseits gebändert. In Wäldern, offenem Gelände mit vereinzelten Bäumen und Buschwerk sowie in Moorgebieten. Nur das Männchen ruft »kuckuck«.

Häherkuckuck
Clamator glandarius
41 cm. Oberseits weiß gefleckt, graue Haube, langer, weiß gesäumter Schwanz. An Waldrändern und in offenem, baumbestandenem Gelände. Legt seine Eier vor allem in Elsternester. Ruft nicht »kuckuck«.

Eulen
Ordnung *Strigiformes*

Eulen führen eine überwiegend nächtliche Lebensweise und jagen als Fleischfresser vor allem Mäuse und andere Kleintiere. Sie haben einen großen Kopf, nach vorn gerichtete, große Augen in einem flachen Gesicht, einen krummen Schnabel und mächtige Krallen. Ihr Flug ist geräuschlos, so daß die Beutetiere nicht gewarnt werden. Eulen brüten in Höhlen, auf dem Boden oder auch in Gebäuden. Man unterscheidet zwei Familien, die Schleiereulen (Familie *Tytonidae*) und alle übrigen Eulen (Familie *Strigidae*).

Schleiereule
Tyto alba
36 cm. Herzförmiges Gesicht, brauner Rücken und weiße oder lederfarbene ungestreifte Brust. In Kulturland und Sümpfen, aber auch in verlassenen Gebäuden, Kirchtürmen, Ruinen und Scheunen. Die weißbrüstige Unterart (*T. a. alba*) lebt in Süd- und Westeuropa, eine Form mit rostgelber Unterseite (*T. alba guttata*) in Nord- und Osteuropa.

Zwergohreule
Otus scops
19 cm. Auf Bäumen, oft in der Nähe von Gebäuden, auch in Ruinen. Selten am Tage zu sehen. Wie andere Eulen hat sie Federohren, die aber keine Ohren sind, sondern nur Federbüschel des Kopfes.

Sperlingskauz
Glaucidium passerinum
18 cm. Mit rundem Kopf, ohne Federohren. Wippt beim Sitzen mit dem Schwanz. Meist in alten Nadelholzwäldern. Aktiv bei Tag und Nacht, jagt kleine Vögel im Fluge. Kleinste europäische Eule.

Waldkauz
Strix aluco
38 cm, gestreiftes Gefieder, schwarze Augen, rundliche Gestalt, ohne Federohren. Recht häufige Eule. Lebt in Wäldern, Parks und Gärten. Jagt gewöhnlich bei Nacht.

Steinkauz
Athene noctua
23 cm. Mit abgeflachtem Kopf, ohne Federohren. In Feldern und offenem Gelände mit verstreut stehenden Bäumen. Nistet in Baumhöhlen. Gelegentlich am Tage auf Zäunen oder Masten zu beobachten.

Sumpfohreule
Asio flammeus
38 cm, ähnlich dem Waldkauz, aber gelbe Augen und helleres Gefieder. Jagt in Moorgebieten, Sümpfen und in offenem Gelände am Tage und in der Dämmerung.

Schnee-Eule
Nyctea scandiaca
61cm. Weißes Gefieder, große, gelbe Augen. Lebt und brütet in der arktischen Tundra Norwegens und Islands, kommt im Winter gelegentlich bis nach Mitteleuropa. Ist dann in Moorgebieten, Sümpfen, an Seeufern und der Küste zu beobachten. Jagt am Tage.

Waldohreule
Asio otus
36 cm, schlanke Gestalt und lange Federohren. Schläft tagsüber im Wald, meist auf Nadelbäumen, und geht in der Dämmerung auf Jagd, häufig in offenem Gelände. Schläft im Winter oft in kleinen Gesellschaften.

Uhu
Bubo bubo
68 cm. Größte europäische Eule, mit auffälligen Federohren. Lebt in großen Wäldern, an felsenreichen Berghängen und in offenen Steppen. In der Morgen- und Abenddämmerung auf der Jagd nach Beute bis zur Größe eines Hasen. Selten.

Ziegenmelker
Ordnung *Caprimulgiformes*
Familie *Caprimulgidae*

Ziegenmelker sind dämmerungs- und nachtaktive Vögel mit langen Flügeln, langem Schwanz, sehr kleinem Schnabel, aber weitem Rachen. Ernähren sich von Fluginsekten. Flug schnell und ruhig. In Europa brüten 2 Arten.

Ziegenmelker
Caprimulgus europaeus
28 cm, Gefiederzeichnung erinnert an trockenes Laub, Unterseite fein gestreift. In Wäldern, zwischen Farnkraut auf Lichtungen, in Mooren und Sanddünen. Durch vollkommene Farbanpassung nicht zu entdecken. Schläft am Tage und jagt nachts Insekten. Legt die Eier auf den nackten Boden.

Brütender Ziegenmelker

Segler
Ordnung *Apodiformes*
Familie *Apodidae*

Segler sind hervorragende Flieger und meist in Trupps zu beobachten, die hoch in den Lüften ihre Flugkünste zeigen. Den größten Teil ihres Lebens verbringen sie fliegend, da sie im Fluge nicht nur ihre Nahrung erbeuten, sondern des Nachts auch schlafen. Segler haben nur schwache Beine, so daß sie, einmal auf dem Boden gelandet, kaum wieder starten können. Sie halten sich nämlich in der Regel an senkrechten Wänden fest und lassen sich zum Abfliegen einfach fallen.

Mauersegler
Apus apus
16 cm, dunkler Körper, flach gegabelter Schwanz. Nistet in Baumhöhlen, Mauerspalten und unter Dachrinnen. In der Dämmerung jagen zur Brutzeit ganze Trupps laut kreischend um die Hausgiebel. Gelegentlich in Gemeinschaft mit Schwalben, von denen sie durch die dunkle Unterseite und den flach gegabelten Schwanz leicht zu unterscheiden sind.

Alpensegler
Apus melba
20 cm, Bauch und Kehle weiß, mit braunem Brustband und sehr langen Flügeln. In hohen Gebirgen, an Felswänden, mitunter auch zwischen alten Gebäuden. Baut seine Nester in Felsspalten und unter Dachsparren.

Rackenvögel
Ordnung *Coraciformes*

Jede der Vogelarten in dieser Ordnung verdient besondere Beachtung, denn es handelt sich hier um die farbenprächtigsten Vögel Europas. Kein Vogel ist wie der andere, und alle gehören verschiedenen Familien an; die Eisvögel sind der Familie *Alcedinidae* und die Bienenfresser der Familie *Meropidae* zuzuordnen. Die Blauracke ist ein Vertreter der Familie *Coraciidae*, der Wiedehopf ist ein Angehöriger der Familie *Upupidae*.

Bienenfresser
Merops apiaster
28 cm. Gelbe Kehle und blaugrüne Brust. In offenem Gelände mit vereinzelten Bäumen und Büschen, oft auf den Leitungsdrähten der Telegraphenmasten sitzend. Nistet kolonieweise in Höhlen an Uferbänken oder in Sandgruben. Jagt fliegende Insekten, meist Bienen und Wespen.

Blauracke
Coracias garrulus
30 cm. Blaugrün mit rötlich braunem Rücken. In offenem Gelände mit einzelnen Bäumen sowie in Wäldern. Nistet in Baumhöhlen oder in Höhlen an Erdhängen. Beobachtet vom Ansitz aus die Umgebung und stürzt sich auf vorbeifliegende Insekten oder andere kleine Tiere. Das Männchen führt gaukelnde Balzflüge aus.

Eisvogel
Alcedo atthis
16 cm. Blaugrüner Rücken und rostbraune Unterseite. An Flüssen und Seen, Kanälen und Teichen; sitzt wachsam auf einem Ast am Wasser und erbeutet im Tauchstoß kleine Fische und Wasserinsekten. Im Winter auch an den Meeresküsten.

Wiedehopf
Upupa epops
28 cm. Schwarz-weiß gebänderte Flügel, große, schwarzspitzige Haube. In offenen Waldungen, Obstgärten und Parkanlagen. Nistet in Baumhöhlen, mitunter auch an Gebäuden. Sucht seine Nahrung hauptsächlich am Boden.

Spechtvögel
Ordnung *Piciformes*
Familie *Picidae*

Gewöhnlich hört man die Spechte, bevor man sie sieht. Mit ihrem kräftigen Meißelschnabel hämmern sie – auf der Suche nach Insekten – in rascher Schlagfolge auf morsches Holz. In der gleichen Art und Weise zimmern sie ihre Nisthöhlen aus. Die Spechte halten sich dabei mit ihren starken Füßen an der Rinde und stützen sich mit dem steifen Schwanz ab, der ihnen auch als Widerhalt beim Klettern dient. Zur Brutzeit im Frühjahr trommeln die Spechte häufig auf dürre Äste, was als Balzhandlung zu verstehen ist.

Schwarzspecht
Dryocopus martius
46 cm. Schwarzer Körper mit rotem Scheitel. In Wäldern des Mittel- und Hochgebirges. Größter europäischer Specht.

Grauspecht
Picus canus
25 cm. Grauer Kopf mit dünnem Bartstreif, nur das Männchen mit rotem Vorderscheitel. An den gleichen Plätzen wie der Grünspecht. Trommelt häufig im Frühjahr.

Dreizehenspecht
Picoides tridactylus
23 cm. Weißer Rücken, schwarze Wangen und gestreifte Flanken. Gelber Scheitel (nur das Männchen). In Gebirgswäldern und Waldungen des Nordens.

Grünspecht
Picus viridis
30 cm. Grünlicher Rücken und gelber Bürzel, großer roter Scheitel. Breiter schwarzer (Weibchen) oder roter (Männchen) Bartstreif. In Wäldern, vor allem mit Laubgehölzen, sowie in offenem Gelände mit verstreuten Baumgruppen. Häufig auch am Boden an Ameisenhaufen.

Kleinspecht
Dendrocopos minor
15 cm. Oberseite schwarz-weiß gebändert, Schwanzunterseite ohne Rot. Scheitel rot (Männchen) oder weißlich (Weibchen). Das gleiche Vorkommen wie der Mittelspecht, aber auch in Parkanlagen und Obstgärten. Der kleinste europäische Specht.

Weißrückenspecht
Dendrocopos leucotos
25 cm. Wie Kleinspecht, aber größer und mit weißem Bürzel und roter Schwanzunterseite. In Wäldern des Hügellandes; im Winter auch in der Nähe von Ortschaften.

Mittelspecht
Dendrocopos medius
20 cm. Wie Buntspecht, aber roter Scheitel in beiden Geschlechtern und weniger schwarz im Gesicht. In Wäldern, vorwiegend in Eichenforsten. Zimmert seine Nisthöhle hoch oben in den Bäumen.

Buntspecht
Dendrocopos major
23 cm. Große weiße Flügelflecken und schwarzer Scheitel (in der Jugend rot), schwarzer Querstreifen im Nacken, roter Fleck auf dem Hinterkopf (nur Männchen). In Wäldern aller Art, auch in Parks und Gärten. Kommt auch zur Fütterung.

Wendehals
Jynx torquilla
16 cm. In lichten Wäldern und baumreichen Parklandschaften mit Büschen und Hecken sowie in Obstgärten. Spechtähnlich, doch ohne Stützschwanz und mit kurzem Schnabel. Brütet in natürlichen Höhlen von Bäumen und Gemäuer, auch in Nisthöhlen. Verdreht den Kopf (Wendehals).

Sperlingsvögel
Ordnung *Passeriformes*

Die Sperlingsvögel stellen die größte Ordnung innerhalb des Vogelreiches – mehr als die Hälfte der bekannten Arten. Sie kommen überall vor. Die Mehrzahl ist von mittlerer Größe, viele sind sogar klein bis sehr klein. Die Füße der Sperlingsvögel haben drei Zehen nach vorn und eine lange Zehe nach hinten, so daß sie besonders gut Zweige umfassen können. Viele, aber beileibe nicht alle, zeichnen sich durch einen wohlklingenden Gesang aus, und einige Arten lassen sich am besten aufgrund ihres Gesanges identifizieren.

Lerchen
Familie *Alaudidae*

Diese Vögel sieht man sehr oft – laut singend – in der Luft. Sie bauen ihre Nester am Boden, wo die unauffällig gefärbten Lerchen schwer zu entdecken sind. Man sieht sie manchmal auch am Boden entlangrennen. Einige Lerchen ähneln Ammern, haben jedoch einen dünnen Schnabel.

Haubenlerche
Galerida cristata
16 cm. Große Haube. Auf steinigem und sandigem Boden und in Feldern, auch in der Nähe menschlicher Siedlungen und an den Straßenrändern.

Heidelerche
Lullula arborea
15 cm. Schwarz-weiße Zeichnung am Flügel-Vorderrand, brauner Schwanz, kleine Haube. Auf Feldern, in sandigen Heidegebieten mit verstreuten Bäumen und Büschen sowie an Waldrändern. Steigt in weiten Spiralen im Singflug empor.

Feldlerche
Alauda arvensis
18 cm. Weißgesäumter Schwanz, kleine Haube. Auf Feldern, Weideflächen, Sanddünen und Mooren. Steigt singend geradlinig empor und singt auch im Rütteln.

Ohrenlerche
Eremophila alpestris
16 cm. Kopf mit schwarzen »Hörnchen« (Männchen); schwarze und gelbe Gesichtszeichnung. Brütet auf felsigem Grund im hohen Norden oder im Gebirge. Im Winter an Stränden, in Sümpfen und Feldern in Küstennähe.

Feldlerche am Nest. Die Jungen sperren sofort ihren Schnabel auf, wenn sie ihre Eltern mit Futter herannahen sehen.

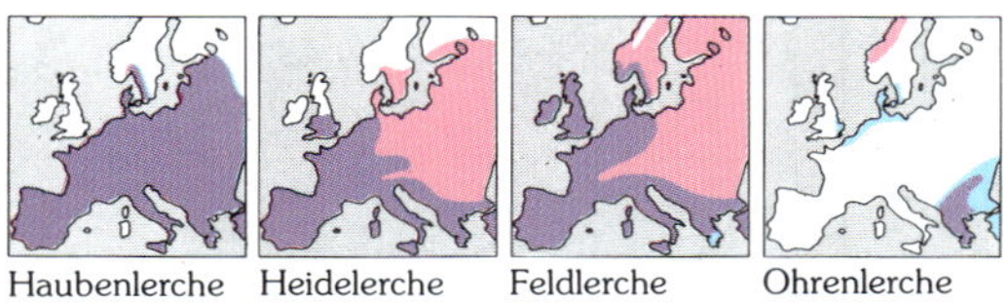

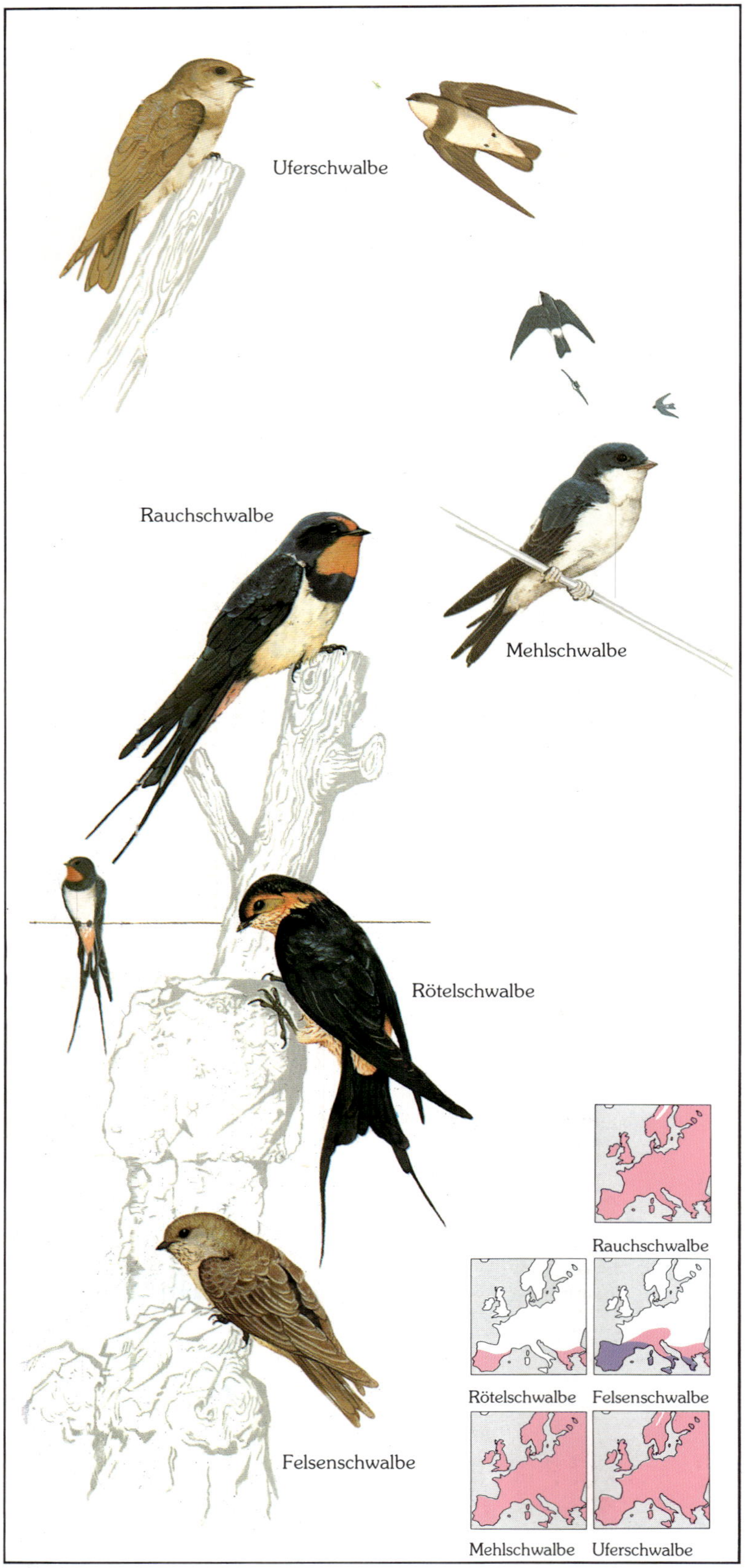

Schwalben
Familie *Hirundinidae*

Schwalben sind sehr schnelle Flieger, jagen oft dicht über dem Erdboden und fangen in geschickten Flugmanövern Insekten. Segler sind ähnlich, haben aber längere Flügel. Anders als die Segler, die sich nicht hinsetzen können, bevölkern oft Scharen von Schwalben in langen Reihen die Telegraphendrähte, besonders vor ihrem Wegzug nach Süden.

Uferschwalbe
Riparia riparia
13 cm. Wie Felsenschwalbe, aber mit braunem Brustband. In offenem Gelände, besonders in der Nähe von Gewässern. Nistet kolonienweise in selbstgegrabenen Erdlöchern an Flußufern, in Sand- und Kiesgruben.

Mehlschwalbe
Delichon urbica
13 cm. Tiefblauer Rücken mit weißem Bürzel, Unterseite vollständig weiß. Zahlreich in Städten und Ortschaften, aber auch im offenen Gelände. Baut Schlammnester mit engem Schlupfloch unter Dachrändern, Brücken sowie an Felsen und Klippen.

Rauchschwalbe
Hirundo rustica
19 cm. Tiefgegabelter Schwanz, rote Kehle, tiefblauer Rücken. Baut offene Nester aus Schlamm und Stroh auf Simse und Sparren in Ställen und Scheunen. Jagt Insekten über Feldern und oft in niedrigem Flug über Wasser.

Rötelschwalbe
Hirundo daurica
18 cm. Wie Rauchschwalbe, aber ohne schwarz begrenzte rote Kehle und mit gelblichem (nicht rotem) Bürzel. Gewöhnlich in felsigem Gelände und an der Küste. Baut Schlammnester mit langem, schmalem Eingang an Höhlenwänden, Klippen, unter Brücken oder an Gebäuden.

Felsenschwalbe
Hirundo rupestris
14 cm. Brauner Rücken, Unterseite insgesamt hell gelblich. Im Gebirge und an der Küste. Baut napfförmige Schlammnester in Höhlen von Felswänden, gelegentlich auch an Gebäuden.

Pirole
Familie *Oriolidae*

Die Mehrzahl der Pirole sind prächtig gefärbte Vögel der tropischen Wälder. In Europa findet man nur eine Art.

Pirol
Oriolus oriolus
24 cm. Männchen: leuchtend gelb mit schwarzen Flügeln. Weibchen: Kopf und Körper oben grün und unterseits weißlich gestreift. In Wäldern, Obstgärten und baumreichen Parks. Meist im Blattwerk der Baumkronen versteckt.

Rabenvögel
Familie *Corvidae*

Krähen sind die größten Sperlingsvögel und gehören mit zu den intelligentesten Vögeln. Auf der Suche nach Nahrung umgehen sie geschickt Fallen und ignorieren Vogelscheuchen. Sie speichern Vorräte für den Winter und öffnen Schneckenhäuser durch Aufschlagen auf Steine. Ihre Stimme ist eher ein Krächzen als ein Gesang.

Kolkrabe
Corvus corax
63 cm. Mächtige Gestalt, schwarzer Körper mit großem schwarzem Schnabel und keilförmigem Schwanzende. An Küstenfelsen, in Wäldern und offenem Gelände, besonders im Gebirge und meist weit entfernt von menschlichen Ansiedlungen. Baut ein mächtiges Nest auf Felsvorsprüngen oder auf Bäumen. Während der Balz akrobatische Flugspiele, besonders im Frühjahr. Jagt Kaninchen, Igel und Ratten, oft auch an Aas anzutreffen. Größter Rabenvogel in Europa.

Rabenkrähe
Corvus corone corone
46 cm. Schwarzer Körper mit kräftigem schwarzem Schnabel. In Mooren, an der Küste, in Feldern, Parks und Gärten. Vereinzelt oder in Paaren zu beobachten. Nistet paarweise auf Bäumen oder Felsen. Gewöhnlich als Krähe bezeichnet.

Nebelkrähe
Corvus corone cornix
46 cm. Wie Rabenkrähe, aber mit grauem Rücken und Bauch. Vorkommen und Lebensweise wie die Rabenkrähe. Beide gehören zur gleichen Art und vermischen sich dort, wo sich ihre Verbreitungsgebiete überlappen.

Saatkrähen legen ihre Nester in hohen Baumwipfeln an und nisten oft in großen Kolonien.
Dohlen und Eulen übernehmen oft verlassene Saatkrähen-Nester.

Saatkrähe

Dohle

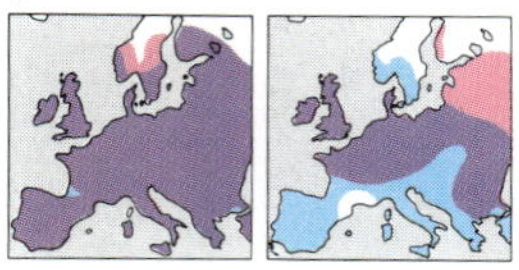

Dohle Saatkrähe

Saatkrähe
Corvus frugilegus
46 cm. Wie Rabenkrähe, aber mit grauem Fleck am Schnabelgrund (wirkt vergrößernd). Auf Feldern, die von Bäumen und kleinen Gehölzen umgeben sind, auf denen die Saatkrähen kolonieweise nisten. Im Winter auch an den Meeresküsten und in offenem Gelände, gewöhnlich in kleinen Trupps.

Dohle
Corvus monedula
33 cm. Schwarzer Körper mit grauem Hinterkopf und Hals. Auf Feldern, in offenem Gelände und an Felsküsten. Nistet gesellig in Baumhöhlen, in Felslöchern und auf Gebäuden. Zumeist in kleinen Schwärmen, auch in Städten, in denen sie lärmend um Türme kreisen.

Tannenhäher
Nucifraga caryocatactes
33 cm. Brauner Körper mit weißen Flekken, weiße Schwanzunterseite. In Gebirgswäldern, vor allem Nadelwaldungen. Ernährt sich hauptsächlich von Nüssen, die er im Herbst sammelt und noch Monate später wiederfindet, selbst unter Schnee.

Alpenkrähe
Pyrrhocorax pyrrhocorax
38 cm. Schwarzer Kopf mit roten Beinen und rotem gebogenem Schnabel. In Gebirgen und an Felsküsten, auch in Steinbrüchen. Nistet auf Felsvorsprüngen oder in Höhlen. Zeigt oft akrobatische Luftspiele.

Alpendohle
Pyrrhocorax graculus
38 cm. Wie Alpenkrähe, aber mit gelbem Schnabel. In hohen Gebirgen, bis zu den Schneegipfeln. Alpendohlen wurden schon in Gipfelnähe des Mount Everest beobachtet; sie fliegen höher als jeder andere Vogel. Kommen im Winter in die Bergdörfer, um freßbare Abfälle zu suchen.

Elster
Pica pica
46 cm. Schwarz-weißer Körper, sehr langer Schwanz. Auf Feldern und in offenem Gelände mit vereinzelten Bäumen und Hecken, in denen sie ihr großes, haubenförmig überdachtes Nest baut. Oft auch in Stadtparks und Gärten. Sie hat einen charakteristischen Flug, bei dem schnelle Flügelschläge und Gleitflug abwechseln.

Eichelhäher
Garrulus glandarius
36 cm. Blauer und weißer Fleck am Flügel, weißer Bürzel. In Wäldern und Obstgärten, manchmal auch in Stadtparks und Kleingärten. Sammelt Eicheln, die er für den Winter im Boden vergräbt. Er kann bis zu sechs Eicheln auf einmal im Schnabel halten. Sehr lebhafter und aktiver Vogel mit durchdringender heiserer Stimme.

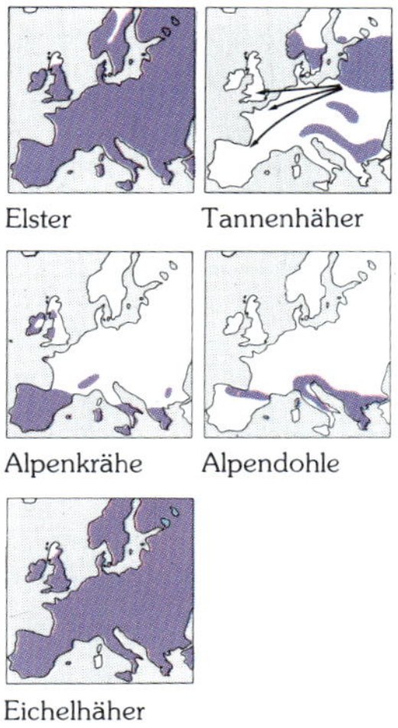

Tannenhäher

Alpenkrähe

Elster

Alpendohle

Eichelhäher

Alpendohlen sind selbst noch auf den höchsten Gipfeln zu sehen. In den Alpen, Pyrenäen und den Gebirgen des Balkans sieht man sie im Gebirge hoch am Himmel fliegen.

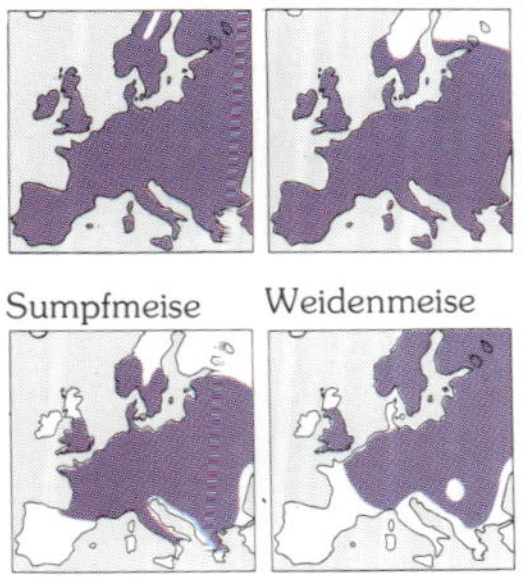

Blaumeise

Kohlmeise

Diese Sumpfmeise hat ein deftiges Mahl für sich und ihre Jungen gefunden.

Weidenmeise

Sumpfmeise

Haubenmeise

Tannenmeise

Meisen
Familie *Paridae*

Meisen sind in der Hauptsache Waldvögel, einige sind aber auch häufige Besucher unserer Gärten. Von anderen Vögeln in Wald und Garten sind Meisen leicht durch ihren rundlichen Körper zu unterscheiden. Sie streifen von Ast zu Ast, auf der Suche nach Insekten, Knospen und Samen.
Meisen sind Höhlenbrüter und legen im Durchschnitt 4–5 Eier, mitunter aber auch bis zu 20. In Gärten sind sie leicht anzulocken, da sie wenig Furcht vor dem Menschen zeigen. Ihre Beweglichkeit erlaubt es ihnen, die verschiedensten Futterquellen auszunutzen. Im Winter treten die Meisen nicht selten in gemischten Schwärmen auf.

Kohlmeise
Parus major
14 cm. Gelbe Unterseite mit schwarzem Längsband. Häufig in Wäldern, Parks und Gärten.

Blaumeise
Parus caeruleus
11 cm. Scheitel, Flügel und Schwanz blau. Zahlreich in Wäldern, Parks und Gärten. Reißt gelegentlich Streifen von Zeitungen, Buchseiten und ähnlichem, was als Abreißen von Rinde bei der Suche nach Insekten gedeutet werden kann.

Tannenmeise
Parus ater
11 cm. Weißer Fleck auf dem Hinterkopf. Häufig, besonders in Nadelwäldern. Weniger zahlreich in Gärten als die beiden vorgenannten Arten.

Haubenmeise
Parus cristatus
11 cm. Schwarz-weiß gesprenkelte Haube. Besonders in Nadelwäldern zu beobachten, seltener in Gärten.

Sumpfmeise
Parus palustris
11 cm. Schwarzer Scheitel ohne den weißen Nacken der Tannenmeise. Häufig in Wäldern und oft auch in Gärten. Trotz ihres Namens nur selten in Sümpfen. Nistet in natürlichen Höhlen.

Weidenmeise
Parus montanus
11 cm. Wie Sumpfmeise, aber mit hellem Flügelfleck. In Wäldern, vor allem an feuchten Stellen. Zimmert sich Nisthöhlen in morschen Stämmen.

Schwanzmeisen
Familie *Aegithalidae*

Wäre nicht der lange Schwanz, dann würden diese Vögel zu den kleinsten gehören, die wir kennen. Auch ihr Schnabel ist sehr kurz. In Europa gibt es nur eine Art.

Schwanzmeise
Aegithalos caudatus
14 cm. Zierlicher schwarz-weißer Körper mit sehr langem Schwanz. In buschreichen Wäldern, heckenbestandenem Kulturland, in Parkanlagen und Obstgärten. Baut ein eiförmiges geschlossenes Nest aus feinen Moospflänzchen mit einem winzigen Schlupfloch. Im Nest muß der Vogel seinen langen Schwanz nach vorn über den Rücken legen.

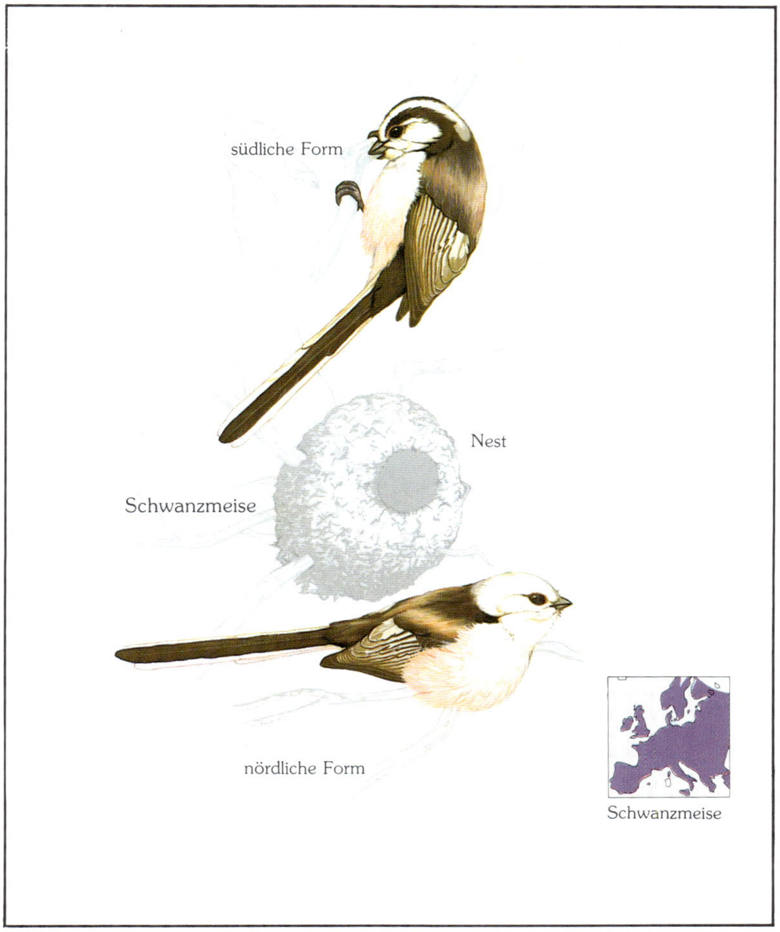

Spechtmeisen, Mauerläufer
Familie *Sittidae*

Spechtmeisen sind sehr bewegliche Baumvögel mit kräftigem Schnabel und großen Füßen. Sie klettern an Bäumen auf- und abwärts, wobei sie die Rinde nach Insekten absuchen. Mauerläufer klettern an Felsen wie auch an Gemäuer und erinnern mehr an Baumläufer als an Spechtmeisen. Ihr Flug gleicht dem Flattern der Schmetterlinge.

Kleiber
Sitta europaea
14 cm. Blaugrauer Rücken, kurzer Schwanz. In Wäldern, Parks und Gärten, kommt auch an den Futtertisch. Nistet in Baumhöhlen und verklebt zu große Eingänge mit Lehm. In Nordeuropa leben zwei Unterarten: eine weißbäuchige Form (*S. e. europaea*) und eine andere (*S. e. caesia*) mit rahmgelber Unterseite. In Südosteuropa kann man den sehr ähnlichen Felsenkleiber (*Sitta neumayer*) in felsigem Gelände beobachten.

Mauerläufer
Tichodroma muraria
16 cm. Rote Flügelzeichnung. In Felsschluchten und an Klippen, kommt im Winter in die Täler hinab, wo er auch in der Nähe von Häusern zu beobachten ist. Nistet in Felsspalten.

Drosselmeisen
Familie *Timaliidae*

Die Drosselmeisen tragen ihren Namen aufgrund ihres ständigen »Geschwätzes«. Von dieser Familie lebt in Europa nur eine Art.

Bartmeise
Panurus biarmicus
16 cm. Zimtbraune Oberseite, sehr langer Schwanz, schwarzer Bartstreifen (Männchen). In einsamen und ausgedehnten Röhrichtbeständen. Im Winter zu Schwärmen vereinigt. Nest am Grunde des Röhrichts in Wassernähe.

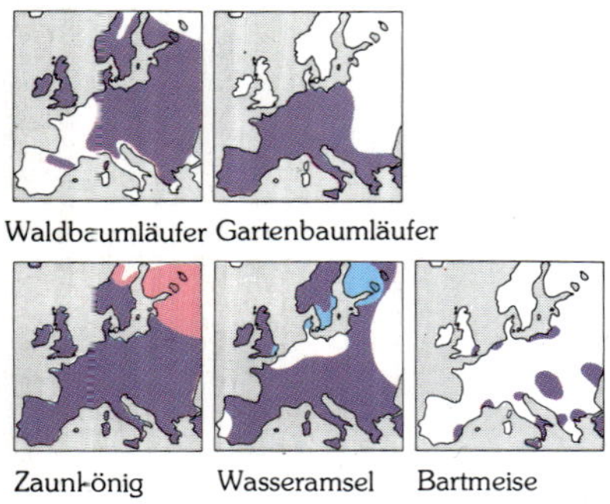

Baumläufer
Familie *Certhiidae*

Die Baumläufer haben ihren Namen von der Art und Weise, mit der sie an Baumstämmen entlangklettern und die Rinde nach versteckten Insekten absuchen. Sie nisten in Baumhöhlen oder -spalten und hinter Efeu.

Waldbaumläufer
Certhia familiaris
13 cm. Gebogener Schnabel, braun gestreifter Rücken, weiße Unterseite. In Wäldern, Parks und Gärten. Im Winter zusammen mit Meisen.

Gartenbaumläufer
Certhia brachydactyla
13 cm. Ähnlich wie Waldbaumläufer, aber mit bräunlicheren Flanken. In Wäldern, Parks und Gärten. In Mittel- und Südeuropa mehr in der Ebene als in Gebirgswäldern.

Zaunkönige
Familie *Troglodytidae*

Sehr kleine Vögel. Bis auf eine Art leben alle Zaunkönige in Amerika.

Zaunkönig
Troglodytes troglodytes
10 cm. Typisch der aufgerichtete Schwanz. Lebt zwischen niedrigen Pflanzen und ist fast überall anzutreffen: im Gebirge und an der Küste, in Mooren, Wäldern, Feldern, Parks und Gärten. Häufig in Hecken, an Mauern oder am Boden auf der Suche nach Insekten zu beobachten. Nistet in Hecken und Buschwerk, aber auch in Baum- oder Mauerhöhlen.

Wasseramseln
Familie *Cinclidae*

Wasseramseln sind an das Leben in Fließgewässern angepaßt. Sie können schwimmen und tauchen und auf der Suche nach kleinen Wassertieren sogar am Boden des Baches entlanglaufen. Meist sitzen sie auf größeren Steinen am Bach und »knicksen« in typischer Art und Weise. In Europa lebt nur eine Art.

Wasseramsel
Cinclus cinclus
18 cm. Dunkel, mit weißer Brust. Vor allem an Gebirgsbächen, aber auch an klaren Gewässern der Ebene, im Winter gelegentlich an der Küste. Baut ihr Nest an Flußufern, unter Brücken oder hinter Wasserfällen.

Drosseln
Familie *Turdidae*

In dieser großen Vogelfamilie gibt es einige Arten, die als Gartenbesucher wohlbekannt sind. Sie ernähren sich vor allem von Früchten, Beeren und Insekten, suchen aber auch gerne nach Würmern. Viele Arten erfreuen uns mit ihrem wunderschönen Gesang.

Misteldrossel
Turdus viscivorus
28 cm. Graubrauner Rücken, stark gefleckte Brust, weiße Unterflügel und weiße äußere Schwanzfederspitzen. In Wäldern, Kulturland, Parks und Gärten, im Winter in Mooren. Nistet auf Bäumen.

Wacholderdrossel
Turdus pilaris
25 cm. Grauer Kopf und Bürzel, kastanienbrauner Rücken. In Wäldern, in Nordeuropa auch in Parks und Gärten. Nistet in Bäumen, gelegentlich an Gebäuden. Im Winter truppweise zur Futtersuche auf Feldern und offenem, mit Baumgruppen bestandenem Gelände.

Singdrossel
Turdus philomelos
23 cm. Ähnlich wie Misteldrossel, aber kleiner, brauner Rücken und Brust heller, gefleckt, lederfarbene Unterflügel und ganz brauner Schwanz. Häufig in Wäldern und Obstgärten mit verstreutem Buschwerk und Hecken sowie in Parks und Gärten. Sucht auf Rasenflächen oftmals nach Würmern. Nistet auf Bäumen, in Büschen, Hecken und auch an Gebäuden.

Rotdrossel
Turdus iliacus
20 cm. Rötliche Flanken und Unterflügel, heller Streifen über dem Auge. In Wäldern, im Norden in Parks und Gärten. Winters auf Feldern und in offenem Gelände. Nistet in Bäumen oder auf dem Boden.

Steinrötel
Monticola saxatilis
19 cm. Männchen: blauer Kopf, rostrote Unterseite und Schwanz, weißes Rükkenband. Weibchen: braun gefleckt, mit rostbraunem Schwanz. Lebt und nistet in offenem, felsigem Gelände mit einzelnen Bäumen im westlichen Europa; im Osten auch in tieferen Lagen.

Blaumerle
Monticola solitarius
20 cm. Männchen: blauer Körper, mit dunklen Flügeln und dunklem Schwanz. Weibchen: wie Steinrötel, aber mit dunkelbraunem Schwanz. Auf Fels- und Sandboden von der Küste bis ins Gebirge. Im südlichen Europa auch in Städten. Nistet in Felshöhlen und -spalten und in Löchern von Gebäuden.

Ringdrossel
Turdus torquatus
24 cm. Schwarz, mit weißem Brustband. Auf Bergmooren mit verstreuten Bäumen und Buschwerk. Nistet zwischen niedrigen Pflanzen, an Felsvorsprüngen oder Mauern.

Amsel
Turdus merula
25 cm. Männchen: schwarz, mit leuchtend gelbem Schnabel. Weibchen: dunkelbraun. Sehr zahlreich in Wäldern, Obstgärten, Hecken, Parks und Kleingärten; im Winter auch in Feldern. Nistet auf Bäumen, im Gebüsch und in Hekken, am Boden oder an Gebäuden.

Steinschmätzer
Oenanthe oenanthe
15 cm. Männchen im Sommer: schwarzer Fleck über dem Auge, grauer Scheitel, grauer Rücken und weißer Bürzel. Weibchen und Männchen im Herbst: weißer Streifen über dem Auge, graubrauner Rücken und weißer Bürzel. In offenem Gelände, von Hochmooren und Bergweiden bis hin zur Küste. Nistet in Bodenhöhlen, Steinhaufen oder Mauerlöchern.

Mittelmeersteinschmätzer
Oenanthe hispanica
14 cm. Männchen: schwarzer Fleck über dem Auge und weißer bis kastanienbrauner Scheitel, ledergelber Rücken und weißer Bürzel, weiße oder schwarze Kehle. Weibchen: wie Steinschmätzer, aber mit dunklem Wangenfleck und dunkleren Flügeln. In Fels- und Sandgebieten mit Baumgruppen und Buschwerk. Nistet in Fels- oder Mauerlöchern.

Trauersteinschmätzer
Oenanthe leucura
18 cm. Männchen: schwarzer Körper. Weibchen: dunkler, schokoladenbrauner Körper. Beide mit weißem Bürzel. Im Gebirge und an Küstenklippen. Nistet in Felshöhlen, deren Eingang er oft mit einem kleinen Wall von Kieselsteinen schützt.

Schwarzkehlchen
Saxicola torquata
13 cm. Männchen: schwarzer Kopf (im Winter bräunlich) mit rostbrauner Brust. Weibchen: wie Männchen, aber viel heller. In Moorgebieten, in Küstennähe und auf ginsterbestandenem Ödland. Sitzt auf erhöhten Warten und wippt ständig mit Flügeln und Schwanz. Nest in einem Busch oder zwischen Grasbüscheln versteckt.

Braunkehlchen
Saxicola rubetra
13 cm. Männchen: dunkle Wangen und weißer Streifen über dem Auge, an der Schwanzbasis weiß. Weibchen: wie Männchen, aber heller. An ähnlichen Stellen wie das Schwarzkehlchen, aber auch auf Wiesengelände und Feldern. Im Verhalten wie das Schwarzkehlchen.

Gartenrotschwanz
Phoenicurus phoenicurus
14 cm. Männchen: schwarze Kehle und rostrote Brust, rötlicher Schwanz. Weibchen: gelblich-braune Brust. In Wäldern, in Heide mit alten Bäumen und Büschen, in Parks und Gärten. Wippt ständig mit dem Schwanz. Nistet in Baumhöhlen und Mauerlöchern.

Hausrotschwanz
Phoenicurus ochruros
14 cm. Männchen: schwarz, mit rötlichem Schwanz. Weibchen: wie Gartenrotschwanz, aber mit graubrauner Brust. An Felshängen und Klippen, auch in den Städten. Wippt ständig mit dem Schwanz. Nistet in Fels- und Mauerlöchern und an Gebäuden.

Nachtigall
Luscinia megarhynchos
16 cm. Brauner Rücken und braunroter Schwanz, einfarbige Brust. Versteckt in Laubwaldungen mit dichtem Unterholz, in verwilderten Hecken und Parkanlagen, gelegentlich in Gärten. Nest gut verborgen in Bodennähe. Sehr schwer zu entdecken, doch ist der Gesang oft zu hören, besonders bei Nacht.

Blaukehlchen
Luscinia svecica
14 cm. Männchen: blaue Kehle mit rotem oder weißem Fleck im Zentrum. Weibchen: dunkles Brustband, kastanienbraune Flecken am Schwanz. Versteckt in sumpfigen Dickichten und verwilderten Hecken, meist in Wassernähe. Nest verborgen am Boden. In Mittel- und Südeuropa findet sich das Weißsternige Blaukehlchen (*L. s. cyanecula*), bei dem die blaue Kehle des Männchens weiß gekernt ist, in Nordeuropa das Rotsternige Blaukehlchen (*L. s. svecica*) mit rotem Zentrum des blauen Kehlflecks. Im Winter verblaßt das Blau.

Rotkehlchen
Erithacus rubecula
14 cm. Gesicht und Brust orangerot. Recht zahlreich in Wäldern, Hecken, Parks und Gärten, meist am Boden. Nistet in Baumhöhlen und Mauerlöchern. In der Regel einzeln oder im Frühjahr und Sommer paarweise.

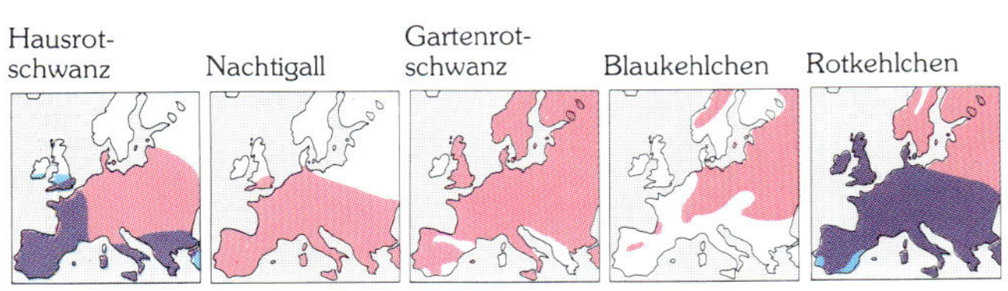

Grasmücken

Familie *Sylviidae*

Grasmücken sind kleine, flinke Vögel, die in Bäumen und Sträuchern, aber auch in schilfartigen Gräsern scheinbar rastlos auf der Suche nach Insekten sind. Die bei uns vorkommenden Arten haben meist einen auffallenden Gesang, der von Art zu Art verschieden ist. Die Vögel sind sehr scheu und nur schwer zu beobachten. Deshalb ist es besonders wichtig, auf ihren Gesang zu achten.

Seidensänger
Cettia cetti
14 cm. Rücken rotbraun, nicht gestreift. Gesang: wiederholtes, schluchzendes »Tschi-tschi«. Nistet in dichtem Gebüsch und Schilf, vor allem an Flußufern und sumpfigen Stellen. Wippt mit dem Schwanz.

Feldschwirl
Locustella naevia
13 cm. Rücken gestreift, mit hellem Augenstreifen. Gesang: schwirrend, lang anhaltender, schnurrender Ton. Nistet vorwiegend in dichtem Unterwuchs, hohen Gräsern und Schilf in offener Landschaft mit verstreut stehenden Bäumen und Sträuchern. Die Unterseite ist gelblich getönt.

Rohrschwirl
Locustella luscinioides
14 cm. Dem Teichrohrsänger ähnlich, aber mit weißer Kehle. Gesang: wie Feldschwirl, aber tiefer und kürzer. Nistet zwischen Büschen und Schilf auf feuchten Böden und Sümpfen. Am besten zu beobachten, wenn der Vogel an der Spitze von Schilf oder Gebüsch aufsitzt.

Drosselrohrsänger
Acrocephalus arundinaceus
19 cm. Groß, Rücken braun, nicht gestreift, mit einem Augenstreifen. Gesang: laut, knarrend und rauh. Hält sich zwischen Schilf an Teich- und Flußufern auf. Baut sein Nest um Schilfhalme. Größte europäische Grasmücke.

Mariskensänger
Acrocephalus melanopogon
13 cm. Rücken dunkel gestreift; Kappe dunkel, mit hellem Augenstreifen. Gesang: melodisch, an eine Nachtigall erinnernd. Nistet zwischen Schilf und in kleinen Büschen in Sumpfgebieten und an Flußläufen. Wippt mit dem Schwanz – im Gegensatz zum ähnlichen Schilfrohrsänger und Seggenrohrsänger.

Ein Pärchen Drosselrohrsänger am Nest, das kunstvoll zwischen Schilfstengeln angebracht ist.

Teichrohrsänger
Acrocephalus scirpaceus
13 cm. Mit hellem Augenstreifen. Gesang eintönig, eine Mischung aus weichen und rauhen Lauten. Nistet zwischen Schilf und in kleinen Büschen an Gewässern, seltener an Feldrändern. Sitzt an der Spitze von Schilfhalmen und singt. Baut sein Nest um die Grashalme.

Sumpfrohrsänger
Acrocephalus palustris
13 cm. Dem Teichrohrsänger ähnlich, aber mit braungrünlichem Rücken und rosa Beinen. Gesang vielseitig, melodisch, mit Trillern. Nistet in niedrigem Gebüsch in sumpfigen Gebieten, an Gräben und Flüssen, aber auch auf Getreidefeldern. Sitzt auf niedrigen Zweigen und singt.

Schilfrohrsänger
Acrocephalus schoenobaenus
13 cm. Dem Mariskensänger ähnlich, aber heller. Gesang eine Mischung aus weichen und rauhen Lauten. Nistet zwischen Schilf, in niedrigem Gebüsch und in Hecken, gewöhnlich in der Nähe von Wasser. Sitzt auf den Grashalmen, singt aber auch im Flug.

Orpheusspötter
Hippolais polyglotta
13 cm. Graugrün, mit gelblicher Unterseite und braunen Beinen. Gesang melodisch, sehr vielseitig. Hält sich in Wäldern und im Gebüsch an Flußläufen, in Parks und Gärten auf. Nistet in Büschen und Hecken.

Gelbspötter
Hippolais icterina
13 cm. Mit blaugrauen Beinen. Gesang wiederholte kurze Strophen, teils melodisch, teils rauh. Nistet an den gleichen Stellen wie der Orpheusspötter, aber kaum in der Nähe von Wasser.

Blaßspötter
Hippolais pallida
13 cm. Auf der Oberseite graubraun, unterseits weißlich, mit rotgelbem Augenstreifen. Gesang: Mischung aus weichen und rauhen Lauten. Nistet in Bäumen, Gebüschen und Hecken in Wäldern, Obstgärten, Parks und Anlagen. Ist der Gartengrasmücke ähnlich, hat aber in Europa eine andere Verbreitung.

Sperbergrasmücke
Sylvia nisoria
15 cm. Unterseite gefleckt. Gesang melodisch und laut, in kurzen Strophen, durch Schnarren unterbrochen. Nistet in Gebüsch und Hecken in Wäldern und Feldern. Gewöhnlich scheu, kann aber im Singflug beobachtet werden.

Orpheusgrasmücke
Sylvia hortensis
15 cm. Kappe schwarz, bis unter das gelbliche Auge reichend. Gesang wiederholte Triller in verschiedenen Tonlagen. Nistet in Gebüschen und auf Bäumen in Wäldern und Obstgärten.

Mönchsgrasmücke
Sylvia atricapilla
14 cm. Männchen: Kappe schwarz. Weibchen: Kappe braun. Gesang melodisch und außerordentlich verschieden. Nistet im Unterwuchs, in Gebüschen und Hecken, in Wäldern, Parks und Gärten. Meist sehr scheu, kommt im Winter aber manchmal zu den Futterplätzen.

Gartengrasmücke
Sylvia borin
14 cm. Oberseits hellbraun, Unterseite grauweiß, keine auffallende Zeichnung. Gesang angenehm und melodisch, oft lang anhaltend. Verbirgt sich; nistet im Unterwuchs in Wäldern und in Gebüschen und Hecken, oft in Parks und Gärten.

Orpheusspötter
Gelbspötter
Blaßspötter
Gelbspötter
Orpheusspötter
Blaßspötter
Sperbergrasmücke
Orpheusgrasmücke
Weibchen
Männchen
Mönchsgrasmücke
Gartengrasmücke
Sperbergras-
mücke
Orpheusgras-
mücke
Mönchsgras-
mücke
Gartengras-
mücke

Dorngrasmücke
Sylvia communis
14 cm. Kehle weiß, Kopf hellgrau (Männchen) oder braun (Weibchen), Flügel rotbraun. Gesang rauh, schnarrend und wenig melodisch. Nistet in niedrigem Gebüsch, in Hecken und Brombeersträuchern in Wäldern, an Feldrändern und in Gärten. Sehr beweglich, fliegt unermüdlich hin und her und singt während des Fluges.

Klappergrasmücke
Sylvia curruca
13 cm. Mit dunklem Augenfleck und graubraunen Flügeln. Gesang anfangs leises Gezwitscher, das mit lautem Klappern endet. Nistet auf Bäumen und Sträuchern in Wäldern, Parks und Gärten.

Provencegrasmücke
Sylvia undata
13 cm. Brust rotbraun, Schwanz aufgebogen. Gesang kurze, wohlklingende Strophen mit verschieden langen Pausen. Nistet in niedrigem Strauchwerk und in Gebüschen in offener Landschaft auf trockenen Hügeln. Sehr scheu, singt im Flug.

Fitis
Phylloscopus trochilus
11 cm. Rücken graugrün, Unterseite gelblich, Augenstreifen weiß, Beine fahlgelb. Gesang weiche, abfallende, kurze oder lange Strophe. Fliegt hastig in Wäldern, zwischen einzeln stehenden Bäumen und Büschen, in Parks und Gärten. Nistet meist am Boden zwischen Gebüsch. Mit Ausnahme des Gesangs dem Zilpzalp sehr ähnlich.

Zilpzalp
Phylloscopus collybita
11 cm. Mit dunklen Beinen. Gesang wiederholtes »Zilp-zalp«. An den gleichen Stellen wie der Fitis und ebenso rastlos, bevorzugt aber Gebiete mit vielen Bäumen. Nistet am Boden, ist dem Fitis sehr ähnlich, hat aber einen anderen Gesang.

Waldlaubsänger
Phylloscopus sibilatrix
13 cm. Kehle und Brust gelb, Augenstreifen gelblich. Gesang: wiederholtes »Zick Zwi-ip«, dazwischen schnarrende Laute. Nistet in Wäldern. Ein sehr lebendiger Vogel, der von Baum zu Baum fliegt und dabei seinen Gesang erschallen läßt.

Berglaubsänger
Phylloscopus bonelli
11 cm. Oberseits grau, unterseits weiß, gelber Bürzel. Gesang kurze Triller. In Wäldern, gewöhnlich auf Hügeln und im Bergland. Nistet zwischen den Bäumen auf dem Boden.

Sänger
Familie *Muscicapidae*

Diese Vögel sieht man meist auf Zweigen sitzen, von denen aus sie ihre Umgebung sorgfältig beobachten. Plötzlich flattern sie los, um ein fliegendes Insekt zu erbeuten. Häufig kehren sie auf ihren alten Platz zurück und warten auf die nächste Mahlzeit.

Grauschnäpper
Muscicapa striata
14 cm. Graubraun, Brust und Kopf hell gestreift. Jungvögel gefleckt, Altvögel schwach gestreift. Verbreitet an Waldrändern, in Parks, Obstgärten und Anlagen. Nistet an Gebäuden und Baumstämmen. Wippt beim Aufsitzen mit dem Schwanz.

Trauerschnäpper
Ficedula hypoleuca
13 cm. Männchen im Sommer: schwarzer Rücken und weiße Unterseite, weißer Flügelfleck. Männchen im Herbst und Weibchen: brauner Rücken und weißer Flügelfleck. Findet sich in Wäldern, Parks und Gärten. Nistet in Mauerlöchern, Baumhöhlen und Nistkästen. Wippt beim Aufsitzen mit dem Schwanz.

Halsbandschnäpper
Ficedula albicollis
13 cm. Männchen im Sommer: schwarzer Rücken, weiße Unterseite, weißes Halsband (nur die westliche Rasse) und weiße Stirn. Männchen im Herbst und Winter: wie Trauerschnäpper. In Italien und Mitteleuropa findet man die Unterart *Ficedula albicollis albicollis* mit weißem Halsband. Die östliche Unterart *Ficedula albicollis semitorquata* ist in Nordeuropa verbreitet, sie hat kein Halsband.

Zwergschnäpper
Ficedula parva
11 cm. Orange (Männchen) oder rotgelbe (Weibchen) Kehle, weiße Schwanzränder. Kommt in Wäldern, Parks und Anlagen vor und nistet in Löchern von Mauern und Bäumen.

Goldhähnchen
Familie *Regulidae*

Sehr rege, kleine Vögel, die auf der Suche nach Insekten durch Bäume und Sträucher huschen. Begleiten im Winter oft Meisenschwärme. Die beiden in Europa vorkommenden Goldhähnchen-Arten gehören zu unseren kleinsten Vögeln.

Wintergoldhähnchen
Regulus regulus
9 cm. Mit orangefarbenem (Männchen) oder gelbem (Weibchen) Streifen auf dem Scheitel. In Wäldern, vor allem in Nadelwäldern, aber auch in Hecken, niedrigen Büschen und im Unterwuchs. Baut sein schwer zu entdeckendes, kugelförmiges Nest zwischen hängenden Fichtenzweigen.

Sommergoldhähnchen
Regulus ignicapillus
9 cm. Wie Wintergoldhähnchen, aber mit hellem Überaugenstreifen und dunklem Augenstreifen. An denselben Stellen wie das Wintergoldhähnchen, aber nicht so sehr an Nadelwälder gebunden. Das Nest hängt tiefer als bei der vorigen Art, meist im Gebüsch.

Diese Heckenbraunelle füttert einen jungen Kuckuck, der in ihrem Nest aus dem Ei geschlüpft ist.

Heckenbraunelle

Alpenbraunelle

Braunellen
Familie *Prunellidae*

Kleine Vögel, die sich auf dem Boden aufhalten und zwischen den Pflanzen nach Insekten und Spinnen suchen. Im Winter fressen sie auch Samen. In Europa gibt es zwei Arten.

Heckenbraunelle
Prunella modularis
15 cm. Ähnelt einem weiblichen Haussperling, hat aber einen schmaleren Schnabel und ist an Kopf und Unterseite dunkelgrau. Kommt in Wäldern und Gebüschen, in Hecken, Parks und Gärten vor. Nistet in Hecken, Büschen und zwischen Kräutern.

Alpenbraunelle
Prunella collaris
18 cm. Kehle gefleckt, Flanken gestreift. Lebt im Gebirge, kommt aber in strengen Wintern bis in die Ebene herab. Nistet in Felshöhlen.

Stelzen
Familie *Motacillidae*

Pieper und Stelzen, die zu dieser Familie gehören, sind kleine Vögel, die sich vorwiegend auf dem Boden aufhalten und nach Insekten suchen.

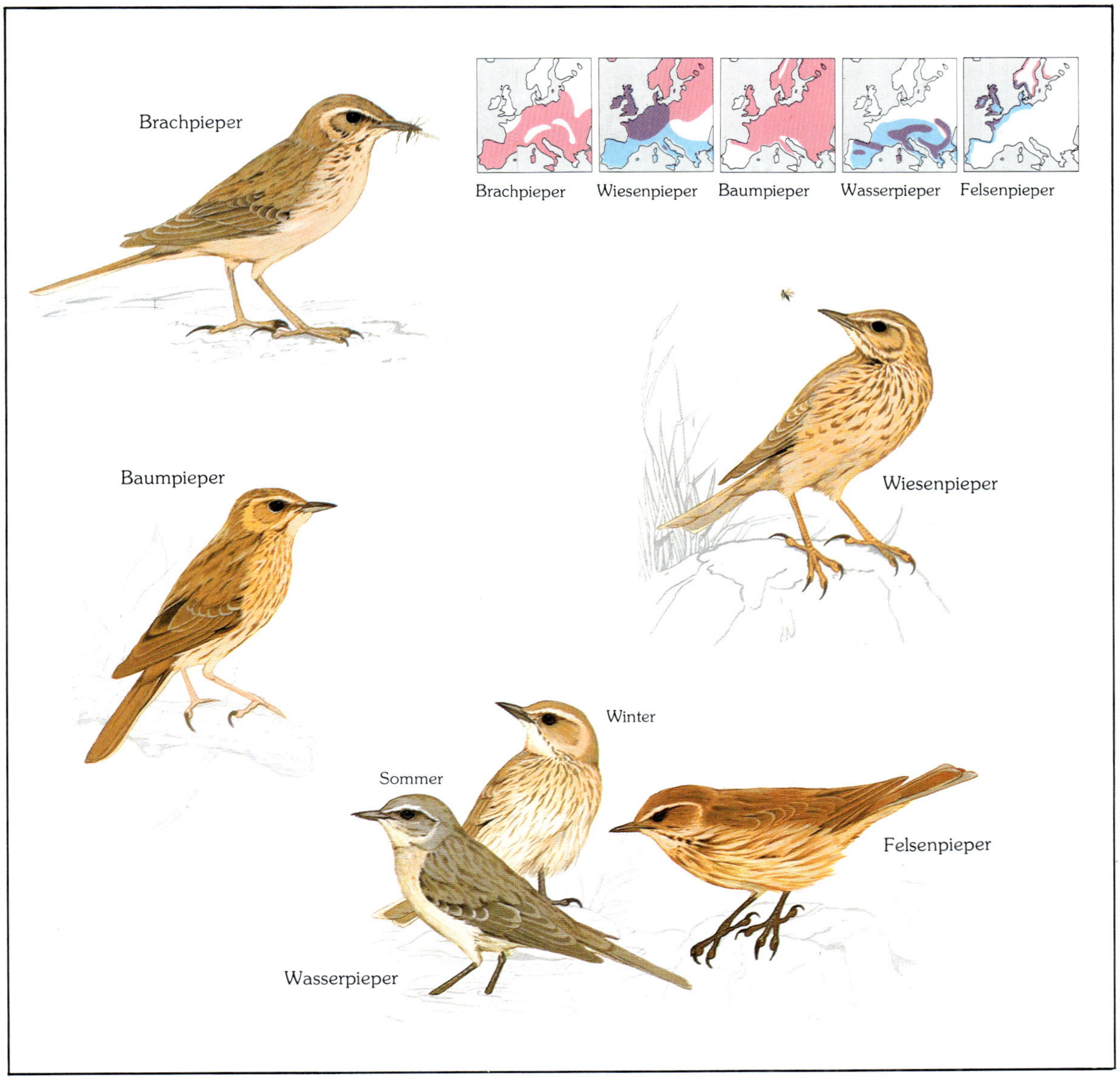

Die Pieper haben einen schmalen Schnabel und einen schlanken Körper. Die Stelzen besitzen einen langen Schwanz, mit dem sie ständig auf und ab wippen.

Brachpieper
Anthus campestris
16 cm. Brust sandfarben, nicht gestreift, Hals schwach gestreift. Hält sich auf trockenem, offenem, oft sandigem Boden auf. Nistet zwischen niedrigen Pflanzen.

Wiesenpieper
Anthus pratensis
15 cm. Brust fahl mit dunklen Streifen, Beine braun. Kommt überall in offenen Landschaften vor, auf Mooren, Feldern, Dünen und grasigen Abhängen, im Winter an Flußläufen und an Küsten. Baut sein schwer zu sehendes Nest zwischen niedrigen Pflanzen. Ist am besten während des kurzen Flugs zu beobachten, wenn er sich singend vom Boden erhebt.

Baumpieper
Anthus trivialis
15 cm. Brust lederfarben mit dunklen Streifen, Beine rosa. In lichten Wäldern und auf Kahlschlägen sowie zwischen einzeln stehenden Bäumen und Büschen. Nistet am Boden zwischen niedrigen Pflanzen. Erhebt sich in einem kurzen, schraubenförmigen Singflug und kann dabei am besten beobachtet werden.

Wasserpieper
Anthus spinoletta spinoletta
16 cm. Im Sommer: Brust ungestreift, Rücken grau. Im Winter: dem Wiesenpieper ähnlich, aber mit dunklen Beinen und weißem Augenstreif. Hält sich im Frühjahr und Sommer in höheren Gebirgslagen auf und nistet in Felshöhlen. Kommt im Winter in die Ebene und hält sich an Gewässern auf.

Felsenpieper
Anthus spinoletta petrosus
16 cm. Insgesamt dunkel, Beine dunkel, Schwanzränder grau (bei den anderen Piepern weiß). Mit dem vorigen eng verwandt, lebt aber an den Küsten und nistet in Felslöchern.

Bachstelze
Motacilla alba alba
18 cm. Schwarz-weiß, mit sehr langem Schwanz, Rücken grau. Kommt sowohl in offenen Landschaften an Gewässern als auch in Dörfern und Städten vor. Nistet in kleinen Höhlen, zwischen Steinen und in Mauerlöchern. Im Winter finden sich die Vögel oft in Ortschaften ein.

Trauerbachstelze
Motacilla alba yarrellii
18 cm. Der Bachstelze ähnlich, aber Rücken im Frühjahr und Sommer schwarz. Diese Unterart ist in England verbreitet. Dort lebt sie wie die Bachstelze.

Gebirgsstelze
Motacilla cinerea
18 cm. Rücken grau, Unterseite gelblich, Kehle schwarz (beim Männchen nur im Sommer). Im Frühjahr und Sommer vor allem in den Gebirgen, wo sie an Gewässern in Felslöchern ihr Nest baut. Im Winter kommt sie oft in die Ebene herab und ist dann an Flüssen, Teichen und Seen zu beobachten.

Gelbkopfige Schafstelze
Motacilla flava
16 cm. Rücken graubraun, Unterseite hellgelb (beim Weibchen fahl). Kommt in sumpfigen Gebieten und auf Feldern in der Nähe von Gewässern vor. Nistet auf dem Boden. In Europa gibt es mehrere Unterarten, die sich durch die Färbung des Kopfes unterscheiden: Blaukopfige Schafstelze (*M. flava flava*): Scheitel blaugrau, weißer Streifen über dem Auge, gelbe Kehle (Südskandinavien, Mitteleuropa). Gelbkopfige Schafstelze (*M. flava flavissima*): Olivgrün und gelb gefärbter Kopf (England). Spanische Schafstelze (*M. flava iberiae*): Scheitel grau, vom Auge nach hinten verlaufender weißer Streifen, Kehle weiß (Spanien, Portugal, Südfrankreich). Graukopfige Schafstelze (*M. flava cinereocapilla*): Kopf grau, ohne Augenstreifen, Kehle weiß (Italien, Albanien). Schwarzkopfige Schafstelze (*M. flava feldegg*): Kopf schwarz, kein Augenstreifen, Kehle gelb (Südosteuropa). Sie bewohnen verschiedene Gebiete, wo diese aber zusammenstoßen, gibt es oft Zwischenformen.

Seidenschwänze
Familie *Bombycillidae*

Seidenschwänze sind ungewöhnliche Vögel, die sich ständig auf der Wanderschaft befinden. Außer zur Brutzeit ziehen sie auf der Suche nach Früchten, Beeren und Insekten ständig in kleinen Trupps umher. An einem Ort kann man sie vielleicht kurze Zeit beobachten und dann jahrelang nicht mehr. In Europa sind die Seidenschwänze nur mit einer Art vertreten.

Seidenschwanz
Bombycilla garrulus
18 cm. Auffallende Haube, gelbe Schwanzspitze. In Wäldern, Parks und Gärten, eifrig Früchte und Beeren fressend. Nistet im hohen Norden und zieht im Winter auf Nahrungssuche bis nach Mitteleuropa. Offenbar kommt es in Abständen zu einer Übervermehrung und in deren Folge zu einer Nahrungsverknappung. In größerer Zahl wandern die Seidenschwänze dann nach West- und Südeuropa.

Würger
Familie *Laniidae*

Würger ähneln kleinen Greifvögeln. Sie sitzen auf höherliegenden »Aussichtsplätzen« oder gleiten oder rütteln zum Beispiel über einer Hecke, die Umgebung stets aufmerksam beobachtend. Hat der Würger ein Beutetier erspäht – ein größeres Insekt, eine Maus oder einen kleinen Vogel –, dann stürzt er sich auf sein Opfer und ergreift es mit dem hakenförmig gebogenen Schnabel. Anschließend spießt er die Beute auf einen starken Dorn oder einen Stacheldraht auf oder klemmt sie in eine Astgabel, um sie in Ruhe zu verzehren.

Raubwürger
Lanius excubitor
24 cm. Schwarz-weißes Gefieder mit grauem Scheitel und Rücken. An Waldrändern, in Gelände mit vereinzelten Bäumen, Buschwerk und Hecken sowie in Obstgärten. Nistet meist in Dorngestrüpp.

Schwarzstirnwürger
Lanius minor
20 cm. Wie Raubwürger, aber mit schwarzer Stirn. In offenem Gelände mit verstreuten Bäumen und Büschen.

Rotkopfwürger
Lanius senator
18 cm. Rostrotbrauner Oberkopf, mit weißer Flügelbinde und hellem Bürzel (Weibchen blasser als Männchen). In offenem Gelände, Feldgehölzen, Obstgärten, gelegentlich auch Wäldern. Nistet auf Bäumen.

Neuntöter
Lanius collurio
18 cm. Männchen: grauer Scheitel, Rükken und Flügel kastanienbraun. Weibchen: einfarbig brauner Rücken, unterseits braune Querflecken. In Feldgehölzen, Dickichten und verwilderten Hekken. Nistet in Büschen und auf kleinen Bäumen.

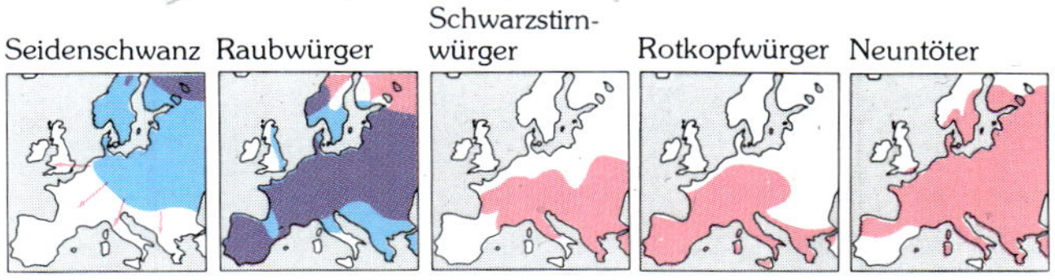

Stare sammeln sich abends in großer Zahl an bestimmten Schlafplätzen, seien es nun Bäume oder Gebäude.

Stare
Familie *Sturnidae*

Stare sind sehr gesellige Vögel und schließen sich im Winter zu riesigen, Tausende von Vögeln zählenden Schwärmen zusammen. Sie wandern über den Boden, suchen und picken geschäftig nach Nahrung und »schwatzen« dabei ständig. Häufig ahmen sie auch Vogelstimmen oder sonstige Geräusche nach. In Europa kann man zumeist zwei Arten beobachten.

Star
Sturnus vulgaris
21 cm. Sommer: schwärzlich, mit grünlich-purpurfarbenem Glanz, schwach gefleckt. Winter: schwarz, dicht weiß getüpfelt. Im Frühjahr verliert er die weißen Flecken des Winterkleides, da sich die weißen Spitzen der Federn abstoßen. Auch der im Winter dunkle Schnabel wechselt ins Gelbe. Überall im Kulturland und auch in Städten, in denen er in großer Zahl auf Gebäuden und Bäumen übernachtet. Brütet in Baumhöhlen, in Mauerlöchern und Nistkästen.

Finken
Familie *Fringillidae*

Wie die Meisen sind auch die Finken wohlbekannte und beliebte Vögel, die nicht zuletzt durch ihr oft buntes Gefieder Gärten und Parks beleben.

Grünling
Carduelis chloris
15 cm. Olivgrün mit gelben Flügel- und Schwanzrändern (Weibchen heller als Männchen). Häufig in Feldgehölzen, Parks und Gärten. Hängt sich wie Meisen an Futterkörbchen. Nistet in Bäumen und Büschen.

Kernbeißer
Coccothraustes coccothraustes
18 cm. Mächtiger Schnabel, schmaler schwarzer Kinnfleck, weiße Flügelbinde. In Wäldern, Obstgärten und Parks, meist in den Baumwipfeln verborgen. Nistet auf Bäumen. Kann mit seinem mächtigen Schnabel auch sehr harte Samen knacken.

Stieglitz
Carduelis carduelis
13 cm. Rotes Gesicht, breite gelbe Flügelbinde. Lebt und nistet an denselben Plätzen wie der Grünling, geht jedoch nicht an ausgehängte Nüsse. Im Herbst und Winter finden sich – besonders auf Ödland – ganze Trupps zur Nahrungssuche an Disteln ein.

Zeisig
Carduelis spinus
12 cm. Männchen: gelblich-grün mit schwarzem Scheitel und Kinn. Weibchen: graugrün mit gestreifter Brust, gelbe Schwanzränder. In Wäldern, wo er gewöhnlich auf Nadelbäumen nistet; im Winter in Erlen- und Birkenbeständen. Auch in Parks und Gärten.

Hänfling
Acanthis cannabina
13 cm. Männchen: Scheitel und Brust karminrot (im Winter blasser), grauer Flügelfleck. Weibchen: wie Berghänfling, aber mit gestreifter Kehle und grauem Flügelfleck. Nistet in niedrigem Gebüsch und Hecken, meist in offenem Gelände, mitunter auch in Parks und Gärten. Im Winter streift er in großen Schwärmen über Felder, Sümpfe und Ödländereien.

Berghänfling
Acanthis flavirostris
14 cm. Rücken, Kopf und Brust braun gestreift, Kehle ungestreift, Schnabel gelb (nur im Winter), Bürzel rötlich (Männchen). Auf Mooren und in hügeligem Gelände während des Sommers, wo er zwischen Heidekraut, in Steinmauern oder Kaninchenbauen nistet. Streift im Winter in Schwärmen über Sümpfe und Felder.

Grünling
Kernbeißer
Kernbeißer
Weibchen
Männchen
Grünling
Männchen
Stieglitz
Weibchen
Männchen und Weibchen
(Winter)
Berghänfling
Zeisig
Weibchen
(Sommer)
Männchen
(Sommer)
Männchen
Weibchen
Hänfling
Stieglitz
Zeisig
Hänfling
Berghänfling

Girlitz
Serinus serinus
11 cm. Wie Zeisig, aber ohne gelbe Schwanzränder und Männchen ohne schwarzen Scheitel; gelber Bürzel und gelbe (Männchen) oder gestreifte (Weibchen) Stirn und Brust. An Waldrändern, in Parkanlagen und Gärten. Nistet in Büschen und Bäumen.

Gimpel
Pyrrhula pyrrhula
15 cm. Schwarzer Scheitel und leuchtend rote (Männchen) oder rötlich-graue (Weibchen) Brust. In Wäldern, Obstgärten und heckenreichen Parks. Nistet in Bäumen, Büschen und Hecken. Frißt die Knospen der Obstbäume.

Hakengimpel
Pinicola enucleator
20 cm. Rot (Männchen) oder grünlich-goldbraun (Weibchen) mit zwei weißen Flügelbinden, sehr kräftiger Schnabel. Lebt und nistet in Wäldern, besonders in Koniferen- und Birkenbeständen.

Birkenzeisig
Acanthis flammea
13 cm. Rote Stirn und schwarzes Kinn, rötliche Brust (nur beim Männchen). Gewöhnlich in Wäldern, aber auch in Parks und Gärten. Nistet in Bäumen und Büschen. Im Winter oft auf Birken und Erlen, zusammen mit dem Zeisig. Im Norden ist der Birkenzeisig heller.

Polarbirkenzeisig
Acanthis hornemanni
13 cm. Wie Birkenzeisig, aber mit weißem Bürzel. Nistet in der Arktis. Im Winter in Wäldern, oft in Gesellschaft des Birkenzeisigs.

Fichtenkreuzschnabel
Loxia curvirostra
16 cm. Gekreuzter Schnabel (nicht immer leicht zu erkennen). Orangerot (Männchen) oder grünlich (Weibchen) mit dunklen Flügeln und dunklem Schwanz. Lebt und nistet in Nadel-, hauptsächlich Fichtenwäldern. Die Spitzen des Schnabels sind gekreuzt, so daß er die Zapfen leicht öffnen und an den Samen gelangen kann.

Kiefernkreuzschnabel
Loxia pytyopsittacus
17 cm. Wie Fichtenkreuzschnabel, Schnabel jedoch kräftiger und Kopf größer. Lebt und nistet vor allem in Kiefernbeständen, wo er sich auf die gleiche Weise wie die vorige Art ernährt. Sein wissenschaftlicher Name deutet auf das papageienartige Verhalten beim Klettern und Fressen hin.

Buchfink
Fringilla coelebs
15 cm. Männchen: rosa Brust, schieferblauer Scheitel (im Sommer), grüner Bürzel, zwei weiße Flügelbinden und weiße Schwanzränder. Weibchen: gelblich-braun mit zwei weißen Flügelbinden und weißen Schwanzrändern. Häufig in Wäldern, Feldgehölzen, Parkanlagen und Gärten mit verstreuten Baumgruppen und Hecken. Nistet in Bäumen und Büschen. Im Winter in mehr offenem Gelände.

Bergfink
Fringilla montifringilla
15 cm. Männchen: orangefarbene Brust und Flügelbasis, weißer Bürzel, schwarzer (Sommer) oder brauner (Winter) Kopf und Rücken. Weibchen: wie Männchen im Winter, aber heller. Nistet im Wald, besonders auf Birken, und kommt im Winter in Parks, Gärten und in die Felder.

Ammern

Familie *Emberizidae*

Ammern sind kleine, körnerfressende Vögel mit kurzen, kräftigen Schnäbeln. Man sieht sie meist truppweise im Winter, wenn sie auf dem Boden nach Nahrung suchen.

Grauammer
Emberiza calandra
18 cm. Bräunlich gestreift. In offenem Feldgelände mit vereinzelten Hecken und Bäumen, oft auch an Landstraßen. Versteckt sein Nest im hohen Gras am Grunde von Büschen oder unter Disteln.

Goldammer
Emberiza citrinella
16 cm. Männchen: gelber Kopf und gelbe Unterseite, rotbrauner Bürzel. Weibchen: Kopf und Brust blaßgelb gestreift, kastanienbrauner Bürzel. Auf Waldlichtungen und an Waldrändern, auf offenem Gelände mit vereinzelten Hecken und Büschen sowie auf Feldern. Nistet am Boden oder in niedrigem Gebüsch. Singt das ganze Frühjahr und den Sommer hindurch. Im Winter kommt die Goldammer oft in Höfe und Feldscheunen.

Zaunammer
Emberiza cirlus
16 cm. Männchen: schwarze Kehle. Weibchen: wie Männchen der Goldammer, aber mit braunem Bürzel. In Kulturland mit hohen Hecken und Bäumen, wo sie in Bodennähe nistet.

Rohrammer
Emberiza schoeniclus
15 cm. Männchen: Kopf und Kehle schwarz (Sommer) oder braun (Winter) mit weißem Bartstreif und Halsband. Weibchen: braun gestreift mit weißem Bartstreif. Vorwiegend im Röhricht der Sümpfe, aber auch in Büschen und Hecken auf trockenerem Gelände, wo sie auf oder niedrig über dem Boden nistet. Durchstreift im Winter die Felder, kommt auch zum Vogelhäuschen.

Ortolan
Emberiza hortulana
16 cm. Männchen: olivgrüner Kopf mit gelber Kehle. Weibchen: braun gestreift mit gelber Kehle. Auf trockenem Gelände mit vereinzelten Bäumen und Büschen, in Feldgehölzen und Gärten. Nistet auf oder nahe dem Boden zwischen niedriger Vegetation.

Schneeammer
Plectophenax nivalis
16 cm. Breiter weißer Flügelfleck, mit weißem Kopf (Männchen im Sommer), sandfarbenem Kopf (Männchen im Winter) oder graubraunem Kopf (Weibchen). Nistet in Felsspalten, meist in höheren Bergregionen. Kommt im Winter in größeren Scharen in Felder, an Küsten und Niederungen im Binnenland.

Sperlinge
Familie *Passeridae*

Kein Vogel ist bekannter als der Haussperling, der dem Menschen fast überall hin gefolgt ist. Sperlinge sind kleine, gestreifte, braune Vögel mit kräftigen Schnäbeln. Sie treten meist in kleinen Trupps auf und sind stets auf der Suche nach etwas Freßbarem.

Haussperling
Passer domesticus
15 cm. Männchen: grauer Scheitel, schwarzes Kinn. Weibchen: gestreifter Rücken mit einfarbig heller Brust, dunkler Augenstreifen. In Städten und Ortschaften, Parks und Gärten, auf Farmen und Feldern. Nistet in Spalten oder Löchern von Gebäuden, in Mauerhöhlen und in Nistkästen, baut gelegentlich aber auch freistehende Nester in Bäumen. In Italien, auf Korsika und Kreta kommt der Italiensperling (*P. domesticus italiae*) vor. Er ist eine Unterart des Haussperlings mit kräftig kastanienbraunem Scheitel, schwarzem Kinn und weißen Wangen.

Weidensperling
Passer hispaniolensis
15 cm. Männchen: wie Italiensperling, aber mit großem schwarzem Brustfleck. Weibchen: wie Haussperling, aber mit gestreiften Flanken. In Wäldern und in Gelände mit vereinzelten Bäumen und Büschen, oft in den alten Nestern anderer Vögel. Seltener in Ortschaften als der Haussperling.

Feldsperling
Passer montanus
14 cm. Kupferbrauner Scheitel mit schwarzem Fleck auf den Wangen (beide Geschlechter). In Wäldern, buschbestandenem Gelände, in Gärten und auf Feldern. Nistet in Baumhöhlen. Vor allem in Süd- und Osteuropa lebt und nistet er auch in Ortschaften.

Schneefink
Montifringilla nivalis
18 cm. Grauer Kopf und schwarze Kehle. Oberseite braun mit Weiß auf den Flügeln und am Schwanz. Auf nackten Berggipfeln und an Berghängen. Nistet in Felsspalten. Ist im Winter in der Nähe von Almhütten zu beobachten.

Steinsperling
Petronia petronia
14 cm. Hell mit Streifen auf dem Kopf, geflecktem Schwanz und gelbem Brustfleck. In felsigem und steinigem Gelände, manchmal auch in Gärten und an Gebäuden. Nistet in Baumhöhlen und Felsspalten.

Kapitel 3

Kriechtiere und Lurche

Die Kriechtiere (Reptilien) und Lurche (Amphibien) gehören zu den Wirbeltieren. Beide Gruppen sind wechselwarm, d. h., ihre Körpertemperatur richtet sich nach der Umgebungstemperatur und ist nicht mehr oder weniger konstant wie bei den Säugetieren und Vögeln. Kriechtiere und Lurche sind bei niedrigeren Temperaturen relativ unbeweglich und nur bei höheren aktiv. Mit Ausnahme einiger Arten, die im Mittelmeergebiet vorkommen, halten Kriechtiere und Lurche einen Winterschlaf. In nördlichen Gebieten kann diese Ruhezeit 7–8 Monate dauern.
Alle europäischen Kriechtiere und Lurche sind geschützt!

Kriechtiere
Kriechtiere sind Wirbeltiere mit drüsenarmer, trockener, meist mit Schildern oder Schuppen bedeckter Haut. Sie sind alle Lungenatmer, und die meisten leben zeitlebens an Land. Ihr Körper ist im allgemeinen langgestreckt, entweder eidechsenartig mit vier fünfzehigen, bekrallten Gliedmaßen, schlangenartig ohne auffällige Gliederung in einzelne Körperteile und ohne Gliedmaßen oder in einen festen Panzer eingeschlossen (Schildkröten). Einige Arten besitzen ein gutes Regenerationsvermögen des Schwanzes, der bei Gefahr oft sogar freiwillig abgeworfen werden kann, d. h., wenn der Schwanz abgebrochen, abgebissen oder abgeworfen wurde, kann er wieder nachwachsen.
Die Nahrung der Kriechtiere ist sehr unterschiedlich, man kennt Insektenfresser, wobei dieser Begriff auch Weichtiere und Spinnen einschließt (sehr viele Echsen), Fleischfresser (Krokodile, Warane) und Pflanzenfresser (Landschildkröten), Allesfresser und Tiere, die je nach Lebensalter, Jahreszeit und Lebensraum in der Nahrung variieren, aber auch Kriechtiere, die sich nur auf eine ganz bestimmte Nahrung spezialisiert haben (z. B. der Schneckenskink). Die Ernährungsweise läßt sich meist schon am Körperbau erkennen: Tiere mit plumpem Körper und kurzen Beinen werden von Pflanzen oder Aas leben, denn sie sind sicher nicht in der Lage, einen kleinen Nager oder ein Insekt zu verfolgen.

Links oben: Weibchen der Zauneidechse, das sich auf einem Stein sonnt. Sonnenbaden ist vor allem bei trächtigen Weibchen sehr wichtig, da sie zur Entwicklung der Eier oder der Jungen besonders viel Wärme benötigen.

Links unten: Wasserfrosch beim Absprung, für den er die Kraft aus seinen langen, kräftigen Hinterbeinen bekommt.

Alle Kriechtiere sind getrenntgeschlechtlich, die Geschlechter sind vom Äußeren her oft jedoch nur schwer zu unterscheiden. Die Weibchen legen entweder Eier oder bringen lebende Junge zur Welt. Die Befruchtung erfolgt stets innerlich mit Hilfe paariger oder unpaarer männlicher Begattungsorgane. Die Eier besitzen eine pergamentartige, ledrige und bei den Krokodilen und Schildkröten auch kalkhaltige Schale. Sie werden an Land im Sand, in trockener Erde, unter Steinen oder Moos abgelegt und bei den meisten Arten sich selbst überlassen. Nur wenige Kriechtiere bewachen ihre Eier. Bei den lebendgebärenden Arten kommen stets vollentwickelte Junge zur Welt.
Heute gibt es ca. 3500 Kriechtierarten in 4 Ordnungen, von denen ca. 3000 zu den beschuppten Kriechtieren (Squamata), den Echsen und Schlangen, gehören, ca. 250 zu den Schildkröten (Chelonia), 23 zu den Panzerechsen (Crocodilia), den Krokodilen und Alligatoren und nur 1 einzige Art zu den Brückenechsen (Rhynchocephalia), nämlich die Tuatera (*Sphenodon punctatum*), die in selbstgegrabenen Höhlen stellenweise auf Neuseeland vorkommt. In Europa finden wir nur Angehörige der Echsen, Schlangen und Schildkröten.

Lurche
Lurche sind wechselwarme Wirbeltiere mit drüsenreicher, dünner, mehr oder weniger feuchter Haut und meist 4 Gliedmaßen, von denen die vorderen 4 Zehen (Finger) und die hinteren 5 tragen. Im Erwachsenenstadium leben die meisten Lurche an Land, allerdings in feuchten Lebensräumen, damit ihre dünne Haut nicht aus- und das Tier selbst nicht vertrocknet. Von wenigen Ausnahmen abgesehen trinken Lurche nämlich nicht aktiv, sondern nehmen die benötigte Feuchtigkeit über die Haut auf. Die Entwicklung fast aller Lurche findet jedoch im Wasser statt. Die Eier werden meist außerhalb des Mutterleibes befruchtet. Das Weibchen legt seine Eier, die von einer Gallertschicht umgeben sind, die im Wasser mächtig anschwillt, je nach Art in klumpen- oder schnurförmigem Laich oder einzeln ins Wasser ab, und aus den befruchteten Eiern entwickeln sich die Larven (Kaulquappen), die mit Kiemen atmen und sich langsam in das fertige Tier umwandeln. Bei manchen Arten legt das Weibchen auch schon Larven ins Wasser ab. Zur Paarungszeit entwickeln – vor allem bei den Schwanzlurchen – die Männchen oft prächtige Hochzeitskleider oder lokken die Weibchen durch laute Rufe an (Froschkonzert). Erwachsene Lurche ernähren sich in der Regel von tierischer Kost, die Larven von pflanzlicher. Die Klasse der Lurche umfaßt 3 Ordnungen: die Froschlurche (Anura), Frösche, Kröten und Unken, die Schwanzlurche (Urodela), Molche und Salamander, und die wurmähnlichen Blindwühlen (Gymnophioda), die jedoch nur im tropischen Afrika, Asien und Amerika vorkommen.

Echsen
Ordnung *Sauria*

Die Ordnung der Echsen umfaßt ca. 3000 Arten in 20 Familien, von denen die meisten 4 wohlentwickelte Beine mit 5 bekrallten Zehen besitzen, es kommen aber auch alle Übergänge bis zu beinlosen, schlangenähnlichen Formen vor.
Der meist schlanke, langgestreckte Körper ist mit Schuppen bedeckt. Der Schwanz ist meist lang und spitz auslaufend und kann bei einigen Arten leicht abgeworfen werden, wenn das Tier an dieser Stelle von einem Freßfeind gepackt wird. Er wächst dann bis zu einem bestimmten Grad wieder nach.
Die Augen haben meist getrennte, bewegliche Lider, können aber auch durchsichtig und miteinander verwachsen sein (Geckos).
Kleinere Arten leben meist von Insekten, Schnecken und Würmern und/oder pflanzlicher Kost, größere Arten sind meist Fleischfresser, die Jagd auf kleinere Säugetiere machen. Die Weibchen legen entweder Eier oder bringen lebende Junge zur Welt. Die Längenangaben beziehen sich auf die Strecke Schnauzenspitze bis Hinterfüße, ohne Schwanz!

Mauergecko
Tarentola mauritanica
Familie Geckos (Gekkonidae)
Körperlänge: Bis 7 cm.
Schwanz fast körperlang. Kopf und Rumpf abgeplattet und relativ plump. Hellgrau bis braungrau gefärbt, Oberseite mit Warzen und Dornen besetzt. Zehen mit breiten Haftscheiben.
Lebensweise: Nachtaktiv. Insektenfresser.
Lebensraum: Steiniges Gelände, Mauern und Hauswände. Mittelmeergebiet.

Hardun
Agama stellio
Familie Agamen (Agamidae)
Körperlänge: Bis 12 cm.
Schwanz bis 18 cm. Kopf groß und breit, Oberseite gelb. Körper gedrungen, abgeplattet, gelbbraun. Beine lang.
Lebensweise: Wärmeliebend. Insektenfresser, frißt aber oft auch Blüten und abgefallene Früchte.
Lebensraum: Mauern, Felsen, Baumstümpfe. Griechenland.

Erzschleiche
Chalcides chalcides
Familie Skinke (Scincidae)
Körperlänge: Bis 20 cm.
Schwanz etwa körperlang. Schlanker, zylindrischer Körper, der mit großen, glänzenden Schuppen bedeckt ist. Winzige 3zehige Beine. Sandfarben bis bräunlich-grün, mit oder ohne Längsstreifen.
Lebensweise: Tagaktiv und sehr schnell. Insektenfresser. Bringt lebende Junge zur Welt (bis zu 23 auf einmal).

Blindschleiche
Anguis fragilis
Familie Schleichen (Anguidae)
Körperlänge: Bis 50 cm (vom Kopf bis zur Schwanzspitze).
Kopf eidechsenähnlich; Körper lang, schlank und beinlos. Glattschuppig, hell- bis kupferbraun oder bleigrau. Die Weibchen tragen oft mehrere schmale, dunkle Längsstreifen, die Männchen hellblaue Flecken. Von Schlangen durch den Besitz von Augenlidern zu unterscheiden!
Lebensweise: Verbringen sehr viel Zeit unter Steinen versteckt und kommen erst in der Dämmerung hervor (oder nach Regenfällen). Sehr langsam. Leben von Schnecken, Würmern, Asseln, Spinnen und Insekten. Bringen lebende Junge zur Welt.
Lebensraum: Feuchte Stellen mit üppiger Vegetation. Ganz Europa außer Nordskandinavien, Irland, Südspanien.

Eidechsen
Familie *Lacertidae*

Diese Familie umfaßt 25 Gattungen mit ca. 150 Arten. Pupille stets rund, Auge mit deutlichen Lidern (unteres bei manchen Arten mit durchsichtigem Fenster). Kopf mit symmetri-

Die Smaragdeidechse hält sich mehr in dichter Vegetation als auf Sand- und Steinboden auf.

schen Schildern bedeckt, Rückenschuppen meist kleiner als Bauchschuppen. Flinke, lebhafte, relativ kleine Tiere.

Algerischer Sandläufer
Psammodromus algirus
Körperlänge: Bis 8 cm.
Schwanz sehr lang. Schuppen groß und gekielt. Oberseite braun mit meist 4 weißen oder gelben Längsstreifen. Die Männchen haben blaue Achselflecken und zur Paarungszeit orangefarbene Flecken an Kopf und Kehle.
Lebensweise: Meist am Boden lebend, manchmal auch auf Büsche kletternd. Eierlegend. Insektenfresser.
Lebensraum: Auf sandigem Boden mit dichten Büschen. Iberische Halbinsel und Südfrankreich.

Smaragdeidechse
Lacerta viridis
Körperlänge: Bis 13 cm.
Schwanz normalerweise doppelte Körperlänge. Männchen meist grün mit blauschwarzen und gelben Punkten, zur Paarungszeit blaue Kehle. Weibchen grün oder braun mit 2–4 hellen, dunkel gesäumten Längsbinden und gelber Kehle. Schuppen gekielt.
Lebensweise: Flink. Insektenfresser, mögen aber auch süße Früchte und Vogeleier. Eierlegend.
Lebensraum: Buschiges, trockenes und sonniges Gelände. Süd- und Mitteleuropa außer England und Südspanien.

Perleidechse
Lacerta lepida
Körperlänge: Bis 25 cm.
Schwanz bis 50 cm lang. Größte europäische Eidechse. Grün oder bräunlich mit schwarzen, musterbildenden Punkten. Bauch und Kehle gelblich. Männchen mit großem Kopf und blauen Seitenflecken.
Lebensweise: Ernähren sich von Insekten, anderen Kriechtieren, Jungvögeln und Vogeleiern, aber auch von Früchten. Eierlegend.
Lebensraum: Sonniger, steiniger Boden, Macchie, Weingärten. Iberische Halbinsel, Südfrankreich.

Zauneidechse
Lacerta agilis
Körperlänge: Bis 9 cm.
Schwanz ca. $1\frac{1}{2}$fache Körperlänge. Kurzbeinig, relativ plump. Kopf kurz, vorne abgestumpft. Färbung sehr variabel. Rücken mit braunem Längsband, das mit schwarzen und weißen Punkten durchsetzt und seitlich von je einem hellen Streifen eingefaßt ist. Männchen mit grünen (zur Paarungszeit leuchtend grünen) Seiten.
Lebensweise: Insektenfresser. Eierlegend.
Lebensraum: Hauptsächlich trockene Gebiete mit kurzer und weniger dichter Vegetation an recht sonnigen Stellen, locker bewachsenen Böschungen, Feld- und Waldrändern. Von Südskandinavien bis zu den Alpen und Pyrenäen, nicht in Italien und Griechenland.

Mauereidechse
Podacris muralis
Körperlänge: Bis 8 cm.
Schwanz ca. 2fache Körperlänge. Schlank, mit relativ flachem Körper und sehr variabler Färbung. West- und mitteleuropäische Formen hauptsächlich braun oder grau mit dünnem, dunklem Mittelstreifen auf dem Rücken und dunklen und weißen Flecken an den Seiten. Männchen kräftiger gemustert als Weibchen. Unterseite hell.
Lebensweise: Tagaktiv, sehr flink. Insektenfresser. Eierlegend.
Lebensraum: Altes Gemäuer, Weinberge, Steinhaufen, Steinbrüche. Von Südholland bis zum Norden der Iberischen Halbinsel. Fehlt in Großbritannien und im Süden der Iberischen Halbinsel.

Bergeidechse
Lacerta vivipara
Körperlänge: Bis 6,5 cm.
Schwanz ca. 2fache Körperlänge. Kopf relativ klein, Körper etwas abgeplattet, Beine kurz. Grau, braun oder olivgrün mit variablem Streifen- und Punktmuster. Unterseite weiß oder gelblich.
Lebensweise: Tagaktiv, sehr scheu und flink. Insektenfresser. Weibchen bringen lebende Junge zur Welt.
Lebensraum: An relativ feuchten Stellen mit dichter Vegetation. Nördliches bis mittleres Europa.

Schlangen
Ordnung *Serpentes*

Zur Ordnung der Schlangen gehören ca. 3000 Arten.
Schlangen sind meist gliedmaßenlose Reptilien mit stark verlängertem Körper und einem sehr dehnbaren Mund. Die Zähne sind nach hinten gekrümmt, viele Arten besitzen auch spezielle Giftzähne. Keine getrennten Augenlider. Die Nahrung besteht bei den meisten Arten vorwiegend aus mehr oder weniger großen Wirbeltieren. Die Weibchen legen große, längliche, pergamentschalige Eier, manche Arten sind auch lebendgebärend.
(Die angegebenen Größen beziehen sich auf die Körperlänge von der Schnauzen- bis zur Schwanzspitze.)

Westliche Sandboa
Eryx jaculus
Familie Riesenschlangen (Boidae)
Körperlänge: 80 cm.
Körper kräftig und plump mit kurzem Schwanz. Grau oder rötlichbraun mit dunklerem Netzmuster und schwarzen Flecken.
Lebensraum: Trockenes Gelände mit lockerem Boden. Südosteuropa.

Nattern
Familie *Colubridae*

Wichtigste und größte Schlangen-Familie mit ca. 2500 Arten, von denen allerdings nur etwa 20 in Europa vorkommen. Typisch für die Nattern sind die relativ großen Kopfschilde. Bodenbewohner, die sich von Nagetieren, Vögeln, Fischen, Lurchen und Insekten ernähren. Meist eierlegend.

Europäische Eidechsennatter
Malpolon monspessulans
Körperlänge: Bis 2 m.
Mit schmalem, kurzschnauzigem Kopf und großen Augen mit rundlicher Pupille. Oberaugenschilder weit vorstehend. Grau bis braun, einfarbig oder mit kleinen hellen und dunklen Flecken.
Lebensraum: Trockene, steinige Gebiete mit Büschen. Mittelmeerraum und Iberische Halbinsel.

Hufeisennatter
Coluber hippocrepis
Körperlänge: Bis 150 cm.
Schlank, mit zugespitztem Schwanz. Glatt und glänzend. Typisch die Schuppen zwischen den Augen und den Lippenschildern. Färbung variiert je nach Alter.

Lebensraum: Trockenes, steiniges Gelände, oft in der Nähe von Gebäuden. Nur auf der Iberischen Halbinsel und Sardinien.

Gelbgrüne Zornnatter
Coluber viridiflavus
Körperlänge: Bis 150 cm.
Kopf langgestreckt mit sehr kleinen Schuppen zwischen den Augen. Grundfarbe gelb, grünlich oder rötlich mit großen schwarzen Flecken.
Lebensraum: Trockene und sonnige Stellen mit Büschen. Hauptsächlich in Frankreich und Italien.

Treppennatter
Elaphe scalaris
Körperlänge: Bis 160 cm.
Graugelb bis braun mit 2 breiteren, dunklen Längsstreifen auf dem Rücken. Jungtiere mit treppenartiger Rückenzeichnung.
Lebensraum: Sonnige, felsige Gebiete mit Büschen. Iberische Halbinsel und Mittelmeerküste von Frankreich.

Leopardnatter
Elaphe situla
Körperlänge: Bis 100 cm.
Gelblich oder graubraun mit variabler, aber sehr charakteristischer Rückenzeichnung: Längsreihe großer rotbrauner, schwarz umrandeter Flecken.
Lebensraum: Steiniges, trockenes, bewachsenes Gelände. Südosteuropa.

Ringelnatter
Natrix natrix
Körperlänge: Bis maximal 2 m.
Grundfarbe grau-grünlich mit schwarzen Flecken und gelbem, beigem oder orangefarbenem Halsfleck.
Lebensraum: An feuchten Plätzen. Fast ganz Europa.

Vipernatter
Natrix maura
Körperlänge: 70–100 cm.
Braun oder grau, meist mit gelber oder orangefarbener Schattierung und 2 Reihen dunkler Flecken auf dem Rücken. Runde Pupillen, große Kopfschuppen.
Lebensraum: Feuchte Gebiete Südwesteuropas.

Glattnatter, Schlingnatter
Coronella austriaca
Körperlänge: Bis 80 cm.
Grau bis rötlich-braun, meist mit dunklen Flecken auf dem Rücken. Stets mit dunklem Band vom Nacken übers Auge bis zum Mundwinkel. Pupillen rund.
Lebensraum: Trockenes, steiniges, bewachsenes Gelände. Ganz Europa.

Europäische Katzennatter
Telescopus fallax
Körperlänge: Bis zu 80 cm.
Kopf dreieckig und deutlich abgesetzt, Körper seitlich abgeflacht und mit glatten Schuppen bedeckt. Pupille senkrecht. Grau oder braun-grau mit dunklem Nackenband und dunklen Flecken.

Lebensraum: Trockenes, steiniges Gelände. Südosteuropa.

Ottern
Familie *Viperidae*

Schlangen mit hochentwickeltem Giftapparat und im Oberkiefer sitzenden Giftzähnen. Meist dickleibig, mit flachem, dreieckigem Kopf und kurzem Schwanz. Pupille senkrecht elliptisch. Vorwiegend nachtaktive Bodentiere. Meist lebendgebärend. Die Familie umfaßt ca. 180 Arten.

Kreuzotter
Vipera berus
Körperlänge: 70–90 cm.
Kopf dreieckig, deutlich vom Rumpf abgesetzt. Gewöhnlich mit deutlichem dunklem Zickzackband auf grauem (Männchen) oder braunem (Weibchen) Rücken.
Lebensraum: Sehr verschieden, meist in etwas feuchtem Gebiet. Fast ganz Europa.

Aspisviper
Vipera aspis
Körperlänge: 60–75 cm.
Mit leicht nach oben gebogener Schnauze.
Lebensraum: Trockenes, steiniges Gelände bis ca. 2500 m Höhe. Pyrenäen, Alpen, Italien und Frankreich.

Stülpnasenotter
Vipera latasti
Körperlänge: Bis 60 cm.
Typisch der zum »Horn« ausgewachsene Nasenhöcker auf der Schnauze.
Lebensraum: Steiniges, felsiges Gelände oder lichte Wälder. Nur auf der Iberischen Halbinsel.

Schildkröten
Ordnung *Testudines*

Die Angehörigen dieser sehr alten Reptilien-Gruppe, die fast unverändert seit über 200 Millionen Jahren besteht, sind sehr leicht anhand ihres Panzers zu erkennen. Dieser Panzer ist mehr oder weniger stark verknöchert und mit einer lederartigen Haut oder Hornplatten bedeckt und besteht aus einem Rücken- und einem Bauchteil. Er schließt den gedrungenen Körper ein, nur Hals und Kopf, Beine und Schwanz schauen heraus, können bei Gefahr aber von den meisten Arten eingezogen werden. Schildkröten besitzen keine Zähne, die Kiefer sind vielmehr mit mehr oder weniger scharfen Hornscheiden überzogen. Alle Schildkröten legen Eier, die kugelig oder länglich, kalk- oder pergamentschalig sein können und in der Erde vergraben werden. Keine Brutpflege. Der Geschlechtsunterschied ist äußerlich meist nur schlecht zu erkennen, die Männchen haben einen längeren und dickeren Schwanz und einen etwas eingedellten Bauchpanzer.
Schildkröten kommen hauptsächlich in den wärmeren Teilen der Erde vor, auf dem Land, im Süß- oder im Seewasser. Landschildkröten ernähren sich vorwiegend von Pflanzenkost, Süßwasser- bzw. Sumpfschildkröten fressen Würmer, Insekten, Fische, Schnecken und Frösche, See- bzw. Meeresschildkröten sind ebenfalls Räuber. Es gibt folgende Familien: Meeresschildkröten, Lederschildkröten, Sumpfschildkröten, Landschildkröten.

Griechische Landschildkröte
Testudo hermanni
Familie Landschildkröten (Testudinidae)
Panzerlänge: 20–27 cm.
Panzer hochgewölbt, gelb-schwarz gefleckt. Mit 2 Schwanzschildern. Schwanzspitze kräftig und hornartig.
Lebensweise: Tagaktiv.
Lebensraum: Steiniges Buschland oder lichte Wälder. Mittelmeergebiet.

Europäische Sumpfschildkröte
Emys orbicularis
Familie Sumpfschildkröten (Emydidae)
Panzerlänge: 20–25 cm.
Panzer flach, schwarz oder dunkelbraun, mit gelben Strichen oder Punkten.
Lebensweise: Tag- und nachtaktiv. Tauchen bei Störungen unter.
Lebensraum: Meist stehende Gewässer mit reichem Pflanzenbewuchs, sumpfiges Gelände. Süd- und Mitteleuropa außer England.

Kaspische Wasserschildkröte
Mauremys caspica
Familie Sumpfschildkröten (Emydidae)
Panzerlänge: 20–25 cm.
Panzer sehr flach, oval, gelb- bis olivbraun, mit orangefarbenen oder gelben Schnörkeln.
Lebensweise: Tag- und nachtaktiv.
Lebensraum: Meist stehende, gut bewachsene Gewässer. Südosteuropa und Iberische Halbinsel.

Rechts: Grasfrosch, der sich am Ufer ausruht. Nur zur Laichzeit verbringt der Frosch die meiste Zeit im Wasser, zu anderen Zeiten lebt er bevorzugt in feuchten Wäldern und Wiesen.

Froschlurche

Ordnung *Anura*

Die Ordnung der Froschlurche umfaßt ca. 20 Familien mit etwa 2600 Arten. In Europa sind allerdings nur 5 Familien mit etwa 25 Arten vertreten.

Froschlurche besitzen in erwachsenem Zustand einen schwanzlosen, kurzen, gedrungenen Körper mit 4 wohlentwickelten Beinen, von denen die beiden hinteren die kräftigeren und größeren sind, meist 5 Zehen tragen und als Sprungbeine dienen. Die Vorderbeine sind kürzer und besitzen 4 gutentwickelte »Finger«. Alle Froschlurche machen Jagd auf lebende Beute und sind zur Fortpflanzung ans Wasser gebunden. Das Weibchen legt seine Eier in Klumpen (Frösche) oder Schnüren (Kröten) ins Wasser ab, daraus entwickeln sich dann die Larven (Kaulquappen), die bis zur Verwandlung ins erwachsene Tier ans Wasser gebunden sind.

Man unterscheidet zwischen Fröschen mit glatter Haut und Unken und Kröten mit warziger Haut. In Europa kommen folgende Familien vor: Scheibenzüngler, Krötenfrösche, Kröten, Laubfrösche und Echte Frösche.

Geburtshelferkröte
Alytes obstetricus
Familie Scheibenzüngler (Discoglossidae)
Körperlänge: Bis 5 cm.
Kurzbeinig und ziemlich plump. Grau, grün oder braun mit dunklen olivfarbenen, grünen oder orangefarbenen Punkten. Pupille senkrecht. Zunge rundlich, kann nicht ausgestoßen werden.
Lebensraum: Steiniges, etwas feuchtes Gebiet, Mittel- und Südwesteuropa.

Gelbbauchunke
Bombina variegata
Körperlänge: Bis 5 cm.
Ziemlich flach und untersetzt, mit gelber oder orangefarbener Unterseite, die bei Gefahr nach oben gedreht wird. Oberseite graubraun bis gelblich mit dunkleren Flecken und vielen Warzen. Pupille rund, dreieckig oder herzförmig.
Lebensraum: Vorwiegend in bewachsenen, stehenden Gewässern. Süd- und Mitteleuropa außer England und der Iberischen Halbinsel.

Gemalter Scheibenzüngler
Discoglossus pictus
Körperlänge: 7 cm.
Plump und glänzend, leicht mit Braunfröschen zu verwechseln, jedoch runde bis dreieckige Pupille. Grau bis rötlichbraun mit dunklen Flecken.

Lebensraum: Stets nahe am Wasser. Iberische Halbinsel, Südwestfrankreich, Sizilien, Malta.

Knoblauchkröte
Pelobates fuscus
Familie Krötenfrösche (Pelobatidae)
Körperlänge: Bis 8 cm.
Kurzbeinig mit glänzender, glatter Haut. Oberseite sehr variabel. Unterseite hell. Pupille senkrecht.
Lebensraum: Sandige Böden. Mitteleuropa außer England.

Westlicher Schlammtaucher
Pelodytes punctatus
Körperlänge: Bis 5 cm.
Schlank, mit relativ langen Beinen, Haut glatt mit kleinen Warzen. Hellbraun mit grünen Flecken. Pupille senkrecht.
Lebensraum: Buschiges Gelände in Wassernähe. Südwesteuropa.

Erdkröte
Bufo bufo
Familie Kröten (Bufonidae)
Körperlänge: Bis 15 cm.
Gedrungener Körper mit großem Kopf, kurzbeinig. Haut warzig, oben braun, unten heller. Pupille waagrecht.
Lebensraum: Sehr variabel. Ganz Europa außer Irland.

Kreuzkröte
Bufo calamita
Körperlänge: 8 cm.
Plump und kurzbeinig. Bräunlich, grau oder grünlich mit kleineren, dunkleren Flecken und gelbem Längsstrich auf dem Rücken. Pupille waagrecht.
Lebensraum: Variabel. Südwest- und Mitteleuropa, in England selten.

Wechselkröte
Bufo viridis
Körperlänge: Bis 10 cm.
Plump, kurzbeinig, hellbraun mit grünen, schwarzgerandeten Flecken und rötlichen Punkten. Pupille waagrecht.
Lebensraum: Variabel. Osteuropa, Italien, Dänemark.

Europäischer Laubfrosch
Hyla arborea
Familie Laubfrösche (Hylidae)
Körperlänge: Bis 5 cm.
Glatthäutig, oben glänzend grün (manchmal auch bräunlich) mit dunklem Seitenstreifen, unten weiß-gelblich. Zehen mit Haftscheiben. Männchen mit großer, kugelförmiger Schallblase.
Lebensraum: Buschiges, feuchtes Gelände. Süd- und Mitteleuropa.

Grasfrosch
Rana temporaria
Familie Frösche (Ranidae)
Körperlänge: Bis 10 cm.
Kräftig, relativ glatte Haut, lange Hinterbeine mit Schwimmhäuten. Grau, braun, rötlich oder gelb mit dunkleren Flecken. Stets mit dunklem Fleck zwischen Auge und Ohr. Pupille waagrecht.
Lebensraum: Feuchte Gebiete. Ganz Europa außer Mittelmeergebiet und Iberischer Halbinsel.

Der Mittelmeerlaubfrosch (Hyla meridionalis) kommt nur in Südeuropa vor. Er unterscheidet sich vom Europäischen Laubfrosch (H. arborea) durch das Fehlen des dunklen Seitenstreifens.

Wasserfrosch
Rana esculenta
Körperlänge: Bis 12 cm.
Grün oder braun mit dunklen Flecken, ohne dunklem Fleck zwischen Auge und Ohr. Pupille waagrecht. Männchen mit seitlichen Schallblasen.
Lebensraum: Kleinere, reich bewachsene, stehende Gewässer. Süd- und Mitteleuropa außer Iberischer Halbinsel.

Seefrosch
Rana ridibunda
Körperlänge: Bis 15 cm.
Ähnlich wie Wasserfrosch, jedoch dunkler, oftmals braun.
Lebensraum: Vorwiegend am Rand von oder in größeren stehenden Gewässern. Süd- und Mitteleuropa.

Männlicher Alpenmolch mit typisch einfarbig orangerotem Bauch und schwarzgepunkteten Seiten.

Schwanzlurche
Ordnung *Caudata*

Zur Ordnung der Schwanzlurche zählen 8 Familien mit ca. 300 Arten, deren Verbreitungsgebiet hauptsächlich auf der Nordhalbkugel der Erde liegt. In Europa kommen rund 20 Arten vor, die alle zur Familie der Molche und Salamander (*Salamandridae*) gehören.
Schwanzlurche sind langgestreckte Lurche mit 4 wohlentwickelten Beinen, die in der Regel 3–4 Finger und 2–5 Zehen tragen, gut entwickeltem, rundem oder seitlich abgeflachtem Schwanz und nackter, drüsenreicher Haut. Schwanzlurche leben an Land oder im Wasser, zur Fortpflanzungszeit sind jedoch fast alle ans Wasser gebunden. Die Eier werden meist einzeln an Wasserpflanzen, unter Steinen oder in Höhlungen angeheftet. Die Männchen nehmen zur Paarungszeit oft eine prächtige Färbung an.
Schwanzlurche ernähren sich von allerhand Kleintieren, die Larven oft durch Abraspeln von Wasserpflanzen. Es gibt folgende große Familien: Winkelzahnmolche, Molche und Salamander, Lungenlose Molche, Olme.

Marmormolch
Triturus marmoratus
Körperlänge: Bis 15 cm.
Leicht anhand der schwarz-grün marmorierten Oberseite zu erkennen. Weibchen mit gelbem Rückenstrich, Männchen zur Paarungszeit mit glattrandigem Kamm.
Lebensraum: An feuchten Stellen unter Steinen versteckt. Iberische Halbinsel, Westfrankreich.

Kammolch
Triturus cristatus
Körperlänge: Bis 14 cm.
Rumpf langgestreckt und kräftig, Oberseite braunschwarz, Unterseite gelb oder orangefarben. Zur Paarungszeit Männchen mit gezacktem Kamm und dunkelgrauer Oberseite mit schwarzen Flecken.
Lebensraum: In flachen stehenden Gewässern, im Sommer oft auch an feuchten Stellen an Land. Ganz Europa außer Irland und Iberischer Halbinsel.

Fadenmolch
Triturus helveticus
Körperlänge: Bis 9 cm.
Schlank, mit seitlich abgeflachtem Schwanz mit orangefarbenem Mittelstreif. Hellbraun, manchmal grünlich mit dunklen, runden Flecken, Unterseite orangefarben mit schwarzen Tupfen. Zur Paarungszeit Männchen mit schmalem Kamm, der fadenförmig endet.

Lebensraum: Zur Laichzeit in stehenden, klaren Gewässern, sonst überall an feuchteren Stellen. Westeuropa außer Irland.

Teichmolch
Triturus vulgaris
Körperlänge: Bis 11 cm.
Oberseite gelbbraun mit dunklen Flekken, Kopf mit dunklen Längsstreifen. Kehle und Unterseite orangefarben mit dunklen Tupfen. Schwanz seitlich stark abgeflacht. Zur Paarungszeit Männchen mit hohem, etwas gezacktem Kamm. Kamm an der Schwanzunterseite orange und blau gefärbt.
Lebensraum: Laicht in stehenden, pflanzenreichen Gewässern, sonst an feuchten Stellen an Land. Ganz Europa außer im Südwesten und hohen Norden.

Alpenmolch, Bergmolch
Triturus alpestris
Körperlänge: Bis 12 cm.
Oberseite grau-schwarz, leicht marmoriert, Seiten mit schwarzen Flecken, Unterseite orangefarben ohne Tupfen. Zur Paarungszeit Männchen mit glattrandigem, grauschwarzem Kamm und leuchtendblauen Seiten.
Lebensraum: Zur Paarungszeit kühle stehende oder fließende Gewässer, sonst stets in Wassernähe. Alpen, Pyrenäen, Mitteleuropa außer England.

Feuersalamander
Salamandra salamandra
Körperlänge: Bis 30 cm.
Unverwechselbar aufgrund der schwarz-gelben Färbung, die allerdings im Muster stark variieren kann. Diese auffällige Färbung dient als Warnsignal, da der Feuersalamander ein giftiges Hautsekret ausscheidet.
Lebensraum: Feuchte Waldgebiete, vor allem Laubwälder. Süd- und Mitteleuropa, nicht in England.

Brillensalamander
Salamandrina terdigitata
Körperlänge: Bis 11 cm.
Schlank, dunkelbraun bis schwarz mit gelber oder rötlicher brillenförmiger Zeichnung zwischen den Augen. Bein- und Schwanzunterseite leuchtend rot, werden bei Gefahr nach oben gedreht. Im Unterschied zu allen anderen Salamandern nur 4 Zehen an den Hinterbeinen (statt 5).
Lebensraum: Dichte Vegetation an waldreichen Berghängen, meist in Bachnähe. Nur in Italien.

Alpensalamander
Salamandra atra
Körperlänge: Bis 16 cm.
Vollständig schwarzer Salamander, glänzend, oft mit deutlich sichtbaren Rippen.
Lebensraum: Wälder und feuchte Wiesen, meist zwischen 800–2000 m Höhe. Alpen und Nordjugoslawien.

Feuersalamander

Brillensalamander

Unten: Der Alpensalamander kann leicht anhand seiner einheitlich schwarzen Färbung bestimmt werden. Die Weibchen bringen nach 1- bis 3jähriger „Tragzeit" vollentwickelte Junge zur Welt.

Ganz unten: Die gelb-schwarze Warnfärbung hält dem Feuersalamander viele Feinde vom Leib.

Kapitel 4

Fische

Fische sind wasserbewohnende, in der Regel durch Kiemen atmende, wechselwarme Wirbeltiere mit meist langgestrecktem Körper, an dem unpaare und paarige Flossen sitzen. Ihr Körper kann in 4 Hauptregionen unterteilt werden: Kopf, Rumpf, Schwanz, Flossen. Der Kopf reicht von der Schnauzenspitze bis zum Hinterende des Kiemendeckels, der Schwanz vom After bis zur Basis der Schwanzflosse.
Je nach Lebensweise treten verschiedene Körperformen auf: Schnellschwimmende Fische besitzen meist Torpedoform, bodenbewohnende Arten einen von oben nach unten zusammengedrückten Körper, langsamschwimmende Fische einen seitlich zusammengedrückten Körper.
Der Körper ist meist von Schuppen bedeckt, bei manchen Arten aber auch nackt (dann aber fast immer von einer starken Schleimschicht überzogen). Die Schuppen können als verknöcherte Hautpapillen auftreten (Placoidschuppen der Knorpelfische), als kräftige, rhombische Platten (Ganoidschuppen der Schmelzschupper) oder als verhältnismäßig dünne Plättchen (Ctenoidschuppen der Knochenfische).
Die Flossen dienen in Verbindung mit dem Schwanz als Fortbewegungs- und Steuerorgane. Man unterscheidet die paarigen Brust- und Bauchflossen sowie die unpaaren Rücken-, Schwanz- und Afterflossen. Alle Flossen werden durch Flossenstrahlen gestützt. Die Form der Schwanzflosse kann sehr verschieden sein.
Je nach Ausbildung unterscheidet man folgende Maulformen: unterständig (Oberkiefer länger als Unterkiefer), oberständig (Unterkiefer länger als Oberkiefer), endständig (beide Kiefer gleich lang).
Charakteristisch für die Fische ist auch das auf Strömungs- und Erschütterungsreize ansprechende Sinnesorgansystem der Seitenlinie und des Kopfes.
Unter dem Begriff „Fische" werden 3 sehr verschiedene wasserbewohnende Wirbeltiere zusammengefaßt: die Rundmäuler (Agnatha), zu denen die Neunaugen und Schleimaale gehören, die Knorpelfische (Chondrichthyes), die kein knöchernes Skelett besitzen und zu denen Haie und Rochen gehören, und die Knochenfische (Osteichthyes).
Insgesamt wird die Zahl der heute noch lebenden Fischarten auf ca. 25000 geschätzt.

Rundmäuler
Rundmäuler sind relativ primitive, wurm- oder schlangenförmige, unbeschuppte Fische mit geteiltem oder ungeteiltem, unpaarem Flossensaum, der vom Rücken über das Hinterende zur Bauchseite läuft, und knorpeligem Skelett. Ihr Name leitet sich von der ringförmigen, saugnapfähnlichen, mit Raspelzähnen bewaffneten Mundöffnung ab. Sie umfassen zwei Unterordnungen, die Schleimfische oder Inger und die Neunaugen.

Knorpelfische
Zu den Knorpelfischen gehören 3 Ordnungen: Haie, Rochen und Seedrachen. Die Knorpelfische besitzen ein knorpeliges Skelett. Ihre Haut ist meist dicht mit kleinen Hautzähnchen oder aber mit einzelnen großen Hautdornen bedeckt. Die Weibchen legen entweder große, dotterreiche Eier, die frei in hornartige Kapseln (Nixentäschchen) eingeschlossen abgelegt werden, oder bringen lebende Junge zur Welt.

Knochenfische
Zu den Knochenfischen zählen die meisten unserer wichtigen Nahrungsfische. Knochenfische besitzen meist ein weitgehend verknöchertes Skelett und einen mit feinen Schuppen besetzten, langgestreckten Körper. Sie besitzen alle eine Schwimmblase, die dafür sorgt, daß sich der Fisch innerhalb bestimmter Grenzen sowohl in größerer als auch geringerer Tiefe mit dem Wasser im Gleichgewicht halten kann.
Die Eier werden entweder frei ins Wasser abgelegt oder an Pflanzen und andere feste Gegenstände geklebt, mitunter werden auch mehr oder weniger kunstvolle Nester gebaut. Nur sehr wenige Knochenfische sind lebendgebärend.
Auf den folgenden Seiten sind die Fische in Süßwasserfische (Seite 120–125) und Meeresfische (Seite 126–129) getrennt.
Die angegebenen Größen sind stets Maximalangaben und beziehen sich auf die Länge Schnauzenspitze – Ende Schwanzflosse.

Rechts: Körperbau eines Fisches

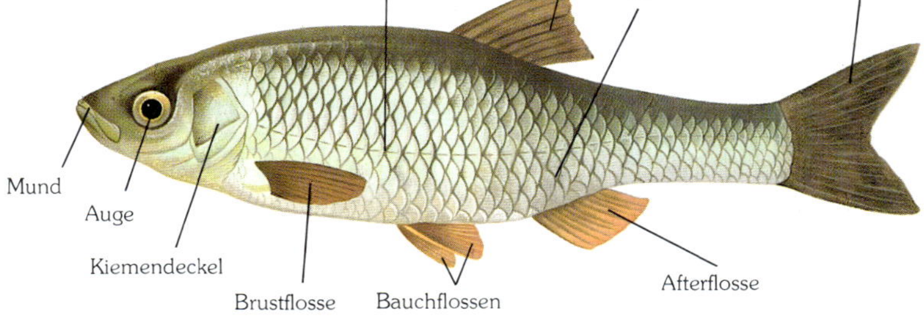

Links: Flußbarsch. Sehr deutlich zu erkennen sind auf diesem Bild die Seitenlinie und die einzelnen Flossenstrahlen der Brust- und Rückenflosse.

Neunaugen
Familie *Petromyzonidae*

Kieferlose, wasserbewohnende Wirbeltiere mit saugnapfartigem, rundem Maul und aalähnlicher Gestalt. Ohne Kiemendeckel, so daß man unter dem Auge je eine Reihe von Kiemenöffnungen erkennen kann. Erwachsene Neunaugen haben zwei Rückenflossen. Laichwanderungen vom Meer in Flüsse. Die Larven ernähren sich von Plankton, erwachsene Tiere leben meist parasitisch an anderen Fischen. Ca. 30 Arten, davon 8 in europäischen Süßgewässern.

Flußneunauge
Lampetra fluviatilis
Körperlänge: Bis 50 cm.
Oberseite grau oder grün-braun, Unterseite gelblich oder weißlich.

Die Lachse vollbringen wahre Kraftakte, um zu ihrem Laichplatz zu gelangen, denn es ist sehr anstrengend, solche Stromschnellen in entgegengesetzter Richtung zu überqueren.

Lebensweise: Laicht April – Mai in Flußbetten. Nester unter Steinen. Die Larven leben 3–5 Jahre im schlickigen Flußbett und wandern dann ins Meer. Die erwachsenen Tiere wandern im Winter und Frühjahr wieder flußaufwärts zum Laichen.

Meerneunauge
Petromyzon marinus
Körperlänge: Bis 91 cm.
Oberseite olivfarben bis gelblich mit dunklen Flecken, Unterseite weißlich.
Lebensweise: Laicht März – Mai in Flußbetten. Nester unter Steinen. Die Larven sind blind und leben 2–5 Jahre im Schlick eingegraben, dann wandern sie ins Meer und kehren nach 3–4 Jahren zum Laichen zurück.

Störe
Familie *Acipenseridae*

Stör
Acipenser sturio
Körperlänge: Weibchen bis 3,5 m, Männchen kleiner.
Mit 5 Reihen charakteristischer Knochenplatten. Schwanz im oberen Teil vergrößert und ausgezogen. Maul rüsselartig verlängert mit vier Bartfäden.
Lebensweise: Laicht April – Juli im Mittellauf von Flüssen. Eier kleben unter Steinen. Nach 3 Jahren ziehen die Jungfische ins Meer und kehren zum Laichen nach 7–15 Jahren zurück. Leben von wirbellosen Bodentieren. In Europa selten, meist im Schwarzen Meer.

Lachsfische
Familie *Salmonidae*

Heimisch vor allem auf der Nordhalbkugel, im kühlen Salz- und Süßwasser. Laichen nur im fließenden Süßwasser. Kopf schuppenlos. Mit Fettflossen am Rückenende.
5 Arten.

Atlantischer Lachs
Salmo salar
Körperlänge: Bis 1,5 m.
Je nach Alter sehr unterschiedlich gefärbt. Mit mächtigen Kiefern. Jungfische silber- bis blaugrün mit schwarzen und roten Punkten auf der Oberseite.
Lebensweise: Laicht Oktober – Januar unter Kies in Fließgewässern. Die Jungfische (Silberlachse) wandern nach 3–4 Jahren in ihre Laichgewässer zurück.

Bach-Forelle
Salmo trutta
Körperlänge: Bis 70 cm.
Rücken und Seiten blauschwarz und rot getupft.
Lebensweise: Laicht Oktober – März flußaufwärts. Eier im Kies vergraben. Brut bleibt über 1 Jahr hier und zieht dann flußabwärts. Empfindlich gegen Wasserverschmutzung.

Regenbogenforelle
Salmo gairdneri
Körperlänge: Bis 70 cm.
Körper dicht gepunktet, Seiten mit regenbogenfarben schillerndem Band.
Lebensweise: Laicht Oktober – März in fließendem Wasser. Eier in Nestern im Kies. Aus Nordamerika eingeführt.

Wandersaibling
Salvelinus alpinus
Körperlänge: Bis 88 cm.
Oberseite blaugrau mit hellen Punkten, Unterseite gelblichrot.
Lebensweise: Laicht Oktober – März in kühlen Seen auf Kiesgrund.

Renken, Maränen, Felchen
Familie *Coregonidae*

Lachsähnlich, mit größeren Schuppen, mit Fettflosse, ohne Fleckung, meist silbrig-braun, -grau oder -blau. Mit unterständigem Maul. Auf nördliche Halbkugel beschränkt. Ca. 25 Arten.

Blaufelchen
Coregonus lavaretus
Körperlänge: Bis 60 cm.
Lebensweise: Laicht Oktober – Januar über Kies in Flüssen.

Zwergmaräne
Coregonus albula
Körperlänge: Bis 35 cm.
Lebensweise: Laicht Oktober – Dezember über Kies in 2–3 m Tiefe.

Stinte
Familie *Osmeridae*

Stint
Osmerus eperlanus
Körperlänge: Bis 30 cm.
Lebensweise: Laicht März – Mai unter Pflanzen oberhalb von Flußmündungen und an Seerändern.

Äschen
Familie *Thymallidae*

Äsche
Thymallus thymallus
Körperlänge: Bis 50 cm.
Lebensweise: Laicht März – Mai. Eier in Nestern im Kies.

Hechte
Familie *Esocidae*

Hecht
Esox lucius
Körperlänge: Bis 1,5 m.
Lebensweise: Laicht Februar – Mai zwischen Pflanzen im Uferbereich.

Karpfenfische
Familie *Cyprinidae*

Eine der größten Fischfamilien (ca. 2000 Arten), die mit Ausnahme von Südamerika und Australien weltweit verbreitet ist. Leben alle nur im Süßwasser. Klein bis mittelgroß, schuppenloser Kopf, zahnlos, Flossen mit weichen Strahlen. Unterschiedliche Lebensweisen und Lebensräume. In Europa ca. 80 Arten.

Rotauge
Rutilus rutilus
Körperlänge: Bis 45 cm.
Silbrig beschuppt, Augen und Flossen rötlich.
Lebensweise: Laicht Mai – Juni zwischen Pflanzen in flachem Wasser in Seen und in langsamfließenden Flüssen im nördlichen Europa und in Asien. Allesfresser.

Moderlieschen
Leucaspius delineatus
Körperlänge: Bis 12 cm.
Silbrig beschuppt mit blauem Seitenstreifen. Seitenlinie unvollständig.
Lebensweise: Laicht Juni – Juli zwischen Pflanzen im flachen Wasser. Schwarmfisch. Allesfresser. In kleinen Teichen und Flußunterläufen.

Orfe, Aland
Leuciscus idus
Körperlänge: Bis 1 m.
Silbrig-grün mit rötlichen Flossen und gelben Augen.
Lebensweise: Laicht April – Mai in flachem Wasser zwischen Pflanzen und Steinen. Lebt von Wirbellosen.

Hasel
Leuciscus leuciscus
Körperlänge: Bis 30 cm.
Mit großen, silbrigen Schuppen bedeckt. Bauchflossen rötlich.
Lebensweise: Laicht März – Mai zwischen Steinen und Pflanzen in fließendem Wasser. Schwarmfisch. Frißt vor allem Wasserinsekten und deren Larven.

Döbel
Leuciscus cephalus
Körperlänge: Bis 80 cm.
Mit großen, gold-silbrigen Schuppen.
Lebensweise: Laicht April – Juni zwischen Steinen und Pflanzen in langsamfließendem Wasser. Frißt vor allem Wirbellose und kleine Fische. In Fließgewässern Mittel- und Südeuropas.

Nase
Chondrostoma nasus
Körperlänge: Bis 50 cm.
Mit nasenartig vorspringendem Maul und gut ausgebildeten Lippen. Grünlich-blau. Bauchflossen rötlich.
Lebensweise: Laicht März – Mai flußaufwärts über Kies und Steinen in fließendem Wasser. »Weidet« Steine ab.

Rapfen, Schied
Aspius aspius
Körperlänge: Bis 100 cm.
Mit vorstehendem Unterkiefer. Grünsilbrig mit dunkleren Flossen.
Lebensweise: Laicht April – Juni zwischen Steinen und Kies in flachem Wasser. Lebt räuberisch von Fischen.

Rotfeder
Scardinius erythrophthalmus
Körperlänge: Bis 45 cm.
Mit großen, silbrig-goldenen Schuppen und roten Flossen. Auge gelb. Rückenflosse fast direkt hinter der Bauchflosse ansetzend. Maul ziemlich stumpf.
Lebensweise: Laicht Mai – Juni in Schwärmen zwischen Pflanzen im seichten Wasser. Allesfresser. Schwarmfisch, dicht unter der Wasseroberfläche in Seen und langsamfließenden Flüssen.

Elritze
Phoxinus phoxinus
Körperlänge: Bis 14 cm.
Gelb-bräunlich mit kleinen Schuppen, Seiten mit braunen und schwarzen Tupfen oder Streifen. Männchen zur Laichzeit mit rotem Bauch.
Lebensweise: Laicht April – Juli in Schwärmen an Steinen und Kies in fließendem Wasser. Frißt vor allem Insektenlarven und Krebse. Schwarmfisch in flachem Wasser. Fast ganz Europa.

Schleie
Tinca tinca
Körperlänge: Bis 70 cm.
Schuppen sehr klein, Haut sehr schleimig, olivgrün bis gelblich. 1 Paar kurze Bartfäden.
Lebensweise: Laicht Mai – Juli zwischen Pflanzen in flachem Wasser. Frißt wirbellose Bodentiere. In pflanzenreichen Seen und langsamfließenden Flüssen. Fast ganz Europa.

Gründling
Gobio gobio
Körperlänge: Bis 20 cm.
Schuppen groß, dunkel gesäumt. Maul unterständig mit 1 Paar Barteln. Graugrün.
Lebensweise: Laicht Mai – Juni zwischen Steinen und Pflanzen in flachem, fließendem Wasser. Frißt wirbellose Bodentiere. Schwarmfisch überall im gemäßigten Europa.

Bitterling
Rhodeus sericeus
Körperlänge: Bis 10 cm.
Hochrückig, mit großen Schuppen und unvollständiger Seitenlinie. Grüner Streifen an den Schwanzseiten. Weibchen mit ca. 5 cm langer, rosafarbener Legeröhre (Bild).
Lebensweise: Laicht April – Juni in die Mantelhöhle großer Süßwassermuscheln ab. Frißt hauptsächlich Algen und kleine Insektenlarven und Krebse. Schwarmfisch im pflanzenreichen Uferbereich langsamfließender Flüsse und Seen Mitteleuropas.

Ukelei, Laube
Alburnus alburnus
Körperlänge: Bis 25 cm.
Schmal und schlank, silbrig glänzend, Maul oberständig.
Lebensweise: Laicht April – Juni zwischen Steinen und Kies in flachem Wasser. Frißt vor allem Krebse und Insekten. Schwarmfisch an der Oberfläche langsamfließender Flüsse und Seen West-, Mittel- und Osteuropas.

Barbe
Barbus barbus
Körperlänge: Bis 90 cm.
Kopf flach, Maul unterständig, mit 2 Bartfäden. Bauchseite flach. Grünlich-silbrig, oft mit rötlichen Flossen.
Lebensweise: Laicht Mai – Juni zwischen Kies und Steinen in fließendem Wasser. Lebt von Wirbellosen und kleinen Fischen. Geselliger Bodenfisch.

Karausche
Carassius carassius
Körperlänge: Bis 50 cm.
Körper sehr hoch und seitlich zusammengedrückt, gelbbraun bis silbergrau, ohne Barteln.
Lebensweise: Laicht Mai – Juni an Pflanzen in flachem Wasser. Frißt am Boden lebende Wirbellose und Pflanzen. Schwarmfisch in Teichen, Seen und langsamfließenden Flüssen.

Karpfen
Cyprinus carpio
Körperlänge: Bis 1 m.
Flachrückig, mit sehr großen Schuppen, Oberlippe mit 2 langen und 2 kurzen Bartfäden. Braun bis dunkelbraun.
Lebensweise: Laicht Mai – Juli an Pflanzen in flachem Wasser. Lebt von am Boden lebenden Insektenlarven, Schnecken und Pflanzen. Gesellig am Boden langsamfließender Flüsse , von Teichen und Seen, in Asien und Osteuropa heimisch, sonst eingeführt.

Güster, Blicke
Blicca bjoerkna
Körperlänge: Bis 35 cm.
Hochrückig und stark zusammengedrückt, mit großen Augen. Silbrig glänzend, paarige Flossen rötlich.
Lebensweise: Laicht Mai – Juli an Pflanzen in flachem Wasser. Lebt von wirbellosen Bodentieren. Schwarmfisch in Bodennähe langsamfließender, oft dichtbewachsener Flüsse und Seen.

Brachsen, Blei
Abramis brama
Körperlänge: Bis 80 cm.
Hochrückig und seitlich zusammengedrückt, mit Buckel, braun-golden.
Lebensweise: Laicht Mai – Juni an Pflanzen in flachem Wasser. Frißt vor allem Würmer und andere Bodentiere, die mit dem Maul kopfunter aufgesaugt werden. Schwarmfisch in Bodennähe langsamfließender Flüsse und Seen.

Rotauge
Orfe
Moderlieschen
Hasel
Rapfen
Döbel
Nase
Rotfeder
Elritze
Schleie
Gründling
Ukelei
Bitterling
Barbe
Karausche
Karpfen
Güster
Brachsen

Schmerlen
Familie *Cobitidae*

Schmerle, Bartgrundel
Noemacheilus barbatulus
Körperlänge: Bis 18 cm.
6 Bartfäden, graubraun marmoriert.
Lebensweise: Laicht April – Mai an Steinen und Pflanzen.

Schlammpeitzger
Misgurnus fossilis
Körperlänge: Bis 30 cm.
10 Bartfäden, dunkle Seitenstreifen.
Lebensweise: Laicht April – Juni an Pflanzen in flachem Wasser. In schlammigen Teichen und Seen.

Steinbeißer, Dorngrundel
Cobitis taenia
Körperlänge: Bis 14 cm.
6 kurze Bartfäden, Kopf seitlich abgeplattet, Rücken dunkel marmoriert.
Lebensweise: Laicht April – Juni an Pflanzen und Steinen in flachen Fließgewässern.

Welse
Familie *Siluridae*

Wels
Siluris glanis
Körperlänge: Bis 5 m.
2 lange, 4 kurze Bartfäden.
Lebensweise: Laicht Mai – Juli in flachem, dichtbewachsenem Wasser. Nachtaktiv, frißt Fische, Lurche und Wasservögel. In Seen und Flüssen Mittel- und Osteuropas.

Aale
Familie *Anguillidae*

Aal
Anguilla anguilla
Körperlänge: Bis 1,5 m.
Unreif gelb, reif silbern.
Lebensweise: Nachtaktiv, bevorzugt schlammigen Grund, kann auch über Land wandern.

Zahnkarpfen
Familie *Cyprinodontidae*

Spanienkärpfling
Aphanius iberus
Körperlänge: Bis 5 cm.
Lebensweise: Laicht April – August zwischen Pflanzen im flachen Wasser. Nur im Küstengebiet Südostspaniens.

Dorschfische
Familie *Gadidae*

Quappe
Lota iota
Körperlänge: Bis 1 m.

Lebensweise: Laicht Dezember – März über Steinen und Kies in Flüssen und Seen. Nachtaktiv.

Barsche
Familie *Percidae*

Flußbarsch
Perca fluviatilis
Körperlänge: Bis 50 cm.
Hochrückig, mit dunklen Querbinden, Bauch- und Schwanzflosse rötlich.
Lebensweise: Laicht April – Juni in langen Schnüren in flachem Wasser an Pflanzen und Steinen. Schwarmfisch in langsamfließenden Flüssen und Seen.

Zander
Stizostedion lucioperca
Körperlänge: Bis 1,3 m.
Langgestreckt, mit spitzem Kopf.
Lebensweise: Laicht April – Juni zwischen Steinen und Kies in flachem Wasser. Eier werden von beiden Eltern bewacht. Einzelgänger in langsamfließenden Flüssen und Seen.

Kaulbarsch
Gymnocephalus cernua
Körperlänge: Bis 30 cm.
Rückenflossen miteinander verwachsen.
Lebensweise: Laicht April – Mai an Steinen und Pflanzen in flachem Wasser. Schwarmfisch in Bodennähe langsamfließender Flüsse und Seen.

Groppen
Familie *Cottidae*

Groppe, Koppe
Cottus gobio
Körperlänge: Bis 18 cm.
Körper schuppenlos, graubraun marmoriert. Kopf groß, mit breitem Maul.
Lebensweise: Laicht März – Mai in Nestern unter Steinen. Männchen bewacht die Eier. Nachtaktiv. Am Boden steiniger Flüsse und Seen.

Stichlinge
Familie *Gasterosteidae*

Zehnstacheliger Stichling
Pungitius pungitius
Körperlänge: Bis 7 cm.
Mit 8–10 kurzen Rückenstacheln.
Lebensweise: Laicht April – Juni in flachen, verkrauteten Tümpeln und Flüssen.

Dreistacheliger Stichling
Gasterosteus aculeatus
Körperlänge: Bis 10 cm.
Mit 2–3 langen Rückenstacheln.
Lebensweise: Laicht März – Juni in stark bewachsenen Flachlandseen und Flüssen.

Dreistachelige Stichlinge, unten das Männchen im Hochzeitskleid mit leuchtendrotem Bauch, den er beim Balztanz immer wieder dem Weibchen hinstreckt.

Knorpelfische
Klasse *Chondrichthyes*

Kleingefleckter Katzenhai
Scyliorhinus canicula
Familie Katzenhaie (Scyliorhinidae)
Körperlänge: Bis 1 m.
Rötlich-grau mit dunklen Flecken.
Lebensraum: Bevorzugt über Schlamm- und Sandgrund in 20–40 m Tiefe. Mittelmeer, Atlantik, Nordsee.

Dornhai
Squalus acanthias
Familie Stachelhaie (Squalidae)
Körperlänge: Bis 1 m.
Vor jeder Rückenflosse ein kräftiger Stachel.
Lebensraum: In Tiefen um 40 m, in Gruppen lebend. Mittelmeer, Atlantik, Nordsee, westliche Ostsee. Lebendgebärend.

Nagelrochen, Steinrochen
Raja clavata
Familie Echte Rochen (Rajidae)
Körperlänge: Bis 85 cm.
Körper flach, rautenförmig.
Lebensraum: Auf Sand- und Schlammgrund. Mittelmeer, Atlantik, Nordsee, westliche Ostsee.

Gewöhnlicher Stechrochen
Dasyatis pastinaca
Familie Stachelrochen (Dasyatidae)
Körperlänge: Bis 1,5 m.
Schwanz peitschenähnlich, mit 1 Giftstachel.
Lebensraum: Auf Sand- und Schlammgrund in ruhigen, seichten Buchten, vor Flußmündungen und in Brackwasserlagunen. Mittelmeer, Atlantik, Nordsee.

Knochenfische
Klasse *Osteichthyes*

Anchovis, Sardelle
Engraulis encrasicolus
Familie Sardellen (Engraulidae)
Körperlänge: Bis 20 cm.
Rundkörperiger, schlanker Heringsfisch. Schwanzflosse stark gegabelt.
Lebensraum: Schwarmfisch im offenen Meer nahe der Oberfläche. Mittelmeer, Atlantik, Nordsee.

Hering
Clupea harengus
Familie Heringe (Clupeidae)
Körperlänge: Bis 40 cm.
Kopf unbeschuppt, Maul oberständig, ohne Seitenlinie.
Lebensraum: Wandernder Schwarmfisch, im Sommer oberflächennah, im Winter tiefer. Atlantik, Nord- und Ostsee.

Hornhecht
Belone belone
Familie Hornhechte (Belonidae)
Körperlänge: Bis 93 cm.
Körper pfeilartig, Maul spitz.
Lebensraum: Räuberischer Schwarmfisch im offenen, tieferen Wasser nahe der Oberfläche. Mittelmeer, Atlantik, Nord- und Ostsee.

Meeraal
Conger conger
Familie Meeraale (Congridae)
Körperlänge: Bis 3 m.
Körper schlangenähnlich gestreckt, Haut schleimig, unbeschuppt, vollständige Seitenlinie.
Lebensraum: In Küstennähe, bevorzugt auf felsigem Grund, Mittelmeer, Atlantik, Nordsee.

Kleine Seenadel
Syngnathus rostellatus
Familie Seenadeln (Syngnathidae)
Körperlänge: Bis 17 cm.
Langgestreckt, mir röhrenförmig ausgezogener Schnauze, ohne Bauchflossen, Körper mit Knochenringen bedeckt.
Lebensraum: In Algenbeständen im Flachwasser. Meist in Bodennähe. Mittelmeer, Atlantik, Nordsee.

Langschnauziges Seepferdchen
Hippocampus ramulosus
Körperlänge: Bis 15 cm.
Kopf winkelig zum Körper, mit zahlreichen Hautläppchen besetzt, Schnauze lang, Körper seitlich zusammengedrückt, Schwanz bauchwärts eingerollt.
Lebensraum: In Seegraswiesen und Algenbeständen ab 5 m Tiefe. Mittelmeer, Atlantik bis Kanalküste.

Fünfbartelquappe
Ciliata mustela
Familie Dorsche (Gadidae)
Körperlänge: Bis 30 cm.
Langgestreckt, mit 4 Fühlfäden an der Schnauzenspitze und 1 Bartfaden an der Kinnspitze.
Lebensraum: Ab 3 m Tiefe auf steinigem Sandgrund, Nordsee und Atlantikküste südlich bis Portugal.

Steinköhler, Pollack
Pollachius pollachius
Körperlänge: Bis 1,3 m.
Langgestreckt, 3 Rücken- und 2 Bauchflossen, Seitenlinie über der Brustflosse stark gebogen.
Lebensraum: Schwarmfisch bis in Tiefen von 100 m. Atlantik bis Biskaya, Nordsee.

Wittling, Mittelmeerdorsch
Merlangus merlangus
Körperlänge: Bis 70 cm.
Bauch stark gerundet, 3 Rücken- und 2 Bauchflossen, Bartfaden winzig.
Lebensraum: In Küstennähe in Tiefen von 10–40 m, bevorzugt über schlammigem Grund. Mittelmeer, Atlantik, Nordsee, westliche Ostsee.

Wolfsbarsch, Seebarsch
Dicentrarchus labrax
Familie Meerbarsche (Serranidae)
Körperlänge: Bis 1 m.
Körper gestreckt, Schwanzstiel kräftig, 2 Rückenflossen, 1. stachelstrahlig.
Lebensraum: Meist in Gruppen über algenbewachsenen Riffen vom Flachwasser an. Mittelmeer, Atlantik, Nordsee, westliche Ostsee.

Gestreifte Meerbarbe
Mullus surmuletus
Körperlänge: Bis 40 cm.
Mit steil ansteigendem Kopf, 2 langen Bartfäden, großen Schuppen, 2 kurzen, steilen Rückenflossen. Rötlich.
Lebensraum: Herbst – Frühjahr in größerer Tiefe, Sommer vom Flachwasser an an felsigen Küsten auf schlammig-sandigem Grund. Mittelmeer, Atlantik bis Kanalküste.

Streifenlippfisch
Labrus mixtus
Familie Lippfische (Labridae)
Körperlänge: Bis 35 cm.
Körper elliptisch, 1 Rückenflosse mit langem, stachelstrahligem Vorderteil, Lippen fleischig verdickt, Maul endständig, Schwanzflosse gerundet.
Lebensraum: Vom Flachwasser bis in 100 m Tiefe an felsigen Küsten über algenbewachsenem Grund. Mittelmeer, Nordsee.

Kleines Petermännchen
Trachinus vipera
Familie Drachenfische (Trachinidae)
Körperlänge: Bis 15 cm.
Körper gestreckt, schlank, 2 Rückenflossen, 1. kurz, mit 5–7 giftführenden Stachelstrahlen, 2. und Afterflosse lang. Kiemendeckel mit nach hinten gerichtetem Giftstachel. Schwanzflosse gerade.
Lebensweise: Grundfisch auf Sand- und Schlammgrund vom Flachwasser bis 50 m Tiefe. Meist bis zu den Augen eingegraben und auf Beute lauernd. Mittelmeer, Atlantik, Nordsee.

Leierfisch
Callionymus lyra
Familie Leierfische (Callionymidae)
Körperlänge: Bis 30 cm.
Körper langgestreckt, unbeschuppt. Kopf abgeflacht, fast dreieckig, mit ungiftigen Kiemenstacheln, Augen oberständig, 2 Rückenflossen, 1. kurz, mit 2–4 langen Stachelstrahlen.
Lebensweise: Bodenbewohnend, vorwiegend auf Sandgrund in 15–80 m Tiefe. Oft eingegraben. Lebt von Würmern, Krebstieren, Muscheln und Schnecken. Mittelmeer, Atlantik, Nordsee. Laicht im Frühjahr.

Dicklippige Meeräsche
Chelon labrosus
Familie Meeräschen (Mugilidae)
Körperlänge: Bis 70 cm.
Stromlinienförmig, mit abgerundetem Kopf. Maul klein, endständig, Oberlippe verdickt mit kleinen Hautwärzchen. Seitenlinie nicht ausgeprägt. 1. Rückenflosse mit 4 Stachelstrahlen.
Lebensweise: Schwarmfisch im ufernahen Flachwasser über algenbewachsenem Grund, oft dicht unter der Oberfläche. Mittelmeer, Atlantik, Nordsee.

Makrele
Scomber scombrus
Familie Makrelen (Scombridae)
Körperlänge: Bis 60 cm.
Körper spindelförmig, mit winzigen Schuppen, 2 Rückenflossen, mehrere kleine Flößchen vor der tiefgegabelten Schwanzflosse.
Lebensweise: Schwarmfisch in Oberflächennähe im freien Wasser, im Sommer zur Laichzeit mehr in Küstennähe. Mittelmeer, Atlantik, Nord- und Ostsee.

Großer Sandaal
Hyperoplus lanceolatus
Familie Sandspierlinge (Ammodytidae)
Körperlänge: Bis 40 cm.
Langer, seitlich kaum zusammengedrückter Körper. Kopf zugespitzt, Maul unterständig. Schuppen sehr klein. Rückenflosse sehr lang, ohne Bauchflosse.
Lebensweise: Über sandigem Grund vom Flachwasser bis in 150 m Tiefe, oft in kleinen Schwärmen nahe der Oberfläche. Graben sich bei Gefahr in den Sand ein. Fressen Fischlaich, -larven und Krebstiere. Atlantik bis Biskaya, Nord- und Ostsee.

Grüner Schleimfisch, Schan
Blennius pholis
Familie Schleimfische (Blenniidae)
Körperlänge: Bis 15 cm.
Haut schuppenlos und drüsenreich, Rückenflosse lang, einfach, nur etwas eingekerbt, Kopf schnauzenförmig, ohne Kopftentakel.
Lebensweise: Küstenfisch auf felsigem Grund von 0–30 m Tiefe, aber auch auf Sand- und Schlammgründen. Lebt vom Algenbewuchs und kleinen Krebstieren. Laicht unter Steinen und in Felsspalten, Männchen bewacht das Gelege. Westliches Mittelmeer, Atlantik bis zur Kanalküste.

Streifenfisch, Priesterfisch
Atherina presbyter
Familie Ährenfische (Atherinidae)
Körperlänge: Bis 20 cm.
Schlank, mit 2 Rückenflossen, 1. mit 7–8 Stachelstrahlen. Mit silbrigem Mittelstreifen an den Seiten.
Lebensweise: Schwarmfisch vorwiegend im küstennahen Bereich zwischen 0–20 m Tiefe in ruhigen Buchten mit sandigem Grund, auch in Flußmündungen. Laicht im Hochsommer an Algen.

Marmorierter Schleimfisch
Coryphoblennius galerita
Körperlänge: Bis 8 cm.
Mit dreieckigem Hautlappen zwischen den Augen, dahinter 3–7 kleine Tentakel. Männchen blau gefleckt.
Lebensweise: Im seichten Wasser an Felsküsten und in Fluttümpeln. Mittelmeer und Atlantik bis zur Kanalküste. Lebt von kleinen Krebstieren, Seepokken und Algen. Laicht im Sommer in Felsspalten.

Butterfisch
Pholis gunnellus
Familie Butterfische (Pholidae)
Körperlänge: Bis 25 cm.
Lang, schlank, seitlich stark zusammengedrückt. Schuppen klein. Schwanzflosse gerundet, Rücken- und Afterflosse saumartig mit hellgerandeten dunklen Flecken an der Basis. Ohne Seitenlinie.
Lebensweise: Auf Sand- und Schlammboden bis in 50 m Tiefe, oft in Fluttümpeln. Laicht Januar – Februar in Klumpen in oder unter Muscheln. Eier werden bewacht. Frißt bodenlebende Wirbellose. Nord- und Ostsee, Atlantik bis Kanalküste als südliche Grenze.

Seekuckuck
Trigla cuculus
Familie Knurrhähne (Triglidae)
Körperlänge: Bis 40 cm.
Körper gestreckt, Kopf mit spitzem Maul und mit Knochenplatten gepanzert, 2 Rückenflossen, 1. stachelstrahlig, kurz und hoch. Brustflossen mit freien »Taststrahlen«. Seitenlinie von verstärkten Schuppen bedeckt.
Lebensweise: Auf schlammigem Sandgrund vom Flachwasser bis in 200 m Tiefe. Lebt von wirbellosen Bodentieren und Fischen. Mittelmeer, Atlantik.

Seeskorpion, Seeteufel
Cottus scorpius
Familie Groppen (Cottidae)
Körperlänge: Bis 20 cm.
Keulenförmiger, unbeschuppter Körper mit breitem Kopf, Stirn gehöckert, 2 Rückenflossen, 1. stachelstrahlig. Brustflossen groß, Strahlenspitzen am Ende frei vorstehend.
Lebensweise: An Felsküsten in der Tang- und Seegraszone, in Fluttümpeln. Laicht im zeitigen Frühjahr zwischen Algen. Frißt Krebstiere, Würmer und kleine Fische. Nord- und Ostsee, Atlantik bis Biskaya.

Kleine Meergrundel, Strandgrundel
Pomatoschistus microps
Familie Meergrundeln (Gobiidae)
Körperlänge: Bis 7 cm.
Klein und gedrungen. 2 Rückenflossen, Schwanzflosse gerundet. Maul unterständig, mit dicken Lippen.
Lebensweise: Auf sandigem Grund vom Flachwasser an, auch in Flußmündungen und Brackwasserlagunen. Zieht im Winter ins tiefere Wasser. Frißt kleine Krebstiere. Mittelmeer, Atlantik, Nord- und Ostsee.

Glattbutt, Kleist
Scophthalmus rhombus
Familie Butte (Bothidae)
Körperlänge: Bis 75 cm.
Körper seitlich scheibenartig zusammengedrückt, Augen auf der linken Kopfseite stehend. Fein beschuppt. Rückenflosse und Afterflosse saumartig.
Lebensweise: Bodenfisch vom flachen Küstengewässer bis in Tiefen von 70 m auf sandigem Grund. Frißt wirbellose Bodentiere und kleine Fische. Gräbt sich oft ein.

Kliesche, Scharbe
Limanda limanda
Familie Schollen (Pleuronectidae)
Körperlänge: Bis 40 cm.
Ovaler Plattfisch mit auf der rechten Kopfseite stehenden Augen. Seitenlinie über der Brustflosse stark ausgebuchtet, Schwanzflosse schwach gerundet.
Lebensweise: Schwarmfisch auf sandigem Grund von 2–40 m Tiefe. Lebt von Würmern und kleinen Krebstieren. Laicht im Frühjahr und Frühsommer. Nord- und Ostsee, Atlantik bis Biskaya.

Flunder, Graubutt
Platichthys flesus
Körperlänge: Bis 50 cm.
Oval. Augen meist auf der rechten Kopfseite stehend. Mit kleinen Knochenwarzen längs der Rücken- und Afterflosse und über den Körper verteilt.
Lebensweise: Schwarmweise in küstennahem Flachwasser bis 55 m Tiefe, bevorzugt auf sandigem Grund, aber auch in Flußmündungen. Nachtaktiv, lebt von wirbellosen Bodentieren. Mittelmeer, Atlantik, Nord- und Ostsee.

Scholle, Goldbutt
Pleuronectes platessa
Körperlänge: Bis 80 cm.
Körper breit-elliptisch, Augen auf der rechten Kopfseite. Mit orangeroten oder rotbraunen Flecken.
Lebensweise: Schwarmfisch auf Sandgrund vom Flachwasser bis 200 m Tiefe. Frißt wirbellose Bodentiere. Nord- und Ostsee, Atlantik bis Biskaya.

Kapitel 5

Wirbellose Tiere

Zu den wirbellosen Tieren (Invertebrata) rechnet man all die Tiere, die keine Wirbelsäule besitzen.
Die Gruppe der Wirbellosen ist sehr groß und reicht von den mikroskopisch kleinen Einzellern bis zu den 15 m langen Tintenfischen oder den bis 200 kg schweren Riesenmuscheln.
Man teilt diese große Tiergruppe ein in Einzeller (Protozoa) und Vielzeller (Metazoa).

Einzeller, Urtierchen (Protozoa)
Einzeller sind die einfachsten wirbellosen Tiere. Ihr Körper besteht nur aus einer Zelle, die wenige µm bis einige cm groß sein kann und in der alle lebensnotwendigen Prozesse ablaufen: Atmung, Verdauung, Vermehrung. Einzeller leben entweder als Plankton im Wasser, im Boden oder parasitisch in Mensch und Tier. Man kennt ca. 25000 Arten, von denen allein 7000 parasitisch leben. Die Einzeller werden in 4 Klassen eingeteilt:
Geißeltierchen (Flagellata), Wurzelfüßer (Rhizopoda), Sporentierchen (Sporozoa) und Wimpertierchen (Ciliata).

Vielzeller, Gewebetiere (Metazoa)
Vielzeller sind Tiere, deren Zellen sich zu untereinander gleichförmigen, voneinander jedoch durch Beschaffenheit und Funktion verschiedenen Verbänden (Geweben) zusammenfügen. Von den zahlreichen Stämmen der Vielzeller sind auf den folgenden Seiten (132–209) nur die aufgeführt, deren Vertreter man im allgemeinen häufiger zu sehen bekommt. Es handelt sich um folgende 5 Stämme: Stachelhäuter (Seite 132–133), Weichtiere (Seite 134–141), Gliederfüßer (Seite 142–207), Ringelwürmer (Seite 208), Hohltiere (Seite 209).

Stachelhäuter (Echinodermata)
Die Angehörigen dieses Stammes kommen alle im Meer vor und besitzen einen 5strahlig symmetrischen Körper und ein in die Lederhaut eingelagertes Skelett aus Kalkplatten oder -nadeln. Zu diesem Stamm gehören die 5 Klassen: Haarsterne, Seegurken, Seeigel, Seesterne, Schlangensterne.

Weichtiere (Mollusca)
Im allgemeinen zweiseitig symmetrische, gedrungene Tiere mit weichem, ungegliedertem Körper. Sehr artenreiche Gruppe (über 125000 Arten), deren Mitglieder vor allem im Süß- und Salzwasser, aber auch an Land vorkommen. Zu den bekanntesten Vertretern dieses Stammes gehören die Schnecken, Muscheln und Kopffüßer.

Gliederfüßer (Arthropoda)
Die Gliederfüßer bilden den artenreichsten Tierstamm überhaupt, man schätzt sie auf ca. 900000 Arten, und haben nahezu alle Lebensräume besetzt. Hauptmerkmale aller Gliederfüßer, so unterschiedlich und mannigfaltig sie auch ausgebildet sind, sind das harte, chitinhaltige Außenskelett und der gegliederte Körper, der eine unterschiedliche Anzahl ebenfalls gegliederter Gliedmaßen trägt. Da das harte Außenskelett dem Körperwachstum nicht folgen kann, muß es von Zeit zu Zeit durch ein neues, größeres ersetzt werden (Häutung). Die meisten Gliedertiere sind getrenntgeschlechtlich und legen Eier, aus denen entweder ein Jungtier schlüpft, das allmählich zum erwachsenen Tier heranwächst (unvollkommene Verwandlung), oder aber aus dem Ei schlüpft eine Larve, die sich verpuppt und dann zum fertigen Tier wird (vollkommene Verwandlung). Zu den Gliederfüßern zählen folgende Klassen: Spinnentiere, Krebstiere, Insekten, Tausend- oder Doppelfüßer, Hundertfüßer.

Ringel- oder Gliederwürmer (Annelida)
Tiere mit gegliedertem, wurmförmigem Körper, die sowohl im Wasser als auch auf dem Land leben und in 3 Klassen unterteilt werden: Vielborster, Wenigborster, Egel.

Hohltiere (Coelenterata)
Radiärsymmetrische, weiche Tiere, deren Körper nur einen der Verdauung und Zirkulation dienenden Hohlraum einschließt. Unterteilt in: Schwämme, Nesseltiere, Rippenquallen.

Links: Diese vier Bilder zeigen nur eine winzige Auswahl der zahlreichen Wirbellosen, geben jedoch ein Bild von der Mannigfaltigkeit der verschiedenen Formen.
Oben links: Kleiner Fuchs, oben rechts: Bunte Kreiselschnecke, unten links: Sonnenstern, unten rechts: Gartenkreuzspinne.

Stachelhäuter
Stamm *Echinodermata*

Meerestiere mit meist sowohl außen als auch innen 5strahlig gebautem Körper (die 5strahlige Symmetrie wird zumindest durch die Verteilung der Saugfüßchen über die Körperoberfläche gekennzeichnet), unter einer dünnen Oberhaut liegendem, mehr oder weniger starkem Skelett aus Kalkplättchen, -nadeln oder -stacheln und einem Wassergefäßsystem, d. h. einem der Fortbewegung, Atmung und Ernährung dienenden System dünnwandiger Röhren, die mit Meerwasser gefüllt sind und in vielen elastischen Füßchen (Ambulakralfüßchen) enden. Durch Einpressen von Flüssigkeit werden die Füßchen gestreckt, durch Zusammenziehen der Füßchen wird die Flüssigkeit zurückgepumpt. Bei vielen Arten tragen die Füßchen Saugscheiben, mit deren Hilfe die Tiere sich festhalten können.

Federsterne, Haarsterne (Crinoidea)
Stachelhäuter mit 5 paarigen, Seitenäste tragenden, feinen Armen, die von einem kelchartigen Körper ausgehen. Mundöffnung oben.

Seesterne (Asteroidea)
Stachelhäuter mit abgeflachtem Körper und normalerweise 5 mehr oder weniger deutlichen Armen. Mundöffnung unten. Füßchen mit Saugscheiben.

Schlangensterne (Ophiuroidea)
Stachelhäuter mit abgeflachtem Körper und normalerweise 5 unverzweigten, bestachelten, dünnen, langen Armen. Mundöffnung unten.

Seeigel (Echinoidea)
Kugelige Stachelhäuter mit kalkigem, schalenartigem Panzer, der mit zahlreichen beweglichen Stacheln besetzt ist. Mundöffnung unten.

Seegurken (Holothuroidea)
Gurken- oder wurmartige Stachelhäuter. Mundöffnung seitlich. Mit meist 5 Füßchenreihen, davon 3 mit Saugscheiben. Skelett aus kleinen Kalkstacheln, die in die ledrige Haut eingebettet sind.

Seeigel
Klasse *Echinoidea*

Eßbarer Seeigel
Echinus esculentus
Durchmesser: Bis 16 cm.
Rot, rosa- oder purpurfarben, mit dichtstehenden Stacheln.
Lebensraum: Auf Felsen und in Algenbeständen, von der Ebbelinie bis in 50 m Tiefe. Atlantik, Nordsee.

Steinseeigel
Paracentrotus lividus
Durchmesser: Bis 6 cm.
Grün bis Braun, mit kräftigen Stacheln.
Lebensraum: Meist auf weichen, kalkigen Felsen oder Steinen bis in 30 m Tiefe, oft auch in Fluttümpeln. Mittelmeer, Atlantik.

Violetter Herzigel
Spatangus purpureus
Durchmesser: Bis 12 cm.
Herzförmig, rötlich-violett mit kurzen Stacheln. Schale sehr dünn, grauweiß.
Lebensraum: Gräbt im Sand, von der Ebbelinie bis in 80 m Tiefe. Mittelmeer, Atlantik, Nordsee.

Seegurken
Klasse *Holothuroidea*

Braune Holothurie
Holothuria forskali
Körperlänge: Bis 30 cm.
Dunkelbraun bis grünlich-schwarz.

Eßbarer Seeigel

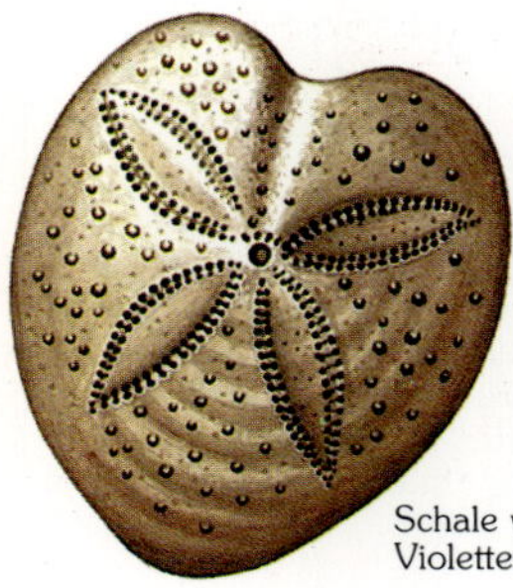

Schale vom Violetten Herzigel

Oben links: Kolonie von Steinseeigeln, die sich in weiches Gestein eingegraben und mit Schnecken und Muschelschalen bedeckt haben.
Unten links: Violette Herzigel leben meist im Sand eingegraben.

Lebensraum: Lebt auf Sand- und Schlammböden bis in 70 m Tiefe. Mittelmeer.

Kletterholothurie
Cucumaria planci
Körperlänge: Bis 15 cm.
Dunkel- bis hellbraun.
Lebensraum: Auf steinigem Boden bis in 150 m Tiefe. Mittelmeer.

Seesterne
Klasse *Asteroidea*

Sonnenstern
Solaster papposus
Durchmesser: Bis 25 cm.
Gelb- bis braunrot mit 8–15 Armen.
Lebensraum: Auf Sand und Steinen, Muschel- und Austerbänken bis 40 m Tiefe. Atlantik von der Kanalküste nordwärts.

Polsterstern, Fünfeckstern
Asterina gibbosa
Durchmesser: Bis 7 cm.
Gelblich-grün bis braun.
Lebensraum: Meist unter Steinen und Felsblöcken vom Flachwasser bis in 100 m Tiefe. Mittelmeer.

Nordischer Kammstern
Astropecten irregularis
Durchmesser: Bis 12 cm.
Gelbbraun bis grünlichbraun.
Lebensraum: Grabend auf sandigem und schlammigem Boden, vom Flachwasser bis in 300 m Tiefe. Westliches Mittelmeer, Atlantik, Nordsee.

Gemeiner Seestern
Asterias rubens
Durchmesser: Bis 30 cm.
Hellgelb bis -braun.
Lebensraum: Auf Felsen und steinigem Untergrund, vom Flachwasser bis in 200 m Tiefe. Atlantik, Nord- und westliche Ostsee.

Schlangensterne
Klasse *Ophiuroidea*

Zerbrechlicher Schlangenstern
Ophiotrix fragilis
Durchmesser: Bis 2 cm.
Rötlich-gelb, Arme mit Stacheln besetzt.
Lebensraum: Unter Steinen und zwischen Algen, vom Flachwasser bis in 30 m Tiefe. Mittelmeer, Atlantik, Nordsee.

Großer Schlangenstern
Ophiura texturata
Durchmesser: Bis 3 cm.
Grau- bis rötlichbraun.
Lebensraum: In sandigem oder schlammigem Grund grabend, vom Flachwasser bis in 200 m Tiefe. Mittelmeer, Atlantik, Nord- und Ostsee.

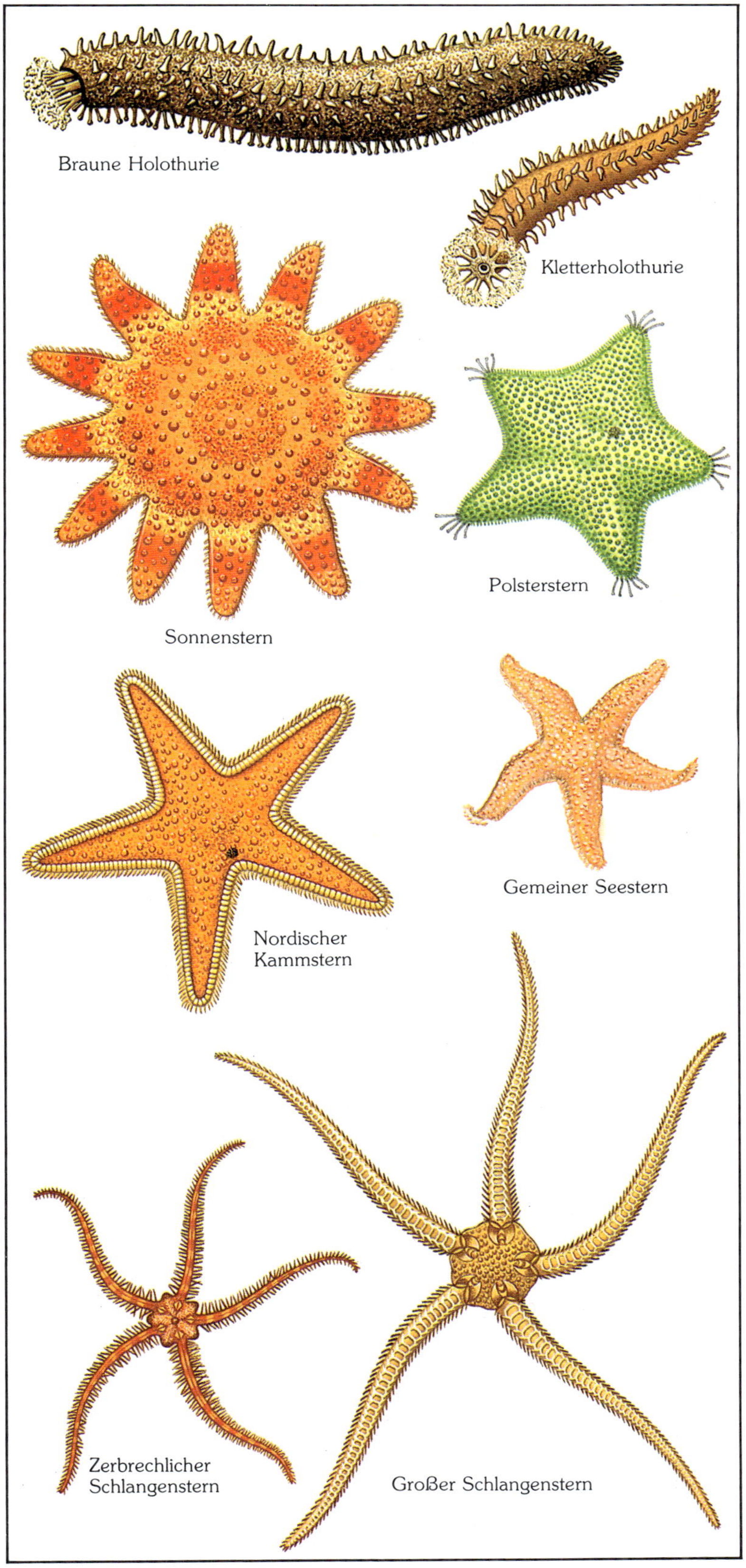

Weichtiere
Stamm *Mollusca*

Diese Schale gehört einer Elefantenzahnschnecke (Dentalium). Sie ist röhrenförmig, verjüngt sich etwas gegen ein Ende und ist an beiden Seiten offen. Die Schnecke streckt ihren dreilappigen Fuß zum Graben aus der weiteren Öffnung. Elefantenzahnschnecken leben in Sand und Schlamm eingegraben in verhältnismäßig großen Tiefen in Atlantik, Mittelmeer und Nordsee.

Alle Weichtiere besitzen einen weichen und schleimigen Körper, der bei einigen Familien von einer harten Schale umgeben sein kann. Man kennt ca. 80 000 Arten, die von den schnellschwimmenden, großen Tintenfischen bis zu den langsamkriechenden Nackt- und Gehäuseschnecken unserer Gärten und den seßhaften Austern reichen. Aufgrund der großen Formenvielfalt ist es nicht einfach, eine einfache Definition der Weichtiere abzugeben. Der Grundbauplan eines Weichtieres, der den Körper in 4 Abschnitte einteilt, sieht folgendermaßen aus:

Kopf mit Mundöffnung, Zentralteilen des Nervensystems, Sinnesorganen

Eingeweidesack mit Darm, Leber, Niere, Geschlechtsorganen

Fuß als Fortbewegungsorgan durch örtliche Verdickung des Hautmuskelschlauches entstanden (bei den Kopffüßern zu Trichter und Armen umgewandelt)

Mantel, eine vom Rücken ausgehende, den Körper mehr oder weniger vollständig umhüllende, paarige (Muscheln) oder unpaare (Schnecken, Kopffüßer) Hautfalte, die ein 3schichtiges Außenskelett abscheidet (Muschelschale, Schneckenhaus)

Die Haut der Weichtiere ist weich und reich an Schleimdrüsen.

Zu den Weichtieren gehören folgende Klassen: Furchenfüßer (Solenogastres), Schildfüßer (Caudofoveata), Käferschnecken (Placophora), Napfschaler (Tryblidiacea), Schnecken (Gastropoda), Muscheln (Bivalvia), Grabfüßer (Scaphopoda) und Kopffüßer (Cephalopoda).

Schnecken
Klasse Gastropoda

Die Schnecken, Nackt- und Gehäuseschnecken, bilden die weitaus größte Klasse der Weichtiere mit über 60 000 Arten, die im Süß- und Salzwasser und an Land vorkommen.

Schnecken besitzen meist einen gut ausgebildeten Kopf, einen asymmetrischen Eingeweidesack, einen breiten, kriechsohlenartigen Fuß und eine einfache Schale.

Am Kopf sitzen 2 oder 4 rückziehbare Fühler mit paarigen Napf- oder Blasenaugen an der Basis. In der Mundhöhle liegt ein zungenförmiger, muskulöser Wulst, der eine Platte mit chitinigen, in Reihen angeordneten Zähnchen (Radula) trägt, mit deren Hilfe die Schnecken z. B. Algen abraspeln können.

Gehäuseschnecken können sich vollkommen in ihre schützende Schale zurückziehen und diese oft noch mit einem besonderen Deckel (Operculum) verschließen.

Bei den Nacktschnecken ist die Schale entweder stark zurückgebildet und völlig vom Mantel überdeckt, oder sie fehlt vollständig.

Die meisten Schnecken sind getrenntgeschlechtlich. Viele Meeresschnecken geben ihre Eier ins Wasser ab und befruchten sie dann, andere Arten paaren sich – oft auf sehr eindrucksvolle und langwierige Art und Weise – und befruchten die Eier innerlich. Bei den Landschnecken werden die befruchteten Eier einzeln, von reichlich Eiweiß und einer kalkhaltigen Schale umgeben, abgelegt und in die Erde eingegraben. Die meisten Wasserschnecken legen ihre Eier in großer Zahl in einem gallertigen Laich ab, einige auch in einem festen Kokon. Bei den wasserlebenden Arten entwickelt sich aus dem Ei meist eine freischwimmende Larve (Veligerlarve), die für eine bessere Verbreitung der Art sorgt.

Muscheln
Klasse Bivalvia

Muscheln sind Weichtiere mit seitlich zusammengedrücktem, meist symmetrischem Körper und fast völlig zurückgebildetem Kopf. Der weiche, schleimige Körper ist in zwei gewölbte Schalen eingebettet, die an der Rückseite durch ein elastisches Band miteinander verbunden sind. Das Schließen der beiden Schalenhälften erfolgt durch kräftige Muskeln, die quer von Schale zu Schale ziehen, das Öffnen erfolgt passiv durch das elastische Band.

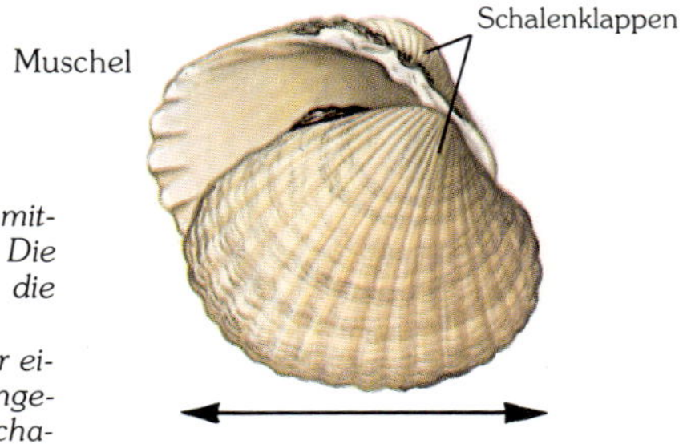

Muscheln (links) besitzen zwei gelenkig miteinander verbundene Schalenklappen. Die im Text angegebenen Größen geben die Breite der Muschel an.
Gehäuseschnecken (rechts) besitzen nur eine, meist gedrehte Schale. Die im Text angegebenen Größen beziehen sich auf die Schalenhöhe.

Infolge der Rückbildung des Kopfes lassen sich am Körper nur der am Rücken liegende Eingeweideknäuel und der bauchseitige, meist beilförmige Fuß unterscheiden. Der Fuß dient zum Kriechen und Einbohren in den Schlamm; er kann sohlenartig verbreitert (Nußmuscheln), wurmförmig verlängert oder knieartig umgebogen sein (Herzmuscheln). Bei vielen Arten sondert eine gewöhnlich am Hinterende des Fußes liegende Drüse den aus einem fädigen, schnell erstarrenden Sekret bestehenden Byssus ab, der zur Befestigung des Tieres an der Unterlage dient.
Alle ca. 7500 Muschel-Arten leben im Wasser, sind Kiemenatmer und ernähren sich von Kleinstlebewesen (Plankton), die sie aus dem Atemwasser filtrieren, oder sie saugen mit Hilfe von Siphonen (verlängerten Ein- und Ausströmöffnungen) den Meeresboden nach Detritus ab. Die meisten Muscheln sind getrenntgeschlechtlich. Die zahlreichen Eier werden meist im Mantel oder Kiemenraum des Muttertieres befruchtet, wohin die Spermien mit dem Atemwasserstrom gelangen.

Kopffüßer
Klasse Cephalopoda
Hochentwickelte Weichtiere, deren Körper aus einem sackartigen Rumpfteil (Eingeweidesack) und einem deutlich abgesetzten Kopffuß besteht. Die Mundöffnung ist endständig und von einem Kranz mit Saugnäpfen besetzter, kontraktiler Arme umgeben, die aus dem Fuß entstanden sind. Diese Arme dienen dem Beutefang und der Fortbewegung. Die Schale hat sich bei den meisten Arten zu einer unter der Haut liegenden hornigen Platte (Schulp) umgebildet.
Die ca. 700 Kopffüßer-Arten sind alles Meerestiere und aktive Räuber mit gutentwickelten Augen. Sie schwimmen entweder durch starke Kontraktion der Mantelwand, die einen kräftigen Wasserstrahl bewirkt (Rückstoßschwimmen), oder durch wellenförmige Bewegung der flossenartigen Verbreiterung am Rumpf. Kopffüßer sind getrenntgeschlechtlich und haben oft ein ganz kompliziertes Paarungsverhalten.

Andere Weichtiere
Die anderen 5 Weichtier-Klassen beherbergen nur wenige Arten, die alle im Meer vorkommen. Die bekanntesten Vertreter dieser Klassen sind die mit 8 Platten bedeckten Käferschnecken und die Elefantenzähne aus der Klasse der Grabfüßer mit ihren stoßzahnähnlichen, beiderseits offenen Schalen.

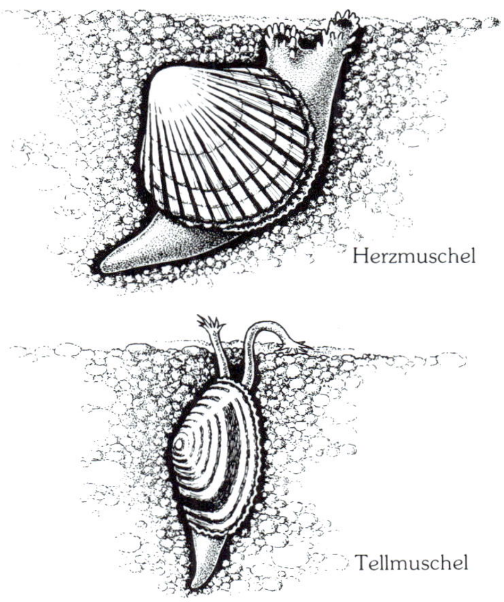

Rechts oben: Zwei große Egelschnecken bei der Paarung. Sie hängen an einem Schleimfaden, den sie selbst produziert haben, nachdem sie das Brett emporgekrochen sind. Die großen, hellen „Lappen" sind die Begattungsorgane, die umeinandergeschlungen sind und gegenseitig die Samen austauschen.

Rechts unten: Die Herzmuschel (oben) nimmt ihre Nahrung aus dem Wasser auf, das sie mit Hilfe ihres Siphos einsaugt. Die Tellmuschel (unten) ist ein Sinkstofffresser. Sie saugt mit ihrem langen Sipho den Meeresboden nach Nahrung ab.

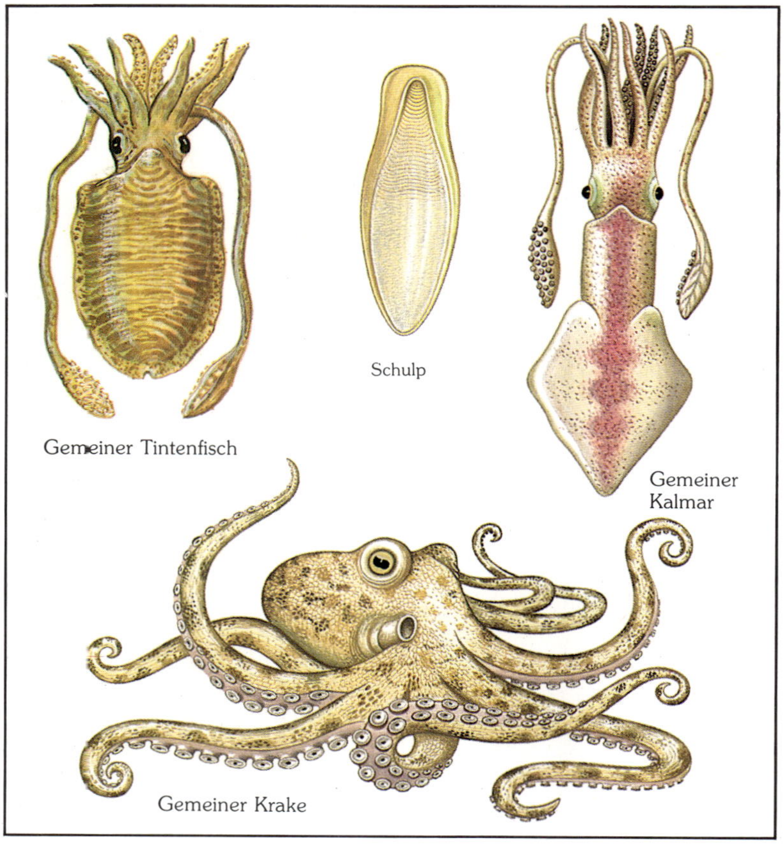

Kopffüßer
Klasse *Cephalopoda*

Gemeiner Tintenfisch
Sepia officinalis
Körperlänge: Bis 30 cm.
Zehnarmiger Tintenfisch mit 8 kurzen und 2 langen Armen. Rumpf breit und abgeflacht, mit paarigen Flossensäumen und innerer Schale (Schulp). Färbung variabel, je nach Untergrund.
Lebensweise: Über sandigen Böden, in Seegraswiesen, in Buchten und Ästuarien. Mittelmeer, Atlantik, Nordsee. Frißt bevorzugt Garnelen.

Gemeiner Kalmar
Loligo vulgaris
Körperlänge: Bis 50 cm.
Zehnarmiger Tintenfisch mit 8 kurzen und 2 langen Armen. Rumpf torpedoförmig, mit paarigen Flossen und federförmiger, horniger innerer Schale. Färbung variabel, häufig rosa-weiß mit braunen Flecken.
Lebensweise: Oft in Gruppen im offenen Meer, selten im Küstenbereich. Lebt räuberisch von Fischen. Mittelmeer, Atlantik, gelegentlich Nord- und Ostsee.

Gemeiner Krake
Octopus vulgaris
Körperlänge: Bis 1 m.
Achtarmiger Tintenfisch mit kräftigem grau-braunem Körper und kräftigen Fangarmen mit 2 Reihen großer Saugnäpfe.
Lebensweise: Tagsüber zwischen Felsen und Steinen, in Felsspalten, am Boden, häufig hinter einem selbsterrichteten Steinwall als Tarnung und Schutz. Dämmerungs- und nachtaktiv. Frißt Fische und Krebstiere. Mittelmeer, Atlantik bis zur Kanalküste.

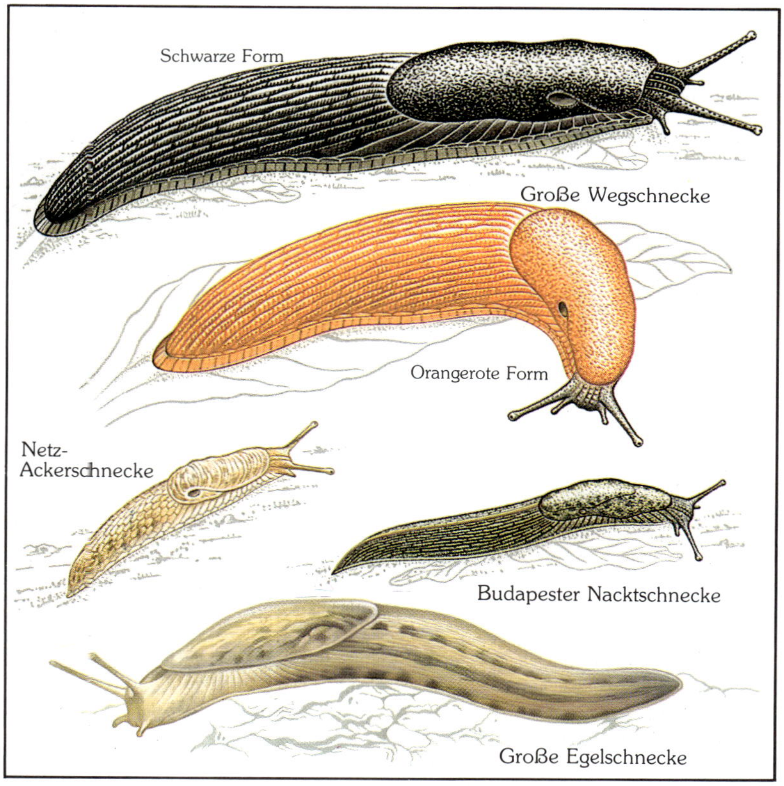

Nacktschnecken
Klasse *Gastropoda*

Große Wegschnecke
Arion ater
Körperlänge: Bis 15 cm (ausgestreckt).
Grau, braun, schwarz oder orangerot. Haut grob höckerig und stark schleimig. Mantelschild vorn und hinten breit gerundet, Atemöffnung groß, rechts.
Lebensweise: Wälder, Hecken und Gärten Mittel- und Westeuropas. Zieht sich bei Störungen halbkugelig zusammen.

Netz-Ackerschnecke
Deroceras reticulatum
Körperlänge: Bis 5 cm (ausgestreckt).
Braun oder grau mit dunklen Flecken, Hinterende keilförmig verjüngt. Atemöffnung rechts.
Lebensweise: Feld- und Gartenschädling in ganz Europa. Schleim milchig.

Große Egelschnecke
Limax maximus
Körperlänge: Bis 20 cm.
Sehr groß, schlank, gelblich-braun mit keilförmigem Hinterende. Atemöffnung rechts.
Lebensweise: Laub- und Mischwälder, Gebüsch, Gärten, Gewächshäuser, West- und Südeuropa. Schleim dick und farblos.

Budapester Nacktschnecke
Tandonia budapestensis
Körperlänge: Bis 6 cm.
Schlank, nach hinten verjüngt, braun bis gelblich-braun mit orangefarbenem Kiel über den gesamten Rücken. Atemöffnung rechts.
Lebensweise: Kulturfolger, Feld- und Gartenschädling, frißt bevorzugt Wurzeln. Vor allem Südeuropa.

Gehäuseschnecken
Klasse *Gastropoda*

Gartenschnecke
Helix aspersa
Gehäuse: Höhe bis 3,5 cm, Breite bis 4 cm. Gehäuse kugelig mit kurzem, stumpf-kegeligem Gewinde. Hellbraun mit dunklen Spiralstreifen.
Lebensweise: Häufige Gartenschnecke in Westeuropa und den Mittelmeerländern. Frißt an den verschiedensten Pflanzen.

Weinbergschnecke
Helix pomatia
Gehäuse: Höhe bis 5 cm, Breite bis 5 cm. Gehäuse kugelig mit ausgeprägtem kegeligem Gewinde, sehr fest, gerippt, weißgrau bis hellbraun mit zart dunkelvioletten Bändern.
Lebensweise: Bevorzugt buschreiches Gelände mit kalkhaltigem Boden und warme Niederungen. Süd- und Mitteleuropa. Überwintert im Boden.

Gestreifte Laubschnecke
Trichia striolata
Gehäuse: Höhe bis 9 mm, Breite bis 14 mm. Gehäuse relativ flach, durchscheinend, gelbgrau bis gelbrot.
Lebensweise: Gartenschädling, bevorzugt feuchte Stellen. Vorwiegend auf den Britischen Inseln und im Rheindelta.

Rötlichgraue Gehäuseschnecke
Monacha cantiana
Gehäuse: Höhe bis 10 mm, Breite bis 20 mm. Gehäuse gedrückt kugelig, dünnwandig, cremeweiß, an der Öffnung rötlich überlaufen.
Lebensweise: Bevorzugt auf Grasland in Süd- und Mitteleuropa.

Hain-Schnirkelschnecke
Cepaea nemoralis
Gehäuse: Höhe bis 20 mm, Breite bis 18 mm. Gehäuse gedrückt kugelig, gelb und braun gebändert.
Lebensweise: Wälder, Gebüsch, auch Trockenhänge und Dünen. Sehr häufig in Westeuropa.

Glanzschnecke
Oxychilus alliarius
Gehäuse: Höhe bis 3,5 mm, Breite bis 7 mm. Gehäuse flach und rundlich, durchscheinend braun, glänzend.
Lebensweise: Lebt an sehr feuchten Stellen, an Gewässern und in Sümpfen. Westeuropa.

Schöne Landdeckelschnecke
Pomatia elegans
Gehäuse: Höhe bis 15 mm, Breite bis 10 mm. Gehäuse breit konisch, mit 4–5 stark gerundeten Umgängen, stark, grauviolett bis gelblich.
Lebensweise: Wühlt sich gerne in lokkeres Substrat ein, bevorzugt lichte Wälder und Hänge mit kalkhaltigem Boden. Süd- und Westeuropa.

Schließmundschnecke
Clausilia bidentata
Gehäuse: Höhe bis 12 mm, Breite bis 3 mm. Gehäuse spindelförmig, rötlichbraun mit birnenförmiger Öffnung.
Lebensweise: Lebt auf feuchten Felsen und in Ruinen, bevorzugt Kalkboden.

Große Schlammschnecke
Limnaea stagnalis
Gehäuse: Höhe bis 60 mm, Breite bis 30 mm. Gehäuse dünn, hellbraun.
Lebensweise: Lebt in langsamfließenden, stark bewachsenen Gewässern. Frißt pflanzliches und tierisches Material. Lungenatmer. Weltweit verbreitet.

Posthornschnecke
Planorbis corneus
Gehäuse: Höhe bis 15 mm, Breite bis 30 mm. Gehäuse dick scheibenförmig, glänzend, dunkelbraun bis rötlich. Fühler lang und fadenartig.
Lebensweise: Lebt in langsamfließenden oder stehenden, stark bewachsenen Gewässern und frißt pflanzliches Material. Lungenatmer. Weltweit verbreitet.

Meeresschnecken
Klasse *Gastropoda*

Grünes Seeohr
Haliotis tuberculata
Gehäuse: Bis 8 cm lang.
Gehäuse schalenförmig, grünlichbraun bis rötlich, mit dicker Perlmutterschicht auf der Gehäuseinnenseite, mit einer Reihe randständiger Öffnungen.
Lebensweise: Algenfresser. Lebt zwischen Felsen und unter Steinen an der Küste. Mittelmeer, Atlantik nördlich bis zur Kanalküste.

Gewöhnliche Napfschnecke
Patella vulgaris
Gehäuse: Bis 7 cm lang.
Kegelförmige, gerippte Schale. Graugrün bis braun mit weiß-gelblicher Innenseite.
Lebensweise: Heftet sich fest auf Felsen und Steine, so daß der Schalenrand dicht dem Untergrund ansitzt. Algenfresser. Küstengewässer des Atlantiks und der Nordsee.

Durchscheinende Häubchenschnecke
Patina pellucida
Gehäuse: Bis 2 cm lang.
Schale oval, glatt und halb durchscheinend, gelblich bis grau mit blauen Streifen, die strahlig von der Spitze bis zum Schalenrand verlaufen.
Lebensweise: An Tangen im Küstenbereich von Atlantik und Nordsee.

Bunte Kreiselschnecke
Calliostoma zizyphinum
Gehäuse: Bis 4 cm hoch und breit. Gehäuse kreiselförmig mit verhältnismäßig flachen Umgängen, gelb-rot mit braunen oder roten Flecken.
Lebensweise: Auf Felsen und unter Steinen vom Flachwasser bis in 100 m Tiefe. Mittelmeer, Atlantik, Nordsee.

Turmschnecke
Turritella communis
Gehäuse: Bis 6 cm hoch, sehr schmal. Gelblich- bis rötlichbraun, schlank, turmförmig, spitz auslaufend.
Lebensweise: Lebt in Sand und Schlamm eingegraben vom Flachwasser bis in 80 m Tiefe. Frißt Algen und Detritus.

Nadelschnecke
Bittium reticulatum
Gehäuse: Bis 1,5 cm hoch, schmal. Bräunlich mit feiner Gitterstruktur.
Lebensweise: Lebt unter Steinen, zwischen Felsen und Algen über sandigem oder schlammigem Boden. Mittelmeer, Atlantik, Nordsee, westliche Ostsee.

Eßbare Strandschnecke
Littorina littorea
Gehäuse: Bis 2,5 cm hoch.
Gehäuse festwandig, kegelförmig mit hervortretender Spitze, grau-schwarz mit dunklen, konzentrischen Linien. Fuß mit hornigem Deckel. Sehr variabel.
Lebensweise: Bewohner der Felsküsten. Algenfresser. Mittelmeer, Atlantik, Nordsee, westliche Ostsee.

Flache Strandschnecke
Littorina littoralis
Gehäuse: Bis 1,5 cm hoch.
Gewinde stark verkürzt, glatt, glänzend, gelblich-purpurn gebändert, variabel.
Lebensweise: Lebt auf und von Algen an Felsküsten des Atlantiks, der Nord- und Ostsee.

Wendeltreppe
Clathrus clathrus
Gehäuse: Bis 4 cm hoch.
Gehäuse hochspiralig mit gewölbten Windungen, weißlich bis bräunlich-purpurfarben mit gleichfarbigen Querrippen. Fuß mit hornigem Deckel.
Lebensweise: Fleischfressende Schnekke mit langem Rüssel. Lebt bis in 80 m Tiefe auf Sand und Schlamm. Mittelmeer, Atlantik, Nordsee, Ostsee.

Pantoffelschnecke
Crepidula fornicata
Gehäuse: Bis 2,5 cm breit, bis 6 cm lang. Mützenförmige, offene Schale, gelblichweiß bis grünlichgrau.
Lebensweise: Meist kolonienweise oder in Ketten auf Muschelbänken. Filtrierer. Atlantik, Nordsee.

Pelikanfuß
Aporrhais pespelecani
Gehäuse: Bis 5 cm lang.
Gehäuse dickwandig, stark gewunden, mit gerippter, schwimmfußartiger Außenlippe, gelblich-braun.
Lebensweise: Grabend in Schlamm und Sand bis 80 m Tiefe. Detritusfresser. Mittelmeer, Atlantik, Nordsee.

Europäische Kauri
Trivia monacha
Gehäuse: Bis 1,2 cm lang.
Mit geripptem, eingerolltem, teilweise vom Mantelrand bedecktem, porzellanartigem Gehäuse. Oval mit spatelförmiger Mündung, mit ca. 20 Querrippen. Rosa-purpur-braun. Variabel.
Lebensweise: Auf Stein- und Sandgrund vom Strand bis ins Flachwasser. Mittelmeer, Atlantik, Nordsee.

Brandhorn, Herkuleskeule
Murex brandaris
Gehäuse: Bis 9 cm lang.
Gehäuse stachelig, mit Horndeckel, gelb-braun.
Lebensweise: Aas- und fleischfressende Raubschnecke. Lebt auf schlammigem Steingrund. Mittelmeer.

Nordische Purpurschnecke
Nucella lapillus
Gehäuse: Bis 4,5 cm lang.
Gehäuse sehr dick, braun oder gelb, oft weiß gebändert.
Lebensweise: In Spalten und zwischen Seepockenkolonien an Felsküsten in der Gezeitenzone. Frißt andere Weichtiere und Seepocken. Atlantik, Nordsee, Mittelmeer.

Austernbohrer, Stachelschnecke
Ocinebra erinacea
Gehäuse: Bis 6 cm lang.
Gehäuse, dick, mit hervorstehenden Rippen, bräunlich.
Lebensweise: Auf steinigem oder schlammigem Grund bis in 100 m Tiefe. Mittelmeer, Atlantik, Nordsee.

Gemeine Wellhornschnecke
Buccinum undatum
Gehäuse: Bis 12 cm hoch.
Gehäuse gestreckt spiralig, bauchig, weißlich- bis braungrau, derbschalig, mit feinen Längsrillen und Querwellen. Mit Horndeckel.
Lebensweise: Auf sandigem, schlammigem Boden. Frißt Aas und Muscheln. Atlantik, Nord- und westliche Ostsee.

Seehase
Aplysia depilans
Körperlänge: Bis 25 cm.
Schale dünn, oval, ca. 5 cm lang, vollkommen vom Mantel überwachsen. Fuß mit großen, nach oben geschlagenen Seitenlappen. Kopf mit 4 Fühlern. Olivgrün bis -braun mit hellen Flecken.
Lebensweise: Sehr gute Schwimmer. Leben auf Schlamm- und Sandboden und »weiden« Algen ab, auch freischwimmend im Flachwasser. Mittelmeer.

Bäumchenschnecke
Dendronotus frondosus
Körperlänge: Bis 6 cm.
Nacktschnecke ohne Schale. Körper flach zusammengedrückt, mit bäumchenartig verzweigten Rückenanhängen und Fühlern. Gelblich bis rosa.
Lebensweise: Auf sandigem Grund und an Felsen weidend. Atlantik, Nord- und westliche Ostsee.

Graue Meeresnacktschnecke
Aeolidia papillosa
Körperlänge: Bis 9 cm.
Körper breit abgeflacht. Grau bis braun mit vielen dichtstehenden, unverzweigten, weißgefleckten Rückenanhängen.
Lebensweise: Auf sandigem Grund oder an Felsen. Frißt Seenelken und -anemonen. Atlantik bis zur Biskaya, Nordsee, westliche Ostsee.

Käferschnecken
Ordnung *Placophora*

Rändel-Käferschnecke
Lepidochitona cinerea
Körperlänge: Bis 3 cm.
Augen- und fühlerlose Meeresschnecke, länglich-oval, geschützt unter 8 querliegenden Rückenplatten. Rötlichbraun bis graugrün.
Lebensweise: Algenfresser. Im Küstenbereich. Mittelmeer, Atlantik, Nordsee, südwestliche Ostsee.

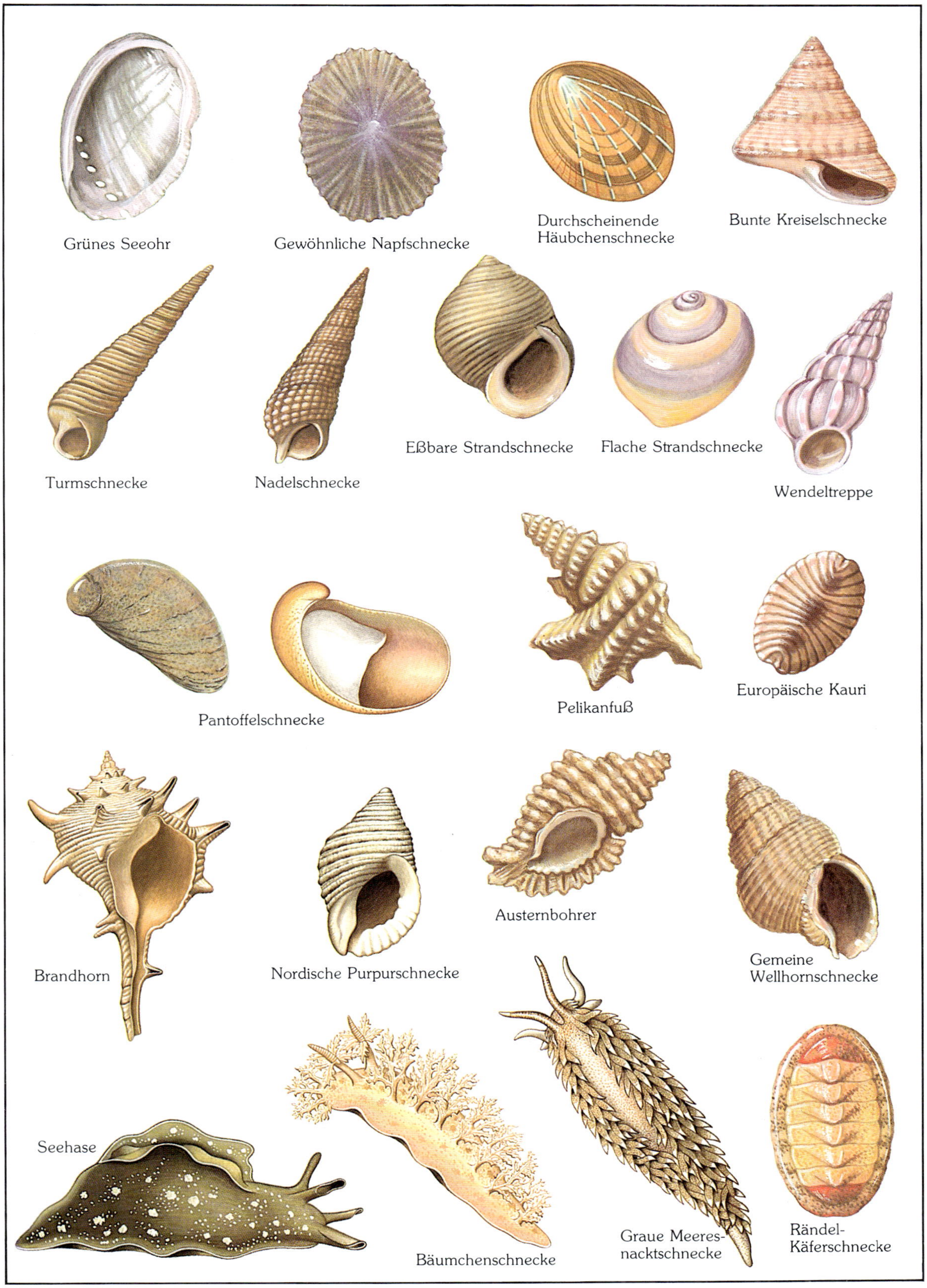
Grünes Seeohr
Gewöhnliche Napfschnecke
Durchscheinende Häubchenschnecke
Bunte Kreiselschnecke
Turmschnecke
Nadelschnecke
Eßbare Strandschnecke
Flache Strandschnecke
Wendeltreppe
Pantoffelschnecke
Pelikanfuß
Europäische Kauri
Brandhorn
Nordische Purpurschnecke
Austernbohrer
Gemeine Wellhornschnecke
Seehase
Bäumchenschnecke
Graue Meeresnacktschnecke
Rändel-Käferschnecke

Muscheln
Klasse *Bivalvia*

Meermandel
Glycymeris glycymeris
Schale: Bis 6,5 cm lang.
Schale fast kreisrund, gleichklappig, stark, Rand gezähnt, außen bräunlich bis gelb, innen weißlich.
Lebensweise: Auf Schlamm- und Sandboden grabend, bis in 80 m Tiefe.

Miesmuschel
Mytilus edulis
Schale: Bis 10 cm lang.
Schale keilförmig, bauchig, gleichklappig, außen bräunlichblau bis blauschwarz, innen perlmuttern.
Lebensweise: Mit hornigen Fäden (Byssus) an Felsen, Steinen, Artgenossen und Pfählen verankert.

Kleine Pilgermuschel
Chlamys opercularis
Schale: Bis 9 cm.
Schale abgerundet, strahlig gerippt, ungleichklappig, mit ungleichen Ohren, orangefarben bis weißlich.
Lebensweise: Liegt frei auf sandigem Boden. Ab 15 m Tiefe.

Europäische Auster
Ostrea edulis
Schale: Bis 15 cm lang.
Schale dick, fast rund, ungleichklappig, grau mit konzentrischen, blättrigen Streifen.
Lebensweise: Zu mehreren auf festem Grund, an Felsen und Pfählen, bis in 50 m Tiefe.

Portugiesische Auster
Crassostrea angulata
Schale: Bis 10 cm lang.
Schale länglich-oval, untere Klappe sehr tief, festgewachsen, schmutzigbraun.
Lebensweise: Zu mehreren an Gestein und Pfählen in der Küstenzone.

Eßbare Herzmuschel
Cardium edule
Schale: Bis 5 cm lang.
Schale oval, gleichklappig, stark gewölbt mit 22–26 rauhen, strahligen Rippen, mittelbraun mit dunkleren, konzentrischen Streifen. Mit Springfuß.
Lebensweise: In Sand und Schlick, oft zu mehreren vom Flachwasser an.

Igel-Herzmuschel
Cardium echinatum
Schale: Bis 8 cm lang.
Schale hellbraun bis ockerfarben, gleichklappig, stark gewölbt, mit 20–30 strahligen Rippen, die mit weißlichen Stacheln besetzt sind. Rand gekerbt.
Lebensweise: In schlammigem Boden eingegraben, ab 10 m Tiefe.

Plumpe Tellmuschel
Tellina crassa
Schale: Bis 5 cm lang.
Schale fast gleichklappig, dünn, oval und seitlich zusammengedrückt. Rand glatt. Ockerfarben mit konzentrischen dunkleren Streifen.
Lebensweise: Im Schlamm und Sand eingegraben, bis 150 m Tiefe.

Dünne Plattmuschel
Tellina tenuis
Schale: Bis 3 cm lang.
Schale zart, abgeflacht, fast gleichklappig, mit glattem Rand, rosa-weiß mit konzentrischen Streifen.
Lebensweise: In feinem Sand eingegraben.

Gebänderte Dreiecksmuschel
Donax vittatus
Schale: Bis 3 cm lang.
Schale gleichklappig, länglich-dreieckig, Rand stark gezähnelt. Gelbbraun mit konzentrischen Bändern, glänzend.
Lebensweise: In Sand und Schlick eingegraben.

Dosinia, Schlichte Artemis
Dosinia exoleta
Schale: Bis 5 cm lang.
Schale fast kreisrund, mit feinen konzentrischen Streifen, rötlichbraun bis weißlich, mit glattem Rand.
Lebensweise: In feinem Sand eingegraben, bis in 150 m Tiefe.

Gebänderte Teppichmuschel
Venerupis rhomboides
Schale: Bis 5 cm lang.
Schale langgestreckt, gleichklappig, mit glattem Rand, sandbraun mit dunklen, konzentrischen Streifen, innen weiß.
Lebensweise: In Sand und Schlamm grabend, bis in 180 m Tiefe.

Scheidenmuschel, Messerscheide
Ensis siliqua
Schale: Bis 20 cm lang.
Schale langgestreckt, schlank, gleichklappig, an beiden Enden offen, gelblich-grün mit waagrechter Streifung.
Lebensweise: Senkrecht im Sand eingegraben, bis in 35 m Tiefe.

Bunte Trogmuschel
Mactra corallina
Schale: Bis 7 cm lang.
Schalen gleichklappig, dreieckig-oval, dünn, bräunlich-grün mit feinen konzentrischen Streifen und weißen Strahlen.
Lebensweise: Meist eingegraben in sandigem Boden, bis in 100 m Tiefe.

Ottermuschel
Lutraria lutraria
Schale: Bis 14 cm lang.
Schale länglich-oval, gleichklappig, Rand glatt, gelblich-weiß mit braunen Streifen und brauner Außenhaut.
Lebensweise: Im Sand eingegraben.

Gewöhnliche Bohrmuschel
Pholas dactylus
Schale: Bis 12 cm lang.
Schale gleichklappig, länglich-oval, dünn, an beiden Enden stark klaffend, weißlich mit grauer Außenhaut und scharf gezähnten, strahligen Rippen.
Lebensweise: Bohrt durch Drehbewegungen mit dem Vorderende der Schale röhrenartige Löcher in weiches Gestein und Holz.

Sandklaffmuschel, Strandauster
Mya arenaria
Schale: Bis 15 cm lang.
Schale oval, dick, hellbraun mit hellen und dunklen, konzentrischen Streifen, obere Klappe kleiner und gewölbter.
Lebensweise: In Sand und Schlick eingegraben, bis in 70 m Tiefe.

Malermuschel
Unio pictorum
Schale: Bis 14 cm.
Flußmuschel mit gleichklappigen Schalen, gelblichgrün bis braun mit schmalen, dunklen Zuwachszonen.
Lebensweise: Bevorzugt, langsamfließendes oder stehendes, klares Wasser mit schlammigem Bodengrund.

Bei dieser Aufnahme einer Malermuschel kann man deutlich die gekräuselten Ränder der Siphonen erkennen.

Austernkolonie, die sich an Steinen am Meeresboden festgesetzt hat.

Europäische Auster

Kleine Pilgermuschel

Meermandel

Miesmuschel

Eßbare Herzmuschel

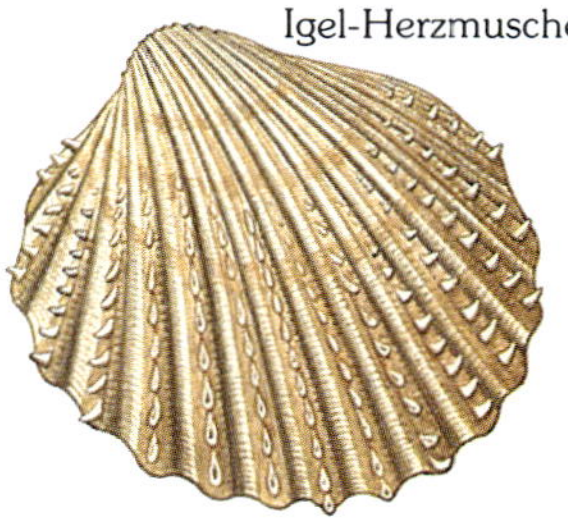

Igel-Herzmuschel

Portugiesische Auster

Plumpe Tellmuschel

Dünne Plattmuschel

Scheidenmuschel

Gebänderte Dreiecksmuschel

Dosinia

Gebänderte Teppichmuschel

Bunte Trogmuschel

Ottermuschel

Gewöhnliche Bohrmuschel

Sandklaffmuschel

Krebstiere
Klasse *Crustaceae*

Krebstiere sind mikroskopisch kleine bis sehr große, formenreiche Gliederfüßer, von denen die meisten im Wasser leben und durch Kiemen atmen. Ihr Körper ist gegliedert, entweder langgestreckt (Asseln, Hummer, Garnelen) oder kurz gedrungen (Krabben, Krebse) und von einem harten Außenskelett umgeben. Der Kopf ist meist mit einem oder mehreren Gliedern der anschließenden Körperpartie zur Kopfbrust verbunden und nicht deutlich abgesetzt. Einige Krebstiere besitzen einen kräftigen Rückenschild, der den Körper entweder ganz oder teilweise bedeckt. Während des Wachstums wächst das Außenskelett nicht mit, es muß also von Zeit zu Zeit abgestreift und durch ein neues, größeres ersetzt werden (Häutung).
An Gliedmaßen unterscheidet man: Fühler, Mundwerkzeuge und Beine. In der Regel sitzen die Gliedmaßen nur an der Kopfbrust.
Krebstiere leben im allgemeinen im Wasser, es gibt aber auch landlebende Arten (Asseln). Schwimmende Krebstiere ernähren sich von Plankton, am Boden lebende von Detritus oder räuberisch von anderen Bodentieren.

Asseln
Ordnung *Isopoda*

Abgeflachte Krebstiere mit 7 freien Brustsegmenten und 7 Paar einästigen Schreitbeinen. Leben bevorzugt an feuchten Stellen und ernähren sich in der Hauptsache von abgestorbenen Pflanzen.

Mauerassel
Oniscus asellus
Körperlänge: 12–16 mm.
Dunkelgrau mit hellem Rand.
Lebensweise: Unter Steinen und moderndem Holz. Lebt von abgestorbenen Pflanzenteilen, nagt aber auch an toten Tieren.

Meeres-Klippenassel
Ligia oceanica
Körperlänge: 20–25 mm.
Grau-grün, jung fast schwarz.
Lebensweise: Zwischen Felsen und Steinen an der Küste, vom Flachwasser bis zur Hochwasserlinie. Nachtaktiv, tagsüber versteckt in Felsspalten und unter Steinen. Mittelmeer, Atlantik, Nord- und Ostsee.

Wasserassel
Asellus aquaticus
Körperlänge: 18–25 mm.
Schlank, braun mit kurzen Borsten an Körper und Gliedmaßen.
Lebensweise: Einzige süßwasserbewohnende Assel. Lebt in der Ufervegetation von Teichen und Seen in ganz Europa. Frißt faulende Pflanzenteile.

Flohkrebse
Ordnung *Amphipoda*

Kleine bis mittelgroße Ringelkrebse mit seitlich zusammengedrücktem Körper, gewöhnlich mit 3 Paar Schwimmfüßen, 3 Paar Springfüßen und 4 Paar Geh- und Schreitbeinen.

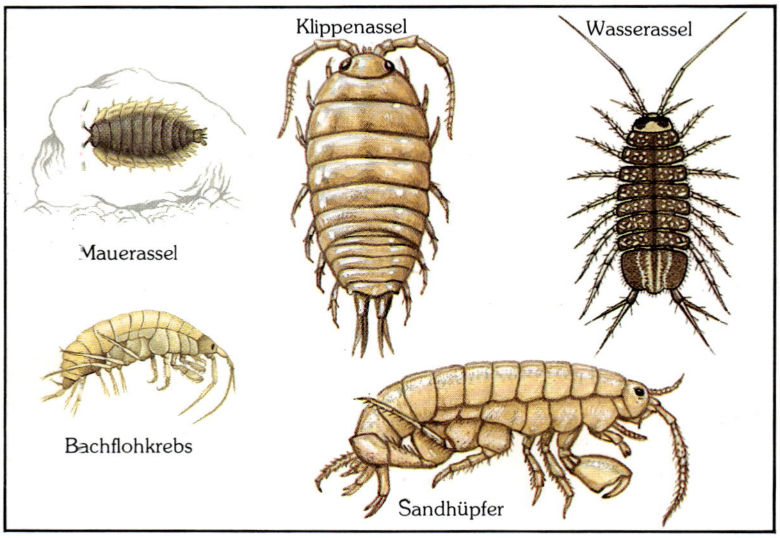

Bachflohkrebs
Gammarus pulex
Körperlänge: 15–30 mm.
Hellbraun bis grau.
Lebensweise: In fließendem, sauerstoffreichem Wasser am Grund zwischen Steinen und Laub. Ganz Europa.

Sandhüpfer
Orchestia gammarella
Körperlänge: 10–20 mm.
Grünlichbraun bis dunkelbraun, mit seitlich zusammengedrücktem Körper.
Lebensweise: An der Küste von Mittelmeer, Atlantik, Nord- und Ostsee zwischen Steinen und unter verwesenden Algen, von denen er lebt. Kann sehr schnell davonhüpfen.

Zehnfüßige Krebse
Ordnung *Decapoda*

Bis 50 cm lange, meist stark chitinisierte Höhere Krebse mit 5 Paar Schreitbeinen, von denen 1 oder mehr Paar Scheren zum Beutefang tragen. Meerestiere, nur wenige Arten im Süßwasser. Leben meist räuberisch.

Sandgarnele, Granat
Crangon crangon
Körperlänge: 4–7 cm.
Grau bis braun, mit seitlich zusammengedrücktem Körper und kräftigem Schwanzfächer.
Lebensweise: Vorwiegend auf Sand- und Schlammboden und zwischen Seegras in Küstennähe. Tagsüber im Sand eingegraben. Mittelmeer, Atlantik, Nord- und Ostsee.

Felsgarnele, Sägegarnele
Palaemon serratus
Körperlänge: Bis 10 cm.
Durchscheinend grau mit purpurroten Punkten und Linien.
Lebensweise: Auf felsigem Grund mit Pflanzenbewuchs, tagsüber versteckt, nachtaktiv.

Kaiserhummer, Schlankhummer
Nephrops norvegicus
Körperlänge: 10–20 cm.
Blaß lachsfarben mit großen, schlanken Scheren.
Lebensweise: Auf Schlick- und Schlammboden ab 30 m Tiefe.

Europäische Languste
Palinurus vulgaris
Körperlänge: 20–40 cm.
Rötlichbraun, ohne Scheren, Körper stark gepanzert.
Lebensweise: Bodentier auf felsigem Untergrund, in Spalten und Löchern, meist ab 40 m Tiefe.

Europäischer Hummer
Homarus vulgaris
Körperlänge: 20–60 cm.

Blauschwarz marmoriert.
Lebensweise: An felsigen Küsten ab 25 m Tiefe. Nachtaktiv.

Flußkrebs
Potamobius pallipes
Körperlänge: 10 cm.
Grünlichbraun mit großen Scheren.
Lebensweise: Süßwasserkrebs in seichten, sauerstoffreichen Bächen und Flüssen. Allesfresser. Geschützt!

Taschenkrebs
Cancer pagurus
Körperlänge: 7–20 cm.
Oval, rötlichbraun bis violett. Scheren kräftig, mit schwarzen Spitzen.
Lebensweise: An felsigen Küsten vom Flachwasser bis in 100 m Tiefe.

Strandkrabbe
Carcinus maenas
Körperlänge: 4–6 cm.
Oliv- bis dunkelgrün, mit 5fach gezähnten Vorderseitenrändern.
Lebensweise: An Sand- und Felsküsten, oft in großer Zahl.

Schwimmkrabbe, Samtkrabbe
Portunus puber
Körperlänge: Bis 7 cm.
Vorderseitenränder 5fach gezähnt, bräunlich, dicht behaart.
Lebensweise: An sandigen und felsigen Küsten vom Flachwasser an.

Einsiedlerkrebs
Eupagurus bernhardus
Körperlänge: Bis 10 cm.
Graurot mit graugrünen und braunen Flecken. Scheren groß, länglich, bedornt. Hinterleib ungegliedert, weich.
Lebensweise: Bevorzugt auf steinigem Grund vom Flachwasser an.

Seepocke
Balanus balanoides
Körperlänge: Bis 15 mm.
Schale flach oder spitzkegelig, besteht aus 6 stark gekerbten, weißlichen Platten.
Lebensweise: Festgeheftet auf Felsen bis zur Flutwasserlinie.

Spinnentiere
Klasse *Arachnida*

Vielgestaltige, meist landbewohnende Gliederfüßer mit zweiteiligem Körper, 4 Paar Beinen, Punktaugen, 2 Paar Mundwerkzeugen, ohne Fühler und ohne Flügel.
Der zweiteilige Körper besteht aus einem ungegliederten Kopfbruststück (einer Verschmelzung aus Kopf und Brust) und einem mehr oder weniger deutlich gegliederten (Skorpione, Afterskorpione, Weberknechte) oder ungegliederten (Spinnen) Hinterleib. Alle Gliedmaßen sitzen am Kopfbruststück.
Wie alle Gliederfüßer besitzen auch die Spinnentiere ein hartes Außenskelett, das nicht mitwächst, sondern von Zeit zu Zeit durch ein größeres ersetzt werden muß (Häutung).
Zu den Spinnentieren zählen 5 Ordnungen: Skorpione, Afterskorpione, Milben und Zecken, Weberknechte, Spinnen.

Spinnen
Ordnung *Araneae*

Körper deutlich in 2 Teile gegliedert: Kopfbruststück und ungegliederter Hinterleib. Die beiden Körperteile sind durch einen schmalen Stiel miteinander verbunden. Am Vorderkörper sitzen 6–8 Punktaugen, 2 Paar Mundwerkzeuge und 4 Paar Beine.
Spinnen ernähren sich fast ausschließlich von Insekten, die sie entweder erjagen oder in eigens dafür angefertigten Fangnetzen erbeuten. Sie sind weit verbreitet und besiedeln fast alle Lebensräume, die meisten Arten sind jedoch landbewohnend.

Finsterspinne
Amaurobius similis
Körperlänge: Männchen bis 6 mm, Weibchen bis 12 mm.
Kräftige Spinne mit dickem Hinterleib. Nachtaktiv. Lebt in Mauerlöchern und -ritzen, unter Steinen, loser Baumrinde, an Keller- und Wohnungsfenstern. Baut hier röhrenförmige Gespinste, von denen bläuliche Fangfäden ausgehen.

Zitterspinne
Pholcus phalangioides
Körperlänge: 8–10 mm.
Spinne mit schlankem Körper und sehr langen, dünnen Beinen. Webt unregelmäßige, kugelförmige Deckennetze, in denen sie mit der Bauchseite nach oben hängt. Bei Beunruhigung beginnt die Spinne, mit ihrem Körper zu schwingen, so daß sich die Körperumrisse mit dem Netz verwischen. Kommt das ganze Jahr über hauptsächlich in Kellern vor.

Winkelspinne, Hausspinne
Tegenaria atrica
Körperlänge: Bis 18 mm.
Relativ große, dunkle Spinne mit langen, bestachelten und feinbehaarten Beinen. Lebt in der Hauptsache in Häusern und ist dämmerungs- und nachtak-

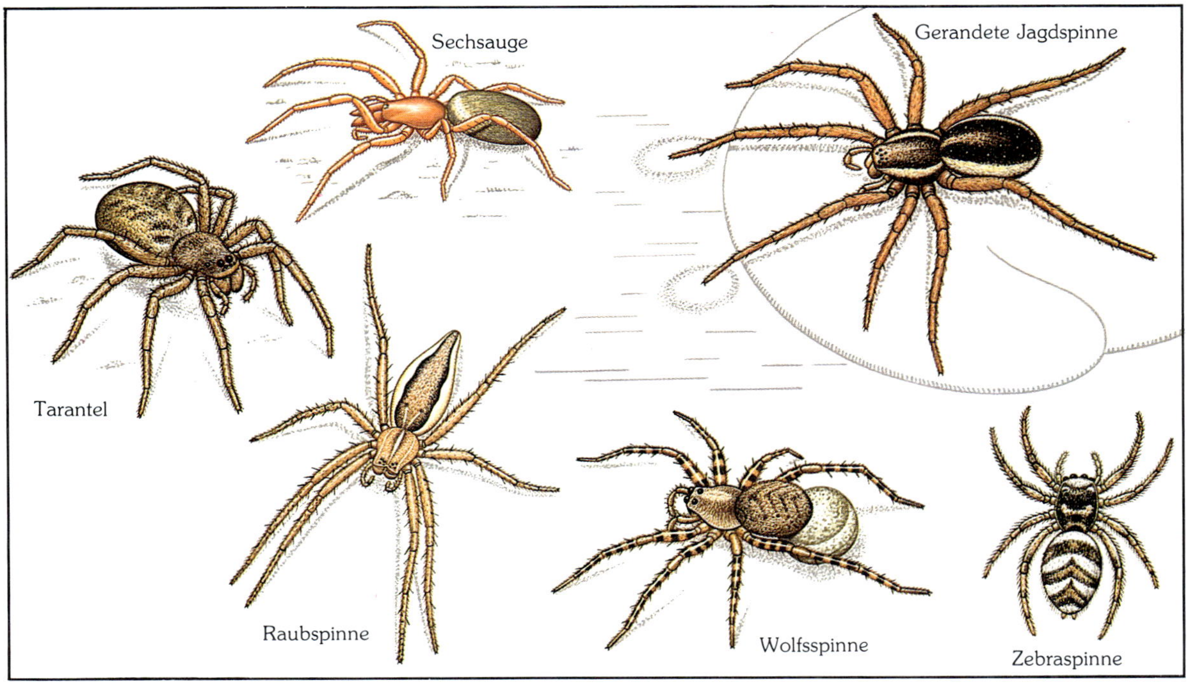

tiv. Baut mit Vorliebe ihre dichten Gewebedecken in Ecken von Kellern und Zimmern. Von diesem Gespinst verlaufen Fangfäden nach oben. Mehrere sehr ähnliche Arten.

Wasserspinne
Argyroneta aquatica
Körperlänge: Bis 15 mm.
Zeitlebens im Wasser lebende Trichterspinne, die sich in stehenden Gewässern unter Wasser zwischen Wasserpflanzen ein dichtes Deckengewebe webt, in das sie sich eine »Luftglocke« einbaut, in der sie sich paart, frißt und ihre Eier ablegt. Die Luft zum Füllen der Luftglocke holt die Spinne sich von der Wasseroberfläche: Sie steigt an die Oberfläche, streckt ihren behaarten Hinterleib aus dem Wasser und taucht blitzschnell wieder ein, so daß am Hinterleib eine Luftblase hängenbleibt, die am Deckennetz abgestreift wird. Nachtaktiv.

Baldachinspinne
Linyphia triangularis
Körperlänge: Bis 6 mm.
Mittelgroße Spinne. Das Netz besteht aus einer dichten, waagrecht hängenden Seidendecke, unter der sich die Spinne bauchwärts nach oben aufhält. Es wird meist in recht großer Höhe an Bäumen oder in geringerer Höhe in Büschen und Pflanzen angelegt. Die Spinne ist weit verbreitet und am häufigsten im Spätsommer und Herbst anzutreffen.

Kugelspinne
Enoplognatha ovata
Körperlänge: Bis 6 mm.
Kleine Spinne mit kugelförmigem, beige-rotem Hinterleib und relativ langen, dünnen Beinen. Häufig zwischen dichter Vegetation oder an sonnigen, sandigen Stellen. Lebt räuberisch von anderen Kugelspinnen, in deren Netzen sie dann parasitiert. Netze meist in Vertiefungen des Bodens.

Sechsauge
Dysdera crocata
Körperlänge: Bis 12 mm.
Ruht tagsüber in einem kleinen Seidengespinst unter Steinen und Baumstämmen, in Kellern und Gewächshäusern und geht nachts auf Jagd nach Asseln. Legt keine Fanggewebe an, sondern überfällt ihre Beute. Vor allem im Frühsommer häufiger anzutreffen.

Raubspinne
Pisaura mirabilis
Körperlänge: Weibchen bis 15 mm, Männchen bis 12 mm.
Körper langgestreckt, dicht behaart, Beine lang und behaart. Lebt vorwiegend in offenem, lichtem Gelände auf Sträuchern und buschigen Pflanzen. Sonnt sich mit nach vorn gestreckten Beinen. Legt kein Netz an, sondern erjagt ihre Beute. Weibchen bewachen ihren runden Eikokon bis zum Schlüpfen der Jungen.

Gerandete Jagdspinne
Dolomedes fimbriatus
Körperlänge: Männchen bis 13 mm, Weibchen bis 25 mm.
Raubspinne, eine der größten in Deutschland heimische Spinnen. Lebt bevorzugt in feuchten Gebieten und besitzt die Fähigkeit, aufgrund der dichtbehaarten unteren Beinglieder auf der Wasseroberfläche laufen zu können. Bei Gefahr taucht die Spinne unter.

Wolfsspinne
Pardosa amentata
Körperlänge: Bis 7 mm.
Häufige und weitverbreitete Wolfsspinne. Hinterbeine deutlich länger. Hält sich gerne in Ufernähe und an feuchten Plätzen auf. Ist ebenfalls in der Lage, auf dem Wasser zu laufen. Der Körper steht hoch aufgerichtet, nur die untersten Beinglieder drücken leicht in die Wasseroberfläche ein. Sonnen sich gerne. Die Weibchen tragen den Eikokon mit sich herum.

Tarantel
Lycosa narbonensis
Körperlänge: Bis 25 mm.
Eine der größten europäischen Spinnen aus der Familie der Wolfsspinnen. Ihr Biß ist jedoch – entgegen aller Gerüchte – nicht gefährlicher als der Biß anderer europäischer Spinnen. Körper kräftig und gedrungen. Die Tarantel sitzt die meiste Zeit ihres Lebens in einer 4–5 cm tiefen Erdröhre, an deren Eingang sie auf Beute lauert. Lebt auf Wiesen und Feldern und in lichten Wäldern.

Zebraspinne, Mauer-Hüpfspinne
Salticus scenicus
Körperlänge: Bis 7 mm.
Körper schwarz-weiß gezeichnet, gedrungen, mit kurzen, kräftigen Beinen. Sehr lebhaft und schnell, tagaktiv und sonne- und wärmeliebend. Zieht sich bei Kälte und Nässe in ihr sackartiges Wohngespinst zurück. Verfolgt oder belauert ihre Beute, springt sie an und lähmt sie durch einen Biß.

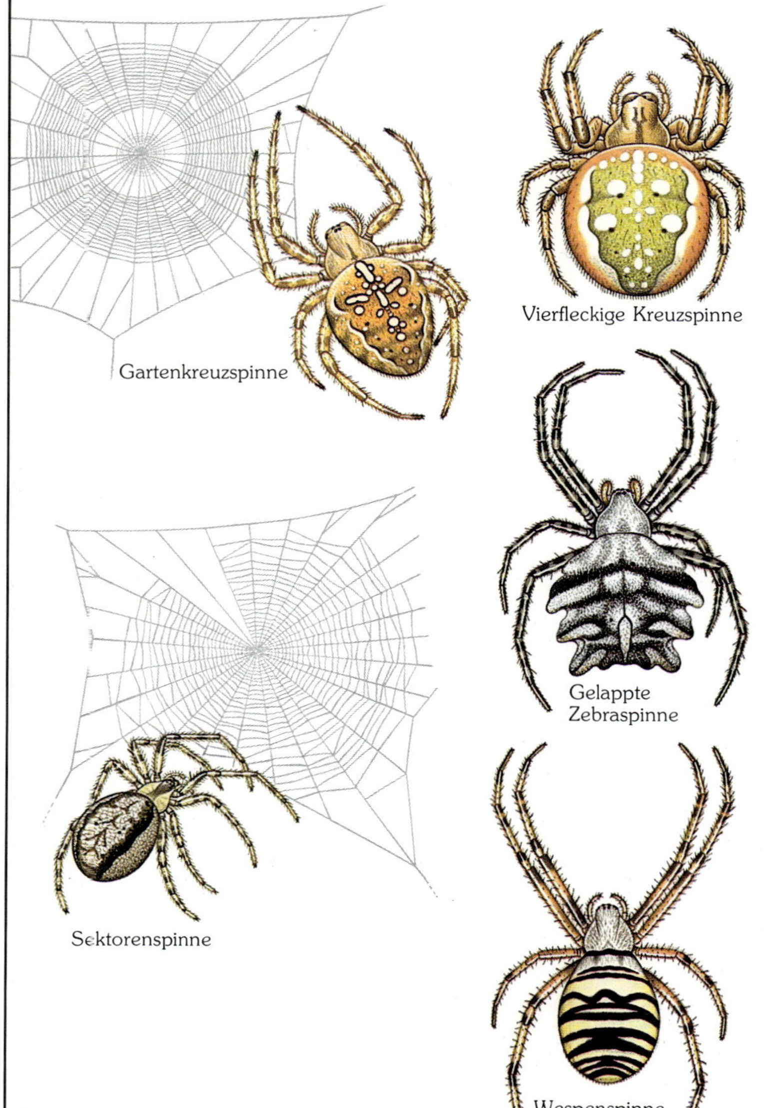

Wespenspinne, die sich gerade über einen im Netz gefangenen Grashüpfer hermacht.

Echte Radnetz- oder Kreuzspinnen
Familie *Araneidae*

Gartenkreuzspinne
Araneus diadematus
Körperlänge: Männchen bis 8 mm, Weibchen bis 12 mm.
Variiert sehr stark in ihrer Färbung. Sehr häufig und weit verbreitet in fast allen Lebensräumen. Webt große, kreisförmige Radnetze.

Vierfleckige Kreuzspinne
Araneus quadratus
Körperlänge: Männchen bis 8 mm, Weibchen bis 20 mm.
Variiert ebenfalls stark in der Färbung, stets deutlich sichtbar sind jedoch die 4 trapezförmig angeordneten hellen Flecken auf dem Hinterleibsrücken. Sehr verbreitet und häufig. Bevorzugt feuchte Gebiete. Lauert tagsüber in einem gewobenen Schlupfwinkel, bessert in der Dämmerung ihr Netz aus.

Sektorenspinne
Zygiella × notata
Körperlänge: Bis 6 mm.
Färbung variabel, stets aber mit Blattmuster auf dem Hinterleib. Mit typischem Radnetz, bei dem ein Sektor frei von Fangfäden ist. Die Spinne lauert in einer beiderseits offenen Gespinströhre am Rand des Netzes.

Gelappte Zebraspinne
Argiope lobata
Körperlänge: Männchen bis 7 mm, Weibchen bis 20 mm.
Mit deutlich gelapptem Hinterleib. Gleicht in Verhalten und Lebensweise der Zebraspinne.

Zebraspinne, Wespenspinne
Argiope bruennichi
Körperlänge: Männchen bis 4 mm, Weibchen bis 15 mm.
Schwarz-gelb gestreifte Radnetzspinne mit auffälligem Netz; Nabe dicht mit weißer Seide übersponnen. Von ihr aus führen senkrecht nach oben und unten zwei zickzackförmige, weiße Seidenbänder (Stabilimente). Bevorzugt sonnige Gebiete.

Krabbenspinnen
Familie *Thomisidae*

Krabbenspinne
Xysticus cristatus
Körperlänge: Bis 7 mm.
Weibchen heller gefärbt als Männchen. Hinterleib birnenförmig. Lebt bevorzugt auf niederen Pflanzen und im Gebüsch.

Veränderliche Krabbenspinne
Misumena vatia
Körperlänge: Männchen bis 4 mm, Weibchen bis 10 mm.
Weibchen viel größer und heller gefärbt als Männchen. Hinterleib rundlich. Hält sich vorwiegend auf Blüten auf.

Weberknechte
Ordnung *Opiliones*

1–20 mm lange Spinnentiere mit ovalem, einteiligem Körper. Hinterleib deutlich segmentiert, ohne Spinnwarzen. Beine extrem lang und zerbrechlich. Nachtaktive Landtiere, Allesfresser.

Weberknecht
Phalangium opilio
Körperlänge: Bis 9 mm.
Weibchen größer und anders gefärbt als Männchen. Männchen mit langem Horn an den Kieferklauen. Lebt in niederer Vegetation an trockenen Plätzen.

Weberknecht
Leiobunum rotundum
Körperlänge: Männchen bis 3,5 mm, Weibchen bis 6 mm.
Männchen rötlichbraun, Weibchen beigebraun. Hauptsächlich vom Hochsommer bis Spätherbst anzutreffen.

Afterskorpione
Ordnung *Pseudoscorpiones*

Kleine, höchstens 5 mm lange, flache Spinnentiere mit ungegliedertem Vorderkörper mit 4 Beinpaaren und großen, scherentragenden Kiefertastern und deutlich gegliedertem Hinterleib. Leben in Moos und Bodenstreu, unter Steinen, in Vogelnestern, Viehställen und Häusern. Sie leben von verschiedenen kleinen Tieren. Ca. 25 europäische Arten.

Skorpione
Ordnung *Scorpiones*

Bis ca. 17 cm lange, stark chitinisierte Spinnentiere mit ungegliedertem Vorderkörper mit 4 Beinpaaren und großen, scherentragenden Kiefertastern. Hinterleib deutlich gegliedert und verschmälert, endet in einem kräftigen Stachel, in den 2 Giftdrüsen münden. Lebendgebärend. Meist nachtaktiv. Wärmeliebend, in Mauerlöchern und unter Steinen. Mittelmeergebiet.

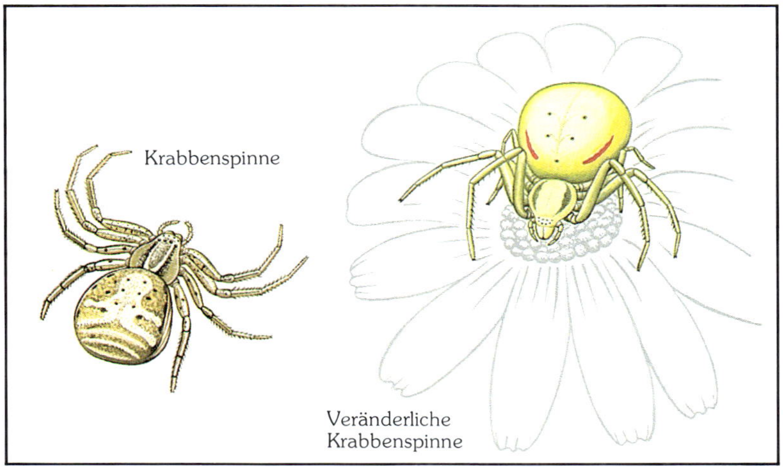

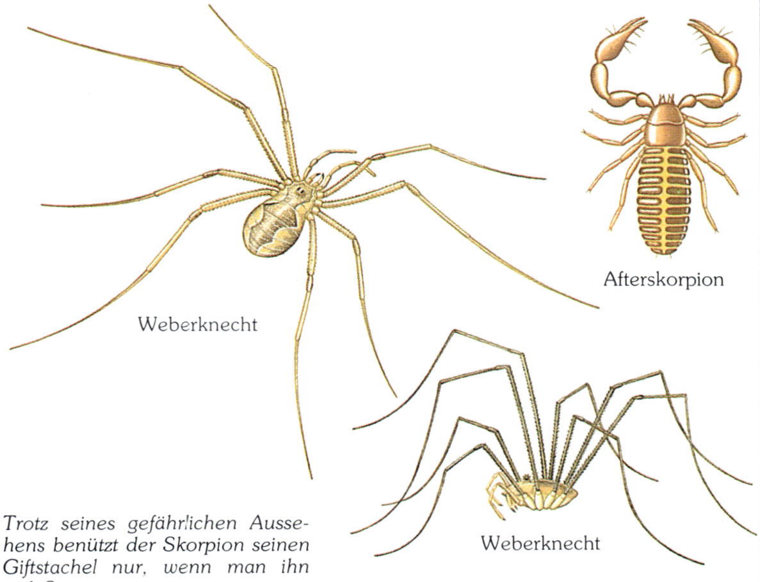

Trotz seines gefährlichen Aussehens benützt der Skorpion seinen Giftstachel nur, wenn man ihn anfaßt.

Insekten, Sechsfüßer
Klasse *Insecta*

Die Insekten bilden mit über 1 Million Arten die größte Klasse der Gliederfüßer.
Der Körper erwachsener Insekten gliedert sich deutlich in 3 Abschnitte: Kopf, Brust und Hinterleib.
Der Kopf trägt 1 Paar Fühler, Augen (Facettenaugen und Punktaugen) und 3 Paar sehr verschieden geformter Mundwerkzeuge.
An der Brust, die aus 3 Segmenten besteht, sitzen 3 Paar Beine und meist 2 Paar Flügel (Vorder- und Hinterflügel), die sehr verschieden in Größe, Farbe, Form und Festigkeit sein können.
Der gegliederte Hinterleib ist gliedmaßenlos.
Insekten sind stets getrenntgeschlechtlich, und meist besteht schon rein äußerlich ein deutlicher Unterschied zwischen Männchen und Weibchen.
Die Entwicklung der Insekten kann auf zwei verschiedene Arten erfolgen: als unvollkommene Entwicklung (Heterometabolismus) und als vollkommene Entwicklung (Holometabolismus).
Bei der unvollkommenen Entwicklung schlüpft aus dem Ei eine Larve, die dann über mehrere Häutungen zum erwachsenen Tier heranwächst. Die Larvenstadien werden mit zunehmendem Alter dem erwachsenen Tier immer ähnlicher. Diese Art von Entwicklung findet statt bei Eintagsfliegen, Libellen, Kurz- und Langfühlerschrecken, Gleichflüglern, Wanzen, Fransenflüglern, Termiten und Läusen.
Bei der vollkommenen Entwicklung schlüpft aus dem Ei eine Larve, die sich jedoch vor der Umwandlung zum erwachsenen Tier verpuppt und ein sogenanntes Ruhestadium einlegt. Larve und Puppe und fertiges Insekt sehen sich in keiner Weise ähnlich. Zu den Insekten, die eine vollkommene Entwicklung durchlaufen, gehören u. a. die Käfer, Schmetterlinge, Hautflügler, Zweiflügler, Flöhe und Kamelhalsfliegen.

Entwicklungszyklus einer Heuschrecke

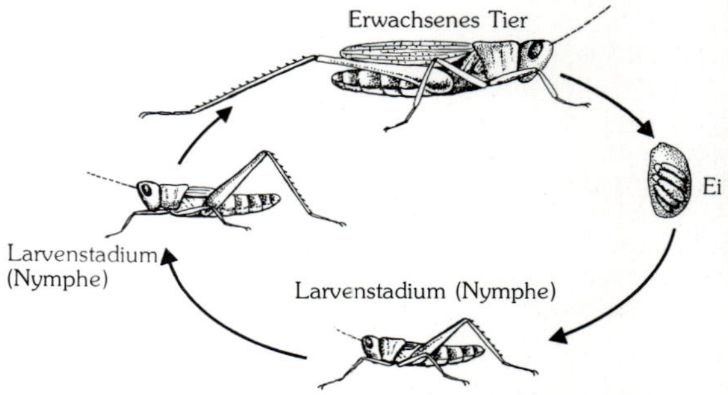

Entwicklungszyklus eines Schmetterlings

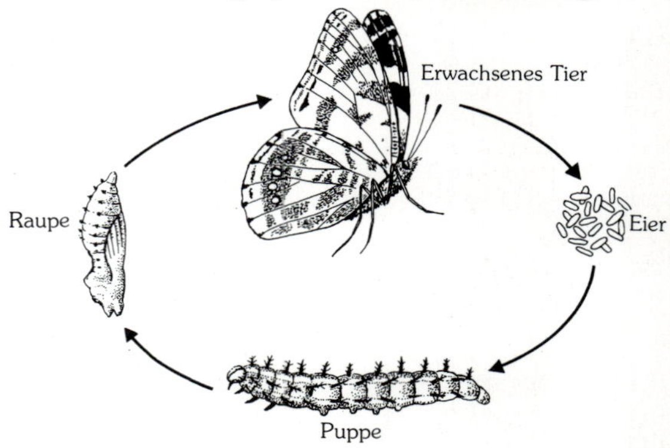

Heuschrecken gehören zu den Insekten, die eine unvollkommene Verwandlung durchlaufen, d. h., aus dem Ei schlüpft eine Larve, die im Verlauf ihres Wachstums dem erwachsenen Tier immer ähnlicher wird. Bei dieser Entwicklungsart gibt es kein Ruhestadium, die Entwicklung verläuft ohne Unterbrechung.

Schmetterlinge gehören zu den Insekten, die eine vollkommene Verwandlung durchlaufen, d. h., zwischen dem letzten Larvenstadium und dem erwachsenen Tier liegt ein Ruhestadium, die Puppe. Die einzelnen Stadien besitzen keinerlei Ähnlichkeit miteinander.

Bilder Seite 149: Hier nur eine kleine Auswahl aus der ungeheuren Arten- und Formenvielfalt der Insekten: Oben links Honigbiene, oben rechts Bockkäfer, unten links Stabheuschrecke, unten rechts Königslibelle.

Typisches Insekt, das die deutliche Dreiteilung des Körpers zeigt

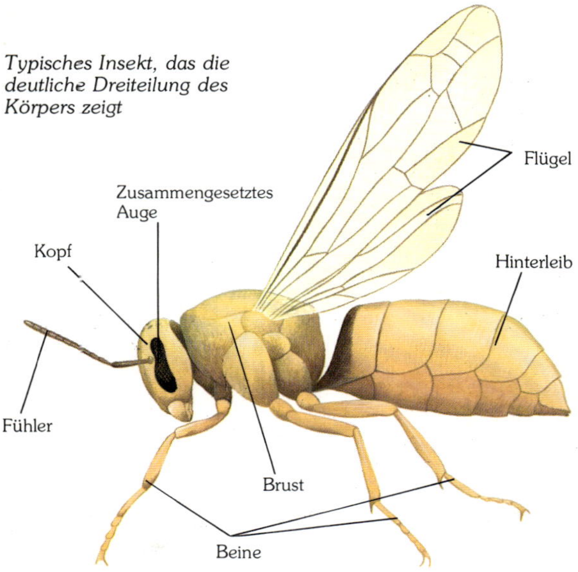

Die Klasse der Insekten wird in ca. 30 Ordnungen unterteilt, von denen folgende in diesem Buch beschrieben werden: Libellen (Seite 150–151), Heuschrecken (Seite 152–153), Wanzen (Seite 154), Gleichflügler (Seite 155), Schmetterlinge (Seite 156–193), Zweiflügler (Seite 194–195), Hautflügler (Seite 196–199), Käfer (Seite 200–203), Eintagsfliegen (Seite 204), Steinfliegen (Seite 204), Ohrwürmer (Seite 204), Schaben (Seite 204), Fangschrecken (Seite 204), Fransenflügler (Seite 204), Staubläuse (Seite 204), Schnabelfliegen (Seite 204), Netzflügler (Seite 204), Köcherfliegen (Seite 205).

Libellen, Wasserjungfern
Ordnung *Odonata*

Mittelgroße bis große, schlanke, meist lebhaft gefärbte Insekten mit 2 Paar großen häutigen Flügeln. Sehr gute Flieger. Fühler relativ kurz, Augen sehr groß. Mundwerkzeuge beißend-kauend. Ernähren sich räuberisch von anderen Insekten, die sie im Flug erbeuten. Tagaktiv in der Nähe von oder über Gewässern verschiedenster Art. Mit unvollständiger Verwandlung. Die Weibchen legen die Eier entweder direkt ins Wasser, in Schlamm oder Ufersand oder in Pflanzen ab. Die Larven sind ebenfalls räuberisch und leben von den verschiedendsten Wassertieren, die sie mit ihrer vorschnellbaren, zu einer Fangmaske umgebildeten Unterlippe ergreifen. Die Entwicklung von der Larve bis zur Libelle dauert je nach Art 1–4 Jahre. Man kennt ca. 4700 Arten, von denen ca. 100 in Europa vorkommen. Sie werden in 2 Unterordnungen eingeteilt: in die kleineren, schlanken Jungfernarten (*Zygoptera*) und die größeren Echten Libellen (*Anisoptera*).

Große Königslibelle
Anax imperator
Flügelspannweite: 10,5 cm.
Vorderkörper grün, Hinterleib beim Männchen blau, beim Weibchen grün. Edellibelle, die von Mai bis September über stehenden Gewässern aller Art fliegt. Eiablage in schwimmende Pflanzenreste. Süd- und Mitteleuropa.

Braune Mosaikjungfer
Aeschna grandis
Flügelspannweite: 10 cm.
Körper und Flügel braun, Männchen mit blauen Flecken auf dem Hinterleibsrükken. Ausgezeichneter Segelflieger. Edellibelle, die von Juli bis September an den Ufern langsamfließender oder stehender Gewässer fliegt. Eiablage in schwimmende Pflanzenreste.

Gemeine Smaragdlibelle
Cordulia aenea
Flügelspannweite: Bis 7 cm.
Falkenlibelle mit großen, grünen Augen, metallisch grünem Vorder- und bronzefarbenem Hinterleib. Vorderkörper stark behaart. Guter Flieger, fliegt von Mai bis August an stehenden Gewässern aller Art. Eiablage auf schwimmenden Algenmatten oder ans feuchte Ufer.

Zweigestreifte Quelljungfer
Cordulegaster boltonii
Flügelspannweite: Bis 10 cm.
Schwarz-gelb gezeichnete Quelljungfer mit großen, grünen Augen. Fliegt von Mai – August über klaren Bächen. Die Eiablage erfolgt im flachen Wasser, wobei die Weibchen mit fast senkrecht gehaltenem Hinterleib auf und ab fliegen und die Eier in den Boden des Baches stoßen.

Plattbauch
Libellula depressa
Flügelspannweite: Bis 7,5 cm.
Weibchen braun mit gelben Flecken an den Hinterleibsseiten, Männchen im Jugendstadium ebenso gefärbt, später blau mit gelben Flecken. Körper ziemlich plump. Flügel mit braunen Flecken an der Basis. Segellibelle, die von Mai bis Juli an Kleingewässern aller Art anzutreffen ist. Eiablage aus dem Fluge im Schutz von Pflanzen.

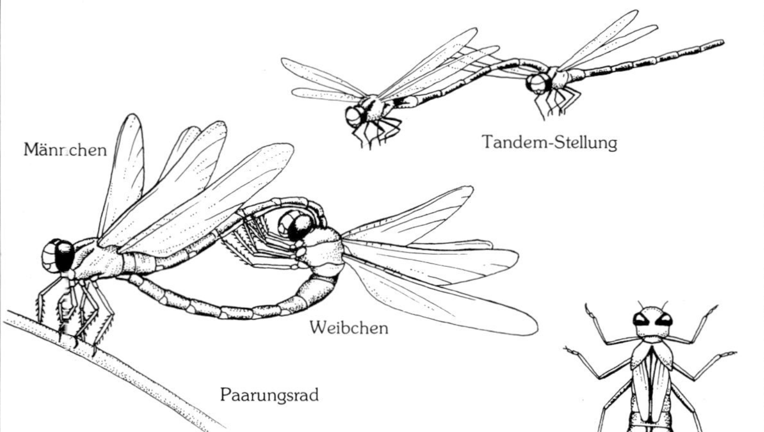

Die Paarung der Libellen
Das Männchen landet auf der Brust des Weibchens, klammert sich mit den Beinen fest und verankert dann die Greifzangen an seinem Hinterende am Nacken der Partnerin (Aufreiten). Danach krümmt das Weibchen den Körper nach vorn (Paarungsrad), und die Begattung kann stattfinden. Nach der Paarung nimmt das Männchen seine Partnerin oft noch in Schlepptau (Tandem-Stellung).

Vierfleck
Libellula quadrimaculata
Flügelspannweite: Bis 7,5 cm.
Eine unserer häufigsten Libellen mit gedrungenem, braun-gelbem Körper und hellbraunen Flügeln, die 4 dunkelbraune Flecken tragen. Segellibelle, die von Mai bis Juli an stehenden Gewässern aller Art und in Moorgebieten anzutreffen ist. Paarung in der Luft, Eiablage aus dem Fluge.

Blutrote Heidelibelle
Sympetrum sanguineum
Flügelspannweite: Bis 5,5 cm.
Relativ klein und schlank, Vorderkörper braun, Hinterleib beim Weibchen braun, beim Männchen blutrot, Beine schwarz. Segellibelle, die von Juli bis September an stehenden Gewässern zu finden ist. Paare suchen in Tandem-Stellung einen Eiablageplatz, das Weibchen schleudert dann über feuchtem Boden oder stark bewachsenem, flachem Wasser die Eier ab.

Schönjungfer, Gebänderte Prachtlibelle
Agrion splendens
Flügelspannweite: Bis 6,5 cm.
Eine der größten Prachtlibellen mit langem, schlankem Hinterleib. Körper metallisch-grün, Flügel gelbgrün, beim Männchen dunkel gebändert. Fliegt Mai bis Oktober über langsamfließenden Bächen und Flüssen mit schlammigem Grund und dichtem Bewuchs. Eiablage in das Gewebe verschiedener Wasserpflanzen.

Frühe Adonislibelle
Pyrrhosoma nymphula
Flügelspannweite: Bis 5 cm.
Schwarz-rot gefärbte, äußerst schlanke Libelle, eine der ersten Arten, die im Frühjahr schlüpfen. Schlanklibelle, die von Mai bis August in der Ufervegetation stehender und langsamfließender Gewässer häufig anzutreffen ist. Eiablage in Paarungskette in schwimmende Pflanzenreste.

Becher-Azurjungfer
Enallagma cyathigerum
Flügelspannweite: Bis 4 cm.
Schlanklibelle, Männchen blau-schwarz gefärbt. Weibchen schwarz-grünlich. Fliegt Mai bis September am Ufer stehender oder langsamfließender Gewässer. Eiablage paarweise in schwimmende Pflanzenreste, manchmal gehen die Paare auch unter Wasser.

Große Königslibelle
Männchen
Zweigestreifte Quelljungfer
Männchen
Braune Mosaikjungfer
Männchen
Gemeine Smaragdlibelle
Männchen
Blutrote Heidelibelle
Männchen
Plattbauch
Männchen
Vierfleck
Männchen
Becher-Azurjungfer
Männchen
Schönjungfer
Männchen
Frühe Adonislibelle
Männchen

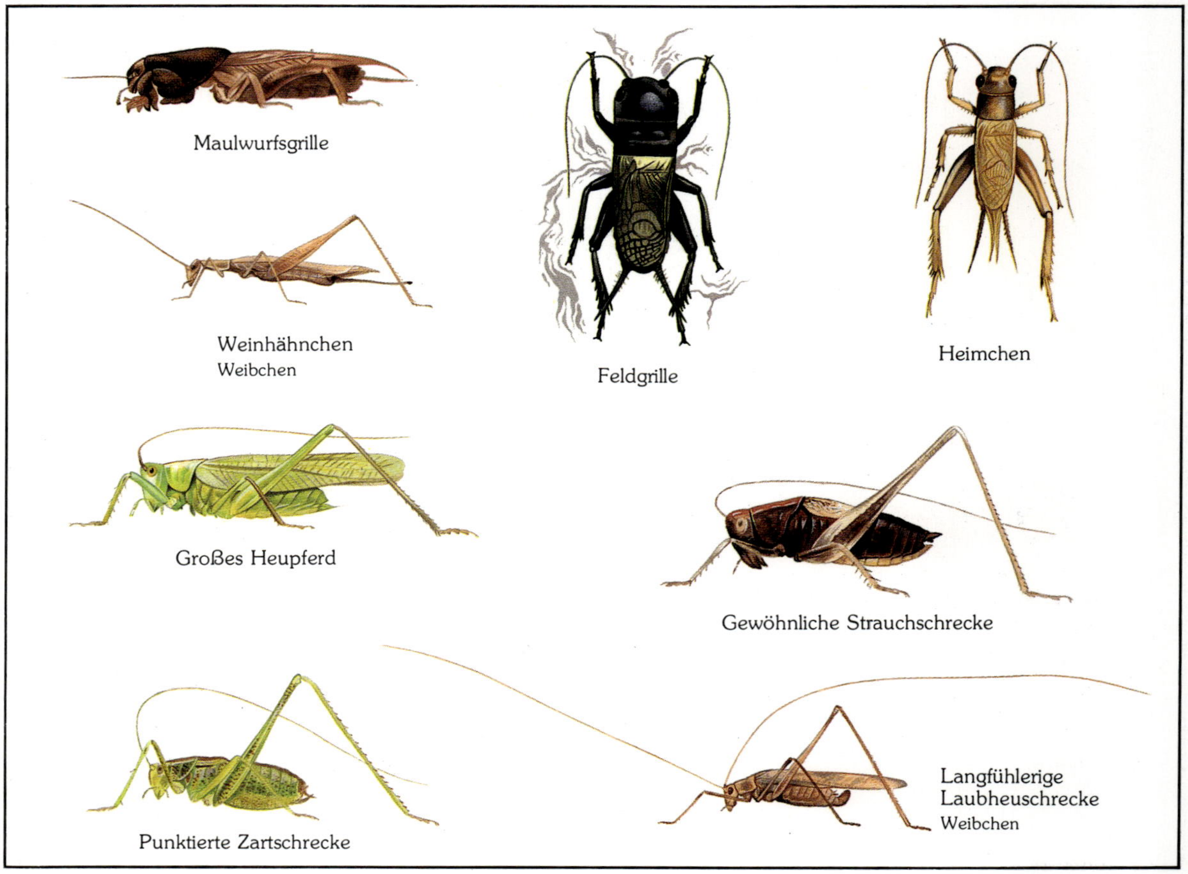

Geradflügler
Ordnung *Orthoptera*

Mittelgroße bis sehr große Insekten mit kauenden Mundwerkzeugen und 2 Paar Flügeln. Vorderflügel schmal und oft verkürzt, stark chitinisiert, dienen als Deckflügel und werden in Ruhestellung dachförmig oder flach über den Rücken gelegt. Hinterflügel größer, dünnhäutig und zusammengefaltet. Einige Arten mit vollkommen rückgebildeten Flügeln. Verwandlung unvollkommen. Folgende Ordnungen: Heuschrecken Gespenstheuschrecken, Ohrwürmer, Fangschrecken, Schaben, Termiten.

Maulwurfsgrille
Gryllotalpa gryllotalpa
Körperlänge: 35–50 mm.
Braune Maulwurfsgrille, deren Vorderbeine zu Grabschaufeln umgeformt sind. Von April – Oktober in unterdirdischen Gängen auf Wiesen und in Gärten. Frißt Insekten und Wurzeln. Kann auch fliegen. Entwicklungsdauer vom Ei bis zum erwachsenen Tier: 2 Jahre.

Grabheuschrecken
Familie *Gryllidae*

Kleine bis mittelgroße Langfühlerschrecken mit walzenförmigem Körper und langen, fadenförmigen Fühlern. Hinterbeine kräftig. Pflanzenfresser.

Feldgrille
Gryllus campestris
Körperlänge: 20–26 mm.
Wärmeliebende, schwarzbraune Grille, kann nicht fliegen und hält sich von Mai bis Juli meist in unterirdischen Kammern an sandigen Hängen und in trockenen Wiesen und Rainen auf. Männchen zirpen melodisch. Überwintert als Larve.

Heimchen, Hausgrille
Acheta domestica
Körperlänge: 15–20 mm.
Braune, nachtaktive, wärmeliebende Grille, die in Mitteleuropa vor allem in Häusern vorkommt. Kann fliegen. Das ganze Jahr über aktiv. Männchen zirpen abends melodisch.

Weinhähnchen
Oecanthus pellucens
Körperlänge: 9–115 mm.
Schlanke, hellbraune Blütengrille, die von Juli bis Oktober an sehr warmen Stellen auf Blüten vorkommt. Männchen zirpen abends und nachts sehr laut.

Laubheuschrecken
Familie *Tettigoniidae*

Meist mittelgroße Langfühlerschrecken mit schmalem, seitlich abgeflachtem Körper und mehr als körperlangen Fühlern. Männchen mit Zirpapparat an den Vorderflügeln. Weibchen mit langem Legebohrer. Hinterbeine besonders lang und kräftig (Sprungbeine). Insekten-, Pflanzen- oder Allesfresser.

Großes Heupferd
Tettigonia viridissima
Körperlänge: 30–50 mm.
Hellgrün. Guter Flieger. Erscheint von Juli bis Oktober auf Wiesen, Feldern und in Gärten. Männchen »singen« Tag und Nacht. Überwintert als Ei.

Punktierte Zartschrecke
Leptophyes punctatissima
Körperlänge: 9–17 mm.

Wiesen-Grashüpfer

Große Höckerschrecke

Gewöhnliche Gebirgsschrecke
Weibchen

Junge Ägyptische Knarrschrecke (Anacridium aegyptium). Die erwachsenen Tiere sind braun und bis zu 7 cm lang. Alle Entwicklungsstadien besitzen gestreifte Augen.

Schlanke Feldheuschrecke

Wanderheuschrecke
Weibchen

Rotflügelige Ödlandschrecke

Leuchtend grün mit rötlichen Punkten und braunem Rückenstreif beim Männchen. Flügel winzig. Wärmeliebend. Lebt von Juli bis Oktober in Gärten, Parks und an sonnigen Waldrändern im Gebüsch. Männchen singen abends.

Gewöhnliche Strauchschrecke
Pholidoptera griseoptera
Körperlänge: 13–20 mm.
Gelbbraun bis schwarz, Männchen mit gelbbraunen Stummelflügeln, Weibchen fast flügellos. Von Juli bis Oktober auf Waldlichtungen und an Waldrändern und in gebüschreichem Ödland. Tag- und nachtaktiv. Männchen singen abends und nachts sehr schrill.

Langfühlerige Laubheuschrecke
Tylopsis liliifolia
Körperlänge: 13–23 mm.
Braun bis grünlich, relativ schlank, mit extrem langen Fühlern. Guter Flieger. Wärmeliebend. An trockenen Stellen in Südeuropa.

Feldheuschrecken
Familie *Acrididae*

Mittelgroße bis große, seitlich zusammengedrückte Kurzfühlerschrecken mit langen, zu Sprungbeinen umgebildeten Hinterbeinen. Fadenförmige, kurze Fühler. Wärmeliebende Pflanzenfresser.

Gemeiner Grashüpfer
Chorthippus parallelus
Körperlänge: 10–24 mm.
Häufigste einheimische Heuschrecke. Grünlich, bräunlich oder rötlich, Flügel verkürzt, beim Weibchen kürzer als beim Männchen. Flugunfähig. Von Juni bis November weit verbreitet auf Wiesen und an Wegrändern. Männchen »singt«.

Große Höckerschrecke
Arcyptera fusca
Körperlänge: 22–40 mm.
Große und prächtig gefärbte Feldheuschrecke, die leider vom Aussterben bedroht ist. Körper gelblich bis oliv mit gelber und schwarzer Zeichnung, Schienen und Hinterbeine leuchtend rot. Weibchen größer und dicker als Männchen. Kommt von Juli bis September auf trokkenen Bergwiesen und in Heidegebieten vor. Männchen »singen« laut knarrend.

Wanderheuschrecke
Locusta migratoria
Körperlänge: 30–50 mm.
Es lassen sich zwei Phasen beobachten, die sich in Färbung und Lebensweise unterscheiden: eine graubraune Wanderphase und eine grüne seßhafte Phase mit rötlichen Hinterschienen. Überwintert von Oktober bis April im Mittelmeergebiet, bei uns von Juni bis Oktober, bevorzugt in sandigen Feuchtgebieten.

Schlanke Feldheuschrecke
Acrida ungarica
Körperlänge: 30–75 mm.
Weibchen größer als Männchen, grün oder braun, sehr schlank und langgestreckt und im Gras sitzend kaum zu erkennen. Von Juli bis Oktober bevorzugt in feuchtem Grasland. Mittelmeergebiet.

Rotflügelige Ödlandschrecke
Oedipoda germanica
Körperlänge: 15–30 mm.
Körperfärbung je nach Umgebung hellgrau bis dunkelbraun oder schwärzlich. Unterflügel rot mit dunklem Rand, nur im Flug sichtbar. Von Juli bis September an trockenen, warmen Standorten. Vom Aussterben bedroht!

Gewöhnliche Gebirgsschrecke
Podisma pedestris
Körperlänge: 15–30 mm.
Weibchen größer als Männchen. Flügel stark reduziert. Rotbraun mit gelber und schwarzer Zeichnung, Hinterschenkel hellrot. Knarrschrecke, von Juni bis Oktober auf trockenen Waldlichtungen und Bergwiesen. Vom Aussterben bedroht!

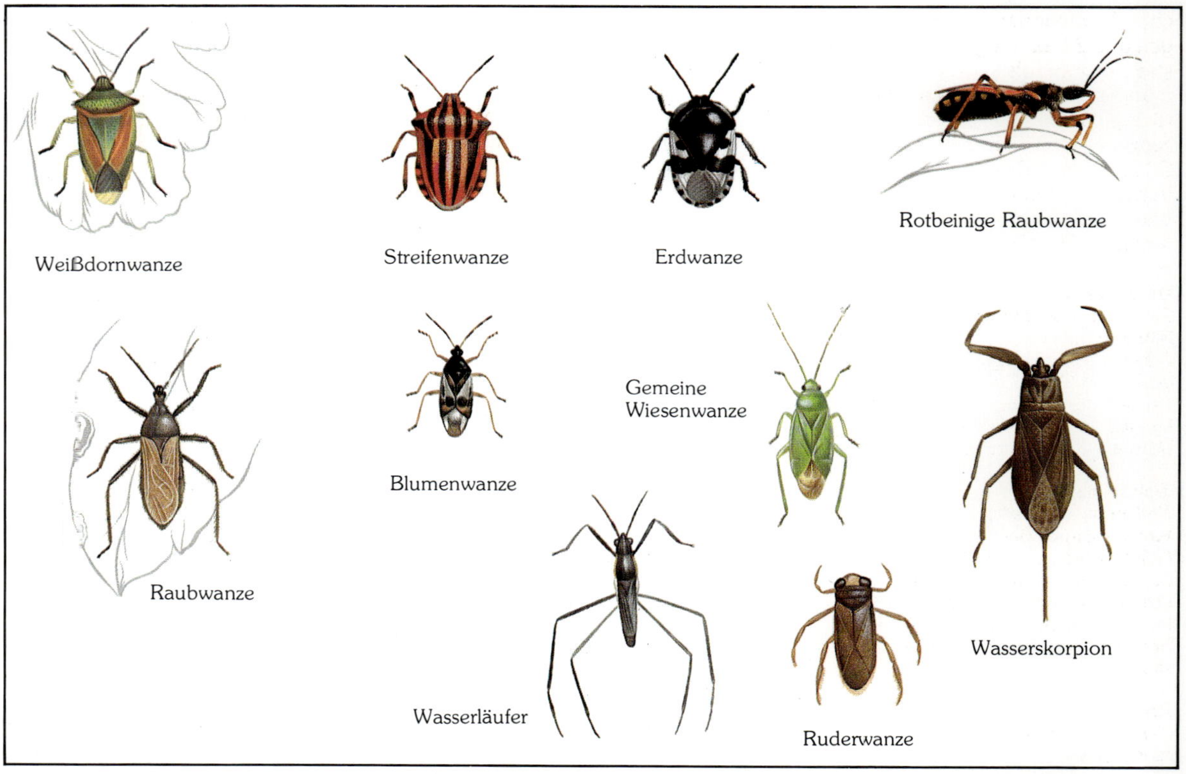

Ungleichflügler, Wanzen
Ordnung *Heteroptera*

Bis 11 mm lange, meist stark abgeflachte Insekten mit stechend-saugenden Mundwerkzeugen. Mit oder ohne Flügel. Vorderflügel 2/3 chitinisiert, 1/3 häutig. Hinterflügel kleiner als Vorderflügel. Mit charakteristischen Stinkdrüsen, die ein unangenehm und langanhaltend riechendes Sekret aussondern. Ca. 40000 weltweit verbreitete Arten, in Mitteleuropa bis 1000 Arten.

Weißdornwanze
Acanthosoma haemorrhoidale
Körperlänge: Bis 14 mm.
Mit familientypischem, seitlich ausgezogenem Brustschild. Lebt hauptsächlich von Weißdornblättern und -früchten und ist ab August häufig anzutreffen.

Streifenwanze
Graphosoma lineatum
Körperlänge: 9–11 mm.
Die rot-schwarze Färbung dieser Schildwanze warnt Freßfeinde vor ihrem widerlichen Geschmack. Von August bis Oktober häufig an warmen Stellen auf blühenden Doldengewächsen.

Erdwanze
Sehirus bicolor
Körperlänge: 5–7 mm.
Grau-schwarz gefärbte Erdwanze, die fast das ganze Jahr über hauptsächlich an Weißen Taubnesseln vorkommt.

Rotbeinige Raubwanze
Rhinocoris iracundus
Körperlänge: Bis 12 mm.
Relativ große, schwarz-rote Raubwanze, die im Sommer und Herbst bevorzugt an warmen, sonnigen Stellen zu finden ist. Überfällt Insekten, sticht sie an und saugt ihren Körpersaft aus.

Raubwanze
Reduvius personatus
Körperlänge: Bis 17 mm.
Relativ große, dunkelbraune Raubwanze. Kommt im Sommer häufig in Häusern und Ställen vor, lebt von Silberfischchen, Fliegen und anderen Insekten.

Blumenwanze
Anthocoris nemorum
Körperlänge: 3–4,5 mm.
Von März bis November sehr häufig anzutreffende Blumenwanze, die an Blattläusen und Milben, gelegentlich auch an Blättern saugt und bevorzugt an Blütenpflanzen vorkommt. Die erwachsenen Tiere, vor allem die Weibchen, überwintern unter Rinde und Bodenlaub.

Gemeine Wiesenwanze
Lygus pratensis
Körperlänge: 5–7 mm.
Grün oder bräunlich gefärbte Weich- oder Blindwanze, die von März bis Oktober in Wäldern, Wiesen und Gärten auf den verschiedensten grünen Pflanzen vorkommt.

Wasserläufer
Gerris lacustris
Körperlänge: Bis 12 mm.
Dunkelbraune bis schwarze, langgestreckte, schmale Wasserwanze mit stark verlängertem 2. und 3. Beinpaar. Lebt von April bis November auf der Oberfläche von stehenden Gewässern.

Ruderwanze
Corixa punctata
Körperlänge: Bis 15 mm.
Braungefärbte Ruderwanze mit fast rechteckigem Körperumriß und kräftigen, behaarten Ruderbeinen. Fühler versteckt. Algenfresser. Das ganze Jahr über in und am Wasser.

Wasserskorpion
Nepa cinerea
Körperlänge: Bis 20 mm.
Relativ große, bräunliche Skorpionwanze, die das ganze Jahr über im Uferschlamm stehender und langsamfließender Gewässer verborgen lebt und sich von Insektenlarven und Fischbrut ernährt.

Gleichflügler, Pflanzensauger
Ordnung *Homoptera*

Meist nur einige mm große, landbewohnende Insekten mit stechend-saugenden Mundwerkzeugen und 2 Paar Flügeln. Hinterflügel stets kleiner als Vorderflügel, bei manchen Arten Flügel auch ganz rückgebildet. Bedeutende Pflanzenparasiten. Generation. Ca. 50000 Arten, davon 2500 in Mitteleuropa. 5 Unterordnungen: Zikaden, Blattläuse, Schildläuse, Mottenläuse, Blattflöhe.

Bergzikade
Cicadetta montana
Körperlänge: 15–25 mm.
Schwarzbraune Singzikade, Weibchen größer als Männchen, wärme- und sonnenliebend, kommt von Mai bis Juli häufig auf Hängen und Lichtungen vor. Ruht auf Baumstämmen und Zweigen.

Schaumzikade
Philaenus spumarius
Körperlänge: Bis 6 mm.
Gelblich-braun gefärbt, von Juni bis September an Bäumen und Sträuchern. Die Larven leben im sogenannten »Kukkucksspeichel«, einem weißlichen Schaum, den sie zu ihrem Schutz ausstoßen.

Blutzikade
Cercopis vulnerata
Körperlänge: Bis 10 mm.
Leuchtend schwarz-rot gefärbte Schaumzikade, die von April bis August hauptsächlich in Waldgebieten vorkommt.

Zwergzikade
Jassus lanio
Körperlänge: 7–8 mm.
Grüne bis braune Zikade mit bestachelten Hinterbeinen. Von Juli bis Oktober meist an Eichen zu finden.

Buckelzikade
Stictocephala bisonia
Körperlänge: Bis 10 mm.
Grüne Zikade mit bis zum Körperende reichendem, buckelförmigen Brustschild. Von Juli bis Oktober auf buschigen Lichtungen und an Waldrändern.

Schwarze Bohnenlaus
Aphis fabae
Körperlänge: 2–3 mm.
Schwarze Röhrenlaus, die in Mengen von April bis Oktober im Grasland auf Äckern und in Gärten vorkommt.

Rosenlaus
Macrosiphum rosae
Körperlänge: 2–3 mm.
Eine von vielen sehr ähnlich aussehenden, grünen bis rosafarbenen Blattläusen.

Mottenlaus, Weiße Fliege
Aleyrodes proletella
Körperlänge: 1–4 mm.
Winzige, weißliche Mottenlaus. Körper und Flügel mit feinem Wachsstaub bedeckt. Im Sommer auf der Unterseite von Kohlarten.

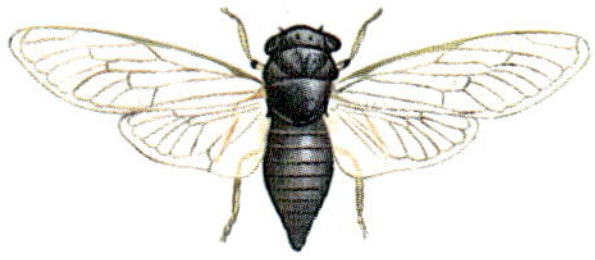
Bergzikade

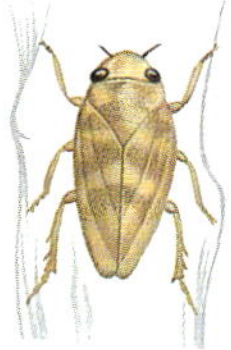
Schaumzikade

Blutzikade

Zwergzikade

Buckelzikade

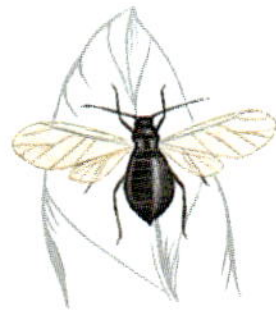
Schwarze Bohnenlaus

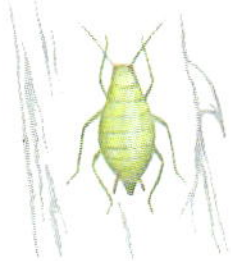
Rosenlaus

Mottenlaus

Die Eschenzikade (Cicada orni) gehört zu den größten europäischen Zikaden (Flügelspannweite 7 cm).

Schmetterlinge
Ordnung *Lepidoptera*

Schmetterlinge sind beschuppte, vierflügelige Insekten, deren Körper in drei Abschnitte gegliedert ist: Kopf, Brust, Hinterleib, Auffallend sind ihre großen, mehr oder weniger bunt gefärbten Flügel. Schmetterlinge durchlaufen 4 Entwicklungsstadien: Ei, Raupe, Puppe, Falter. Man kann die Schmetterlinge grob einteilen in Tagfalter und Nachtfalter.

(Die Größenangaben im Text beziehen sich auf die Flügelspannweite. Ist nur ein Tier abgebildet, sehen Männchen und Weibchen gleich aus bzw. unterscheiden sich nur wenig.)

Tagfalter

Ritterfalter, Apollos
Familie *Papilionidae*

Mit über 500 Arten weltweit verbreitete Familie meist großer, farbenprächtiger, schnellfliegender Schmetterlinge. 11 Arten in Europa. Hinterflügel zumeist geschwänzt. Die Raupe hat hinter dem Kopf eine weiche, ausstülpbare Nackengabel. Die Puppe ist mit einem seidenen Gürtelfaden gewöhnlich an der Nahrungspflanze angeheftet.

Schwalbenschwanz
Papilio machaon
60–90 mm. Fliegt zwischen April und August auf Wiesen und blumenreichen Hängen in der Ebene und im Gebirge bis 2000 m. Im Norden meist nur eine Generation jährlich, in wärmeren Teilen Europas bis zu drei Generationen. Überwintert als Puppe.
Raupe: Erinnert in ihrer schwarz-weißen Jugendfärbung an Vogelkot, färbt sich später grün mit schwarzen und orangefarbenen Querbinden. Mit ausstülpbarer Nackengabel.
Puppe: Gewöhnlich an der Nahrungspflanze angeheftet.

Segelfalter
Iphiclides podalirius
65–84 mm. Fliegt auf trockenem, warmem und buschigem Gelände, im Gebirge bis 1800 m und wird oft von blühenden Bäumen und Obstgärten angelockt. Meist zwei Generationen jährlich, im Mai bis Juni und Juli bis August. Überwintert als Puppe. In Deutschland geschützt!
Raupe: Grün mit gelben Schrägstreifen an den Seiten. Lebt vor allem auf Schlehen, Weißdorn und verschiedenen Obstbäumen.
Puppe: Braun oder gelb, mit Gürtelfaden an der Nahrungspflanze angeheftet.

Apollofalter
Parnassius apollo
50–100 mm. Die einzige Generation fliegt von Mai bis September meist an sonnigen Stellen, an denen die Falter Blüten besuchen. Überwintert als Raupe. In vielen Teilen Europas geschützt!
Raupe: Samtschwarz mit kleinen graublauen Warzen und einer Reihe orange-gelber Flecken auf jeder Körperseite. Hinter dem Kopf vorstülpbare Nackengabel. Lebt hauptsächlich an Fetthenne (*Sedum album*). Die Räupchen überwintern in der Regel fertig ausgebildet innerhalb der Eihülle. Mit den ersten Trieben an der Futterpflanze im zeitigen Frühjahr schlüpfen sie dann, fressen aber nur bei Sonnenschein.
Puppe: Braun, meist unter einem Stein verborgen.

Weißlinge
Familie *Pieridae*

Weltweit verbreitete Familie mit annähernd 2000 mittelgroßen Arten, etwa 40 davon in Europa. Die Männchen unterscheiden sich meist im Zeichnungsmuster von den Weibchen. Die kurz und fein behaarten Raupen sind überwiegend grün. Zu ihren Nahrungspflanzen gehören in erster Linie Kreuzblütler (Cruciferen) und Schmetterlingsblütler (Papilionaceen). Die Puppe ist am After festgesponnen und mit einem Gürtelfaden in aufrechter Stellung an der Unterlage befestigt.

Großer Kohlweißling
Pieris brassicae
56–67 mm. Häufiger Schmetterling in Gärten, auf Krautfeldern und im offenen Gelände bis 2000 m Höhe. Er fliegt von Mai bis September in zwei bis drei sich überschneidenden Generationen. Überwintert als Puppe.
Raupe: Bläulich-grün mit gelben Streifen und schwarzen Punkten. Zuweilen in Massen an verschiedenen Kohlarten, sonst an wildwachsenden Kreuzblütlern.
Puppe: An der Futterpflanze oder in deren Nähe befestigt.

Kleiner Kohlweißling
Artogeia rapae
46–54 mm. Während des ganzen Sommers in offenem Gelände, häufig auch in Gärten, gewöhnlich in zwei Generationen im Norden und bis zu vier Generationen im Süden Europas. Überwintert als Puppe.
Raupe: Grün mit gelben Streifen, wählt oft geschützte Stellen an Holzzäunen als Verpuppungsort. Lebt von wildwachsenden Kreuzblütlern und verschiedenen Kohlarten.
Puppe: Meist die gleiche Farbe wie der Untergrund. Die letzte Jahresgeneration überwintert in diesem Stadium.

Rapsweißling
Artogeia napi
39–51 mm. Bevorzugt in offenem Gelände, auf Wiesen, als eifriger Blütenbesucher. Außer in größeren Höhen (bis gegen 2000 m), gewöhnlich in zwei Generationen auftretend, im Mai und Juni sowie im Juli und August. Überwintert als Puppe.
Raupe: Mattgrün mit dunkelgrünen und gelblichen Streifen. Lebt an den verschiedensten, hauptsächlich wildwachsenden Kreuzblütlern.
Puppe: Vorzugsweise an der Futterpflanze, mitunter auch an Holzwänden und Zäunen angeheftet.

Baumweißling
Aporia crataegi
57–67 mm. Jahrweise in größerer Zahl auftretender Schmetterling, der in offenem Gelände, an baumdurchsetzten Hecken und in Gärten in einer einzigen Generation von Mai bis Juli fliegt. Überwintert als Puppe.
Raupe: Oberseits schwarz mit zwei orangeroten Längsstreifen, unterseits aschgrau mit weißen Flecken. Lebt gesellig auf Weißdorn, *Prunus* und Obstbäumen und ist durch Bekämpfungsmaßnahmen nahezu ausgerottet. Überwintert gemeinsam in einem Nest aus zusammengesponnenen Blättern.
Puppe: Variiert in der Färbung, ist gewöhnlich an einem Zweig der Futterpflanze befestigt.

Resedafalter
Pontia daplidice
40–51 mm. Fliegt während des ganzen Sommers in zwei oder mehr Generationen in offenem, grasbewachsenem Gelände, im Gebirge bis zu 2000 m Höhe. Überwintert als Raupe oder Puppe.
Raupe: Graugrün mit zwei gelben Längsstreifen. Lebt an *Reseda, Sinapis, Alyssum* und verschiedenen anderen Kreuzblütlern.
Puppe: Graugrün oder bräunlich mit gelben und weißen Streifen. Zumeist an der Futterpflanze angeheftet.

Aurorafalter
Anthocharis cardamines
33–48 mm. Die Schmetterlinge der einzigen Generation erscheinen im März und fliegen bis Juli auf blumenreichen Wiesen, meist in der Nähe von Waldrändern. Sie sind eifrige Blütenbesucher. Überwintern als Puppen.
Raupe: Grün mit schwarzen Pünktchen und weißen Streifen. Lebt an Wiesenschaumkraut (*Cardamine pratensis*) und anderen Kreuzblütlern und verpuppt sich an oder in der Nähe der Futterpflanze.
Puppe: Grün, gelb oder braun.

Gelber Aurorafalter
Anthocharis belia
32–39 mm. Der Schmetterling besucht häufig Blüten im offenen, unkultivierten Land sowie auf Waldlichtungen, zumeist in gebirgigem Gelände bis 1800 m Höhe. Die einzige Generation fliegt in Eu-

ropa von Mai bis Juli. Überwintert als Puppe.
Raupe: Grün mit weißem Seitenstrich und schwarzen und gelben Rückenlinien. Lebt an *Biscutella*-Arten und anderen Kreuzblütlern.
Puppe: Braun oder grau.

Grünlicher Heufalter
Colias phicomone
39–47 mm. Alpiner Schmetterling der Almwiesen und grasiger Hänge in Höhen bis zu 3000 m. In seiner Verbreitung auf die europäischen Hochgebirge beschränkt. Fliegt gewöhnlich in einer Generation im Juli und August, gelegentlich noch in einer zweiten von Ende August bis September. Überwintert als Raupe.
Raupe: Grün, fein schwarz punktiert, mit einem weißen Streifen auf den Seiten. Lebt von verschiedenen Schmetterlingsblütlern, in erster Linie *Vicia*-Arten. Überwinternde Raupen beginnen im Frühjahr wieder mit der Nahrungsaufnahme.
Puppe: Grün mit gelben Streifen an den Seiten.

Postillion
Colias crocea
47–61 mm. Fliegt vom zeitigen Frühjahr bis Oktober in einer Folge von Generationen in offenem Gelände vom Tiefland bis gegen 1500 m, oft zahlreich auf Luzerne- und Kleefeldern. Überwintert als Raupe.
Raupe: Grün mit rötlichem und gelbem Streifen und einer Reihe dunkler Flecke auf den Seiten. Lebt von verschiedenen Schmetterlingsblütlern, an denen sie sich auch verpuppt. Die letzte Generation des Jahres überwintert im Raupenstadium.
Puppe: Grün mit gelber und schwarzer Zeichnung.
Vom Postillion ist bei den Weibchen noch eine blassere Form (*helice*) bekannt, die ca. 10% der gesamten weiblichen Population ausmacht.

Gemeiner Heufalter
Colias hyale
44–54 mm. Die Art fliegt in zwei Generationen im Mai und Juni sowie im August und September häufig auf Luzerne- und Kleefeldern, desgleichen im Grasland bis in eine Höhe von über 2000 m. Überwintert als Raupe.
Raupe: Grün mit gelben oder rötlichen Seitenlinien. Lebt an verschiedenen Kleearten. Die Raupen der Herbstgeneration überwintern.
Puppe: Gelblich oder grün, mit brauner und schwarzer Zeichnung.

Zitronengelber Heufalter
Colias palaeno
38–42 mm. Lokal nicht seltener Schmetterling, der jedoch durch die Trockenlegung von Moor- und sonstigen Feuchtgebieten, in denen die Nahrungspflanze der Raupe wächst, sehr stark gefährdet ist. Er fliegt von Juni bis August in einer Generation, meist in Waldnähe vom flachen Land bis gegen 2500 m Höhe. Überwintert als Raupe.
Raupe: Grün, mit gelben und schwarzen Streifen. Lebt an Rauschbeere (*Vaccinium uliginosum*) und anderen *Vaccinium*-Arten.
Puppe: Grünlich-gelb.

Kleopatra
Gonepteryx cleopatra
50–60 mm. Fliegt von Mai an in lichtem Buschwald, oft an Berghängen bis zu 2000 m Höhe. Das Verbreitungsgebiet umfaßt nur Südeuropa, wo die Art in einer Generation fliegt, und das westliche Asien, wo sie mehr als eine Generation ausbildet. Überwintert als Falter.
Raupe: Blaugrau mit gelben und schwarzen Streifen. Lebt an *Rhamnus*-Arten.
Puppe: Dunkelgrün mit gelben Streifen und roten Punkten.

Zitronenfalter
Gonepteryx rhamni
50–62 mm. Erscheint bereits im zeitigen Frühjahr. Fliegt im offenen Wald- und Bruchgelände bis Anfang Juni, die neue Generation ab Ende Juni, um sich zumeist im Juli schon zur Ruhe zu setzen. Überwintert als Falter.
Raupe: Grün mit dunklen Flecken und dunkelgrünen und weißlichen Seitenstreifen. Ernährt sich von *Rhamnus*-Arten (Faulbaum).
Puppe: Grün und braun gefärbt, an Pflanzenstengeln dicht über dem Boden befestigt.

Senfweißling
Leptidea sinapis
35–46 mm. Bewohner des Waldes, der vorwiegend auf Waldwiesen, an Waldrändern und in Auengelände vom Tiefland bis gegen 1900 m Höhe fliegt. Ein eher schwacher Flieger, der im Norden nur eine Generation im Mai und Juni ausbildet, in wärmeren Gebieten aber später im Jahr noch einmal in Erscheinung tritt. Überwintert als Puppe.
Raupe: Grün mit gelben Streifen. Lebt an verschiedenen Schmetterlingsblütlern, besonders an *Lotus corniculatus* und *Lathyrus pratensis*.
Puppe: Gelblich-grün mit hellen und rotbraunen Streifen und einem violetten Fleck am Vorderende.

Schnauzenfalter
Familie *Libytheidae*

Kleine, in den Tropen aller Kontinente verbreitete Familie mittelgroßer Schmetterlinge, mit Ausnahme einer Art in Europa. Viele zeigen Wanderverhalten. Die Weibchen haben wohlentwickelte Vorderbeine; bei den Männchen sind diese zurückgebildet (wie in der nahe verwandten Familie *Nymphalidae*). Leicht zu erkennen an dem gezackten Vorderflügelrand und den langen, schnauzenähnlichen Palpen. Die Puppe hängt, am Hinterende eingehakt, kopfabwärts.

Zürgelbaumfalter
Libythea celtis
36–42 mm. Kommt nur dort vor, wo der Zürgelbaum (*Celtis australis*) gedeiht (Nordafrika, Südeuropa bis in 800 m Höhe und Asien ostwärts bis Japan). Fliegt von Juni bis August in einer Generation, desgleichen im zeitigen Frühjahr, wenn die überwinterten Falter wieder erscheinen.
Raupe: Braun oder grün, mit weißen und schwarzen Streifen. Lebt am Zürbelbaum.
Puppe: Grün.

Edelfalter
Familie *Nymphalidae*

Weltweit verbreitete Familie mit mehreren tausend mittelgroßen Arten und etwa 70 Vertretern in Europa. Bei allen Arten ist das vorderste Beinpaar stark verkürzt (Putzpfoten). Viele von ihnen sind kräftige Flieger. Das Zeichnungsmuster der Flügeloberseite unterscheidet sich oft erheblich von dem der Unterseite; beide Geschlechter gleichen sich jedoch weitgehend. Die Raupen sind zumeist stark bedornt. Die Puppen sind häufig mit glänzenden goldenen oder silbernen Flecken geschmückt und hängen als Stürzpuppen kopfabwärts.

Großer Schillerfalter
Apatura iris
64–80 mm. Die Falter fliegen zumeist in den Baumkronen lichter Laubwälder und Auen, werden jedoch von scharfriechenden Stoffen (Pferdemist) und Wasserpfützen auf den Boden gelockt. Fliegt Juli und August. Überwintert als Raupe.
Raupe: Grün mit gelben Punkten und Seitenstreifen und zwei langen Kopfhörnern. Lebt an Weiden (*Salix*) und ruht auf der Mittelrippe eines Blattes.
Puppe: Bläulich-grün mit gelblichen Streifen, an einem Zweig befestigt.

Raupe des Großen Schillerfalters an einem Weidenblatt fressend. Die gelbgrüne Zeichnung läßt die Raupe wie ein zusammengerolltes Blatt erscheinen.

Kleiner Schillerfalter
Apatura ilia
64–70 mm. Seltener Schmetterling lichter Wälder in Lagen nicht über 1000 m. Fliegt von April bis Juni und nochmals im August und September in südlichen Gegenden, nördlich der Alpen jedoch nur eine Generation. Überwintert als Raupe.
Raupe: Ähnlich wie von *A. iris* mit vorn schwarzen statt blauen Kopfhörnern. Lebt besonders an Zitter- und Schwarzpappeln (*Populus tremula* und *P. nigra*) sowie an Weiden.
Puppe: Weißlich-grün mit gelber Zeichnung.

Großer Eisvogel
Limenitis populi
70–80 mm. Verbreitet in lichten Wäldern und Auen, bis über 1500 m aufsteigend; in manchen Gegenden lokal und ausgesprochen selten. Das Männchen hält sich gewöhnlich hoch in den Baumkronen auf, läßt sich aber mit scharfriechenden Stoffen leicht anlocken. Fliegt im Juni und Juli in einer Generation in Mitteleuropa. Überwintert als Raupe.
Raupe: Grün mit zwei Reihen ästiger Dornen längs des Rückens und vier hellen Spielgelflecken in der Rückenmitte. Lebt hauptsächlich an Zitterpappeln (*Populus tremula*). Überwintert sehr klein in einem zusammengerollten Blatt.
Puppe: Gelblich-braun, schwarz punktiert, auf der Oberseite eines gerollten Blattes befestigt.

Blauschwarzer Eisvogel
Limenitis reducta
42–48 mm. Weit verbreitet und lokal nicht selten in lichten Wäldern und auf Waldschneisen bis zu 1000 m Höhe. Fliegt den ganzen Sommer in zwei oder drei Generationen, ausgenommen im Norden und in größeren Höhen im Süden, wo er nur eine Generation im Jahr ausbildet. Überwintert als Raupe.
Raupe: Grün, mit weißen Streifen und zwei Reihen roter Dornen auf dem Rükken. Lebt auf *Lonicera*-Arten. Überwintert sehr jung in einem kleinen Gespinst.
Puppe: Grau mit einzelnen silbernen Metallflecken, an die Nahrungspflanze angesponnen.

Kleiner Eisvogel
Ladoga camilla
52–60 mm. Eine Art der feuchten Laubwälder, die oft von Brombeerblüten und scharfriechenden Stoffen angelockt wird. Fliegt in einer Generation von Juni bis August in fast ganz Europa außer dem extremen Süden und Norden. Im Gebirge geht sie bis 1500 m hoch. Überwintert als Raupe.
Raupe: Grün mit zwei weißen Streifen und weinroten Dornen. Frißt an Geißblatt (*Lonicera*). Überwintert sehr klein in einem Gespinst.
Puppe: Graugrün mit silberglänzenden Metallflecken, erinnert an ein taubedecktes, abgestorbenes Blatt.

Trauermantel
Nymphalis antiopa
60–73 mm. Flugstarker Schmetterling lichter Wälder und Auen, besonders in hügeligem Gelände bis gegen 2000 m. Wird von überreifen Früchten und anderen scharfriechenden Stoffen angelockt. Die einzige Generation im Jahr erscheint im Juni und Juli und fliegt bis zum Herbst, um dann bis zum folgenden Frühjahr zu überwintern. Überwintert als Falter.
Raupe: Schwarz mit rosaroten Rückenflecken und zahlreichen schwarzen Dornen. Lebt gesellig an Weiden (*Salix*) und Birken (*Betula*).
Puppe: Bräunlich mit schwarzer und orangefarbener Zeichnung und kurzen Spitzen am Hinterleib.

Großer Fuchs
Nymphalis polychloros
54–66 mm. Zumeist in offenem, baum- oder buschbestandenem Gelände, gelegentlich auch in Obstgärten, angelockt von überreifen Früchten. Der Schmetterling erscheint im Juli und August, überwintert und fliegt wiederum im Frühjahr. Überwintert als Falter.
Raupe: Schwarz mit orangebrauner Streifung und zahlreichen gelben Dornen. Lebt gesellig an Ulmen, Weiden und anderen Laubbäumen.
Puppe: Rötlich-braun mit grüner Zeichnung und metallisch glänzenden Flekken. Zumeist in Rindenritzen angesponnen.

Kleiner Fuchs
Aglais urticae
44–52 mm. Einer der häufigsten europäischen Schmetterlinge und eifriger Blütenbesucher, besonders der Fetthenne (*Sedum*) und des Sommerflieders (*Buddleia*). Diese Art wandert, allerdings nicht in großen Mengen. Der Falter fliegt von Juni bis Oktober und nach der Überwinterung bis Mai in zwei oder mehr Generationen. Überwintert als Falter.
Raupe: Braunschwarz mit unterbrochenen gelblichen Rücken- und Seitenstreifen und kurzen gelbgrünen Dornen. Lebt an der Brennessel (*Urtica*).
Puppe: Grau mit glänzenden Goldpunkten, oft an Zäunen.

Tagpfauenauge
Inachis io
56–68 mm. Regelmäßiger Besucher des Sommerflieders (*Buddleia*), jedoch auch von anderen blühenden Stauden angelockt. Seine Hauptflugzeit beginnt im Juni, und er erscheint nach der Überwinterung im Frühjahr als Erzeuger der nächsten Generation. Überwintert als Falter.
Raupe: Schwarz mit weißen Flecken und zahlreichen schwarzen, verzweigten Dornen. Frißt gesellig an den jungen Blättern der Brennessel (*Urtica*).
Puppe: Gewöhnlich grünlich-gelb, untermischt mit braunen Fleckchen und von Goldglanz überzogen. Oft an Zweigen benachbarter Büsche befestigt.

Admiral
Vanessa atalanta
56–68 mm. Weitverbreitete Art auf Wiesen, in Gärten und Obstkulturen, in denen sie von Blüten und überreifen Früchten angelockt wird. Fliegt in zwei Generationen von Mai bis Oktober, wobei die Falter der ersten Generation im Frühjahr aus dem Süden einwandern. Überwintert südlich der Alpen.
Raupe: Vorwiegend schwarz mit gelben Seitenstreifen und Dornen. Lebt einzeln zwischen zusammengesponnenen Blättern an Brennesseln, seltener an Disteln.
Puppe: Graubraun mit goldenen Metallflecken.

Distelfalter
Cynthia cardui
54–65 mm. Fliegt in Gärten, in denen er den blühenden Sommerflieder (*Buddleia*) besucht, sowie in offenem Gelände und Waldlichtungen und geht in eine Höhe bis über 2000 m. In Südeuropa erscheint er ab April in zwei bis drei Generationen, wobei die Falter nördlich der Alpen im allgemeinen nicht überwintern.
Raupe: Vorwiegend schwärzlich mit gelben Flecken und kurzen gelben Dornen. Frißt einzeln an verschiedenen Distelarten, Brennesseln und anderen Pflanzen.
Puppe: Grau, oft mit goldglänzenden Flecken, meist an die Unterseite eines Blattes angeheftet.

C-Falter
Polygonia c-album
44–54 mm. Falter der ersten (Juni und Juli) sowie der zweiten (August) Generation können überwintern und erscheinen dann wieder im März und April. Fliegt in lichten Wäldern, Auen und Gärten in fast ganz Europa. Wird oft von Buddleia und den Blüten der Fetthenne angelockt.
Raupe: Schwarz mit gelber und weißer Zeichnung und weißen oder gelblichen Dornen. Lebt einzeln in einem kleinen Gespinst an der Blattunterseite hauptsächlich von Brennesseln.
Puppe: Meist rosa-bräunlich mit grüner und schwarzer Zeichnung und einigen glänzenden Silberflecken, an der Futterpflanze angesponnen.

Landkärtchen
Araschnia levana
32–40 mm. Die beiden Generationen dieser waldbewohnenden Art sind sehr unterschiedlich im Aussehen. Falter der ersten Generation (April bis Anfang Juli) sind orangefarben und schwarz, die der zweiten Generation (Juli und August) schwarz und weiß gezeichnet. Im allgemeinen ein Bewohner des Tieflandes, kommt das Landkärtchen bisweilen in Höhen bis 1000 m vor. Überwintert als Puppe.
Raupe: Schwarz oder braun mit zahlreichen langen gelben und schwarzen Dornen. Lebt an Brennesseln, anfangs gesellig, später einzeln.
Puppe: Grün, gelegentlich mit hellen Silberflecken.

Kaisermantel, Silberstrich
Argynnis paphia
56–74 mm. Fliegt in einer langgestreckten Generation von Juni bis September auf Waldlichtungen und an Waldrändern bis in Höhen von 1000 m. Wird oft von Blüten, besonders der Brombeere, angelockt. Überwintert als Raupe.
Raupe: Bräunlich mit gelben Rückenstreifen. Lebt an *Viola*-, seltener auch an *Rubus*-Arten. Überwintert ganz klein in den Rindenritzen von Eichen oder Kiefern.
Puppe: Braun mit anfangs silbernen und später sich golden verfärbenden Flecken.

Großer Perlmutterfalter
Mesoacidalia aglaja
48–65 mm. Bewohner von Waldwiesen und Waldränder, aber auch auf Heiden und buschbestandenen Hügeln. Fliegt von Juni bis August in einer einzigen Generation, im Norden zumeist in der Ebene, im Süden in der Regel auch in höheren Lagen. Überwintert als Raupe.
Raupe: Erwachsen schwarz mit weißen Rückenlinien, roten Seitenflecken und zahlreichen schwarzen Dornen. Lebt an Veilchenarten, überwintert sehr klein an der Futterpflanze.
Puppe: Braun mit schwarzer Zeichnung, in zusammengesponnenen Blättern oder nahe der Futterpflanze.

Stiefmütterchen-Perlmutterfalter
Fabriciana niobe
46–60 mm. In Europa und Kleinasien weit verbreitet und nicht selten. Fliegt in einer Generation von Juni bis August auf Waldwiesen und buschigem Gelände bis zu Höhen von 2000 m und auf den Küstendünen in Holland und Belgien. Überwintert als Raupe.
Raupe: Braun mit weißen und schwarzen Streifen und rosafarbenen Dornen. Lebt an *Viola*-Arten, überwintert fertig ausgebildet im Ei.
Puppe: Olivgrün mit metallischen Silberflecken.

Märzveilchenfalter
Fabriciana adippe
50–64 mm. Fliegt in einer einzigen Generation von Juni bis August sowohl auf Waldlichtungen als auch in offenem Gelände von der Meeresküste bis auf Höhen von 2000 m. Überwintert als Raupe.
Raupe: Graubraun mit rötlichen Dornen und weißlichen Rückenlinien. Lebt an Veilchenarten.
Puppe: Braun mit metallisch schimmernden goldgrünen Flecken. Ruht zwischen zusammengesponnenen Blättern an der Futterpflanze.

Brombeer-Perlmutterfalter
Brenthis daphne
42–54 mm. Fliegt im Juni und Juli auf warmen, trockenen Waldwiesen bis zu Höhen von 1500 m und besucht gerne die Blüten der Brombeere (*Rubus*). In Europa im allgemeinen selten.
Überwintert als Raupe.
Raupe: Braun mit weißen und gelben Streifen und zahlreichen gelben Dornen. Nahrungspflanzen sind Rubus- und *Viola*-Arten.
Puppe: Gelblich-grau mit goldglänzenden Rückenflecken.

Der Braunfleckige Perlmutterfalter ist auf ganz verschiedenen Blüten anzutreffen.

Veilchen-Perlmutterfalter
Clossiana euphrosyne
38–46 mm. Auf Waldlichtungen, auf denen er neben Blüten auch scharfriechende organische Stoffe anfliegt, lokal nicht selten. Im Norden in einer Generation von Mai bis Juni, im Süden in zwei Generationen. Überwintert als Raupe.
Raupe: Schwarz mit weißen Flecken und zahlreichen gelben und schwarzen Dornen. Lebt an Veilchen (*Viola*).
Puppe: Grau mit braunen Zeichnungen, hängt meist an einem Blattstiel der Futterpflanze.

Nördlicher Perlmutterfalter
Boloria aquilonaris
32–40 mm. Schmetterling der Hochmoore und Sumpfgebiete, in denen er im Juni und Anfang Juli fliegt. Überwintert als Raupe.
Raupe: Schwarz mit heller Zeichnung. Lebt auf Moosbeere (*Vaccinium oxycoccos*), überwintert zwischen dem Moos am Fuße der Nahrungspflanze.
Puppe: Nicht bekannt.

Braunfleckiger Perlmutterfalter
Clossiana selene
36–44 mm. Häufiger Falter an Waldrändern, aber auch in mehr offenem Gelände wie auf Mooren und Wiesen. In höheren Lagen und im Norden gewöhnlich in einer Generation im Juni und Juli, sonst in zwei Generationen im April und Mai sowie im Juli und August. Überwintert als Raupe.
Raupe: Braun, weiß gefleckt, mit kurzen gelblich-braunen Dornen. Lebt an Veilchen (*Viola*), überwintert in einem zusammengesponnenen Blatt.
Puppe: Gelbbraun, an der Futterpflanze angeheftet.

Kleiner Perlmutterfalter
Issoria lathonia
36–48 mm. Auf trockenen und sandigen Stellen, an denen er gerne den Teufelsabbiß (*Succisa*) und andere blühende Pflanzen besucht. Im Norden nur eine Generation im Mai und Juni, im Süden bis zu drei Generationen von Februar bis Oktober. Überwinterung als Raupe, Puppe oder Falter möglich.
Raupe: Schwarz mit weißer Zeichnung und zahlreichen schwarzen und braunen Dornen.
Puppe: Grünlich-braun mit goldglänzenden Flecken und anderen Zeichnungen, zwischen zusammengesponnenen Blättern befestigt.

Hainveilchen-Perlmutterfalter
Clossiana dia
30–34 mm. Mitunter nicht selten an besonnten, grasigen Hängen sowie auf Waldlichtungen bis gegen 1500 m Höhe. Im Norden und in höheren Lagen in nur einer Generation, in wärmeren Gebieten bis zu drei Generationen von April bis Oktober. Überwintert als Raupe.
Raupe: Schwarz oder grau mit gelben, schwarzen und roten Streifen und mit Reihen gelber und weißer Dornen. Lebt an Veilchen (*Viola*), Knöterich (*Polygonum*) und anderen Pflanzen. Herbstraupen überwintern halb erwachsen.
Puppe: Braun mit schwarzen Punkten.

Gemeiner Scheckenfalter
Melitaea cinxia
32–45 mm. Fliegt von Mai bis September in einer oder zwei Generationen auf Wiesen und Berghängen bis 2500 m. Überwintert als Raupe.
Raupe: Schwarz, mit Scheindornen und blauweißen Punktwärzchen. Lebt gesellig meist an Wegerich (*Plantago*), Habichtskraut (*Hieracium*), überwintert in einem gemeinsamen Gespinst.
Puppe: Variiert farblich, findet sich an der Futterpflanze oder unter Steinen.

Flockenblumen-Scheckenfalter
Melitaea phoebe
40–48 mm. Fliegt vorwiegend auf blumigen Wiesen und Berghängen bis zu 2000 m Höhe und ist stellenweise häufig. In höheren Lagen in nur einer Generation im Juli, im Tiefland in zwei oder drei Generationen von April bis August. Überwintert als Raupe.
Raupe: Grau mit schwarzen und weißen Streifen und rotbraunen Scheindornen. Lebt meist an Flockenblumen (*Centaurea*), Wegerich (*Plantago*).
Puppe: Grau mit schwärzlicher und dunkelroter Zeichnung.

Roter Scheckenfalter
Melitaea didyma
36–42 mm. Fliegt auf Wiesen und in steinigem Gelände bis zu 1800 m Höhe meist in zwei oder drei Generationen, stellenweise in großer Zahl. Überwintert als Raupe.
Raupe: Grau mit gelben Punkten und ebensolchen Seitenstreifen sowie mit Reihen heller Scheindornen. Lebt an krautigen Pflanzen wie Ehrenpreis (*Veronica*), Wegerich (*Plantago*).
Puppe: Grün mit schwarzen und orangegelben Flecken.

Wachtelweizen-Scheckenfalter
Mellicta athalia
36–42 mm. Einer der häufigsten Scheckenfalter in Europa, auf Heiden, blumenreichen Wiesen und an Waldrändern bis über 2000 m Höhe. Im Norden in einer langgestreckten Sommergeneration, im Süden zuweilen auch eine zweite Generation im August und September. Überwintert als Raupe.
Raupe: Schwarz mit weißen Punkten und kurzen, dunkel behaarten Scheindornen. Lebt in einem gemeinsamen Gespinst an Wegerich (*Plantago*), Wachtelweizen (*Melampyrum*) und anderen niedrigen Kräutern.
Puppe: Weißlich-grau mit schwarzer und orangegelber Zeichnung, am Stiel der Futterpflanze oder an benachbarten Pflanzen befestigt.

Arktischer Perlmutterfalter
Clossiana chariclea
32–34 mm. Sicher der am weitesten nach Norden vordringende Tagfalter. Fliegt während des kurzen arktischen Sommers im Juli und August und sitzt oft im Sonnenschein auf Steinen.
Raupe und Puppe sind noch unbekannt.

Skabiosen-Scheckenfalter
Eurodryas aurinia
34–46 mm. Der Falter fliegt von April bis Juni in einer Generation und ist auf feuchten Wiesen und Mooren in Höhenlagen bis zu 2000 m stellenweise häufig. Überwintert als Raupe.
Raupe: Überwiegend schwarz mit weißer Zeichnung und kurzen schwarzen Dornen. Lebt gesellig an Wegerich (*Plantago*), Skabiosen (*Scabiosa*) und anderen krautigen Pflanzen und nach der Überwinterung mit Vorliebe an Enzian-Arten (*Gentiana*).
Puppe: Weißlich, schwarz oder orangegelb gezeichnet, hängt an der Futterpflanze oder an der benachbarten Vegetation.

Kleiner Perlmutterfalter
Gemeiner Scheckenfalter
Nördlicher Perlmutterfalter
Flockenblumen-Scheckenfalter
Braunfleckiger Perlmutterfalter
Roter Scheckenfalter
Männchen
Weibchen
Veilchen-Perlmutterfalter
Wachtelweizen-Scheckenfalter
Hainveilchen-Perlmutterfalter
Arktischer Perlmutterfalter
Skabiosen-Scheckenfalter

Augenfalter
Familie *Satyridae*

Große Familie mit etwa 3000 Arten, zahlreich in klimatisch gemäßigten Zonen und mit über 100 Arten in Europa vertreten. Auf den Flügeln sind häufig Augenflecke (Ocellen) ausgebildet, einige Arten der amerikanischen Tropen haben völlig durchsichtige Flügel. Die Raupen sind gewöhnlich grün oder braun, fein behaart, spindelförmig und mit einer kurzen Schwanzgabel. Sie leben an Gräsern und verwandten Pflanzenfamilien. Die Puppen hängen kopfabwärts oder liegen am Boden.

Schachbrett
Melanargia galathea
45–56 mm. Häufiger Schmetterling auf blumenreichen Wiesen, meist in Waldnähe und in Höhen bis zu 1800 m. Fliegt im Juni und Juli in einer Generation mit charakteristischem langsamem Flug. Überwintert als Raupe.
Raupe: Grün oder braun. Beginnt zeitig im nächsten Frühjahr, an verschiedenen Grasarten zu fressen.
Puppe: Vorwiegend braun und gelb, liegt frei an der Erde.

Westliches Schachbrett
Melanargia occitanica
50–56 mm. Stellenweise häufiger Schmetterling felsiger Berghänge bis zu 2000 m Höhe, in denen er in einer Generation von April bis Juni fliegt. Überwintert als Raupe.
Raupe: Bräunlich-grau mit gelben Streifen an den Seiten und grünem Kopf. Lebt an Zwenke (*Brachypodium*) und anderen Gräsern.
Puppe: Hellbraun mit dunkelbrauner Zeichnung.

Großer Waldportier
Hipparchia fagi
65–76 mm. An Waldrändern und in lichten Wäldern ein stellenweise nicht seltener Schmetterling, der gewöhnlich in Höhen unterhalb 1000 m fliegt. Setzt sich gern mit geschlossenen Flügeln an Baumstämme, an denen er kaum zu entdecken ist. Fliegt im Juli und August in einer einzigen Generation. Überwintert als Raupe.
Raupe: Braun mit dunkelbraunen und gelben Streifen, frißt während der Nacht an Weichem Honiggras (*Holcus mollis*) sowie an anderen Gräsern.
Puppe: Dunkelbraun, liegt frei an der Erde.

Eisenfarbiger Samtfalter
Neohipparchia statilinus
46–53 mm. Stellenweise häufig, in manchen Gegenden jedoch seltener werdend. Fliegt in einer Generation von Juli bis Oktober über Heiden und felsigen Berghängen, wobei die Männchen immer einige Tage vor den Weibchen erscheinen. Überwintert als Raupe.
Raupe: Gelb mit braunen Streifen. Ernährt sich von Schwingel (*Festuca*), Rispengras (*Poa*) und anderen Gräsern, überwintert halb erwachsen am Boden.
Puppe: Braun.

Rostbinde
Hipparchia semele
48–60 mm. Weiterverbreiteter und häufiger Falter an sandigen, trockenen Stellen und auf Heiden vom Tiefland bis über 1500 m. Fliegt in einer Generation von Mai bis September und besucht gerne die Blüten von Thymian (*Thymus*), setzt sich aber mit Vorliebe in die pralle Sonne auf die nackte Erde, und zwar mit geschlossenen Flügeln, so daß er wenig Schatten wirft und nur schwer zu entdecken ist. Überwintert als Raupe.
Raupe: Gelb mit braunen und dunkleren gelben Längsstreifen. Ernährt sich von verschiedenen Grasarten, überwintert halb erwachsen.
Puppe: Braun, liegt in einem losen Gespinst an der Erde.

Berghexe
Chazara briseis
40–52 mm. Fliegt in einer Generation von Mai bis September, vorwiegend an trockenen, sandigen oder steinigen Plätzen, liebt Wärme. Überwintert als Raupe.
Raupe: Gelblich-grau mit dunkelgrauen Linien. Frißt an Schwingel (*Festuca*), Blaugras (*Sesleria*) und anderen Gräsern.
Puppe: Glänzendbraun, liegt in der Erde dicht unter den Graswurzeln.

Gestreifter Samtfalter
Pseudotergumia fidia
48–52 mm. Bevorzugt trockene, steinige Hänge mit vereinzelten Bäumen bis zu Höhen von 2000 m. Fliegt im Juli und August in einer Generation. Überwintert als Raupe.
Raupe: Gelb oder braun mit schwarzen oder gelben Längsstreifen. Lebt an Gräsern.
Puppe: Hellbraun mit dunkelbraunen Flügelscheiden.

Baltischer Gletscherfalter
Oeneis jutta
43–50 mm. Bevorzugt mooriges Gelände in der Nähe von Nadelwaldungen in niedrigen Lagen. Fliegt im Juni und Juli in einer Generation. Die Männchen setzen sich gerne an Baumstämme. Überwintert zweimal als Raupe.
Raupe: Braun mit dunkleren braunen Streifen, lebt an verschiedenen Gräsern.
Puppe: Noch unbekannt.

Schwarzer Satyrus
Satyrus actaea
48–58 mm. Meist nur lokal verbreitet an trockenen, steinigen Hängen bis zu 1900 m Höhe und selten unter 1000 m. Fliegt in einer Generation von Juni bis August. Überwintert als Raupe.
Raupe: Braun mit dunkleren braunen und weißen Streifen. Lebt an Trespe (*Bromus*) und anderen Gräsern.
Puppe: Noch unbekannt.

Blauäugiger Waldportier
Minois dryas
54–63 mm. Schmetterling feuchter Moore und Wiesen, aber auch in trockenen, lichten Wäldern, meist unterhalb 1000 m. Erscheint im Juli und August in einer Generation und fliegt sehr langsam und dicht über dem Boden. Überwintert als Raupe.
Raupe: Gelblich-grau mit dunklen grauen und braunen Streifen. Lebt an Blauem Pfeifengras (*Molinia caerulea*) und anderen Gräsern.
Puppe: Braun und grau, liegt frei an der Erde.

Weißer Waldportier
Brintesia circe
65–73 mm. In lichten Wäldern niedriger Lagen von Juni bis August in einer Generation und jahrweise nicht selten. Der Falter setzt sich gerne an Baumstämme, den Kopf nach oben, und fliegt bei Störungen sehr weit, bevor er sich erneut niederläßt. Überwintert als Raupe.
Raupe: Braun mit schwarzen und dunkleren braunen Streifen. Lebt an Gräsern, besonders Lolch-Arten (*Lolium*).
Puppe: Braun mit gelben Fleckchen.

Gebirgs-Mohrenfalter
Erebia epiphron
35–40 mm. Fliegt im Juni und Juli in einer Generation über Waldlichtungen und Moore bis zu 3000 m, wo er dicht über dem Boden fliegt. Überwintert als Raupe.
Raupe: Grün mit gelben und weißen Streifen. Lebt an Gräsern, vor allem an Schmiele (*Deschampsia*).
Puppe: Hellgrün, ruht in einem losen Gespinst auf der Erde.

Mohrenfalter
Erebia aethiops
40–53 mm. Die einzige Generation dieser Art erscheint zwischen Juli und Anfang September, wobei die Schmetterlinge in der Regel nur bei sonnigem Wetter fliegen, vorzugsweise in grasigem Gelände und auf Waldlichtungen im Hügelland, im Gebirge bis zu 2000 m Höhe, aber auch in Sanddünen an der belgischen Küste. Überwintert als Raupe.
Raupe: Meist gelblich-braun, dunkler und heller braun gestreift. Frißt an Quecke (*Agropyron*) und anderen Gräsern.
Puppe: Dunkelgelb mit braunen Streifen, ruht in einem leichten Gespinst an der Erde.

Gelbäugiger Mohrenfalter
Erebia alberganus
38–43 mm. Der Falter lebt in getrennten Populationen auf subalpinen Wiesen gewöhnlich in oder in der Nähe von Wäldern und in Höhen zwischen 1000 und 2000 m. Er fliegt in einer Generation von Ende Juni bis August. Überwintert vermutlich als Raupe.
Raupe: Grün mit weißen und braunen Streifen. Ernährt sich von Schwingel-Arten (*Festuca*) und anderen Gräsern.
Puppe: Hellgelb und braun.

Brauner Waldvogel
Aphantopus hyperantus
40–50 mm. Häufiger Falter auf Wiesen, an Waldrändern und in lichten Wäldern, im Gebirge bis in 1500 m Höhe. Fliegt in einer Generation im Juni und Juli und besucht gerne Blüten. Überwintert als Raupe.
Raupe: Gelblich-braun mit dunkleren Linien. Lebt an verschiedenen Grasarten, besonders an *Poa* und *Milium*, seltener an Seggen (*Carex*).
Puppe: Gelblich und rötlich-braun, ruht in einem leichten Gespinst an der Erde.

Graubrauner Mohrenfalter
Erebia pandrose
36–46 mm. Ein Falter felsiger Hänge und kurzrasiger Hochgebirgsmatten in Höhen zwischen 1500 und 3000 m. Fliegt in einer Generation von Ende Juni bis Anfang August. In manchen Jahren stellenweise häufig. Überwintert als Raupe.
Raupe: Grün mit schwarzen Streifen. Lebt an Schwingel-Arten (*Festuca*) und Gräsern.
Puppe: Grün und braun, liegt frei auf dem Boden.

Ochsenauge
Maniola jurtina
44–50 mm. Fast überall häufig von Meereshöhe bis über 1500 m. Der Falter tritt vermutlich in nur einer Generation auf. Überwintert als Raupe.
Raupe: Grün mit schwarzen Punkten und weißen und dunkelgrünen Streifen. Lebt an verschiedenen Gräsern, vorzugsweise an Arten des Rispengrases (*Poa*).
Puppe: Grüngelb mit braunen und schwärzlichen Bändern, an einem Grashalm befestigt.

Augenflecke auf Ober- und Unterseite der Flügel, meist in Reihen angeordnet, sind ein Kennzeichen für die Familie der Augenfalter (Satyridae). Hier der Große Heufalter (Coenonympha tullia).

Braungerändertes Ochsenauge
Pyronia tithonus
36–42 mm. Der Falter fliegt mit Vorliebe in Laubwäldern und wird von den Blüten des Salbei-Gamander (*Teucrium scorodonia*) angelockt. Er erscheint im Juli und August in einer Generation und geht nicht höher als 1000 m. Überwintert als Raupe.
Raupe: Entweder grün oder braun, mit schwarzen, braunen und weißen Streifen. Lebt an Gräsern wie dem Wiesen-Knäuelgras (*Dactylis glomerata*).
Puppe: Braun oder grün, mit dunkelbrauner und schwarzer Zeichnung, an Grashalmen befestigt.

Großer Heufalter
Coenonympha tullia
35–40 mm. Schmetterling nasser, sumpfiger Wiesen und Moore, der in einer Generation im Juni und Juli im Norden in tieferen Lagen, in den Gebirgen Südeuropas aber in Höhen bis gegen 2000 m fliegt. Überwintert als Raupe.
Raupe: Grün mit weißen Flecken und dunkelgrünen und weißen Linien. Ernährt sich von Wollgras (*Eriophorum*), Schnabelbinse (*Rhynchospora*) und anderen Sauergräsern. Überwintert an der Stengelbasis der Futterpflanze.
Puppe: Grün mit weißen Punkten, an die Futterpflanze angeheftet.

Kleiner Heufalter
Coenonympha pamphilus
27–34 mm. Eine auf Wiesen überall häufige Art von der Meeresküste bis gegen 2000 m. Der Falter fliegt gewöhnlich in zwei oder mehr Generationen von April an. Überwintert in Nordeuropa als Raupe.
Raupe: Grün mit weißen Punkten und dunklen grünen Linien. Lebt an Gräsern.
Puppe: Grün und braun, an der Futterpflanze befestigt.

Dunkler Heufalter
Coenonympha dorus
32–34 mm. An trockenen, steinigen Stellen bis gegen 2000 m, lokal nicht selten. Die einzige Generation erscheint im Juni oder Juli, Überwintert als Raupe.
Raupe: Grün mit weißen Punkten und dunklen Linien. Lebt an Schwingel (*Festuca*), Straußgras (*Agrostis*) und anderen Gräsern.
Puppe: Noch nicht bekannt.

Perlgrasfalter
Coenonympha arcania
35–40 mm. Der Falter ist in Auen und lichten Wäldern vom Tiefland bis gegen 2000 m recht häufig. Er fliegt in einer Generation von Juni bis August. Überwintert als Raupe.
Raupe: Grün mit dunkleren grünen, weißen und gelben Längsstreifen.
Lebt von Perlgras (*Melica*) und anderen Gräsern.
Puppe: Grün oder rötlich-braun mit brauner Zeichnung.

Waldbrettspiel
Pararge aegeria
35–45 mm. Schmetterling lichter Laubwälder, in denen er durch sein Farbmuster im gebrochenen Sonnenlicht nur schwer zu erkennen ist. Fliegt von März bis Oktober in einer Reihe von Generationen. Überwintert als Raupe oder Puppe.
Raupe: Grün mit dunkleren grünen und gelben Streifen. Lebt an verschiedenen Gräsern, besonders an Quecke (*Agropyron*).
Puppe: Grün oder braun, mit schwarzer und brauner Zeichnung, an die Futterpflanze angeheftet.

Mauerfuchs
Lasiommata megera
35–40 mm. Fliegt mit Vorliebe an warmen, trockenen Plätzen und setzt sich zum Sonnen gerne an Mauern, Steine oder auf den Boden. Oft besucht er auch Buddleia und andere blühende Gartenpflanzen. Die Art erscheint von März an zumeist in zwei oder mehr Generationen und steigt im Gebirge bis gegen 1500 m. Überwintert als Raupe.
Raupe: Bläulich-grün mit dunkleren grünen und weißen Längsstreifen. Frißt z. B. an Wiesen-Knäuelgras (*Dactylis glomerata*).
Puppe: Meist grün mit weißen Punkten, an die Futterpflanze angeheftet.

Braunauge
Lasiommata maera
44–54 mm. An steinigen, grasigen Orten im oder in der Nähe des Waldes häufig, in den Alpen bis gegen 2000 m Höhe. Im Norden und in den höheren Lagen fliegt der Falter in einer Generation von Mai bis September. Überwintert als Raupe.
Raupe: Grün mit weißen und dunkleren grünen Längsstreifen. Lebt an den verschiedensten Grasarten.
Puppe: Schwarz oder grün mit gelben Punkten, meist an der Nahrungspflanze angeheftet.

Gelbringfalter
Lopinga achine
48–54 mm. Die Art fliegt in weit verstreuten Populationen in lichten Laub- und Mischwäldern vom Tiefland bis gegen 1000 m. Sie erscheint in einer Generation von Juni bis August, Männchen früher als Weibchen. Überwintert als Raupe.
Raupe: Grün mit dunkleren grünen und weißen Linien. Lebt an Lolch (*Lolium*), an verschiedenen anderen Gräsern und an Seggen (*Carex*).
Puppe: Grün mit weißen Linien und Punkten.

Männchen
Weibchen
Braungerändertes Ochsenauge
Großer Heufalter
Dunkler Heufalter
Kleiner Heufalter
Waldbrettspiel
Perlgrasfalter
Mauerfuchs
Weibchen
Braunauge
Männchen
Gelbringfalter

Riodiniden
Familie *Riodinidae*

Sehr artenreiche Familie, vor allem in den Tropen Mittel- und Südamerikas; in Afrika und Asien nur wenige Gattungen und nur eine einzige Art in Europa. Die Riodiniden umfassen kleine bis mittelgroße Falter. Bei den Männchen sind die Vorderbeine fast völlig zurückgebildet. Viele Arten sind überaus farbenprächtig oder besitzen metallisch glänzende Flügelflecke. Beide Geschlechter sind im Zeichnungsmuster nur wenig verschieden. Die Raupen sind kurz und oft asselförmig und schwach behaart.

Brauner Würfelfalter
Hamearis lucina
27–34 mm. Schmetterling lichter Wälder und Waldränder, der im Mai und Juni in einer Generation im Norden, im Süden aber von Mai bis August in zwei Generationen auftritt. Ruht gerne auf einem Blatt, wird aber auch oft von den Blüten des Kriechenden Günsels (*Ajuga reptans*) angelockt. Überwintert als Puppe.
Raupe: Braun mit roten Flecken und gelben und dunklen Streifen. Lebt an Primeln.
Puppe: Braun mit schwarzen Punkten.

Bläulinge
Familie *Lycaenidae*

Weltweit verbreitete Familie mit mehreren tausend meist kleiner bis sehr kleiner Arten, vor allem in den Tropen der Alten und Neuen Welt und mit etwa 100 Arten in Europa. Flügel oberseits meist blau, grün, braun, orangefarben oder rot, auf der Unterseite in der Regel aber ganz anders gefärbt und gezeichnet. Die meisten haben ein oder mehrere kurze Schwänzchen am Hinterflügel. Alle drei Beinpaare sind wohlentwickelt. Die beiden Geschlechter unterscheiden sich meist erheblich in der Färbung und Zeichnung.
Die Raupen haben einen asselförmigen Körper, viele von ihnen mit einer speziellen Rückendrüse. Die Puppe ist kurz und rundlich und hängt entweder kopfabwärts, an ihrem Hinterende angesponnen, oder sie liegt auf der Erde.

Birkenzipfelfalter
Thecla betulae
34–36 mm. Der Falter hält sich meist in den Kronen der Eichen auf, besucht aber mitunter auch Blüten am Boden. Er fliegt von Mitte Juli bis Mitte Oktober in einer langgestreckten Generation, im Gebirge bis gegen 1000 m Höhe, und ist recht selten. Überwintert als Raupe in der Eihülle.
Raupe: Grün mit gelben Streifen. Lebt vorzugsweise an Schlehe und Pflaume.
Puppe: Braun, auf der Blattunterseite der Nahrungspflanze.

Blauer Eichenzipfelfalter
Quercusia quercus
24–29 mm. Fliegt in einer Generation von Juni bis August mit Vorliebe um die Kronen alter Eichen, kommt aber gelegentlich zum Besuch von Blüten auf den Erdboden herab. Überwintert als Raupe in der Eihülle.
Raupe: Braun mit dunkler und gelblicher Zeichnung. Lebt zunächst in den Knospen der Triebe, später an jungen Blättern von Eichen.
Puppe: Rötlich-braun mit violett-braunen Punkten, ruht in einem leichten Gespinst in einer Rindenritze oder am Boden.

Eichenzipfelfalter
Nordmannia ilicis
32–37 mm. Lokal nicht selten, wenn auch meist einzeln, an trockenen Plätzen mit Eichengebüsch, bis gegen 1500 m. Der Falter fliegt in einer Generation im Juni und Juli. Überwintert als Raupe.
Raupe: Grün mit dunkleren grünen und gelben Linien. Lebt in Eichenbüschen.
Puppe: Braun oder grau, ruht am Boden dicht beim Stamm.

Ulmenzipfelfalter
Strymonidia w-album
24–38 mm. Lokal und meist nicht häufig in Laubwäldern und Auen, in denen sich der Falter vorwiegend in den Kronen von Ulmen und Linden aufhält. Er fliegt in einer Generation von Juni bis August. Überwintert im Eistadium.
Raupe: Gelblich-grün. Lebt an den Knospen, Blüten und Blättern von Ulmen und Linden.
Puppe: Braun, an einem Blatt oder Zweig der Nahrungspflanze befestigt.

Schlehenzipfelfalter
Strymonidia spini
27–32 mm. Am zahlreichsten im Hügelland bis gegen 1800 m Höhe, an warmen Stellen mit Büschen von Schlehe und Kreuzdorn. Der Falter fliegt in einer Generation von Juni bis Anfang August. Überwintert im Eistadium.
Raupe: Grün mit gelben und weißen Streifen. Lebt vornehmlich an Schlehe und Kreuzdorn (*Rhamnus*), aber auch an anderen niedrigen Büschen.
Puppe: Braun, an einem Ast der Futterpflanze befestigt.

Brombeerzipfelfalter
Callophrys rubi
25–30 mm. Der Falter ist nicht leicht zu entdecken, wenn er mit geschlossenen Flügeln sitzt und das Grün seiner Unterseite sich im Grün des umgebenden Blattwerkes verliert. Er fliegt in einer Generation von April bis Juli und ist an Hecken, Waldrändern und ähnlichen Plätzen vom Tiefland bis gegen 2000 m überall häufig. Überwintert als Puppe.
Raupe: Grün mit gelben Linien. Lebt an Knospen und Trieben von Stechginster (*Ulex*), Geißklee (*Cytisus*), Ginster (*Genista*), Beersträuchern (*Vaccinium*) und anderen Pflanzen.
Puppe: Braun und schwarz, liegt auf der Erde.

Kleiner Feuerfalter
Lycaena phlaeas
25–30 mm. Häufiger Schmetterling auf sandigen Stellen, Heiden und anderen blütenreichen Orten. In Europa erscheint die erste Generation im April oder Mai, die zweite im Juli und August; gelegentlich gibt es noch eine dritte Generation. Überwintert als Raupe.
Raupe: Grün mit weißen und meist auch roten Punkten. Lebt an Ampfer (*Rumex*) und Knöterich (*Polygonum*).
Puppe: Gelblich-braun mit brauner und schwarzer Zeichnung.

Dukatenfalter
Heodes virgaureae
32–35 mm. Lokal verbreitet auf Waldlichtungen und blumenreichen Wiesen, besonders in der Nähe von Wasser, vom Tiefland im Norden bis gegen 2000 m Höhe in den Alpen.
Fliegt von Juni bis August in einer Generation. Überwintert im Eistadium.
Raupe: Grün mit gelben Streifen. Frißt an Sauerampfer (*Rumex acetosella*) und anderen Ampfer-Arten.
Puppe: Braun mit dunkelbrauner Zeichnung.

Violetter Feuerfalter
Heodes alciphron
30–36 mm. Kommt sowohl an feuchten wie auch trockenen Plätzen auf blumenreichen Wiesen vor, oft in hügeligem Gelände. In den Alpen geht er bis 1800 m, im Hohen Atlas in Nordafrika bis gegen 3000 m hoch. Der Falter fliegt, vermutlich in einer Generation, von Mai bis August und besucht mit Vorliebe Thymian (*Thymus*) und Brombeerblüten. Überwintert als Raupe.
Raupe: Grün mit helleren Streifen. Lebt an Ampfer-Arten (*Rumex*), oft in Gesellschaft von Ameisen, und beginnt bereits im September ihre Winterruhe.
Puppe: Bräunlich-grün mit dunkleren Streifen und Punkten, ruht in einem sehr feinen Gespinst nahe der Erde.

Weißbindiger Bläuling
Lampides boeticus
24–36 mm. Wanderfalter, der regelmäßig über die Alpen nach Mitteleuropa vorstößt. Nördlich der Alpen kann diese Art, die am Mount Everest schon oberhalb 3000 m Höhe gefangen worden ist, jedoch niemals erfolgreich überwintern. In Europa fliegt sie in offenem Grasland und auf Luzernefeldern von Juni bis Oktober und tritt in wärmeren Regionen in einer Reihe von Generationen auf, gelegentlich als Schädling an Hülsenfrüchten. Überwintert im Süden.
Raupe: Grün mit dunkleren und gelben Streifen. Lebt an den Blüten und in den Fruchtkapseln von Hülsenfrüchtlern.
Puppe: Rötlich-gelb mit brauner Zeichnung, liegt in einem zusammengesponnenen Blatt.

Kurzschwänziger Bläuling
Everes argiades
20–32 mm. Auf Wiesen, Weiden und offenem Brachland bis gegen 2000 m Höhe in zwei oder drei Generationen von April bis September. Überwintert als Raupe.
Raupe: Zunächst grün, später braun. Lebt an verschiedenen Hülsenfrüchtlern wie Schneckenklee (*Medicago*) und Klee (*Trifolium*).
Puppe: Gelblich-braun, ruht in einem zusammengerollten Blatt der Futterpflanze.

Zwergbläuling
Cupido minimus
18–28 mm. Zumeist an Kalkboden gebunden, von der Meeresküste bis gegen 2400 m Höhe. Im Norden und in höheren Lagen fliegt der Falter im Juni, sonst in zwei Generationen von April bis August. Überwintert als Raupe.
Raupe: Grün oder bräunlich, mit rosafarbenen Streifen. Lebt an den Blüten und Samen verschiedener Hülsenfrüchtler, besonders an Wundklee (*Anthyllis vulneraria*), Herbstraupen überwintern zwischen den vertrockneten Blütenköpfchen der Futterpflanze.
Puppe: Gelblich-grau mit braunen Punkten, an die Futterpflanze oder an benachbartes Gras angesponnen.

Faulbaumbläuling
Celastrina argiolus
20–32 mm. Weit verbreitet, aber meist einzeln in Auen und Gärten, auf Heiden und in buschbestandenem Gelände. Gewöhnlich in zwei Generationen, von denen die erste im April erscheint, im Gebirge nur eine Generation im Juni und Juli. Überwintert als Puppe.
Raupe: Grün mit gelblich-weißer Zeichnung. Lebt auf einer Vielzahl verschiedenster Pflanzen, wie Faulbaum (*Frangula*), Pfaffenhütchen (*Euonymus*), Stechginster (*Ulex*) und Hartriegel (*Cornus*).
Puppe: Ockergelb mit braunen Flecken, meist an der Unterseite eines Blattes angesponnen.

Tragantbläuling
Glaucopsyche alexis
26–34 mm. Vereinzelt an Waldrändern vom Flachland bis gegen 1500 m Höhe. Im Norden fliegt der Falter von April bis Juni in einer Generation, desgleichen in höheren Lagen, während er anderswo von April bis August in zwei Generationen erscheint. Überwintert als Raupe.
Raupe: Grün oder bräunlich, mit dunkleren grünen oder rotbraunen Linien. Lebt an vielen Schmetterlingsblütlern.
Puppe: Graubraun.

Schwarzgefleckter Bläuling
Maculinea arion
35–40 mm. Schmetterling trockener, grasiger Plätze von der Meeresküste bis gegen 2000 m Höhe, oft an Südhängen. Die einzige Generation erscheint im Juni und Juli. Überwintert als Raupe.
Raupe: Matt-ockergelb. Frißt zunächst an Thymianblüten, wird dann von Ameisen in deren Nest transportiert, wo sie sich von Ameisenlarven ernährt. Hier überwintert und verpuppt sie sich auch.
Puppe: Bräunlich-weiß.

Geißkleebläuling
Plebejus argus
28–34 mm. Auf Heideflächen und Grasland, mitunter in Höhen bis über 2000 m nicht selten. Der Falter fliegt bei warmer Witterung bis zur Dämmerung, im Norden in einer Generation im Juli und August, im Süden in zwei Generationen von Mai bis September. Überwintert im Eistadium.
Raupe: Grün oder braun, mit weißen und purpurnen Streifen. Lebt an den Blüten und Blättern verschiedener Hülsenfrüchtler.
Puppe: Zumeist grün, am Grunde der Futterpflanze befestigt.

Silberner Alpenbläuling
Pseudoaricia nicias
23–25 mm. Lebt an trockenen, warmen Plätzen in den Alpen und Pyrenäen von 1200 bis 2000 m Höhe sowie im östlichen Skandinavien. Die Art erscheint im Juli und August in einer Generation. Überwintert im Eistadium.
Raupe: Grün mit dunkleren Streifen. Lebt an Storchschnabel-Arten (*Geranium*).
Puppe: Grün mit dunkleren und roten Streifen, oft am unteren Teil der Futterpflanze befestigt.

Dunkelbrauner Bläuling
Aricia agestis
24–28 mm. Bevorzugt Kalkböden und ist stellenweise nicht selten auf Heiden und blumenreichen, grasigen Hängen, in Europa bis gegen 1000 m. Im Norden fliegt der Falter in einer Generation im Mai und Juni, im Süden jedoch in zwei oder mehr Generationen von Mai bis September. Überwintert als Raupe.
Raupe: Grün mit braunen, purpurroten und weißen Streifen. Lebt an verschiedenen Arten von Storchschnabel (*Geranium*) und Reiherschnabel (*Erodium*).
Puppe: Grün mit rosafarbenen Streifen, ruht auf der Erde, nahe der Futterpflanze.

Idas Bläuling
Lycaeides idas
28–32 mm. Lokal in kleinen Populationen auf Heiden und an trockenen Stellen in Flußauen, von der Meeresküste bis über 2000 m Höhe, im Juni und Juli im Norden und in zwei Generationen von Mai bis August im Süden. Überwintert als Raupe in Ameisennestern.
Raupe: Grün mit braunen und weißen Streifen. Lebt an den verschiedensten Schmetterlingsblütlern, stets in der Nähe von Ameisennestern, in die sie später von den Ameisen gebracht wird.
Puppe: Anfangs grün, später braun.

Violetter Silberfleckenbläuling
Vacciniina optilete
22–25 mm. Vorwiegend alpine und arktische Art, auf Mooren lokal auch in Deutschland. Der Falter fliegt in einer Generation von Juni bis August, vorzugsweise in der Nähe der Futterpflanze und stellenweise recht häufig. Überwintert als Raupe.
Raupe: Grün mit gelben, weißen und schwarzen Linien. Lebt an den Blättern und Blüten von Beersträuchern (*Vaccinium*) und Moosbeere (*Oxycoccus*).
Puppe: Grün und gelb.

Männchen vom Hauhechelbläuling – einem der häufigsten Tagfalter Europas.

Violetter Waldbläuling
Cyaniris semiargus
26–34 mm. Meist häufiger Schmetterling in offenem, blumenreichem Gelände, vom Flachland bis 2000 m hoch in Europa, über 2500 m im Süden seines Verbreitungsgebietes. Fliegt im Juni und Juli in höheren Lagen, von Mai bis August in zwei Generationen im Tiefland. Der Falter saugt gerne an Pfützen und feuchten Stellen. Überwintert als Raupe.
Raupe: Gelblich-grün mit grünen Streifen. Lebt an Hornklee (*Lotus*) und einer Reihe weiterer Schmetterlingsblütler.
Puppe: Gelb mit braunen Punkten, in einem zarten Gespinst an die Futterpflanze angeheftet.

Dunkler Alpenbläuling
Agriades glandon
25–31 mm. Lokal nicht seltene Hochgebirgsart, die alpine Matten – von 1800 m Höhe aufwärts bis zur Schneegrenze in den Alpen, den Pyrenäen und in den Gebirgen Südspaniens und des Balkans – bewohnt. Fliegt in einer Generation von Juni bis August. Überwintert als Raupe.
Raupe: Grün mit roter und weißer Zeichnung. Die jungen Raupen minieren in den Blättern der Alpen-Troddelblume (*Soldanella alpina*) und des Mannsschilds (*Androsace*) und fressen nach der Überwinterung Blüten und Blätter. Tagsüber sind sie unter Steinen verborgen.
Puppe: Graubraun mit gelber Zeichnung, liegt unter einem Stein.

Himmelblauer Bläuling
Lysandra bellargus
30–36 mm. In einzelnen Populationen stellenweise nicht selten an blumenreichen Stellen auf Kalkboden, bis gegen 2000 m Höhe. Fliegt in zwei Generationen im Mai und Juni sowie im August und September. Überwintert als Raupe.
Raupe: Grün mit gelben Streifen. Frißt nachts an Schmetterlingsblütlern, überwintert sofort nach dem Schlupf.
Puppe: Olivbraun und grün, mit dunkleren braunen Streifen, liegt auf der Erde nahe der Futterpflanze.

Silbergrüner Bläuling
Lysandra coridon
29–36 mm. Häufige Art an warmen, grasbestandenen Plätzen mit Kalkboden, vom Flachland, bis gegen 3000 m Höhe. Fliegt im Juli oder August und wird von Blüten und Tierkot angelockt. Überwintert als Raupe in der Eischale.
Puppe: Gelbbraun mit dunkelbrauner Zeichnung, an die unteren Teile der Futterpflanze angeheftet.

Hauhechelbläuling
Polyommatus icarus
25–33 mm. Häufigster europäischer Bläuling an grasigen, blumenreichen Stellen vom Nordkap bis zum Mittelmeer. Der Falter erscheint von Mai bis Juli im Norden und von April bis Oktober in zwei oder drei Generationen im Süden. Überwintert als Raupe.
Raupe: Grün mit dunkleren grünen und weißen Streifen. Frißt an Schmetterlingsblütlern.
Puppe: Braun und grün, liegt in einem leichten Kokon frei am Erdboden.

Dickkopffalter
Familie *Hesperiidae*

Weltweit verbreitete Familie meist kleiner Falter mit etwa 3000 Arten, davon rund 40 Arten in Europa. Die Tiere haben einen gedrungenen Körper, der Kopf ist sehr breit, die Fühlerkolben zugespitzt und meist mit einem Endhaken versehen. Beine bei beiden Geschlechtern gut entwickelt. Viele Dickkopffalter sind auf der Oberseite düster gefärbt, zur näheren Bestimmung dient dann die Flügelunterseite. Männchen und Weibchen sind im Farbmuster kaum verschieden. Die Flügel werden in Ruhe über den Rücken geklappt oder flach nach Art vieler Nachtfalter getragen. Der Flug ist kurz, schnell und stoßweise. Die Raupen haben einen großen, scharf abgesetzten Kopf und leben meist zwischen zusammengesponnenen Blättern. Die Puppe ruht, mit einem Gürtelfaden befestigt, in einem leichten Kokon.

Malvenwürfelfalter
Pyrgus malvae
20–29 mm. Auf Wiesen, Waldlichtungen und in Mooren bis gegen 2000 m Höhe und meist überall häufig. Nachts ruht der Falter oft an Grashalmen oder unter Blütenköpfen. Er fliegt im Norden meist in einer Generation im Mai und Juni, im Süden jedoch in zwei Generationen von April bis August. Überwintert als Puppe.
Raupe: Grün mit braunen und rosafarbenen Streifen. Lebt in zusammengerollten Blättern des Blutauges (*Comarum palustre*) und an einer Reihe anderer Pflanzen.
Puppe: Braun und grün mit schwarzer Zeichnung, ruht in einem leichten Kokon an der Futterpflanze.

Dunkler Dickkopffalter
Erynnis tages
24–30 mm. Bevorzugt an trockenen, offenen Stellen und meist häufig auf Heiden und Wiesen bis in Höhen von 2000 m. Der Falter fliegt im Norden im Mai und Juni, im Süden von April bis zum Spätsommer in zwei Generationen. Er sonnt sich gerne auf dem Boden sitzend, seltener auf Blättern. Überwintert als Raupe in einem Gespinst.
Raupe: Grün. Lebt an Hornklee (*Lotus*), Kronwicke (*Coronilla*) und anderen Schmetterlingsblütlern.
Puppe: Grün, braun und gelb.

Spiegelfleck-Dickkopffalter
Heteropterus morpheus
33–36 mm. Schmetterling des flachen Landes, wo er auf Waldlichtungen und feuchten Wiesen in weit verstreuten Populationen lebt. Fliegt gewöhnlich in einer Generation von Juni bis August, im Süden auch in zwei Generationen. Überwintert als Raupe zwischen zusammengesponnenen Gräsern.
Raupe: Grün oder gelblich, mit dunkelgrünen und weißen Streifen. Lebt an verschiedenen Gräsern.
Puppe: Grün.

Ockergelber Braundickkopffalter
Thymelicus sylvestris
25–30 mm. Fliegt von Juni bis September an feuchten, grasigen Stellen bis über 1500 m. Überwintert als Raupe.
Raupe: Grün und weiß. Lebt in einer Gespinströhre an verschiedenen Grasarten.
Puppe: Gelblich-grün, an der Nahrungspflanze befestigt.

Kommafalter
Hesperia comma
28–31 mm. Im Juli und August auf kalkreichen, grasbestandenen Böden stellenweise häufig. Überwintert im Eistadium.
Raupe: Grün und schwarz. Lebt an Grasarten in einer Röhre aus zusammengesponnenen Halmen.
Puppe: Ruht in einem Kokon, der am Grashalm befestigt ist.

Rostfarbiger Dickkopffalter
Ochlodes venatus
27–35 mm. Der Falter bewohnt Wiesen in Höhenlagen bis gegen 2000 m und fliegt von Mai bis August in einer oder mehr Generationen. Überwintert als Raupe in einem Gespinst am Halm.
Raupe: Überwiegend grün. Lebt in einer Gespinströhre an Trespe (*Bromus*) und anderen Gräsern.
Puppe: Grau und schwarz, ruht in einem Gespinst am Boden.

Pappelschwärmer

Lindenschwärmer

Tannenpfeil

Abendpfauenauge, das seine „Augen" zeigt. Die großen Augenflecken sollen Freßfeinden (Vögeln) ein größeres und gefährlicheres Tier vortäuschen.

Abendpfauenauge

Nachtfalter

Gruppe von Schmetterlingen, die hauptsächlich nachtaktiv sind. Unterscheiden sich von den Tagfaltern dadurch, daß die Fühler meist federartig und nicht keulig verdickt sind. Zu den Nachtfaltern gehören die folgenden Familien: Schwärmer, Wurzelbohrer, Glasflügler, Widderchen, Bärenspinner, Eulenfalter, Glucken Nachtpfauenaugen, Trägspinner, Prozessionsspinner, Zahnspinner, Eulenspinner, Spanner, Sichelflügler, Zünsler und Federgeistchen.

Schwärmer

Familie *Sphingidae*

Kräftig gebaute, mittelgroße bis große Nachtfalter. Vorderflügel schmal, Hinterflügel klein. Sehr gute Flieger und Schwirrflieger. Rüssel meist lang. Ca. 1000 Arten, die meisten in den Tropen, ca. 23 in Europa. Raupen unbehaart, meist mit seitlichen Schrägstreifen und mehr oder weniger gekrümmtem Horn auf dem 11. Körpersegment.

Pappelschwärmer
Laothoe populi
Flügelspannweite: 70–90 mm. Flügel beige-braun, oft mit rosafarbener Tönung, Ränder der Vorderflügel gezackt. Hinterflügel mit ziegelfarbenem Warnfleck, in Ruhestellung vor den Vorderflügel geschoben.
Lebensweise: Weit verbreitet in Europa. Fliegt von Mai – August in feuchten Laubwäldern, am Rand von Sumpfgebieten und Gewässern. 1–2 Generationen jährlich. Überwintert als Puppe am Fuße der Futterpflanzen der Raupe.
Raupe: Bis 60 mm lang, hellgrün bis bläulich-grün mit gelben Diagonalstreifen an den Seiten und gelblichem Horn. Lebt von Juli – September auf Pappeln und Weiden.

Lindenschwärmer
Mimas tiliae
Flügelspannweite: Bis 75 mm. Flügel gelblich-braun mit rosafarbener Tönung und dunkleren Flecken, Ränder der Vorderflügel zackig.
Lebensweise: Weit verbreitet in Europa und Asien. Fliegt von Mai bis Juli meist in Laubwäldern und Parks, frißt nicht. Überwintert als Puppe.
Raupe: Bis 60 mm lang, hellgrün mit gelben Diagonalstreifen an den Seiten und bläulichem Horn. Lebt von Juli bis September auf Linden, Ulmen und verschiedenen anderen Bäumen.

Tannenpfeil
Hyloicus pinastri
Flügelspannweite: 70–80 mm. Flügel dunkelgrau-braun mit wenigen dunkleren Flecken, ganzrandig.
Lebensweise: Bis auf den Süden in ganz Europa weit verbreitet. Fliegt von Mai – Juli vor allem in warmen Niederungen und Kiefernwäldern und ist abends an Blüten zu sehen. Überwintert als Puppe in Moos und Nadelstreu am Fuß der Futterpflanze der Raupe.
Raupe: Bis 75 mm lang. Zuerst grünlich mit weißen Diagonalstreifen an den Seiten, später bräunlich. Lebt von Juli bis September auf Kiefern, Fichten und Lärchen.

Abendpfauenauge
Smerinthus ocellata
Flügelspannweite: 75–95 mm. Flügel rosa-braun mit dunkleren Flekken, Vorderflügel wellig ausgeschnitten, Hinterflügel hellbraun-rosa mit großem, schwarz-blauem Augenfleck. Hinterflügel in Ruhestellung fast waagrecht abstehend und vor den Vorderflügeln.
Lebensweise: Weit verbreitet in Europa und Westasien. Fliegt nachts von Mai – Juli in Obstbaumwiesen, Parks und Laubwäldern, frißt nicht. Überwintert als Puppe.
Raupe: Bis 70 mm lang, grün mit gelben oder lilafarbenen Diagonalstreifen an den Seiten und bläulichem Horn. Lebt von Juli – September auf verschiedenen Laubbäumen, vor allem auf Weiden und Pappeln.

Ligusterschwärmer
Sphinx ligustri
Flügelspannweite: 100–120 mm. Flügel glattrandig, braun-rosa. Körper dunkelbraun und rosa quergestreift.
Lebensweise: Weit verbreitet in Europa und Asien. Fliegt von Mai – Juli, vor allem um Ziersträucher in Parks und Gärten und saugt mit seinem langen Rüssel Nektar aus den Blüten. In Ruhestellung werden die Flügel dicht an den Körper angelegt, so daß der Falter einem abgebrochenen Zweig ähnelt. Überwintert als Puppe im Boden.
Raupe: Bis 75 mm, leuchtend grün mit weiß-schwarzen Diagonalstreifen an den Seiten und einem schwarzen Horn. Lebt von August – September auf Flieder, Liguster und anderen Ziersträuchern. In Ruhestellung strecken die Raupen ihren Vorderkörper in die Höhe.

Totenkopf
Acherontia atropos
Flügelspannweite: 100–135 mm. Einer der größten Schwärmer. Vorderflügel braun mit heller und dunkler Zeichnung. Hinterflügel gelblich mit dunklen Querbinden. Hinterleib mit dikken gelb-braunen Längs- und dünnen dunklen Querstreifen. Mit totenkopfähnlicher Zeichnung auf dem Brustteil.
Lebensweise: Lebt in Afrika und Südwestasien, kommt aber im Frühjahr weit nach Norden. Fliegt bei uns von Mai bis Juni und bildet in südlichen Gegenden eine Sommergeneration. Der Falter besucht keine Blüten, ist jedoch gelegentlich in Bienenstöcken zu finden. Er kann ein mäuseähnliches Quieken erzeugen, wenn man ihn anfaßt. Kann bei uns auch nicht als Puppe überwintern.
Raupe: Bis 125 mm, variiert in der Färbung, meist gelb-grün mit purpurfarbenen Diagonalstreifen an den Seiten und gelbem Horn. Lebt von Juli – September an Kartoffelkraut und verwandten Nachtschattengewächsen.

Windenschwärmer
Agrius convolvuli
Flügelspannweite: 90–120 mm. Flügel glattrandig, dunkelbraun-grau gezeichnet. Hinterleib rötlich-schwarzweiß quergestreift.
Lebensweise: Wandert aus dem Süden zu uns ein und fliegt bei uns von Juli bis August. Er besucht vor allem Röhrenblüten, aus deren Grund er spielend mit seinem bis zu 130 mm langen Rüssel Nektar saugen kann. Da der Rüssel viel länger als der Körper ist, benötigt er schon im Puppenstadium ein besonderes „Fach". Überwintert höchstens im Süden als Puppe.
Raupe: Bis 100 mm, hellgrün bis bräunlich mit schrägen Streifen an den Körperseiten und rötlichem Horn mit schwarzer Spitze. Lebt im Spätsommer an Windengewächsen, gräbt sich im Herbst in den Boden ein und fertigt sich eine Erdkammer mit fester Wand, in der sie sich verpuppt.

Wolfsmilchschwärmer
Hyles euphorbiae
Flügelspannweite: Bis 75 mm. Vorderflügel braun mit hellen und dunklen Zeichnungen und rosafarbenem Rand. Hinterflügel mit schwarzen Querbinden und rosafarbenem Mittelteil.
Lebensweise: Verbreitet in Mittel- und Südeuropa. Fliegt von Mai – August über Weiden, Wiesen und Brachland. Überwintert als Puppe dicht unter dem Boden
Raupe: Bis 80 mm lang und prächtig schwarz-rot-gelb gefärbt. Sie lebt vom Sommer bis in den Herbst an verschiedenen Wolfsmilch-Arten.

Labkrautschwärmer
Hyles gallii
Flügelspannweite: Bis 75 mm. Ähnelt sehr stark dem Wolfsmilchschwärmer, Vorderflügel jedoch etwas dunkler mit deutlicherer Zeichnung.
Lebensweise: Weit verbreitet in Europa. Fliegt von Mai – September in der Dämmerung um blühende Pflanzen. 1–2 Generationen jährlich. Überwintert als Puppe dicht am oder unterm Boden.
Raupe: Bis 80 mm lang, zuerst blaßgrün, dann olivgrün bis bräunlich mit 2 Reihen schwarzgerandeter gelber Flekken auf dem Rücken. Lebt im Sommer an Labkraut und Weidenröschen.

Mittlerer Weinschwärmer
Deilephila elpenor
Flügelspannweite: Bis 70 mm. Flügel und Körper olivgrün und rosafarben.
Lebensweise: In Europa weit verbreitet. Kommt von Mai – September in 1–2 Generationen vor und fliegt nur nachts, um die Blüten von Weidenröschen, Baldrian und Geißblatt zu besuchen. Überwintert als Puppe am Boden.
Raupe: Bis 85 mm lang, bräunlich bis schwarz mit 2 Paar schwarz-rosa Augenflecken hinter dem Kopf. Bei Gefahr schwillt das Bruststück der Raupe stark an, so daß die Augenflecken groß und furchterregend wirken. Sie lebt von Juli bis September vor allem am Waldweidenröschen.

Kleiner Weinschwärmer
Deilephila porcellus
Flügelspannweite: Bis 50 mm. Ähnelt stark dem Mittleren Weinschwärmer, Färbung mehr gelblich-rosa.
Lebensweise: Weit verbreitet in ganz Europa. Kommt von Mai – Juli in 1–2 Generationen über Wiesen, Heidegebieten und an der Küste vor. Fliegt nachts und besucht bevorzugt Blüten von Geißblatt, Licht- und Pechnelken. Überwintert als Puppe am Boden.
Raupe: Bis 50 mm lang, hellbraun oder grün mit Augenflecken, ohne Horn. Lebt von Juli – August an Labkraut, Weidenröschen und Blutweiderich. Tagsüber am Boden verborgen, nachts aktiv.

Taubenschwänzchen
Macroglossum stellatarum
Flügelspannweite: Bis 50 mm. Körper und Vorderflügel grau-braun,

Hinterflügel gelb-orange. Körper mit vogelschwanzähnlichen Anhängen.
Lebensweise: Wanderfalter aus dem Süden. Kommt bei uns von Juni – September vor, ist tagaktiv und steht schwebend und schwirrend zum Nektarsaugen an verschiedenen Blumen. Überwintert nur in wärmeren Gebieten als Puppe.
Raupe: Bis 60 mm lang, grün oder braun mit weißen Flecken und bläulichem Horn. Lebt von Juni – Oktober vor allem an Labkraut-Arten.

Eichenschwärmer
Marumba quercus
Flügelspannweite: Bis 120 mm.
Orange-braun, mit ausgezackten Flügeln.
Lebensweise: Wärmeliebende Art. Fliegt bei uns im Juni – Juli, hauptsächlich in Eichenwäldern. Überwintert im Süden als Puppe.
Raupe: Bis 80 mm lang, grün mit gelben Schrägstreifen und bläulichem Horn. Lebt von Juli – August an Eichen.

Nachtkerzenschwärmer
Proserpinus proserpina
Flügelspannweite: 35–60 mm.
Kleiner Schwärmer mit grün-braunen oder schwarz-braunen Vorderflügeln und orangefarbenen, dunkel gesäumten Hinterflügeln. Flügelränder gezackt.
Lebensweise: In Süd- und Mitteleuropa. Lebt vor allem in Niederungen und an Gewässerufern. Fliegt von Mai – Juni und lebt vom Nektar der Nachtkerze oder des Oleanders. Überwintert in wärmeren Gebieten als Puppe.
Raupe: Bis 60 mm lang, dunkelgrün mit dunklen Schrägstreifen an den Körperseiten. Ältere Stadien braun, ohne Horn. Lebt von Juli bis August an Nachtkerzen und Weidenröschen.

Hummelschwärmer
Hemaris fuciformis
Flügelspannweite: Bis 50 mm.
Dieser Nachtfalter ahmt in seinem Äußeren ganz deutlich eine Hummel nach.
Lebensweise: In den gemäßigten Klimagebieten Europas verbreitet. Fliegt Mai – Juni an sonnigen Tagen über blütenreiche Wiesen. Überwintert als Puppe am Boden.
Raupe: Bis 50 mm lang, oben grün, unten rötlich-braun, seitlich mit rötlichbraunen Flecken. Horn braun mit violetter Basis. Lebt von Juli – August vor allem am Laub vom Geißblatt.

Skabiosenschwärmer
Hemaris tityus
Flügelspannweite: Bis 45 mm.
Unterscheidet sich von der vorigen Art durch einen schmaleren Flügelsaum.
Lebensweise: Verbreitet in ganz Europa. Lebt auf Weideland, feuchten Wiesen und Sumpfgebieten, fliegt von Mai – Juni über blütenreiches Gelände. Überwintert als Puppe im Boden.
Raupe: Bis 40 mm lang, hellgrün bis blaugrün mit rötlichen Flecken und rötlich-braunem Horn. Lebt von Juli – August an den Blättern von Skabiosen.

Eichenschwärmer

Nachtkerzenschwärmer

Hummelschwärmer

Skabiosenschwärmer

Ruhender Hummelschwärmer – in dieser Stellung sieht er der „gefährlichen" Hummel schon täuschend ähnlich.

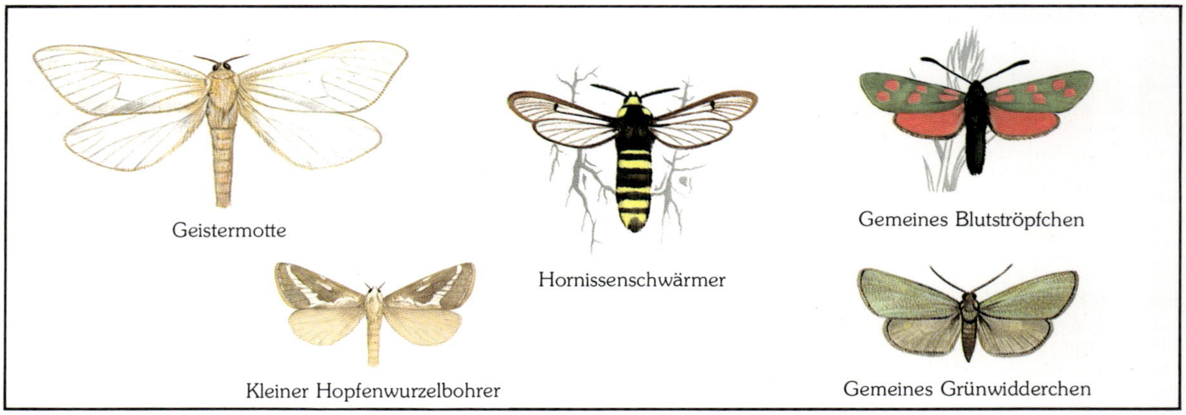

Wurzelbohrer
Familie *Hepialidae*

Mittelgroße bis große Nachtfalter mit kurzen Fühlern. Vorder- und Hinterflügel fast gleich groß, in Ruhestellung dem Körper angelegt. Schnelle Flieger. Die Falter fressen nicht. Raupen meist mit braunem Kopf, fressen vom Sommer bis Frühjahr an Pflanzenwurzeln. Ca. 300 Arten, in Europa nur 7.

Geistermotte
Hepialus humuli
Flügelspannweite: Bis 46 mm. Flügeloberseite beim Männchen silbrigweiß, beim Weibchen rötlich-gelb.
Lebensweise: Verbreitet in Nord- und Mitteleuropa. Fliegt von Juni – Juli über Wiesen und Feldern.

Kleiner Hopfenwurzelbohrer
Hepialus lupulinus
Flügelspannweite: 25–40 mm. Weibchen größer als Männchen. Vorderflügel weiß-braun, Hinterflügel bräunlich.
Lebensweise: Verbreitet in ganz Europa. Fliegt Mai – Juli über Wiesen, Äckern, Gärten.

Glasflügler
Familie *Sesiidae*

Kleine bis mittelgroße, wespenähnliche Nachtfalter mit langen schmalen, meist glasklaren Flügeln. Raupen nackt, gelblich-braun, leben im Holz verschiedener Bäume und Sträucher.

Hornissenschwärmer
Sesia apiformis
Flügelspannweite: 30–40 mm. Einer der größten Glasflügler. Ähnelt im Aussehen einer Hornisse, jedoch ohne „Wespentaille".
Lebensweise: Weit verbreitet in den wärmeren Gebieten Europas. Fliegt tagsüber von Mai – August vor allem an Waldrändern und in feuchten Gebieten. Überwintert als Raupe und Puppe.
Raupe: Bis 25 mm lang, gelblichweiß mit rotbraunem Kopf, lebt 2–5 Jahre in den Wurzeln und unteren Stammteilen von Pappeln und Weiden.

Widderchen, Blutströpfchen
Familie *Zygaenidae*

Auch am Tage fliegende mittelgroße, dickleibige Nachtfalter mit metallisch grün oder blau glänzenden Flügeln. Ca. 800 Arten, davon 24 in Mitteleuropa. Raupen kurz und dick, wenig behaart, Haare sternförmig auf Warzen angeordnet.

Gemeines Blutströpfchen
Zygaena filipendulae
Flügelspannweite: Bis 30 mm. Am häufigsten vorkommende Art dieser Familie. Mit Warnfärbung: Vorderflügel grün bis schwarz mit roten Flecken, Hinterflügel rot mit dunklem Rand.
Lebensweise: Weit verbreitet in ganz Europa. Lebt von Juni – September in blütenreichen, feuchten Wiesen, an Waldrändern und in Lichtungen. Fliegt nur bei Sonnenschein. Überwintert als Raupe.
Raupe: Bis 25 mm lang, gelblichgrün mit schwarzen und gelben Flecken, ungenießbar wie der Falter. Lebt vom Herbst bis zum Frühjahr an Schmetterlingsblütlern.

Gemeines Grünwidderchen
Adscita statices
Flügelspannweite: Bis 20 mm. Kleines Widderchen mit hellgrün schillernden Vorderflügeln und grünlichweißen bis bräunlichen Hinterflügeln.
Lebensweise: In ganz Europa häufig auf feuchten Wiesen und an blütenreichen Hängen. Fliegt bei Sonnenschein von Mai – August. Überwintert als Raupe.
Raupe: Bis 25 mm lang, gelblich- bis grünlichweiß mit kleinen braunen, haarigen Warzen. Lebt an Ampfer-Arten vom Herbst bis zum Frühjahr.

Links: Dieser Braune Bär stellt seine Warnfärbung sehr deutlich zur Schau.

Bärenspinner
Familie *Arctiidae*

Meist lebhaft gefärbte, mittelgroße Nachtfalter mit stark behaartem Körper. Die Falter fressen meist nicht. Raupen dicht bürstenartig behaart.

Brauner Bär
Arctia caja
Flügelspannweite: 50–80 mm.
Meist Vorderflügel gelb-braun, Hinterflügel orangefarben mit schwarzen Flecken.
Lebensweise: Weit verbreitet in Europa, lebt in Wäldern, Öldland und Parks. Fliegt nachts von Juni – August. Überwintert als halberwachsene Raupe.
Raupe: Bis 60 mm lang, schwarz und dicht mit langen, am Rücken schwarzen, an den Seiten rotbraunen Haaren bedeckt. Lebt ab August an verschiedenen niederwüchsigen Kräutern.

Russischer Bär
Euplagia quadripunctaria
Flügelspannweite: 50–65 mm.
Ähnelt dem Braunen Bär, Vorderflügel jedoch dunkler.
Lebensweise: Verbreitet in Süd- und Mitteleuropa. Fliegt tagsüber von Juni – September an warmen, sonnigen Plätzen. Überwintert als Raupe.
Raupe: Bis 50 mm lang, dunkelbraun, haarig, mit breitem gelbem Rückenstreifen und gelblich-weißen Seitenflecken. Lebt an krautigen Pflanzen.

Kleiner Bärenspinner
Cymbalophora pudica
Flügelspannweite: 40–50 mm.
Ähnelt dem Braunen Bär, jedoch blasser in der Färbung, Körper schlanker und orange-schwarz gezeichnet.
Lebensweise: Verbreitet in Südeuropa. Fliegt im Spätsommer und Herbst über krautigem Gelände.
Raupe: Bis 30 mm lang, mit kurzen, graubraunen Haaren besetzt. Lebt vor allem an Gräsern.

Jakobskrautbär, Blutbär
Tyria jacobaeae
Flügelspannweite: 35–45 mm.
Vorderflügel schwarz, mit 2 roten Flecken und einem roten Streifen am Vorderrand, Hinterflügel rot mit schwarzem Saum.
Lebensweise: Verbreitet in ganz Europa. Lebt bevorzugt in trockenen Wiesen; fliegt von Mai – Juli, meist nachts. Überwintert als Puppe am Boden.
Raupe: Bis 25 mm lang. Mit orange-gelb-schwarzer Warnfärbung. Lebt in kleinen Gruppen zusammen von Juli – August an Kreuzkräutern.

Gelbe Tigermotte, Holunderbär
Spilosoma lutea
Flügelspannweite: 30–40 mm.
In Grundfarbe (weiß bis gelb) und Ausdehnung der dunklen Flecken auf den Flügeln sehr variabel.
Lebensweise: Verbreitet in fast ganz Europa, bevorzugt feuchtere Lebensräume mit reicher Vegetation. Fliegt vor allem nachts von Mai – Juli. Überwintert als Puppe.
Raupe: Bis 40 mm lang, braun, mit Büscheln rötlichbrauner Haare besetzt, einem roten Rückenstreifen und gelblichweißen Seitenstreifen. Lebt von Juli bis Oktober an verschiedenen niederwüchsigen Kräutern (Ampfer, Wegerich).

Weiße Tigermotte, Minzenbär
Spilosoma lubricipeda
Flügelspannweite: 35–50 mm.
Weißlich-schwarz gezeichneter Bärenspinner. Die schwarzen Flecken können z. B. ganz fehlen oder aber auch zu Linien und Streifen zusammenfließen.
Lebensweise: In Europa weit verbreitet, in fast allen Lebensräumen. Fliegt von Mai – August. Überwintert als Puppe.
Raupe: Bis 50 mm lang, dunkel graubraun, behaart, mit dunkelbraunen Haarbüscheln und rotem bis orangefarbenem Rückenstreifen. Lebt an verschiedenen krautigen Pflanzen.

Eulenfalter
Familie *Noctuidae*

Sehr artenreiche Familie mittelgroßer Nachtfalter mit meist dunkel gefärbten, charakteristisch gezeichneten Flügeln, die in Ruhe dachförmig über den dichtbehaarten, gedrungenen Körper gelegt werden. Raupen walzenförmig, meist nackt, nachtaktiv, meist große Schädlinge.

Gemeine Graseule
Agrotis exclamationis
Flügelspannweite: 35–45 mm.
Erdeule. Vorderflügel braun mit dunklen Flecken, Hinterflügel gelblich-weiß.
Lebensweise: In Europa weit verbreitet, lebt vor allem in Feldern, Gärten und Wiesen. Fliegt nachts von Juni–September. Überwintert als Raupe in einer Erdhöhle im Boden.
Raupe: Bis 40 mm lang, oben braun, unten grau. Lebt an verschiedenen krautigen Pflanzen.

Schwarze Garteneule
Mamestra persicariae
Flügelspannweite: 35–50 mm.
Vorderflügel schwarzbraun mit nierenförmigem Fleck, Hinterflügel graubraun.
Lebensweise: In Europa weit verbreitet. Lebt bevorzugt in Gärten, Parkanlagen und Feldern. Fliegt nachts von Juni bis September. Überwintert als Puppe.
Raupe: Bis 45 mm lang, grau-grün bis dunkelbraun mit dunklen, dreieckigen Flecken auf dem Rücken und kegelförmigem Vorsprung am Hinterende. Lebt von Juli – Oktober an krautigen Pflanzen.

Hausmutter
Noctua pronuba
Flügelspannweite: 50–60 mm.
Vorderflügel hell- bis dunkelbraun mit nierenförmigem Fleck, Hinterflügel gelborange mit dunkelbraunem Randstreifen.
Lebensweise: In ganz Europa häufig und weit verbreitet, in Gärten, Wiesen, Äckern und Weiden. Fliegt nachts von Juni – Oktober. Überwintert als Raupe.
Raupe: Bis 50 mm lang, braun oder grün mit zwei Reihen schwarzer Flecken auf dem Rücken. Lebt von Juli – April von Blättern, Stengeln und Wurzeln verschiedener krautiger Pflanzen. Tagsüber im Boden verborgen, nachts aktiv.

Grüne Eicheneule
Dichonia aprilina
Flügelspannweite: 40–50 mm.
Vorderflügel grünlich-grau und schwarz gemustert, Hinterflügel dunkelgrau.
Lebensweise: Im gemäßigten und warmen Europa an Eichenbäumen, jedoch recht selten. Fliegt von August bis Oktober. Überwintert als Ei.
Raupe: Bis 40 mm lang, olivgrün oder bräunlich mit einer geraden weißen und zwei zickzackförmigen schwarzen Rückenlinien. Von Mai – Juni an Eichen.

Malachiteule
Staurophora celsia
Flügelspannweite: Bis 50 mm.
Vorderflügel braun mit großen hellgrünen Flecken, Hinterflügel braun mit schmalem hellem Saum.
Lebensweise: Verbreitet in Nord- und Mitteleuropa, vor allem in Kiefernwäldern, selten. Fliegt September – Oktober. Überwintert als Ei.
Raupe: 40–50 mm lang, gelblich-grün mit schwarzen Flecken und braunem Kopf. Lebt von Juni – August an Gräsern.

Pfeileule, Schleheneule
Apatele psi
Flügelspannweite: 35–45 mm.
Vorderflügel grau-braun mit schwarzer Zeichnung, Hinterflügel schmutzigweiß.
Lebensweise: Fast ganz Europa. Lebt in Wäldern, Gärten und Hecken. Fliegt im Juni. Überwintert als Puppe.
Raupe: Bis 50 mm, dunkelgrau bis blauschwarz, mit breitem gelbem Rükkenstreifen und roten Flecken an den Seiten. Hinter dem Kopf mit einem schlanken schwarzen Zapfen. Lebt von Juni – August auf Schlehen- und Weißdornbüschen und Obstbäumen.

Goldeule
Xanthia citrago
Flügelspannweite: 35–40 mm.
Vorderflügel meist orangefarben mit dunklerer Aderung, Hinterflügel gelblich-weiß.
Lebensweise: Fast ganz Europa, überall dort, wo Lindenbäume blühen. Fliegt von Juli – September. Überwintert als Ei.
Raupe: Bis 35 mm lang, rötlich-braun mit Reihen schwarzer und weißer Flekken. Lebt von April – Juni an den Blättern und Trieben von Linden.

Wollkrauteule, Brauner Mönch
Cucullia verbasci
Flügelspannweite: Bis 50 mm.
Der ruhende Falter ähnelt einem abgebrochenen Zweig oder Rindenstück.
Lebensweise: In Europa weit verbreitet, über offenem Gelände. Fliegt April bis Juni aus. Überwintert als Puppe.

Raupe: Bis 50 mm lang, weißlich bis blaugrün mit typischer schwarz-gelber Warnzeichnung. Lebt von Mai – Juni auf den Blättern der Königskerze.

Achateule
Phlogophora meticulosa
Flügelspannweite: 40 – 50 mm.
Im Ruhezustand sieht der Falter wie ein welkes Blatt aus.
Lebensweise: In Europa weit verbreitet. Fliegt vor allem nachts von Mai – September und besucht Blüten. Überwintert im Süden.
Raupe: Bis 45 mm lang, grün oder braun mit einer Linie weißer Punkte auf dem Rücken. Im Sommer an niedrigwüchsigen krautigen Pflanzen.

Dunkler Wurzelfresser
Apamea monoglypha
Flügelspannweite: Bis 50 mm.
Färbung sehr variabel.
Lebensweise: In Europa häufig und weit verbreitet. Fliegt von Juli – August. Überwintert als Raupe.
Raupe: Bis 60 mm, plump, grau-weiß mit glänzend schwarzen Flecken und glänzend schwarzem Kopf. Lebt an verschiedenen Gräsern.

Heller Wurzelfresser
Apamea lithoxylaea
Flügelspannweite: Bis 50 mm.
Heller als die vorige Art.
Lebensweise: Wärmeliebender als vorige Art. Fliegt von Juni – Juli über grasreichen Lebensräumen. Überwintert als Raupe.
Raupe: Bis 60 mm lang, grau-weiß mit dunklen Flecken und hellbraunem Kopf.

Zimteule, Zackeneule
Scoliopteryx libatrix
Flügelspannweite: 40 – 50 mm.
Vorderflügel beige-braun mit 2 hellen Querstreifen und orangeroten Flecken.
Lebensweise: Weit verbreitet in ganz Europa. Lebt in feuchteren Lebensräumen und am Wasser. Fliegt nachts von August – Oktober, überwintert als Falter in Baumhöhlungen.
Raupe: Bis 45 mm, schlank, grün mit je einer gelben Linie an den Seiten. Lebt an Weiden und Pappeln.

Rotes Ordensband
Catocala nupta
Flügelspannweite: 70 – 90 mm.
Vorderflügel grau-braun gemustert, Hinterflügel schwarz-rot.
Lebensweise: In Europa weit verbreitet, bevorzugt an feuchteren Stellen. Fliegt nachts von August – September. Überwintert als Ei.
Raupe: Bis 70 mm lang, langgestreckt, grau mit rotbrauner Zeichnung und zwei hervorstehenden Zapfen. Lebt auf Weiden und Pappeln.

Gammaeule
Autographa gamma
Flügelspannweite: 30 – 45 mm.
Vorderflügel dunkelbraun mit silbrigweißem gammaförmigem Zeichen.
Lebensweise: Wanderfalter. Fliegt meist im Frühsommer aus dem Süden ein und kehrt im Herbst zurück.
Raupe: Bis 40 mm lang, grünlich mit welligen weißen Linien am Rücken.

Messingeule
Diachrysia chrysitis
Flügelspannweite: 30 – 45 mm.
Vorderflügel gelb mit brauner Zeichnung, Hinterflügel braun.
Lebensweise: In Europa weit verbreitet. Fliegt nachts von Mai – September in 2 Generationen. Überwintert als Raupe.
Raupe: Bis 40 mm, blaßgrün mit dunkler Linie auf dem Rücken. Lebt an Brennesselblättern.

Glucken
Familie *Lasiocampidae*

Mittelgroße bis große, dickleibige, etwas plumpe Nachtfalter, Weibchen größer als Männchen. Färbung meist braun. Falter fressen nicht. Raupen dicht kurz behaart, mit seitlich abstehenden Haarbüscheln, oft bunt gefärbt.

Eichenspinner, Quittenvogel
Lasiocampa quercus
Flügelspannweite: 60–90 mm.
Weibchen gelb-orange mit je einem weißen, dunkelgerandeten Fleck auf den Vorderflügeln, Männchen braunbeige mit gelblichem Band.
Lebensweise: In Europa verbreitet, jedoch relativ selten. Lebt im Wald, in Heide- und Moorgebieten. Fliegt von Mai – August. Überwintert als Raupe.
Raupe: Bis 90 mm lang, braun mit schwarzen Einschnitten zwischen den Segmenten und feinen Seitenstreifen, blaßbraun behaart. Lebt an Brombeere, Schlehe, Weißdorn und Heidekraut.

Kupferglucke
Gastropacha quercifolia
Flügelspannweite: 50–80 mm.
Flügel kupferbraun und gezackt, Hinterflügel waagrecht ausgestellt, Vorderflügel dachartig zusammengelegt.
Lebensweise: Weit verbreitet in Europa und Asien. Lebt in lichten Laubwäldern, Gärten und Hecken. Fliegt von Mai – August. Überwintert als Raupe.
Raupe: Bis 100 mm lang, braungrau mit fleischigen Lappen an den Körperseiten und langen braunen Haaren. Lebt von den Blättern von Schlehe, Weißdorn, Weide und Obstbäumen.

Grasglucke, Trinkerin
Philudoria potatoria
Flügelspannweite: 40–70 mm.
Vorderflügel gelbbraun mit 2 weißen, dunkelgerandeten Flecken und dunklem Diagonalstreifen.
Lebensweise: In ganz Europa verbreitet. Lebt in warmen, grasreichen Gebieten. Fliegt von Mai – August im Dunkeln. Überwintert als Raupe.
Raupe: Bis 60 mm, haarig, dunkelgrau bis schwarz, mit Linien gelblicher Flekken auf dem Rücken, schwarzen, braunen, gelben und weißen Haarflecken und zwei deutlichen Haarschöpfen, einem hinter dem Kopf und einem am Körperende. Lebt an verschiedenen Gräsern und benötigt viel Feuchtigkeit.

Ringelspinner
Malacosoma neustria
Flügelspannweite: 30–45 mm.
Sehr variabel in der Zeichnung.
Lebensweise: Häufige Art, in ganz Europa und Asien verbreitet. Bewohnt Laubwälder, Obstbaumalleen und Gärten. Fliegt nachts von Juli – August. Überwintert als Ei.
Raupe: Bis 50 mm, haarig, schieferblau mit roten, schwarzen und gelben Längsstreifen. Lebt in einem gemeinsamen Gespinst an Weißdorn, Schlehe und Obstbäumen.

Nachtpfauenaugen
Familie *Saturniidae*

Meist große bis sehr große Nachtfalter mit doppeltgekämmten Fühlern und bunten Augenflecken auf Vorder- und Hinterflügeln. Raupen mit Borsten auf Knopfwarzen, meist bunt gefärbt.

Kleines Nachtpfauenauge
Saturnia pavonia
Flügelspannweite: 50–80 mm.
Graubraun, orange und gelblich gemustert, mit hellem Saum an den Flügeln und 4 großen dunklen Augenflecken.
Lebensweise: In ganz Europa und Asien verbreitet. Fliegen März – Juli, Männchen tagsüber, Weibchen nachts. Überwintert als Puppe.
Raupe: Bis 70 mm lang, jung schwarzorange gefärbt, später grün mit schwarzen Flecken und gelben oder rosafarbenen, behaarten Warzen. Lebt u. a. an Brombeere, Heidekraut und Weiden.

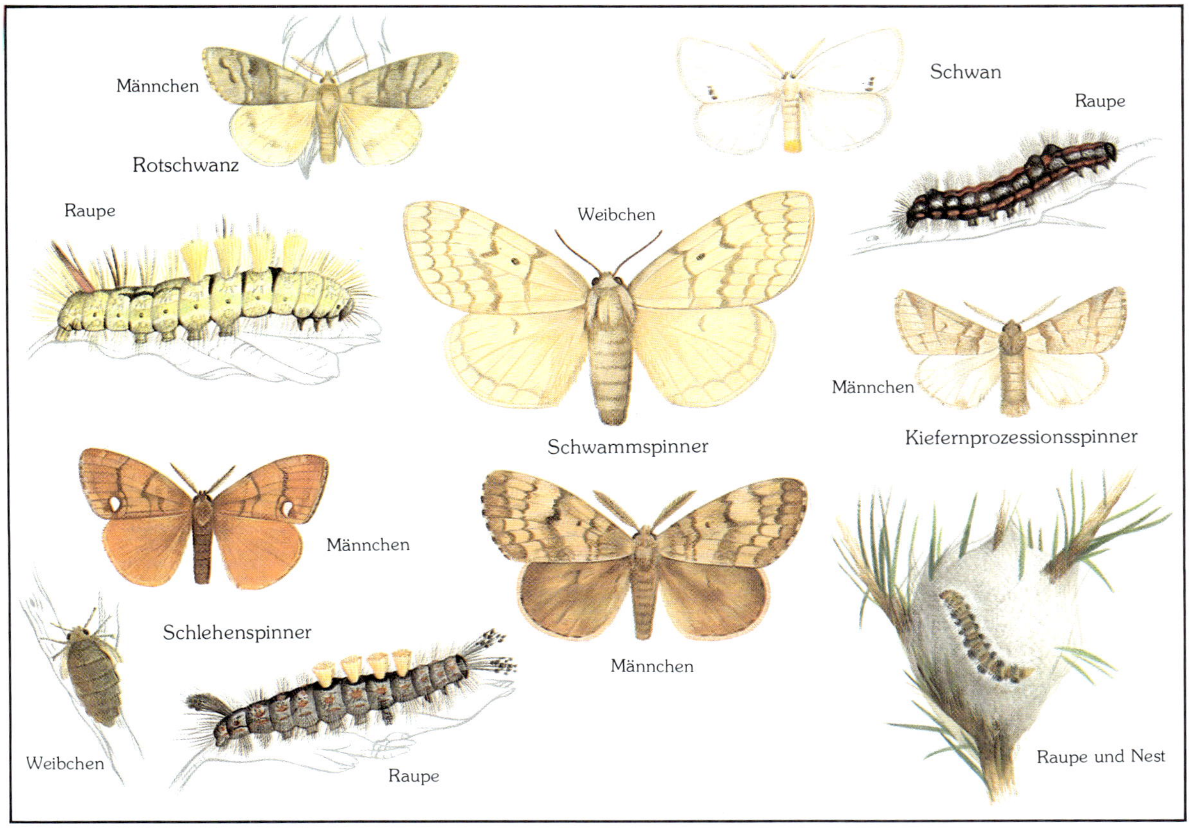

Träg- oder Schadspinner
Familie *Lymantriidae*

Mittelgroße bis große, plumpe, dichtbehaarte Nachtfalter. Weibchen größer als Männchen, Fühler kammzähnig. Falter fressen nicht. Raupen dicht behaart, mit bunten, behaarten Knopfwarzen, 4–5 Haarbüscheln und langen -pinseln. Viele große Schädlinge.

Rotschwanz, Streckfuß
Dasychira pudibunda
Flügelspannweite: 50–70 mm.
Färbung grau- oder braun-weiß, gut getarnt an Rinden.
Lebensweise: Verbreitet in Nord- und Mitteleuropa. Lebt vor allem in Wäldern und Hopfenanlagen. Fliegt im Mai bis Juni. Überwintert als Puppe.
Raupe: Bis 45 mm lang, gelb oder hellgrün, mit 4 gelben, bürstenartigen Haarbüscheln hinter dem Kopf und einem längeren, roten am Körperende. Lebt von Mai – September an Laubbäumen und Hopfen.

Schwan
Porthesia similis
Flügelspannweite: 35–45 mm.
Weißlich-gelb mit gelbem, büscheligem Hinterende und 1–3 dunkleren Fleckchen auf den Vorderflügeln. Flügelränder fransig. Beine stark behaart.
Lebensweise: Weit verbreitet in ganz Europa in Hecken, Wäldern und Buschland. Fliegt von Juni – August und faltet beim Ruhen die Flügel dachartig zusammen. Überwintert als Raupe.
Raupe: Bis 35 mm lang, schwarz mit leuchtend orangeroter Rückenlinie, Rückenflecken und Büschel weißer Haare an den Seiten, deren Basis rot gefleckt ist. Lebt an Laubgehölzen.

Schlehenspinner
Orgyia antiqua
Flügelspannweite: Männchen 35–40 mm (Weibchen fast flügellos).
Männchen hellbraun mit je einem tropfenförmigen weißen Fleck auf den Vorderflügeln, Weibchen asselförmig.
Lebensweise: In ganz Europa verbreitet. Lebt in Laub- und Mischwäldern, Parks und Gärten. Die Männchen fliegen tagsüber von Juni – Oktober, die Weibchen bleiben auf ihrem Kokon sitzen und werden hier befruchtet. Die Eier überwintern.
Raupe: Bis 40 mm lang, grauschwarz mit roten Warzen, 4 pinselförmigen gelben oder braunen Haarbüscheln auf dem Rücken, schwarzen, längeren Haarbüscheln seitlich am Kopf und am Hinterende. Leben von April – September an Laubbäumen, Sträuchern und niederwüchsigen Pflanzen.

Schwammspinner
Lymantria dispar
Flügelspannweite: 40–65 mm.
Sehr variabel in Färbung und Zeichnung.
Lebensweise: Weit verbreitet in Europa, großer Schädling der Laubbäume. Fliegt tagsüber von Juli – September in 1 Generation. Nur die Männchen fliegen, die Weibchen sind trotz der größeren Flügel flugunfähig und halten sich stets bei ihrem Kokon auf. Die Eier überwintern.
Raupe: Bis 60 mm lang, grau mit blaßbrauner Rückenlinie und einer Reihe blauer und roter Flecken, die Haarbüschel tragen. Lebt an verschiedenen Laubbäumen.

Prozessionsspinner
Familie *Thaumetopoeidae*

Kiefern-Prozessionsspinner
Thaumetopoea pityocampa
Flügelspannweite: 30–50 mm.
Weiß-brauner Falter mit gemusterten Vorderflügeln.
Lebensweise: In Mittel- und Südeuropa verbreitet, jedoch an Kiefernwälder gebunden, in denen die Raupen große Schäden anrichten können. Fliegt von Mai – Juni in einer Generation . Überwintert als Raupe im Nest.
Raupe: Bis 50 mm lang, blauschwarz mit Büscheln brauner Haare.
Die Raupen leben gemeinsam in einem großen seidenen Nest.

Zahnspinner
Familie *Notodontidae*

Mittelgroße, meist plumpe, unscheinbar grau oder braun gezeichnete Nachtfalter mit dichtbeschupptem Kopf, stark behaartem Körper und meist dichtbehaarten Beinen. Schnelle Flieger. Raupen nackt oder nur dünn behaart, oft mit höckerigen Auswüchsen auf dem Rücken.

Großer Gabelschwanz
Cerura vinula
Flügelspannweite: 60–80 mm. Weißbrauner Nachtfalter mit dickem, plumpem Körper.
Lebensweise: In Europa weit verbreitet. Lebt in lichten, feuchten Wäldern, in Hecken und an Waldrändern. Fliegt von Mai – Juli in 1 Generation, überwintert als Puppe.
Raupe: Bis 70 mm lang, grün mit sattelähnlicher, brauner, gelb umrandeter Zeichnung auf dem Rücken. Die letzten Beinpaare sind zu einer Schwanzgabel umgeformt. Lebt an Weiden und Pappeln.

Mondvogel
Phalera bucephala
Flügelspannweite: 50–70 mm. Vorderflügel graubraun mit goldgelben Spitzen, Hinterflügel hellgelb.
Lebensweise: Überall in Europa in Laubwäldern anzutreffen. Fliegt Mai bis Juli in 1 Generation. Überwintert als schwarze Puppe im Boden.
Raupe: Bis 80 mm lang, orangegelb mit schwarzen Längsbändern, dicht wollig behaart. Lebt von Juni – September an Laubgehölzen.

Zickzackspinner
Notodonta ziczac
Flügelspannweite: 40–50 mm. Vorderflügel gelblich-braun gemustert, Hinterflügel beige-braun, Körper dicht dunkel behaart.
Lebensweise: In ganz Europa und Asien weit verbreitet. Lebt an feuchten Waldrändern, in Hecken, Bach- und Flußtälern. Fliegt von April – August in 2 Generationen. Überwintert als Puppe im Boden.
Raupe: Bis 40 mm lang, bräunlich- bis rosa-grau mit gelbem Rückenstreifen, zwei großen Höckern hinter dem Kopf und einem am Hinterende. Von Juni – November an Weiden und Pappeln.

Eulen- oder Wollrückenspinner
Familie *Thyatiridae*

Nachtfalter mit gedrungenem, behaartem Körper. Raupen spärlich beborstet, höckerig oder glatt mit großem Kopf.

Roseneule, Brombeereule
Thyatira batis
Flügelspannweite: 30–40 mm. Vorderflügel oliv-braun mit rosa-weißen Flecken. Hinterflügel grünlich-braun.
Lebensweise: Weit verbreitet in Nord- und Mitteleuropa in Wäldern, Gärten und Parks. Fliegt nachts von Mai – August in 1 – 2 Generationen. Überwintert als Puppe in einem Kokon aus Blättern.
Raupe: Bis 40 mm lang, braun mit weißen Flecken und einer Reihe von Zapfen auf dem Rücken. Lebt an Brombeer- und Himbeerblättern.

Achatspinner
Habrosyne pyritoides
Flügelspannweite: 30–45 mm. Mit braunen Vorderfügeln mit dunkler Zickzackzeichnung und hellen Querbändern.
Lebensweise: Verbreitet im gemäßigten Europa, bevorzugt in Wäldern und

Rechts oben: An hellen, flechtenbesetzten Rinden ist der Kalkfleck-Spanner sehr gut getarnt.
Rechts: Raupe vom Stachelbeerspanner.

Parks. Fliegt Mai – August in 1 Generation. Überwintert als Puppe im Boden.
Raupe: Bis 40 mm lang, rötlich-braun mit dunkler Rückenlinie und je einem schwarzgerandeten weißen Fleck an den Seiten. Lebt an Brombeeren und Weißdorn.

Spanner
Familie *Geometridae*

Kleine bis mittelgroße, meist schlanke, feinbeschuppte Nachtfalter. Flügel relativ groß und dünnhäutig. Ca. 12000 weltweit verbreitete Arten, davon ca. 500 in Mitteleuropa. Raupen sehr anpassungsfähig und gut getarnt. Mit 3 rückgebildeten Bauchfußpaaren und 2 Paar Nachschiebern. Beim Laufen ergibt sich der typische schnelle Spannergang mit hochgekrümmtem Körper. In Ruhe und Schreckstellung mit starrem, zweigähnlich abgestrecktem Körper.

Schlehen-Grünflügelspanner
Hemithea aestivaria
Flügelspannweite: 20–30 mm.
Mit grau-grünen Flügeln und 2 weißen Querbändern auf Vorder- und Hinterflügel.
Lebensweise: In den gemäßigten Zonen Europas verbreitet, bevorzugt in Buschland. Fliegt von Mai – August in 1 Generation. Überwintert als Raupe.
Raupe: Bis 30 mm lang, schlank, grün mit rotbraunen Zeichnungen und schwarzen, V-förmigen Rückenflecken. Lebt an Laubbäumen und Büschen.

Ockergelber Blattspanner
Camptogramma bilineata
Flügelspannweite: 20–30 mm.
Sehr variable Art mit hellgelben bis braunen Flügeln mit hellen und dunklen, wellenförmigen Querlinien.
Lebensweise: In Europa weit verbreitet an feuchten, buschigen Standorten. Fliegt von Mai – August in 1–2 Generationen. Überwintert als Raupe.
Raupe: Bis 25 mm lang, grün oder braun. Lebt an verschiedenen niederwüchsigen Pflanzen und Gras.

Gemeiner Blattspanner
Xanthorhoe fluctuata
Flügelspannweite: 20–30 mm.
Gelblich-weißer Spanner mit dunkelbraunen Flecken auf den Vorderflügeln.
Lebensweise: Bevorzugt in Niederungen im Wald, in Hecken und Gärten. Fliegt von April – September in 2 Generationen. Überwintert als Puppe im Boden.
Raupe: Bis 25 mm lang, grau bis grün mit blasseren, trapezförmigen Flecken auf dem Rücken. Lebt von Juni – Oktober vor allem auf Kreuzblütlern.

Kalkfleck-Spanner
Eupithecia centaureata
Flügelspannweite: 20–25 mm.
Weiß-grau-brauner kleiner Spanner. Ruht mit ausgebreiteten Flügeln.
Lebensweise: Häufig in ganz Europa, bevorzugt in Gärten und Brachland. Fliegt von Mai – September in 2 Generationen. Überwintert als Puppe im Boden.
Raupe: Bis 20 mm lang, grün bis gelblich, meist mit rötlichen Flecken auf dem Rücken. Lebt Juni – Oktober von den Blüten verschiedener Korbblütler.

Stachelbeerspanner, Harlekin
Abraxas grossulariata
Flügelspannweite: 35–40 mm.
Mit auffälliger gelb-schwarz-orangefarbener Zeichnung.
Lebensweise: In ganz Europa verbreitet. Bevorzugt in Gärten, Hecken und offenem Buschland. Fliegt von Juni – August in 1 Generation. Überwintert als Raupe.
Raupe: Bis 40 mm, in den gleichen Warnfarben gefärbt wie der Falter. Lebt an Sträuchern.

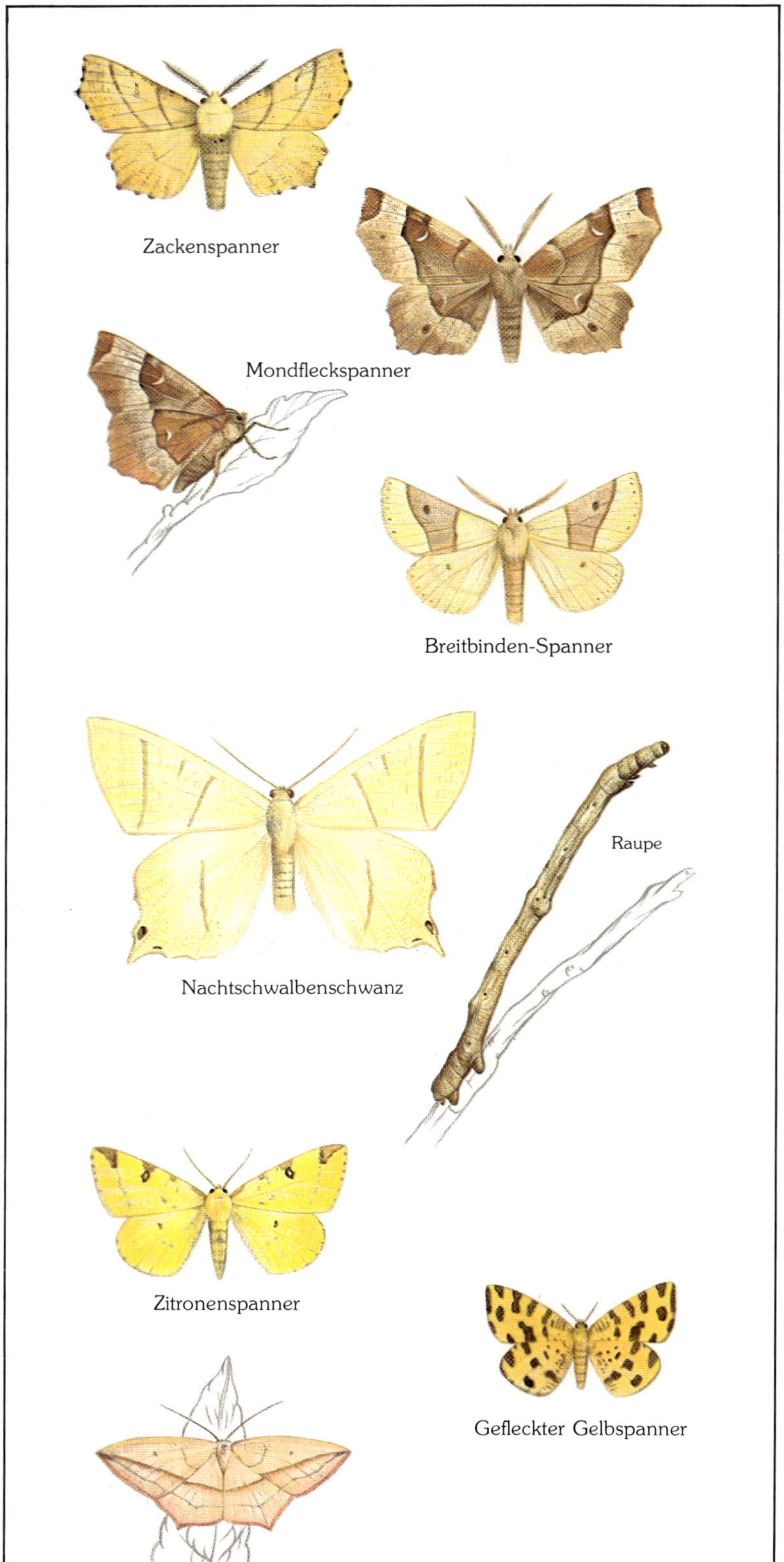

Zackenspanner
Ennomas autumnaria
Flügelspannweite: 30–40 mm. Gelb-orangefarbener Spanner mit leicht gezackten Flügelrändern.
Lebensweise: Bevorzugt in Laubwäldern und feuchten Buschgebieten. Fliegt von August – Oktober in 1 Generation. Überwintert als Ei.
Raupe: Bis 35 mm lang, schlank, braun, mit mehreren Warzen, zweigähnlich. Lebt von Mai – Juli an Laubblättern.

Mondfleckspanner
Selenia tetralunaria
Flügelspannweite: 30–45 mm. Hell- und dunkelbraun gezeichneter Spanner mit gezackten Flügeln. Ruht mit senkrecht aufgestellten Flügeln.
Lebensweise: Weit verbreitet in europäischen Wäldern. April – August in 2 Generationen. Überwintert als Puppe.
Raupe: Bis 50 mm lang, rötlich-braun mit dunklerer Zeichnung und mehreren warzenartigen Fortsätzen. Lebt an Laubbäumen.

Breitbinden-Spanner
Crocallis elinguaria
Flügelspannweite: 40–50 mm. Cremefarben bis hellbraun, mit breiter, dunklerer Querbinde auf den Vorderflügeln.
Lebensweise: Bevorzugt in feuchten Lebensräumen. Fliegt von Juni – August. Überwintert als Raupe.
Raupe: Bis 40 mm lang, grau-braun mit dunkler Zickzacklinie auf dem Rücken. Lebt an verschiedenen Laubbäumen und Sträuchern.

Nachtschwalbenschwanz
Ourapteryx sambucaria
Flügelspannweite: 50–60 mm. Zitronengelber Falter mit bräunlichen Querstreifen und spitz ausgezogenen Hinterflügeln.
Lebensweise: Lebt an Waldrändern, in Gärten und Parks. Fliegt von Juni – Juli in 1 Generation. Überwintert als Raupe.
Raupe: Bis 60 mm lang, dünn, braun und extrem zweigähnlich. Lebt u. a. an Efeu, Weißdorn und Liguster.

Zitronenspanner, Gelbspanner
Opisthograptis luteolata
Flügelspannweite: 30–40 mm. Leuchtendgelber Spanner mit je einem dreieckigen braunen Fleck am Rand der Vorderflügel.
Lebensweise: In Europa weit verbreitet in Hecken, Wäldern, Gärten und Parks. Fliegt von April – Oktober in 2 Generationen. Überwintert als Raupe.
Raupe: Bis 30 mm lang, braun, zweigähnlich. Lebt u. a. an Weißdorn und Schlehe.

Gefleckter Gelbspanner
Pseudopanthera macularia
Flügelspannweite: 20–30 mm. Dunkelbraun gefleckter Gelbspanner.
Lebensweise: Lebt bevorzugt in lichten Waldgebieten. Fliegt tagsüber von Mai bis Juni. Überwintert als Puppe.

Raupe: Bis 25 mm lang, relativ dick, grün mit weißen Längsstreifen. Lebt von Juli – August an Taubnesseln.

Ampferspanner
Calothysanis amata
Flügelspannweite: 30–40 mm.
Rosa-brauner Spanner mit schrägen dunklen Streifen.
Lebensweise: An grasreichen Stellen. Fliegt von Mai – August in 1–2 Generationen. Überwintert als Raupe.
Raupe: Bis 25 mm lang, grau-braun mit dunkleren Flecken. Lebt an verschiedenen Ampfer- und Knöterich-Arten.

Birkenspanner
Biston betularia
Flügelspannweite: 45–65 mm.
Kommt je nach Lebensraum in zwei verschiedenen Formen vor: einer hell gefleckten und einer dunklen.
Lebensweise: In Laubwaldgebieten. Fliegt von Mai bis August in 1 Generation. Überwintert als Puppe im Boden.
Raupe: Bis 60 mm lang, grün oder braun. Lebt von Juni – September an Laubbäumen und Sträuchern.

Sichelflügler, Sichelspinner
Familie *Drepanidae*

Weiden-Sichelspinner
Drepana falcataria
Flügelspannweite: 30–40 mm.
Schmutzigweiß bis gelbbraun mit dunklerer Aderzeichnung.
Lebensweise: Lebt in Wäldern, Mooren und Heidegebieten. Fliegt von Mai bis September in 2 Generationen. Überwintert als Puppe.
Raupe: Bis 30 mm lang, oben braun, unten grün. Lebt an Birken und Erlen.

Zünsler
Familie *Pyralidae*

Kleiner Brennessel-Zünsler
Eurrhypara hortulata
Flügelspannweite: 25–35 mm.
Mit braun-weiß gezeichneten Flügeln.
Lebensweise: Lebt in Hecken, Feldrainen und über Ödland. Fliegt von Juni – August in 1 Generation. Nachtaktiv. Überwintert als Raupe.
Raupe: Bis 25 mm lang, gelblich-weiß mit grüner Rückenlinie und braunem Kopf. Lebt vor allem an Brennesseln.

Federgeistchen
Familie *Pterophoridae*

Schlehengeistchen, Federmotte
Pterophorus pentadactylus
Flügelspannweite: 20–30 mm.
Weiß mit federartigen Flügeln.
Lebensweise: Lebt in Gärten und auf Ödland. Fliegt abends von Mai – September in 1 Generation. Überwintert als Raupe.
Raupe: Bis 20 mm lang, grün, mit gelbbraunem Kopf. Bevorzugt an Windengewächsen.

Helle Form

Dunkle Form

Birkenspanner

Raupe

Der Birkenspanner bietet ein deutliches Bild für Industriemelanismus: In Gegenden mit starker Luftverschmutzung hat sich die dunkle Form, die an rußverschmutzten Baumrinden besser getarnt ist als die helle, durchgesetzt, in Gebieten mit sauberer Luft dagegen tritt die helle Form auf, die an flechtenbesetzten Rinden kaum auffällt.

Kleiner Brennessel-Zünsler

Weiden-Sichelspinner

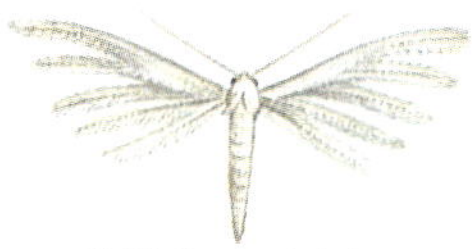

Schlehengeistchen

Links: Die harmlosen Schwebfliegen entgehen durch die täuschende Ähnlichkeit (Mimikry) mit Wespen sehr oft ihren Freßfeinden.

Zweiflügler
Ordnung *Diptera*

Bis 50 mm lange, sehr verschieden gestaltete zweiflügelige Insekten. Vorderflügel häutig und meist gut entwickelt. Hinterflügel als Schwingkölbchen ausgebildet. Mundwerkzeuge saugend oder stechend-saugend. Larven fußlos, viele von ihnen wasserlebend. 2 Unterordnungen, Mücken und Fliegen, mit ca. 95 Familien.

Kohlschnake
Tipula maxima
Körperlänge: 50–60 mm.
Größte Art aus der Familie der Schnaken oder Stelzmücken (Tipulidae) mit gelblichen Flügeln. Fliegt in 2 Generationen im April – Mai und August – September. Das Weibchen legt bis zu 1000 Eier in den Boden; die schlüpfenden Larven leben von Wurzeln.

Schnake
Nephrotoma quadrifaria
Körperlänge: 30–40 mm.
Mit hellen Flügeln und gelb-schwarzem Hinterleib. Fliegt von Mai – September in 2 Generationen.

Wintermücke
Trichocera annulata
Körperlänge: Bis 15 mm.
Kleiner schnakenähnlicher Zweiflügler. Die Männchen bilden vor allem im Winter größere Tanzschwärme. Die Larven leben von Detritus.

Gemeine Stechmücke
Culex pipiens
Körperlänge: Bis 12 mm.
Jährlich 3–4 Generationen. Nur die Weibchen stechen und saugen Blut, die Männchen bevorzugen Nektar. Die Larven und Puppen leben in stehenden Gewässern. In Ruhestellung wird der Körper parallel zur Unterlage gehalten.

Zuckmücke
Chironomus annularis
Körperlänge: Bis 15 mm.
Ähnelt einer Stechmücke, sticht jedoch nicht. Männchen fliegen oft in Schwärmen um stehende Gewässer, in denen sich auch die Larven und Puppen entwickeln. Larven blutrot, ca. 25 mm lang, gutes Fischfutter. Ruht mit dachartig angelegten Flügeln.

Märzfliege
Bibio marci
Körperlänge: Bis 20 mm.
Märzhaarmücke, die von März – April häufig in Gärten zu finden ist. Fliegt langsam, Männchen oft in Schwärmen, besuchen Blüten. Die Larven leben in der Erde und fressen faulende Pflanzenteile.

Hornissenjagdfliege
Asilus crabroniformis
Körperlänge: 35–45 mm.
Schlanke, gelb-schwarze Raubfliege. Schneller Flieger, der sich von anderen Insekten ernährt, die er aussaugt. Die Larven leben meist im Boden oder unter Rinde.

Rinderbremse
Tabanus bovinus
Körperlänge: 30–50 mm.
Eine der größten Bremsen-Arten. Fliegen im Juni – August, meist in Gewässernähe. Nur die Weibchen saugen Blut, die Männchen Nektar. Die Larven leben räuberisch im feuchten Boden.

Pferdebremse
Chrysops relictus
Körperlänge: 15–20 mm.
Mit gelb-schwarzem, stumpfem Hinterleib und buntgefärbten Augen. Nur die Weibchen saugen Blut, die Männchen Nektar. Fliegen Juni – August in Wassernähe oder Waldgebieten. Larven leben räuberisch im Boden.

Wollschweber
Bombylius major
Körperlänge: Bis 25 mm.
Stark behaarter, pummeliger Zweiflügler aus der Familie der Hummelschweber. Fliegt im Frühjahr und schwebt vor niedrigwüchsigen Blütenpflanzen, aus denen er mit dem langen Rüssel Nektar saugt. Die Larven entwickeln sich parasitär in anderen Insekten.

Schwebfliege
Syrphus ribesii
Körperlänge: Bis 25 mm.
Gelb-schwarz gefärbte Fliege aus der Familie der Schwebfliegen. Ahmt Wespen nach, ist jedoch völlig harmlos. Die Fliegen leben von Nektar, die Larven räuberisch von Blattläusen.

Schwebfliege
Rhingia campestris
Körperlänge: Bis 20 mm.
Kleine, bräunliche Schwebfliege mit relativ dickem Rüssel. Sehr häufig im Frühjahr und Sommer in blühenden Wiesen. Die Larven leben von Kuhmist.

Schlammfliege
Eristalis tenax
Körperlänge: 20–30 mm.
Von bienenähnlichem Aussehen. Fliegt von April – Oktober an verschiedenen Blüten. Die grauen Larven leben in organischem Schlamm.

Große Stubenfliege
Musca domestica
Körperlänge: Bis 15 mm.
Echte Fliege, die schon ab März in Wohnungen und Ställen anzutreffen ist. Die Weibchen legen bis zu 200 Eier auf verwesende Stoffe pflanzlichen oder tierischen Ursprungs ab.

Graue Fleischfliege
Sarcophaga carnaria
Körperlänge: Bis 25 mm.
Große grau-schwarze Schmeißfliege. Die Weibchen legen ihre Eier an Fleisch und anderen Nahrungsresten ab.

Gelbe Dungfliege
Scathophaga stercoraria
Körperlänge: Bis 20 mm.
Gelbe, relativ schlanke Kotfliege, die schon ab dem zeitigen Frühjahr auf Kot-, Mist- und Abfallhaufen herumfliegt und hier ihre Eier ablegt. Die erwachsenen Tiere leben räuberisch von Insekten, die Larven von verwesendem Material.

Kaisergoldfliege
Lucilia caesar
Körperlänge: Bis 20 mm.
Goldfliegen-Art mit grünschillerndem Körper. Das Weibchen legt ihre Eier in verwesendes Material.

Schmeißfliege
Calliphora vomitoria
Körperlänge: 20–25 mm.
Blauschillernde Fleischfliege. Die Weibchen legen hier auf totem organischem Material ihre zahlreichen weißen Eier ab. Die Männchen besuchen Blüten.

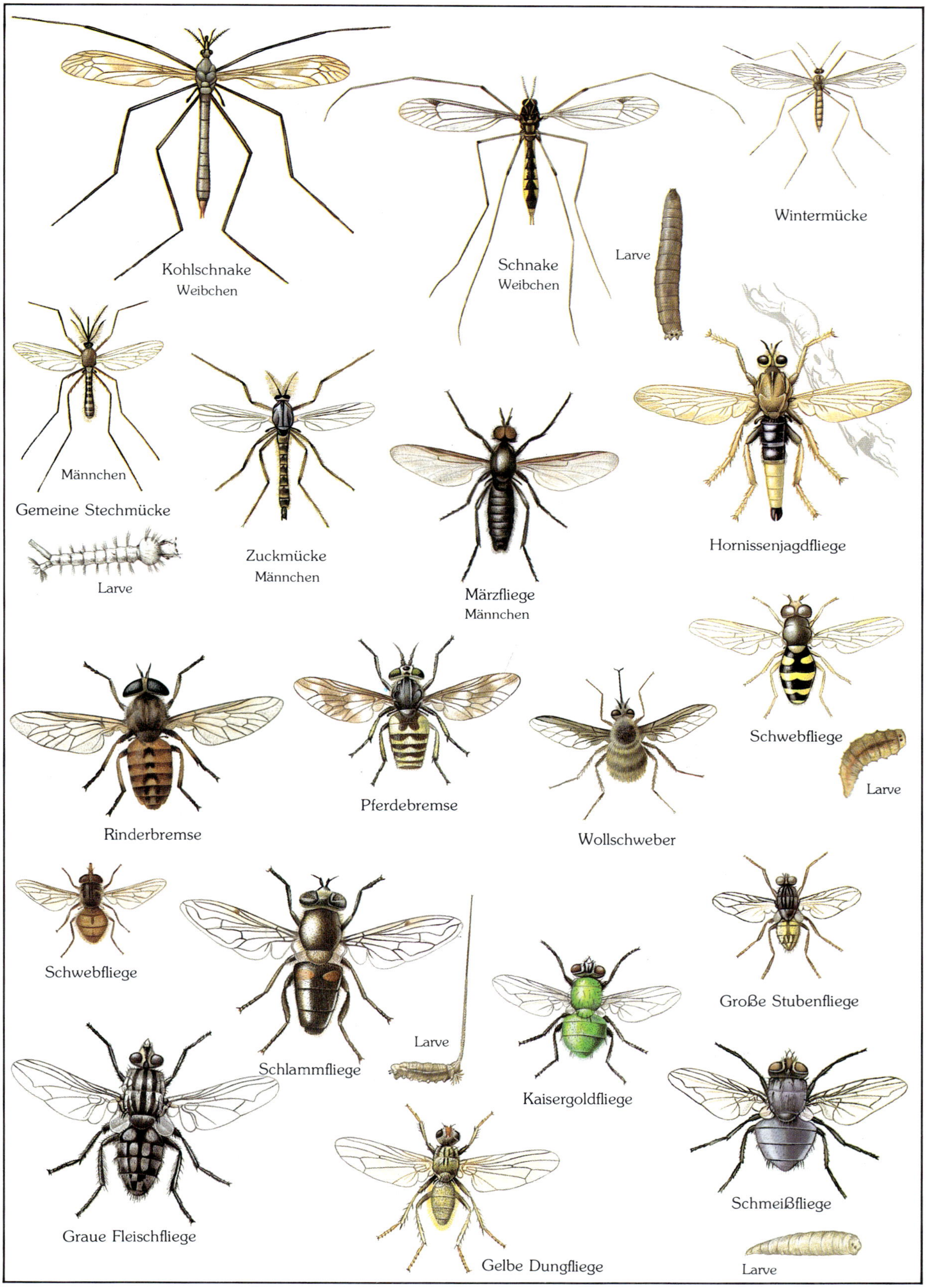
Kohlschnake
Weibchen
Schnake
Weibchen
Larve
Wintermücke
Männchen
Gemeine Stechmücke
Larve
Zuckmücke
Männchen
Märzfliege
Männchen
Hornissenjagdfliege
Schwebfliege
Larve
Rinderbremse
Pferdebremse
Wollschweber
Schwebfliege
Schlammfliege
Larve
Kaisergoldfliege
Große Stubenfliege
Graue Fleischfliege
Gelbe Dungfliege
Schmeißfliege
Larve

Hautflügler
Ordnung *Hymenoptera*

Sehr große und mannigfaltige Ordnung winzig kleiner bis relativ großer Insekten mit meist 2 Paar Hautflügeln, von denen das hintere meist kleiner ist als das vordere. Kopf deutlich von der Brust abgesetzt, mit 1 Paar Facetten- und 3 Punktaugen, 1 Paar fadenförmiger Fühler und 3 Paar beißender oder leckend-saugender Mundwerkzeuge. An der gutentwickelten Brust sitzen 3 Paar Schreitbeine und 2 Paar häutige, meist glasklare Flügel. Hinterleib walzenförmig, abgeplattet oder seitlich zusammengedrückt. Weibchen mit Legeröhre.

Hautflügler sind landbewohnend, meist wärmeliebend und kommen nur bei Sonnenschein aus ihren Behausungen. Die erwachsenen Tiere halten sich mit Vorliebe auf Blüten auf und ernähren sich von Nektar und Pollen, einige (Ameisen, Wespen) ernähren sich auch räuberisch von anderen Insekten.

Hautflügler machen eine vollständige Verwandlung durch (Ei – Larve – Puppe – erwachsenes Tier).

Die meisten Arten leben einzeln, einige jedoch leben zu mehreren bis vielen zusammen und bilden sogenannte Staaten.

Zu den staatenbildenden Hautflüglern gehören die Bienen, Wespen, Hornissen, Hummeln und Ameisen. Diese Tiere bauen sich mehr oder weniger große Nester aus Wachs, Lehm, Papier oder Sand.

Ein solcher Insektenstaat wird immer von den Weibchen bzw. Königinnen gegründet, alle anderen Mitglieder des Staates sind die Kinder der Königin, von denen die meisten sterile Weibchen bzw. Arbeiterinnen sind, die für den Nestbau und die Ernährung der Brut zuständig sind. Die Königinnen sind nur zum Eierlegen da. Männliche Tiere treten nur zu bestimmten Jahreszeiten auf und sind dazu da, beim sogenannten Hochzeitsflug, dem Ausschwärmen, die Königin zu befruchten. An dieser Stelle genau auf Bienen-, Wespen- und Ameisenstaaten einzugehen, würde den Umfang dieses Buches bei weitem sprengen. Hier sei auf Spezialliteratur hingewiesen, z. B. Zahradnik, J.: Bienen, Wespen, Ameisen. Kosmos-Verlag, Stuttgart 1985.

Man teilt die Hautflügler in zwei größere Gruppen ein, die Pflanzenwespen und die Taillenwespen.

Pflanzenwespen (*Symphyta*)
Bei den Pflanzenwespen ist der Hinterleib in voller Breite fest mit der Brust verwachsen. Die Mundwerkzeuge sind kauend. Die Larven (Afterraupen) sind meist Pflanzenfresser und ähneln Schmetterlingsraupen. Zu den Pflanzenwespen gehören die Gespinstblattwespen, Schwertwespen, Holzwespen, Halmwespen und verschiedene Blattwespen-Familien.

Taillenwespen (*Apocrita*)
Bei den Taillenwespen ist die Brust mit dem Hinterleib durch eine Verschmälerung (Wespentaille) sehr beweglich verbunden. Die Larven sind fuß- und augenlos und madenförmig. Zu den Taillenwespen gehören die Schlupfwespen, Brackwespen, Gallwespen, Erzwespen, Zehrwespen, Stechwespen (Diebswespen, Goldwespen, Wegwespen, Grabwespen, Faltenwespen, Feldwespen, Echte Wespen), die Ameisenartigen (Treiberameisen, Knotenameisen, Schuppenameisen) und die Bienen (Sandbienen, Trugbienen, Seidenbienen, Furchenbienen, Mauerbienen, Blattschneiderbienen, Echte Bienen, Pelzbienen).

Unten: Diese Grabwespe muß sich schon sehr anstrengen, um ihre Beute, eine Laubheuschrecke, in Sicherheit zu bringen.

Sandbiene, Erdbiene
Andrena fulva
Körperlänge: bis 20 mm.
Eine von mehreren sehr ähnlich aussehenden Sandbienen mit abgeflachtem Hinterleib. Weibchen gelb-orange behaart. Männchen etwas dunkler.
Lebensweise: Fliegt schon ab März in Gärten und Obstbaumanlagen und gilt als einer der ersten Bestäuber. Baut ihr Nest in lockerem, sandigem Boden. Wenn die Nester fertig sind, werden sie mit Nahrung versehen, die Eier abgelegt und das Ganze verschlossen. Pro Jahr 1–2 Generationen.

Blattschneiderbiene
Megachile centuncularis
Körperlänge: 15–20 mm.
Ähnelt einer kleinen Honigbiene, Hinterleib jedoch mit goldgelben Härchen besetzt und Flügeladerung verschieden.
Lebensweise: Fliegt von Mai – August, vor allem an Eichen-, Rosen- und Fliederblättern. Die Weibchen nisten im Holz, in hohlen Stengeln und im Boden. Die Nistkammern werden aus kleinen Blattstücken gefertigt, die sie mit ihren kräftigen Mundwerkzeugen halbkreisförmig abbeißen. In jede Kammer wird ein Ei gelegt, Nahrung zugegeben und das Ganze verschlossen.

Langhornbiene
Eucera longicornis
Körperlänge: Bis 20 mm.
Männchen mit extrem langen Fühlern, Weibchen mit hellen Zeichnungen auf den Seiten des Hinterleibs.
Lebensweise: Fliegt April – Juli, vor allem auf Wicken und Ochsenzungen zu finden. Nistet im Boden. Die Eier werden mit Pollen versorgt, bevor das Nest verschlossen wird.

Holzbiene
Xylocopa violacea
Körperlänge: 20–25 mm.
Größte Solitärbiene mit dunklem, behaartem Körper und schwarzbraunen Flügeln.
Lebensweise: Wärmeliebend, fliegt Mai – September, überwintert als erwachsenes Tier in hohlen Bäumen und Mauerlöchern. Nester in hohlen Bäumen oder Baumstümpfen, Nestkammern werden mit Pollen versorgt und nach der Eiablage verschlossen.

Honigbiene
Apis mellifera
Körperlänge: Arbeiterinnen 12–15 mm, Männchen 14–18 mm, Königin bis 20 mm. Körper braun, gelb behaart. Viele verschiedene Rassen.
Lebensweise: Weltweit verbreitet. Fliegt von Mai – September. Meist als „Haustier" gehalten. Nest hauptsächlich aus regelmäßigen 6eckigen Wachswaben (Wachs wird von den Arbeiterinnen ausgeschieden) und einer Anzahl traubenförmiger Zellen (Weiselzellen zur Aufzucht künftiger Königinnen) aufgebaut.

Erdhummel
Bombus lucorum
Körperlänge: 20–30 mm.
Unterscheidet sich von den anderen, sehr ähnlich aussehenden Erdhummeln durch zwei hellgelbe Streifen. Dicht behaart.
Lebensweise: Fliegt ab April bis September. Nest tief im Boden, meist in verlassenen Mauselöchern. Wichtiger Frühjahrsbestäuber.

Steinhummel
Bombus lapidarius
Körperlänge: 20–25 mm.
Häufigste und bekannteste Hummel, mit hellrotem bis braunem Hinterende. Männchen mit roten Streifen hinter dem Kopf.
Lebensweise: Fliegt ab April – September. Nest unterirdisch, oft in Mauerritzen, Gestein und unter Steinen.

Wiesenhummel
Bombus pratorum
Körperlänge: 16–25 mm.
Weitverbreitete Art mit sehr variabler Färbung.
Lebensweise: Fliegt ab Ende März bis September, häufig an Taubnesseln. Nest ober- oder unterirdisch, in Mauselöchern, Vogelnestern, unter Moos und Gras.

Sandbiene Weibchen · Blattschneiderbiene · Langhornbiene Männchen · Holzbiene · Honigbiene Arbeiterin · Erdhummel Königin · Steinhummel Königin · Wiesenhummel Königin

Gemeine Wespe
Vespula vulgaris
Körperlänge: 11–20 mm.
Häufigste Wespen-Art.
Lebensweise: Fliegt von März – Oktober. Nur die Weibchen stechen. Nistet unterirdisch oder in Dachgebälk, Nest grau und papierartig.

Hornisse
Vespa crabro
Körperlänge: 20–35 mm.
Größte europäische Wespenart.
Lebensweise: Fliegt von April – Oktober. Nest aus ockerfarbener, papierartiger Masse, vor allem in hohlen Bäumen und im Dachgebälk.

Feldwespe
Polistes dominulus
Körperlänge: 12–15 mm.
Schlanke, dunklere Wespe.
Lebensweise: Fliegt von Frühjahr bis Herbst, lebt in kleinen Kolonien, baut Nester mit wenigen Zellen, die mit einem Stiel an Pflanzen befestigt werden.

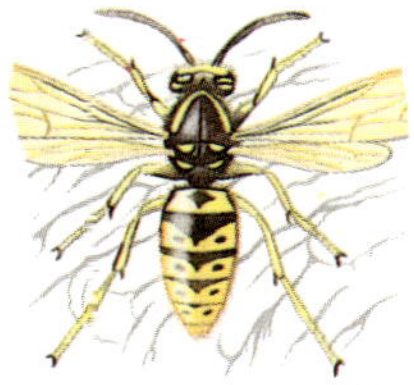
Gemeine Wespe

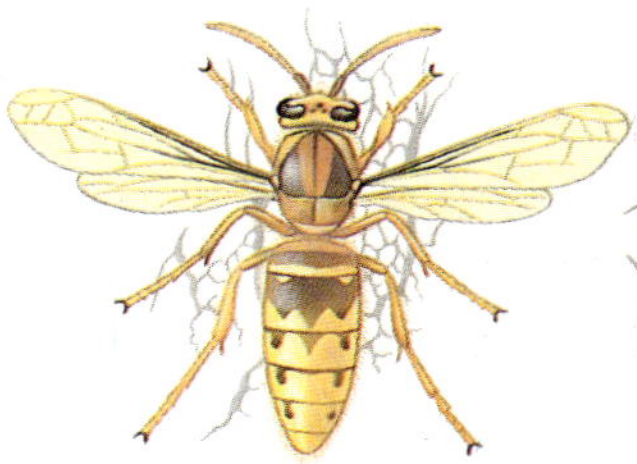
Hornisse

Feldwespe

Grabwespe

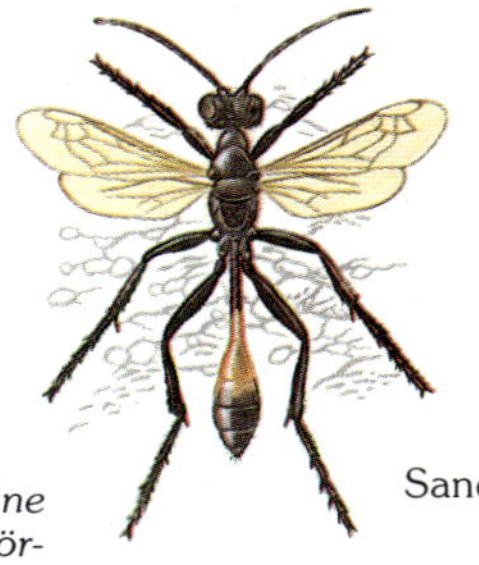
Sandwespe

Kreiselwespe

Dieser Bienenwolf trägt seine Beute – sorgfältig unter dem Körper versteckt – in den sicheren Schutz seines Schlupfwinkels.

Wegwespe

Pillenwespe

Grabwespe
Ectemnius cephalotes
Körperlänge: 10–20 mm.
Hinterleib gestielt, keulenförmig.
Lebensweise: Fliegt von Juni – September. Nistet in alten Balken und Baumstümpfen, versorgt die Larven mit gelähmten Fliegen.

Kreiselwespe
Bembix rostrata
Körperlänge: 15–25 mm.
Grabwespe mit robustem Körper.
Lebensweise: Fliegt von Juni – August, vor allem in sandigen Gebieten. Nest flach unter der Oberfläche. Versorgt die Larven mit Fliegen aller Art.

Sandwespe
Ammophila sabulosa
Körperlänge: 15–30 mm.
Grabwespe mit langgestieltem Hinterleib, der in der Mitte rotbraun gefärbt ist.
Lebensweise: Fliegt von Juni – Oktober an sandigen Stellen. Nest im Sandboden, versorgt die Larven mit gelähmten Raupen.

Bienenwolf
Philanthus triangulum
Körperlänge: 12–20 mm.
Grabwespe.
Lebensweise: Fliegt von Juni – September, wärmeliebend. Nistet im Sandboden. Nest 5- bis 7kammerig, wird mit gelähmten Bienen versorgt.

Wegwespe
Anoplius viaticus
Körperlänge: 10–20 mm.
Hinterleib rot.
Lebensweise: Fliegt von Juni – August. Nest aus Lehm, meist unterirdisch, wird mit gelähmten Spinnen versorgt.

Pillenwespe
Odynerus spinipes
Körperlänge: 10–15 mm.
Relativ kleine Wespe.
Lebensweise: Fliegt von Mai – August und ist oft an Lehmwänden zu finden, in denen auch das Nest angelegt wird.

Rote Waldameise
Formica rufa
Körperlänge: 6–12 mm.
Relativ große Ameise.
Lebensweise: Waldbewohner. Legt über einem unterirdischen Nest große Ameisenhaufen aus Nadeln, Zweigen und Moos an. Geschützt!

Schwarzbraune Wegameise
Lasius niger
Körperlänge: 4–10 mm.
Eine der häufigsten Ameisen.
Lebensweise: Nistet bevorzugt unterirdisch unter Steinen. Fliegt im Juli – August aus. Frißt sehr gerne den von Blattläusen ausgeschiedenen Honigtau.

Rotgelbe Knotenameise
Myrmica rubida
Körperlänge: 5–10 mm.

Mittelgroße gelbliche bis rotbraune Ameise mit 2 „Knoten“ zwischen Vorder- und Hinterkörper. Mit Giftstachel.
Lebensweise: Von Mai bis August in Wäldern, Wiesen und Gärten. Nest im Erdreich, in Holz und Mauerritzen.

Riesenholzwespe
Urocerus gigas
Körperlänge: 10–50 mm.
Auffällige gelb-schwarze Holzwespe, Weibchen mit langem Legebohrer.
Lebensweise: Fliegt im Sommer in Wäldern. Das Weibchen legt seine Eier tief in Nadelholz.

Knopfhorn-Blattwespe
Trichiosoma tibiale
Körperlänge: 30–35 mm.
Körper schwarz, behaart, Flügel und Beine gelb. Fühler keulig verdickt.
Lebensweise: Fliegt Mai – Juni. Weibchen legt Eier auf Weißdornblätter ab. Larve bis 40 mm lang, überwintert in Gespinstkokon.

Gelbe Stachelbeerblattwespe
Nematus ribesii
Körperlänge: 10–15 mm.
Echte Blattwespe.
Lebensweise: Ab April an Stachel- und Johannisbeeren. Das Weibchen legt seine Eier in die Blattrippen.

Schwamm-Gallwespe
Biorhiza pallida
Körperlänge: 2–6 mm.
Geschlechtliche Generation kleiner als ungeschlechtliche.
Lebensweise: Verursacht Wurzel- und Zweiggallen an Eichen. Generationswechsel.

Brackwespe, Weißlingstöter
Apanteles glomeratus
Körperlänge: 4 mm.
Kleine schwarze Brackwespe.
Lebensweise: Fliegt im Frühjahr und Sommer. Das Weibchen legt seine Eier in Kohlweißlingsraupen.

Schlupfwespe
Ophion luteus
Körperlänge: 10–30 mm.
Rotbraune Schlupfwespen-Art.
Lebensweise: Parasitiert in den Raupen verschiedener Nachtfalter-Arten.

Feuergoldwespe
Chrysis ignita
Körperlänge: 7–14 mm.
Vorderkörper grün bis blau, Hinterleib rot, golden oder purpurn.
Lebensweise: Fliegt im Sommer, häufig auf Doldenblüten zu sehen. Parasitiert in Bienen- und Wespenlarven.

Dolchwespe
Scolia hirta
Körperlänge: 10–35 mm.
Großer Hautflügler mit gelb-schwarzem Hinterleib und goldenen Flügeln.
Lebensweise: Fliegt von Juni – September über verschiedenen Blüten. Larven parasitieren in Käferlarven.

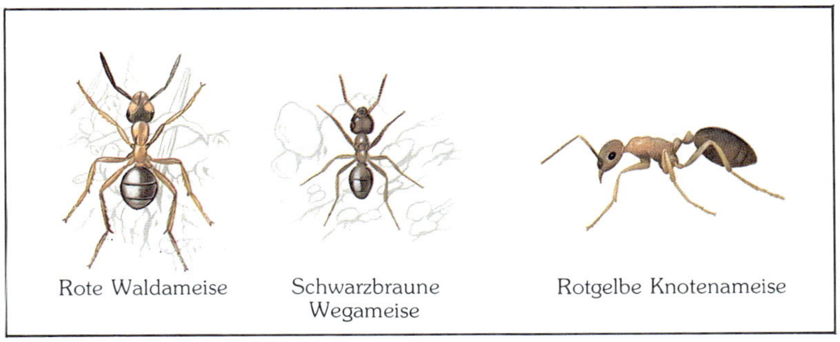

Käfer
Ordnung *Coleoptera*

Größte Insektengruppe mit über 250 000 bekannten Arten in großer Formenvielfalt. Vorderflügel zu harten Flügeldecken umgebildet, Hinterflügel häutig, in Ruhe zusammengefaltet und unter den Flügeldecken verborgen. Mundwerkzeuge kauend. Fleisch-, Pflanzen- oder Allesfresser. Verwandlung vollkommen, d. h. Ei – Larve – Puppe – Käfer.

Feld-Sandlaufkäfer
Cicindela campestris
Körperlänge: 10–15 mm.
Häufigster europäischer Sandlaufkäfer. Meist grün gefärbt.
Lebensweise: Erscheint von April bis September auf Feldwegen und Rainen, ist jedoch nur bei Sonnenschein aktiv. Guter Flieger und Läufer. Lebt räuberisch von anderen Insekten. Die Larven sitzen in Erdröhren und lauern auf Beute. Überwintert als Puppe im Boden.

Goldleiste
Carabus violaceus
Körperlänge: 20–30 mm.
Flugunfähiger, schwarzer Laufkäfer.
Lebensweise: Das ganze Jahr über an feuchten Stellen in Wäldern und Feldern anzutreffen. Nachtaktiver Räuber. Frißt Schnecken und andere kleine Wirbellose. Auch die Larve geht aktiv auf Jagd.

Bombardierkäfer
Brachinus explodens
Körperlänge: 7–10 mm.
Beine und Vorderkörper braun, Flügeldecken blau-schwarz schillernd.
Lebensweise: Häufig im Frühsommer an Wegrändern, in Hecken und lichten Wäldern unter Steinen verborgen. Trägt im Hinterleib Drüsen, aus denen bei Gefahr mit laut hörbarem Knall eine bläuliche »Rauchwolke« ausgestoßen wird. Lebt räuberisch von anderen Insekten.

Totengräber
Necrophorus vespillo
Körperlänge: 15–20 mm.
Mit 2 orangefarbenen Bändern auf den schwarzen Flügeldecken. Fühler an den Enden keulig verdickt, hellbraun.
Lebensweise: Hauptsächlich im Sommer zu finden, nachtaktiv. Fliegen meist paarweise Tierkadaver an, die sie eingraben und zu einer »Nahrungskugel« formen, in deren Nähe die Eier abgelegt werden. Die Weibchen füttern die schlüpfenden Larven in den ersten Stunden nach dem Schlüpfen und nach den Häutungen.

Großer Totengräber
Necrophorus humator
Körperlänge: 18–30 mm.
Größter Vertreter der Gattung mit völlig schwarzen Flügeldecken und roten Fühlerverdickungen.
Lebensweise: Wie vorige Art.

Kurzflügler
Ocypus olens
Körperlänge: 20–30 mm.
Eine von mehreren schwarzglänzenden Kurzflügler-Arten mit kräftigen Mundwerkzeugen und stark verkürzten Flügeldecken.
Lebensweise: Nachtaktiver Räuber, der sich von Fliegenmaden und anderen Insekten ernährt und häufig in der Nähe von Dung zu finden ist. Tagsüber unter Holz und Steinen versteckt. Streckt bei Gefahr seinen Hinterleib nach oben.

Hirschkäfer
Lucanus cervus
Körperlänge: Männchen 50–70 mm, Weibchen 20–40 mm.
Sehr bekannter großer, braunschwarzer Käfer. Männchen mit geweihartigem Oberkiefer, der als Waffe beim Kampf ums Weibchen dient. Geschützt!
Lebensweise: Dämmerungs- und nachtaktiv. Guter Flieger. Fliegt Juni bis Juli vor allem in Eichenwäldern.
Seine Entwicklung dauert ca. 5 Jahre.

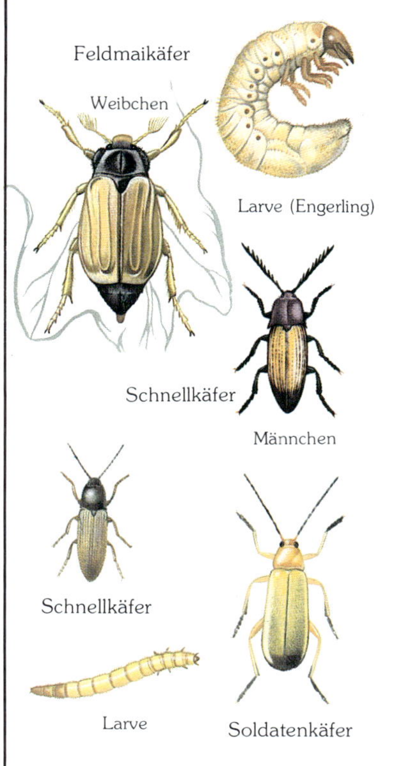

Weibchen des Großen Leuchtkäfers, das leuchtet, um einen Partner anzulocken.

Die Larven leben an verrottenden Eichenwurzeln, von denen sie ungeheure Mengen fressen.

Pillendreher
Scarabaeus sacer
Körperlänge: Bis 25 mm.
Schwarzer, breiter, flacher Dungkäfer.
Lebensweise: Weit verbreitet im Mittelmeergebiet. Ganzjährig, guter Flieger. Formt aus frischem Dung Kugeln, die an geeigneter Stelle vergraben, mit Eier versehen werden und den Larven als Nahrung dienen.

Dungkäfer
Aphodius rufipes
Körperlänge: 10–12 mm.
Sehr verbreiteter schwarzbrauner, relativ schlanker Dungkäfer.
Lebensweise: Mistfressender Dungkäfer, der vor allem in Kuh- und Pferdedung vorkommt, sowohl als ausgewachsener Käfer als auch als Larve.

Feldmaikäfer
Melolontha melolontha
Körperlänge: 20–25 mm.
Häufigste europäische Maikäferart. Männchen mit großen 7blättrigen Fühlern, Weibchen mit kleineren 6blättrigen.
Lebensweise: Ab Mai in Laubwäldern und Hecken, vor allem an Hainbuchen. Die Entwicklung dauert 3–4 Jahre. Die gelbbraune Larve (Engerling) lebt im Boden und frißt Wurzeln. Der Käfer schlüpft schon im Herbst, überwintert jedoch im Boden und kommt erst im Mai ans Tageslicht. Fliegt abends und frißt Blätter.

Schnellkäfer
Corymbites cupreus
Körperlänge: 11–16 mm.
Schmaler, langgestreckter, farblich sehr variabler Schnellkäfer mit tief in die Brust eingesenktem Kopf. Männchen mit federigen Fühlern.
Lebensweise: Im Sommer auf Blüten und Gräsern, weit verbreitet und relativ häufig in Nord- und Mitteleuropa. Eiablage in den Boden, die gefräßigen Larven sind bekannt als »Drahtwürmer« und können schweren Wurzelfraß verursachen. Die Käfer können sich aufgrund eines Gelenkes zwischen Brust und Hinterleib aus der Rückenlage hoch in die Luft schnellen.

Schnellkäfer
Athous haemorrhoidalis
Körperlänge: 10–13 mm.
Schlanker, schmaler, meist beige-schwarzer Schnellkäfer. Eine der häufigsten Schnellkäfer-Arten.
Lebensweise: Im Frühjahr und Frühsommer überall in Hecken und an Waldrändern häufig zu finden. Die Larven (Drahtwürmer) leben im Boden, fressen Pflanzenwurzeln und können sehr schädlich werden, vor allem an Kartoffel- und Getreidewurzeln.

Soldatenkäfer
Rhagonycha fulva
Körperlänge: 10–15 mm.
Einer der häufigsten Weichkäfer, gelblich-braun, langgestreckt, mit langen Fühlern.
Lebensweise: Ab Juni häufig in Mengen an Doldenblüten. Leben räuberisch von anderen Insekten. Die dicht samtig behaarten Larven leben am Boden und ernähren sich meist von Schnecken. Sie überwintern unter Steinen oder im Laubstreu.

Großer Leuchtkäfer, Glühwürmchen
Lampyris noctiluca
Körperlänge: Männchen 10–13 mm, Weibchen 10–18 mm.
Männchen käferähnlich, olivbraun, flugfähig. Weibchen flügellos, wurmähnlich, olivbraun, mit hellbraunen Flecken an der Unterseite des Hinterleibs, die nachts grünlich leuchten, um Männchen anzulocken. Alle Stadien können leuchten, am meisten jedoch das Weibchen.
Lebensweise: Von Mai – August häufig im Gras und auf kalkreichem Boden. Ausgewachsene Tiere leben vom Körperfett. Die Larven ähneln den Weibchen, sind Fleischfresser und ernähren sich in der Hauptsache von Schnecken.

Dieser Zweipunkt-Marienkäfer (Adalia bipunctata) trägt auf jeder der roten Flügeldecken einen schwarzen Fleck. Die Art ist jedoch sehr variabel in der Färbung, es gibt auch schwarze Käfer mit roten Flecken.

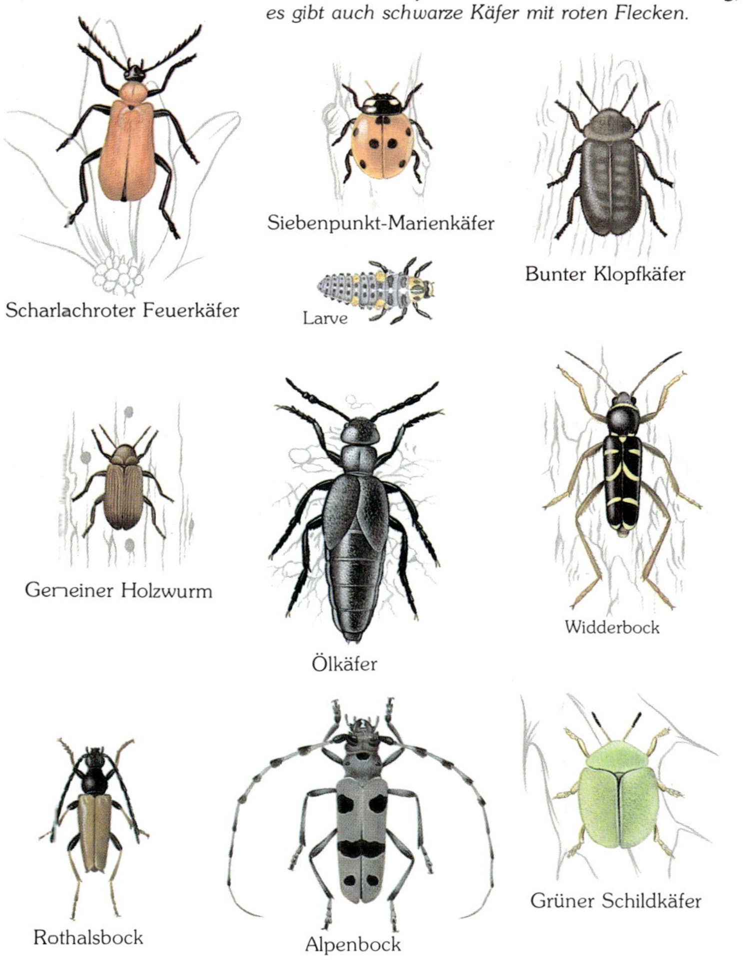

Scharlachroter Feuerkäfer
Pyrochroa coccinea
Körperlänge: 13–18 mm.
Körper abgeflacht, langgestreckt, mit roten Flügeldecken. Von Mai – Juli an Waldrändern auf Blüten. Larve lang, flach, hellbraun, lebt unter Baumrinde und ernährt sich räuberisch von anderen Kleininsekten.

Siebenpunkt-Marienkäfer
Coccinella septempunctata
Körperlänge: 5–8 mm.
Halbkugelförmige Käfer mit äußerst variabler Zeichnung. Ab dem zeitigen Frühjahr in Wäldern, Feldern und Gärten. Nützling, da sowohl Käfer als auch die große graublaue Larve Unmengen von Schild- und Blattläusen vertilgen. Die Käfer überwintern gesellig unter Rinde, Steinen und Moos.

Bunter Klopfkäfer
Xestobium rufovillosum
Körperlänge: 5–7 mm.
Zylindrischer, braun-schwarzer Käfer. Von April – Juni auf Blüten zu finden. Eiablage in abgestorbenem Holz.

Gemeiner Holzwurm
Anobium punctatum
Körperlänge: 3–5 mm.
Kleiner brauner Klopfkäfer, der in morschen Stämmen, aber auch in Bauholz und Möbeln vorkommt. Entwicklungsdauer ca. 1 Jahr.

Ölkäfer, Maiwurm
Meloe proscarabaeus
Körperlänge: 13–32 mm.
Schwarzblau schillernder, langgestreckter Käfer. Wärmeliebend, von März – Juni an sonnigen Hängen. Lebt von Blättern, Pollen und Nektar. Die Larven entwickeln sich nur in den Nestern von Erdbienen.

Widderbock
Clytus arietis
Körperlänge: 9–18 mm.
Schwarz-gelb gezeichneter Bockkäfer. Ist von Mai – Juli bei Sonnenschein auf Blüten, auf Holzstößen und Baumstämmen zu finden. Die Käfer leben von Pollen und Nektar, die Larven von verschiedenen Laubhölzern.

Rothalsbock
Leptura rubra
Körperlänge: 10–20 mm.
Bockkäfer mit braunen Flügeldecken und schwarzem Brustschild. Im Sommer auf Blüten und an gefälltem Nadelholz zu finden. Larven leben vor allem in Nadelholz.

Alpenbock
Rosalia alpina
Körperlänge: 15–38 mm.
Wunderschön blaugrau und schwarz gefärbter Bockkäfer. Selten. Geschützt! Von Juni – September im Bergland, vor allem an Buchen.

Grüner Schildkäfer
Cassida viridis
Körperlänge: 7–10 mm.
Hellgrüner Blattkäfer mit flachem, schildförmigem Körper. Lebt im Sommer – zusammen mit seinen Larven – an krautigen Pflanzen, z. B. Salbei.

Kartoffelkäfer, Coloradokäfer
Leptinotarsa decemlineata
Körperlänge: 6–12 mm.
Gelbbrauner Blattkäfer mit je 5 schwarzen Streifen auf den Flügeldecken. Schädling an Nachtschattengewächsen, vor allem Kartoffelkraut. Eier gelblich, Larven leuchtend rot mit 2 schwarzen Punkten. Jährlich 2 Generationen.

Tatzenkäfer
Timarcha tenebricosa
Körperlänge: 11–18 mm.
Schwarzer Blattkäfer mit breiten, herzförmigen Beingliedern. Flugunfähig, von März – Oktober am Boden oder auf niedriger Vegetation kriechend. Käfer und Larven leben von niedrigen Pflanzen.

Pappel-Blattkäfer
Chrysomela populi
Körperlänge: 10–12 mm.
Kugeliger Blattkäfer mit blauschwarzem Schild und braunen Flügeldecken. Von Mai bis August an Pappeln und Weiden.

Haselnußbohrer, Nußrüßler
Curculio nucum
Körperlänge: 6–9 mm.
Brauner, behaarter Rüsselkäfer. Lebt vor allem an Haselnußsträuchern. Weibchen legt Eier in junge Nüsse, in denen sich die Larven entwickeln. Verpuppung im Boden.

Rüsselkäfer
Phyllobius pomaceus
Körperlänge: 7–9 mm.
Braunschwarzer Rüsselkäfer. Im Frühjahr und Sommer an Brennesseln und anderen krautigen Pflanzen.

Großer Ulmensplintkäfer
Scolytus scolytus
Körperlänge: 3–6 mm.
Fast rechteckiger, dunkelbrauner Splint- oder Borkenkäfer. Von Mai – Juli an Ulmen. Die Larven leben zwischen Rinde und Splint und legen charakteristische Gänge an.

Gemeiner Gelbrandkäfer
Dytiscus marginalis
Körperlänge: Bis 30 mm.
Grün-schwarzer Schwimmkäfer mit gelbem Rand und gelben Gliedmaßen. Ganzjährig in Teichen und Flüssen. Käfer und Larven leben räuberisch von anderen Wassertieren.

Taumelkäfer
Gyrinus natator
Körperlänge: 5–7 mm.
Ovaler, flacher, schwarzblauer Taumelkäfer, häufig an der Oberfläche stehender Gewässer vom Frühjahr bis Herbst. Überwintert im Schlamm. Lebt von kleinen Wasserinsekten.

Gelbrandkäfer-Paar (Männchen rechts oben, Weibchen links unten). Bei diesen beiden Käfern sind die mit Schwimmborsten versehenen Hinterbeine besonders gut zu sehen.

Eintagsfliegen
Ordnung *Ephemeroptera*

Zarthäutige, kleine bis mittelgroße, gelbliche bis braune Insekten mit 2 Paar reichgeäderten Flügeln und langen Schwanzborsten. Flügel in Ruhestellung senkrecht nach oben. Larven leben im Süßwasser, Kiemenatmer.

Eintagsfliege
Isonychia ignota
Körperlänge: Bis 15 mm, Schwanzborsten bis 26 mm.
Grünlich-braune Eintagsfliege mit bläulichen, stark geaderten Flügeln. Im Sommer über Seen und Flüssen.

Stein- oder Uferfliegen
Ordnung *Plecoptera*

Kleine bis mittelgroße, schlanke, bräunliche Insekten mit 2 Paar häutigen, reichgeäderten Flügeln, kauenden Mundwerkzeugen, langen Fühlern und 2 langen Schwanzborsten. Flügel in Ruhe waagrecht über dem Rücken.

Große Steinfliege
Perlodes microcephala
Körperlänge: 30–40 mm.
Schwarzbraune Steinfliege mit bräunlichen Flügeln, Weibchen größer als Männchen, mit langen Schwanzborsten und längeren Flügeln. Von März – Juli über Süßgewässern. Larven in steinigen Flußbetten, leben von Algen, Detritus und räuberisch von Eintagsfliegenlarven.

Ohrwürmer
Ordnung *Dermaptera*

Lange, schlanke, abgeflachte, braunglänzende Insekten mit stark verkürzten Vorderflügeln und dünnhäutigen, stark zusammengefalteten, großen Hinterflügeln. Mundwerkzeuge kauend, Schwanzborsten zu kräftigen Zangen umgebildet. Nachtaktiv. Leben von pflanzlichem und tierischem Material.

Gemeiner Ohrwurm
Forficula auricularia
Körperlänge: 9–17 mm.
Glänzend braun mit Zangen am Hinterleib. Ganzjährig überall in feuchteren Gebieten, nachtaktiv. Lebt von pflanzlicher und tierischer Nahrung.

Schaben
Ordnung *Blattaria*

Ovale, abgeflachte Insekten mit beißenden Mundwerkzeugen und langen, fadenförmigen Fühlern. Flügel groß, reich geädert, Vorderflügel meist stärker chitinisiert. Die Weibchen tragen die in ein Eipaket eingeschlossenen Eier bis zum Schlüpfen der Larven mit sich herum. Wärmeliebend, vorwiegend tropisch.

Deutsche Schabe
Blattella germanica
Körperlänge: 9–14 mm.
Gelb-braun glänzende Schabe. Wärmeliebend, ganzjährig in menschlichen Behausungen. Weibchen legt Eier in Kokons ab.

Gottesanbeterin
Mantis religiosa
Körperlänge: 40–80 mm.
Hellgrüne Fangschrecke. Von August – Oktober an warmen, sonnigen Hängen. Guter Flieger. Selten. Geschützt! Lebt von Insekten. Überwintert als Ei in hartem, schaumähnlichem Kokon.

Blasenfüße
Ordnung *Thysanoptera*

Kleine, schlanke, dunkel gefärbte Insekten mit 2 Paar schmalen, an den Rändern langbewimperten Flügeln. Mundwerkzeuge stechend-saugend. Beine kurz, mit ausstülpbaren Haftblasen. Meist Pflanzensaftsauger.

Blasenfuß, Thrips
Thrips tabaci
Körperlänge: 1–2 mm.
Dunkelgefärbte Fransenfliege mit gelblichen, bewimperten Flügeln. Ganzjährig an verschiedenen Pflanzen saugend.

Staub- oder Rindenläuse
Ordnung *Psocoptera*

Kleine, schlanke, weichhäutige, graue oder grünlichbraune Insekten. Mundwerkzeuge kauend, Flügel bei vielen Arten rückgebildet oder fehlend. Leben von einzelligen Algen, Pilzen und anderen organischen Stoffen. Wärme- und trokkenheitsliebend.

Bücherlaus, Staublaus
Liposcelis divinatorius
Körperlänge: 1–2 mm.
Winziges, flügelloses, graubraunes Insekt. Ganzjährig in Häusern. Lebt vor allem von winzigen Pilzen, die sich auf stärkehaltigem Material bilden.

Skorpions- oder Schnabelfliegen
Ordnung *Mecoptera*

Schlanke, gelbgrüne bis braungraue, netzflügelige Insekten. Kopf nach unten schnabelartig verlängert, Flügel lang und schmal, oft dunkel gefleckt. Hinterleib beim Männchen mit zangenartigen Fortsätzen. Allesfresser. Larven raupenförmig.

Gemeine Skorpionsfliege
Panorpa communis
Körperlänge: Bis 30 mm.
Körper schwarzbraun, Flügel mit dunklen Feldern. Mai – August im Unterholz und an Bachrändern. Lebt – wie die Larven – räuberisch von anderen Insekten.

Netzflügler
Ordnung *Neuroptera*

Schlanke, zarthäutige Insekten mit 4 großen, häutigen, reichgeäderten Flügeln, die in Ruhe dachförmig über dem Körper zusammengelegt werden. Mundwerkzeuge beißend. Leben meist räuberisch von anderen Insekten.

Wasserflorfliege
Sialis lutaria
Körperlänge: Bis 30 mm.
Schwarzbraune Schlammfliege mit hellbraunen Netzflügeln. Von Mai – Juli in der Nähe stehender oder langsamfließender Gewässer. Eiablage auf Steine oder Wasserpflanzen. Larven im Wasser, leben räuberisch von kleinen Wasserinsekten, erwachsene Tiere fressen selten.

Kamelhalsfliege
Raphidia notata
Körperlänge: Bis 25 mm.
Brauner Netzflügler mit halsförmig verlängertem Bruststück. Von Mai – Juli in Wäldern auf Sträuchern. Lebt von Blattläusen. Larven unter Rinde und in totem Holz, leben räuberisch von kleineren Insekten und -larven.

Florfliege
Chrysopa septempunctata
Körperlänge: 30–40 mm.
Grüne Florfliege, die wie ihre Larven von Blattläusen lebt. Nachtaktiv. Von Mai bis August in Wäldern, Hecken und Gärten. Nützling. Mehrere ähnliche Arten.

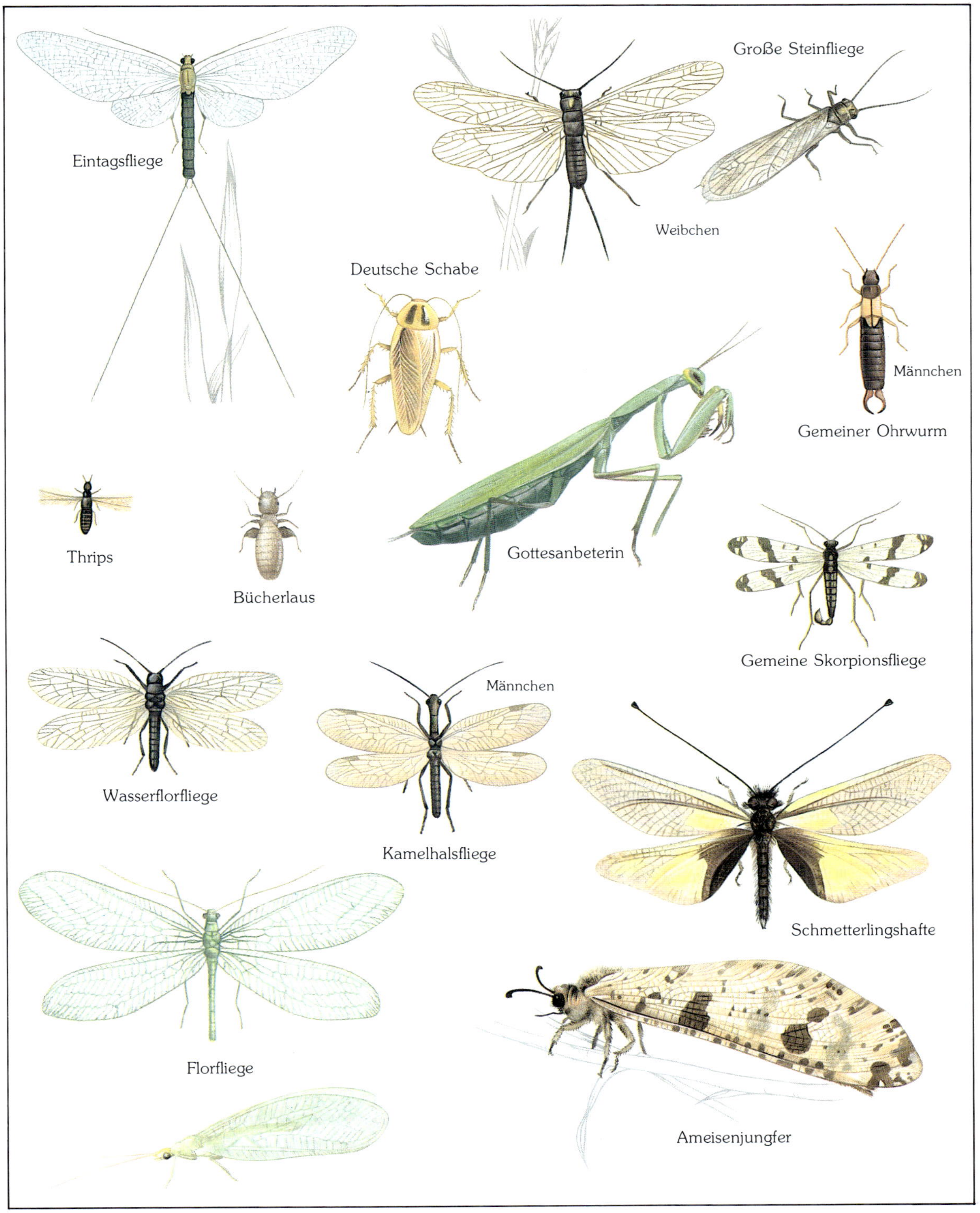

Schmetterlingshafte
Ascalaphus libelluloides
Körperlänge: Bis 50 mm.
Schnellfliegender, gelb-brauner Netzflügler mit dichter, brauner Körperbehaarung. Von Mai – August an sehr warmen Standorten über Grasland. Lebt von kleinen Fluginsekten.

Ameisenjungfer
Myrmeleon formicarius
Körperlänge: Bis 10 mm.
Netzflügler mit braungefleckten Flügeln, Körper stark behaart. Fliegt von Mai – August über warmen Sandböden, fängt andere Insekten im Flug. Larven leben räuberisch am Grund trichterförmiger Gruben im Sand.

Große Köcherfliege in typischer Ruhestellung: Flügel dachartig über dem Körper zusammengelegt. Fühler nach vorn gerichtet.

Große Köcherfliege

Köcher mit Larve

Springschwanz

Silberfischchen

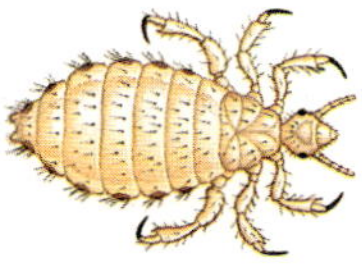

Menschenlaus

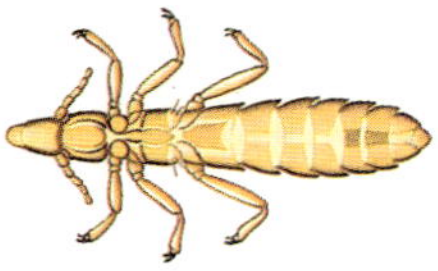

Haarling

Katzenfloh

Köcherfliegen
Ordnung *Trichoptera*

Kleine bis mittelgroße, schlanke, meist braune Insekten mit langen, dünnen Fühlern und schmalen, häutigen Flügeln. Die raupenförmigen Larven leben im Süßwasser und bauen sich zum Schutz köcherartige Gehäuse aus Sandkörnchen, Pflanzenteilen und dergleichen.

Große Köcherfliege
Phryganea grandis
Körperlänge: 35–40 mm.
Hellbraune bis beigeglänzende Köcherfliege. Von Mai – August an stehenden Gewässern. Ruht tagsüber auf Baumrinde, fliegt nachts. Larven in pflanzenreichen stehenden Gewässern, mit Köcher aus Pflanzenteilen, lebt von Insektenlarven.

Flügellose Insekten

Silberfischchen, Zuckergast
Lepisma saccharina
Körperlänge: 7–10 mm.
Flügelloses Urinsekt mit silbrigbeschupptem Körper und 3 Schwanzanhängen. Wärmeliebend, ganzjährig in Wohnungen, nachtaktiv. Lebt von zucker- und stärkehaltigem Material.

Springschwanz
Orchesella cincta
Körperlänge: 2–4 mm.
Flügelloses, leicht behaartes Urinsekt, gelblich-braun, mit Sprunggabel am Hinterende. Ganzjährig auf feuchten Waldböden unter Moos und Steinen.

Haarling, Federling
Columbicola claviformis
Körperlänge: Bis 3 mm.
Abgeplattete, längliche, flügellose Tierlaus mit Klammerfüßen. Ganzjährig in Vogelnestern und im Gefieder von Vögeln. Lebt von Hornteilchen an der Federbasis. Viele nahe verwandte Arten.

Menschenlaus
Pediculus humanus
Körperlänge: 2–3 mm.
Echte Laus, lebt als Blutsauger an Menschen und Affen. Körper hellbraun, abgeplattet, mit Klammerfüßen, flügellos. Die Eier werden an den Haaren des Wirts befestigt.

Katzenfloh
Ctenocephalides felis
Körperlänge: Bis 3 mm.
Flügelloses. seitlich abgeplattetes, braunes Insekt mit langen Hinterbeinen. Guter Springer. Ganzjährig an verschiedenen Säugetieren, Blutsauger. Larvenentwicklung nur an der Katze.

Hundertfüßer
Klasse *Chilopoda*

Schlanke, lange, meist sehr bewegliche Gliederfüßer mit einem Beinpaar pro Körpersegment. Leben räuberisch von anderen kleinen Tieren, meist nachtaktiv.
4 Ordnungen: Spinnenasseln, Steinläufer, Riesenläufer (Skolopender), Erdläufer.

Brauner Steinläufer
Lithobius forficatus
Körperlänge: 18–30 mm.
Braunglänzender Hundertfüßer, ausgewachsen mit 15 Beinpaaren. An feuchten, dunklen Orten.

Hundertfüßer
Haplophilus subterraneus
Körperlänge: 50–70 mm.
Gelb-brauner Hundertfüßer mit 77–83 Beinpaaren. Lebt im Boden und in der Laubstreu.

Spinnenassel
Scutigera coleoptrata
Körperlänge: Bis 30 mm.
Brauner Hundertfüßer mit 15 sehr langen Beinpaaren. Ganzjährig im Mittelmeergebiet, an Mauern und Felsen.

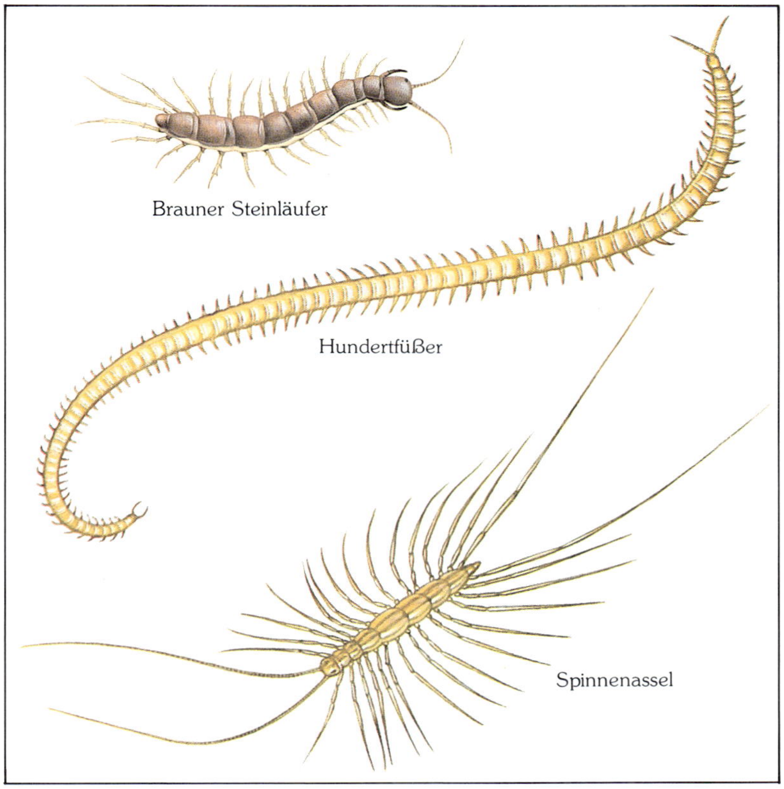

Tausend- oder Doppelfüßer
Klasse *Diplopoda*

Langgestreckte Gliederfüßer, meist mit 2 Beinpaaren an jedem Körpersegment. Relativ langsame Bodentiere, die sich von Pflanzenstoffen ernähren.

Schnurfüßer
Tachypodiulus niger
Körperlänge: Bis 50 mm.
Einer von mehreren sehr ähnlichen Doppelfüßern. Körper schwarz-braun, drehrund, Beine (bis zu 90 Paaren) rötlich-braun. Rollt sich bei Gefahr uhrfederartig zusammen. Bevorzugt auf kalkhaltigen Böden.

Bandfüßer
Polydesmus angustus
Körperlänge: Bis 25 mm.
Stark abgeplatteter, hellbrauner Doppelfüßer. Lebt im Fallaub.

Saftkugler
Glomeris marginata
Körperlänge: Bis 20 mm.
Gedrungener, schwarzbrauner Doppelfüßer mit 17–19 Beinpaaren. Rollt sich bei Gefahr kugelig zusammen. Lebt in der Laubstreu und in Baumstümpfen.

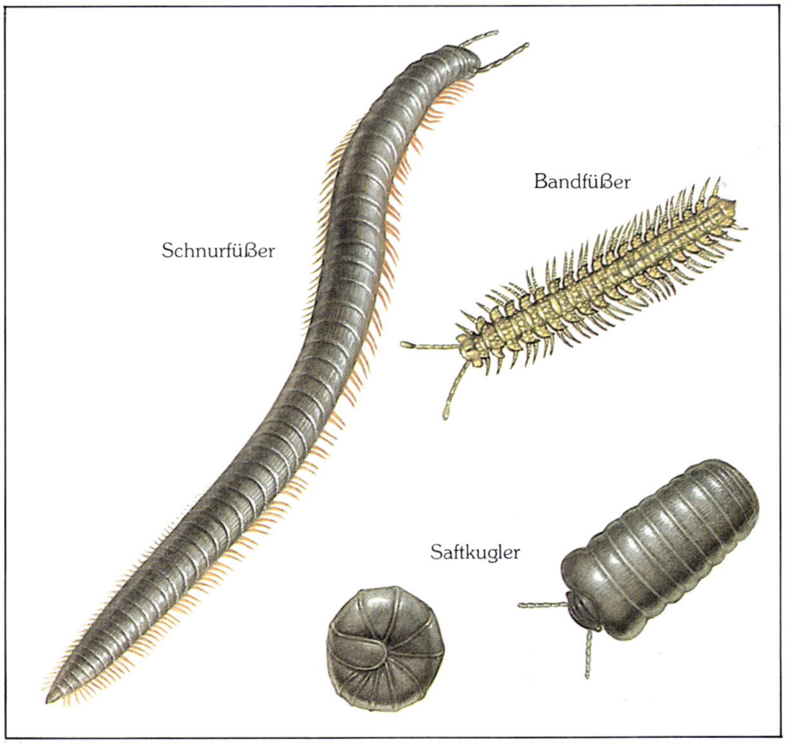

Ringel- oder Gliederwürmer
Stamm *Annelida*

Gliedertiere, deren langer, dünner Körper aus zahlreichen hintereinanderliegenden Segmenten aufgebaut ist. Die einzelnen Segmente sind im Bau weitgehend gleich und gewöhnlich mit je einer Garnitur der wichtigsten Organe versehen. Das 1. Segment (der Kopflappen) enthält die wichtigsten Sinnesorgane und die Gehirnganglien, im letzten Segment liegt der After. Der Körper ist von einer drüsenreichen Haut umgeben, in die meist Chitinborsten von sehr verschiedener Gestalt und Verwendung eingelagert sind. Der von den Drüsen abgesonderte Schleim dient vielfach zum Bau von Wohnröhren und Eikokons. Man gliedert die Ringelwürmer in Vielborster, Wenigborster und Egel. Die Wenigborster (*Oligochaeta*) haben an jedem Körpersegment wenige Borsten, die Vielborster (*Polychaeta*), die fast alle im Meer vorkommen, dagegen viele. Die Egel (*Hirudinea*) besitzen gar keine Borsten, dafür aber an jedem Körperende einen Saugnapf.

Seeringelwurm
Nereis diversicolor
Körperlänge: Bis 10 cm.
Orangegelber bis grünlicher Ringelwurm mit roter Rückenlinie. Vielborster mit 90–120 Segmenten. Ganzjährig im sandig-schlammigen Meeresboden an der Flachküste. Lebt räuberisch von kleineren Merrestieren und von Aas.

Sandpierwurm, Köderwurm
Arenicola marina
Körperlänge: Bis 35 cm.
Gelbbrauner bis grüner Ringelwurm. Vielborster mit federartigen, roten Kiemen. Ganzjährig im weichen Meeresboden in einer bis zu 30 cm tiefen, U-förmigen Röhre, in die er mit Kleinlebewesen versetzten Sand einsaugt. Häufig aufgrund seiner Ausscheidungshäufchen zu finden.

Kleiner Kalkröhrenwurm
Serpula vermicularis
Körperlänge: Bis 5 cm.
In einer Röhre sitzender gelb-brauner Ringelwurm mit rotgefärbtem Tentakelkranz. Vielborster. Ganzjährig in selbstgebauter Kalkröhre, die an Felsen und Steinen festgeheftet ist, im flachen Meerwasser. Filtrierer.

Regenwurm
Lumbricus terrestris
Körperlänge: 9–30 cm.
Ringelwurm, Wenigborster mit 110–160 Segmenten, oben rötlich-braun, unten gelblich-braun. Vorderende zugespitzt, Hinterende stumpf. Bei ausgewachsenen Regenwürmern sind die Segmente 32–37 mit einem verdickten, gürtelförmigen Ring umgeben, der bei der Paarung Schleim absondert. Zwittrig. Lebt im Boden und kommt nachts an die Oberfläche, um Fallaub und anderes verfaulendes organisches Material in seine Gänge zu ziehen. Ganzjährig, im Winter tiefer im Boden.

Pferdeegel
Haemopis sanguisuga
Körperlänge: 6–10 cm, ganz ausgestreckt bis 30 cm. Grün-brauner Ringelwurm aus der Gruppe der Egel. Zwitter. Ganzjährig in stehenden und langsamfließenden schlammigen Gewässern, meist im Schlamm am Gewässerrand. Jagt nach Würmern, Schnecken und Insektenlarven, die er im Ganzen verschlingt. Entgegen aller Annahmen kein Blutsauger!

Pfauenwurm
Sabella pavonina
Körperlänge: Bis 25 cm.
In einer Röhre sitzender brauner Ringelwurm mit bunten, federartigen Tentakeln. Vielborster. Ganzjährig in selbstgebauter Röhre aus Sandkörnern, meist unterhalb der Ebbelinie im Meerwasser. Filtrierer.

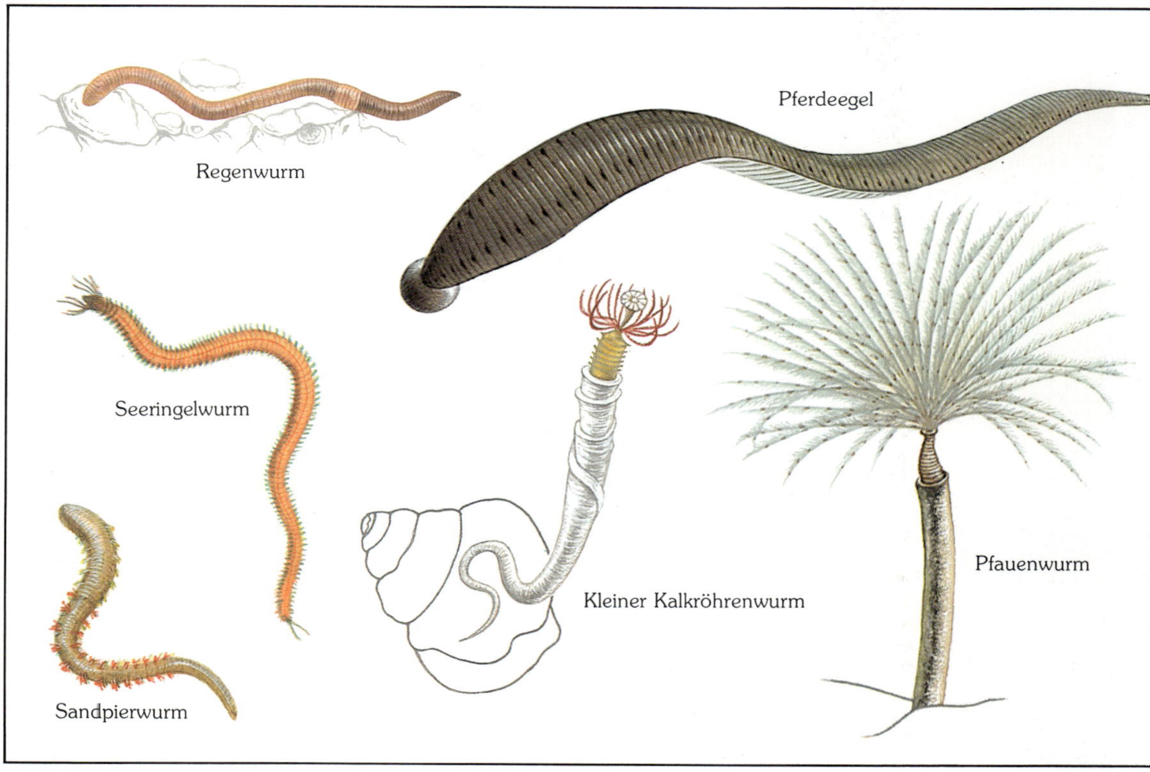

Nesseltiere
Stamm *Cnidaria*

Zu den Nesseltieren gehören sowohl winzig kleine als auch recht große Arten. Nesseltiere leben alle im Wasser, die meisten im Meer. Es gibt einzeln und in Kolonien lebende Arten, festsitzende und freitreibende. Ihr Körper ist aus 2 Schichten aufgebaut und besitzt nur einen als Darm dienenden Körperhohlraum, der sich auch in die Tentakel erstreckt. Charakteristisch für diese Tiergruppe sind die in der äußeren Schicht der Tentakel sitzenden giftigen Nesselzellen, die in ihrem Inneren einen spiralig aufgerollten Nesselfaden besitzen. Durch Reizung wird der Faden herausgeschleudert und der Beute ein stark lähmendes Gift injiziert. Nesseltiere ernähren sich räuberisch von allen möglichen Wassertieren. Sie lassen sich einteilen in Staatsquallen und Hydroiden (Hydrozoa), Schirmquallen (Scyphozoa) und Blumen- oder Korallentiere (Anthozoa).

Seedahlie
Tealia felina
Körperlänge: Ausgestreckt bis 15 cm.
Blumentier mit saugnapfartiger Fußscheibe, warzigem grün-braunem Körper und bis zu 80 rötlichen Tentakeln. Ganzjährig auf Felsen oder großen Algen in höhergelegenen Gezeitentümpeln. Eine von mehreren buntgefärbten Arten.

Ohrenqualle
Aurelia aurita
Durchmesser: Bis 40 cm.
Nesseltier mit flach tellerförmigem Schirm, durch den die 4 hufeisenförmigen, violetten Keimdrüsen zu sehen sind. Mit zahlreichen kurzen Tentakeln und langen, gekräuselten Mundlappen. Ganzjährig frei schwimmend im Meer, meist in größeren Gruppen. Planktonfresser.

Brauner Süßwasserpolyp
Hydra oligactis
Körperlänge: Ausgestreckt bis 10 mm.
Braunes, unscheinbares Nesseltier, lebt in stehenden und langsamfließenden Gewässern auf Wasserpflanzen angeheftet. Mit wenigen langen Tentakeln, die kleine Wassertiere einfangen. Überwintert als Eistadium im Schlamm. Mehrere braune und grüne Arten in europäischen Süßgewässern.

Seestachelbeere
Pleurobrachia pileus
Körperlänge: Bis 3 cm.
Bläulich-weiße Rippenqualle. Körper kugelig bis oval mit 8 auffälligen, gezackten Rippen und relativ langen Tentakeln mit Seitenzweigen, Ganzjährig im offenen Meer schwimmend. Lebt von Plankton.

Portugiesische Galeere
Physalia physalis
Kolonienbildende Staatsqualle, die aus vielen verschiedenen Polypen besteht, die unter einem sackförmigen, gasgefüllten, rosa- bis lilafarbenen Schwimmkörper mit Segel sitzen. Mit meterlangen Tentakeln, die mit giftigen Nesselkapseln besetzt sind. Ganzjährig im freien Meer schwimmend (Hochseeform). Das Nesselkapselgift ist auch für Menschen gefährlich!

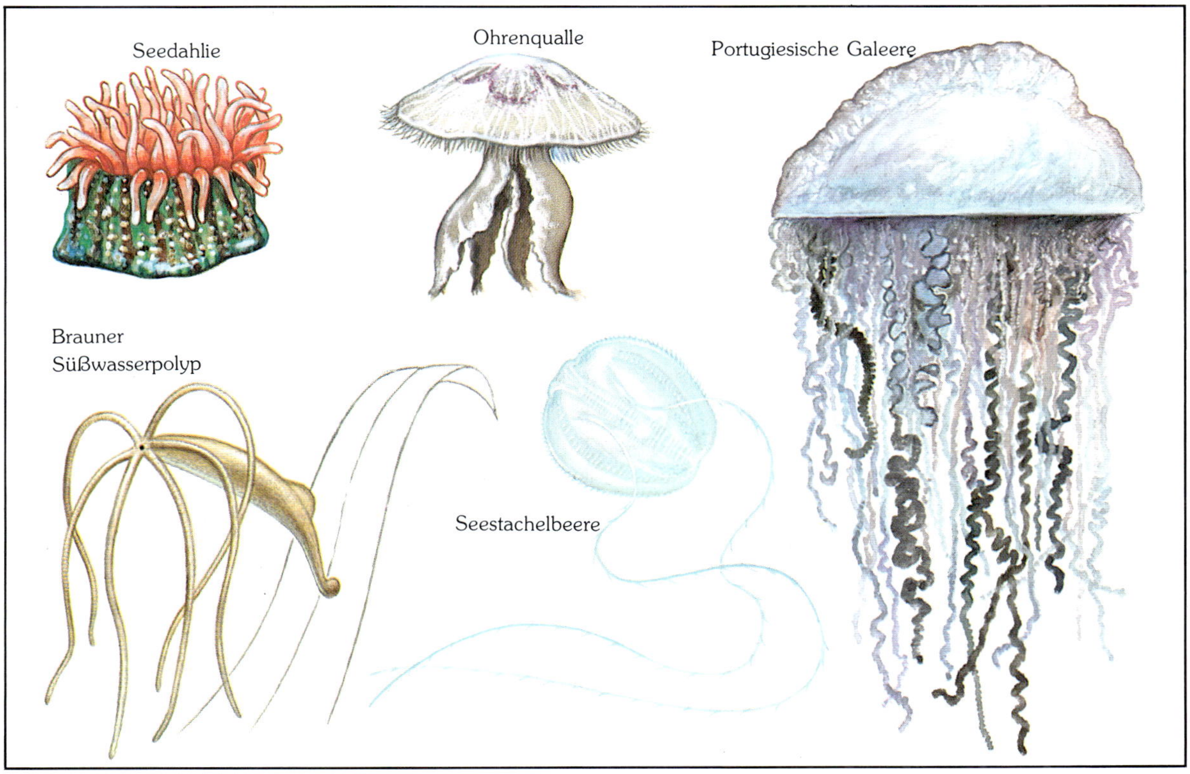

Kapitel 6

Blütenpflanzen

Die Blüten- oder Samenpflanzen gehören zu den am weitesten entwickelten Pflanzen und zeichnen sich durch eine besonders große Artenvielfalt aus. In Europa gibt es über 15 000 verschiedene Arten, die alle Standorte besiedeln.
Das kennzeichnende Merkmal dieser Pflanzengruppe ist der Besitz von Blüten, aus denen sich die Samen, die zur Vermehrung der Pflanze dienen, entwickeln.
Eine typische Blüte besteht aus 4 Bestandteilen:
Kelchblättern (Sepalen), die normalerweise grün sind und die übrigen Blütenteile schützen;
meist bunt gefärbten Kronblättern (Petalen), die bestäubende Insekten anlocken sollen;
einigen bis zahlreichen Staubblättern, männlichen Blütenteilen, in denen die Pollenkörner erzeugt werden;
einem oder mehreren Fruchtblättern (Karpellen), die zu Fruchtknoten verwachsen sind, die die Samenanlagen enthalten.

Die Blüten können entweder einzeln auf den Blütenstengeln stehen, oder sie sind zu mehreren in verschiedene Blütenstände gruppiert.
Zum Bestimmen einer Blütenpflanze dienen aber nicht nur die verschiedenfarbigen und unterschiedlich aufgebauten Blüten und Blütenstände, sondern auch die Form der Blätter.

Die Blütenpflanzen werden in zwei große Gruppen, die Zweikeimblättler (Dicotyledonen, Seite 212–278) und die Einkeimblättler (Monocotyledonen, Seite 279–293) eingeteilt. Für den Laien unterscheiden sich diese beiden Gruppen auf den ersten Blick durch ihre Blattformen: Zweikeimblättler besitzen meist netznervige, gestielte und oft zusammengesetzte Blätter, Einkeimblättler besitzen in der Regel parallelnervige, einfache und ganzrandige, ungestielte Blätter.

Links: Die Schlüsselblumen gehören zu den ersten Frühjahrsblühern und erfreuen uns schon im März mit ihren leuchtendgelben Blüten.

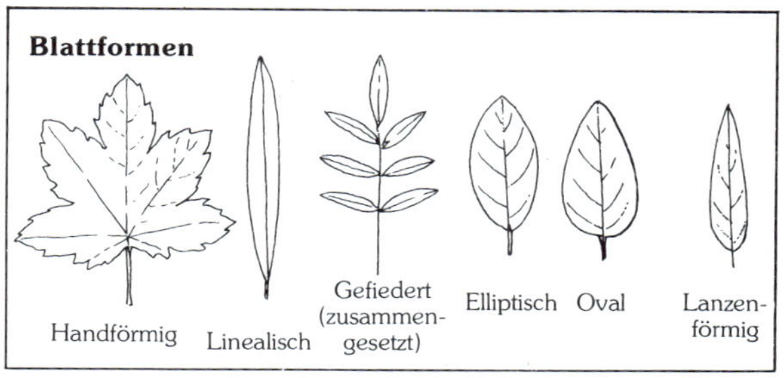

Schnitt durch eine typische Blüte

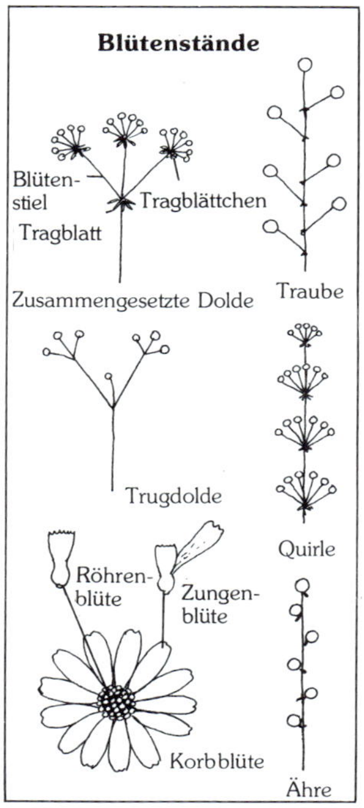

Typische Blütenpflanze

Hahnenfußgewächse

Familie *Ranunculaceae*

Zu den Hahnenfußgewächsen zählen ca. 2000 Arten, die vorwiegend in den außertropischen Gebieten der Nordhalbkugel unserer Erde verbreitet sind. Es handelt sich fast ausschließlich um krautige, vorwiegend ausdauernde Pflanzen mit meist geteilten Blättern und strahligen Blüten.

Buschwindröschen
Anemone nemorosa
Diese zarte, unbehaarte Pflanze wird 6–39 cm hoch und wächst in Laubwäldern, entlang Hecken und auf Bergwiesen. Wie viele Waldblumen blüht sie, bevor die Bäume ihr Laub entwickelt haben, so daß sie noch genügend Licht bekommt. Giftig!
Blühzeit: März – Mai.
Blüte: Weiß oder rosa überhaucht, 2–4 cm Durchmesser; ohne Kronblätter, aber mit 6–7 kronblattähnlichen Kelchblättern; viele Staubblätter. Endständige Einzelblüten, die aus einem Hochblattquirl entspringen.
Blatt: 1 oder 2 langstielige, grundständige Blätter, 3teilig, tief eingeschnitten, Rand grob gezähnt.
Frucht: Viele einsamige, flaumige Schließfrüchte.

Sumpfdotterblume
Caltha palustris
Obwohl die Blüten dieser Pflanze wie die des Hahnenfuß aussehen, ist sie doch leicht durch die breiten, glänzenden Blätter und den hohlen Stengel zu unterscheiden. Sie wächst in sumpfigem Gelände in der Nähe von fließenden Gewässern, steht aufrecht oder kriecht und wird 15–30 cm hoch. Giftig!
Blühzeit: März – Juli.
Blüte: Leuchtend gelb, 1,5–5 cm groß; 5 oder mehr kronblattähnliche Kelchblätter, viele Staubblätter. Blüten in wenigblütigen Trugdolden.
Blatt: Breit herzförmig, stumpf oder spitz gezähnt; grundständige Blätter mit langem Stengel; Hochblätter oft nierenförmig, sitzend.
Frucht: Köpfchen mit 5–15 Balgfrüchten, aufrecht oder zurückgebogen.

Scharfer Hahnenfuß
Ranunculus acer
Dieser Hahnenfuß ist auf Wiesen und Weiden recht häufig und wird dort bis 1 m hoch. Der Stengel ist reich verzweigt und aufrecht. Giftig!
Blühzeit: April – Oktober.
Blüte: Glänzend, leuchtend gelb, 1,5–2,5 cm groß; 5 Kronblätter; Kelch den Kronblättern anliegend; viele Staubblätter. In unregelmäßiger Trugdolde.
Blatt: Etwas behaart; Niederblätter auf langem Stengel, 2- bis 7zählig, handförmig geteilt, mittleres Segment nicht gestielt; Hochblätter nicht gestielt, tief eingeschnitten.
Frucht: Viele behaarte Nüßchen in einem runden Köpfchen.

Knolliger Hahnenfuß
Ranunculus bulbosus
Diese Pflanze hat ihren Namen aufgrund der knollenartigen Verdickung ihrer Wurzel. Sie kommt bevorzugt auf Halbtrockenrasen, trockenen Wiesen und an Wegrainen vor und liebt warme, kalkhaltige Böden. Wuchshöhe 15–30 cm. Giftig!
Blühzeit: Mai – Juli.
Blüte: Einzeln, endständig mit gefurchten Blütenstielen. Kelchblätter zurückgeschlagen.
Blätter: Dreizählig oder doppelt dreizählig, untere langgestielt.

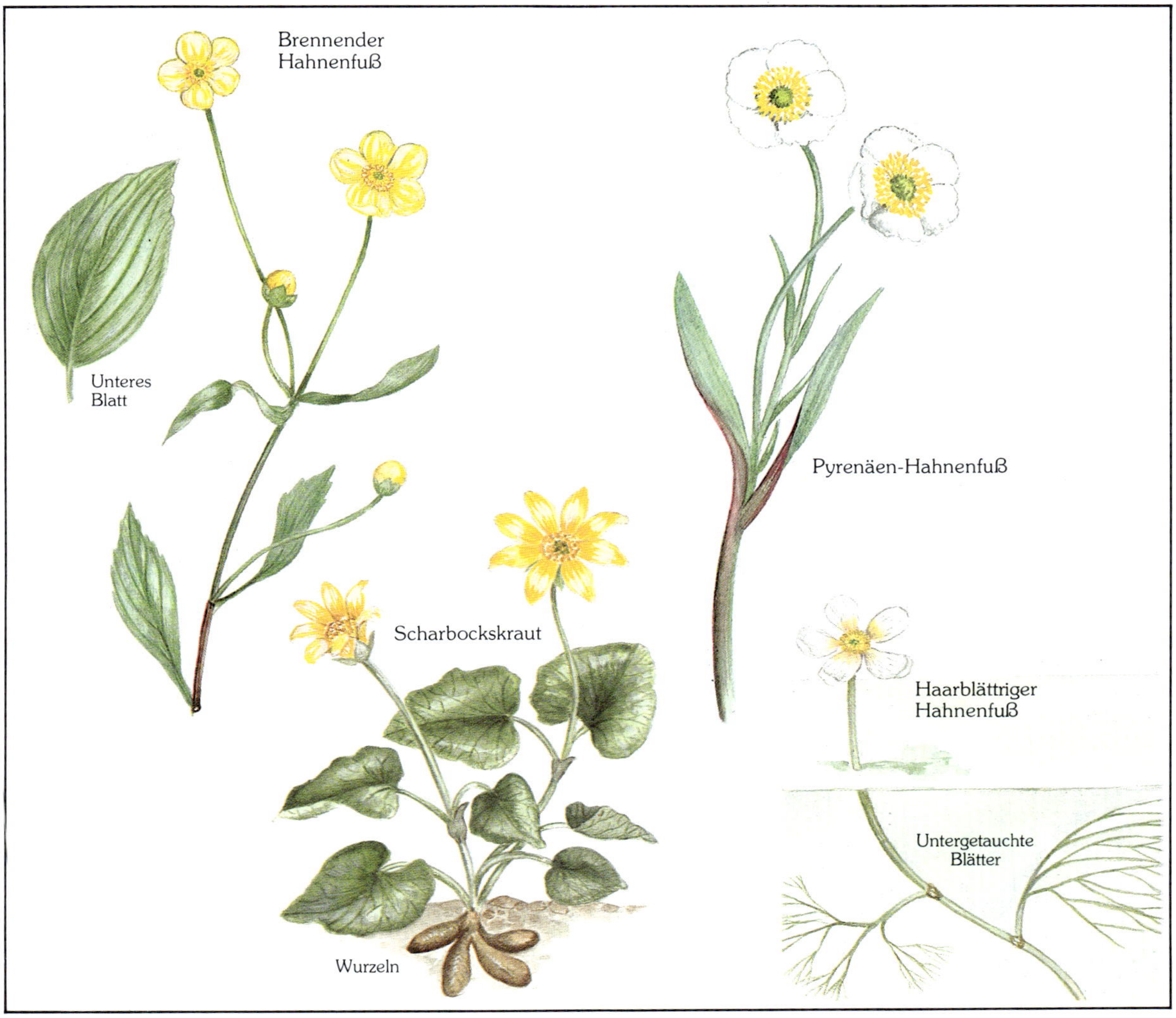

Scharbockskraut
Ranunculus ficaria
Das Scharbockskraut ist eine der frühesten Frühlingsblumen. Es wächst im Wald, im Gebüsch und entlang von Bächen und wird 5–30 cm hoch. Die Wurzeln bilden kleine Knöllchen. Giftig!
Blühzeit: März – Mai.
Blüte: Leuchtend goldgelb, ältere Blüten am Grund weißlich, öffnen sich nur bei schönem Wetter, 1,5–5 cm groß; 8–12 Kronblätter, etwas zugespitzt; Kelchblätter 3; Staubblätter viele. Einzeln und endständig.
Blatt: Breit herzförmig, dunkelgrün, glatt. Niederblätter langgestielt in einer Rosette.

Brennender Hahnenfuß
Ranunculus flammula
Dieser an Feuchtstellen wachsende Hahnenfuß ist leicht an den ungeteilten Blättern und den blaßgelben Blüten zu erkennen. Er ist unbehaart, aufrecht oder kriechend und wird mit seinem hohlen Stengel 8–80 cm hoch. Giftig!
Blühzeit: Mai – September.
Blüte: Blaßgelb, glänzend, 8–20 mm im Durchmesser; 5 Kronblätter; 5 Kelchblätter; viele Staubblätter. Blütenstengel gekerbt. Einzeln oder in Trugdolde.
Blatt: Niederblätter rundlich gestielt; obere Blätter stengellos, kleiner, zugespitzt, mit parallelen Nerven, gezähnt oder ungezähnt.
Frucht: Unbehaarte Nüßchen in einem runden Köpfchen.

Pyrenäen-Hahnenfuß
Ranunculus pyrenaeus
Diese Art kommt nur in den Alpen und den Pyrenäen, hier vor allem in Höhen zwischen 1700 und 2800 m, vor und braucht sonnenwarmen, gut durchfeuchteten, mineralreichen Boden. Wuchshöhe 10–25 cm. Giftig!
Blühzeit: Mai – Juli.
Blüte: 1,5 cm breit, aufrecht, meist einzeln und endständig, weiße Kronblätter, gelbe Staubblätter.
Blatt: Länglich-lanzettlich, ganzrandig, kahl.
Frucht: Köpfchen aus Schließfrüchtchen.

Haarblättriger Hahnenfuß
Ranunculus trichophyllus
Der Wasserhahnenfuß hat kleine, weiße Blüten und wächst in Teichen und langsamfließenden Gewässern. Seine zerfaserten Blätter treiben untergetaucht im Wasser. In seinem Verbreitungsgebiet gibt es noch andere, ähnliche Hahnenfußarten, die neben den zerschlitzten, untergetauchten auch ganzrandige Schwimmblätter besitzen.
Blühzeit: Mai – Juni.
Blüte: Weiß mit gelbem Grund, 8–10 mm groß; 5 sich nicht berührende Kronblätter; 5–15 Staubblätter. Erheben sich einzeln über die Wasseroberfläche.
Blatt: Untergetaucht, feingefiedert, borstenähnlich, nicht in einer Ebene, 2–4 cm, kurz gestielt.
Frucht: Nüßchen, Stiel unter 4 cm lang.

Europäische Trollblume
Trollius europaeus
Geschützte Pflanze feuchter Wiesen und Bergwiesen. Liebt humusreichen Boden. Kommt selten vor, wächst an ihren Standorten dann meist jedoch in größeren Mengen. Wuchshöhe 30–50 cm. Giftig!
Blühzeit: Mai – Juni.
Blüte: Bis 3 cm Durchmesser, goldgelb glänzend, 6–15 Blütenblätter, die einen geschlossenen, kugeligen Kopf bilden. Einzeln und endständig.
Blatt: Handförmig, drei- bis fünfteilig, sattgrün.
Frucht: Büschel aus schnabelförmigen Balgfrüchten.

Stinkende Nieswurz
Helleborus foetidus
30–50 cm hohes Hahnenfußgewächs, das in Trockenwäldern an lichten Stellen auf kalkhaltigem, lockerem Boden vorkommt. Im Süden Europas weit verbreitet. Giftig!
Blühzeit: Februar – April.
Blüte: Besteht nur aus den 5 grünen Kelchblättern mit rot überlaufenem Rand und vielen grüngelben Staubgefäßen. Blüten glockig und zu mehreren in lockerem, hängendem Blütenstand.
Blatt: Untere handförmig geteilt, dunkelgrün, obere heller grün, ungeteilt. Grundblätter fehlen.
Frucht: Büschel schnabelförmiger Balgfrüchte, die von den Kelchblättern umgeben sind.

Echte Küchenschelle
Pulsatilla vulgaris
Stark behaarte Pflanze mit federartigen Blättern. Selten und daher geschützt! Bevorzugt Trocken- und Halbtrockenrasen, ist kalk- und wärmeliebend. Wuchshöhe 5–40 cm. Giftig!
Blühzeit: März – Mai.
Blüte: Einzeln stehende, aufrechte bis leicht nickende, glockig geöffnete, blaue oder rotviolette Blüten. Unterseite der Blütenblätter seidig behaart. 6 Blütenblätter.
Blatt: Zwei- bis dreifach gefiedert, erscheinen meist erst nach der Blüte, dunkelgrün und seidig behaart.
Frucht: Büschel aus Schließfrüchten, jedes mit einem Federschopf.

Gemeine Waldrebe
Clematis vitalba
Kletterpflanze, die bis zu 7 m lang werden kann. Kommt in Auwäldern, an Waldrändern, Gebüschen und in Trockenwäldern vor und bevorzugt kalkreiche, lockere Lehmböden. Die Pflanze fällt vor allem im Spätherbst und Winter auf, wenn sie dicht mit wollknäuelähnlichen Fruchtständen besetzt ist. Giftig!
Blühzeit: Juni – Juli.
Blüte: Besteht aus 4–5 hellgrünen bis weißlichen Kelchblättern und zahlreichen Staubgefäßen, die zu mehreren in blattachsel- und endständigen Trugdolden angeordnet sind.
Blatt: Bleichgrün, aus 3–5 herzförmigen Einzelblättern zusammengesetzt.
Frucht: Büschel aus haarigen Schließfrüchten, jedes mit einem langen, haarigen »Bart«.

Mohngewächse
Familie *Papaveraceae*

Die Familie der Mohngewächse umfaßt über 300 verschiedene krautige Pflanzen, die alle einen weißen oder gelblichen Milchsaft führen. Die Blüten sind in zwei große Kelchblätter eingehüllt, die beim Öffnen der Blüte abfallen. Die vier Blütenblätter sind zart und leuchtend gefärbt und oft auch in ausgebreitetem Zustand noch »zerknittert«. Die typische Frucht der Mohngewächse ist die Porenkapsel, in der unzählige kleine, ölhaltige Samen auf wandständigen Samenleisten sitzen. Der Milchsaft ist giftig.

Schöllkraut
Chelidonium majus
Auf den ersten Blick hat diese Pflanze mit ihren kleinen gelben Blüten wenig Ähnlichkeit mit ihrem auffallenden Verwandten, dem Mohn. Das Schöllkraut wächst an Hecken und Mauern und wird 30–90 cm hoch. Giftig!
Blühzeit: Mai – August.
Blüte: Leuchtend gelb, 2–2,5 cm groß; 4 Kronblätter; viele Staubblätter. 2–6 Blüten in einer Dolde.
Blatt: Gefiedert mit 5–7 Fiederblättchen, bereift, stumpf gezähnt.
Frucht: 3–5 cm lange, gerade Kapsel, die im Reifezustand von unten nach oben aufplatzt.

Saatmohn
Papaver dubium
Die 20–60 cm hohe, aufrechte Pflanze wächst auf Getreidefeldern, an Ackerrändern und Böschungen. Giftig!
Blühzeit: Juni – Juli.
Blüte: Orangerot, im Zentrum oft mit dunklem Fleck, 3–7 cm groß; rundliche Kronblätter an der Basis sich überdekkend; purpurne Staubblätter zahlreich; flache Narbe 7- bis 9strahlig. Einzelne Blüten.
Blatt: Graugrün, kurz behaart; untere Blätter tief gelappt, Endlappen nicht vergrößert.
Frucht: Lange, schmale Kapsel, unbehaart, vielrippig.

Klatschmohn
Papaver rhoeas
Der Klatschmohn mit seinen großen, leuchtenden Blüten und dem steif behaarten Stengel wird 25–90 cm hoch und kommt auf Äckern und an Straßenböschungen vor. Giftig!
Blühzeit: Juni – August.
Blüte: 4 zarte rote Kronblätter, oft mit dunklem Fleck an der Kronblattbasis. Die 7–10 cm großen Blüten sitzen auf langen Stielen in den Blattachseln.
Blatt: Steif behaart, 1- bis 2fach gefiedert; Segmente grob gezähnt.
Frucht: 1–2 cm lange Kapsel, an der Basis abgerundet, unbehaart.

Seerosengewächse
Familie *Nymphaeaceae*

Seerosengewächse sind Wasserpflanzen mit meist schwimmenden, seltener über das Wasser emporgehobenen oder untergetauchten Blättern. Die Blüten stehen einzeln über dem Wasser und sind meist sehr groß. Von den 100 bekannten Arten kommen die meisten in den Tropen vor. Alle einheimischen Seerosengewächse sind geschützt!

Gelbe Teichrose
Nuphar luteum
Weit verbreitet in Seen, Teichen und langsamen Fließgewässern. Giftig!
Blühzeit: Juni – August.
Blüte: Leuchtend gelb, becherförmig, Geruch nach Alkohol, 4–6 cm groß, erhebt sich über den Wasserspiegel; 4–6 kronblattähnliche, große, rundliche Kelchblätter; Staubblätter viele; Narbe schildförmig mit 15–20 strahlenförmigen Rippen.
Blatt: Schwimmend, oval, 12–40 × 9–30 cm groß, ganzrandig, am Stengelansatz tief eingeschnitten; verzweigte Blattadern vereinigen sich am Blattrand nicht. Untergetauchte Blätter dünn.
Frucht: Flaschenförmig, reift über dem Wasser.

Weiße Seerose
Nymphaea alba
Die Weiße Seerose wächst in bis zu 3 m tiefen stehenden oder langsam fließenden Gewässern. Sie verträgt nährstoffreicheres Wasser als viele andere Wasserpflanzen. Die Blüten haben einen angenehmen Duft. Giftig!
Blühzeit: Juni – September.
Blüten: Weiß, 10–20 cm groß, schwimmend; 20–25 zugespitzte Kronblätter; 4 Kelchblätter; viele Staubblätter; Narbe flach mit 10–20 Narbenstrahlen.
Blatt: Schwimmend, annähernd kreisförmig, 10–30 cm groß, ganzrandig, am Stengelansatz tief eingeschnitten, Blattadern vereinigen sich am Blattrand.
Frucht: Flaschenförmig, manchmal kugelig, reift unter Wasser. Die reifen Samen schwimmen.

Erdrauchgewächse
Familie *Fumariaceae*

Die Familie der Erdrauchgewächse umfaßt ca. 280 Arten, die fast alle einjährig und vorwiegend im Mittelmeergebiet verbreitet sind. Die bei uns vorkommenden Erdrauch-Arten sind meist niederliegende Unkräuter des Ackerlandes.

Gewöhnlicher Erdrauch
Fumaria officinalis
Graugrün bereifte Pflanze, langgestielt, niederliegend bis aufrecht. Als Unkraut wächst sie auf leichten Ackerböden. Giftig!
Blühzeit: Mai – Oktober.
Blüte: Rotviolett, Spitzen schwarzrot; gespornte Kronröhre 7–9 mm lang, 2lippig; 2 unregelmäßig gezähnte Kelchblätter, Traube mit über 20 Blüten, diese länger als die Blütenstiele.
Blatt: Alle Blätter stengelständig, fein geteilt in flache Segmente.
Frucht: Kugelig, 2–3 mm Durchmesser.

Kreuzblütengewächse
Familie *Cruciferae*

Große Familie mit ca. 3000 Arten, die vorwiegend in den nördlichen gemäßigten Zonen vorkommen und sich durch ihre kreuzgegenständigen Blütenblätter auszeichnen. Frucht meist eine zweiklappige Schote oder Schötchen. Zu dieser Familie gehören sehr viele Öl-, Heil-, Gemüse- und Zierpflanzen.

Knoblauchhederich
Alliaria petiolata
Die zerriebenen Blätter des aufrechten, unverzweigten und bis 120 cm großen Knoblauchhederich riechen deutlich nach Knoblauch. Er wächst an Hecken, Mauern und Waldrändern.
Blühzeit: April – Juni.
Blüte: Weiß, 6 mm Durchmesser, in dichten Trauben.
Blatt: Blaßgrün, herzförmig, gezähnt; untere Blätter langgestielt (an Brennesselblätter erinnernd).
Frucht: Lange, sehr schmale Kapsel, 2–7 cm lang, in 2 Fächern von unten öffnend.

Hirtentäschelkraut
Capsella bursa-pastoris
Selbst in Städten gibt es kaum eine Stelle, an der man diese 3–40 cm hohe Pflanze nicht auf Wegen oder auf Kultur- und Brachland antreffen kann. Weltweit verbreitet.
Blühzeit: Ganzjährig.
Blüte: Weiß, ungefähr 2,5 mm im Durchmesser. Blüten dicht gedrängt an der Spitze einer Traube, fruchtend weniger dicht.
Blatt: Untere Blätter in einer Rosette, obere Blätter stengelumfassend.
Frucht: Herzförmig, 6–8 mm groß, um die Samen zu entlassen, springen die Hälften auf – das »Geld« fällt aus der »Tasche«.

Wiesenschaumkraut
Cardamine pratensis
Das hübsche Wiesenschaumkraut wird 30–55 cm hoch und blüht im Frühjahr auf feuchten Wiesen.
Blühzeit: April – Juni.
Blüte: Lila, seltener weiß, 12–18 mm groß; Kronblätter manchmal leicht gekerbt.
Blatt: Gefiedert, bis zu 7 ovale bis rundliche Fiederblättchen sind weit gezähnt; Endblättchen vergrößert, untere Blätter als Rosette.
Frucht: 2,5–4 cm lang, dünn auf aufrechten Stielchen, sich von unten öffnend. Die Samen können bis 2 m weit fortgeschleudert werden.

Gebräuchliches Löffelkraut
Cochlearia officinalis
Zwei- oder mehrjährige Pflanze mit langer Wurzel und aufrechten Stengeln bis etwa 30 cm Höhe (manchmal auch liegend oder aufsteigend). Alle grünen Teile ziemlich fleischig.
Salzliebende Pflanze, die vor allem in Salzwiesen und -röhrichten vorkommt.
Blühzeit: Mai – Juli.
Blüte: 1 cm breit, 4 weiße, kreuzgegenständige Kronblätter. In endständiger, lockerer Traube.
Blatt: Grundblätter langgestielt, rosettig, oval-herzförmig, Stengelblätter stengelumfassend gezackt.
Frucht: Kugelige bis elliptische Schötchen.

Der Färber-Waid kommt vor allem in Südosteuropa und Westasien vor, wo man seine buschigen, leuchtendgelben Blütenstände von Mai bis Juni überall auf trockenen, kalkhaltigen Böden sehen kann. Mit der Fruchtreife wird die gesamte Pflanze braun.

Färber-Waid
Isatis tinctoria
Der Färber-Waid, der aus Südosteuropa und Westasien stammt, wurde seit rund 2000 Jahren bis in die Neuzeit bei uns angebaut, weil man aus dem vergorenen Pflanzenkraut eine Farbe gewinnen konnte: Indigoblau. Heute kommt die Pflanze überall nur verwildert vor. Wuchshöhe 50–140 cm. Giftig!
Blühzeit: Mai – Juli.
Blüte: Doldige Rispe aus leuchtend gelben Kreuzblüten.
Blatt: Bläulichgrün, ganzrandig, herz- bis pfeilförmig und stengelumfassend.
Frucht: Braune, hängende Schoten.

Wegrauke
Sisymbrium officinale
Die Wegrauke ist keine auffällige Pflanze, doch findet man sie überall in der Stadt und auf dem Land auf unbebauten Plätzen. Die steif aufrechte, oben verzweigte Pflanze wird bis 90 cm hoch.
Blühzeit: Juni – Juli.
Blüte: Blaßgelb, klein. In kleinen Büscheln an den Zweigenden.
Blatt: Untere tief gelappte Blätter in einer Rosette; Endlappen größer als die übrigen.
Frucht: Sehr schmal, zylindrisch, 10–20 mm lang, gerade, dem Stengel anliegend, der sich während der Reife verlängert.

Ackersenf
Sinapis arvensis
Ackersenf, ein hartnäckiges Ackerunkraut, wird bis zu 80 cm hoch und ist am Stengelgrund steif behaart.
Blühzeit: Mai – Juli.
Blüte: Leuchtend gelb, 1,5–2 cm; Kronblätter zum Grund verschmälert; 4 Kelch- und 6 Staubblätter. Dichte Traube.
Blatt: Bis 20 cm lang, gegenständig, rauh behaart; untere Blätter gestielt, grob gelappt mit großem, rauh gezähntem Endlappen; obere Blätter sitzend, ganzrandig.
Frucht: 2,5–4,5 cm lang, schmal, mit kurzem Schnabel, zwischen den Samen etwas eingeschnürt, glatt oder steif behaart. Samen dunkel rotbraun.

Brunnenkresse
Rorippa nasturtium-aquaticum
Brunnenkresse wächst oft massenhaft in klarem, kühlem, fließendem Wasser. Sie ist 10–60 cm hoch, unbehaart, kriechend, an den Knoten wurzelnd und am Ende aufsteigend.
Blühzeit: Mai – Oktober.
Blüte: Weiß, 4–6 mm groß, Kronblätter ungefähr doppelt so lang wie die Kelchblätter. Die Blüten sitzen dichtgedrängt an der Spitze der Ähre.
Blatt: Gefiedert, untere Blätter mit 1–3, obere Blätter mit 5–9 rundlichen oder breit ovalen Teilblättchen.
Frucht: 13–18 mm, leicht nach oben gebogen.

Veilchengewächse
Familie *Violaceae*

Die Familie der Veilchengewächse umfaßt ca. 800 Arten in 16 Gattungen und kommt sowohl in tropischen als auch in gemäßigten Zonen vor. Veilchengewächse sind krautige oder holzige (in den Tropen) Pflanzen. Die Blüte besteht aus 5 ungleichen Kronblättern, von denen das unterste gespornt ist. Die Frucht ist eine Kapsel mit verschiedenen »Fächern«.

Märzveilchen
Viola odorata
Das Veilchen wächst an Rainen, unter Gesträuch und im Wald, wird 5–15 cm hoch, bildet eine Blattrosette und kriechende, sich bewurzelnde Ausläufer.
Blühzeit: Februar – April.
Blüte: Dunkelviolett oder weiß mit lila Sporn. Wohlriechend, ungefähr 1,5 cm groß. Kelchblätter abgerundet. Einzelblüten auf langen Stengeln.
Blatt: Herzförmig, zugespitzt oder abgerundet, stumpf gezähnt, schwach behaart, gestielt.
Frucht: Rundliche, behaarte Kapsel.

Hunds-Veilchen
Viola canina
Dieses Veilchen kommt in verschiedenen Formen vor, bildet keine Ausläufer und wächst in Wäldern, an Rainen und auf Grasland.
Blühzeit: April – Juni.
Blüte: Meist blauviolett, oder Sporn heller; unteres Kronblatt mit dunklen Adern. Geruchlos. 1–2,5 cm groß; Sporn 2–5 mm, derb, hochgebogen und am Ende eingedrückt; Kelchblätter mit 2–3 mm großen Anhängseln. Blüten einzeln auf blattachselständigen Stengeln.
Blatt: Lockere Rosette, gestielt, herzförmig, stumpf gezähnt, bis 8 cm lang; Nebenblätter gezähnt.
Frucht: Kapsel öffnet sich explosionsartig an drei Nähten.

Wildes Stiefmütterchen
Viola tricolor
Das Wilde Stiefmütterchen kommt auf Äckern und niedrigem Grasland vor. Es ist 15–45 cm hoch und meist verzweigt.
Blühzeit: April – September.
Blüte: Blauviolett, gelb oder mehrfarbig. Geruchlos, 1–3 cm breit; 5 ungleich große Kronblätter, länger als die Kelchblätter, unteres Kronblatt bildet nach hinten einen Sporn; Kelchblätter spitz, kürzer als der Sporn und mit je einem Anhängsel an jedem Kelchblatt. Blüten einzeln, jedoch mehrere pro Pflanze.
Blatt: Wechselständig, untere Blätter oval oder herzförmig, stumpf gezähnt, obere Blätter schmaler. Nebenblätter blattähnlich und tief gelappt.
Frucht: 3teilige Kapsel.

Veilchen findet man im Frühjahr häufig unter feuchten Hecken und an schattigen Waldrändern.

Kreuzblumengewächse
Familie *Polygalaceae*

Kräuter und Holzgewächse mit meist einfachen Blättern. Fast 800 Arten, weltweit verbreitet. Blüten mit meist nur 3 Kronblättern, die von 5 Kelchblättern (davon oft 2 flügelförmig und kronblattähnlich) kronblattähnlich umschlossen werden.

Wiesen-Kreuzblume
Polygala vulgaris
Diese kleine (10–30 cm) und reichverzweigte Pflanze findet man vor allem auf Magerrasen, Heiden und auf Dünen. Die kleinen Blüten sind fast völlig von 2 vergrößerten, blauen Kelchblättern eingeschlossen.
Blühzeit: Mai – September.
Blüte: Blau, rosa oder weiß, 6–8 mm. 5 Kelchblätter, davon die beiden inneren vergrößert und gefärbt, kronblattähnlich. Vielblütige Traube.
Blatt: Wechselständig, schmal, ganzrandig, etwas zugespitzt. Untere Blätter 5–10 mm, obere länger.
Frucht: Flache, herzförmige Kapsel, ungefähr 5 mm groß.

Hartheugewächse
Familie *Hypericaceae*

Vorwiegend holzige Pflanze, nur die Gattung *Hypericum* ist krautig. Über 800 Arten, vorwiegend in warmen Gebieten. Die Pflanzen dieser Familie besitzen Öldrüsen, die als schwarze oder durchscheinende Tupfen an Blättern und Blüten erscheinen. Sie haben 5 Kronblätter, und die zahlreichen Staubblätter sind am Grund zu Bündeln zusammengefaßt.

Echtes Johanniskraut
Hypericum perforatum
Charakteristisch sind die im Gegenlicht durchscheinenden winzigen Öldrüsen auf den Blättern und die schwarzen Punkte an den Blüten. Der Stengel ist zweikantig. Die Pflanze ist unbehaart, aufrecht, 10–100 cm hoch und wächst auf verwildertem Grasland.
Blühzeit: Juni – September.
Blüte: Gelb, ungefähr 2 cm groß. 5 Kronblätter mit schwarzen Punkten am Rand; 5 spitze Kelchblätter, teils schwarz gepunktet; viele Staubblätter. Rispe.
Blatt: Gegenständig, mit vielen durchscheinenden Tupfen, 1–3 cm lang, elliptisch bis linear, sitzend und kurz gestielt.
Frucht: Kapsel, Samen genarbt.

Das Gemeine Sonnenröschen liebt steinige und kalkhaltige, warme Böden.

Zistrosengewächse
Familie *Cistaceae*

Diese Familie umfaßt ca. 250 krautige und holzige Pflanzenarten, die vorwiegend im Mittelmeergebiet vorkommen und hier auf trockenen, sonnigen Hängen wachsen. Blüten meist mit 5 Kronblättern und zahllosen Staubgefäßen, meist nur sehr kurzlebig. Frucht meist flachspaltige Kapsel.

Gemeines Sonnenröschen
Helianthemum chamaecistus
Niederliegende oder leicht aufsteigende Pflanze bis 30 cm Höhe, die in warmen Gebieten auf Trocken- und Halbtrockenrasen vorkommt. Stengel am Grunde walzig.
Blühzeit: Juli – Oktober.
Blüte: Zitronengelbe, zarte Blüten in wenigblütigen, endständigen Trauben.
Blatt: Bis 2 cm lang, oval, dunkelgrün, ganzrandig und zart bewimpert.
Frucht: Eiförmige Kapsel, die in 3 Teile aufspringt.

Nelkengewächse
Familie *Caryophyllaceae*

Krautige Pflanzen mit oft knotigen Stengeln und ungeteilten, schmalen Blättern. Blüten 4- bis 5blättrig in Trugdolden. Frucht meist vielsamige Kapsel. Ca. 2000 Arten, die größtenteils in den gemäßigten Gebieten vorkommen. Viele Zierpflanzen. Einige von ihnen öffnen sich nur nachts und locken mit ihrem Duft Nachtfalter an.

Ackerspörgel
Spergula arvensis
Der Ackerspörgel ist blaßgrün, 5–70 cm hoch, klebrig, mit zartem, verzweigtem Stengel und wirtelig angeordneten Blättern. Ackerunkraut, das vor allem auf saurem und sandigen Boden vorkommt.
Blühzeit: Juni – August.
Blüte: Weiß, 4–7 mm groß, mit 5 runden Kronblättern, die etwas größer als die Kelchblätter sind. Blüten stehen in einer Trugdolde.
Blatt: 1–3 cm lang, nadelartig, in Wirteln, etwas fleischig, unterseits mit Längsfurche, klebrig.
Frucht: 5 mm große Kapsel, die sich in 5 Nähten öffnet. Samen schwärzlich, warzig.

Rote Schuppenmiere
Spergularia rubra
Niederliegende Pflanze mit kleinen, blaßroten Blüten, 5 – 25 cm hoch. Wächst auf sandigen Standorten. Die oberen Pflanzenteile sind mit klebrigen Drüsenhaaren besetzt.
Blühzeit: Mai – September.
Blüte: 5 hellrote Kronblätter, die zum Grund hin blasser werden, 3–5 mm im Durchmesser. Wenigblütige Trugdolde.
Blatt: In Büscheln am Stengel, sehr schmal mit harter Spitze, nicht fleischig; Nebenblätter silbrig, deutlich sichtbar.
Frucht: 4–5 mm große Kapsel, sich an 3 Nähten öffnend; Samen winzig, dunkelbraun.

Salzmiere
Honckenya peploides
Die Salzmiere ist klein, fleischig, 5–25 cm hoch und kriecht auf Sand und Kies an Küstensäumen. Sie erträgt kurzzeitige Überschwemmungen mit Salzwasser.
Blühzeit: Mai – August.
Blüte: Grünlich weiß, 6–10 mm groß, mit 5 abgerundeten Kronblättern, die kürzer oder gleich lang wie die Kelchblätter sind. Blüten einzeln in Blattachseln und Stengelverzweigungen.
Blatt: Gegenständig, oval, fleischig, sitzend.
Frucht: Kugelige Kapsel, öffnet sich mit 3 Zähnen; Samen groß, rotbraun.

Weiße Lichtnelke
Silene alba
Die Weiße Lichtnelke ist ein verzweigtes, weich behaartes, bis 80 cm hohes Ackerunkraut. Die Blüten öffnen sich erst abends und locken durch ihren Duft Nachtschmetterlinge zur Bestäubung an.
Blühzeit: Mai – September.
Blüte: Weiß, 2,5–3 cm groß. Die 5 tief gespaltenen Kronblätter sind am Grund verschmälert. Kelchröhre drüsig behaart, klebrig. Jeweils 3 Blüten in den Blattachseln.
Blatt: Gegenständig, oval; Stengelblätter sitzend.
Frucht: Eiförmige Kapsel, 1–1,5 cm groß, mit 10 Zähnen aufspringend.

Rote Lichtnelke
Silene dioica
Diese Lichtnelke wächst in Laubwäldern und auf Wiesen, ist weich behaart und wird bis 80 cm hoch. (Natürlich vorkommende Bastarde von Weißer und Roter Lichtnelke haben blaßrosa Blüten.) Blüten im Gegensatz zu anderen Lichtnelken tagsüber geöffnet.
Blühzeit: April – September.
Blüte: Leuchtend rosa, 18–25 mm. Die 5 tief eingeschnittenen Kronblätter sind am Grund verschmälert, Kelchröhre behaart, leicht klebrig. Die Blüten stehen in einer lockeren Trugdolde am Stengelende.
Blatt: Gegenständig, breit oval. Untere Blätter schwach gestielt, obere Blätter sitzend.
Frucht: Kapsel 1–1,5 cm groß, kugelig bis eiförmig. Beim Öffnen der Frucht sind die 10 Zähne zurückgerollt.

Taubenkropf-Leimkraut
Silene vulgaris
Diese aufrechte, graugrüne, verzweigte Pflanze ist meist unbehaart und wird bis 90 cm hoch. Sie ist häufig auf Äckern, Ödland und Trockenrasen zu finden. Der „Taubenkropf" ist die aufgeblasene Kelchröhre.
Blühzeit: Mai – September.
Blüte: Weiß, ungefähr 1,5 cm groß, mit 5 tief eingeschnittenen, zum Grund verschmälerten Kronblättern. Kelchröhre aufgeblasen, netzartig; Hochblätter papierartig. Lockere Trugdolde.
Blatt: Meist graugrün, gegenständig, oval. Untere Blätter kurz gestielt, obere sitzend.
Frucht: Kapsel mit 6 geraden Zähnen, umschlossen vom aufgeblasenen Kelch.

Kuckucks-Lichtnelke
Lychnis flos-cuculi
Feuchtigkeitsliebende Pflanze, die 20–90 cm hoch wird. An dieser Pflanze findet man häufig Schaumklümpchen, die wie Speichel aussehen. Hier hat sich die Schaumzikade ein sicheres Versteck gebaut.

Blühzeit: Mai – August.
Blüte: Rosarot, 3–4 cm groß. Kronblätter sehr tief in schmale Streifen geschlitzt; Kelchröhre 5zipfelig; 10 Staubblätter. Lockere Trugdolde.
Blatt: Gegenständig. Untere Blätter oval, gestielt und etwas rauh, obere Blätter sitzend.
Frucht: Kapsel mit 5 Zähnen 6–10 mm groß.

Gemeines Hornkraut

Cerastium fontanum
10–50 cm hohe Pflanze, die man fast überall auf gut durchfeuchteten, nährstoffreichen Lehmböden findet, wo sie in kleinen, lockeren ausgebreiteten Büscheln wachsen. Stengel und Blätter behaart.
Blühzeit: Mai – Oktober.
Blüte: Weiß. Die 5 tief gekerbten Kronblätter sind so lang wie die Kelchblätter. Die Kelchblätter mit ihrem papierartigen Rand stehen auf Lücke mit den Kronblättern; 10 oder 5 Staubblätter, Blüten in lockerer Trugdolde.
Blatt: Sitzend, zugespitzt oder abgerundet, behaart.
Frucht: Gebogene Kapsel. Samen warzig.

Große Sternmiere

Stellaria holostea
15–60 cm hohe Pflanze mit schlanken, vierkantigen Stengeln. Die Pflanze erscheint etwas graugrün und wächst in Laubwäldern und in Gebüschen.
Blühzeit: April – Juni.
Blüte: Weiß, 2–3 cm lang gestielt. Die 5 Kronblätter sind bis zur halben Länge eingekerbt. Kelchblätter schmal mit papierartigem Rand; 10 Staubblätter. Wenigblütige Trugdolde.
Blatt: Graugrün, gegenständig, 4–8 cm lang, lanzettlich mit scharfer Spitze, sitzend.
Frucht: Kugelige Kapsel. Samen rötlich-braun, warzig.

Vogelmiere

Stellaria media
Kriechende, reich verzweigte Pflanze mit weit kriechendem, rundem, gewundenem Stengel und kleinen, unscheinbaren Blütchen. Stengel 5–40 cm lang, mit einer Haarleiste. Weit verbreitet und häufig.
Blühzeit: Ganzjährig.
Blüte: Weiß, 8–10 mm. Kronblätter sehr tief gespalten. Kelchblätter mit schmalem, papierähnlichem Rand, stehen auf Lücke mit den gleich langen Kronblättern. Blüten in einer Trugdolde angeordnet.
Blatt: Gegenständig, oval. Untere Blätter gestielt, obere sitzend.
Frucht: Kapsel auf zurückgebogenem Stengel.

Die kleinen weißen Blüten der Sternmiere wirken wie Schneeflocken auf dunkelgrünem Untergrund.

Rotes Seifenkraut
Saponaria ocymoides
Dieses kalk- und wärmeliebende Nelkengewächs kommt in den Alpen und Pyrenäen bis in 2200 m Höhe vor und bildet auf Grashängen, im Geröll und in Legföhrenwäldern 10–30 cm hohe, lokkere »Rasen«.
Blühzeit: April – Oktober.
Blüte: Tiefrot bis purpurfarben, 6–10 mm Durchmesser. Die 5 Kronblätter sind zu einer Röhre verwachsen. In gabelig verzweigten Trugdolden.
Blatt: Ei- bis spatelförmig, graugrün, kurz behaart, bis 1 cm lang.
Frucht: Kapsel mit schwärzlichen Samen.

Eiskrautgewächse
Familie *Aizoaceae*

Krautige bis halbstrauchige Pflanzen, die zum großen Teil in den heißen, wasserarmen Gebieten Südafrikas vorkommen. Sehr viele Arten dieser Familie besitzen dicke, fleischige Blätter. Die Blüten sehen oft wie große Gänseblümchen aus. Die Familie umfaßt ca. 1200 Arten, von denen die meisten in der Gattung *Mesembryanthemum* zu finden sind. Viele *Mesembryanthemum*-Arten werden heute als Gartenblumen in Steingärten und sonnigen Trögen angepflanzt.

Hottentottenfeige
Mesembryanthemum edulis
Die aus Südafrika stammende Pflanze wird heute im Mittelmeergebiet häufig in Küstennähe als Zierpflanze oder zur Befestigung von Böschungen und Dünen angepflanzt. Die niederliegende, 25–30 cm hohe Pflanze bildet dichte Matten, die im Frühjahr purpurfarben oder hellgelb erblühen.
Blühzeit: März – Juli.
Blüte: 6–9 cm breit, purpurfarben oder gelb mit vielen feinen, hellgelben Staubfäden. Einzeln auf kurzen, dicken Stengeln.
Blatt: Hellgrün, dickfleischig, gebogen (im Querschnitt dreieckig), bis 10 cm lang.
Frucht: Fleischige, eßbare Kapsel (Hottentottenfeige).

Oben: Das Rote Seifenkraut bildet im Gebirge auf kalkhaltigem Gestein mehr oder weniger große polsterartige Flächen, die von April bis Oktober leuchtend rot erblühen.

Unten: Hottentotten-Feigen wachsen an einigen Küsten im Mittelmeergebiet. Die roten Blüten öffnen sich nur bei Sonnenschein.

Gänsefußgewächse
Familie *Chenopodiaceae*

Diese Familie umfaßt ca. 1500 Arten, u.a. so bedeutende Kulturpflanzen wie Zuckerrüben und Spinat. Meist krautige Pflanzen, die häufig auf Schutt wachsen, aber auch salzhaltige Böden vertragen. Ihre Blüten sind in der Regel klein, grünlich und in oft knäuelartigen Blütenständen angeordnet. Die Blätter erscheinen durch abgebrochene Blasenhaare oft »mehlig bestäubt«.

Weißer Gänsefuß
Chenopodium album
10–150 cm hohe Pflanze mit gerieftem, oft rötlich überhauchtem Stengel. Blätter dunkelgrün und mehlig. Der Weiße Gänsefuß ist im Aussehen sehr veränderlich. Er kommt vor allem auf Feldern und auf Schutt- und Brachland vor.
Blühzeit: Juni – September.
Blüte: Grün, unauffällig, zweigeschlechtig, in blattachselständigen Ähren.
Blatt: Wechselständig, mehlig, rautenförmig bis schmal oval, gestielt, gezähnt, ganzrandig bis fast dreilappig.
Frucht: Schwarze Schließfrucht.

Gemeine Melde
Atriplex patula
Verzweigtes, bis 150 cm hohes Gänsefußgewächs. Die Stengel sind gerieft und weißgrün oder rotgrün gestreift. Sie wächst auf Brachland und als Ackerunkraut.
Blühzeit: Juli – September.
Blüte: Grün, unscheinbar, eingeschlechtig. Männliche Blüten mit 5 grünen Kronblättern und 5 Staubblättern, weibliche mit 2 Griffeln und 2 rautenförmigen Vorblättern. Blüten in blattachselständigen Ähren.
Blatt: Wechselständig, rautenförmig, sich in den Blattstiel verschmälernd, gezähnt oder ganzrandig. Obere Blätter schmal, ganzrandig, sitzend.
Frucht: Schwarz, in 2 Vorblättern eingeschlossen.

Malvengewächse
Familie *Malvaceae*

Die Familie der Malvengewächse umfaßt ca. 900 Arten, die hauptsächlich in gemäßigten und warmen Gebieten vorkommen. Hierzu gehören zahlreiche Heil- und Zierpflanzen und wirtschaftlich wertvolle Pflanzen wie z.B. die Baumwolle und die Ostindische Hanfrose. Blüten mit 5 zarten Kronblättern, die in der Knospe gerollt sind. Blätter und Stengel sind behaart.

Wilde Malve
Malva silvestris
Bis 150 cm hohe Pflanze mit aufrechten bis niederliegenden, haarigen Stengeln, die am Grunde verholzen. Aussehen, Behaarung und Blattform sind sehr veränderlich. Sie bevorzugt trockene, offene Stellen auf Brachland, Schuttgelände und Feldern.
Blühzeit: Juni – September.
Blüte: Rosapurpurn mit dunklen Adern, 2,5–4 cm groß. Die 5 gekerbten Kronblätter sind zum Grund verschmälert und 3- bis 4mal so lang wie der Kelch. 5 Kelchblätter am Grund verwachsen mit 3 kleineren Blättern darunter, viele Staubblätter auf einer Mittelsäule. Mehrere gestielte Blüten in den Blattachseln.
Blatt: Handförmig gelappt, stumpf gezähnt, an den Hauptadern gefaltet. Untere Blätter lang gestielt.
Frucht: Ringförmig angeordnete Nüßchen, die von einer netzartigen Haut bedeckt sind.

Storchschnabelgewächse
Familie *Geraniaceae*

Storchschnabelgewächse kommen in subtropischen und gemäßigten Gebieten vor. Die 11 Gattungen umfassen ca. 600 Arten, zur Gattung *Geranium* gehören allein fast 300 Arten. Die Pflanzen haben ihren Namen von der familientypischen Frucht, die bei der Reife in meist 5 geschnäbelte (storchschnabelähnliche) Teilfrüchte zerfällt. Blüten mit 5 zarten, jedoch lebhaft gefärbten Kronblättern. Blätter bei rundlichem Umriß mehr oder weniger handförmig eingeschnitten, behaart. Stengel oft rötlich überlaufen.

Ruprechtskraut
Geranium robertianum
Verzweigte, aufrechte oder niederliegende Pflanze, 10–15 cm hoch. Stengel und Blätter sind behaart und häufig leuchtend rot. Häufig in Mauerritzen, Felsspalten und im Wald.
Blühzeit: Mai – Oktober.
Blüte: Leuchtend rot-malvenfarben, 2 cm, lang gestielt. Paarweise am Stengelende.
Blatt: Zweifach gefiedert, hellgrün.
Frucht: Früchte stehen kreisförmig um den verhärteten Griffel und sind mit dünnen Fäden mit ihm verbunden.

Reiherschnabel
Erodium cicutarium
Unterscheidet sich vom Ruprechtskraut durch die dichten Blütendolden, die gefiederten Blätter und die spiraligen Samenfäden. Stengel und Blätter sind leicht bis stark behaart. Die wärmeliebende Pflanze kommt häufig auf sandigen Hackfruchtäckern vor und wird bis 60 cm hoch.
Blühzeit: April – Oktober.
Blüte: Purpurrot; 12–14 mm; Kelchblätter abstehend mit stacheliger Spitze. 3–12 Blüten in der Dolde.
Blatt: Zweifach gefiedert, sattgrün.
Frucht: Früchte stehen kreisförmig um den verhärteten Griffel, an den sie mit spiraligem Faden angeheftet sind.

Wiesenstorchschnabel
Geranium pratense
30–60 cm hohes Storchschnabelgewächs, vor allem auf tiefgründigen, kalkhaltigen Lehmböden und Wiesen.
Blühzeit: Juni – September.
Blüte: 2–4 cm Durchmesser, hellblau, violett, manchmal auch weiß, mit 5 zarten Kronblättern, zu zweien am Ende des aufrechten Stengels sitzend.
Blatt: Groß, 5- bis 7teilig gespalten, ca. 15 cm im Durchmesser, obere Blätter kleiner und nur 3teilig gespalten.
Frucht: Haarige Frucht, die zuerst hängt, mit zunehmender Reife aber aufrechter wird und die Samen weit wegschleudert.

Sauerkleegewächse
Familie *Oxalidaceae*

Diese Familie umfaßt ca. 950 meist krautige Arten, die vorwiegend in den Tropen und Subtropen vorkommen und zusammengesetzte, reizbewegliche Blätter und 5zählige Blüten besitzen. Die kleeähnlichen Blätter falten sich nachts und bei kaltem Wetter dicht zusammen.

Wald-Sauerklee
Oxalis acetosella
8–15 cm hoher Sauerklee mit kleeblattförmigen, hellgrünen Blättern und mehr oder weniger kriechenden, rötlich überlaufenen Stengeln, an denen die langgestielten Blätter und Blüten in kleinen Büscheln sitzen. Wächst an schattigen Stellen in Laubwäldern. Schwach giftig.
Blühzeit: April – Mai.
Blüte: Weiß mit lila Adern, glockenförmig, nickend; 8–15 mm lang. Einzeln.
Blatt: 3 abgerundete, gekerbte Teilblättchen, blaßgrün.
Frucht: Rundliche, 5eckige Kapsel. 3–4 mm. Samen hellbraun.

Wald-Sauerklee

Balsaminengewächse
Familie *Balsaminaceae*

Pflanzenfamilie mit nur 2 Gattungen und 450 Arten, die vorwiegend in den Tropen der Alten Welt vorkommen. Balsaminen sind unbehaarte, krautige Pflanzen mit saftigem, durchscheinendem, leicht brechendem Stengel mit gestielten, klebrigen Drüsen. Die unregelmäßigen Blüten werden aus 5 Kronblättern in Form einer breiten Lippe und einer Haube sowie einem vergrößerten Kelchblatt gebildet. Typisch für diese Familie sind die Samenkapseln, die bei Berührung blitzschnell mit 5 Klappen aufspringen, daher auch der Name »Springkraut«.

Drüsiges Springkraut
Impatiens glandulifera
Die 1–2 m hohe Art wurde 1839 aus Ostindien eingeführt. Verwildert wächst sie jetzt an Flußufern und in Auwäldern. Die Pflanze ist unbehaart mit rötlichen Stengeln.
Blühzeit: Juli – Oktober.
Blüte: Malvenfarben, 2,5–4 cm. Die Blüten sitzen in langstieligen Trauben in den Blattachseln.
Blatt: Wirtelig oder gegenständig, 5–18 cm lang, elliptisch, gezähnt, rötliche Drüsen am unteren Rand.
Frucht: Keulenförmige, 5fächerige Kapsel. Beim Ausschleudern der Samen rollen sich die Kapselfächer spiralig auf.

Drüsiges Springkraut

Schmetterlingsblütler
Familie *Leguminosae*

Weltweit verbreitete Pflanzenfamilie mit über 10000 Arten, die alle mit stickstoffbindenden Bakterien in Symbiose leben – deshalb auch auf stickstoffarmen Böden gedeihen können. Holzige (vor allem in den Tropen) und krautige Pflanzen mit meist unpaar gefiederten Blättern und typischen, zweiseitig symmetrischen Schmetterlingsblüten, die aus einer aufrechten Fahne, 2 seitlichen Flügeln und dem aus 2 verwachsenen Kronblättern gebildeten Schiffchen bestehen. Die Frucht ist eine Hülse (Hülsenfrüchtler), und die meist stärke-, eiweiß- und fettreichen Samen stellen z. T. wichtige Nahrungsmittel dar (Erbsen, Bohnen).

Kriechende Hauhechel
Ononis repens
Dieser niederliegende Halbstrauch wird 40–70 cm lang und trägt an den aufsteigenden Triebspitzen rote Blüten. Die Stengel sind stark behaart, die Wurzel tiefreichend. Bevorzugt werden kalkreiche Trockenrasen und Weiden.
Blühzeit: Juni – September.
Blüte: Fleischrot, 1,5–2 cm lang, auf kurzbehaarten Stengeln. Flügel und Schiffchen gleich lang. Kelchröhre mit 5 langen Zähnen, dicht behaart. Blüten blattachselständig.
Blatt: 1–3 Blättchen, oval, fein gezähnt, behaart, kurz gestielt. Nebenblätter 3–5 mm, fein gezähnt, stengelumfassend.
Frucht: Hülse vom Kelch umschlossen.

Gemeiner Hornklee
Lotus corniculatus
5–30 cm hohe Pflanze, die auf Halbtrockenrasen, Wiesen und an Wegrainen vorkommt. Kalkliebend. Auf trockenen Standorten treibt der Hornklee bis zu 1 m lange Wurzeln.
Blühzeit: Mai – September.
Blüte: Gelb, oft rot überhaucht oder gestreift, 1–1,5 cm lang. 2–7 Blüten kreisförmig auf einem bis 8 cm langen, aufrechten Stengel.
Blatt: 5 elliptische bis runde Teilblättchen, jedes 3–10 mm lang, mit abgerundeter oder gezähnter Spitze.
Frucht: 1,5–3 cm lange, gerade, zylindrische Hülse mit zahlreichen Samen.

Die Esparsette stammt aus Osteuropa, ist inzwischen aber schon weit verbreitet und wird gelegentlich sogar als eiweißreiches Futter angebaut.

Echter Steinklee
Melilotus officinalis
30–120 cm hohe Pflanze mit aufrechten Stengeln. Verbreitet an Wegrainen, Straßenböschungen und Bahnschotter. Stickstoffanzeiger. Beim Trocknen entwickelt die Pflanze einen intensiven Waldmeister-Duft.
Blühzeit: Juni – September.
Blüte: Gelbe Schmetterlingsblüten in langen, aufrechten, blattachselständigen Trauben.
Blatt: Dreizählig gefingert, Einzelblättchen verkehrt-eiförmig gezähnt.
Frucht: Hülsenfrucht.

Esparsette
Onobrychis viciifolia
30–60 cm hohe Pflanze, die vor allem auf Halbtrockenrasen, in Wiesen und an Böschungen wächst, gelegentlich aber auch als Futterpflanze in großen Feldern angebaut wird.
Blühzeit: Mai – Juli.
Blüte: Rosarot mit gelblichen und roten Streifen in endständiger, reichblütiger Traube.
Blatt: Dunkelgrün, gefiedert, mit 19 – 25 länglich-linealischen Teilblättchen.
Frucht: Hülsenfrucht.

Hopfenklee
Medicago lupulina
Diese flaumige, kriechende Pflanze wird 5–50 cm hoch und wächst gern auf Halbtrockenrasen, an Straßen und an der Küste.
Blühzeit: Mai – September.
Blüte: Leuchtend gelb, 2–3 mm groß, in kleinen runden Köpfchen von 2–8 mm Durchmesser auf Stengeln, die länger als die Blattscheiden sind.
Blatt: Dreizählig, Teilblättchen fein gezähnt, zum Grund verschmälert, an der Spitze leicht gekerbt und mit einer Borste versehen. Nebenblätter fein gezähnt.
Frucht: 2 mm große, nierenförmige Hülse mit einem Samen, trägt deutliches Netzmuster.

Schopf-Hufeisenklee
Hippocrepis comosa
8–30 cm hohes Schmetterlingsblütengewächs, das bevorzugt auf lockeren, kalkhaltigen Böden vorkommt. Der Name »Hufeisenklee« bezieht sich auf die Form der Hülsenfrüchte. Ähnelt dem Gemeinen Hornklee, Blätter jedoch an der Spitze abgerundet.
Blühzeit: Mai – Juli.
Blüte: Hellgelbe Schmetterlingsblüten, 6–10 mm lang, 4–8 in einer lockeren Dolde.
Blatt: Graugrün, langgestielt, gefiedert, mit 9–15 Teilblättchen.
Frucht: Büschel von gedrehten Hülsenfrüchten, jede bis 3 cm lang.

Gemeiner Wundklee
Anthyllis vulneraria
10–30 cm hohe, gelbblühende Pflanze, die auf Trocken- und Halbtrockenrasen und an Wegrainen häufig vorkommt. Bevorzugt lockeren, sandig-lehmigen oder steinig-lehmigen Boden und Wärme. Stengel liegend oder aufsteigend.
Blühzeit: Mai – September.
Blüte: Gelbe bis orangefarbene Schmetterlingsblüten in dichten, kugeligen Köpfchen von ca. 4 cm Durchmesser.
Blatt: Bis 6 cm lang, unpaarig gefiedert, hellgrün, seidig glänzend; 4–5 Paar längliche Fiederblättchen, von denen die Endblättchen am größten sind.
Frucht: Ca. 3 mm lange, flache Hülse.

Rotklee
Trifolium pratense
Rotklee wächst in Wiesen 5–100 cm hoch. Stengel und Blätter sind je nach Standort mehr oder weniger behaart. Wird sehr häufig als Futterpflanze angebaut, da sehr eiweißreiche Pflanze.
Blühzeit: Juni – September.
Blüte: Purpurrot, Einzelblütchen 15–18 mm lang, in kompakten, kugeligen Köpfchen mit 2–4 cm Durchmesser; meist 2 Blütenköpfe an einem Stengel. Wohlriechend.
Blatt: Bestehend aus drei 1–3 cm langen Blättchen mit heller Zeichnung und abgerundeter Spitze. Blattstiel bis 20 cm, 2 fast sitzende Blätter unmittelbar unter dem Köpfchen, große, stengelumfassende Nebenblätter mit 2 Spitzen, die in einer Granne enden.
Frucht: Ungefähr 2 mm große Hülse.

Weißklee
Trifolium repens
Weißklee ist sehr verbreitet auf Wiesen, Rasen und Weiden. Er hat einen kriechenden Stengel, der an den Knoten wurzelt. Die Pflanze ist unbehaart und wird bis 50 cm lang. Trittfest, unempfindlich und stickstoffliebend. Wertvolle Bienenweide.
Blühzeit: Mai – September.
Blüte: Weiß oder rötlichweiß, wohlriechend. Einzelblüten 8–13 mm. Kelchröhre weiß mit grünen Nerven und spitzen Zähnen. Einzelblüten in eiförmigen bis runden Köpfchen auf einem langen, gekerbten Stengel. Bei der Reife werden die Köpfchen von unten nach oben braun.
Blatt: 3 abgerundete, leicht gezähnte, 1–3 cm lange Blättchen, oft mit heller Zeichnung. Stengelumfassende Nebenblätter verwachsen, mit 2 freien Spitzen.
Frucht: Von abgestorbener Blüte umschlossene Hülse.

Der Weißklee besitzt kriechende Stengel, die in Abständen immer wieder wurzeln und im Rasen kleinere bis größere Flächen besiedeln.

Futterwicke
Vicia sativa
Diese Wicke ist leicht behaart und kommt kriechend oder kletternd an Hecken und in Wiesen vor. Sie wird bis 120 cm lang.
Blühzeit Mai – Juli.
Blüte: Von Blau über Purpurn bis Weißlich, 1–3 cm lang. Einzeln oder paarweise, kurz gestielt oder direkt am Stengel ansitzend.
Blatt: Gefiedert, mit 3–8 Paaren 1–2 cm langer Fiederblättchen, verkehrt eiförmig mit Stachelspitze, an der Spitze gekerbt oder spitz. Ranken verzweigt oder einfach. Teilweise gezähnte Nebenblätter, oft mit dunklem Fleck.
Frucht: 2,5–8 cm lange Hülse, gelbbraun bis schwarz, glatt oder leicht behaart. 4–12 Samen.

Vogelwicke
Vicia cracca
Der schwache Stengel der Vogelwicke braucht andere Pflanzen als Stütze, an denen er sich mit Ranken festhält. Die Pflanze ist schwach behaart, wird 60–200 cm lang und wächst auf Wiesen und an Hecken. Charakteristisch sind die langen blauen bis rotvioletten Blütentrauben.
Blühzeit: Juni – August.
Blüte: Blau bis rotviolett, 8–12 mm, jede an einem kurzen Stiel hängend, in dichten, 10- bis 40blütigen Ähren auf 2–10 cm langem Stengel.
Blatt: Gefiedert, 6–15 Paare 1–2,5 cm langer, schmaler Fiederblättchen, spitz oder mit kleiner Stachelspitze. An den Blattenden verzweigte Ranken; Nebenblätter ungezähnt.
Frucht: Braune, unbehaarte Hülse, 1–2,5 cm lang; 2–6 Samen.

Zaunwicke
Vicia sepium
Die kletternde oder kriechende Zaunwicke wird 30–100 cm lang und gedeiht in Wiesen und an Hecken. Blätter und Stengel tragen kurze Haare oder sind fast unbehaart.
Blühzeit: April – August.
Blüte: Violett, 1–1,5 cm, in Trauben mit 2–6 kurzgestielten Blüten.
Blatt: Gefiedert mit 3–9 Paaren verschieden gestalteter Fiederblättchen von 1–3 cm Länge; Spitzen abgerundet oder spitz, zum Teil mit kleinem Stachel in der Mitte der leichten Einkerbung am Blattende. Ranken verzweigt. Nebenblätter leicht gezähnt, mit schwarzem Fleck.
Frucht: 2–3,5 cm lange, schwarze, unbehaarte Hülse; 3–10 Samen.

Wiesen-Platterbse
Lathyrus pratensis
30–120 cm lange Pflanze mit glattem oder nur kurz behaartem, vierkantigem Stengel. Hält sich mit Ranken an anderen Pflanzen fest und kommt in Wiesen, an Wegrändern und in Hecken vor.
Blühzeit: Juni – Juli.
Blüte: Gelb, 10–18 mm lang, 5–12 Blüten in einer langgestielten Traube.
Blatt: 1–2 Paare schmaler, spitzer Fiederblättchen, 1–3 cm. Ranken teilweise verzweigt; blattähnliche Nebenblätter pfeilförmig, 1–2,5 cm lang.
Frucht: Schwarze Hülse, 2–4 cm lang; 5–12 Samen.

Zaunwicke

Wiesen-Platterbse

Schnitt durch den Stengel

Blühende Vogelwicken sieht man im Frühsommer häufig an Straßenrändern und Hecken. Von der Zaunwicke unterscheidet sie sich durch längere und dichtere Blütenstände sowie ein intensiveres Rotviolett.

Hagebutten – die Früchte der Heckenrose

Rosengewächse
Familie *Rosaceae*

Zur Familie der Rosengewächse gehören etwa 3000 krautige und holzige Pflanzenarten, die von den Tropen bis zu den Polargebieten vorkommen. Die Rosengewächse besitzen einfache oder zusammengesetzte Blätter und 5zählige Blüten mit sehr vielen Staubgefäßen. Die Stengel sind oft mit Dornen oder Stacheln besetzt. Zu dieser Familie gehören sehr viele Nutzpflanzen, vor allem Obst, aber auch wichtige Ziersträucher – man denke nur an die Edelrosen und ihre vielen Züchtungen. Die Früchte sind ganz unterschiedlich und umfassen neben Balgfrüchten und Nüssen auch Kernobst und Steinobst.

Heckenrose, Hundsrose
Rosa canina
Die Hundsrose ist ein sehr veränderlicher, 1–3 m hoher Strauch mit bogig überhängenden Ästen und zurückgekrümmten Stacheln.
Blühzeit: Juni – Juli.
Blüte: Hellrote bis weiße, zarte, eingebuchtete Kronblätter, 4–5 cm Durchmesser, zu 1–4 auf unbehaarten Stengeln.
Blatt: Gefiedert mit 2–3 Paaren elliptischer, gezähnter, meist glatter Blättchen. Nebenblätter am Blattstiel angewachsen.
Frucht: Scharlachrote Hagebutte, 1,5–2 cm lang, kugelig bis eiförmig, mit vielen gelblichen, behaarten Samen.

Brombeere
Rubus fruticosus
Die Triebe dieses holzigen Strauches sind bogig gekrümmt, bewurzeln sich an der Spitze und tragen gekrümmte Stacheln. *Rubus fruticosus* ist eine Sammelart, die in ungefähr 2000 Arten unterteilt ist. Diese Vielfalt erklärt sich durch wiederholte Hybridbildung und Selbstbefruchtung.
Blühzeit: Juni – August.
Blüte: Hellrot bis weiß, 2–3 cm Durchmesser, einzeln oder in einfachen Trauben.
Blatt: 3- bis 5zählig gefiedert.
Frucht: Schwarze, fleischige Sammelsteinfrucht, d. h., mehrere Früchte sind miteinander verwachsen und sehen in reifem Zustand wie eine Einzelfrucht aus. Auch die bekannte Himbeere ist eine Sammelsteinfrucht.

Bach-Nelkenwurz
Geum rivale
Diese auf nassen Wiesen und an Bachrändern vorkommende Nelkenwurz ist kurz behaart und wird 20–60 cm hoch.
Blühzeit: Mai – Juni.
Blüte: Rotbraun-gelblich, nickend, Kronblätter 1–1,5 cm, flach gekerbt, zum Grund abrupt verschmälert. Kelch braunviolett, 5 große Kelchblätter stehen auf Lücke mit 5 kleineren. Mehrere Blüten an einem Stengel.
Blatt: Gefiedert mit 3–6 Paaren gezähnter Fiederblättchen. Endblättchen vergrößert und etwas abgerundet, lange Blattstengel, obere Blätter mit weniger Fiedern und kleiner.
Frucht: Sammelfrucht.

Echte Nelkenwurz
Geum urbanum
Diese Pflanze gedeiht an schattigen Plätzen, wird 20–60 cm hoch und ist kurzbehaart.
Blühzeit: Juni – September.
Blüte: Gelb, 10–18 mm groß. Kronblätter oval. 5 lange Kelchblätter stehen auf Lücke mit 5 kleineren. Stengel mehrblütig. Blüten langgestielt.
Blatt: Untere Blätter gestielt, gefiedert, mit 2–3 Paaren gezähnter, 5–10 mm langer Blättchen, Endblättchen vergrößert, Nebenblätter blattähnlich.
Frucht: Sammelfrucht. Einzelfrüchte mit Hakengriffeln, die an Kleidern und an Tieren haften und so verbreitet werden.

Aufrechtes Fingerkraut, Blutwurz
Potentilla erecta
Die aufrechte oder kriechende Blutwurz wird 10–30 cm hoch und hat einen knolligen, im Querschnitt roten Wurzelstock. Sie wächst in lichten Wäldern und auf Magerrasen.
Blühzeit: Mai – September.
Blüte: Gelb, 7–1 mm, mit 4 flach gekerbten Kronblättern und 8 Kelchblättern. Einzelblüten auf langen Stielen blattachselständig.
Blatt: 3zählig, gezähnt. Gestielte, grundständige Blätter in Rosette, zur Blütezeit oft verwelkt; obere Blätter mit 2 großen, gezähnten, laubblattähnlichen Nebenblättern.
Frucht: Unbehaarte Nüßchen in kugeligen Köpfchen.

Walderdbeere
Fragaria vesca
Diese Pflanze wird 5–30 cm hoch und bildet lange Ausläufer, die sich bewurzeln und neue Pflanzen entwickeln. Auf Kahlschlägen und an Waldrändern.
Blühzeit: Mai – Juni, Herbst.
Blüte: Weiß, 12–18 mm Durchmesser. Die 5 abgerundeten Kronblätter berühren oder überlappen sich an den Seiten. Blüten in langgestielten Doldentrauben, Blütenstiele abstehend, behaart.
Blatt: 3zählig, gezähnt, Teilblätter 1–6 cm, oval, sattgrün, unterseits heller, mit seidigen Haaren. Blattstiele behaart.
Frucht: Rote Sammelnußfrucht.

Erdbeer-Fingerkraut
Potentilla sterilis
Diese Pflanze ähnelt sehr der Wald-Erdbeere. Sie wird 5–10 cm hoch und kommt in Laub- und Mischwäldern, bevorzugt auf nährstoff- und humusreichem Boden vor. Kalkmeidend.
Blühzeit: April – Mai.
Blüte: Weiß, Blütenblätter berühren sich nicht (im Gegensatz zur Wald-Erdbeere!). 1–3 Blüten pro Stengel.
Blatt: Erdbeerähnlich, behaart.
Frucht: Sammelnußfrucht.

Kleiner Wiesenknopf
Sanguisorba minor
Der Kleine Wiesenknopf wird 20–70 cm hoch und wächst in Trocken- und Halbtrockenrasen, an Wegrainen und trockenem Gebüsch und in lichten, warmen, trockenen Wäldern. Er ist kalk- und wärmeliebend.
Blühzeit: Mai – Juni.
Blüte: Kugelige bis eiförmige Köpfchen aus rot-grünen Einzelblüten ohne Blütenblätter.
Blatt: 10–20 cm lang, gefiedert, mit 5–17 rundlichen, gezähnten Einzelblättchen, die am Rand oft rötlich überlaufen sind.
Frucht: Rundes Büschel aus vielen Einzelschließfrüchten.

Mädesüß
Filipendula ulmaria
Diese aufrechte Pflanze wird 60–200 cm hoch und wächst an Bachufern und auf feuchten Wiesen. Die kleinen, cremefarbenen Blütchen stehen in duftigen, unregelmäßigen Knäueln auf meist rötlichen Stengeln.
Blühzeit: Juni – August.
Blüte: Gelblichweiß, wohlriechend, 4–10 mm. Staubblätter doppelt so lang wie Kronblätter. Blüten in reichblütigen Trugdolden.
Blatt: Gefiedert, mit 2–5 Paaren großer, ovaler, gezähnter Teilblätter, die sich mit kleinen Blättchen abwechseln, unterseits weiß-filzig.
Frucht: 5–9 spiralig gewundene, 2 mm große Teilfrüchtchen.

Odermennig
Agrimonia eupatoria
30–100 cm hohe Pflanze mit aufrechtem, rauhhaarigem, rötlich überlaufenem, zähem Stengel und langen, reichblütigen, gelben Blütenähren. Kommt bevorzugt an trockenen Weg- und Feldrändern, auf sonnigen Waldwegen und Halbtrockenrasen vor. Wärmeliebend.
Blühzeit: Juni – August.
Blüte: Gelb, 5–8 mm, unter der Blüte ein Kranz mit Häkchen, endständige, schlanke Ähre.
Blatt: 2–6 cm lang, gefiedert, mit 3–6 Paaren gezähnter, elliptischer Teilblätter; zwischen den Teilblättern kleinere Blättchen, behaart, unterseits graugrün, kleine Drüsenhaare. Nebenblätter blattähnlich.
Frucht: Gekerbt, Stacheln am Deckel mit Widerhaken versehen; mit diesen bleiben die Früchte am Fell von Tieren hängen und werden so verbreitet.

Gänse-Fingerkraut
Potentilla anserina
Dieses Fingerkraut kommt bevorzugt an feuchten Wegen, Grasplätzen und auf Gänseweiden vor. Ausgehend von einer bodenständigen Blattrosette breiten sich kriechende Ausläufer, die an den Knoten wurzeln, bis zu 80 cm weit aus.
Blühzeit: Mai – Juli.
Blüte: Gelb, 1,5–2 cm. 5 Kron-, 10 Kelchblätter in 2 Ringen, im äußeren Ring Blätter gezähnt und halb so lang wie die Kronblätter. Blüten einzeln auf langen Stengeln.
Blatt: 5–25 cm, gefiedert mit 7–12 Paaren tief gezähnter Teilblätter, zwischen denen kleinere Blättchen stehen; unterseits oder beidseitig weiß seidig behaart.
Frucht: Unbehaarte Nüßchen in Köpfchen.

Spinnweben-Hauswurz in voller Blüte

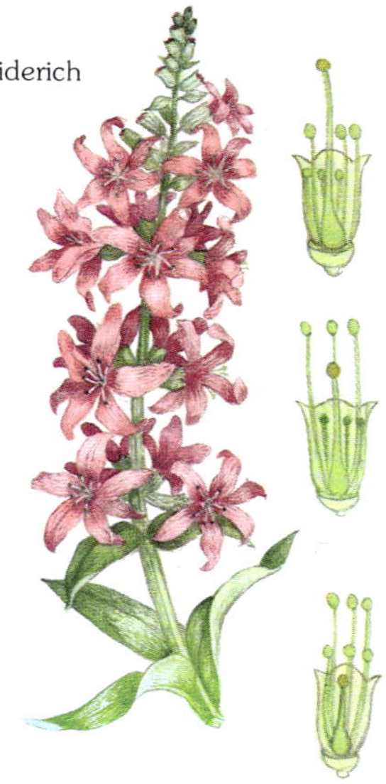

Dickblattgewächse
Familie *Crassulaceae*

Die Familie der Dickblattgewächse umfaßt etwa 1400 Arten, die vor allem in Südafrika, Mittelamerika und im Mittelmeergebiet verbreitet sind. Die meisten sind Kräuter mit dicken, fleischigen Blättern und Stengeln, die sich durch ihre sukkulenten Blätter an trockene und sonnige Standorte angepaßt haben. Die Blüten stehen meist in traubigen Blütenständen und bestehen aus 5 spitzen, zartfarbigen Kronblättern. Die Früchte sind Balgfrüchte, die winzige, in Bündeln angeordnete Samen beherbergen.
Einige Dickblattgewächse sind beliebte Zimmer- und Steingartenpflanzen geworden.

Spinnweben-Hauswurz
Sempervivum arachnoideum
5–15 cm hohes Dickblattgewächs, das auf Felsen und im Gesteinsschutt der Alpen und des Apennins von etwa 300–3000 m wächst. Bevorzugt kalkarme, sonnige und trockene Standorte. Häufig auch in Steingärten angepflanzt. Bildet flache Polster aus vielen kleinen Rosetten. Jede dieser kleinen Tochterrosetten kann wiederum zahlreiche neue Rosetten entwickeln und Polster bilden.
Blühzeit: Mai – Oktober.
Blüte: Hellrote, zugespitzte Blütenblätter bilden strahlende, 12–18 mm breite Blütensterne, von denen mehrere zusammen dicht gedrängt eine vielblütige Dolde bilden.
Blatt: Fleischig, hellgrün mit rot überlaufener Spitze, zungenförmig. An der Spitze mit langen, untereinander verwobenen, spinnwebenartigen Haaren besetzt.
Frucht: Braune Balgfrüchte.

Mauerpfeffer
Sedum acre
Der Mauerpfeffer wächst in kleinen Polstern auf trockenen, steinigen oder sandigen Plätzen oder auf Mauern. Seine Blättchen haben einen scharfen Geschmack.
Blühzeit: Juni – August.
Blüte: Goldgelb, sternförmig, ungefähr 12 mm groß, in wenigblütigen Trugdolden.
Blatt: Sehr fleischig, unbehaart, 3–6 mm lang, walzlich, an blütenlosen Stengeln sich überdeckend.
Frucht: Balgfrüchte.

Weiderichgewächse
Familie *Lythraceae*

Kleinere Familie mit ca. 450 Arten, die vor allem im tropischen Amerika vorkommen und warme, feuchte Standorte bevorzugen. In Deutschland sind 3 Arten bekannt. Blüten mit 6 Blütenblättern. Einige tropische Arten sind bekannte Zierpflanzen, andere besitzen aber auch wirtschaftlichen Wert. So ist z. B. der Hennastrauch bekannt wegen des rotgelben Farbstoffes Henna, der aus Stengeln und Blättern gewonnen wird und vor allem zum Haarefärben dient.

Blutweiderich
Lythrum salicaria
Aufrechte, 50–150 cm hohe Pflanze mit viereckigem Stengel und unterschiedlich dichter Behaarung. Sie wächst an feuchten Stellen. Die von Insekten bestäubten Blüten gibt es in 3 Ausbildungen, deren Griffel und Staubblätter unterschiedlich lang sind. Jede Pflanze trägt nur eine Art der Blütenausbildung.
Blühzeit: Juni – September.
Blüte: Purpurrot, 1–1,5 cm. 6 zarte Kronblätter, gerippte Kelchröhre mit 12 Zähnen, 12 Staubblätter. Blüten in Scheinähren.
Blatt: Gegenständig oder zu 3 quirlig, schmal, spitz, ganzrandig, 4–7 cm lang, sitzend.
Frucht: Eiförmige Kapsel, von Kelch umschlossen.

Der Trauben-Steinbrech gehört zu den Erstbesiedlern von Felsspalten und bringt von Mai bis August Kaskaden weißer Blütchen hervor.

Steinbrechgewächse

Familie *Saxifragaceae*

Pflanzenfamilie mit 1200 Arten, die vorwiegend in den gemäßigten Gebieten vorkommen. Hauptsächlich ausdauernde Kräuter oder Sträucher mit einfachen oder zusammengesetzten Blättern, die oft eine grundständige Rosette bilden, und 5zähligen Blüten, die zu mehreren vereint erscheinen.

Trauben-Steinbrech

Saxifraga paniculata

Diese Pflanze wird 5–45 cm hoch und kommt im Gebirge in sonnigen, relativ trockenen Felsspalten auf kalkhaltigem Gestein bis in 2700 m Höhe vor.

Blühzeit: Mai – August.

Blüte: Weiß, 5blättrig, 8–12 mm, zu mehreren auf im oberen Drittel verzweigtem, langem Blütenstiel.

Blatt: Dichte Grundblattrosette aus fleischigen, linealischen, gezähnten, graugrünen Blättern.

Frucht: Kapsel.

Finger-Steinbrech

Saxifraga tridactylites

Diese schlanke, oft rot überlaufene Pflanze ist meist 3–8 cm hoch, kann aber auch größer werden. Sie wächst vor allem auf Trockenrasen und in Mauerritzen.

Blühzeit: April – Mai.

Blüte: Weiß, 4–6 mm, in lockerer Traube zu 3–5.

Blatt: 3- bis 5geteilt. Die grundständigen Blätter bilden keine Rosette und sind zur Blütezeit meist schon verwelkt.

Frucht: 2zipfelige Kapsel.

Sonnentaugewächse

Familie *Droseraceae*

Fast ausschließlich moor- oder wasserbewohnende, krautige Pflanzen mit zum Fang und zur Verdauung tierischer Nahrung eingerichteten Blättern (Insektenfressende Pflanzen) und 5zähligen Blüten. 4 Gattungen mit ca. 90 Arten, die bis auf 3 zur Gattung Sonnentau (*Drosera*) gehören.

Rundblättriger Sonnentau

Drosera rotundifolia

Die gestielten, klebrigen, roten Drüsen auf den Blättern dieser kleinen Pflanze verleihen den moorigen Standorten des Sonnentaus einen rötlichen Farbton.

Blühzeit: Juni – August.

Blüte: Weiß, 5 mm groß, 5 oder 6 Kronblätter. Zu mehreren in schlanker, langgestielter Ähre.

Blatt: Langgestielt, rundlich, in einer Rosette.

Frucht: Kapsel.

Nachtkerzengewächse
Familie *Onagraceae*

Weltweit verbreitete Familie überwiegend krautiger Pflanzen. Die Familie umfaßt ca. 650 Arten, die vorwiegend in den gemäßigten und subtropischen Gebieten vorkommen. Blüten achselständig oder in Trauben, 4zählig. Blütenblätter oft röhrig verwachsen und verlängert.

Zottiges Weidenröschen
Epilobium hirsutum
Dieses aufrecht wachsende Weidenröschen wird bis 120 cm hoch und ist dicht mit weichen, z. T. drüsigen Haaren bedeckt. An Flußufern und in nassen Wiesen bildet es oft dichte Bestände.
Blühzeit: Juni – September.
Blüte: Purpurrot, 1,5 – 2,5 cm groß, mit 4 gekerbten Kronblättern. Blüten in blattachselständiger Traube.
Blatt: Ziemlich schmal, gegenständig, spitz, gesägt, sitzend, etwas stengelumfassend.
Frucht: 5 – 8 cm lange Kapsel, schlank, sich an 4 Nähten öffnend, kurzwollig behaart. Samen mit Flughaaren.

Schmalblättriges Weidenröschen
Epilobium angustifolium
Diese aufrechte, fast unbehaarte Pflanze wird bis 150 cm hoch und ist auf der ganzen nördlichen Halbkugel verbreitet. Sie ist eine Pionierpflanze und besiedelt mit als erste Kahlschläge und Brandstellen.
Blühzeit: Juni – September
Blüte: Rosa bis purpurn, 2 – 3 cm groß. Von den 4 Kronblättern sind die beiden oberen etwas größer. Blüten in langer, vielblütiger Ähre.
Blatt: Schmal, spitz, wechselständig, 5 – 20 cm. Ganzrandig oder flach weit gezähnt.
Frucht: Schmale, 2,5 – 8 cm lange Kapsel, sich an 4 Nähten öffnend, kurzwollig behaart. Samen mit Flughaaren.

Berg-Weidenröschen
Epilobium montanum
Diese spärlich behaarte Pflanze wächst aufrecht, wird 20 – 60 cm hoch und hat einen rötlichen Stengel. Sie wächst in Wäldern, Hecken, auf Schutt und als Unkraut.
Blühzeit: Juni – September.
Blüte: Rosenrot, 6 – 9 mm. Kronblätter gekerbt. Blüten blattachselständig in lokkerer Traube.
Blatt: Gegenständig, oval, gezähnt, kurz gestielt.
Frucht: 4 – 6 cm lange Kapsel, schlank, sich an 4 Längsnähten öffnend, kurzwollig behaart. Samen mit Flughaaren.

Enziangewächse
Familie *Gentianaceae*

Diese Familie umfaßt mehr als 1100 Arten, fast ausschließlich krautige Pflanzen mit einfachen, gegenständigen Blättern. Hauptgattung dieser Familie Enzian (*Gentiana*) mit ca. 500 Arten, die vorwiegend im Gebirge vorkommen. Blüten 5zählig.

Fieberklee
Menyanthes trifoliata
Die Blätter und die fransigen weißrosa Blüten dieser unbehaarten Wasserpflanze erheben sich über die Oberfläche des flachen Wassers, auf dessen schlammigem Grund der kriechende Stengel wurzelt. Sie wächst auf Sumpfwiesen und zeitweise überschwemmten Böden.
Blühzeit: Mai – Juni.
Blüte: Weiß, rosa überhaucht, 1,5 cm. 5 am Grund verwachsene Kronblätter, dicht weiß behaart, Staubbeutel rötlich. Blüten in langgestielter, dichter Traube.
Blatt: Kleeartig dreizählig, 3,5–7 cm, wechselständig, Stiel den Stengel scheidig umfassend.
Frucht: Kugelige Kapsel mit vertrocknetem Griffel.

Mistelgewächse
Familie *Loranthaceae*

Fast ausschließlich holzige, auf den oberirdischen Teilen von Holzgewächsen mit Saugorganen befestigte Halbschmarotzer mit einfachen, ledrigen, grünen Blättern. Etwa 1500 Arten, die vorwiegend in den Tropen vorkommen.

Mistel
Viscum album
20–50 cm hohes Mistelgewächs, das auf Laub- und Nadelbäumen schmarotzt. Giftig.
Blühzeit: März – April.
Blüte: Unscheinbar, gelb-grün, in kleinen Büscheln.
Blatt: Immergrün, ledrig, linealisch, mit abgerundeter Spitze, gegenständig.
Frucht: Weiße Beere mit äußerst klebrigem Fruchtfleisch.

Wassersterngewächse
Familie *Callitrichaceae*

Zu den Wassersterngewächsen gehört nur 1 Gattung mit 17 Arten von kleinen Wasserpflanzen. Einige Arten wachsen unter Wasser und werden auch dort bestäubt, einige leben im oder am Wasser und im Sumpf. Die winzigen Blüten sind eingeschlechtig.

Teich-Wasserstern
Callitriche stagnalis
Diese kleine, unbehaarte Pflanze wächst kriechend auf feuchtem Schlamm, aber auch schwimmend oder untergetaucht in Seen und Fließgewässern. Auf dem Land wird sie 1–25 cm lang, im Wasser bis 1 m. Die einzelnen Wassersternarten sind im Aussehen sehr variabel und deshalb schwer zu unterscheiden. Die Blattform hängt vom Standort, der Tiefe und der Fließgeschwindigkeit des Wassers ab.
Blühzeit: Mai – Oktober.
Blüte: Unauffällig, grün, ohne Kronblätter, eingeschlechtig.
Blatt: Elliptisch bis kreisrund, gegenständig, zum Teil rosettenartig zusammengerückt.
Frucht: 4teilig mit häutigem Rand.

Tannenwedelgewächse
Familie *Hippuridaceae*

Diese Familie besitzt nur eine Art, den Tannenwedel (*Hippuris vulgaris*), eine ausdauernde Pflanze stehender und langsamfließender, nährstoffreicher Gewässer.

Tannenwedel
Hippuris vulgaris
In stehendem oder langsam fließendem Süßwasser werden die unverzweigten Triebe des Tannenwedels 25–75 cm hoch. Die schmalen Blätter stehen in Wirteln. Die Blätter sind flach und nicht rund wie bei dem ähnlich aussehenden Schachtelhalm, der mit den Farnen verwandt ist.
Blühzeit: Mai – August.
Blüte: Unauffällig, ohne Kronblätter, grünlich, in den Blattachseln stehend.
Blatt: Sehr schmal, 1–7,5 cm lang, in Wirteln, sitzend. Untergetauchte Blätter sehr dünn, blaß, schlaff.
Frucht: Grünes Nüßchen, 2–3 mm.

Araliengewächse
Familie *Araliaceae*

Zu dieser Familie gehören meist tropische Kräuter, Sträucher und Bäume mit kleinen grünen oder weißen Blüten und Beerenfrüchten. Kletternde Arten besitzen oft zu Haftorganen umgebildete Luftwurzeln. Einzige einheimische Art dieser Familie ist der Efeu (*Hedera helix*).

Efeu
Hedera helix
Der immergrüne Efeu klettert an Bäumen, Felsen und Häusern bis zu 30 m hoch. Kurze, dicke Haftwurzeln halten den Stamm an seiner Unterlage. Im Wald bildet er oft einen dichten Bodenteppich. Giftig!
Blühzeit: August – Oktober.
Blüte: Gelbgrün, mit 5 spitzen, 3–5 mm langen Kronblättern. Blüten in traubig angeordneten Dolden am sonnenbeschienenen oberen Teil der Pflanze.
Blatt: Glänzend, gestielt, an nicht blühenden Trieben 3- bis 5lappig, an blühenden Trieben nicht gelappt, oval bis rhombisch.
Frucht: Schwarze Beere, 8–10 mm, reift im Frühjahr nach der Blüte.

Doldenblütler
Familie *Umbelliferae*

Die vor allem im nördlichen, gemäßigten Gebiet verbreitete Familie umfaßt etwa 3000 Arten, fast ausschließlich Kräuter und Stauden mit hohlen Stengeln und wechselständigen, meist geteilten Blättern, deren Blattscheiden oft blasig aufgetrieben sind. Blüten 5zählig, klein, weißlich oder gelblich, meist in zusammengesetzten Dolden.
Viele Doldenblütler enthalten ätherische Öle und werden als Heil- und Gewürzpflanze verwendet (z. B. Petersilie, Kerbel, Anis, Dill, Fenchel, Kreuzkümmel). Die Wurzeln einiger anderer werden zu Gemüse verarbeitet (Mohrrüben, Sellerie, Pastinak). Einige wildwachsende Doldenblütler sind gefährliche Giftpflanzen!

Wilde Möhre
Daucus carota
Die Wilde Möhre hat meist einen steif behaarten, gerieften Stengel und wird 30–100 cm hoch. Sie wächst auf Wiesen und am Strand. Kennzeichnend für diese Art ist die schwarzrote „Mohrenblüte" in der Mitte jeder Dolde.
Blühzeit: Juni – September.
Blüte: Weiß, zentrale Blüte oft schwarz-rot. 5 gebogene Kronblätter, Kronblätter der äußeren Blüten vergrößert. Zusammengesetzte Dolde, 3–7 cm, vielstrahlige Hüllblätter groß, 3- oder mehrspitzig, Hüllchenblätter ähnlich.
Blatt: Fein fiederspaltig, an der Küste oft fleischig.
Frucht: Eiförmige Spaltfrucht, Rippen stachelig, 2–4 mm. Dolde in der Reife nestartig hohl.

Wiesenkerbel
Anthriscus silvestris
Der Wiesenkerbel ist der verbreitetste und am frühesten blühende Doldenblütler. Die schlanke, etwas wollig behaarte Pflanze wird in Wiesen und an Waldrändern bis 150 cm hoch. Die hohlen Stengel sind gefurcht und rot überlaufen.
Blühzeit: April – Juli.
Blüte: Weiß, 3–4 mm. Spitzen der 5 Kronblätter leicht gekerbt und einwärts gebogen. Zusammengesetzte Dolde, 2–6 cm. Keine Hüllblätter, 5–6 Hüllchenblätter.
Blatt: 2- bis 3fach gefiedert, bis 30 cm lang, unterseits kurz behaart. Blattstiele am Grund stengelumfassend.
Frucht: 2 längliche, schwarze, glatte Spaltfrüchte, 5–10 mm, mit je einem kurzen Schnabel.

Gemeine Hundspetersilie
Aethusa cynapium
10–100 cm hohes Doldengewächs, das auf Schuttplätzen, an Wegen und auf Hackfruchtäckern verbreitet ist. Tödlich giftig!
Blühzeit: Juni – Oktober.
Blüte: Weiß-rosa Dolde mit 10–20 Strahlen. Blütenblätter 1–2 mm lang. Hülle fehlt, nur 3 Hüllchenblättchen, die relativ lang sind, an der Außenseite der einzelnen Döldchen.
Blatt: Zwei- bis dreifach fiederteilig, petersilienähnlich, glänzend, beim Zerreiben nach Knoblauch riechend.
Frucht: Eiförmig, unbehaart, deutlich gerippt.

Wald-Engelwurz
Angelica silvestris
Diese fast unbehaarte Pflanze wird bis über 2 m hoch. Sie bevorzugt feuchte, schattige Plätze. Der hohle, gefurchte Stengel ist rötlich und weiß bereift.
Blühzeit: Juli – September.
Blüte: Weiß oder rosa, 2 mm. Kronblätter gekrümmt. Kugelige, zusammengesetzte Dolde, 3–15 cm. Viele schwach behaarte Strahlen, Hüllblätter 0–3, Hüllchenblätter zahlreich, borstenartig.
Blatt: 2- oder 3fach gefiedert. Blättchen 2–8 cm, oval, gezähnt. Blattstiele auf der Oberseite tief gefurcht, am Grund weit stengelumfassend.
Frucht: Eiförmig, 4–5 mm, abgeflacht, geflügelt; Schnäbel gekrümmt.

Schierling
Conium maculatum
Alle Teile des Schierlings sind sehr giftig! Kennzeichen der Pflanze sind der weiche, purpurn gefleckte Stengel und der mäuseartige Geruch der zerriebenen Blätter. Die unbehaarte Pflanze wächst an feuchten Stellen und auf Ödland bis 2,5 m hoch.
Blühzeit: Juli – August.
Blüte: Weiß, 2 mm. Kronblätter mit kurz eingebogenen Spitzen. Zusammengesetzte Dolde, 2–5 cm, 10–20 Strahlen. 5–6 Hüllblätter; 3–6 Hüllchenblätter, einseitig.
Blatt: Feinfiedrig, bis 30 cm.
Frucht: Kugelig, 2,5–3,5 mm, Rippen wellig.

Kleine Bibernelle
Pimpinella saxifraga
15–50 cm hohe, aufrechte Pflanze, die trockenen, oft steinigen, lockeren Boden bevorzugt und wärmeliebend ist. Kommt häufig auf Trocken- und Halbtrockenrasen und Heiden vor.
Blühzeit: Juni – Oktober.
Blüte: Weiß, in 6–15 strahligen Dolden, ohne Hülle. Hüllchen oft fehlend oder ein- bis zweiblättrig.
Blatt: Einfach gefiedert, dunkelgrün. Stengel aber nur wenig beblättert.
Frucht: Rundlich, 2–3 mm im Durchmesser, glatt.

Berle
Berula erecta
Diese unbehaarte, 30–100 cm hohe Pflanze bildet in flachem Süßwasser oft dichte Bestände. Die Stengel sind hohl und gefurcht.
Blühzeit: Juli – September.
Blüte: Weiß, 2 mm, Kronblätter gekrümmt. Zusammengesetzte Dolde, 3–6 cm, lang gestielt. 10–20 Strahlen. Hüllen- und Hüllchenblätter zahlreich, oft mit einigen Zähnen.
Blatt: Gefiedert, bis 30 cm lang, 7–14 Paar ovale, gezähnte Blättchen, matt blaugrün.
Frucht: 2lappig, 1,5–2 mm, etwas breiter als hoch. Schnäbel gekrümmt.

Bärenklau
Heracleum sphondylium
Der dicke Stengel des Bärenklau ist gekerbt, hohl und mit steifen, nach unten gebogenen Haaren bedeckt. Bärenklau wächst hauptsächlich auf Wiesen und wird 50–200 cm hoch. Als Zierpflanze mit rotfleckigem Stengel wird der bis 3,5 m hohe Riesen-Bärenklau angebaut.
Blühzeit: Juni – September.
Blüte: Weiß oder rötlich, 5–10 mm, Kronblätter an äußeren Blüten vergrößert. Zusammengesetzte Dolde, 5–15 cm; 7–20 Strahlen. Wenig oder keine Hüllblätter, Hüllchenblätter borstig.
Blatt: Gefiedert, 15–60 cm. Blättchen breit, gelappt und gezähnt, steif behaart, Stielgrund weit stengelumfassend.
Frucht: Eiförmig, flach, weißlich, 7–8 cm; Schnäbel kurz, gebogen.

Giersch
Aegopodium podagraria
Im Gegensatz zu vielen anderen Doldenblütlern sind die Fiederblätter des Giersch nur gesägt und nicht gespalten. Die Pflanze ist unbehaart mit hohlem, gefurchtem Stengel und wächst an schattigen Plätzen und in Gärten, wo sie ein lästiges Unkraut ist.
Blühzeit: Juni – Juli.
Blüte: Weiß, manchmal rötlich; 1 mm groß; 5 Kronblätter. Zusammengesetzte Dolde, 2–6 cm; 15–20 Strahlen; keine oder wenige Hüll- oder Hüllchenblätter.
Blatt: 3 Fiederblätter, jedes 4–8 cm, oval, gesägt; Stiel dreieckig, am Grund stengelumfassend.
Frucht: Eiförmig, 4 mm, gerippt; Schnäbel gekrümmt.

Gespenst-Gelbdolde
Smyrnium olusatrum
Bis 1,5 m hoch werdendes Doldengewächs, das vor allem an feuchten Stellen im Küstengebiet des Mittelmeerraumes und der Kanaren vorkommt. Die kräftigen kahlen, oben oft gegenständig verzweigten Stengel riechen aromatisch nach Sellerie.
Blühzeit: März – Mai.
Blüte: Langgestielte, zusammengesetzte Dolden mit 5–18 Strahlen, Einzelblüten gelb, Hülle und Hüllchen klein oder oft fehlend.
Blatt: Grundblätter gestielt mit einfacher oder doppelt dreiteiliger Spreite. Einzelblätter eiförmig mit gekerbtem Rand. Stengelblätter 3zählig, auf kurzen, verbreiterten und am Rand gewimperten Stielen, dunkelgrün glänzend.
Frucht: 6–8 mm lang, breit-eiförmig mit flügelartig vorstehenden Rippen, reif schwarz glänzend.

Wald-Sanikel
Sanicula europaea
5–50 cm hohe, unbehaarte Pflanze, die feuchte Lehmböden bevorzugt und häufig in Laub-, Misch- und Nadelwäldern auftritt. Stengel rötlich überhaucht.
Blühzeit: Mai – Juni.
Blüte: Zusammengesetzte, köpfchenartige Dolden aus weiß-grünen Blütchen mit langen, rötlich überhauchten Staubfäden. Hüllblätter sehr klein.
Blatt: Handförmig geteilt, hellgrün, manchmal rötlich überlaufen, langgestielt.
Frucht: Ovale Spaltfrucht, 3 mm lang und mit Häkchen besetzt.

Stranddistel
Eryngium maritimum
10–40 cm hohes Doldengewächs, das hauptsächlich an der Küste vorkommt und dort auf salzhaltigen Sandböden wächst. Relativ selten und daher geschützt.
Blühzeit: Juni – Oktober.
Blüte: Fast kugelige Dolden, 4 cm Durchmesser, mit dorniger Hülle. Einzelblütchen hellblau.
Blatt: Grundblätter langgestielt, Stengelblätter kurzgestielt mit stechenden Dornen.
Frucht: Ca. 5 mm lang, mit Häkchen besetzt.

Wolfsmilchgewächse
Familie *Euphorbiaceae*

Diese Pflanzenfamilie umfaßt etwa 7500 Arten und hat ihre Hauptverbreitung in den Tropen und Subtropen. Es handelt sich um holzige oder krautige Pflanzen mit meist einfachen Blättern und Blüten, die keine Kronblätter besitzen. Fast alle Vertreter dieser Familie führen einen weißen oder gelben Milchsaft. Bei den europäischen, krautig wachsenden Pflanzen ist dieser Milchsaft oft giftig, bei den tropischen Arten wird er zum Teil wirtschaftlich genutzt (z. B. Kautschuk).

Sonnenwolfsmilch
Euphorbia helioscopia
Die ganze Pflanze ist unbehaart, 10–50 cm hoch, aufrecht. Die typischen gelblichen Hüllblätter geben der Pflanze ein gelbgrünes Aussehen. Der Stengel ist meist rot und gibt bei Verletzung einen weißen, giftigen Milchsaft ab. Ackerunkraut.
Blühzeit: April – Oktober.
Blüte: Winzig. Drüsen am Rand grün, nierenförmig. Hüllchenblätter blattähnlich, gelblich. In 5strahliger Trugdolde.
Blatt: Rundlich, untere Blätter oft zum Grund verschmälert, klein gezähnt, wechselständig.
Frucht: Glatte Kapsel, 3–5 mm, gestielt, über den Rand der Blüte hängend. Samen braun, knotig.

Gartenwolfsmilch
Euphorbia peplus
Als Garten- und Ackerunkraut wird diese unbehaarte, hellgrüne Art 10–30 cm hoch. Die kleinen Blüten sind von blattähnlichen Hüllchenblättern umgeben. Aus Wunden fließt ein weißer, hautreizender Milchsaft.
Blühzeit: Juli – Oktober.
Blüte: Klein. Am Rand halbmondförmige Drüsen mit langen Spitzen, blattähnliche Hüllchenblätter gegenständig. In 3strahliger Trugdolde.
Blatt: Oval, wechselständig.
Frucht: Geflügelte Kapsel, 2 mm, gestielt, über den Rand der Blüte hängend. Samen blaßgrau mit Grübchen.

Wald-Bingelkraut
Mercurialis perennis
Diese Pflanze wird bis 40 cm hoch, ist aufrecht, unverzweigt, kurzbehaart und wächst in Wäldern und an schattigen Plätzen. Die in einer Ähre stehenden, unscheinbaren Blütchen sind an einer Pflanze entweder alle männlich oder alle weiblich und blühen im Frühjahr. Giftig!
Blühzeit: April – Mai.
Blüte: Unauffällig, grün in ährigen, blattachselständigen Knäueln.
Blatt: Elliptisch, stumpf gezähnt, gegenständig, 2–8 cm, kurz gestielt.
Frucht: Kugelig, behaart, 6–8 mm.

Hanfgewächse
Familie *Cannabinaceae*

Zu dieser Familie gehören nur 2 Gattungen mit wichtigen Nutzpflanzen: der Hopfen (*Humulus*) und der Hanf (*Cannabis*). Bei den Hanfgewächsen sitzen männliche und weibliche Blüten auf zwei verschiedenen Pflanzen.

Hopfen
Humulus lupulus
Der mit seinen rauhen Stengeln an Hekken klimmende Hopfen wächst wild und in verschiedenen Zuchtformen. Die blaßgrünen »Hopfendolden« sind die weiblichen Blütenstände.
Blühzeit: Juli – August.
Blüte: Männliche und weibliche Blüten auf verschiedenen Pflanzen; weibliche von gelbgrünen Hochblättern umschlossen; männliche Blüten klein, grün; 5 Blütenhüllblätter. Weibliche Blüten in kätzchenähnlichen Zapfen, männliche in hängenden Rispen.
Blatt: 3- bis 5lappig, grob gezähnt, oberseits rauh behaart, gegenständig, 10–15 cm, unterseits mit gelben Drüsen.
Frucht: Die umhüllenden Hochblätter geben aus Drüsen gelbliches Harz ab.

Kürbisgewächse
Familie *Cucurbitaceae*

Zur Familie der Kürbisgewächse zählen ca. 760 Arten, die bevorzugt in wärmeren Gebieten vorkommen. Es handelt sich vorwiegend um mit Ranken kletternde krautige Pflanzen mit wechselständigen, meist gelappten Blättern und 5zähligen Blüten. Frucht meist beerenartig, vielsamig, oft groß und derbwandig. Etliche Arten werden als Gemüsepflanzen angebaut.

Rote Zaunrübe
Bryonia dioica
50–300 cm langes Kürbisgewächs, das vor allem in Unkrautbeständen auf Schuttplätzen, an Wegen, Zäunen und Mauern, aber auch in Gebüschen und an Waldrändern vorkommt. Kalkanzeiger. Giftig!
Blühzeit: Juni – September.
Blüte: Blattachselständige Doldenrispen. Männliche Blüten langgestielt, weibliche Blüten kurzgestielt.
Blatt: Fünflappig, rauh behaart.
Frucht: Rote, giftige Beeren.

Vogelknöterich
Blattscheide
Frucht
Windenknöterich
Landform
Wasserknöterich
Flohknöterich

Knöterichgewächse
Familie *Polygonaceae*

Vorwiegend (in Europa ausschließlich) krautige Pflanzen mit gegliederten Stengeln und wechselständigen Blättern. An den Stengelknoten gewöhnlich eine aus verwachsenen Nebenblättern gebildete Scheide. Blüten in zusammengesetzten Blütenständen, meist klein, mit 5 Kronblättern. Nußfrucht. Etwa 800 Arten.

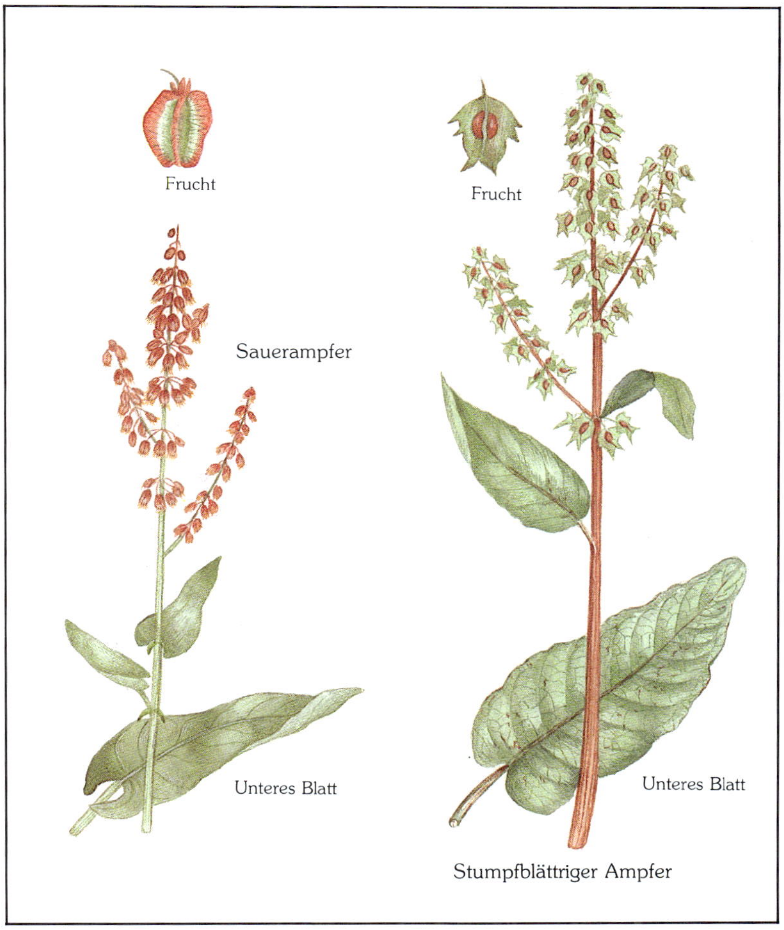

Vogelknöterich
Polygonum aviculare
Der Vogelknöterich ist eine sehr veränderliche Pflanze. Er ist als Ackerunkraut aufsteigend, meist aber niederliegend auf Wegen und am Ufer von Gewässern. Er ist unbehaart und stark verzweigt. Die Blattscheide ist häutig, silbern und zerschlitzt.
Blühzeit: Juni – Oktober.
Blüte: Hellrot bis weiß, mit 5 Blütenhüllblättern; 1–6 blattachselständige Blüten.
Blatt: Elliptisch bis lanzettlich, zugespitzt, fast sitzend. Blätter am Haupttrieb größer als an den Seitentrieben. Blattscheiden häutig, zerschlitzt.
Frucht: 3seitiges Nüßchen von trockener Blüte umschlossen.

Windenknöterich
Polygonum convolvulus
Der geriefte Stengel dieser Kletterpflanze windet sich im Uhrzeigersinn um Stützen bis zu einer Höhe von 120 cm. Er wächst auf Brachland und als Ackerunkraut.
Blühzeit: Juni – Oktober.
Blüte: Grünlichweiß, von den 5 Blütenhüllblättern sind die 3 äußeren gekielt. Blütenstiele 1–2 mm, nahe der Blüte gegliedert. Lockere, blattachselständige Traube.
Blatt: Spießförmig, gestielt, unterseits weißlich, meist wechselständig. Blattscheiden häutig.
Frucht: Glanzlos, schwarzes Nüßchen, dreikantig.

Wasserknöterich
Polygonum amphibium
Die Wasserform liegt mit ihren Schwimmblättern auf der Oberfläche stehender oder langsamfließender Gewässer. Die Stengel werden 30–270 cm lang und wurzeln an ihren Knoten. Die Landform trägt steife oder drüsige Haare auf den Blättern und ist ein verbreitetes Ackerunkraut.
Blühzeit: Juni – September.
Blüte: Purpurrot, dichte, kurze Ähre, 2–4 cm lang, gestielt.
Blatt: Wasserform: oval, glänzend, langgestielt. Landform: lanzettlich, unbehaart, drüsig oder steif behaart, kurzgestielt, wechselständig.
Frucht: Glänzend braunes Nüßchen.

Flohknöterich
Polygonum persicaria
Der rötliche Stengel ist aufrecht, verzweigt und 25–80 cm hoch. Die dichtgedrängte Ähre ist purpurn bis weiß, die Blätter tragen meist einen dunklen Fleck. Die Pflanze ist fast unbehaart und ein häufiges Ackerunkraut, vor allem in Hackfruchtäckern.
Blühzeit: Juli – September.
Blüte: Weiß-purpurn, dichte Ähre, bis 3,5 cm.
Blatt: Schmal, lanzettlich, oft mit dunklem Fleck, wechselständig. Blattscheiden bräunlich, häutig, am Rand mit Haaren.
Frucht: Glänzend schwarzes Nüßchen.

Sauerampfer
Rumex acetosa
Bis 1 m hohes, unbehaartes Knöterichgewächs. Bei stärkerem Auftreten können seine Blüten und Früchte ganzen Wiesen ein rötliches Aussehen geben.
Blühzeit: Mai – Juli.
Blüte: Grün und rot, klein. Männliche und weibliche Blüten nicht an derselben Pflanze. Windbestäubung. Blüten erscheinen wirtelig an Scheintrauben.
Blatt: Pfeilförmig, sauer schmeckend, bis 10 cm lang. Obere Blätter fast sitzend, Blattscheide geschlitzt.
Frucht: 3–4 mm, 3kantiges Nüßchen, von 3 roten, dünnen Flügeln umschlossen.

Stumpfblättriger Ampfer
Rumex obtusifolia
Dieser recht häufige Ampfer wird 50–120 cm hoch und kommt vor allem auf Ödland und Viehweiden vor.
Blühzeit: Juni – August.
Blüte: Grün, klein, in Wirteln an Scheintraube.
Blatt: Länglich, breit, spitz oder abgerundet, am Grund gelappt, wechselständig, bis 25 cm lang, Rand leicht gewellt, Unterseite oft behaart.
Frucht: 5–6 mm, rote Kapsel mit 3 tief gezähnten, grünen Flügeln umschließt das 3kantige Nüßchen.

Der Strandflieder verwandelt manche Salzmarschen im Juli und August in lilafarbene Blütenmeere.

Nesselgewächse
Familie *Urticaceae*

Diese Familie umfaßt ca. 600 Arten vorwiegend krautiger Pflanzen, die bevorzugt in wärmeren Gebieten vorkommen. Viele Arten dieser Familie besitzen Brennhaare an Stengeln und Blättern. Blüten grün-gelb, unauffällig in Knäueln oder Köpfchen, die oft zu Kätzchen oder Rispen vereinigt sind.

Große Brennessel
Urtica dioica
Die Brennessel liebt stickstoffreiche Standorte und wird 30–150 cm hoch. Beliebte Futterpflanze für verschiedene Schmetterlingsraupen.
Blühzeit: Juni – Oktober.
Blüte: Grün, klein. Männliche und weibliche Blüten auf verschiedenen Pflanzen. Windbestäuber. Blüten in lockeren, hängenden Rispen aus den Blattachseln.
Blatt: Oval, gezähnt, gegenständig, 4–8 cm lang. Blätter länger als der Stiel.
Frucht: Nüßchen.

Grasnelkengewächse
Familie *Plumbaginaceae*

Die Vertreter dieser Familie sind vorwiegend im Küstenbereich zu finden, einige wachsen aber auch im Gebirge und in arktischen Gebieten. Blüten mit 5 Kronblättern und einem häutigen Kelch.

Gemeine Grasnelke
Armeria maritima
Die Grasnelke bildet dichte Polster, vor allem an steinigen Plätzen und am Strand.
Blühzeit: Mai – Oktober.
Blüte: Hellrosa bis karminrot, in dichten, kugeligen Köpfchen, 1,5–2,5 cm. Hüllblätter grünlich. Blütenstengel 5–30 cm hoch, oben in einer braunen, häutigen Scheide.
Blatt: Grasähnlich, etwas fleischig behaart oder unbehaart, 2–15 cm lang und bis ungefähr 4 mm breit.
Frucht: Kapsel.

Schmalblättriger Strandflieder
Limonium vulgare
30–70 cm hohes Grasnelkengewächs, wächst in den Salzmarschen oder flachen Meeresküsten.
Blühzeit: Juli – Oktober.
Blüte: Bis 8 mm Durchmesser, mit blaßlilafarbener, papierartiger Blütenkrone und purpurfarbenen Kelchblättern, in großen, lockeren Rispen.
Blatt: Alle Blätter grundständig, spatelförmig, bis 12 cm lang, unbehaart.

Heidekrautgewächse
Familie *Ericaceae*

Zu dieser Familie gehören etwa 2500 Arten, meist Sträucher oder Halbsträucher mit einfachen, immergrünen Blättern und verwachsener Blütenkrone. Die Heidekrautgewächse lieben sauren Boden und brauchen zum guten Wachstum bestimmte Pilze an ihren Wurzeln. Zu den Heidekrautgewächsen gehören Nutzpflanzen wie Heidel- und Preiselbeere, aber auch Zierpflanzen wie Rhododendron und Erika.

Heidekraut
Calluna vulgaris
Dieser zähe, niedrige Strauch wird 15–80 cm hoch und bedeckt auf saurem Boden oft große Heide-, Moor- und Waldflächen. Im Gegensatz zur ähnlichen Glockenheide sind beim Heidekraut die Kronblätter nicht zu einem Becher verwachsen, die Blätter sind gegenständig, nicht wirtelig.
Blühzeit: Juni – September.
Blüte: Rosa-violett, wohlriechend; 4 Kronblätter, verdeckt von 4 kronblattähnlichen Kelchblättern, 4 mm lang. Blüten in 3–15 cm langen Trauben.
Blatt: Nadelförmig, gegenständig an kurzen Seitentrieben, 1–3,5 cm lang, anliegend und sich überlappend.
Frucht: Kapsel.

Grauheide
Erica cinerea
30–40 cm hoher Strauch, niederliegend bis ansteigend. Häufigste Art in englischen Moorgegenden. In verschiedenen Kulturformen gezüchtet.
Blühzeit: Juli – August.
Blüte: Rosafarbene Glockenblüten in endständigen Trauben oder Dolden.
Blatt: In Quirlen zu 3, eiförmig-länglich, stark eingerollt, fein wimperborstig, grün glänzend.
Frucht: Kapsel mit vielen feinen Samen.

Gemeine Glockenheide
Erica tetralix
10–50 cm hohes, immergrünes Heidekrautgewächs, das feuchten oder nassen, sandigen oder torfigen, stets sauren Boden liebt und an ihren Standorten meist in ausgedehnten und auffallenden Beständen vorkommt.
Blühzeit: Juli – August.
Blüte: Fleischrote, krugförmige Blüten in endständigen, doldigen Köpfchen.
Blatt: Nadelförmig, 4–7 mm lang, zu 3–4 quirlständig, steifhaarig bewimpert.
Frucht: Kapsel mit feinen Samen.

Heide- und Moorgebiete sind von Juli bis September mit unzähligen rosafarben bis dunkelrot blühenden Heidesträuchern bedeckt, die dichte Rasen bilden.

Heidelbeere
Vaccinium myrtillus
Das unbehaarte Sträuchlein mit den blauschwarzen Beeren wird 15–35 cm hoch. Es wächst in Wäldern, Mooren und in den Alpen in Höhen bis 2300 m. Die Zweige sind 3kantig und grün.
Blühzeit: April – Juni.
Blüte: Grünlich, blaßrosa überlaufen. Kronblätter krugförmig, 4–6 mm. Blüten einzeln in Blattachseln.
Blatt: Oval, zugespitzt, schwach gezähnt, sattgrün, kurz gestielt, wechselständig, 1–3 cm lang.
Frucht: Blauschwarze, eßbare Beeren.

Moosbeere
Vaccinium oxycoccus
10–80 cm hohes Heidekrautgewächs, das Moorboden oder Rohhumus benötigt und gerne zwischen Torfmoospolstern wächst. Kommt in Moor- und Sumpfgebieten und in den Alpen in Höhen zwischen 1000 und 1500 m vor.
Blühzeit: Juni – August
Blüte: 1–4 Blüten in den Blattachseln; Einzelblüte ca. 5 mm, weiß-rosa mit 4 oder 5 zurückgeschlagenen Zipfeln.
Blatt: 4–10 mm lang, oval, immergrün, glänzend, derb, am Rand deutlich umgerollt.
Frucht: Rote oder braune Beere, 6–8 mm Durchmesser.

Alpenrose, Rostroter Almrausch
Rhododendron ferrugineum
Die Alpenrose wächst meist in größeren Gruppen und fällt daher schon von weitem auf. Die Sträucher werden 50–200 cm hoch und kommen bevorzugt auf kalkarmen, eher feuchten und humushaltigen Böden vor.
Blühzeit: Mai – August.
Blüte: Ca. 15 mm lang, trichterförmig, dunkelrot, mit 5 Zipfeln, innen behaart. In Dolden an den Zweigenden.
Blatt: 3–5 cm lang, immergrün, ledrig, Oberseite dunkelgrün, Unterseite dicht mit rostgelben Drüsenschuppen besetzt, Blattrand eingerollt.
Frucht: Trockene Kapsel.

Alpenrosen findet man im Gebirge bevorzugt in Höhen zwischen 1500 und 2500 m.

Primelgewächse
Familie *Primulaceae*

Diese große Familie (ca. 800 Arten), zu der so bekannte Zierpflanzen wie die Primeln gehören, hat ihre Hauptverbreitung auf der Nordhalbkugel der Erde. Es handelt sich um krautige Pflanzen mit einfachen Blättern und regelmäßigen, oft in dolden- und rispenartigen Blütenständen vereinten 5zähligen Blüten. Viele Arten besitzen zwei verschiedene Blütentypen: Blüten mit langem, aus der Kronröhre ragendem Griffel oder mit ganz kurzem Griffel.

Erd-Schlüsselblume, Stengellose Primel
Primula vulgaris
In Deutschland auf kalkarmen Waldböden nur im Küsten- und Voralpengebiet. Sie gehört zu den ersten Frühjahrsblühern und wird 5–10 cm hoch. Geschützt.
Blühzeit: Februar – April.
Blüte: Hellgelb, im Schlund orange, 2–3 cm groß. Kronblätter am Grund zu einer Röhre verwachsen, oben mit 5 gekerbten, ausgebreiteten Lappen. Kelchröhre mit 5 Zähnen. Blüten einzeln auf langen, weich behaarten Stengeln.
Blatt: Länglich, Spitze abgerundet, in den Stiel verschmälert, runzlig, unterseits fein drüsig behaart.
Frucht: Eiförmige Kapsel.

Echte Schlüsselblume
Primula veris
Diese Schlüsselblume ist gebietsweise recht häufig in lichten Wäldern und wird 5–30 cm hoch.
Blühzeit: April – Mai.
Blüte: Goldgelb bis hellgelb, im Schlund orangefarben, nickend, wohlriechend. 5 gekerbte Kronblätter am Grund zu einer Röhre verwachsen. Kelchröhre blaßgrün, mit 5 Zähnen. Vielblütige Dolde auf 10–30 cm hohem, kurzbehaartem Stengel.
Blatt: Länglich, Spitze abgerundet, plötzlich in den Stiel verschmälert, runzlig, beidseitig kurz behaart.
Frucht: Eiförmige Kapsel vom Kelch eingeschlossen.

Mehl-Primel
Primula farinosa
5–30 cm hohes Primelgewächs, das selten geworden ist und vor allem auf Flachmooren und feuchten alpinen Matten wächst. Geschützt.
Blühzeit: Mai – Juli.
Blüte: Aufrechte Dolde auf langem Stengel. Einzelblüten purpurviolett bis rosa mit gelber Mitte, ca. 1 cm breit.
Blatt: Länglich bis spatelförmig, 1–5 cm lang, schwach runzelig, oben hellgrün, unten weißlich, in grundständiger Rosette.
Frucht: Kleine Kapsel.

Gilbweiderich
Lysimachia vulgaris
Diese schlanke, aufrechte, kurzbehaarte Pflanze wird 60–150 cm hoch. Sie wächst an Bachufern und anderen Feuchtstellen, liebt Wärme und kommt in kälteren Gegenden nicht vor.
Blühzeit: Juni – August.
Blüte: Gelb, ca. 1,5 cm groß. Blüten in lockeren Rispen.
Blatt: Lang, schmal, zugespitzt, gegenständig oder in Wirteln zu 3 oder 4, sitzend, schwarz gepunktet.
Frucht: Kugelige Kapsel, sich an 5 Nähten öffnend.

Acker-Gauchheil
Anagallis arvensis
Eine Besonderheit dieses 6–30 cm hohen Ackerunkrauts ist, daß es bei dieser Art Pflanzen mit roten und andere mit blauen Blüten gibt. Der niederliegende Stengel ist im Querschnitt quadratisch.
Blühzeit: Juni – Oktober.
Blüte: Mennigrot, rosa oder blau, bis 14 mm. 5 rundliche Kronblätter, 5 spitze Kelchblätter. Blüten einzeln auf dünnen Stielen, blattachselständig.
Blatt: Oval, zugespitzt, gegenständig, sitzend, unterseits schwarz gepunktet.
Frucht: Kugelige Fruchtkapsel, die in der Mitte mit einem Deckel aufspringt.

Hundsgiftgewächse
Familie *Apocynaceae*

Vorwiegend tropische Holzgewächse mit ungegliederten Milchsaftröhren und gegenständigen, einfachen Blättern. Etwa 1000 Arten, davon jedoch nur 1 bei uns heimisch. Zahlreiche tropische Arten liefern Kautschuk, gerbstoffreiche Rinde, Korkholz oder eßbare Früchte. Der Milchsaft ist giftig.

Kleines Immergrün
Vinca minor
Diese Art ist in Mittel- und Südeuropa weit verbreitet in Laubwäldern, Gebüschen und in Weinbergen. Die immergrüne Pflanze wird 30–60 cm lang und ist ein an den Stengelknoten wurzelnder Bodendecker. Giftig!
Blühzeit: April – Mai.
Blüte: Blauviolett bis fast weiß, 2,5–3 cm. 5 Kronblätter, breit, abgestumpft, am Grund verwachsen, Kelchröhre 5zähnig, unbehaart. Langgestielte Einzelblüten, die in den Blattachseln sitzen.
Blatt: Elliptisch, gegenständig, glänzend, unbehaart, kurz gestielt.
Frucht: Zwei an der Spitze gegabelte Balgfrüchte.

Enziangewächse
Familie *Gentianaceae*

Die Familie der Enziangewächse umfaßt mehr als 1100 Arten, die weltweit verbreitet sind. Viele Arten dieser Familie wachsen in arktischen Gebieten und im Hochgebirge. Die Blüten aus 5 verwachsenen Kronblättern sind oft blau, glockenförmig und aufrecht. Die meisten Arten dieser Familie leben in Symbiose mit einem Pilz, der sich in der Wurzel befindet.

Echtes Tausendgüldenkraut
Centaurium minus
Das Tausendgüldenkraut wird 2–50 cm hoch, hat einen verzweigten Stengel und Blüten in einer abgeflachten Trugdolde. Die unbehaarte Pflanze wächst bevorzugt in Waldlichtungen, Halbtrockenrasen und Dünen.
Blühzeit: Juli – Oktober.
Blüte: Rosarot, 1–1,5 cm. Kronblätter am Grund zu einer Röhre verwachsen, oben flach ausgebreitet. Kelch mit 5 langen, schmalen Zähnen. Blüten alle gleich hoch in einer Trugdolde.
Blatt: Gegenständig, am Grund in einer Rosette, elliptisch, spitz oder abgerundet, sitzend.
Frucht: Kapsel.

Frühlings-Enzian
Gentiana verna
3–15 cm hohes Enziangewächs, das auf kalkhaltigem, lockerem, steinigem Lehmboden am besten gedeiht. Bevorzugt Höhen zwischen 1000 und 2500 m. Geschützt.
Blühzeit: Juni – August.
Blüte: 1–3 tiefblaue, 2–3 cm lange, trichterförmige Blüten, endständig an kurzen Stengeln. Blütenblätter tellerartig flach ausgebreitet, eiförmig geschnitten und spitz auslaufend.
Blatt: 1–3 cm lang, oliv- bis dunkelgrün, mit stumpfer Spitze, in grundständiger Rosette.
Frucht: Braune Kapsel.

Stengelloser Enzian
Gentiana acaulis
5–10 cm hohe Pflanze, die nährstoffarme Matten, Geröll und Feinschutt in Höhen zwischen 1500 und 2800 m besiedelt. Geschützt.
Blühzeit: Mai – August.
Blüte: Stets einzeln auf kurzem Stiel, tief trompetenförmig, bis 7 cm lang, leuchtend blau mit 5 zipfelig ausgezogenen Blütenblättern, innen mit deutlichen olivgrünen Längsstreifen.
Blatt: Grundständige Rosette aus sattgrünen bis graugrünen Blättern, Einzelblatt bis 15 cm lang.
Frucht: Braune Kapsel.

Frühlings-Enzian

Tausendgüldenkraut

Der Stengellose Enzian wächst bevorzugt auf kalkarmen, sauren und steinigen Böden in Höhen von 1500–2800 m. Die tiefblauen Blüten öffnen sich oft schon, wenn auf den Berggipfeln noch Schnee liegt.

Rauhblattgewächse

Familie *Boraginaceae*

Die ca. 2000 Arten dieser Familie sind alle mehr oder weniger steif behaart. Die blauen oder violetten, manchmal auch weißen Blüten sind in der Knospe oft rosa und in einseitigen Wickeln angeordnet, die sich bei der Blüte aufrollen. Vor allem in der nördlichen gemäßigten Zone verbreitet.

Sumpf-Vergißmeinnicht
Myosotis scorpioides
Diese Art wächst an nassen und feuchten Stellen und hat einen leicht gerieften, haarigen Stengel, der 15–45 cm hoch wird und am Grund oft niederliegt und wurzelt. Besondere Kennzeichen sind Blütengröße und die gekerbten Kronblätter.
Blühzeit: Mai – Oktober.
Blüte: Himmelblau, am Schlund gelb, 4–10 mm. 5 Kronblätter am Grund zu einer Röhre verwachsen, oben ausgebreitet, flach gekerbt. Kelch 5zähnig mit geraden Härchen. Knospen rosafarben. Blattloser Wickel, der sich beim Aufblühen aufrollt.
Blatt: Länglich, an der Spitze meist abgerundet, sitzend, meist locker behaart.
Frucht: 4 Nüßchen, schwarz, glänzend, vom Kelch umschlossen.

Natternkopf
Echium vulgare
Die kräftige, aufrechte Pflanze liebt trokkene Plätze, wird 20–90 cm hoch und hat steife, weißliche, auf kleinen Hökkern stehende Haare.
Blühzeit: Mai – Oktober.
Blüte: Leuchtend blau, 1–2 cm. Die 5lappigen Kronblätter sind am Grund zu einer Röhre vereinigt, Kelch mit 5 Zähnen. Knospen hellrot. Blüten in einer Ähre mit zahlreichen Wickeln.
Blatt: Lanzettlich, zum Grund allmählich verschmälert, bis 15 cm, sitzend, untere Blätter kurz gestielt.
Frucht: 4 vom Kelch umschlossene Nüßchen.

Beinwell
Symphytum officinale
Der steifbehaarte Beinwell ist verzweigt, wird 30–120 cm hoch und wächst an feuchten Standorten. Der Stengel hat dünne, vorstehende Rippen.
Blühzeit: Mai – Juli.
Blüte: Rotviolett bis gelblichweiß, 15–17 mm. Die Kronröhre trägt am Rand kurze Zähne. Kelch mit 5 Zähnen. Blüten mit nickenden Wickeln, die sich während der Blüte aufrollen.
Blatt: Oval bis lanzettlich, zugespitzt, Blattränder am Stengel als dünne, wellige Rippen herablaufend.
Frucht: 4 schwarze, glänzende Nüßchen mit vertrocknetem Griffel, vom Kelch umschlossen.

Die Quendel-Seide ist eine Schmarotzerpflanze, die ihrer Wirtspflanze mit Saugwurzeln Nährstoffe entzieht. Hier überzieht sie einen Stechginster mit vielen rötlichbraunen Saugwurzeln.

Windengewächse

Familie *Convolvulaceae*

Meist krautige, oft windende Pflanzen, die Milchsaft enthalten. Ca. 40 Gattungen mit etwa 1100 Arten. 2 Unterfamilien: Windenartige mit pfeil- oder herzförmigen Blättern und großen, glocken- oder trompetenförmigen Blüten und Seidenartige, fast blattgrünfreie, blattlose Schmarotzer mit dünnen Stengeln und kleinen Blüten.

Zaunwinde

Calystegia sepium

Diese Winde überwuchert Zäune und Hecken oft völlig mit ihren spießförmigen Blättern und großen, weißen, trichterförmigen Blüten. Der gegen den Uhrzeigersinn windende Stengel enthält Milchsaft und wird 1–3 m lang.

Blühzeit: Juni – September.

Blüte: Weiß, trichterförmig, 3–7 cm, nicht duftend. Die 5 Kelchblätter werden von 2 größeren Vorblättern überdeckt. Blüten einzeln auf langen Stengeln.

Blatt: Spießförmig, bis 15 cm lang, gestielt, kurz behaart oder glatt.

Frucht: Von Vorblättern umschlossene Kapsel.

Ackerwinde

Convolvulus arvensis

Die immer wieder austreibenden Wurzeln machen die Winde zu einem gefürchteten Acker- und Gartenunkraut. Der Stengel windet entgegen dem Uhrzeigersinn und wird 30–100 cm lang.

Blühzeit: Juni – September.

Blüte: Rosa bis weiß, außen mit 5 dunkleren Streifen, trichterförmig, 1,5–3 cm. Wohlriechend. 1–3 Blüten auf langem Stiel mit 2 kleinen Vorblättern.

Blatt: Pfeilförmig, 2–5 cm lang, gestielt, kurz behaart oder kahl.

Frucht: Kugelige Kapsel.

Quendel-Seide

Cuscuta epithymum

10–60 cm lange Schmarotzerpflanze, die vor allem auf Pfeilginster, Thymian, Heidekraut und Besenginster schmarotzt.

Blühzeit: Juli – August.

Blüte: Unscheinbar, weißlich-rosa, in Knäueln direkt am Stengel sitzend, duftend.

Blatt: Auf ein Minimum reduzierte, rötliche Schuppen, direkt am Stengel anliegend.

Nachtschattengewächse
Familie *Solanaceae*

Die meisten der etwa 2300 weltweit verbreiteten Arten dieser Familie kommen in den Tropen vor. Es handelt sich überwiegend um krautige Pflanzen mit 5zähligen Blüten, die einzeln oder in Trugdolden erscheinen. Blätter ungeteilt oder gefiedert. Zu dieser Familie gehören viele wichtige Kulturpflanzen (Kartoffel, Tomate, Tabak, Paprika), Arznei- und Giftpflanzen (Tollkirsche, Bilsenkraut, Alraune).

Bittersüßer Nachtschatten
Solanum dulcamara
Die kleinen, violetten Blüten mit dem gelben Zapfen aus verwachsenen Staubblättern sind unverwechselbar. Die Pflanze klettert in Gebüschen und an Kopfweiden 30–200 cm hoch. Giftig!
Blühzeit: Juni – September.
Blüte: Violett mit gelbem Zapfen aus Staubblättern in der Mitte, 1–1,5 cm. Blüten erscheinen in Doldentrauben.
Blatt: Oval, zugespitzt, gestielt, am Grund zum Teil 1- bis 4lappig.
Frucht: Giftige Beere, glänzend, eiförmig, erst grün, dann gelb und schließlich rot.

Schwarzer Nachtschatten
Solanum nigrum
Wie viele andere Arten dieser Familie ist auch diese Pflanze giftig. Sie ist unbehaart oder trägt kurze Haare, wird bis 60 cm hoch und wächst als Ackerunkraut.
Blühzeit: Juni – Oktober.
Blüte: Weiß, im Zentrum gelbe Kegel aus Staubblättern, ungefähr 5 mm. Blüten in Wickeln.
Blatt: Oval bis rautenförmig, spitz, gestielt, gezähnt bis ganzrandig.
Frucht: Schwarze, giftige Beere.

Tollkirsche
Atropa belladonna
Diese äußerst giftige Pflanze ist weit verbreitet in Laubwäldern auf kalkreichen Böden. Sie ist kräftig, verzweigt und wird bis 150 cm hoch. In Norddeutschland und Nordeuropa ist sie seltener.
Blühzeit: Juni – August.
Blüte: Grünlich bis rotbraun, 2,5–3 cm, nickend, glockenförmig, mit spitzen Zipfeln und spitzen Kelchblättern. Blüte einzeln in den Blattachseln.
Blatt: Wechselständig, oval, bis 20 cm.
Frucht: Glänzendschwarze Beere auf grünem Kelch, 1,5–2 cm.

Rachenblütler, Braunwurzgewächse

Familie *Scrophulariaceae*

Diese große Familie umfaßt etwa 3000 Arten, von denen die meisten in nördlichen, gemäßigten Zonen heimisch sind. Einige Arten leben als Halbschmarotzer vor allem auf Gräsern. Alle europäischen Arten wachsen krautig oder als Stauden. Große Formenvielfalt in den Blüten. Blütenkrone in der Regel 5zählig und meist zweilippig, Unterlippe zu einem »Rachen« ausgestülpt. Die Früchte sind vielsamige Kapseln, Samen oft winzig. Viele Arten sind Zier- und Heilpflanzen. 3 Unterfamilien: Königskerzenartige, Löwenmaulartige und Klappertopfartige.

Roter Fingerhut
Digitalis purpurea
Der aufrechte, weichbehaarte Fingerhut wächst gern auf sauren Böden in Waldlichtungen. Giftig! Geschützt.
Blühzeit: Juni – Oktober.
Blüte: Rot bis violett, selten weiß, 4–5 cm lang, glockenförmig, flach, 5lappig, innen gefleckt und haarig. Vielblütige, lange Ähre.
Blatt: Oval, gekerbt, oberseits weich, unterseits wollig behaart. Blattrand beidseitig am Stiel herablaufend.
Frucht: Eiförmige Kapsel.

Kleiner Klappertopf
Rhinanthus minor
Der Klappertopf wächst als Halbschmarotzer auf Gräsern. Der meist verzweigte Stengel ist schwarz gestrichelt und 10–50 cm hoch.
Blütezeit: Mai – September.
Blüte: Gelb, 1–1,5 cm, röhrig, 2lippig, Zähne der oberen Lippe violett. Kelch 4zähnig, aufgeblasen, Vorblätter laubblattähnlich. Einzeln in Blattachseln am oberen Stengel.
Blatt: Länglich bis lanzettlich, gezähnt, gegenständig, sitzend, rauh.
Frucht: In dem vergrößerten Kelch »klappern« die Samen.

Echter Augentrost
Euphrasia officinalis
Die verschiedenen Augentrostarten sind sehr schwer zu unterscheiden, deshalb trifft die folgende Beschreibung auf mehrere Arten zu. Alle sind Halbschmarotzer auf Gräsern und werden 1–40 cm groß. Die Stengel sind haarig und verzweigt.
Blühzeit: Mai – Oktober.
Blüte: Blaßblau mit violetten Streifen und gelbem Schlundfleck. 2lippig, untere Lippe mit 3 gekerbten Lappen, Kelch 4zähnig, Vorblätter laubblattähnlich. 1–2 Blüten in den Blattachseln.
Blatt: Rundlich bis oval, gezähnt.
Frucht: Borstige Kapsel.

Roter Zahntrost
Odontites rubra
Der Zahntrost ist reich verzweigt, kurz behaart und oft etwas rötlich überlaufen. Er wird bis 50 cm hoch und wächst meist in Wiesen und auf Ödland. Er wechselt sehr stark in seinem Aussehen und wird deshalb in zahlreiche Unterarten untergliedert.
Blühzeit: Juni – August.
Blüte: Trübrot, 1 cm groß, röhrig, 2lippig. Untere Lippe 3lappig. Kelch mit 4 Zähnen, Vorblätter laubblattähnlich. Blüten ausgerichtet in einer Traube.
Blatt: Lanzettlich, gezähnt, gegenständig.
Frucht: Kapsel, Samen gerieft.

Kleinblütige Königskerze
Verbascum thapsus
Blatt und Stengel dieser 30–150 cm hohen Pflanze sind dicht mit wolligen Haaren bedeckt. Sie wächst gern auf Kahlschlägen und Dämmen.
Blühzeit: Juli – September.
Blüte: Gelb, 1,5–3 cm, mit 5 rundlichen, am Grund verwachsenen Kronblättern und 5 spitzen Kelchblättern. Blüten in schlanker, dichter Ähre.
Blatt: Länglich, spitz oder abgerundet. Stengel durch herablaufende Blattränder geflügelt; am Grund in einer Rosette.
Frucht: Kapsel vom Kelch umschlossen. Samen winzig.

Gemeines Leinkraut
Linaria vulgaris
Die Blüten sehen aus wie kleine gelbe Löwenmäulchen. Der in dem langen Sporn befindliche Nektar ist nur für die langrüsseligen Bienen erreichbar. Die Pflanze ist fast ganz unbehaart, 30–80 cm hoch und wächst an Eisenbahndämmen und Wegrändern.
Blühzeit: Juni – Oktober.
Blüte: Gelb, oberer Teil der unteren Lippe orangefarben, 1,5–2,5 cm, 2lippig. Sporn fast gerade. Blüten in dichter Traube.
Blatt: Schmal-lanzettlich, spitz, wechselständig, 3–8 cm lang, unterseits graugrün.
Frucht: Eiförmige Kapsel; Samen geflügelt.

Zymbelkraut
Cymbalaria muralis
Niederliegende oder hängende, bis 25 cm lange Pflanze mit dünnen Stengeln und ausdauernden Blättern. Weit verbreitet im Mittelmeergebiet, auf den Kanaren und in Mitteleuropa.
Blühzeit: März – Mai.
Blüte: 8–10 mm, blaßviolett mit gelben Schlundhöckern. Einzeln an dünnen Stengeln aus den Blattachseln.
Blatt: Lang gestielt, hellgrün oben, unten purpurn überhaucht, 2,5 cm im Durchmesser, efeuartig.
Frucht: Behaarte Kapsel.

Knotige Braunwurz
Scrophularia nodosa
Diese 60–140 cm hohe, unbehaarte Pflanze wächst in feuchten Wäldern und Gräben. Die trüb olivgrünen Blüten locken durch ihren Aasgeruch Schmeißfliegen zur Bestäubung an.
Blühzeit: Juni – September.
Blüte: Rücken braun, Unterlippe grün, 1 cm, 5lappig, 2 obere Lappen größer. Blüten in lockerer Rispe.
Blatt: Oval, zugespitzt, gezähnt, gegenständig, 6–13 cm.
Frucht: Eiförmige, spitze Kapsel.

Bachbunge
Veronica beccabunga
Stengel und Blatt dieser Pflanze sind unbehaart und ziemlich fleischig. Die 20–60 cm langen Stengel kriechen und wurzeln im Schlamm und in flachem Süßwasser.
Blühzeit: Mai – August.
Blüte: Blau, 5–8 mm. Von den 4 Kronblättern ist das obere größer als die übrigen. Blüten in blattachselständigen Trauben.
Blatt: Rundlich bis oval, gegenständig, fleischig, glänzend, kerbig gezähnt, kurz gestielt.
Frucht: Fast kugelige, herzförmige Kapsel.

Gamander-Ehrenpreis
Veronica chamaedrys
Dieser 7–25 cm hohe Ehrenpreis ist häufig in Wiesen, Wäldern und Gebüschen zu finden. Der Stengel mit den 2 Haarleisten kriecht wurzelnd am Boden und ist an der Spitze aufsteigend. Bei leichtester Berührung fällt die Blütenkrone ab.
Blühzeit: Mai – Juli.
Blüte: Leuchtend blau mit weißem Kreis am Grund, 1 cm. Von den 4 Kronblättern ist das obere vergrößert. Vorblätter kürzer oder gleich lang wie Blütenstiel, 2 Staubblätter. Blüten in blattachselständigen Trauben.
Blatt: Oval, stumpf gezähnt, behaart, kurz gestielt oder sitzend.
Frucht: Herzförmige, behaarte Kapsel, kürzer als der Kelch.

Sommerwurzgewächse
Familie *Orobanchaceae*

Krautige, blattgrünfreie Schmarotzerpflanzen mit schuppenförmigen Blättern. Blüten in endständigen, dichten Trauben. Blütenkrone besteht aus einer 3lappigen Unter- und einer 2lappigen Oberlippe. Die Frucht ist eine Kapsel mit zahlreichen sehr kleinen Samen. Ca. 10 Gattungen mit 120 Arten, von denen allein 100 auf die Gattung Sommerwurz (*Orobanche*) entfallen.

Kleine Sommerwurz
Orobanche minor
10–50 cm hohe Schmarotzerpflanze, die vor allem auf den Wurzeln von Klee schmarotzt. Giftig!
Blühzeit: Mai – Juli.
Blüte: 1–2 cm lange, blaßgelbe Einzelblüten in endständiger, dichter Ähre auf rötlichgelbem Stengel.
Blatt: Nur gelbliche Schuppen, keine Blätter.
Frucht: Kapsel mit zahlreichen winzigen Samen.

Wasserschlauchgewächse
Familie *Lentibulariaceae*

Krautige, meist im Wasser oder auf feuchter Erde lebende, insektenfressende Pflanzen. Blüten ähneln denen der Rachenblütler. 5 Gattungen mit ca. 250 Arten, die in tropischen und gemäßigten Gebieten vorkommen.

Echtes Fettkraut
Pinguicula vulgaris
Insektenfressende, 5–15 cm hohe Pflanze, die sickernassen, torfigen Boden oder nasse Felsspalten bevorzugt, jedoch recht selten ist. Geschützt.
Blühzeit: Mai – Juni.
Blüte: Blauviolett, 1–1,5 cm lange, gespornte, blauviolette, oft weißfleckige Blüten, einzeln auf langem Stengel.
Blatt: Grundständige Rosette aus länglich-elliptischen, gelbgrünen, ganzrandigen und stark klebrigen Blättern. Stirbt im Winter ab, die Pflanze überwintert als wurzellose Knospe am Boden.

Oben: Die Kleine Sommerwurz wird auch Klee-Würger genannt, da sie hauptsächlich auf Klee schmarotzt.

Unten: Das Echte Fettkraut gehört zu den insektenfressenden Pflanzen, die mit Hilfe von klebrigem Sekret auf den Blättern Insekten festhalten und verdauen.

Lippenblütler
Familie *Labiatae*

Zu dieser großen Familie gehören etwa 3500 meist krautige oder strauchige Arten, die bevorzugt im Mittelmeergebiet vorkommen. Die Stengel der Lippenblütler sind vierkantig, die Blätter kreuzgegenständig und fast ungeteilt, die 5zähligen Blüten sind 2lippig und stehen oft in Scheinquirlen in den Blattachseln. Die Frucht bildet meist 4 einsamige Nüßchen. Viele Lippenblütler sind durch ihre ätherischen Öle als Heil- und Gewürzpflanzen von Bedeutung (Salbei, Pfefferminze, Melisse, Majoran, Thymian, Rosmarin, Lavendel).

Wasserminze
Mentha aquatica
Die oft rötlichen Stengel erheben sich 15–90 cm aufrecht aus einem kriechenden, unterirdischen Sproß. Die Wasserminze wächst auf nassen Böden. Mit der Ährenminze bildet sie als Bastard die bekannte Pfefferminze (*M. piperita*).
Blühzeit: Juli – Oktober.
Blüte: Blaßviolett. 4 Kronblätter. Kelch 5zähnig, behaart, Staubblätter lang mit roten Staubbeuteln. Blüten in Köpfchen aus 1–3 Wirteln.
Blatt: Oval, spitz oder stumpf gezähnt, gegenständig, etwas behaart, gestielt. Im Wasser sind die untergetauchten Blätter rund und ganzrandig.
Frucht: 4 glatte Nüßchen.

Wilder Majoran, Wilder Dost
Origanum vulgare
Diese Pflanze liebt trockene, kalkreiche Standorte. Kleine ölgefüllte, im Gegenlicht durchscheinende Drüsen verursachen einen angenehmen Geruch beim Zerreiben der Blätter. Die 4kantigen, 30–80 cm hohen Stengel sind nur im oberen Teil verzweigt.
Blühzeit: Juli – Oktober.
Blüte: Fleischfarben, 6–8 mm, 4lappig. Kelch 5zähnig, 4 Staubblätter. Hochblätter oft braunrot. Blütenstand doldenartig, oben abgeflacht, endständig.
Blatt: Oval, gegenständig, leicht gezähnt oder ganzrandig, kurz gestielt.
Frucht: 4 eiförmige Nüßchen.

Gundermann
Glechoma hederaceum
15–60 cm hohe Pflanze. Von den vielen sich sehr ähnlichen Lippenblütlern unterscheidet sich der Gundermann dadurch, daß in jedem Scheinwirtel nur 2–5 Blüten sitzen und die obere Lippe nicht gewölbt, sondern flach ist. Kriechend und am Stengel wurzelnd wächst er in Wiesen und Weiden.
Blühzeit: März – Juni.
Blüte: Blauviolett, 1,5–2 cm, 2lippig. Obere Lippe flach, untere purpurn getupft. Kelch 5zähnig. Blüten in einseitigen Scheinquirlen.
Blatt: Nierenförmig bis rund, stumpf gekerbt, oft braunrot überlaufen, gegenständig, lang gestielt.
Frucht: 4 glatte Nüßchen.

Kleine Braunelle
Prunella vulgaris
Die 10–20 cm hohe, oft braunrot überlaufene, schwach behaarte Braunelle wächst auf Wiesen. Der 4kantige, unten kriechende Stengel endet aufrecht in einem länglichen Blütenköpfchen.
Blühzeit: Juni – November.
Blüte: Violett, 1–1,5 cm, 2lippig. Obere Lippe gewölbt, untere 3lappig. 2lippiger Kelch mit 5 Zähnen. Blüten in endständigen länglichen Köpfchen unmittelbar über 2 Blättern.
Blatt: Oval, zugespitzt, 2–5 cm lang, ganzrandig oder leicht gezähnt, gegenständig, gestielt.
Frucht: 4 längliche Nüßchen.

Wiesen-Salbei
Salvia pratensis
20–60 cm hoher Lippenblütler, der auf Halbtrockenrasen, Bergwiesen und an Wegrainen vorkommt und lockeren, nährstoff- und kalkhaltigen Boden bevorzugt. Sehr häufig anzutreffen.
Blühzeit: Mai – Juli.
Blüte: Dunkelviolette Lippenblüten in sechsblütigen Scheinquirlen, Einzelblüte 2,5 cm lang.
Blatt: Meist grundständig, eiförmig, runzelig, doppelt gekerbt und behaart.
Frucht: 4 einsamige Nüßchen.

Wilder Thymian
Thymus drucei
Kleiner, kriechender Verwandter des Echten Thymians (*Th. vulgaris*). Wird meist nur 7 cm hoch und bildet auf trokkenem Grasland, in Dünen und auf felsigem Gestein dichte Rasen. Wärmeliebend.
Blühzeit: Mai – August.
Blüte: Rosa- bis purpurfarben, 3–5 mm im Durchmesser, in kleinen Quirlen an der Spitze aufrechter Triebe.
Blatt: 4–8 mm lang, oval, zugespitzt, leuchtend dunkelgrün und manchmal behaart.
Frucht: Ovale Nüßchen.

Echter Lavendel
Lavandula angustifolia
20–100 cm hoher, stark duftender Halbstrauch, der in Südeuropa wild vorkommt, seines beliebten ätherischen Öls in den Blüten wegen aber auch felderweise angebaut wird. Wächst bevorzugt auf trockenem, felsigem, kalkhaltigen Boden und ist sehr wärmeliebend. Die Blüten, die zur Parfümherstellung verwendet werden, werden geerntet, wenn sie gerade aufblühen.
Blühzeit: Juni – August.
Blüte: Violette, 3–5 mm große Blütchen in 2–8 cm langen, ährenartigen Blütenständen. Stark duftend.
Blatt: 2 – 4 cm lange, ganzrandige, graugrüne, nadelförmige Blätter.
Frucht: 4 einsamige Nüßchen.

Schopf-Lavendel
Lavandula stoechas
30–100 cm hoher, vielverzweigter, duftender Strauch, der vor allem im Mittelmeergebiet in lichten Macchien und Kiefernwäldern wächst.
Blühzeit: März – Juni.
Blüte: Gestielte, 2–3 cm lange, dichte Scheinähre aus 6–10blütigen Quirlen violettblauer, duftender Einzelblüten. An der Spitze der Scheinähre sitzen zahlreiche hellviolette Hochblätter, die zum Anlocken von Insekten dienen.
Blatt: Graufilzige, 1–4 cm lange, nadelförmige Blätter mit ungerolltem Rand.
Frucht: Nüßchen.

Gold-Taubnessel
Galeobdolon luteum
Brennesselartiges, 15–50 cm hohes Lippenblütengewächs, ohne Brennhaare, mit goldgelben Blüten. Liebt nährstoffreichen, mullhaltigen und etwas feuchten Boden.
Blühzeit: Mai – Juni.
Blüte: Goldgelbe Lippenblüten, ca. 2 cm lang, Oberlippe helmartig vergrößert, kurz behaart. Meist 6 Blüten in blattachselständigen Scheinquirlen.
Blatt: Kreuzgegenständig, ei- bis herzförmig, gekerbt und runzelig, 4–7 cm lang.
Frucht: 4 einsamige Nüßchen.

Echter Lavendel

Schopf-Lavendel

Die Gold-Taubnessel wächst bevorzugt in feuchteren Laub-, Misch- oder Auwäldern am Fuße alter Bäume.

Purpurrote Taubnessel
Lamium purpureum
10–45 cm hohes, weichbehaartes, brennesselartiges Gewächs mit vierkantigem Stengel. Ohne Brennhaare. Unkraut auf Äckern, in Gärten und unter Hecken. Bevorzugt nährstoffreichen Lehmboden.
Blühzeit: März – Oktober.
Blüte: Rotviolett, 1–1,5 cm lang, 2lippig. Obere Lippe gewölbt, untere getupft. Haarring nahe der Blütenbasis. Blüten in Quirlen in den Blattachseln.
Blatt: Oval bis kreisrund, stumpf gezähnt, oft purpurviolett überlaufen, runzelig, gegenständig, gestielt.
Frucht: 4 Nüßchen, 3kantig.

Weiße Taubnessel
Lamium album
Dieses auf Brachland und an Wegrändern häufige Lippenblütengewächs wird 20–80 cm hoch und kommt vor allem auf stickstoffhaltigem Boden auf Schuttplätzen, an Mauern und auf Bahndämmen vor. Der vierkantige Stengel ist unverzweigt.
Blühzeit: April – November.
Blüte: Weiß, 2–2,5 cm, 2lippig. Oberlippe stark gewölbt, behaart, Unterlippe seitlich mit 2–3 Zähnchen. Kelch schmal 5spitzig. Blüte in dichten Haarquirlen. Sehr nektarreich und gute Hummelweide.
Blatt: Oval, zugespitzt, gesägt, gegenständig, gestielt.
Frucht: Nüßchen, 3kantig.

Gemeiner Hohlzahn
Galeopsis tetrahit
10–100 cm hohe Pflanze mit verzweigtem, rauhhaarigem Stengel, der mit gelben oder roten Drüsenhaaren besetzt ist. Stengel unter den Gelenken angeschwollen. Wenn der Hohlzahn geknickt wurde, richtet stärkeres Wachstum an einer Stelle dieser Schwellungen ihn wieder auf. Unkraut, das auf Äckern, an Wegen, auf Schuttplätzen und an Bahndämmen, an Waldrändern und auf Kahlschlägen häufig zu finden ist.
Blühzeit: Juli – Oktober.
Blüte: Blaß purpurn, selten auch weiß oder gelblich, 1,5–2 cm, 2lippig. Oberlippe gewölbt, Unterlippe 3lappig. Mittellappen manchmal gekerbt. Kelch schmal 5spitzig. Blüten in Scheinquirlen.
Blatt: Oval, zugespitzt, gekerbt, gestielt, blaugrün.
Frucht: 4 Nüßchen, 3kantig.

Waldziest
Stachys silvatica
30–120 cm hohe Pflanze mit kräftigem vierkantigem, unverzweigtem, rauh behaartem Stengel, der oben verästelt ist. Dieses Lippenblütengewächs liebt lockeren, stickstoffreichen Boden und ist häufig in Laub- und Mischwäldern zu finden. Alle Pflanzenteile strömen beim Zerreiben einen unangenehmen Geruch aus.
Blühzeit: Juni – September.
Blüte: Dunkelrot mit weißer Zeichnung, 1–1,5 cm, 2lippig. Kelch mit 5 schmalen Zähnen und Drüsenhaaren. Blüten in Ähren mit Scheinquirlen.
Blatt: Oval, zugespitzt, gezähnt, gestielt, gegenständig, behaart.
Frucht: 4 Nüßchen.

Wegerichgewächse

Familie *Plantaginaceae*

Meist krautige Gewächse mit ungeteilten, oft rosettig angeordneten Blättern und kleinen, unscheinbaren, 4zähligen Blüten in ährigen Blütenständen. Fast über die ganze Erde verbreitete Pflanzenfamilie mit über 260 Arten, von denen die meisten der Gattung Wegerich (*Plantago*) angehören.
Die ährigen Blütenstände produzieren sehr viel Blütenstaub, der vom Wind verfrachtet wird (und der bei vielen Menschen auch für den Heuschnupfen verantwortlich ist).

Breitwegerich
Plantago major
15–30 cm hohe Pflanze, die flache Rosetten aus kräftigen, gerippten Blättern bildet, die äußerst trittfest sind. Man findet sie fast an jedem Fußweg und auf vielbegangenen Flächen.
Blühzeit: Mai – Oktober.
Blüte: Grünlichgelb, klein, Staubbeutel hellviolett, später gelb, hervorstehend. Windbestäuber. Blüten in dichten, gestielten Ähren, 10–15 cm lang.
Blatt: Breit elliptisch, in grundständiger Rosette, 10–15 cm, meist ganzrandig, hervorstehende Rippen, plötzlich in breiten Stengel verschmälert. Sehr zäh.
Frucht: Kapsel, 2–5 mm.

Spitzwegerich
Plantago lanceolata
5–60 cm hohes Wegerichgewächs mit langen, schmalen, gerippten Blättern und kurzen Blütenähren. Bevorzugt stickstoffhaltige Böden. Häufig auf Wiesen und Weiden, an Wegrändern und Wegrainen.
Blühzeit: Mai – September.
Blüte: Dunkelbraun, klein, in 1–2 cm langen, dichten Ähren auf gefurchtem Stengel, dieser viel länger als die Blätter.
Blatt: Lanzettlich, in einer Rosette. 10–15 cm lang, meist ganzrandig, hervorstehende Rippen.
Frucht: Kapsel, ungefähr 5 mm.

Mittlerer Wegerich, Weide-Wegerich
Plantago media
15–30 cm hohes Wegerichgewächs mit breiten, rosettig angeordneten, ganzrandigen Blättern. Häufig auf Wiesen, Weiden, Sportplätzen, an Wegen und Wegrainen.
Blühzeit: Mai – Juni.
Blüte: Kurze, dichte Ähre mit unscheinbaren Blüten und langen, rötlichvioletten Staubfäden.
Blatt: Breit, dunkelgrün, ca. viermal so lang wie Blattstiel, in grundständiger Rosette.
Frucht: Ca. 5 mm große Kapsel.

Der Mittlere Wegerich kann schon von weitem anhand seiner blaßvioletten, langen Staubfäden erkannt werden.

Geißblattgewächse
Familie *Caprifoliaceae*

Zu dieser Pflanzenfamilie gehören ca. 400 Arten; meist Sträucher mit geteilten Blättern und 5zähligen Blüten, die in auffälligen Blütenständen angeordnet sind. Die Frucht ist eine Beere oder Steinfrucht.

Wald-Geißblatt
Lonicera periclymenum
Der windende Stengel des Geißblattes klettert bis 6 m hoch, kriecht aber auch am Boden. Es wächst in Wäldern, wird aber wegen seiner duftenden Blüten auch in Gärten angepflanzt.
Blühzeit: Mai – September.
Blüte: Gelblichweiß, oft rötlich überlaufen, röhrenförmig mit 4 oberen und einem unteren Zipfel, 4 – 5 cm lang, Staubblätter und Griffel herausragend, in büscheligen Köpfchen.
Blatt: Elliptisch oder länglich, meist zugespitzt, gegenständig, ganzrandig, sitzend. 3–9 cm, Oberseite dunkelgrün, Unterseite heller.
Frucht: Dunkelrote Beeren.

Glockenblumengewächse
Familie *Campanulaceae*

Krautige bis halbstrauchige Pflanzen, die hauptsächlich in gemäßigten und subtropischen Gebieten vorkommen. Die Familie umfaßt ca. 2000 Arten mit meist blauen, glokkenförmigen Blüten.

Rundblättrige Glockenblume
Campanula rotundifolia
Diese sehr schlanke, unbehaarte Art wächst gern in trockenen Wiesen. Sie wird 15–40 cm hoch.
Blühzeit: Juni – September.
Blüte: Violettblau, 1–2 cm, glockenförmig, mit 5 spitzen Zipfeln, nickend. Kelch mit 5 schmalen, spitzen Zähnen, 3 Narben. Einzeln oder zu mehreren auf dünnem Stengel.
Blatt: Sehr schmal, zugespitzt, sitzend; untere Blätter oval oder rundlich, stumpf gezähnt, gestielt.
Frucht: Häutige Kapsel, 3–5 mm.

Knäuel-Glockenblume
Campanula glomerata
15–70 cm hohes Glockenblumengewächs mit einfachem, aufrechtem Stengel. Bevorzugt auf lockerem, etwas steinigem Lehmboden. Kalkliebend.
Blühzeit: Mai – September.
Blüte: 1,5–3 cm lange, blaue Glockenblüten, die zu mehreren zusammen in einem knäueligen Köpfchen sitzen.
Blatt: Untere Stengelblätter am Grund abgerundet oder herzförmig.
Frucht: Kapsel.

Im Frühjahr bilden die süßlich riechenden Blüten des Waldmeisters überall in Laub-und Mischwäldern weiße Blütenteppiche.

Rötegewächse
Familie *Rubiaceae*

Große Pflanzenfamilie mit ca. 6000 Arten, die vorwiegend in den Tropen und Subtropen verbreitet sind. In Mitteleuropa nur 4 Gattungen mit ca. 40 Arten. Bäume, Sträucher oder Kräuter mit meist ganzrandigen, quirlständigen Blättern und 4- bis 5zähligen, in der Regel strahligen Blüten. Einige wirtschaftlich sehr wichtige Arten (Kaffeestrauch, Chinarindenbaum).

Echtes Labkraut
Galium verum
Die Stengel dieser Art sind mehr oder weniger aufrecht, 15–100 cm hoch, rund mit 4 hervorstehenden Linien und ohne borstige Häkchen (wie bei anderen Labkrautarten). Beim Trocknen wird die Pflanze schwarz. Sie wächst auf Trockenrasen.
Blühzeit: Juni – September.
Blüte: Goldgelb, 2–4 mm, 4zählig in wirteligen Rispen am Sproßende.
Blatt: Wirtel mit 8–12 Blättern, grasähnlich, 6–25 mm, stachelige Spitze, am Rand eingerollt. Oberseits dunkelgrün, glänzend, unterseits heller.
Frucht: Zweiteilige Spaltfrucht, 1,5 mm, glatt, reif schwarz.

Klebkraut
Galium aparine
15–180 cm lange Pflanze, die an anderen Pflanzen mit Hilfe von kleinen, gekrümmten Stacheln emporklettert. Charakteristisch ist der Stachel an der Blattspitze. Die 4kantigen Stengel sind verzweigt. Das sich rauh und klebrig anfassende Klebkraut überwuchert als Ackerunkraut die Kulturen, wächst aber auch in Hecken und Wäldern.
Blühzeit: Mai – Oktober.
Blüte: Weiß, 2 mm, 4zählig; langgestielt als Trugdolden in den Blattachseln, laubblattähnliche Tragblätter in Wirteln.
Blatt: In Wirteln zu 6–9, schmal, stachelspitzig, 1aderig.
Frucht: 2teilig, 3–6 mm, dicht bedeckt mit gekrümmten Borsten. Reif dunkelbraun.

Waldmeister
Galium odoratum
10–30 cm hohes Rötegewächs mit vierkantigem, aufrechtem Stengel. Beim Welken der Pflanze wird Cumarin frei, das den typischen »Waldmeisterduft« verursacht.
Blühzeit: Mai – Juni.
Blüte: Weiße, trichterförmige, 4zähnige Einzelblüten, zu mehreren in langgestielten Trugdolden am Stengelende.
Blatt: Dunkelgrün, lanzettlich, unbehaart, am Rand und Kiel jedoch rauh, zu 6–8 in Quirlen um den Stengel.
Frucht: Rundliche Spaltfrucht, 2–3 mm, mit Häcken.

Kardengewächse
Familie *Dipsacaceae*

Relativ kleine Familie mit ca. 150 Arten, die vorwiegend im Mittelmeergebiet vorkommen.
Kräuter oder Halbsträucher mit endständigem, dichtem Blütenköpfchen. Zu dieser Familie gehören Karden und Skabiosen.

Acker-Skabiose
Knautia arvensis
Die aus zahlreichen Blütchen zusammengesetzten Blütenköpfchen sitzen auf 25–100 cm großen Stengeln. Die Pflanze wächst auf Wiesen und an Feldern. Stengel zumindest am Grund rauh behaart.
Blühzeit: Juni – August.
Blüte: Blau- bis rotlila, 4zipfelig, äußere Blüten größer als innere, Staubblätter herausragend. Einzelblüten in flachen Köpfchen, 3–4 cm Durchmesser, langgestielt. Tragblätter unter den Köpfchen oval, 2reihig, nicht bis zum Rand des Köpfchens reichend.
Blatt: Verschieden, tief gelappt, gegenständig, behaart; an der grundständigen Rosette auch ganzrandige Blätter.
Frucht: 5–6 mm, oben mit 8 Borsten. Samen werden von Ameisen verbreitet.

Teufelsabbiß
Succisa pratensis
Diese Art hat ganzrandige Blätter und einen aufrechten, 15–100 cm hohen, schwach behaarten Stengel. Sie wächst auf feuchten Wiesen. Ihren Namen hat sie nach dem Aussehen ihrer Wurzel, deren unterer Teil nach einjährigem Wachstum abfällt, so daß sie wie abgebissen aussieht.
Blühzeit: Juni – September.
Blüte: Dunkelblau, 4zipfelig, äußere Blütchen nur wenig größer als die inneren. Staubblätter hervorstehend. Einzelblüten in gewölbten Köpfchen, 1,5–2,5 cm, langgestielt.
Blatt: Elliptisch, zugespitzt oder abgerundet, gegenständig, ganzrandig oder grob gesägt. Blätter der grundständigen Rosette gestielt.
Frucht: 5 mm, oben mit 5 Borsten.

Korbblütler
Familie *Compositae*

Zu dieser riesigen Familie mit 25 000 Arten gehören viele Unkräuter mit weltweiter Verbreitung. Kennzeichen dieser Familie sind die zahlreichen, in flachen Körbchen zusammengefaßten kleinen Blüten (röhrige Röhrenblüten und einseitig verlängerte Zungenblüten). Die Körbchen können entweder (wie beim Greiskraut) nur aus Röhrenblüten bestehen, nur aus Zungenblüten (wie beim Löwenzahn) oder (wie beim Gänseblümchen) sowohl aus Röhren- als auch aus Zungenblüten. Die Körbchen sehen oft wie Einzelblüten aus, da auch die Hüllblätter kelchähnlich erscheinen. Die Früchte haben oft einen Flugschirm. Zu dieser Familie gehören auch Kopfsalat, Artischocke und Chrysantheme.

Gänseblümchen
Bellis perennis
Weitverbreitetes und allseits bekanntes, mehrjähriges Korbblütengewächs, 3–10 cm hoch. Die Blütenstiele entspringen direkt aus einer bodenständigen Rosette.
Blühzeit: Mai – November.
Blüte: Einzelne Köpfchen aus Zungen- und Röhrenblüten auf langem Stengel. Zungenblüten weiß, unterseits rötlich, zahlreich. Röhrenblüten gelb.
Blatt: Löffelförmig, gekerbt.
Frucht: Einsamige Nuß, 1,5–2 cm, flaumig.

Strahlenlose Kamille
Matricaria matricarioides
Die niedrigwachsende, 15–40 cm hohe Pflanze fällt auf durch ihren intensiven süßlichen, an Ananas erinnernden Geruch.
Liebt stickstoffhaltigen, lehmigen Boden und kommt als Unkraut an Wegen, Bahndämmen und in Getreideäckern vor.
Blühzeit: Juni – September.
Blüte: Gelbgrünes, gewölbtes, 5–8 mm großes Körbchen auf verzweigtem Stengel. Nur Röhrenblüten. Kelchblattähnliche Hüllblätter rundlich mit hellem Rand.
Blatt: Fein gefiedert, farnähnlich.
Frucht: Einsamige Nuß.

Margerite
Chrysanthemum leucanthemum
Die Margerite mit ihren großen Blüten und dem unbehaarten Stengel wächst auf Wiesen und Grasflächen. Sie wird 20–70 cm groß.
Blühzeit: Mai – September.
Blüte: Einzelne, 3–6 cm große Körbchen aus Zungen- und Röhrenblüten auf langen Stengeln. Zungenblüten weiß, Röhrenblüten gelb. Kelchblattähnliche Hüllblätter mit hell- bis schwarzbraunem Rand.
Blatt: Oft in nicht blühenden Rosetten, dunkelgrün, gezähnt. Untere Stengelblätter rundlich oder löffelförmig, langgestielt, obere Blätter länglich, sitzend.
Frucht: Einsamige Nuß.

Strandkamille
Matricaria maritima
Diese Kamille hat gänseblümchenähnliche Blüten und farnartige Blätter. Zerriebene Blätter haben keinen besonderen Geruch. Der meist niederliegende Stengel ist 10–30 cm lang. Die unbehaarte Pflanze wächst an Meeresküsten.
Blühzeit: Juni – Oktober.
Blüte: Einzelne Körbchen auf langen Stengeln. Zungenblüten weiß, Röhrenblüten gelb. Köpfchen 1,5–5 cm. Kelchblattähnliche Hüllblätter mit schmalem Rand.
Blatt: Farnähnlich, fein gefiedert. Fiederblättchen manchmal fleischig.
Frucht: Einsamige Nuß mit 2 dunklen Flecken am oberen Ende.

Jakobs-Greiskraut
Senecio jacobaea
An Feldrainen und Böschungen wachsen oft dichte Bestände dieser Art. Der gekerbte Stengel verzweigt sich etwa auf halber Höhe und wird 30–150 cm hoch. Giftig!
Blühzeit: Juli – September.
Blüte: Zungenblüten gelb, 12–15 mm, Röhrenblüten orangefarben. Hüllblätter mit schwarzer Spitze. Einzelblüten in Köpfchen in Doldentraube. Köpfchen 1,5–2,5 cm Durchmesser.
Blatt: Tief gelappt, Lappen stumpf gesägt, Endlappen abgerundet, dunkelgrün, unbehaart oder unterseits schwach behaart.
Frucht: Einsamige Nuß, gerippt, mit Haarkrone.

Gemeines Greiskraut
Senecio vulgaris
8–45 cm hohe Pflanze mit aufrechtem Stengel. Wächst als Unkraut auf Äckern, in Gärten und auf Schuttplätzen. Stickstoffliebend. Giftig! Der Name Greiskraut bezieht sich auf das graue »Greisenhaupt« der Köpfchen bei der Samenreife.
Blühzeit: Ganzjährig.
Blüte: Gelbe Köpfchen in lockerer Rispe. Nur Röhrenblüten, selten mit Zungenblüten. Köpfchen 4 mm. Hüllblätter mit dunkler Spitze, äußere kürzer.
Blatt: Gelappt, Lappen unregelmäßig gezähnt; obere Blätter am Grund stengelumfassend; unbehaart oder leicht behaart.
Frucht: Einsamige Nuß mit weißer, seidiger Haarkrone.

Salzaster
Aster tripolium
Diese Art ist nahe verwandt und auch im Aussehen ähnlich den Gartenastern. Ihre Blätter sind fleischig. Sie wächst an salzreichen Stellen im Küstengebiet und wird 15–100 cm hoch.
Blühzeit: Juni – Oktober.
Blüte: Köpfchen in lockerer Traube. Zungenblüten blau bis lila oder weißlich, Röhrenblüten gelb. Körbchen 8–20 mm. Hüllblätter abgerundet.
Blatt: Fleischig, unbehaart. Obere Blätter schmal, zugespitzt, sitzend, untere Blätter abgerundet, gestielt.
Frucht: Einsamige Nuß mit bräunlicher Haarkrone.

Wegdistel
Carduus acanthoides
Diese wehrhafte Distel wird 30–150 cm hoch und wächst an Wegrändern, Schuttplätzen und auf Weiden. Die Blattränder laufen als stark stachelige Bänder am Stengel herab.
Blühzeit: Juni – September.
Blüte: Purpurrot, nur Röhrenblüten. Köpfchen 2–2,5 cm. Hüllblätter zahlreich, stark zugespitzt. 1–5 Körbchen zusammen an einem Stengel.
Blatt: Ränder stachelig, gewellt, unterseits weiß behaart. Obere Blätter schmal, untere tief gelappt.
Frucht: Einsamige Nuß mit langer Haarkrone.

Speerdistel, Gemeine Kratzdistel
Cirsium vulgare
Zweijährige, aufrechte Pflanze von 30–150 cm Höhe. Am Stengel dieser häufigen Distel laufen dünne, dornige Bänder herab. Stengel weißwollig behaart. In lichten Wäldern und an Wegen, bevorzugt auf kalkhaltigem, stickstoffreichem Boden.
Blühzeit: Juni – September.
Blüte: Hellpurpurn, Röhrenblüten, Köpfchen 3–5 cm; Hüllblätter dornig, behaart. Einzelblüten in Köpfchen, die einzeln oder zu 2–3 am Stengelende sitzen.
Blatt: Lanzettlich, Rand wellig, sehr dornig, am Ende mit kräftigem, hellem Dorn, unterseits weiß behaart oder rauh.
Frucht: Einsamige Nuß, gelb mit schwarzen Streifen, Haarkrone lang, weiß.

Acker-Kratzdistel
Cirsium arvense
Diese 30–120 cm hohe Distel ist ein äußerst schwierig zu bekämpfendes Ackerunkraut. Aus den kriechenden Wurzeln bilden sich immer wieder neue Pflanzen. Der gekerbte Stengel hat im Gegensatz zur Speerdistel keine dornigen Bänder.
Blühzeit: Juli – September.
Blüte: Lila, nur Röhrenblüten. Köpfchen 1,5–2,5 cm, Hüllblätter scharf zugespitzt, aber nicht dornig, violett überlaufen. Einzeln oder in Büscheln.
Blatt: Lanzettlich, Rand wellig, sehr dornig, oberseits unbehaart, unterseits weißlich behaart oder kahl.
Frucht: Einsamige Nuß, Haarkrone lang, weißgelb.

Schwarze Flockenblume
Centaurea nigra
Die unbedornte Pflanze wächst auf mageren Wiesen und Weiden und wird 15–100 cm hoch.
Blühzeit: Juli – September.
Blüte: Einzelne, 2–4 cm große Blütenkörbchen am Stengelende. Purpurrot, nur Röhrenblüten, äußere zum Teil stark vergrößert und zerschlitzt. Hüllblätter schwarzbraun mit dunklerem Rand.
Blatt: Lanzettlich, ganzrandig oder schwach gezähnt, behaart. Untere Blätter gestielt.
Frucht: Rotbraune, einsamige Nuß mit schwarzem, kurzem Haarbüschel.

Kleine Klette
Arctium minus
50–150 cm hoher, buschiger Korbblütler, der vor allem an Wegrändern und Schuttplätzen wächst.
Blühzeit: Juli – September.
Blüte: Eiförmige, purpurrote, 1,5–4 cm große Körbchen in den unteren Blattachseln oder oben in Ähren. Nur Röhrenblüten. Hüllblätter mit hakenförmiger Spitze.
Blatt: Oval, zugespitzt, gezähnt, bis 30 cm. Oberseits kahl, unterseits schwach behaart. Stengel hohl.
Frucht: Einsamige Nuß mit kurzer Haarkrone.

Ferkelkraut
Hypochoeris radicata
Kennzeichnend für diesen Korbblütler sind die bodenständige Rosette aus borstig behaarten, gelappten Blättern und kleine Hochblätter am unbehaarten oberen Stengelteil. Der Milchsaft führende Stengel trägt löwenzahnähnliche Blüten. Auf mageren Wiesen und Weiden wird die Pflanze 20–60 cm hoch.
Blühzeit: Juni – September.
Blüte: Gelbe, 2,5–4 cm breite Körbchen auf kahlen, wenig verzweigten Stengeln mit kleinen Schuppen. Nur Zungenblüten, äußere Zungenblüten unterseits rot-graublau.
Blatt: Grundständige Rosette, borstig, gelappt, Endlappen abgerundet.
Frucht: Einsamige Nuß mit gestielter Haarkrone.

Löwenzahn
Taraxacum officinalis
Die verschiedenen Löwenzahnarten sind schwierig zu unterscheiden. Die Beschreibung trifft deshalb für mehrere Arten zu. Auf Wiesen bilden die reifen Samen die bekannten »Pusteblumen«.
Blühzeit: April – Juni.
Blüte: Gelbe, dichte Blütenkörbchen, 3–7,5 cm im Durchmesser, auf unverzweigten, kräftigen, hohlen, Milchsaft führenden Stengeln. Nur Zungenblüten, äußere unterseits bräunlich.
Blatt: Bodenständige Rosette, unregelmäßig gesägt, Spitzen nach hinten weisend, unbehaart.
Frucht: Einsamige Nuß mit gestielter Haarkrone.

Mauerlattich
Mycelis muralis
Unbehaartes, 20–100 cm hohes Korbblütengewächs mit verzweigten, aufrechten Stengeln, an denen blaßgelbe, 5zählige Blüten sitzen. Die Stengelblätter besitzen rote Adern und sind rot überlaufen. Wächst auf Mauern, Felsen und in Wäldern.
Blühzeit: Juli – August.
Blüte: Blaßgelbe, ca. 1 cm breite Körbchen in lockeren Rispen. Nur 5 Zungenblüten, Hüllblätter zylindrisch.
Blatt: Wechselständig, tief gelappt, grob gezähnt. Obere Blätter am Grund stengelumfassend, oft rötlich überlaufen, rotadrig.
Frucht: Einsamige Nuß mit Haarkrone.

Wiesen-Bocksbart
Tragopogon pratensis
Die löwenzahnähnliche Blüte wird von den Hüllblättern weit überragt und schließt sich um die Mittagszeit. Der Stengel trägt grasartige Blätter und wird auf Wiesen 30–70 cm hoch.
Blühzeit: Mai – Oktober.
Blüte: Einzelne gelbe Blütenkörbchen, nur Zungenblüten. Körbchen 3 cm breit. Hüllblätter länger als äußere Blüten, schmal.
Blatt: Grasähnlich, am Grund oft stengelumfassend, weißaderig, unbehaart.
Frucht: Einsamige Nuß mit gestielter Haarkrone.

Herbst-Löwenzahn
Leontodon autumnalis
5–60 cm hoher Löwenzahn, der im Herbst zu blühen beginnt. Die äußeren Blüten der Körbchen sind unterseits oft rot gestreift. Die meist kahlen, verzweigten Stengel tragen oben schuppenartige Hochblätter und führen Milchsaft. Wächst auf Wiesen und an Wegrainen, bevorzugt stickstoffreichen Boden.
Blühzeit: Juli – September.
Blüte: Gelbe Körbchen auf verzweigten, unbehaarten Stengeln. Nur Zungenblüten, unterseits rot gestreift. Köpfchen 1–3,5 cm, Knospen aufrecht. Hüllblätter unbehaart (in den Alpen mit schwarzen Borsten).
Blatt: Rosette, tief gelappt, zugespitzt, schwach behaart oder kahl.
Frucht: Einsamige Nuß mit Haarkrone.

Grüner Pippau
Crepis capillaris
Die verzweigten Stengel dieser schlanken Pflanze sind 20–100 cm hoch. Sie wächst auf Wiesen und Schuttplätzen.
Blühzeit: Juni – Oktober.
Blüte: Dunkelgelbe Körbchen in lockeren Rispen. Nur Zungenblüten, äußere unterseits oft rötlich. Köpfchen 1–2,5 cm. Hüllblätter lanzettlich mit schwarzen Drüsenhaaren oder kahl, 2reihig, dicht anliegend.
Blatt: Unterschiedlich: untere Blätter fiederspaltig oder gesägt, obere Blätter schmal, sitzend, am Grund weit stengelumfassend.
Frucht: Braune, 10rippige, einsamige Nuß mit weißer Haarkrone.

Rainkohl
Lapsana communis
Die kleinen Blütenköpfchen stehen auf einem verzweigten, beblätterten Stengel. In Feldern und auf schattigem Brachland wird die Pflanze bis 90 cm hoch. Der Stengel ist unten behaart, oben kahl.
Blühzeit: Juli – September.
Blüte: Gelbe Körbchen in lockeren Rispen. Die Körbchen bestehen nur aus Zungenblüten. Durchmesser 1,5–2 cm. Hüllblätter schmal, Spitzen abgerundet, in der Mitte mit dunklem Strich.
Blatt: Wechselständig, gezähnt. Untere Blätter gezähnt gelappt; zum Teil leicht behaart.
Frucht: Einsamige, gerippte Nuß ohne Haarkrone.

Habichtskraut
Hieracium sp.
Es gibt viele Habichtskraut-Arten, die nur sehr schwierig zu unterscheiden sind. Der verzweigte, behaarte Stengel führt Milchsaft und wird 15–60 cm hoch. Habichtskräuter wachsen an schattigen und steinigen Orten.
Blühzeit: Juni – August.
Blüte: Gelbe Körbchen auf drüsenhaarigen Stengeln in lockeren Rispen. Die Körbchen bestehen nur aus Zungenblüten. Hüllblätter dunkelgrün, wollig und drüsig behaart.
Blatt: Elliptisch bis lanzettlich, unterschiedlich gezähnt, nicht gelappt, zu beiden Enden verschmälert, teils behaart. Untere Blätter in einer Rosette.
Frucht: Einsamige Nuß mit bräunlicher Haarkrone.

Acker-Gänsedistel
Sonchus arvensis
Die Pflanze hat gelbe Blütenköpfchen und Blätter, die dem Stengel anliegen. Der hohle Stengel wird 30–150 cm hoch, trägt im oberen Teil klebrige Drüsenhaare und führt reichlich Milchsaft. Die Pflanze wächst in Feldern und an Meeresküsten. Giftig!
Blühzeit: Juli – September.
Blüte: Goldgelbe Körbchen in flachen Rispen. Körbchen bestehen nur aus Zungenblüten, Durchmesser 4–5 cm. Hüllblätter mit gelben Drüsenhaaren.
Blatt: Länglich, gelappt, Rand etwas dornig. Blattgrund mit 2 runden Öhrchen stengelumfassend.
Frucht: Einsamige Nuß mit weißer Haarkrone.

Kohl-Kratzdistel
Cirsium oleraceum
Bei dieser Gänsedistel sind die Öhrchen am Blattgrund zugespitzt und pfeilförmig vom Stengel abstehend. Der Stengel ist hohl, 20–150 cm hoch, führt Milchsaft und ist meist ohne klebrige Drüsenhaare. Die Pflanze wächst als Garten- und Ackerunkraut auf Schuttplätzen.
Blühzeit: Juni – Oktober.
Blüte: Blaßgelbe Blütenkörbchen in dichter Rispe. Körbchen bestehen nur aus Zungenblüten, Durchmesser 2–2,5

cm. Hüllblätter ohne klebrige Drüsenhaare.
Blatt: Unterschiedlich, meist tief gesägt, Rand schwach dornig; Blattgrund stengelumfassend mit spitzen Lappen; blaugrün.
Frucht: Einsamige Nuß mit weißer Haarkrone.

Huflattich
Tussilago farfara
Dieses 10–30 cm hohe Korbblütengewächs wächst auf staunassen Äckern, Brachland und Schuttplätzen. Im zeitigen Frühjahr wachsen die Blütenstengel aus dem kriechenden Wurzelstock, zu dieser Zeit sind noch keine Blätter, sondern nur Blattschuppen am Blütenstengel vorhanden. Die Blätter kommen erst zu Ende der Blühzeit.
Blühzeit: Februar – April.
Blüte: Gelbe, einzeln auf 5–15 cm hohen Blütenstengeln stehende Körbchen aus Röhren- und vielen schmalen Zungenblüten. Körbchen 1,5–2,5 cm im Durchmesser, erst aufrecht, nach der Blüte jedoch nickend.
Blatt: Die Blätter erscheinen nach den Blüten. 10–30 cm lang, in Büscheln, herzförmig, unregelmäßig gezähnt, gestielt, unterseits weiß wollig.
Frucht: Einsamige Nuß mit weißer Haarkrone.

Gemeine Pestwurz
Petasites hybridus
Die 30–60 cm hohe, aber sehr großblättrige Pestwurz wächst oft massenhaft an feuchten Stellen. Die breit beschuppten Blütenstengel erscheinen vor den Blättern.
Blühzeit: März – Mai.
Blüte: Blaß purpurfarbene Körbchen bestehen nur aus Röhrenblüten, Durchmesser 3–12 mm. Hüllblätter schmal, rötlich.
Blatt: 10–90 cm groß, nierenförmig, gezähnt, unterseits grau, gestielt.
Frucht: Einsamige Nuß mit heller Haarkrone.

Gemeine Wegwarte
Cichorium intybus
30–130 cm hohe, reich verzweigte Pflanze mit äußerst zähen, harten Stengeln, die mehr oder weniger stark behaart sind. Wächst vor allem an Weg- und Straßenrändern und bevorzugt stickstoffhaltige Böden.
Blühzeit: Juli – August.
Blüte: Blaue, zarte Blütenkörbchen, die nur aus Zungenblüten bestehen. Durchmesser 2,5–4 cm. Körbchen sitzen in kleinen Büscheln in den Blattachseln.
Blatt: Ungeteilt, stengelumfassend, lanzettlich, oftmals kurz behaart.
Frucht: Einsamige Nuß, meist ohne Haarkrone.

Die Gemeine Wegwarte ist häufig an Weg- und Straßenrändern, auf Schuttplätzen und Bahnschotter zu finden.

Schafgarbe
Achillea millefolium
Der aufrechte Stengel wird 8–60 cm hoch und ist weich behaart. Die Schafgarbe wächst in Wiesen und auf Brachland; oft findet man die fein gefiederten Blättchen auch im Rasen. Sie sieht wie ein Doldenblütler aus. Die Blütenstiele entspringen jedoch nicht an einem Punkt. Zerriebene Blätter riechen stark aromatisch.
Blühzeit: Juni – November.
Blüte: Weiße oder rosafarbene Körbchen in Doldentrauben. Die Körbchen bestehen aus 5 weißen oder rosafarbenen Zungen- und vielen gelben Röhrenblüten, Durchmesser 4–6 mm.
Blatt: 2- bis 3fach gefiedert, wechselständig, 5–15 cm lang, schmal. Untere Blätter gestielt.
Frucht: Ca. 2 mm große, einsamige graue Nuß.

Echter Beifuß
Artemisia vulgaris
Aromatisch riechende, 60–120 cm hoch werdende Pflanze mit aufrechtem, oft rötlich überlaufenem Stengel und tief gesägten, unterseits weißfilzigen Blättern. Wächst auf Ödland und an Wegrändern.
Blühzeit: Juli – September.
Blüte: Gelbliche bis rotbraune Körbchen in beblätterten Rispen. Die eiförmigen Körbchen bestehen nur aus Röhrenblüten. Durchmesser 3–4 mm. Hüllblätter behaart.
Blatt: Tief gesägt, Segmente gezähnt, Hauptader durchscheinend, oberseits fast kahl, unterseits weißfilzig.
Frucht: Ca. 1 mm große, einsamige Nuß.

Wasserdost
Eupatorium cannabinum
Diese 30–170 cm hohe Pflanze wächst oft in Massen an feuchten Standorten. Die kleinen, fleischrosa Köpfchen stehen in einer dichten Doldentraube.
Blühzeit: Juli – September.
Blüte: Fleischrosafarbene Körbchen in schirmartiger Doldentraube. Nur Röhrenblüten, Staubblätter herausragend. 5–6 Blüten in 1 Körbchen, Durchmesser 2–5 mm. Hüllblätter mit purpurner Spitze.
Blatt: Handförmig geteilt in 3–5 gezähnte Abschnitte, fast sitzend, gegenständig. Obere Blätter ungeteilt.
Frucht: Einsamige schwarze Nuß mit Haarkrone.

Rainfarn
Chrysanthemum vulgare
Stark aromatisch riechendes Korbblütengewächs mit aufrechten, 30–100 cm hohen Stengeln, an deren Ende gelbe Blütenköpfe in dichten, flachen Scheindolden sitzen. Wächst an Wegrändern, Hecken und Rainen.
Blühzeit: Juli – September.
Blüte: Gelborangefarbene Röhrenblüten in Köpfchen von 7–12 mm Durchmesser. Blütenstand flache Scheindolden.

Die Blätter des Pfeilkrautes, die über die Wasseroberfläche hinausragen, sind pfeilförmig, die unter der Wasseroberfläche grasförmig, länglich.

Blatt: Farnähnlich, 2fach gefiedert, wechselständig, dunkelgrün, unbehaart, mit Öldrüsen, 15–25 cm.
Frucht: Einsamige, 5rippige Nuß.

Froschlöffelgewächse
Familie *Alismataceae*

Alle Arten dieser kleinen, etwa 70 Arten umfassenden Familie wachsen an oder im Süßwasser. Die kleinen, dreiblättrigen Blütchen stehen in lockeren dolden- und quirlartigen Blütenständen und überdauern selten einen Tag.

Gemeiner Froschlöffel
Alisma plantago-aquatica
Diese hübsche Pflanze wächst in flachem, stehendem Wasser mit Schlammgrund und wird 20–100 cm hoch. Die ganze Pflanze ist unbehaart und unterscheidet sich von anderen Froschlöffel-Arten durch die ovalen Blätter, die sich am Grund plötzlich verschmälern. Giftig!
Blühzeit: Juni – September.
Blüte: Rötlich bis weiß, bis 1 cm groß. 3 rundliche Kronblätter, 3 Kelchblätter. Blüten in quirliger Rispe.
Blatt: Breit oval, zugespitzt, am Grund plötzlich, nicht allmählich in den Stengel verschmälert.
Frucht: Flach, ringförmig angeordnet. Samen.

Pfeilkraut
Sagittaria sagittifolia
30–60 cm hohe Pflanze mit dreikantigem Stengel, die vor allem im Röhricht langsamfließender oder stehender Gewässer vorkommt. Schlammanzeiger.
Blühzeit: Juni – August.
Blüte: 2 cm groß. 3 Kronblätter, weiß mit rotem Grund, rundlich, 3 Kelchblätter. Blüten in 3zähligen Wirteln an langem Stengel.
Blatt: Über der Wasserfläche pfeilförmig, langgestielt, untergetauchte Blätter bandförmig.
Frucht: Dichte kugelige Köpfchen.

Froschbißgewächse
Familie *Hydrocharitaceae*

Die Familie umfaßt ca. 80 im Wasser lebende Arten, die entweder ganz untergetaucht sind oder schwimmend oder aus dem Wasser ragend vorkommen.

Wasserpest
Elodea canadensis
Wächst untergetaucht in langsamfließendem Wasser. Männliche und weibliche Blüten stehen auf verschiedenen Pflanzen. In Deutschland kommen fast nur weibliche Pflanzen vor.
Blühzeit: Mai – August.
Blüte: Mit 5 weißen, etwas rötlich überlaufenen Kronblättern, Durchmesser 5 mm. Einzeln auf langen Stengeln an der Wasseroberfläche.
Blatt: Dunkelgrün, durchscheinend, lanzettlich, zugespitzt oder abgerundet, in überlappenden 3zähligen Wirteln.

Liliengewächse
Familie *Liliaceae*

Eine der größten Pflanzenfamilien mit über 3500 weltweit verbreiteten Arten. Vorwiegend mehrjährige, krautige Pflanzen mit unterirdischem Stamm (Rhizom, Knolle oder Zwiebel), selten Holzgewächse. Blüten meist lebhaft gefärbt, zu Trauben, Ähren oder Rispen angeordnet. Sechsteilige Blütenkrone aus 3 echten Kronblättern und 3 kronblattähnlichen Kelchblättern. Frucht meist eine Kapsel oder Beere.

Bärlauch
Allium ursinum
Bei Waldspaziergängen macht der strenge Knoblauchgeruch auf die Pflanze aufmerksam, noch bevor man die Pflanze selbst sieht. Aus einer kleinen, schlanken Zwiebel entspringen ein dreikantiger, 15–30 cm langer Blütenstengel und 1–2 breite Blätter. Der Bärlauch bildet oft dichte, ausgedehnte Bestände in Laubmischwäldern, Buchenwäldern und Auwald.
Blühzeit: April – Juni.
Blüte: Weiß. 6 spitze Kronblätter, 6 Staubblätter. 6–20 Blüten in einer Dolde auf unverzweigtem, 3kantigem Stengel.
Blatt: Breit, elliptisch, zugespitzt, gestielt, kahl.
Frucht: Dreiteilige Kapsel mit schwarzem Samen.

Hasenglöckchen
Scilla non-scripta
Diese in England sehr häufige Frühlingsblume ist auch im Küstengebiet von West- und Südeuropa verbreitet. In Deutschland wird sie gelegentlich in Gärten angebaut und kommt vereinzelt auch wild in Laubwäldern in Ostfriesland vor. Die Pflanze wird 20–50 cm hoch.
Blühzeit: April – Juni.
Blüte: Blaupurpurn, 1,5–2 cm lang, glockenförmig, am Rand 6 zurückgekrümmte Zipfel, Staubblätter gelblich, 2 bläuliche Tragblätter. Bis zu 12 Blüten in überhängender Traube. Knospen aufrecht, Blüten nickend, einseitig überhängend.
Blatt: Lang, schmal, aus der Zwiebel entspringend, gekielt, glänzend.
Frucht: Ungefähr 15 mm große, kugelige Beere.

Maiglöckchen
Convallaria majalis
Diese 15–25 cm hohe Pflanze wächst häufig in Laubwäldern auf Lehmböden, wird aber auch in Gärten angepflanzt. Alle Teile der Pflanze sind stark giftig! Geschützt.
Blühzeit: Mai – Juni.
Blüte: Weiß, angenehm süß duftend, glockenförmig, nickend, 8 mm. 6–12 Blüten in einseitig überhängender Traube an glattem, aufrechtem Stengel.
Blatt: Breit, elliptisch, gestielt, kahl, paarweise aus einem kriechenden Wurzelstock wachsend. Scheidige Schuppenblätter an Blatt- und Blütenstengelbasis.
Frucht: Rote, kugelige Beere.

Weißer Affodill
Asphodelus albus
50–120 cm hohes Liliengewächs, das vor allem in Südeuropa vorkommt und hier die trockenen und steinigen Gebiete des Mittelmeerraumes bevorzugt. Es kommt aber auch in Wiesen, Weiden und Wäldern bis in Höhen von 1600 m vor. Aus einer fleischigen, rübenartigen Wurzel wachsen Büschel schmaler, hellgrüner Blätter und aufrechte, kräftige, aber verzweigte Blütenstengel.
Blühzeit: April – Juni.
Blüte: Sternförmige, weiße, 6blättrige, 3–6 cm große Blüten mit grünem oder braunem Mittelnerv in einfacher oder am Grund verzweigter Traube.
Blatt: Grundständig, bis 60 cm lang, schmal-linealisch, zur Spitze hin schmaler werdend.
Frucht: Braune Kapsel mit braunen Samen.

Rechts: Der Weiße Affodill kommt in der Hauptsache auf steinigem und trockenem Gelände in Südeuropa vor.

Amaryllisgewächse
Familie *Amaryllidaceae*

Diese Familie einkeimblättriger Pflanzen umfaßt ca. 850 Arten, die vorwiegend in den Steppengebieten der Tropen und Subtropen vorkommen. Es handelt sich vorwiegend um krautige Zwiebelpflanzen mit blattlosen Blütenstengeln und einzelnen oder doldenartig angeordneten, lebhaft gefärbten Blüten.

Gelbe Narzisse
Narcissus pseudonarcissus
Die 10–30 cm hohe Narzisse wächst wild vor allem auf feuchten Bergwiesen und in Gebüschen und Wäldern der Westalpen und bevorzugt kalkarme Böden. Blütenstengel und Blätter enden in einer 2–3 cm großen Zwiebel. Giftig! In vielen Sorten als Gartenpflanze angebaut. Geschützt.
Blühzeit: März – Mai.
Blüte: Mit röhrenförmiger, goldgelber Nebenkrone und 6 blaßgelben Kronblättern. 3,5–6 cm Durchmesser. Blütenscheide braun, häutig. Einzelblüten nickend auf blattlosem, seitlich zusammengedrücktem Stengel.
Blatt: Linealisch, 12–35 cm lang, graugrün.
Frucht: Kapsel.

Schneeglöckchen
Galanthus nivalis
Schneeglöckchen haben ihre Hauptverbreitung im südlichen Europa, werden bei uns jedoch viel angepflanzt und wachsen verwildert in feuchten Laubwäldern. Blätter und Blüten entspringen im Frühling aus einer kleinen Zwiebel. 8–20 cm hohe Pflanze.
Blühzeit: Februar – April.
Blüte: Weiß-grün, glockenförmig, 14–17 mm lang. Die 3 äußeren Kronblätter weiß, die 3 inneren Kronblätter kürzer, gekerbt, mit grünen Spitzen und Streifen, röhrenförmig. Hochblatt grün. Einzelblüten nickend auf langem Stengel.
Blatt: Grasähnlich, graugrün, gekielt.
Frucht: Kapsel.

Schwertliliengewächse
Familie *Iridaceae*

Krautige, einkeimblättrige Pflanzen mit Rhizomen oder Knollen (seltener mit Zwiebeln), schwertförmigen Blättern und 6teiligen, strahligen oder zweiseitig symmetrischen Blüten. Frucht: Fachspaltige Kapsel. Diese Familie umfaßt über 1500 Arten, die vor allem in den Tropen und Subtropen wachsen.

Frühlings-Krokus
Crocus vernus
4–6 cm hohe Pflanze mit lilafarbener, großer Blüte. Wächst im Hochgebirge Europas und bildet große, ausgedehnte Bestände auf alpinen Matten, in Zwergstrauchbeständen und lichten Wäldern. Selten. Geschützt.
Blühzeit: Februar – Juni.
Blüte: Ca. 6 cm hohe Blüte mit 6 lila- bis purpurfarbenen Kronblättern, 3 gelben Staubgefäßen und einer federigen, orangefarbenen Narbe.
Blatt: 4–5 cm lang, schmal, dunkelgrün mit weißer Mittelrippe.
Frucht: Kapsel.

Gelbe Schwertlilie, Wasser-Schwertlilie
Iris pseudacorus
40–150 cm hohe Pflanze, die hauptsächlich am Rand von Gewässern und in Feuchtwiesen wächst. Die dicken unterirdischen Stengel kriechen knapp unter und zum Teil auch über der Bodenoberfläche. Geschützt. Giftig!
Blühzeit: Mai – Juni.
Blüte: Gelb, 8–10 cm. Die 3 äußeren Kronblätter breit zurückgeschlagen, oft dunkel geadert, die 3 inneren Kronblätter aufrecht. 3 Narben, kronblattähnlich, an der Spitze gegabelt.
Blatt: 1,5–2,5 cm breit, schwertförmig, blaugrün, verdickte Mittelrippe. Am Grund bilden die Blätter einen flachen Fächer.
Frucht: Kapsel mit braunem Samen.

Yamswurzelgewächse
Familie *Dioscoreaceae*

Meist schlingende oder kletternde, krautige und holzige Pflanzen mit dicken Wurzeln oder Rhizomen, wechselständigen, gestielten, herz- bis pfeilförmigen Blättern und relativ unscheinbaren Blüten. Die Familie umfaßt ca. 650 Arten, die hauptsächlich in den Tropen und Subtropen verbreitet sind, in Europa kommen nur 6 Arten vor.

Gemeine Schmerwurz
Tamus communis
Einzige, in Europa weit verbreitete Art der Yamswurzelgewächse. Kletternde Pflanze mit gerilltem, linkswindigem, haarlosem, bis 4 m langen Stengel, der jedes Jahr neu aus dem Rhizom wächst. Giftig!
Blühzeit: April – Juni.
Blüte: Sternförmig, 4–5 mm im Durchmesser, mit 6 gelblichgrünen Blütenblättern. Männliche und weibliche Blüten auf verschiedenen Pflanzen. Männliche Blüten in reichblütigen Rispen, weibliche zu wenigen traubig in den Blattachseln.
Blatt: Herzförmig, dunkelgrün glänzend, mit 3–9 gebogenen und verzweigten Nerven.
Frucht: Rote, fleischige, 10–15 mm große Beere.

Knabenkrautgewächse, Orchideen
Familie *Orchidaceae*

Mit über 20 000 Arten artenreichste Familie der Blütenpflanzen. Krautige Pflanzen mit auffallenden Blüten.
Die Blüten bestehen aus 6 kronblattähnlichen Zipfeln, deren unterster, die Lippe, oft nach hinten in einen nektargefüllten Sporn verlängert ist. Die winzigen Samen haben keine Speicherstoffe und brauchen zum Keimen als Energielieferant einen Pilz, der auch später noch in der Wurzel der Pflanze lebt. Bei den außertropischen erdbewohnenden Arten findet man meist Knollen als unterirdische Speicherorgane, die sich jedes Jahr erneuern. Bei den auf die Tropen beschränkten epiphytisch lebenden Orchideen (Orchideen, die ihr ganzes Leben auf einer anderen Pflanze zubringen, ohne dieser allerdings Nährstoffe zu entziehen) bilden Luftwurzeln grüne Luft- oder Scheinknollen, die Reservebehälter darstellen.
Wildwachsende europäische Orchideen sind streng geschützt.

Geflecktes Knabenkraut
Dactylorhiza maculata
Diese ansehnliche Orchidee wächst in Flachmooren und Wäldern und wird 15–100 cm hoch.
Blühzeit: Juni – Juli.
Blüte: Rotviolett oder weißlich mit dunklen Strichen. Lippe breit, 3lappig. Mittellappen spitz, etwas länger als die breiten Seitenlappen. Sporn 5,5–8,5 mm. Zu mehreren in 5–20 cm langer, dichter Ähre.
Blatt: Untere Blätter lanzettlich, 5–10 cm lang. Obere Blätter aufrecht abstehend, am Stengel verteilt, oberseits dunkelgrün mit dunkelbraunen bis schwärzlichen Flecken, unterseits bläulichgrün.
Frucht: Kapsel.

Mücken-Händelwurz
Gymnadenia conopsea
20–80 cm hohe Orchidee mit beblättertem, aufrechtem, gelblich-grünem, hohlem Stengel. Kalkliebende Art, die in Sumpfwiesen, lichten Kiefernwäldern und auf Alpenmatten vorkommt.
Blühzeit: Juni – August.
Blüte: Purpurn bis lila. Lippe mit 3 runden Lappen. Sporn 11–13 mm lang, schlank. Blüten dicht in 5–25 cm langen, schmalen Ähren.
Blatt: Lang, schmal, an der Mittelrippe gefaltet, etwas abgerundet, leicht fleischig, am Grund den Stengel scheidig umfassend.
Frucht: Kapsel.

Eiförmiges Zweiblatt
Listera ovata
Der Name bezieht sich auf die 2 breiten Blätter, die etwas unterhalb der Stengelmitte sitzen. Der Stengel ist 20–60 cm hoch und oberhalb der Blätter behaart. Die kalkliebende Pflanze wächst meist in feuchten Laubmischwäldern. Das kleinere Herz-Zweiblatt (*L. cordata*) wächst in Fichtenwäldern und Mooren. Geschützt.
Blühzeit: Mai – Juli.
Blüte: Gelbgrün. Lippe länglich, in der Mitte gefurcht, an der Spitze gegabelt. Kein Sporn. Tragblätter klein. Blüten mehr oder weniger dicht in bis zu 25 cm langer Ähre.
Blatt: 2 sehr breite, ovale Blätter, etwas fleischig, am Grund den Stengel scheidig umfassend.
Frucht: Kapsel.

Männliches Knabenkraut
Orchis mascula
Diesen Frühlingsblüher findet man oft auf Bergwiesen. Er wird 15–60 cm hoch und trägt eine dichte Ähre aus schönen purpurnen, selten auch weißen Blüten, die aber leider einen unangenehmen Geruch nach Katzen besitzen. Ihren Namen hat diese Orchidee wegen des hodenartigen Aussehens der zweiteiligen Knolle (*Orchis* ist das griechische Wort für Hoden). Geschützt.
Blühzeit: Mai – Juni.
Blüte: Purpurn, selten weiß. Lippe blaß mit dunklen Flecken in der oberen Mitte, breit, 3lappig. Sporn dick, stumpf. Tragblätter purpurn. Blüten in dichter Ähre.
Blatt: Meist dunkel gefleckt, wechselständig, etwas fleischig, länglich, kurz zugespitzt oder abgerundet, Grund stengelumfassend.
Frucht: Kapsel.

Pyramidenorchis
Anacamptis pyramidalis
20–60 cm hohe Orchidee mit anfangs pyramidenartiger, später eiförmiger Blütenähre. Wächst auf trockenem Grasland, bevorzugt auf kalkhaltigen Böden. Geschützt.
Blühzeit: Mai – August.
Blüte: Dunkelrot, lila, rosa oder weißlich. Lippe ca. 5 mm lang und dreilappig, am Grunde mit zwei aufrechtstehenden Leisten. In 4–8 cm langen, anfangs pyramidenförmigen, später eiförmigen bis zylindrischen Ähren.
Blatt: Von unten nach oben kleiner werdend, schmal-lanzettlich, bis 10 cm lang, meist rinnig gefaltet.
Frucht: Kapsel mit vielen Samen.

Breitblättrige Sumpfwurz
Epipactis helleborine
Diese Art hat oft bis zu 3 schlanke, oben kurz behaarte Stengel. Diese erheben sich aus einem unterirdischen Stengel (Rhizom) und werden bis zu 80 cm hoch. Diese Sumpfwurz wächst in Nadel- und Laubwäldern, im Gebüsch und auf Waldwiesen und nimmt von Norden nach Süddeutschland an Häufigkeit zu, ist jedoch überall geschützt.

Oben rechts: Bienen-Ragwurz

Unten rechts: Purpur-Knabenkraut

Blühzeit: Juli – September.
Blüte: Grün bis stark purpurrot, geruchlos. Lippe becherförmig mit schmaler, zurückgebogener Spitze. Kein Sporn. Tragblätter fast so lang wie die Blüten. Blüten einseitig überhängend und nikkend in lockerer Ähre.
Blatt: Wechselständig, breit oval, zugespitzt, mittlere Blätter am größten, Ränder rauh.
Frucht: Kapsel.

Bocks-Riemenzunge
Himantoglossum hircinum
Große und stattliche Orchidee, 30–60 cm hoch. Wächst bevorzugt in Trockenrasen oder in lichten Wäldern auf kalkhaltigem Boden. Geschützt. Die Blüten besitzen einen starken, unangenehmen, bockartigen Geruch.
Blühzeit: Mai – Juli.
Blüte: Grüngelb bis grün mit langer, dreilappiger Lippe. Der mittlere Lappen ist extrem lang (5–6 cm), schmal und mehrfach gedreht. Die Lippenbasis ist mit roten Punkten und Flecken bedeckt. Sporn relativ kurz (4–5 mm) und abwärts gerichtet. Blüten in 18–30 cm langer Ähre.
Blatt: Blätter blaß graugrün, lanzettförmig, bis 20 cm lang. 6–8 in grundständiger Rosette. Die Stengelblätter werden nach oben immer kleiner.
Frucht: Kapsel mit vielen Samen.

Bienen-Ragwurz
Ophrys apifera
20–60 cm hohe Orchidee, die vor allem auf Magerwiesen, Ödland und im Gebüsch vorkommt. Die Lippe der Blüten sieht in der Färbung einer Biene ähnlich, daher der Name! Geschützt.
Blühzeit: April – Juni.
Blüte: Ziemlich groß, mit rosafarbenen oder weißlichgrünen, bis 1,5 cm langen Kelchblättern und tief dreilappiger, rundlicher, stark gewölbter, samtartiger, braun-gelber Lippe. 2–8 Blüten locker stehend in bis zu 25 cm langer Ähre.
Blatt: Länglich-lanzettlich, grün. Untere Blätter rosettenförmig angeordnet, nach oben 3–4 stengelumfassende Blätter.
Frucht: Kapsel.

Purpur-Knabenkraut
Orchis purpurea
Große und kräftige Orchidee, die 25–80 cm hoch wird und bevorzugt im schattigen Bereich lichter Wälder und Gebüsche auf kalkreichem Boden vorkommt. Geschützt.
Blühzeit: April – Juli.
Blüte: Sehr groß mit purpurfarbenen Kron- und Kelchblättern und weißlichrosafarbener, tief dreigeteilter Lippe, die mit zahlreichen purpurfarbenen Flecken bedeckt ist. Dichte, bis 20 cm lange, reichblütige Ähre.
Blatt: Hellgrün, bis 15 cm lang, in grundständiger Rosette.
Frucht: Kapsel mit zahlreichen Samen.

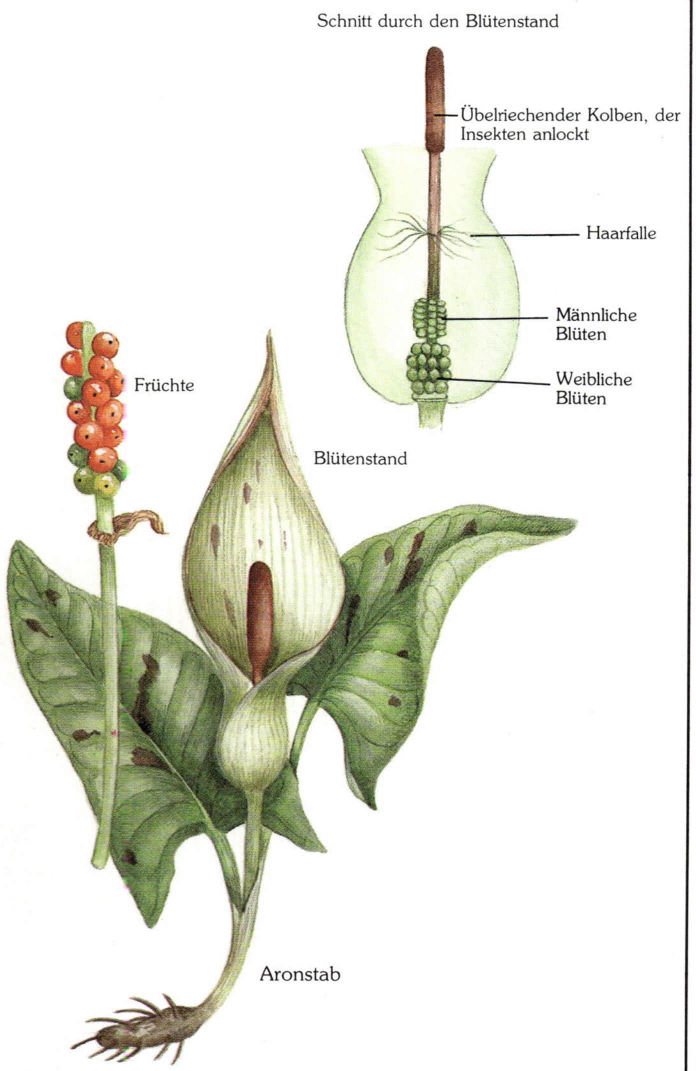

Aronstabgewächse
Familie *Araceae*

Meist tropische Stauden mit Erdstämmen oder Knollen. Blüten in einfachen, kolbenförmigen Blütenständen, die von einem Hochblatt mehr oder weniger umschlossen sind. Viele Arten verbreiten Aas- oder Mistgeruch, um zur Bestäubung Fliegen anzulocken. Zu dieser ca. 1800 Arten umfassenden Familie gehören u.a. die als Zimmerpflanzen geschätzten *Monstera*- und *Philodendron*-Arten.

Aronstab
Arum maculatum
15–50 cm hohe Pflanze, die vor allem in feuchten Laubmischwäldern und Auwäldern vorkommt. Mit unverkennbarem Blütenstand, der eine Kesselfalle für Insekten bildet: Winzige Blüten sitzen am Grund einer purpurnen Keule, die einseitig von einem großen, gelbgrünen Hochblatt überragt wird. Die Keule strömt einen Aasgeruch aus, von dem vor allem Fliegen angelockt werden. Sie landen auf dem glatten Hüllblatt und rutschen ins Innere des Kessels. Am Grunde des Kessels unterhalb der winzigen Blüten befindet sich nektarhaltiges Wasser. Eine Reuse aus Haaren hindert die Fliegen am Herauskriechen. Erst wenn die Blüten bestäubt sind, welkt das Hüllblatt, und die Insekten können wieder entweichen. Giftig!
Blühzeit: April – Mai.
Blüte: Winzig, in auffallender Scheide.
Blatt: Pfeilförmig, oft dunkel gefleckt, glänzend. Stengel der Wurzel entspringend.
Frucht: Ähre mit roten Beeren.

Wasserlinsengewächse
Familie *Lemnaceae*

Die Pflanzen dieser ca. 25 Arten umfassenden Familie sind sehr klein und bestehen nur aus einfachen »Lappen«, die auf dem Wasser schwimmen.

Kleine Wasserlinse
Lemna minor
Die kleinen, runden, blattähnlichen Lappen schwimmen auf stehendem Wasser und bedecken in Massen oft große Wasserflächen. Von jeder Pflanze hängt eine einzige, fadenähnliche Wurzel nach unten. Die Pflanze vermehrt sich meist ungeschlechtlich durch Bildung neuer Lappen und überwintert im Schlamm auf dem Grund des Gewässers.
Blühzeit: Juni – Juli.
Blüte: Winzig, ziemlich selten. In einem Schlitz der Oberfläche.
Blatt: Blattähnliche, runde Lappen, 1,5–4 mm, flach, unterseits nicht gewölbt.

Igelkolbengewächse
Familie *Sparganiaceae*

Einige der 15 Arten dieser Familie wachsen in gemäßigtem Klima als Schwimmpflanzen, andere ragen aufrecht in Ufernähe. Die kleinen Blüten stehen in Köpfchen, und zwar weibliche und männliche Blüten getrennt auf derselben Pflanze.

Ästiger Igelkolben
Sparganium erectum
Kräftige, aufrechte, unbehaarte Pflanze, die am Rand stehender oder langsamfließender Gewässer wächst und 50–150 cm hoch wird. Die langen, steifen Blätter gleichen, abgesehen vom dreikantigen Grund, Schwertlilienblättern.
Blühzeit: Juni – August.
Blüte: Klein, grünlich, schwarz gerandet. Männliche und weibliche Blüten in getrennten Köpfchen auf einem verzweigten, beblätterten Stengel.
Blatt: Lang, schmal, 3kantig, am Grund stengelumfassend.
Frucht: Zahlreich in morgensternartigen Köpfchen.

Rohrkolbengewächse
Familie *Typhaceae*

Hohe Sumpf- und Uferpflanzen mit langen, linealischen Blättern. Die meisten Arten dieser nur 9 Arten umfassenden Familie wachsen in flachem, nährstoffreichem Süßwasser. Die in einem langen, dichten Kolben stehenden kleinen Blüten geben der Familie den Namen.

Breitblättriger Rohrkolben
Typha latifolia
Dieser Rohrkolben ist 1,5–2,5 m hoch und bildet in flachem, stehendem oder langsamfließendem Gewässer dichte Bestände. Oft wächst er in Gesellschaft mit Schilfrohr (*Phragmites communis*).
Blühzeit: Juli – August.
Blüte: Klein, dunkelbraun. Weibliche Blüten in großen, dichten Kolben, darüber unmittelbar anschließend dünner männlicher Kolben. Bei Schmalblättrigem Rohrkolben (*T. angustifolia*) Lücke zwischen den beiden Kolben.
Blatt: Sehr lang, schmal, 10–18 mm breit, graugrün, lederig.
Frucht: 1samige Nuß.

Die kleinen Samen des Breitblättrigen Rohrkolbens besitzen einen »Fallschirm« aus weichen Haaren, mit dessen Hilfe sie weit vom Wind verfrachtet werden können.

Binsengewächse
Familie *Juncaceae*

Feuchtigkeitsliebende, grasähnliche Pflanzen mit unscheinbaren grünlichen bis bräunlichen Blüten und knotenlosen, hohlen Stengeln. Die Familie umfaßt ca. 350 Arten in 2 Gattungen, die vor allem in den gemäßigten und kalten Zonen vorkommen. Die Binsen (*Juncus*) besitzen runde Stengel und stielrunde, unbehaarte Blätter. Die Simsen (*Luzula*) besitzen ebenfalls runde Stengel, tragen jedoch flache, grasartige, am Rand gewimperte und oft behaarte Blätter.

Flatter-Binse
Juncus effusus
Mehrjährige, 30–150 cm hohe Pflanze, die in Büscheln meist dichtrasig in feuchten Wiesen, Waldsümpfen und Gräben vom Tiefland bis in Höhen um 1500 m vorkommt.
Blühzeit: Juni – August.
Blüte: Bis 3 mm lang, braun, kurzgestielt. Einzelblüten meist in lockeren Büscheln im oberen Teil des Stengels.
Blatt: Hellgrüne bis blaßgrüne Niederblätter am Grund des gelbgrünen, glatten Stengels.
Frucht: Vielsamige Kapsel.

Glieder-Binse
Juncus articulatus
Mehrjährige, 20–50 cm hohe Binse mit kräftigen, aufrechten Stengeln. Sehr häufig in Wiesenmooren, auf feuchten Wiesen, an Gräben und in Sümpfen, vom Tiefland bis in über 1500 m Höhe.
Blühzeit: Juli – September.
Blüte: Dunkelbraun, in reichverzweigtem, rispigem Blütenstand mit Blütenbüscheln aus 3–10 Einzelblütchen.
Blatt: Dunkelgrün, obere Stengelblätter mit runder Spreite und durch innere Querwände gekammert.
Frucht: Glänzend schwarzbraune, vielsamige Kapsel.

Gemeine Hainsimse
Luzula campestris
Mehrjährige, 5–20 cm hohe, büschelig wachsende Simse mit kurzen Ausläufern. Häufig und weit verbreitet in bodensauren Magerrasen, Halbtrockenrasen, Heiden und sandigen Standorten, vom Tiefland bis in über 2300 m Höhe.
Blühzeit: März – April.
Blüte: Braun mit auffallend großen, gelben Staubgefäßen. In doldigem Blütenstand mit 2–5 fast kugeligen, gestielten Ährchen aus 5–12 Blütchen.
Blatt: Dunkelgrün, 1–4 mm breit, mit langen weißen Haaren besetzt.
Frucht: 3samige Kapsel.

Riedgrasgewächse, Sauergräser

Familie *Cyperaceae*

Krautige, mehrjährige, grasähnliche Pflanzen mit meist 3kantigen, nicht hohlen Stengeln und grasähnlichen Blättern, die jeweils an den Breitseiten des 3kantigen Stengels ansitzen (dreizeilige Blattstellung).
Blüten in ährchenartigen Teilblütenständen, die meist zu Ährenköpfchen oder Rispen vereinigt sind. Die Familie umfaßt ca. 3000 Arten in 65 Gattungen, die hauptsächlich in Feuchtgebieten vorkommen.

Schmalblättriges Wollgras
Eriophorum angustifolium
Mehrjährige, 30–60 cm hohe Pflanze mit langen Ausläufern. Kommt meist lockerrasig in Sumpfwiesen und an moorigen Ufern vom Tiefland bis in 2000 m Höhe vor. Stengel aufrecht und fast stielrund.
Blühzeit: April – Mai.
Blüte: Sehr klein, zwittrig, in Dolden mit 3–6 langgestielten, nickenden Ährchen. Fruchtknoten von Borsten umgeben, die sich zur Samenreife auf 3–4 cm verlängern, dem Samen als Flugorgan dienen und der Pflanze auch den Namen gaben.
Blatt: Graugrün, 3–6 mm breit, derb, in eine lange, dreikantige Spitze verschmälert. Zur Blühzeit braun und absterbend.
Frucht: Dreieckige Nuß mit weißen Flughaaren.

Ufer-Segge
Carex riparia
Mehrjähriges, 50–150 cm hohes Riedgras, das oft in großen, dichten Beständen in Großseggenrieden, Erlenbrüchen, Gräben, nassen Wiesen und an Ufern vorkommt. Selten.
Blühzeit: Juni – Juli.
Blüte: Männliche und weibliche Blüten in verschiedenen Ährchen. Am Ende des Stengels bis zu 7 aufrechte, dickwalzliche, dunkelbraune männliche Ährchen mit großen gelben Staubgefäßen. Darunter bis zu 5 grünliche, bis 9 cm lange, dünnwalzliche weibliche Ährchen.
Blatt: Blaugrün, bis 1,5 cm breit, flach, mit scharfen Kanten.
Frucht: Ovale oder dreieckige Nuß.

Das Schmalblättrige Wollgras bevorzugt nasse, saure und kalkfreie Böden und kommt sehr häufig in Moor- und Sumpfgebieten vor.

Gräser, Süßgräser
Familie *Gramineae*

Mit rund 10 000 Arten gehört die weltweit verbreitete Familie der Süßgräser zu den größten Familien im Pflanzenreich, darüber hinaus bilden Süßgräser die Hauptnahrung für viele Wild- und Haustiere und liefern uns Menschen vielerlei Getreidearten (Weizen, Roggen, Hafer, Gerste, Mais, Reis, Zuckerrohr, Hirse). Gräser sind meist krautige, seltener holzige Pflanzen mit knotigen, meist stielrunden, hohlen Stengeln (Halmen) und zweizeilig angeordneten, flachen Blättern. Die Blattscheide sitzt dem Stengel am Knoten an und umhüllt ihn von hier aus je nach Art mehr oder weniger weit nach oben, um dann in arttypischer Weise in die Blattspreite überzugehen. Die typische Einzelblüte besteht aus 3 Staubblättern und 1 Fruchtknoten, die von zwei trockenhäutigen, kahnförmigen Deckspelzen umgeben sind. Sie stehen zu mehreren in Ährchen zusammen, die ihrerseits ebenfalls von zwei Hüllspelzen umgeben und zu ähren- oder rispenförmigen Gesamtblütenständen vereinigt sind. Die Hüllspelzen sind bei einigen Arten noch begrannt. Frucht normalerweise 1samiges Korn.

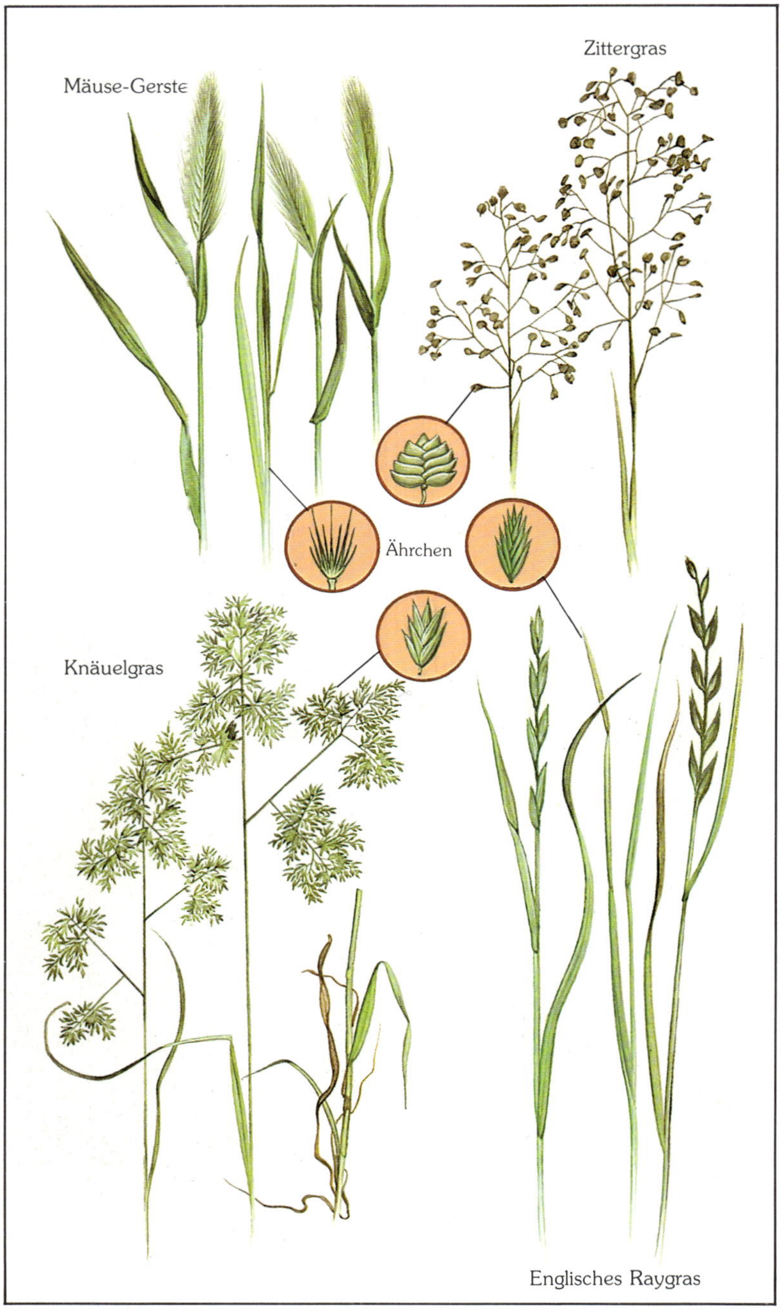

Mäuse-Gerste
Hordeum murinum
Meist einjähriges, 15–40 cm hohes Ährengras, das in lichten Horsten in Unkrautgesellschaften an Wegen und Mauern wächst.
Blühzeit: Juni – Oktober.
Blüte: Dichte, 6–8 cm lange, aufrechte, hellgrüne Ähren. Ährchen schmal-lanzettlich, 10–15 mm lang, einblütig, zu dreien an der Ährenspindel. Hüll- und Deckspelzen bis 3 cm lang begrannt.
Blatt: Hellgrün, bis 20 cm lang.

Zittergras
Briza media
Mehrjähriges, 20–50 cm hohes Rispengras mit aufrechten Stengeln. Bildet lockere Rasen und ist verbreitet bis häufig in trockenen Wiesen und Weiden zu finden.
Blühzeit: Juni.
Blüte: Lockere Rispen aus herzförmigen, unbegrannten Ährchen, die an dünnen Stielchen hängen. Ährchen 4–7 mm lang und 5- bis 10blütig, grün-weißlich-violett gefärbt.
Blatt: Hellgrün, unbehaart, bis 15 cm lang.

Knäuelgras
Dactylis glomerata
Mehrjähriges, 50–120 cm hohes Rispengras mit aufrechtem Stengel. In dichten Horsten häufig in Fettwiesen und -weiden, an Wegrändern und in Wäldern.
Blühzeit: Mai – Juli.
Blüte: Rispe von fast dreieckigem Umriß mit stark geknäuelten Ährchen. Ährchen 3- bis 5blütig mit derber Hüllspelze, an der Spitze gekrümmt, 7–8 mm lang, bläulichgrün.
Blatt: Blaß- oder graugrün, bis 45 cm lang, rauh.

Englisches Raygras, Weidelgras
Lolium perenne
Mehrjähriges, 10–60 cm hohes Ährengras in ausgebreiteten Horsten. Sehr häufig in Wiesen, Weiden und Zierrasen, wichtiges Weidegras.
Blühzeit: Mai – Oktober.
Blüte: Ährchen ca. 1 cm lang, 6- bis 10blütig, unbegrannt, sitzen wechselständig mit der Schmalseite an der Ährenachse an.
Blatt: Hellgrün, unbehaart, bis 20 cm lang.

Schilf, Rohr
Phragmites communis
Mehrjähriges, 100–400 cm hohes Rispengras mit meterweit kriechenden Ausläufern und bis 2 cm dicken, aufrechten Stengeln. Bildet dichte Bestände in Röhrichten und nassen Wiesen.
Blühzeit: Juli – September.
Blüte: Ca. 15 mm lange, 2- bis 6blütige, begrannte Ährchen in bis zu 40 cm langen, schwach überhängenden, einseitswendigen Rispen.
Blatt: Graugrün, 20–40 mm breit, ziemlich steif, 60 cm und länger.

Glatthafer
Arrhenatherum elatius
Mehrjähriges, 60–120 cm hohes Rispengras mit aufrechten, kahlen, schwach geknickten Stengeln. Häufig in nährstoffreichen Fettwiesen oder an Weg- und Straßenrändern. Bildet lockere Horste.
Blühzeit: Juni – Juli.
Blüte: Ährchen ca. 11 mm lang, 2blütig mit 1–2 langen Borsten, weißlich-grün. In locker ausgebreiteter, bis 25 cm langer Rispe, zuerst grünlich, später braun.
Blatt: Hellgrün, leicht behaart, bis 40 cm lang, rauh.

Wiesen-Fuchsschwanz
Alopecurus pratensis
Mehrjähriges, 30–200 cm hohes Ährenrispengras mit kurzem, kriechendem Rhizom und aufrechten, mitunter etwas geknickten Stengeln, die an den Knoten wurzeln. Häufig in Wiesen und Weiden.
Blühzeit: Mai – Juni.
Blüte: 4–6 mm lange, ovale, 1blütige, seidig begrannte Ährchen mit einer aufrechten Borste. In dickwalzlicher, 4–8 cm langer, graugrüner Scheinähre.
Blatt: Mittelgrün bis bläulich, unbehaart, oberseits rauh, 3–9 mm breit.

Draht-Schmiele
Deschampsia flexuosa
Mehrjähriges, 30–60 cm hohes Rispengras, das in lockeren Horsten häufig in bodensauren Wäldern, Gebüschen, auf Heiden und Ödland vorkommt. Stengel dünn, rötlich, aufrecht oder aufsteigend.
Blühzeit: Juni – August.
Blüte: Ährchen bis 6 mm lang, 2blütig, hellbraun oder purpurn, in lockeren, wenigährigen Rispen.
Blatt: Hellgrün, unbehaart, 20 cm oder länger, bogig überhängend.

Wolliges Honiggras
Holcus lanatus
Mehrjähriges, etwa 20–100 cm hohes Rispengras mit aufrechten oder aufsteigenden Stengeln. Meist dichtrasig in feuchten Wiesen und an Säumen auf kalkarmen Böden vorkommend.
Blühzeit: Juni – August.
Blüte: Ährchen bis 6 mm lang, 2blütig, weißlich, grün oder purpurn, in weichhaariger, rötlich überlaufener Rispe, zuerst lanzen-, später pyramidenförmig.
Blatt: Graugrün, samtig behaart, bis 20 cm lang.

Draht-Schmiele

Wolliges Honiggras in verschiedenen Reifestadien

An Straßen- und Wegrändern findet man die unterschiedlichsten Gräser. Hier überwiegt das Knäuelgras (im Hintergrund blühende Margeriten).

Wiesen-Lieschgras
Phleum pratense
Mehrjähriges, bis 100 cm hohes Ährenrispengras mit aufrechten Stengeln. Häufig in lockeren Horsten in Wiesen, Weiden und an Wegrändern.
Blühzeit: Juni – August.
Blüte: Ährchen 3–4 mm lang, flach, weißlich-blaugrün, 1blütig mit 2 kurzen Grannen. In ca. 30 cm langer, dichter, zylindrischer Scheinähre.
Blatt: Grün oder graugrün, bis 45 cm lang, unbehaart.

Rotes Straußgras
Agrostis tenuis
Mehrjähriges, 20–80 cm hohes Rispengras, das meist in dichten bis wenig aufgelockerten Rasen in Magerrasen und lichten Laubmischwäldern und Heiden vorkommt. Stengel dünn, aufrecht oder knickig aufsteigend.
Blühzeit: Juni – Juli.
Blüte: 1blütige, 2–4 mm lange, grüne bis purpurfarbene Ährchen auf sehr dünnen Stielen, in lockerer, pyramidenförmiger Rispe.
Blatt: Hellgrün, unbehaart, bis 15 cm lang.

Federgras
Stipa pennata
Mehrjähriges, 30–80 cm hohes Rispengras, das in dichten, kleinen Horsten in Trockenrasen und an sonnigen Hängen auf Kalkboden vom Tiefland bis in 2000 m Höhe vorkommt. Geschützt!
Blühzeit: Juni.
Blüte: Rundliche, grüne bis hellbraune, 1blütige, bis 2 cm lange Ährchen mit bis zu 35 cm langer, federartiger Granne, in wenig verzweigter Rispe. Die Federgranne trägt den Samen mit dem Wind davon und bohrt sich bei Wasseraufnahme drehend in den Boden.
Blatt: Blaugrün, 50 cm und länger, meist eingerollt.

Strandhafer
Ammophila arenaria
Mehrjähriges, 60–100 cm hohes Ährenrispengras mit reichverzweigtem, tiefreichendem Wurzelwerk und steifen, aufrechten Stengeln. Wächst im Küstengebiet und wird zur Befestigung von Weißdünen häufig angepflanzt.
Blühzeit: Juni – Juli.
Blüte: Ährchen bis 16 mm lang, 1blütig, dicht gepackt in bis 22 cm langer, hellgrüner Scheinähre.
Blatt: Graugrün, bis 60 cm lang, bogig überhängend, meist eingerollt, selten flach.

Gemeines Rispengras
Poa trivialis
Mehrjähriges, 50–90 cm hohes Rispengras mit aufrechtem, rauhem Stengel. In lockeren Horsten häufig in Gräben und Wiesen, in Auwäldern und auf Äckern.
Blühzeit: Juni – Juli.
Blüte: Ährchen oval, bis 4 mm lang, hellgrün bis purpurn, 2- bis 4blütig, in lockerer, pyramidenförmiger Rispe.
Blatt: Dunkelgrün, oft purpurfarben überhaucht, bis 20 cm lang, flach, 3–7 mm breit.

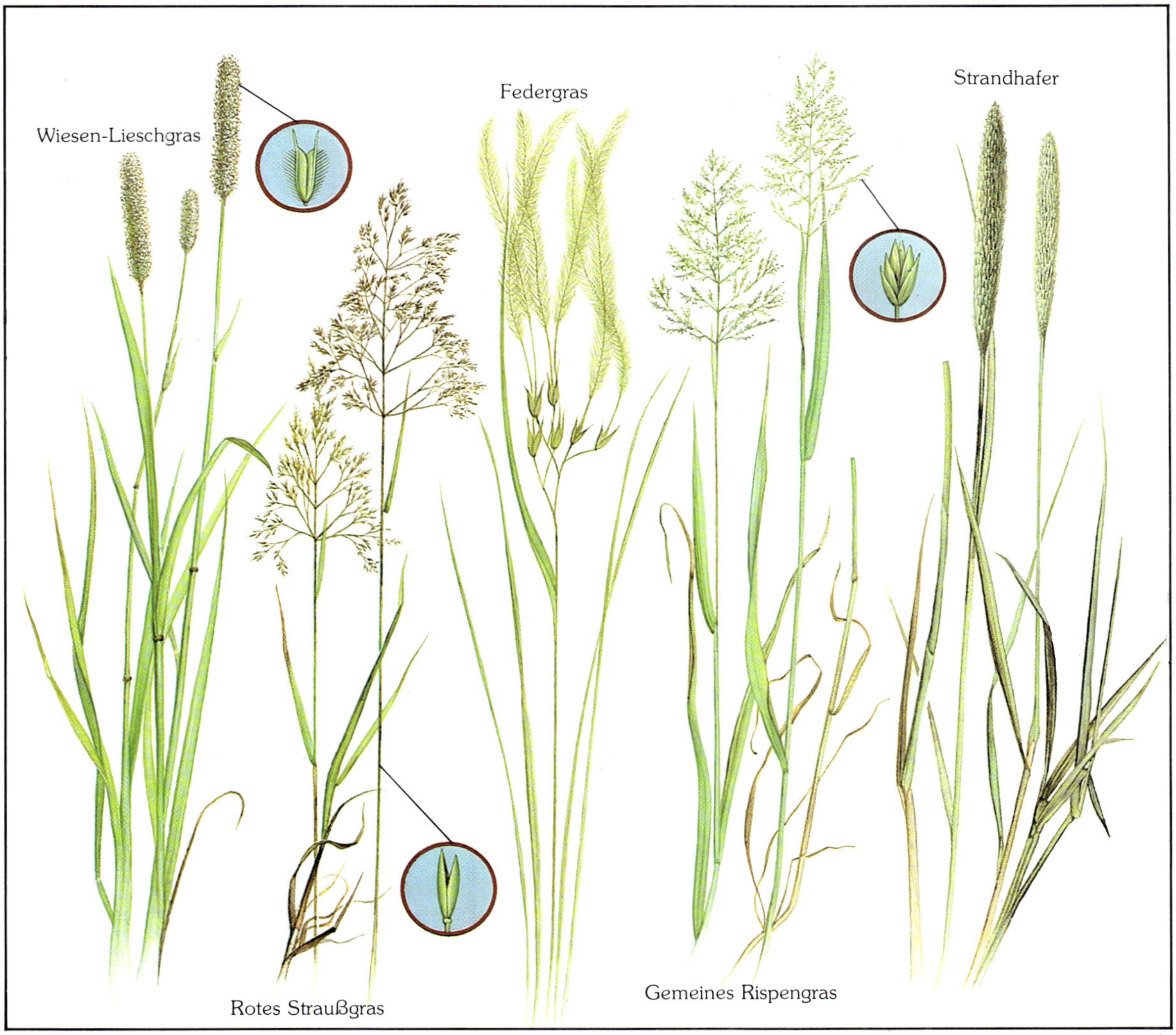

Kapitel 7

Bäume und Sträucher

Bäume und Sträucher sind mehrjährige Pflanzen mit verholztem Stamm und verholzten Ästen und Zweigen. Einen deutlichen Unterschied zwischen Bäumen und Sträuchern gibt es nicht. Manche Arten wachsen sowohl als Sträucher als auch als kleine Bäume. Ganz allgemein kann man sagen:
Ein Baum ist ein mehr als 5 m hohes Holzgewächs, das aus einem säulenförmigen Stamm besteht, von dem verholzte Äste abgehen und eine sogenannte Krone bilden.
Ein Strauch ist ein meist unter 5 m hoch werdendes Holzgewächs mit mehreren gleichwertigen Stämmchen, die bereits vom Boden an mehr oder weniger dicht verzweigt sind. Die Sträucher, die im folgenden Kapitel beschrieben werden, erreichen alle eine Höhe von über 1 m. Niedrigere Strauch-Arten wurden bereits im Kapitel Blütenpflanzen (Seite 210–293) beschrieben.
Man unterscheidet zwischen den Laubhölzern und den Nadelhölzern.
Die **Laubhölzer** gehören zu den Bedecktsamern (Angiospermen), bei denen die Samenanlagen stets in einem Fruchtknoten eingeschlossen sind. Die Früchte der Laubbäume können sehr verschieden ausgebildet sein. Die häufigsten Formen sind Beeren, Steinfrüchte und Nüsse, aber auch Kapseln, Hülsen und andere Trockenfrüchte kommen vor. Laubbäume und -sträucher besitzen sehr verschieden geformte Blätter (siehe Zeichnung rechts), anhand derer man relativ schnell die Arten oder zumindest Gattungen bestimmen kann. Das typische Blatt besteht aus einem Blattstiel und der Blattfläche oder -spreite. Es ist im allgemeinen zart und dünn und wird in unseren Breiten im Herbst abgeworfen (sommergrüne Bäume und Sträucher).
Die **Nadelhölzer** (Koniferen) gehören zu den Nacktsamern (Gymnospermen), bei denen die Samenanlagen nicht in einem Fruchtknoten eingeschlossen sind, sondern mehr oder weniger offen auf der Oberfläche holziger Schuppen liegen, die den weiblichen Zapfen aufbauen. Die Blätter der Nadelbäume sind derb und nadel- oder schuppenförmig und fallen bei den meisten Arten im Herbst nicht ab, sondern sind mehrjährig (immergrüne Bäume und Sträucher).
Es gibt in Europa über 400 verschiedene Bäume und Sträucher. Die einzelnen Arten lassen sich vor allem durch die Form ihrer Blätter, aber auch durch Farbe und Form von Blüten und Früchten unterscheiden. Auf den folgenden Seiten (296–353) sind die häufigsten Bäume und Sträucher, die man in Europa finden kann – sowohl einheimische als auch eingebürgerte, in Gärten und Parkanlagen angepflanzte –, abgebildet und beschrieben.

Links: Bäume gehören zu den stattlichsten und eindrucksvollsten Pflanzen. Sie gelten als »grüne Lunge« für Mensch und Tier, bieten darüber hinaus aber auch einen dreidimensionalen Lebensraum für Hunderte von Tieren.

Verschiedene Blattformen

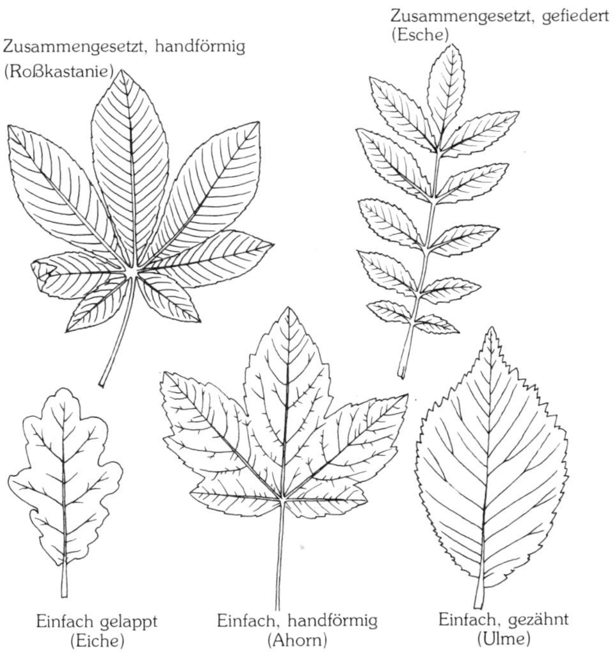

Kieferngewächse
Familie *Pinaceae*

Von allen Nadelhölzern ist diese Familie die wirtschaftlich wichtigste, aber auch die größte. Sie umfaßt mehr als 200 Arten, die vorwiegend auf der Nordhalbkugel verbreitet sind. Die Bäume, die zu dieser Familie zählen – Tannen, Zedern, Lärchen, Kiefern, Fichten –, besitzen alle nadelförmige Blätter und holzartige, aus vielen Schuppen aufgebaute Zapfen. Fast alle sind immergrün.

Weiß-Tanne
Abies alba
Bis 50 m.
In Südeuropa verbreitet, bildet von den Pyrenäen über den Schwarzwald und die Alpen bis zum Balkan große Wälder. Wird häufig angepflanzt, da sie ein wertvolles Holz liefert.
Krone: Schmal-kegelförmig mit weit abstehenden, in Quirlen angeordneten Ästen, deren Spitze nach oben gerichtet ist.
Rinde: Glatt, dunkelgrau, bei jungen Bäumen mit Harzdrüsen besetzt, später in kleine Platten zerreißend.
Nadeln: 2–2,5 cm lang, flach, am oberen Ende eingekerbt, oberseits dunkelgrün, auf der Unterseite mit 2 weißlichen Streifen, in zwei Zeilen an den Ästen stehend.
Zapfen: 10–15 cm lang, aufrecht, walzenförmig, mit langen, nach unten gebogenen Schuppen, zur Reifezeit braun und zerfallend, nur die Spindel bleibt stehen.
Verwendung: Das gelblichweiße Holz ist leicht und weich, harzfrei und hat keinen gefärbten Kern. Es wird viel zur Herstellung von Geigenböden verwendet. Aus den Nadeln wird ein Öl destilliert, das in der Heilkunde Verwendung findet, aber auch bei der Herstellung von Farben eine Rolle spielt.

Küsten-Tanne
Abies grandis
40–90 m.
Schnellwüchsige Art, die an der Westküste Nordamerikas zu Hause ist. In Europa, wo sie seit etwa 200 Jahren angepflanzt wird, ist sie nur bis 40 m hoch, in ihrer Heimat bis 90 m.
Krone: Schmal-kegelförmig, die weit abstehenden Äste in regelmäßigen Quirlen angeordnet.
Rinde: Braungrau, mit zahlreichen Harzdrüsen, später dunkelbraun und in kleine Platten zerreißend.
Nadeln: 3,5–5,5 cm lang, dünn und weich, am oberen Ende eingekerbt, oberseits glänzend grün, auf der Unterseite mit 2 hellen Wachsstreifen, zweizeilig an den Ästen stehend.
Zapfen: 7–10 cm lang, aufrecht, walzenförmig, zur Reifezeit rotbraun.
Verwendung: Das Holz wird in der Tischlerei und als Bauholz verwendet.

Atlas-Zeder
Cedrus atlantica
Bis 40 m.
Immergrüner Baum, der in Europa häufig in großen Anlagen und Parks angepflanzt wird.
Krone: Breit-kegelförmig, die Hauptäste sind aufwärts gerichtet, und auch die Zweige wachsen vorwiegend schräg-aufrecht.
Rinde: Dunkelgrün, glatt, später eingerissen und große Platten bildend.
Nadeln: 1–3 cm lang, grün oder graugrün, 4kantig, steif, zu 30–40 an den Kurztrieben stehend und hier ausgebreitete Büschel bildend.
Zapfen: 5–8 cm lang, aufrecht, breit-eiförmig, am oberen Ende oft etwas vertieft, im ersten Jahr dunkelgrün, im zweiten Jahr hell rötlich-braun und zur Reifezeit zerfallend, so daß nur die Spindel an den Ästen stehen bleibt.
Verwendung: Das aromatisch duftende Holz ist feinporig und sehr haltbar. Es wird als Bauholz verwendet, aber auch zur Herstellung von Zigarrenkisten, Möbeln und Furnieren.

Libanon-Zeder
Cedrus libani
Bis 40 m.
Immergrüner Baum aus den Gebirgen des Libanon (Syrien und südöstliche Türkei). Wird häufig in Parks und Anlagen angepflanzt und unterscheidet sich von der Atlas-Zeder in folgenden Merkmalen:
Krone: Bei jungen Bäumen kegelförmig, später breit-schirmförmig, ohne erkennbaren Haupttrieb.
Nadeln: 2–3 cm lang, grasgrün, zu 10–20 in kleinen Büscheln angeordnet.
Zapfen: Wie bei der Atlas-Zeder, aber 7–12 cm lang.

Europäische Lärche
Larix decidua
Bis 40 m.
Sommergrüner Baum, der heute überall in Europa angepflanzt wird, häufiger Waldbaum.
Krone: Schmal-kegelförmig, im Alter flach-ausgebreitet, mit abstehenden, leicht abbrechenden Ästen und aufwärtsgerichteten Zweigen.
Rinde: Graubraun, glatt, später in schmale Streifen zerreißend.
Nadeln: 2–3 cm lang, weich, hellgrün, zu 20–30 an den kurzen Seitensprossen stehend und einzeln an den Langtrieben, im Herbst gelblich und abfallend.
Zapfen: Zuerst leuchtend rot gefärbt, später 2,5–4 cm lang, 1,5–2 cm breit, mit locker stehenden, aufrechten Schuppen.
Verwendung: Gut gewachsene Stämme werden als Schiffsmasten verwendet, außerdem wird das harte und widerstandsfähige Holz in der Bauindustrie und in der Tischlerei benutzt. Aus dem Harz wird Terpentinöl gewonnen. Durch eine Krankheit, den Lärchenkrebs, ist der Baumbestand sehr stark zurückgegangen.

Gemeine Fichte
Picea abies
Bis 40 m.
Immergrüner Baum, der von Mittel- und Nordeuropa bis nach Ostasien verbreitet ist. In Deutschland kommt er wild nur in den höheren Alpen vor. Aber er wird heute überall angepflanzt und gehört zu unseren wichtigsten Waldbäumen.
Krone: Schmal und kegelförmig, die Seitenäste in Quirlen angeordnet.
Rinde: Glatt und rötlichbraun, später dunkel und in derbe Platten zerreißend.
Nadeln: 1–2 cm lang, 4kantig, spitz, stechend, rings um die Zweige stehend.
Zapfen: 12–18 cm lang, hängend, zur Reifezeit im Ganzen abfallend.
Verwendung: Das Holz wird in der Bauindustrie, in der Tischlerei und der Spanplattenherstellung verwendet. Aus den Stämmen werden Masten, Holzwolle und Papier hergestellt.
Der Baum selbst kommt vor allem zur Weihnachtszeit als „Christbaum" voll zur Geltung und wird zu diesem Zweck auch in speziellen „Christbaumkulturen" angepflanzt.

Sitka-Fichte
Picea sitchensis
50–80 m.
Immergrüner Baum, der an der Westküste Nordamerikas, von Alaska bis Nordkalifornien, zu Hause ist. Wird heute auch in vielen Teilen Europas als Zierbaum angepflanzt, aber auch, weil er schnell wächst und ein gutes Holz liefert. In Amerika wird er bis 80 m hoch, bei uns nur ca. 50 m.
Krone: Schmal-kegelförmig, mit einem langen, spitzen Haupttrieb, bei älteren Bäumen hängen die Äste etwas herab, und die Spitze des Baumes verbreitert sich.
Rinde: Dunkelgrau oder graubraun, gefleckt, später in breiten Streifen abblätternd.
Nadeln: 1–3 cm lang, blaugrau, auf der Unterseite mit 2 weißlichblauen Streifen, schmal, spitz.
Zapfen: 5–10 cm lang, hängend, die Schuppen locker angeordnet, dünn, hellbraun, wellig gebogen.
Verwendung: Das leichte, zähe, helle bis rötliche Holz wird in der Bauindustrie und beim Schiffsbau verwendet. Früher wurden auch Flugzeugpropeller daraus hergestellt.

Zirbel-Kiefer, Arve
Pinus cembra
Bis 25 m.
Immergrüner Baum, der wild in den Alpen und Karpaten dicht unter der Baumgrenze vorkommt und in großen Teilen Nordostasiens zu Hause ist. In Südeuropa wird er als Zierbaum, aber auch seines Holzes wegen angebaut.
Krone: Breit und rund, bei einzeln stehenden Bäumen bleiben auch die unteren Äste lange erhalten. Sie stehen weit ab.
Rinde: Dunkelgrau oder rotbraun, später tief eingerissen.
Zweige: Graubraun, dicht mit gelbbraunen Haaren besetzt.
Nadeln: 7–12 cm lang, zu 5 in einem Büschel zusammenstehend, auf der Unterseite dunkelgrün, oberseits hellgrün.
Zapfen: 6–8 cm lang, 3–5 cm breit, eiförmig, rötlichbraun, mit breiten Schuppen und flügellosen, eßbaren Samen (Zirbelnüsse).
Verwendung: Das weiche, gelbe Holz der Zirbel-Kiefer ist ein gesuchtes und wertvolles Material für Schnitzarbeiten und den Bau von Bauernmöbeln.

Dreh-Kiefer, Monterey-Kiefer
Pinus radiata
Bis 30 m.
Immergrüner Baum, der wild nur in der Montereybucht in Südkalifornien vorkommt. Hier ist er starken Meereswinden ausgesetzt und hat oft einen stark gedrehten Stamm. In Europa wird er als Zierbaum an der Atlantikküste angepflanzt. (Mittlerweile ist er aber auch in Südafrika, Australien und Neuseeland eingeführt.)
Krone: Kegelförmig, bei älteren Bäumen breit, abgerundet, locker.
Rinde: Dunkelbraun oder graubraun, tief eingerissen.
Knospen: 1–2 cm lang, spitz, harzig, braun gefärbt.
Nadeln: 10–15 cm lang, in Büscheln zu dritt, beiderseits hellgrün.
Zapfen: 7–14 cm lang, 5–8 cm breit, an einer Seite abgeplattet. Immer 3 stehen zusammen und bleiben lange am Baum.
Verwendung: Das Holz wird zum Bau von Kisten und zur Papierherstellung verwendet.

Die Wald-Kiefer ist ein äußerst robuster Baum, der auch an einem solch exponierten Ort wie dieser windausgesetzten Stelle an einem See noch gedeihen kann.

Weymouth-Kiefer
Pinus strobus
30–40 m.
Immergrüner Baum aus dem nordöstlichen Nordamerika (Gebiet der Großen Seen). Wird seit dem 18. Jahrhundert häufig in Europa angepflanzt.
Krone: Zuerst kegelförmig, später ausgebreitet, locker und abgerundet.
Rinde: Bei jungen Bäumen glatt und grünlichbraun, später graubraun und rissig.
Nadeln: 8–12 cm lang, schlank, zu 5 in kleinen Büscheln zusammenstehend und die Zweige dicht einhüllend, im Querschnitt dreieckig, blaugrün, weich und biegsam.
Zapfen: 10–15 cm lang, 3–5 cm breit, schlank, etwas gebogen, hängend, mit locker stehenden, dünnen, abstehenden Schuppen, zuerst grün, später braun.
Verwendung: Das weißlichgelbe, leichte und weiche Holz dieses schnellwüchsigen Baumes wird für Möbel, Türen und Fensterrahmen verwendet.

Österreichische Schwarz-Kiefer
Pinus nigra nigra
30 m.
Immergrüner Baum, der in den Gebirgen Südeuropas verbreitet ist und auch in Österreich vorkommt. Wird häufig in Gärten und Parks angepflanzt.
Krone: Unregelmäßig und weit ausgebreitet. Der Stamm ist bis oben hin schwarzbraun.
Rinde: Dunkelbraun bis dunkelgrau, später tief in lange Streifen zerreißend.
Nadeln: 10–15 cm lang, zu zweit zusammenstehend, dunkelgrün.
Zapfen: 5–8 cm lang, gelbbraun, eiförmig, zugespitzt.
Verwendung: Hauptsächlich Garten- und Parkgehölz.

Korsische Schwarz-Kiefer
Pinus nigra maritima
Bis 35 m.
Immergrüner, schnellwüchsiger Baum, der auf Korsika, Sizilien und in Süditalien heimisch ist. In anderen Gebieten Südeuropas wird er häufig angepflanzt, teils als Schattenbaum, teils seines wertvollen Holzes wegen. Kann von der Schwarz-Kiefer durch folgende Merkmale unterschieden werden:
Krone: Schmal-kegelförmig, locker, aber regelmäßig.
Rinde: Rotbraun bis dunkelbraun, schwach rissig.
Nadeln: 12–18 cm lang, zu zweit zusammenstehend, graugrün, biegsam, oft gedreht.
Verwendung: Das harte und feste Holz hat einen rötlichen Kern und einen hellbraunen Splint. Es wird zur Herstellung von Möbeln verwendet. Auch das Harz spielt eine größere Rolle.

Wald-Kiefer
Pinus sylvestris
35–40 m.
Immergrüner Baum in weiten Teilen Europas und bis Ostasien verbreitet, bildet besonders auf Sandböden große Wälder. Bei uns ist er ein wichtiger Waldbaum, der überall seines wertvollen Holzes wegen angepflanzt wird.
Krone: Bei jungen Bäumen kegelförmig, mit regelmäßigen, in Quirlen angeordneten Ästen; später breit und flach, nur im oberen Teil des Stammes mit Ästen.
Rinde: Zuerst rotgelb und sich in dünnen Schuppen ablösend, später dunkelbraun, tief rissig.
Nadeln: 3–7 cm lang, zu zweit zusammenstehend, blaugrün, oft gedreht.
Zapfen: 3–8 cm lang, graubraun bis gelbbraun, eiförmig, mit zur Reifezeit weit abgebogenen Schuppen.
Verwendung: Das Holz hat einen rotbraunen Kern und einen gelblichweißen Splint. Es wird vor allem als Bauholz, aber auch in der Möbel- und Papierfabrikation sowie als Brennholz verwendet. Aus dem Harz werden Terpentinöl und Kolophonium gewonnen.

Pinie
Pinus pinea
Bis 30 m.
Dieser immergrüne Baum ist im westlichen Mittelmeergebiet heimisch, er wird aber seit langem auch in anderen Ländern Südeuropas angepflanzt.
Krone: Wie ein Regenschirm, mit weit abstehenden, nach allen Seiten gerichteten Ästen, die nur am oberen Teil des Stammes zusammenstehen. Der Baum gibt der Landschaft ein unverwechselbares Gepräge.
Rinde: Rotbraun oder orangebraun, tief in große Schuppen zerreißend.
Nadeln: 10–20 cm lang, zu zweit zusammenstehend, dunkelgrün bis graugrün, spitz und stechend.
Zapfen: 10–15 cm lang und 8–10 cm breit, auffallend groß, eiförmig bis fast kugelförmig, glänzend braun, die einzelnen Schuppen groß, abgerundet, mit einem großen Nabel. Die Samen haben keine Flügel und sind eßbar.
Verwendung: Die ölreichen Samen (Pinienkerne) werden roh oder geröstet gegessen oder zum Würzen verwendet. Das Holz findet bei der Möbelherstellung und als Bauholz Verwendung.

Reifer Zapfen
Korsische Schwarzkiefer
Weymouth-Kiefer
Österreichische Schwarzkiefer
Reifer Zapfen
Wald-Kiefer
Reifer Zapfen
Pinie
Reifer Zapfen
Natürliches Verbreitungsgebiet

Der Stamm der Aleppo-Kiefer wird angeritzt, so daß das Harz in den darunterstehenden Topf rinnt.

Strand-Kiefer
Pinus pinaster
Bis 30 m.
Immergrüner Baum aus dem mittleren und westlichen Mittelmeergebiet. Wächst am besten in Küstenregionen mit leichten, trockenen Böden. Wird in Südeuropa zur Befestigung von Dünen angepflanzt.
Krone: Kegelförmig, mit weit abstehenden Ästen, die auch bei älteren Bäumen im unteren Teil des Stammes stehen bleiben.
Rinde: Rotbraun, später dunkelbraun, tief eingerissen.
Zapfen: Bis 22 cm lang, lang-eiförmig und zugespitzt, glänzend, hellbraun, lange Zeit an den Ästen stehenbleibend, die einzelnen Schuppen mit einer abstehenden Spitze.
Verwendung: Das Holz wird zur Herstellung von Masten und Papier sowie als Bauholz verwendet.
Die Stämme werden zur Harzgewinnung angezapft. Das Harz wird vorwiegend zu Terpentinöl verarbeitet.

Aleppo-Kiefer
Pinus halepensis
Bis 20 m.
Dieser immergrüne Baum ist im Mittelmeergebiet zu Hause und gedeiht am besten in trockenen und warmen Küstengebieten, auf Hügeln und Bergen. Er wächst sowohl auf Kalk als auch auf felsigem Untergrund und wird deshalb häufig angepflanzt, um die Erosion des Bodens zu verhindern oder um Schutz vor starkem Wind zu geben.
Krone: Bei jungen Bäumen schmalkegelförmig, später weit ausgebreitet und stark gewölbt.
Rinde: Rotbraun, tief zerrissen.
Nadeln: 9–15 cm lang, gewöhnlich zu zweit zusammenstehend, schlank und biegsam, hellgrün.
Zapfen: 5–12 cm lang, eiförmig, zugespitzt, rötlichbraun, an einem kurzen, nach unten gebogenen Zweig stehend, lange Zeit am Baum bleibend.
Verwendung: Das harzreiche Holz wird häufig in der Bauindustrie gebraucht, eignet sich aber auch zum Möbelbau. Die Rinde der Stämme wird angeschnitten, um das Harz zu gewinnen, aus dem Terpentinöl hergestellt wird oder das man zum Würzen von Wein nimmt.

Rinde der Westamerikanischen Hemlocktanne

Douglasfichte
Pseudotsuga menziesii
50–100 m.
Dieser immergrüne, schnellwüchsige Baum ist an der Westküste Nordamerikas zu Hause. Bei uns pflanzt man ihn häufig in großen Parks und als Waldbaum an. Als Zierbaum in Gärten ist er jedoch ungeeignet, weil er auch hier über 50 m hoch wird. Er kann mit der Weiß-Tanne verwechselt werden, hat aber ganz andere Zapfen.
Krone: Kegelförmig, erst bei alten Bäumen abgeflacht und gewölbt.
Rinde: Dunkelgrün, bei jungen Bäumen mit vielen Harzdrüsen, später dunkelbraun und korkartig, tief zerrissen.
Nadeln: 2–3 cm lang, flach, weich und biegsam, beiderseits grün, ohne helle Wachsstreifen auf der Unterseite, mit einer kleinen ovalen Platte am Zweig festsitzend.
Zapfen: 5–8 cm lang, ca. 2,5 cm breit, eiförmig, dunkelbraun, zur Reifezeit herabhängend, mit weit aus dem Zapfen herausragenden Schuppen.
Verwendung: Das feste, widerstandsfähige Holz hat einen rotbraunen Kern und einen hellbraunen Splint. Es wird zur Herstellung von Masten, Pfosten und Papier verwendet, außerdem spielt es in der Möbelindustrie und als Bauholz eine große Rolle.

Westamerikanische Hemlocktanne
Tsuga heterophylla
50–70 m.
Dieser immergrüne, schnellwüchsige Baum ist an der Westküste Nordamerikas heimisch. Bei uns wird er selten angepflanzt. Er braucht zum Wachstum den Schatten hoher Bäume.
Krone: Breit-kegelförmig, mit einem spitzen Gipfeltrieb, der meist etwas überhängt, auch die Enden der weit ausladenden Äste sind nach unten gebogen.
Rinde: Bei jungen Bäumen glatt und braun, später dunkelbraun und tief zerrissen.
Nadeln: 0,5–1,5 cm lang, am oberen Ende abgerundet, flach, biegsam, aromatisch duftend, auf der Oberseite glänzend, dunkelgrün, unterseits mit 2 weißen Wachsstreifen, kurz und deutlich gestielt, mit einer kleinen kreisförmigen Platte an den Zweigen festsitzend.
Zapfen: 2–3 cm lang, eiförmig, mit glatten, abgerundeten Schuppen, anfangs hellgrün, später hellbraun.
Verwendung: Das fein gemusterte, hellgelbe Holz wird in Amerika zur Papier- und Möbelherstellung, aber auch als Bauholz verwendet.

Kanadische Hemlocktanne
Tsuga canadensis
Dieser Baum ist mit der vorigen Art eng verwandt und ihr sehr ähnlich. Er ist aber im östlichen Teil Nordamerikas zu Hause, und sein Holz ist weniger wertvoll. Bei uns wird er nur selten angepflanzt und erreicht dann bis 30 m Höhe. Er läßt sich an folgenden Merkmalen erkennen:
Krone: Breit-kegelförmig.
Zapfen: 1,5–2 cm lang, schmal.

Der Echte Mammutbaum hat von allen Bäumen den dicksten Stamm. Seine 20–50 cm dicke Rinde ist so weich, daß man dagegenschlagen kann, ohne sich weh zu tun.

Sumpfzypressengewächse
Familie *Taxodiaceae*

Vor vielen Millionen Jahren war diese Familie artenreich und weit verbreitet. Heute kommt sie nur noch in Nordamerika und Mexiko, in Ostasien und auf Tasmanien vor. Bis auf 15 Arten sind alle anderen ausgestorben. Sie haben schuppenförmige oder nadelförmige Blätter und lederige Zapfen.

Immergrüner Mammutbaum
Sequoia sempervirens
40–110 m.
Dieser mächtige Baum ist in Nordamerika zu Hause und wächst wild nur in einem schmalen Küstenstreifen vom südlichen Oregon bis nach Kalifornien. Bei uns wird diese Art 40 m hoch und braucht dazu etwa 100 Jahre. In Amerika sind Mammutbäume auch wirtschaftlich wichtig, während sie bei uns nur als Zierbäume angepflanzt werden.
Krone: Säulenförmig, mit abstehenden oder abwärts gerichteten Ästen.
Rinde: 15–25 cm dick, rötlichbraun, später dunkelbraun, weich und tief zerrissen.
Zweige: Grün, kahl, dicht von schuppenförmigen Nadeln bedeckt.
Nadeln: An den Seitenzweigen 1–2 cm lang, in 2 Reihen angeordnet, flach, schmal und zugespitzt, oberseits dunkelgrün, auf der Unterseite mit 2 weißen Streifen, an den Zweigen nur 6 mm lang und schuppenförmig.
Zapfen: 2–2,5 cm lang, kugelförmig bis eiförmig, fest, im ersten Jahr reif, mit wenigen lederigen Schuppen, die in großem Abstand an den Zapfenspindeln stehen, und geflügelten Samen.
Verwendung: Das wertvolle Holz hat einen rotgefärbten Kern und einen gelblich gefärbten Splint. Es ist fest und weich und wird zur Herstellung von Furnieren und Möbeln genommen. Auch als Bauholz wird es geschätzt, da es termitenfest und lange Zeit haltbar ist.

Echter Mammutbaum
Sequoiadendron giganteum
50–90 m.
Der Mammutbaum ist in Nordamerika zu Hause und wächst am Westhang der Sierra Nevada in einer Höhe von 1500–2000 m. Bei uns wird die Art als Zierbaum angepflanzt.
Krone: Schmal, säulenförmig, der untere Teil des Stammes astlos.
Rinde: 20–50 cm dick, rotbraun, weich und schwammig, mit zunehmendem Alter dunkler und tief zerreißend.
Nadeln: 3–10 mm lang, schuppenförmig, spiralig angeordnet, wenig von den Zweigen abstehend, blaugrün, spitz.
Zapfen: 5–8 cm lang, fast kugelförmig bis eiförmig, kurz gestielt, von den Enden der Zweige herabhängend, mit wenigen großen, lederigen Schuppen, im zweiten Jahr reif.
Verwendung: Das verhältnismäßig weiche Holz ist leicht zu bearbeiten, ist aber weniger wertvoll als das des Immergrünen Mammutbaumes. Es wird zur Herstellung von Schindeln und Pfosten sowie als Bauholz gebraucht. Aus einem einzigen Baum könnte man 300 Holzhäuser bauen.

In diesem Garten wachsen verschiedene Sorten der Lawsons Scheinzypresse.

Zypressengewächse
Familie *Cupressaceae*

Mit über 130 Arten gehört diese Familie zu den artenreichsten der Koniferen. Sie umfaßt ausnahmslos immergrüne Bäume, die in den kühlgemäßigten Zonen beider Erdhälften und in den Gebirgen der Tropen und Subtropen verbreitet sind. Viele Arten haben 2 verschiedene Blattformen: nadelförmige Jugendblätter und später schuppenförmige Blätter. Die Zapfen sind holzig, nur beim Wacholder beerenartig.

Lawsons Scheinzypresse
Chamaecyparis lawsoniana
35–60 m.
Dieser immergrüne Baum ist an der Westküste Nordamerikas zu Hause und wächst wild im Nordwesten Kaliforniens und in Oregon. Seit etwa 1850 wird er kultiviert und ist heute in vielen Formen auch bei uns in Gärten, Parks und Anlagen zu finden.
Krone: Schmal-kegelförmig, mit abstehenden Ästen und überhängendem Gipfeltrieb.
Rinde: Glatt, graubraun und glänzend, mit zunehmendem Alter rotbraun und zerreißend.
Nadeln: Dreieckig, schuppenförmig, zweizeilig angeordnet, den Zweigen dicht anliegend, bei der Wildform glänzend und grün, bei den zahlreichen Gartenformen stahlblau bis gelbgrün.
Zapfen: 6–8 mm im Durchmesser, fast kugelförmig, anfangs grün, später dunkelbraun und verholzend, mit geflügelten Samen, an der Spitze der jungen Zweige stehend, aus wenigen Schuppen zusammengesetzt, die in der Mitte des Schildes eine kurze Spitze haben.
Verwendung: Das Holz hat einen bräunlichen Kern und einen helleren Splint. Es ist leicht und wird zur Herstellung von Kisten und Möbeln verwendet.

Leylands-Zypresse
× *Cupressocyparis leylandii*
Bis 30 m.
Dieser immergrüne Baum wurde zum ersten Mal 1858 von C. J. Leyland gezüchtet und ist eine Hybride zwischen der Hänge-Scheinzypresse (*Chamaecyparis nootkaensis*) und der Monterey-Zypresse (*Cupressus macrocarpa*). Seitdem wurde er von den Gärtnern weiter kultiviert, heute gibt es eine ganze Reihe von Formen, die auch bei uns angepflanzt werden. Sie erreichen Höhen bis 30 m und werden durch Stecklinge vermehrt.
Krone: Schmal-kegelförmig, mit schmalem, aufrechtem Gipfeltrieb.
Rinde: Dunkel rotbraun, mit wenigen tiefen Rissen.
Nadeln: Schuppenförmig, in zwei Zeilen dicht an den flachen Zweigen stehend, je nach Sorte in verschiedenen Farben, z. B. graugrün oder blaugrün.
Zapfen: Bis 1,5 cm im Durchmesser, kugelförmig, zuerst grün, dann graugrün, zuletzt schokoladenbraun und hart.

Monterey-Zypresse
Cupressus macrocarpa
Bis 40 m.
Dieser immergrüne, schnellwüchsige Baum ist in Kalifornien zu Hause und wird in Süd- und Westeuropa häufig angepflanzt. Er ist nicht nur ein dekorativer Zierbaum, sondern hat auch ein wertvolles Holz und kann an der Küste angebaut werden, da er Salz verträgt.
Krone: Säulenförmig, mit schmalem Gipfeltrieb, im Alter breiter.
Rinde: Braun, gerippt, später graubraun und bei alten Bäumen tief eingerissen.
Nadeln: 1–2 mm lang, schuppenförmig, am oberen Ende abgerundet, glänzend, grün bis dunkelgrün mit helleren Rändern, den Zweigen eng anliegend, beim Zerreiben etwas nach Zitrone duftend.
Zapfen: Zuerst etwa 6 mm lang, eiförmig und grün, später 3–4 cm lang, kurz walzenförmig, mit wenigen rundlichen Schuppen, die in der Mitte des Schildes eine kurze Spitze haben; kurzgestielt an den Zweigen hängend.

Echte Zypresse
Cupressus sempervirens
Bis 25 m.
Dieser ansehnliche, immergrüne Baum ist im östlichen Mittelmeergebiet zu Hause und wird seit mehr als 2000 Jahren auch in Italien angepflanzt. Heute findet man ihn dort überall in Gärten, Anlagen und auf Friedhöfen.
Krone: Schmal-säulenförmig oder pyramidenförmig, mit spitz zulaufendem aufrechtem Gipfeltrieb und aufrechten bis aufrecht-abstehenden Ästen.
Rinde: Braungrau, mit wenig tiefen Rissen.
Nadeln: Schuppenförmig, 1 mm lang, dreieckig, spitz, dunkelgrün, in mehreren Reihen an den vierkantigen Zweigen stehend.
Zapfen: 3–4 cm im Durchmesser, kugelförmig, zuerst grün, später rotbraun, zuletzt grau überlaufen, aus wenigen Schuppen zusammengesetzt, mit einer kurzen Spitze in der Mitte jedes Schildes.
Verwendung: Das Holz ist hart, widerstandsfähig und hat einen aromatischen Duft nach Harz. Man nimmt es zur Herstellung von Kästen und Möbeln.

Gemeiner Wacholder
Juniperus communis
Bis 6 m.
Dieser immergrüne Baum ist von allen Koniferen am weitesten verbreitet. Er ist in Europa, Nordafrika und den nördlichen Teilen Asiens und Nordamerikas zu Hause und kommt selbst auf Grönland wild vor. Außerordentlich anpassungsfähig.
Krone: Schmal-säulenförmig, aber auch flach-ausgebreitet.
Rinde: Rötlichbraun, in langen, faserigen Streifen abreißend.
Nadeln: Etwa 1 cm lang, pfriemlich, spitz und stechend, in Quirlen zu dritt zusammenstehend, blaugrün auf der Oberseite, unterseits dunkelgrün.
Männliche und weibliche Blüten stehen an verschiedenen Bäumen. Die männlichen Blüten sind gelb und wenig auffällig.
Zapfen: 6–9 mm im Durchmesser, kugelförmig, beerenartig, zuerst grün, später blaugrün, zuletzt dunkelblau und grau bereift, im Verlauf von 2 Jahren heranwachsend.
Verwendung: Die reifen Zapfen wer-

Der Ginkgo-Baum ist der einzige »Überlebende« einer ganz alten Pflanzengruppe.

den zum Würzen verschiedener Schnäpse verwendet und dienen als Speisegewürz. Das Holz ist haltbar und zäh, es hat einen rotbraunen Kern, einen gelbweißen Splint und einen aromatischen Geruch. Es wird für feine Holzarbeiten verwendet. Späne dienen zum Räuchern von Fleischwaren und Fischen.

Baum-Wacholder
Juniperus oxycedrus
Bis 8 m.
Dieser immergrüne Baum ist im Mittelmeergebiet zu Hause und wächst vor allem an den Küsten, auf trockenen Hügeln und felsigem Untergrund.
Krone: Breit-kegelförmig, mehrstämmig und dicht verzweigt.
Nadeln: Etwa 15 mm lang, spitz oder schmal-abgerundet, grün, auf der Oberseite mit 2 hellen Streifen.
Zapfen: 6–10 mm im Durchmesser, kugelförmig, beerenartig, zuerst grün, später gelblich, zuletzt gelblichrot oder rötlich, im Verlauf von 2 Jahren reifend.
Verwendung: Aus dem Holz wird ein Öl gewonnen, das in der Heilkunde verwendet wird. Das Holz ist sehr hart, widerstandsfähig und hat einen aromatischen Geruch, es wird zu Holzkohle verarbeitet.

Riesen-Lebensbaum
Thuja plicata
20–60 m.
Dieser immergrüne Baum ist an der Westküste Nordamerikas heimisch, von dort wurde er 1850 nach Europa gebracht und wird seither in großen Gärten, Parks und Anlagen angepflanzt.
Krone: Schmal-kegelförmig, mit spitzem, aufrechtem Gipfeltrieb und weit abstehenden Ästen.
Rinde: Rötlichbraun und faserig, später graubraun und in langen Streifen abreißend.
Nadeln: Schuppenförmig, schmal, dreieckig und spitz, zweireihig angeordnet und den flachen Zweigen eng anliegend, oberseits dunkelgrün, auf der Unterseite graugrün bis hellgrün.
Zapfen: 1,5 cm lang, eiförmig, braun, lederig, aus 10–12 dünnen, biegsamen, zur Reifezeit weit abstehenden Schuppen zusammengesetzt, ungestielt an der Spitze der jungen Zweige stehend.
Verwendung: Das wertvolle Holz ist leicht und zäh, es hat einen hellbraunen Kern und einen gelblichen Splint. Ideales Bauholz, z. B. für Zäune und Masten.

Ginkgobäume
Familie *Ginkgoaceae*

Ginkgo
Ginkgo biloba
Bis 30 m.
Einziger noch lebender Vertreter einer alten Pflanzenfamilie, der das Bindeglied zwischen Farnpflanzen und höheren Pflanzen darstellt. Kommt heute nur noch in einer chinesischen Provinz natürlich vor, wird seit 1730 in Europa in Parks und Gärten angepflanzt.
Krone: Unterschiedlich, normalerweise jedoch hoch und schlank, mit kurzen, hängenden Zweigen.
Rinde: Graubraun, grob gefurcht, breit netzförmig zerrissen.
Blätter: Fächerförmig, bis 12 × 10 cm groß, mit gabelig verzweigten Blattnerven.
Samen: Kugelig oder länglich, gelblich oder graugrün mit fleischigem Mantel.

Eibengewächse
Familie *Taxaceae*

Eibe
Taxus baccata
25 m.
Die Eibe ist die einzige Art der 15 Arten umfassenden Familie, die bei uns vorkommt. Sie kann über 1000 Jahre alt werden und erreicht eine Höhe von 25 m. Weibliche und männliche Blüten stehen an verschiedenen Bäumen. Alle Teile – mit Ausnahme des roten Samenmantels – sind giftig.
Krone: Pyramidenförmig oder breitabgerundet, dicht verzweigt, mit weit abstehenden Ästen.
Rinde: Rötlichbraun, später graubraun, in dünnen Schuppen abreißend, im Alter tief zerrissen.
Nadeln: 1–4 cm lang, etwa 2 mm breit, flach, weich, auf der Oberseite dunkelgrün und glänzend, unterseits heller, in 2 Reihen an den Zweigen angeordnet, mehrere Jahre ausdauernd.
Zapfen: Etwa 1 cm lang, kugelförmig, beerenartig. Der harte Samen ist von einem zuerst grünen, dann leuchtend roten, saftigen Samenmantel umgeben, der gern von Vögeln gefressen wird.
Verwendung: Das harte und elastische Holz hat einen dunklen, rotbraunen Kern und einen dünnen, gelblichweißen Splint und enthält kein Harz. Im Mittelalter wurden daraus Bogen und Armbrüste hergestellt, heute wird es zu Möbeln verarbeitet.

Araukariengewächse
Familie *Araucariaceae*

Chilenische Araukarie
Araucaria araucana
Bis 30 m.
Dieser immergrüne Baum wird in den wärmeren Teilen Westeuropas und Englands hin und wieder als Zierbaum angepflanzt. Sowohl in der Wuchsform als auch in der Form und Größe seiner Nadeln unterscheidet er sich sehr auffällig von allen anderen Koniferen. In seiner Heimat (Argentinien, Chile) wird er bis 30 m hoch, in Kultur bleibt er wesentlich kleiner. Männliche und weibliche Blüten auf verschiedenen Bäumen.
Krone: Breit-pyramidenförmig, später unregelmäßig, mit weit abstehenden, locker angeordneten Ästen.
Rinde: Graubraun und glatt.
Nadeln: 3–4 cm lang, breit-dreieckig, spitz und stechend, lederig, rings um die Zweige angeordnet und einander überdeckend.
Zapfen: Etwa 15 cm im Durchmesser, fast kugelförmig, grün, mit zahlreichen Schuppen und goldgelb gefärbten Stacheln, am Baum zerfallend. Die Samen enthalten ein mehliges Nährgewebe und können roh oder geröstet gegessen werden. Für die Indianer Südamerikas sind sie ein wichtiges Nahrungsmittel.

Palmen
Familie *Palmae*

Diese Pflanzenfamilie umfaßt mehr als 3400 Arten und ist in den Tropen und Subtropen der ganzen Welt weit verbreitet. Palmen unterscheiden sich von allen anderen Bäumen dadurch, daß ihr Stamm nicht mit zunehmendem Alter immer dicker wird, sondern vielmehr schon bei der ersten Entwicklung die endgültige Dicke hat. Wenn ein Palmenstamm sehr dick erscheint, so bewirken das die abgestorbenen Blätter, die ihn mit den Resten der Blattstiele umgeben. Palmen haben sehr große gefiederte oder gefächerte Blätter, die nur am oberen Stammende stehen.

Hanfpalme
Trachycarpus excelsus
Bis 10 m.
Diese Fächerpalme ist in Japan und Südchina zu Hause und wird überall in Gebieten mit warmem Klima als Zierbaum angepflanzt. Ihr Stamm ist dicht mit den Resten alter Blattstiele und mit langen, braunen Fasern besetzt.
Blätter: Der große Fächer ist aus 50–60 langen, schmalen, spitzen Streifen zusammengesetzt, der Blattstiel ist stachelig.
Blüten: Gelblich und sehr klein, in großen, etwa 60 cm langen Blütenständen angeordnet, die männlichen und weiblichen in verschiedenen Blütenständen.
Frucht: 1–1,5 cm im Durchmesser, kugelförmig, bläulichschwarz gefärbt.

Hanfpalme

Der Stamm der Zwerg-Palme ist dicht von zerfaserten Blattstielen bedeckt.

Zwerg-Palme
mit Blütenständen

Zwerg-Palme
Chamaerops humilis
4–5 m.
Diese Fächerpalme ist die einzige Art, die auf dem europäischen Kontinent heimisch ist. Sie kommt heute wild in Süditalien und Südspanien, aber auch in Westafrika vor.
Blätter. Der Fächer ist aus 12–15 steifen, schmalen, spitzen Streifen zusammengesetzt, der lange Blattstiel ist stachelig.
Blüten: Sehr klein und gelb, in dichten Blütenständen angeordnet, die zuerst von einem rot gefärbten Hochblatt eingehüllt sind.
Frucht: 2 cm im Durchmesser, gelblichbraun, kugelförmig.

Rinde der Schwarzpappel

Weidengewächse
Familie *Salicaceae*

Zu dieser Familie, die etwa 350 Arten umfaßt, gehören die Weiden und die Pappeln. Alle Arten sind Holzgewächse mit sommergrünen Blättern. Die männlichen und weiblichen Blüten stehen in verschiedenen Blütenständen zusammen, die man Kätzchen nennt. Die Frucht ist eine Kapsel mit vielen behaarten Samen.

Silber-Pappel
Populus alba
Bis 30 m.
Dieser Baum ist in Mitteleuropa und Asien zu Hause und wird bei uns häufig als Straßenbaum, aber auch in Parks und Anlagen angepflanzt.
Krone: Weit ausgebreitet, stark verzweigt, mit weit abstehenden Ästen.
Rinde: Bei jungen Bäumen glatt und grauweiß, später zunehmend dunkler und in Streifen zerreißend.
Blätter: An den Kurztrieben herzförmig bis eiförmig, gelappt oder fast glatt, 5–9 cm lang, 5–8 cm breit. Stiele drehrund und 3–4 cm lang, wie die Blattunterseite weißlich und filzig behaart.
Männliche und weibliche Kätzchen auf verschiedenen Bäumen, 4–8 cm lang; die männlichen sind rosarot, die weiblichen fahlgrau bis gelblichgrün gefärbt. Die reifen Kapseln haben langbehaarte Samen.

Schwarz-Pappel
Populus nigra
Bis 25 m.
Dieser Baum ist in ganz Europa heimisch und weit verbreitet. Er wird auch hin und wieder als Straßenbaum und in Anlagen in mehreren Sorten angepflanzt. Männliche und weibliche Kätzchen auf verschiedenen Bäumen.
Krone: Breit, abgerundet, mit aufrecht abstehenden Ästen und kurzem, kräftigem Stamm.
Rinde: Graubraun bis schwärzlich, im Alter tief in breite Abschnitte zerrissen.
Blätter: Breit-dreieckig, 5–8 cm lang, 6–8 cm breit, an den Rändern gesägt und durchscheinend, auf der Oberseite dunkelgrün, unterseits heller und gelblichgrün, ihre Stiele 3–4 cm lang, zusammengedrückt.
Männliche Kätzchen: 5 cm lang, zuerst grau, später rötlich.
Weibliche Kätzchen: 6–7 cm lang, grauweißlich, die reifen Kapseln mit behaarten Samen.
Verwendung: Das helle, weiche Holz wird zu Kästen und Schnitzereien verarbeitet.

Rechts: Ein Laubwald sieht im Herbst besonders farbenprächtig aus.

Pyramiden-Pappel
Populus nigra var. italica
Bis 35 m.
Diese Form der Schwarz-Pappel ist in Italien entstanden und wird heute weitaus häufiger angepflanzt als die Stammform. Vermehrung aus Stecklingen.
Krone: Schmal-pyramidenförmig, mit schmalem Gipfel und aufrechten Ästen.
Blätter: 6 cm lang, 4,5 cm breit, dreieckig, am Grunde abgerundet, kurz gezähnelt, hellgrün, ihre Stiele 2,5 cm lang, zusammengedrückt.

Zitter-Pappel
Populus tremula
Bis 25 m.
Dieser Baum ist über ganz Europa und in Asien bis nach Japan verbreitet und kommt wild auch in Nordafrika vor. Er wird sehr häufig angepflanzt. Männliche und weibliche Kätzchen auf verschiedenen Bäumen.
Krone: Kegelförmig, später ausgebreitet, unregelmäßig und wenig verzweigt.
Rinde: Graugrün und glatt, an alten Bäumen dunkelgrau und tief zerrissen.
Blätter: 4–6 cm lang, 5–7 cm breit, fast kreisrund mit bogigen Zähnen, mit 4–6 cm langen, seitlich stark zusammengedrückten Stielen, auf der Oberseite grün, unterseits graugrün. Die Blätter der Wasserreiser sind oft herzförmig-dreieckig.
Männliche Kätzchen: Rötlichgrau, zur Blütezeit durch die Staubbeutel gelb gefärbt.
Weibliche Kätzchen: 4 cm lang, grünlich, zur Reifezeit weißlich und durch die behaarten Samen stark wollhaarig.
Verwendung: Das fast kernlose Holz wird zu Streichhölzern und Papier verarbeitet.

Silber-Weide
Salix alba
Bis 25 m.
Die Silberweide ist in Mitteleuropa, Nordafrika und Asien heimisch. Sie wird sehr häufig an Wegen, in Parks, Anlagen und Gärten angepflanzt und in vielen Sorten kultiviert.
Krone: Pyramidenförmig, später unregelmäßig und weit ausgebreitet, bei einer bestimmten Form, der Trauer-Weide, mit peitschenförmigen, herabhängenden Zweigen.
Rinde: Dunkelgrau, später tief zerrissen.
Blätter: 7–8 cm lang, schmal, zugespitzt, gesägt, blaugrau, behaart. Männliche und weibliche Kätzchen auf verschiedenen Bäumen.
Männliche Kätzchen: 4–6 cm lang, mit 2 Staubgefäßen in jeder Blüte.
Weibliche Kätzchen: Grün, schlank, zur Reifezeit wollig behaart.
Verwendung: Die Zweige werden zum Flechten von Körben verwendet.

Sal-Weide
Salix capraea
3–10 m.
Dieser Baum ist in Europa und in Nordwestasien heimisch und wächst vor allem in feuchten Wäldern. Angepflanzt wird er meist nur 3 m hoch. Männliche und weibliche Kätzchen auf verschiedenen Bäumen, lange vor den Blättern erscheinend.
Krone: Weit ausgebreitet.
Rinde: Graugrün und glatt, erst später tief zerreißend.
Blätter: 10 cm lang und 6 cm breit, oval, zugespitzt, auf der Oberseite dunkelgrün und kahl, unterseits grauweiß und filzig behaart, später verkahlend, mit rötlichbraunen, behaarten Stielen.
Männliche Kätzchen: Bis 3 cm lang, eiförmig, zuerst silberweißlich behaart, später durch die herausragenden Staubbeutel goldgelb gefärbt.
Weibliche Kätzchen: 5–6 cm lang, schlank, fahlgrün mit weißlichen Narben, zur Reifezeit durch die behaarten Samen silberweiß.

Bruch-Weide
Salix fragilis
Bis 25 m.
Dieser Baum ist vom östlichen Europa bis Sibirien und Westasien zu Hause. Er kommt bei uns vor allem in feuchten Wäldern vor, wird aber auch angepflanzt. Männliche und weibliche Kätzchen auf verschiedenen Bäumen, sie erscheinen zugleich mit den Blättern und sind schlank und zugespitzt.
Krone: Weit ausgebreitet, mit abstehenden Ästen und aufrechten Zweigen.
Rinde: Grau und schuppig, später braun und tief zerreißend.
Blätter: Bis 12 cm lang, schmal, ganzrandig, zugespitzt, oberseits hellgrün, auf der Unterseite graugrün und kahl.
Männliche Kätzchen: 2–5 cm lang, gelblich.
Weibliche Kätzchen: 10 cm lang, grün, später durch die reifenden Samen wollhaarig.
Verwendung: Eine Kreuzung zwischen dieser Art und der Silber-Weide wird *Salix alba* var. *coerulea* genannt. Aus ihrem Holz werden Kricketschläger hergestellt.

Hängeweiden werden sehr gerne in Parkanlagen in der Nähe von Teichen angepflanzt. Sie gehören zu den Bäumen, die als erste im Frühjahr ihr helles Laub zeigen.

Walnußgewächse
Familie *Juglandaceae*

Walnußbaum
Juglans regia
Bis 30 m.
Dieser sommergrüne Baum ist in Südwesteuropa zu Hause, wird bei uns aber seit sehr langer Zeit angepflanzt und ist völlig eingebürgert.
Krone: Weit ausgebreitet, abgerundet.
Rinde: Silbergrün, bei älteren Bäumen tief zerrissen.
Blätter: Zusammengesetzt; die 5–9 eiförmigen Blätter sind 6–10 cm lang, ganzrandig, am oberen Ende kurz zugespitzt, ledrig und riechen beim Zerreiben sehr aromatisch. Auf der Oberseite sind sie dunkelgrün, unterseits heller.
Männliche Kätzchen: 5–10 cm lang, grün, rötlich überlaufen, in den Blattachseln stehend.
Weibliche Blüten: Bis 1 cm lang, gelblichgrün, zu 2–5 an der Spitze diesjähriger Zweige stehend. Aus ihnen entwickelt sich eine Steinfrucht mit grünlicher Hülle und hartem Steinkern mit einem tief gelappten Samen.
Verwendung: Die Samen sind eßbar und sehr ölhaltig. Das Öl wird für feine Ölfarben genommen. Die grünen Fruchtschalen enthalten viele Gerbstoffe und einen starken Farbstoff und spielen bei der Herstellung von Sonnenöl und Holzbeizen eine Rolle. Das wertvolle Holz wird in der Möbelindustrie zu Furnieren verarbeitet.

Birkengewächse
Familie *Betulaceae*

Diese Familie umfaßt etwa 120 Arten, die in der nördlichen gemäßigten Zone verbreitet sind, einige sind aber auch in den Anden Südamerikas zu Hause. Alle Arten sind sommergrüne Holzgewächse.
Die Blüten stehen in männlichen oder weiblichen Kätzchen zusammen auf demselben Baum. Aus den weiblichen Blüten entwickeln sich kleine, oft geflügelte Nüsse.

Hainbuche
Carpinus betulus
Bis 30 m.
Die Hainbuche ist mit Ausnahme von Spanien und Portugal über ganz Europa verbreitet und wächst auch im Kaukasus und in Kleinasien wild. Sie ist ein guter Heckenbildner und wird ihres wertvollen Holzes wegen angepflanzt.
Krone: Breit und gewölbt, mit weit abstehenden Ästen und Zweigen.
Rinde: Hellgrau und glatt, bei alten Bäumen etwas wulstig zerrissen.
Blätter: 8–10 cm lang, 5–6 cm breit, eiförmig, spitz, am Rande doppelt gesägt, mit etwa 15 Paaren stark hervortretender Nerven, oberseits dunkelgrün, auf

der Unterseite heller, im Herbst goldgelb gefärbt, mit kurzem, rot überlaufenem Stiel.
Männliche Kätzchen: 2,5–5 cm lang, schmal, gelbgrün, herabhängend.
Weibliche Kätzchen: An der Spitze der Triebe angeordnet, mit roten Narben, die Blüten zu zweit an einer bald abfallenden Schuppe stehend.
Aus ihnen entwickelt sich eine kleine Nuß, die mit einem 3lappigen Flügel verwachsen ist.
Verwendung: Das gelblichweiße kernlose Holz ist zäh und hart, es dient zur Herstellung von Leisten und Werkzeugstielen.

Moor-Birke
Betula pubescens
Bis 25 m.
Kleiner, mitunter auch strauchförmiger Baum. In großen Beständen auf armen Böden in Nordeuropa und den Mittelgebirgen Mitteleuropas. Sehr formenreich.
Krone: Unregelmäßig.
Rinde: Braun oder hellgrau, nie in rechteckige Platten gefeldert, fast immer glatt.
Blätter: Etwas rundlicher als die der Gemeinen Birke, nur einfach gesägt. Blattstiel behaart.

Gemeine Birke, Weiß-Birke
Betula pendula
Bis 30 m.
Dieser Baum ist fast in ganz Europa, aber auch im Kaukasus und bis zur Mongolei heimisch. Er wächst besonders gut auf sauren Böden, in Heide- und Moorgebieten.
Krone: Kegelförmig, oben abgerundet, mit abstehenden Ästen und herabhängenden Zweigen.
Rinde: Bei jungen Bäumen goldbraun und glatt, später weiß, mit dunklen Querleisten und in dünnen Fetzen abreißend, bei alten Bäumen dunkel und tief eingeschnitten.
Blätter: 3–7 cm lang, dreieckig, zugespitzt, mit stark gesägten Rändern, grün, zuerst klebrig, später trocken, im Herbst goldgelb verfärbt.
Männliche Kätzchen: Etwa 3 cm lang, zu 2–4 an der Spitze der Zweige zusammenstehend, herabhängend, gelblich, im Winter klein und rotbraun.
Weibliche Kätzchen: Erst im Frühjahr zusammen mit den Blättern erscheinend, 2–3 cm lang, kurz gestielt, walzenförmig und aus zahlreichen Schuppen zusammengesetzt.
Verwendung: Das kernlose Holz ist sehr hell und wird zu Möbeln verarbeitet. Außerdem stellt man Skier, Werkzeugteile und Deichseln daraus her. Aus den Zweigen werden Reisigbesen gebunden.

Im Herbst färben sich die Blätter der Weiß-Birke goldgelb.

Schwarz-Erle
Alnus glutinosa
Bis 25 m.
Dieser Baum ist fast überall in Europa, aber auch in Nordafrika, im Kaukasus, in Kleinasien und Sibirien verbreitet. Er wächst vor allem an Bächen und kleinen Flüssen. Männliche und weibliche Kätzchen im Frühjahr vor den Blättern erscheinend.
Krone: Zuerst pyramidenförmig, später breit-abgerundet, mit abstehenden, aber nicht herabhängenden Ästen und Zweigen.
Rinde: Grünlichbraun, glatt und glänzend, später dunkler und tief in schmale Streifen zerrissen.
Blätter: Bis 10 cm lang und 7 cm breit, breit-eiförmig, am oberen Ende abgeschnitten oder etwas eingebuchtet, an den Rändern gesägt, auf der Oberseite dunkelgrün und etwas klebrig, unterseits hellgrün.
Männliche Kätzchen: 5 cm lang, zu 3–5 zusammenstehend, zuerst rötlich, später gelbrot, zuletzt gelblich.
Weibliche Kätzchen: Zuerst nur 5–6 mm groß und im Laufe des Sommers zu 8–15 mm großen, kugelförmigen Gebilden heranwachsend. Im Herbst beginnen die Kätzchen zu verholzen, und die Früchte fallen im nächsten Frühjahr aus.
Verwendung: Das Holz ist zuerst weißgelb, wird aber bald rötlich. Es läßt sich leicht färben und bearbeiten und wird zur Herstellung von Leisten, Drechslerarbeiten, Spielzeug, Bleistiften und Holzschuhen genommen.

Hasel
Corylus avellana
3–5 (10) m.
Dieser Strauch oder kleine Baum ist fast über ganz Europa verbreitet und kommt auch in Nordafrika und Kleinasien vor.
Krone: Meist buschförmig, aber auch mit kurzem Stamm.
Rinde: Glatt, glänzend, graubraun, mit dunkleren Querstreifen.
Blätter: Bis 10 cm lang und 8 cm breit, herzförmig, mit schwach ausgebildeter Spitze und doppelt gesägten Rändern, oberseits dunkelgrün und dicht behaart, im Herbst gelblich, zuletzt braun.
Männliche Kätzchen: Werden bereits im Herbst angelegt und sind im Frühjahr 5 cm lang, gelblich und walzenförmig.
Weibliche Blüten: Sehr klein, in kleinen Knospen eingeschlossen, aber leicht an den roten Narben zu erkennen.
Frucht: Nuß, die von einer grünen, später braunen Hülle umgeben ist und einen großen, eßbaren Samen enthält. 2–5 Nüsse werden nebeneinander angelegt.
Verwendung: Das weiße oder rötliche Holz ist zäh und biegsam, dabei leicht zu spalten. Haselruten wurden früher zum Dachdecken benutzt. Das aus den Samen gewonnene Öl wird zu Speiseöl oder für Farben verarbeitet.

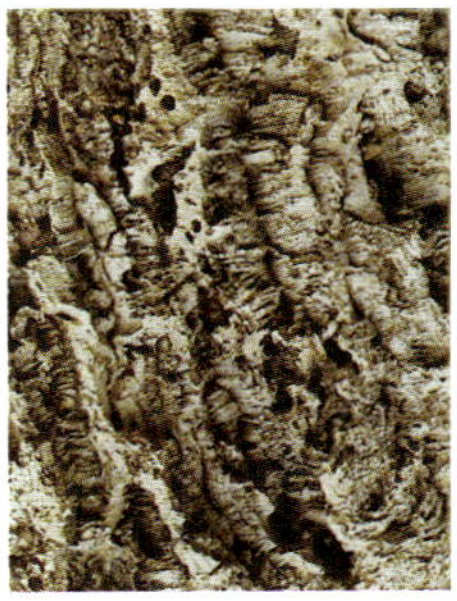

Erst kürzlich entrindete Kork-Eiche. Das Entfernen der Rinde muß sehr sorgfältig geschehen, damit das darunterliegende Gewebe nicht geschädigt wird.

Buchengewächse
Familie *Fagaceae*

Diese große und wirtschaftlich sehr bedeutsame Familie, die etwa 1000 Arten umfaßt, ist in allen gemäßigten Zonen der Welt weit verbreitet. Neben laubabwerfenden Bäumen und Sträuchern gibt es einige immergrüne Arten. Die männlichen Blüten erscheinen in Kätzchen, die weiblichen entweder einzeln oder in kleinen Büscheln. Die Frucht ist eine Nuß, die entweder nur im unteren Teil oder aber auch vollständig von einer grünen Hülle umschlossen ist.

Kork-Eiche
Quercus suber
Bis 20 m.
Dieser immergrüne Baum wird in Südeuropa häufig angepflanzt.
Krone: Gewölbt und weit ausgebreitet, mit stark verzweigten, abstehenden Ästen und Zweigen.
Rinde: Sehr dick und korkig, grau bis braun, mit tiefen Längsrissen.
Blätter: 4–7 cm lang, 2–3 cm breit, eiförmig, spitz, auf jeder Seite mit 5–6 flachen, stachelspitzigen Lappen, auf der Oberseite dunkelgrün, unterseits heller und filzig behaart, ihre Blattstiele 1 cm lang, dicht behaart.
Frucht: 1,5–3 cm lange Eichel, deren langer Fruchtbecher dicht mit langen, dünnen Schuppen besetzt und kurz gestielt ist.
Verwendung: Alle 6–8 Jahre wird die dicke Borke von den Bäumen abgeschält und zu Flaschenkorken und Linoleum verarbeitet.

Kermes-Eiche
Quercus coccifera
Bis 5 m.
Immergrüner Baum oder Strauch. Außer in Italien im Mittelmeergebiet weit verbreitet.
Krone: Gewölbt und weit ausgebreitet.
Rinde: Mittelgrau, fein schuppig gefeldert.
Blätter: 1,5–4 cm lang, oval bis länglich, am Grunde herzförmig bis rundlich, am Rande buchtig gewellt mit dornigen Zähnen.
Männliche Blüten: Gelbe, 2–4 cm lange Kätzchen.
Weibliche Blüten: Unscheinbar grün.
Frucht: Etwa 1,8 cm breite Eicheln in stacheligem Fruchtbecher.

Zerr-Eiche
Quercus cerris
Bis 35 m.
Dieser Baum ist in Westasien und Südeuropa heimisch und kommt bei uns wild nur am Kaiserstuhl vor. In warmen Gebieten wird er häufig als Zier- und Schattenbaum angepflanzt.
Krone: Ausgebreitet und weit gewölbt, mit aufrecht wachsenden Ästen.
Rinde: Dunkelgrau, tief zerrissen.
Blätter: 9–12 cm lang, 3–5 cm breit, sehr verschieden geformt, doch meist mit 7–13 dreieckigen Lappen auf jeder Seite, rauh; dunkelgrün, später auf der Oberseite glänzend, unterseits heller und wollig behaart; Stiele 2 cm lang, stark behaart.
Männliche Blüten: In schmalen, herabhängenden Kätzchen, zuerst rötlich, dann gelb.
Weibliche Blüten: Etwa 5 mm lang, mit dunkelroten Narben, dicht von einer gelblichen Hülle umgeben.
Frucht: Nuß, die ca. 2,5 cm lang und 1,5 cm breit ist und „Eichel" genannt wird; ihr unterer Teil steckt in einer becherförmigen Hülle. Sie ist etwa 1 cm hoch, kurz gestielt und hat außen lange, spitze, hellgrüne Schuppen.

Rot-Eiche
Quercus rubra
Bis 30 m.
Dieser sommergrüne Baum ist in den Oststaaten Nordamerikas heimisch und wird in Europa seit langer Zeit als Zierbaum angepflanzt.
Krone: Breit gewölbt, mit starken, ausgebreiteten Ästen und einem kurzen Stamm.
Rinde: Silbergrau, glatt.
Blätter: 12–22 cm lang, elliptisch, am Grunde keilförmig, beiderseits mit 7–11 spitzen und gezähnten Lappen, auf der Oberseite hellgrün bis grün, unterseits graugrün, im Herbst zuerst tief rot, später braun oder braungelb verfärbt; die Blattstiele werden 2–5 cm lang.
Frucht: 2 cm lange, breit-abgerundete Eichel, deren Fruchtbecher flach und mit kurzen Schuppen besetzt ist und einen 1 cm langen Stiel hat.

Stiel-Eiche
Quercus robur
25–30 (45) m.
Von allen europäischen Eichen ist dieser sommergrüne Baum am weitesten verbreitet, er kommt wild auch in Spanien und Südskandinavien vor und erreicht im Osten den Kaukasus und Kleinasien. Langsam wachsend, aber sehr langlebig.
Krone: Breit gewölbt, locker, mit weit abstehenden Ästen und im oberen Teil verzweigtem Hauptstamm.
Blätter: 10–12 cm lang, 7–8 cm breit, am Grunde schief, beiderseits mit 4–5 abgerundeten Lappen, auf der Oberseite dunkelgrün, unterseits heller, im Herbst orangebraun verfärbt und bald abfallend; die Stiele sind nur 4–10 mm lang.
Frucht: 1,5–3 cm lange Eichel, deren Fruchtbecher einen 4–8 cm langen Stiel hat.
Verwendung: Das wertvolle harte Holz hat einen hellen Splint und einen dunkelbraunen Kern. Da es viele Gerbstoffe enthält, ist es widerstandsfähig und fault nicht. Früher wurde Eichenholz vor allem zum Bau von Schiffen und Häusern gebraucht, heute werden Möbel und Fässer daraus hergestellt.

Stein-Eiche
Quercus ilex
Bis 30 m.
Dieser immergrüne Baum ist in Südeuropa zu Hause und wird in warmen Gebieten oft als Zierbaum angepflanzt. Er verträgt starken Wind, ist unempfindlich gegen Rauch.
Krone: Dicht und breit gewölbt, mit einem kurzen Stamm und stark verzweigten Ästen.
Rinde: Dunkelbraun bis schwarz, tief zerreißend.
Blätter: Sehr variabel, 5–10 cm lang, 3–6 cm breit, lang und schmal bis eiförmig, zugespitzt, mit stachelig gezähnten, gewellten oder glatten Rändern, lederig, auf der Oberseite blaugrün und stumpf oder glänzend, unterseits graugrün und dicht behaart. Ihre Blattstiele sind 1–2 cm lang und dicht behaart.
Männliche Blüten: In hellgelben bis goldfarbenen, 4–7 cm langen, schmalen, herabhängenden Kätzchen angeordnet.
Weibliche Blüten: Etwa 2 mm lang, zu zweit oder dritt an einem langen, dicht behaarten Stiel zusammenstehend, dicht von graugrünen, behaarten, an der Spitze rötlichen Schuppen eingehüllt.
Frucht: 1,5–2 cm lange, hellgrüne Eichel, deren Fruchtbecher außen mit kurzen, behaarten Schuppen besetzt ist.
Verwendung: Das harte und schwere Holz wird zur Herstellung von Schnitz- und Drechslerarbeiten sowie zur Herstellung von Holzkohle verwendet. Die Rinde wird zum Gerben genommen.

Trauben-Eiche
Quercus petraea
30–40 m.
Dieser sommergrüne Baum ist in Europa und Westasien heimisch und bei uns ein wichtiger Waldbaum. Er gedeiht am besten auf durchlässigen Böden und ist auch in Gebirgslagen zu finden.
Krone: Breit gewölbt, mit dicken, weit vom durchgehenden Stamm abstehenden Ästen.
Rinde: Dunkelgrau, mit anfangs flachen, später tiefen Längsrissen.
Blätter: 8–12 cm lang und 4–5 cm breit, am Grunde keilförmig, beiderseits mit je 5–9 abgerundeten Lappen, dunkelgrün, ledrig, auf der Unterseite etwas behaart, mit einem 1–2 cm langen Stiel, im Herbst und Winter lange stehenbleibend.
Männliche Blüten: In schmalen Kätzchen.
Weibliche Blüten: Klein, grünlichweiß, mit roten Narben.
Frucht: Abgerundete Eichel, deren kurzer Fruchtbecher nur 5–10 mm lang und gestielt ist.
Verwendung: Wie Stiel-Eiche.

Edelkastanie
Castanea sativa
Bis 30 m.
Dieser sommergrüne Baum ist in Südeuropa, Kleinasien und Nordafrika zu Hause und wird bei uns in wärmeren Gebieten seit langer Zeit angepflanzt. Auf den ersten Blick könnte man ihn mit der Roßkastanie verwechseln, aber er hat ganz andere Blätter und Früchte. Männliche und weibliche Blüten getrennt in ungleichen Blütenständen, aber auf einem Baum.
Krone: Anfangs breit-kegelförmig, später ausgebreitet und gewölbt, mit weit ausladenden, dicken Ästen.
Rinde: Anfangs silbergrau, später dunkel mit tiefen Längsrissen.
Blätter: 10–25 cm lang, 6–10 cm breit, länglich, spitz, mit stark hervortretenden Nerven und stark und spitz gesägten Rändern, auf der Oberseite glänzend grün, im Herbst goldgelb und zuletzt braungelb, Stiele 2,5 cm lang.
Männliche Kätzchen: 10–20 cm lang, aufrecht, aus zahlreichen kleinen Blüten mit langen Staubgefäßen zusammengesetzt. Lange nach dem Verblühen stehenbleibend.
Weibliche Kätzchen: Wenigblütig, unscheinbar, in Gruppen zu 1–3 zusammenstehend, von einer grünen, stacheligen Hülle umgeben, aus der die weißlichen Narben herausragen.
Frucht: Glänzende, rotbraune Nuß, die unter dem Namen »Marone« bekannt ist.
Verwendung: Die gerösteten oder gekochten Maronen spielen in der Küche eine Rolle. Das Holz ist fest und widerstandsfähig und wird vor allem in der Möbelindustrie verarbeitet.

Rot-Buche
Fagus sylvatica
Bis 40 m.
Mit Ausnahme der nördlichen Teile Skandinaviens und der südlichen Gebiete Spaniens ist dieser Baum über ganz Europa verbreitet. Einer der wichtigsten Waldbäume. Männliche und weibliche Blüten in getrennten Blütenständen, aber am selben Baum zusammen mit den Blättern erscheinend.
Krone: Anfangs schlank und kegelförmig, später weit ausgebreitet und abgerundet.
Rinde: Hellgrau bis dunkelgrau, glatt, auch im Alter nicht zerreißend.
Blätter: Bis 10 cm lang und 7 cm breit, eiförmig, ganzrandig, etwas wellig, hellgrün, anfangs seidig behaart, später dunkler und verkahlend, im Herbst goldgelb bis braun.
Männliche Blüten: 12–15 in kleinen, grünlichgelben, kugelförmigen, langgestielten Blütenständen angeordnet.
Weibliche Blüten: Zu zweit zusammenstehend und von einer stacheligen Hülle umgeben.
Frucht: Dreikantige, spitze, etwa 1 cm lange Nuß (Buchecker), die beim Aufplatzen der Stachelhülle frei wird. In jeder Hülle stehen zwei Bucheckern.
Verwendung: Die sehr ölhaltigen Samen sind eßbar. Das schwere und harte Holz wird bei längerer Lagerung rötlich. Es wird zu Möbeln, Fässern und Parkett verarbeitet sowie als Bauholz und Brennholz verwendet.

Ulmengewächse
Familie *Ulmaceae*

Feld-Ulme
Ulmus carpinifolia
Bis 30 m.
Dieser sommergrüne Baum ist in fast ganz Europa sowie in Nordafrika und Südwestasien verbreitet.
Krone: Schmal gewölbt, mit durchlaufendem Stamm und zahlreichen abstehenden Ästen und etwas herabhängenden Zweigen.
Rinde: Graubraun, mit zahlreichen tiefen Längsrissen; an den jüngeren Zweigen findet man häufig ziemlich dicke Korkleisten, die tief zerklüftet sind.
Blätter: 6–8 cm lang, eiförmig, spitz, am Grunde deutlich schief, an den Rändern gesägt, auf der Oberseite glatt und glänzend, grün, unterseits etwas heller, kahl, im Herbst goldgelb verfärbt; die Blattstiele sind 0,5–1,5 cm lang und behaart.
Blüten und Frucht: Blüten vor den Blättern erscheinend, zwittrig, klein, in kleinen Büscheln zusammenstehend; aus ihnen entwickelt sich eine breit geflügelte Nuß, die etwas oberhalb der Mitte des Flügels sitzt.

Berg-Ulme
Ulmus glabra
Bis 35 m.
Sommergrüner Baum, der im nördlichen und mittleren Europa und in Westasien zu Hause ist. Er wächst am besten auf tiefgründigen, nährstoffreichen Böden.
Krone: Breit gewölbt, mit weit abstehenden, stark verzweigten Ästen und etwas herabhängenden Zweigen.
Rinde: Bei jungen Bäumen glatt und silbergrau, später braun und tief netzförmig zerreißend
Blätter: 10–18 cm lang, 6–9 cm breit, eiförmig, spitz, am Grunde etwas schief, am Rande doppelt gesägt, auf der Oberseite auffallend rauh und dunkelgrün, auf der Unterseite heller und weich behaart. Ihre Blattstiele 2–5 mm lang, dick, dicht behaart.
Blüten: Dunkelrot, in dichten Büscheln an den noch blattlosen Zweigen stehend.
Frucht: Ringsum geflügelte, kleine Nuß, die im Mittelpunkt des kreisförmigen, etwa 2,5 cm breiten, häutigen Flügels sitzt und zur Reifezeit braun gefärbt ist.
Verwendung: Das Holz der Ulme ist sehr wertvoll, und mit ihm wird unter dem Namen Rüster vor allem in der Möbelindustrie gearbeitet.

Englische Ulme
Ulmus procera
Bis 30 m.
Dieser sommergrüne Baum ist in England heimisch und wird in vielen Formen in Mittel- und Südeuropa als Zierbaum angepflanzt.
Krone: Sehr hoch, breit gewölbt, mit dicken, abstehenden Ästen, die auch im unteren Teil des Stammes stehenbleiben.
Rinde: Dunkelbraun oder dunkelgrau, tief in schmale Streifen zerreißend.
Blätter: 4–10 cm lang, 4–7 cm breit, eiförmig, spitz, am Grunde schief und auf der einen Seite mit einem abgerundeten Lappen, am Rande doppelt gesägt, auf der Oberseite dunkelgrün und durch kleine steife Haare rauh, im Herbst gelblich bis goldbraun gefärbt, ihre Stiele etwa 5 mm lang, behaart.
Blüten: Dunkelrot, in dichten Büscheln an den noch blattlosen Zweigen stehend.
Frucht: Allseits geflügelte Nuß, die etwas oberhalb der Mitte des kreisförmigen Flügels steht. Die Samen sind meistens nicht vollständig ausgebildet, deshalb wird der Baum durch Stecklinge vermehrt.
Verwendung: Das harte, schwere und schwer spaltbare Holz ist rötlichbraun gefärbt und wird vor allem zur Herstellung von Möbeln und Furnieren gebraucht. Da es auch im Wasser nicht verfault, werden Pfähle und Masten daraus hergestellt.

Südlicher Zürgelbaum
Celtis australis
Bis 25 m.
Laubwerfender, sommergrüner Baum aus dem Mittelmeergebiet und Südwestasien. In Italien und Frankreich als Straßenbaum gepflanzt, sonst in Gärten und Parks.
Krone: Gewölbt und rundlich.
Rinde: Grau bis blaßbraun, glatt oder leicht runzlig.
Blätter: 4–15 cm lang, länglich-lanzettlich, mit schlanker verlängerter Spitze und scharf zugespitzten Zähnen, unterseits weißsamtig behaart.
Blüten: Klein, grün, an langen Stielen, hängend.
Frucht: Kugelige Steinfrucht, ca. 1 cm breit, erst braunrot, dann schwarz. Eßbar.

Maulbeergewächse
Familie *Moraceae*

Echter Feigenbaum
Ficus carica
Bei uns bis 6 m.
Dieser sommergrüne Baum ist in Vorderasien heimisch, doch findet er sich wild oder verwildert von Indien bis zum Iran und vom Kaukasus bis Spanien. Bei uns wird er in warmen Gebieten zuweilen angepflanzt und trägt sogar Früchte.
Krone: Ausgebreitet, mit knotig gegliederten, abstehenden Zweigen.
Rinde: Glatt, grau, später dunkelgrau und in Platten zerreißend.
Blätter: 25–30 cm lang, tief gelappt, mit 3–5 abgerundeten oder zugespitzten Lappen, dunkelgrün, dick und lederig, ihre Stiele 5–10 cm lang, behaart.
Blüten: Klein und unansehnlich, die weiblichen von einer fleischigen Hülle umgeben, die am oberen Ende offen ist und dem bestäubenden Insekt Zugang bietet.
Frucht: In einer fleischigen Fruchthülle (ähnlich wie bei der Hagebutte), die zur Reifezeit blauviolett oder dunkel gefärbt und eßbar ist und unter dem Namen Feige in den Handel kommt.

Schwarzer Maulbeerbaum
Morus nigra
Bis 12 m.
Dieser sommergrüne Baum ist in Westasien zu Hause. In Südeuropa, aber auch bei uns, wird er als Zierbaum angepflanzt, allerdings ist er frostempfindlich und wird meist nur strauchförmig gehalten.
Krone: Niedrig, breit gewölbt, mit dicken, verzweigten Ästen und kurzem Stamm.
Rinde: Dunkelgrün, bei ausgewachsenen Bäumen tief zerrissen.
Blätter: 8–12 cm lang, 6–8 cm breit, herzförmig, zugespitzt, am Rande tief gesägt, auf der Oberseite behaart und auffallend rauh, unterseits hellgrün, dicht und fein behaart; die Stiele sind 1,5–2,5 cm lang.
Blüten: Männliche und weibliche in verschiedenen Blütenständen, die männlichen stehen in kleinen, gelblichen Kätzchen, die weiblichen in kleinen, runden Büscheln auf einem kurzen Stiel.
Frucht: Klein und beerenartig, kugelförmig miteinander verwachsen und einen Fruchtstand bildend, der einer Brombeere ähnlich ist.
Verwendung: Die Fruchtstände (Maulbeeren) werden als Obst gegessen oder zum Färben von Wein verwendet.

Lorbeergewächse
Familie *Lauraceae*

Lorbeerbaum
Laurus nobilis
Bis 20 m.
Dieser immergrüne Baum ist im Mittelmeergebiet zu Hause und kann bei uns nicht angepflanzt werden, weil er nicht winterhart ist. Ein Kranz von Lorbeerblättern wurde früher den Dichtern und Philosophen verliehen, später erhielten ihn Boxer und Rennfahrer, heute nimmt man Lorbeerblätter zum Würzen von Speisen.
Rinde: Dunkelgrau, glatt, später zerreißend.
Blätter: 5–10 cm lang, derb, lederig, eiförmig, am Grunde und am oberen Ende zugespitzt, oberseits dunkelgrün, unterseits heller, aromatisch duftend, 6 mm lang gestielt.
Blüten: Männliche und weibliche Blüten in getrennten Büscheln zusammenstehend, klein und unansehnlich, aus den weiblichen entwickeln sich 8–10 mm große, blaue Beeren.

Platanengewächse
Familie *Platanaceae*

Bastard-Platane
Platanus × acerifolia
Bis 35 m.
Dieser sommergrüne Baum ist eine Kreuzung zwischen Amerikanischer Platane (*Platanus occidentalis*) und Morgenländischer Platane (*P. orientalis*). Er wird häufig in Parks und Anlagen, aber auch als Straßenbaum angepflanzt, ist widerstandsfähig gegen Rauch und Abgase und kann stark zurückgeschnitten werden.
Krone: Breit gewölbt, mit abstehenden, dicht verzweigten Ästen.
Rinde: Zuerst graubraun, glatt und dünn, später in großen Platten abblätternd.
Blätter: 12–25 cm breit, 3- bis 5lappig, mit breit dreieckigen, oft gezähnten Lappen, auf der Oberseite glänzend und grün, unterseits heller; die Stiele sind rotbraun.
Blüten: Weibliche und männliche in verschiedenen Blütenständen am selben Baum stehend, die männlichen klein, kugelförmig und an langen, herabhängenden Stielen, die weiblichen ähnlich, aber größer und rotbraun gefärbt.
Früchte: Zahlreich, in 2,5–3 cm großen, kugelförmigen, dichten Blütenständen zusammenstehend, etwa 1 cm groß, am oberen Ende dicht mit gelblichen, steifen, abstehenden Haaren besetzt.
Verwendung: Der Baum dient vor allem als Schattenspender, sein Holz läßt sich leicht bearbeiten und wird für Schnitz- und Drechslerarbeiten genommen.

Morgenländische Platane
Platanus orientalis
Bis 30 m.
Dieser Baum ist von Südosteuropa über Kleinasien bis nach Indien verbreitet. Er wird zum gleichen Zweck und an gleicher Stelle wie die Bastard-Platane angepflanzt. Die Morgenländische Platane wächst langsamer als die Bastard-Platane, unterscheidet sich recht auffallend durch die Form ihrer Blätter.
Blätter: Bis 18 cm lang und 8 cm breit, 5- bis 7lappig, mit langen und schmalen, schmal-abgerundeten Lappen, beiderseits kräftig grün, im Herbst zuerst hell orangebraun, später gelbgrün und zuletzt bronzeartig verfärbt; ihre Stiele sind etwa 5 cm lang und am Grunde rötlich.

Rosengewächse
Familie *Rosaceae*

Diese über 2000 Arten umfassende Familie ist weltweit verbreitet. Zu ihr gehören nicht nur Kräuter und Stauden, sondern auch viele Sträucher und Bäume, von denen mehrere zu unseren wichtigsten Obstgehölzen gehören. Aber auch die wildwachsenden Bäume sind bei uns mit einer ganzen Reihe von Arten vertreten. Rosengewächse sind erkennbar anhand ihrer 5blättrigen Blüten.

Eingriffeliger Weißdorn
Crataegus monogyna
Bis 15 m.
Dieser dornige Strauch oder Baum ist in Europa weit verbreitet, kommt aber auch in Nordafrika und in einigen Gebieten Asiens vor. Er wird bei uns als Heckenpflanze, aber auch als Ziergehölz gepflanzt.
Krone: Breit-abgerundet, ausgebreitet, mit dicht verzweigten Ästen.
Blätter: Meist 3–4 cm lang, 3- bis 7lappig, mit langen und breiten, grob gesägten Lappen, auf der Oberseite mattgrün, auf der Unterseite bläulichgrün und in den Achseln der Nerven kurz behaart; die Stiele sind 3,5 cm lang.
Blüten: 8–15 mm breit, mit 5 großen weißen Blütenblättern, 20 Staubgefäßen und einem Griffel, in reichblütigen Doldenrispen angeordnet.
Der Geruch erinnert an Heringslake.
Frucht: 8–10 mm breit, ei- oder kugelförmig, anfangs weich behaart und grün, zuletzt glänzend und rot, mit einem Steinkern.
Verwendung: Das feste und harte Holz wird für Schnitz- und Drechslerarbeiten genommen, zuweilen dient es zur Herstellung von Holzkohle.

Zweigriffeliger Weißdorn
Crataegus laevigata
Bis 10 m.
Dieser Strauch oder Baum ist bei uns weit verbreitet, wird aber weniger als

Hecke angepflanzt als der Eingriffelige Weißdorn. Von diesem kann er durch folgende Merkmale unterschieden werden:
Blätter: Eiförmig, etwas eingeschnitten, am Rande gesägt, auf der Unterseite kahl.
Blüten: Weiß oder rot, mit 2–3 Griffeln.
Frucht: Becherförmig und mit den Resten der 2–3 Griffel; sie enthält 2–3 Steinkerne.

Azaroldorn
Crataegus azarolus
4–12 m.
Dieser Strauch oder kleine Baum ist im Mittelmeergebiet weit verbreitet und wird in Südeuropa vielfach seiner Früchte wegen angepflanzt.
Blätter: 3–7 cm lang, tief eingeschnitten, mit schmalen, spitzen, nicht gesägten Lappen, beiderseits glatt und kahl, hellgrün.
Blüten: Klein und weiß, mit purpurrot gefärbten Staubgefäßen, in 5–7 cm großen Doldenrispen angeordnet.
Frucht: 2–2,5 cm im Durchmesser, kugelförmig, orangerot oder gelb, mit 1–3 Steinkernen.
Verwendung: Die Früchte haben einen angenehmen, etwas säuerlichen Geschmack und werden zur Herstellung von Marmelade und Gelee verwendet.

Holzapfel
Malus sylvestris
Bis 10 m.
Dieser sommergrüne Baum ist über ganz Europa und in Südwestasien verbreitet und wächst in Gebüschen und Wäldern. Seine Heimat ist unbekannt, er wird schon seit Tausenden von Jahren angepflanzt und ist die Urform unseres Apfels. Auch die Früchte des Holz-Apfels sind eßbar, aber sie sind nur klein und sehr sauer. Gartenformen werden als Zierbaum angepflanzt.
Krone: Flach und breit, stark gewölbt, mit vielen dicht verzweigten Ästen.
Rinde: Graubraun bis dunkelbraun, in schmale Streifen zerreißend.
Blätter: 5–6 cm lang, 3–4 cm breit, eiförmig, am Grunde gerundet, am oberen Ende zugespitzt, an den Rändern gezähnt, auf der Oberseite grün und glänzend, unterseits heller; die Stiele sind 2,5 cm lang.
Blüten: Klein, mit 5 abstehenden weißen, außen meist rosarot überlaufenen Blütenblättern und gelben Staubbeuteln, in kleinen Büscheln zusammenstehend.
Frucht: 2,5–3 cm im Durchmesser, kugelförmig, grünlichgelb, zur Reifezeit auf einer Seite oft rötlich überlaufen, mit braunen, spitzen Kernen.
Verwendung: Die Früchte ergeben mit denen der Eberesche zusammen ein wohlschmeckendes Gelee.
Das Holz hat einen rotbraunen Kern und einen hellroten Splint, ist sehr schwer und fest und wird zu Schnitzarbeiten genommen.

Mispel
Mespilus germanicus
6 m.
Dieser sommergrüne Baum ist in Südosteuropa zu Hause, wird aber seit langem auch in Mitteleuropa angepflanzt.
Krone: Niedrig, weit ausgebreitet, mit dicht verzweigten Ästen.
Rinde: Graubraun, tief eingerissen und in langen Streifen abblätternd.
Blätter: Bis 15 cm lang und 5 cm breit, länglich, zugespitzt, an den Rändern gesägt, auf der Oberseite dunkelgrün, mit hervortretenden Nerven, zuweilen kurz

behaart, unterseits heller und dicht behaart. Ihre Stiele nur 5 mm lang.
Blüten: Ungestielt, 3–6 cm breit, mit 5 breiten, weißen Blütenblättern, bis 4 cm langen, grünen Kelchblättern und zahlreichen braunen Staubbeuteln.
Frucht: 5–6 cm breit, kugelförmig, am oberen Ende zwischen den abstehenden Kelchblättern stark vertieft, anfangs grün, zur Reifezeit braun.
Verwendung: Die Früchte sind roh eßbar, wenn sie völlig ausgereift sind.

Süßkirsche
Prunus avium
Bis 20 m.
In seiner Wildform kommt dieser sommergrüne Baum in Europa, Westasien sowie in Nordafrika vor. Bei uns wächst er vorwiegend im Tiefland. Von diesem Baum stammen die Süßkirschen ab, die heute in vielen Formen als Obstbäume kultiviert werden. Aber auch zahlreiche Sorten, die man als Zierbäume in Gärten und Parks pflanzt.
Krone: Mit regelmäßig angeordneten, aufrecht abstehenden Ästen, die sich später weit ausbreiten und unregelmäßig werden.
Rinde: Braun, glatt und glänzend, später mit orangebraunen, quer verlaufenden Korkporen.
Blätter: Bis 10 cm lang und 5 cm breit, eiförmig, zugespitzt, an den Rändern fein gesägt, grün, auf der Unterseite fein behaart, im Herbst rötlich oder gelb verfärbt. 2–3,5 cm lange Stiele mit 2 roten oder gelben Drüsen.
Blüten: Angenehm duftend, mit 5 weißen, breiten Blütenblättern und zahlreichen Staubgefäßen, in kleinen Büscheln zusammenstehend.
Frucht: 1,5–2 cm im Durchmesser, kugelförmig, erst grün, später rötlich, zuletzt schwarzrot, mit einem glatten, kugelförmigen Stein, schwach süß, wohlschmeckend.
Verwendung: Die Früchte gehören zu unserem besten Tafelobst.
Das Holz ist rotbraun gefärbt, hart und schwer und wird für feine Tischlerarbeiten genommen.

Traubenkirsche
Prunus padus
Bis 15 m.
Dieser sommergrüne Baum ist in Nord- und Mitteleuropa, in Kleinasien und vom Kaukasus bis Nordchina zu Hause. Bei uns wächst er überall in Auwäldern und auf feuchten Böden.
Krone: Gewölbt, die oberen Äste aufrecht, die unteren abstehend oder nach unten gerichtet.
Rinde: Anfangs glatt, später mit Korkleisten; strenger Geruch nach bitteren Mandeln.
Blätter: Bis 10 cm lang und 7 cm breit, eiförmig, spitz, an den Rändern gesägt, oberseits mattgrün, auf der Unterseite hellgrün, im Herbst gelblich oder rötlich verfärbt. Stiele 2 cm lang.
Blüten: Klein, mit 5 breiten, weißen Blütenblättern, in bis 15 cm langen, herabhängenden Trauben angeordnet.
Frucht: 8 mm breit, kugelförmig, anfangs grün, zuletzt blau, bitter, aber von Vögeln verzehrt und dadurch verbreitet.

Kirschlorbeer
Prunus laurocerasus
Bis 8 m.
Immergrüner Strauch oder kleiner Baum, der aus Westasien und Südosteuropa stammt. Seit dem 16. Jahrhundert wird er in weiten Teilen Europas angepflanzt und ist stellenweise schon eingebürgert. Mit zahlreichen Kulturvarietäten.
Krone: Gewölbt mit weit ausgebreiteten, abstehenden Ästen.
Rinde: Dunkelgrau bis braun.
Blätter: 10–20 cm lang, 3–6 cm breit, länglich-lanzettlich, mit kurzer Spitze, am Grunde verschmälert oder rundlich, ganzrandig oder mit wenigen winzigen Zähnchen, ledrig-derb, oberseits dunkelgrün glänzend.
Blüten: Traubiger, aufrechter Blütenstand mit bis zu 30 cremeweißen, duftenden Blüten.
Früchte: Anfangs grün, dann rot, zuletzt schwarz, kugelig (Durchmesser ca. 2 cm).

Kirsch-Pflaume
Prunus cerasifera
Bis 8 m.
Dieser sommergrüne Baum ist auf dem Balkan und in Zentralasien zu Hause und wird auch bei uns seiner Früchte wegen angepflanzt. Gelegentlich verwechselt man ihn mit der Mirabelle, die aber aus einer Kreuzung zwischen der Kirsch-Pflaume und der Schlehe entstanden ist.
Krone: Offen und ausgebreitet.
Rinde: Schwarzbraun.
Blätter: 4–7 cm lang, eiförmig, zugespitzt, mit scharf gesägten Rändern, auf der Oberseite glänzend und grün, unterseits heller und stumpf; bei manchen Zierbäumen auch rot gefärbt.
Blüten: 2 cm breit, mit 5 breiten, weißen Blütenblättern, die bei Zierbäumen aber auch rosa oder rot sein können.
Frucht: Rund, zuerst grünlich, zuletzt gelb oder rot, auf der einen Seite gefurcht, wohlschmeckend, mit einem flachen Stein.

Schlehe, Schwarzdorn
Prunus spinosa
Bis 4 m.
Dieser sommergrüne Baum ist fast in ganz Europa und in Vorderasien zu Hause. Bei uns wächst er überall auf fruchtbaren Böden und bildet dichte Gebüsche.
Krone: Dicht, mit stark verzweigten, dornigen Ästen.
Rinde: Dunkelbraun, bei alten Gehölzen tief in schmale Streifen zerrissen.
Blätter: Bis 4 cm lang, eiförmig, zugespitzt, an den Rändern fein gesägt, mit einem kurzen Stiel.
Blüten: 1–1,5 cm breit, mit 5 weißen, breiten Blütenblättern und zahlreichen orangefarbenen Staubbeuteln, in dichten Büscheln angeordnet und vor den Blättern erscheinend.
Frucht: 1,5 cm im Durchmesser, kugelförmig, blau, bereift, sehr sauer und zusammenziehend, erst nach dem Frost süß und eßbar.
Verwendung: Die reifen Früchte können zu Marmelade verarbeitet werden oder zur Herstellung von Schnäpsen dienen. Das Holz ist sehr fest und zäh, früher wurden daraus Spazierstöcke hergestellt, außerdem wurde es für feine Tischlerarbeiten benutzt.

Mandelbaum
Prunus dulcis
Bis 6 m.
Dieser sommergrüne Baum ist in Westasien und Nordafrika zu Hause. Er wird seit langem überall angepflanzt, im Süden seiner Früchte wegen, bei uns als Zierbaum.
Krone: Gewölbt, offen, mit aufrechten Ästen.

Rinde: Dunkel rotbraun, tief in kleine Platten zerreißend.
Blätter: 7–12 cm lang, eiförmig, zugespitzt, an den Rändern gesägt, dunkelgrün oder gelblichgrün gefärbt, meist etwas eingerollt, kurz gestielt.
Blüten: 3–5 cm breit, mit 5 breiten, rosa gefärbten Blütenblättern und zahlreichen Staubgefäßen, vor den Blättern erscheinend. Manche Sorten haben weiße oder gefüllte Blüten.
Frucht: Ca. 4 cm lang, grün bis gelblichgrün, länglich, zur Reifezeit aufplatzend und den hellbraunen Stein freigebend.
Verwendung: Der im Steinkern enthaltene Same ist eßbar und kommt unter dem Namen »Süße Mandel« in den Verkauf. Das Holz wird für Tischlerarbeiten benutzt.

Aprikose
Prunus armeniaca
Bis 10 m.
Laubwerfender Strauch oder kleiner, buschiger Baum, der aus Zentralasien und China stammt. Wird in Südeuropa häufig kultiviert und ist stellenweise eingebürgert.
Krone: Offen und ausgebreitet mit leicht gebogenen Zweigen.
Rinde: Graubraun, rissig und schmal gefurcht.
Blätter: 5–10 cm lang, 5–9 cm breit, rundlich oder etwas oval, kurz zugespitzt, am Rand mit kleinen Zähnchen, am Grund herzförmig, mit langem Blattstiel.
Blüten: Kurzgestielt, blaßrosa, einzeln oder zu zweien, vor dem Laubaustrieb.
Frucht: Fast kugelig (Durchmesser 4–8 cm), samtig behaart, rötlich-orange bis gelb, mit linsenförmigem Steinkern.
Verwendung: Früchte eßbar.

Eberesche, Vogelbeere
Sorbus aucuparia
Bis 20 m.
Dieser sommergrüne Baum ist in ganz Europa, Südwestasien und Nordafrika verbreitet. Bei uns wächst er in Wäldern, Gebüschen und an Hecken und wird als Straßen- und Zierbaum angepflanzt.
Krone: Gewölbt und offen, mit dicht verzweigten, aufrechten Ästen.
Rinde: Silbergrau und glatt, später hell braungrau und netzförmig zerreißend.
Blätter: Unpaarig gefiedert, bis 20 cm lang, aus 9–15 Blättchen zusammengesetzt, diese schmal-eiförmig, an den Rändern stark gesägt, zuerst behaart, später verkahlend, auf der Oberseite grün, unterseits graugrün, im Herbst gelblich oder rötlich verfärbt.
Blüten: 1 cm breit, stark duftend, mit 5 breiten, elfenbeinfarbenen Blütenblättern, in 10–15 cm großen Doldenrispen angeordnet. Stiele dicht behaart.
Frucht: 1 cm breit, kugelförmig, glänzend, zuerst grün, später orange, zuletzt rot gefärbt, durch Vögel verbreitet.
Verwendung: Die Früchte sind eßbar und enthalten viel Vitamin C. Aus dem Holz werden Schnitzarbeiten hergestellt.

Mehlbeere
Sorbus aria
Bis 25 m.
Dieser sommergrüne Baum ist in Süd- und Mitteleuropa heimisch. Er wächst in Wäldern, aber auch auf felsigen Böden. Da er auch Rauch und Abgase verträgt, wird er oft an Straßenrändern und in Städten angepflanzt.
Krone: Gewölbt, mit aufrecht abstehenden, dicht verzweigten Ästen.
Rinde: Glatt, grau, im Alter mit zahlreichen quer verlaufenden Korkleisten.
Blätter: 8 cm lang, 5 cm breit, breit-elliptisch, zugespitzt, an den Rändern gesägt, nicht gelappt, auf der Oberseite grün, unterseits dicht weißfilzig behaart, im Herbst zuerst gelblich, später graubraun. Stiele kurz.
Blüten: Ca. 1,5 cm breit, mit 5 breiten, weißen Blütenblättern und zahlreichen braunen Staubbeuteln, in dichten Büscheln an den Zweigenden stehend.
Frucht: 8–15 mm im Durchmesser, ei- bis becherförmig, anfangs grün, später rot. Werden von Vögeln gefressen und dadurch verbreitet.
Verwendung: Aus den Früchten läßt sich ein Gelee herstellen. Das harte und schwere Holz ist gelblichweiß und feinporig, es wird zu Schnitzarbeiten verwendet.

Elsbeere
Sorbus torminalis
Bis 25 m.
Dieser sommergrüne Baum ist in Europa – mit Ausnahme von Nordeuropa –, Nordafrika und bis zum Kaukasus zu Hause.
Krone: Bei jungen Bäumen kegelförmig, später weit gewölbt, mit abstehenden Ästen.
Rinde: Hellgrau bis dunkelbraun, später in großen Platten abfallend.
Blätter: Bis 10 cm lang und 8 cm breit, 5- bis 7lappig mit spitzen, gesägten Lappen, von denen die untersten am größten sind, oberseits glänzend, grün, auf der Unterseite gelblichgrün, zuerst behaart, später verkahlend, im Herbst blutrot verfärbt, Stiele 2–5 cm lang.
Blüten: 1,2 cm breit, mit 5 breiten, weißen Blütenblättern und vielen gelben Staubbeuteln, in 10–12 cm großen Doldenrispen angeordnet.
Frucht: Ca. 1 cm breit, kugelförmig bis eiförmig, braun, mit großen Korkporen besetzt, sauer schmeckend. Die Früchte wurden früher in der Heilkunde verwendet.

Speierling
Sorbus domestica
Bis 20 m.
Dieser sommergrüne Baum ist im Mittelmeergebiet zu Hause, kommt aber auch bei uns in Süddeutschland und in Thüringen wild vor. Von der Vogelbeere kann er durch seine großen Früchte, aber auch durch die Rinde und die Blätter unterschieden werden.
Krone: Gewölbt, mit weit abstehenden Ästen.
Rinde: Orangebraun bis dunkelbraun, meist tief in lange Streifen zerreißend.
Blätter: 15–22 cm lang, unpaarig gefiedert, mit 13–21 länglichen, scharf gesägten, 3–6 cm langen Blättchen, anfangs dicht mit braunen Drüsenhaaren besetzt.
Blüten: 1,5–2 cm breit, mit 5 breiten, elfenbeinfarbenen Blütenblättern, schmalen Kelchblättern und 5 Griffeln, in großen, 10–14 cm breiten Doldenrispen angeordnet.
Frucht: 2–3 cm lang, apfel- oder birnenförmig, zuerst grün, später zunehmend braun. Die reifen Früchte sind eßbar, sie werden bei uns häufig dem Most zugesetzt.

Bastard-Vogelbeere
Sorbus × thuringiaca
4–10 m.
Dieser Baum ist eine Kreuzung aus der Eberesche (*Sorbus aucuparia*) und der Mehlbeere (*Sorbus aria*). Er ist in Skandinavien verbreitet und wird bei uns als Zierbaum angepflanzt.
Krone: Schmal-eiförmig, aufrecht, mit dicht verzweigten Ästen.
Rinde: Mattgrau, wenig tief eingerissen.
Blätter: Bis 11 cm lang, 7 cm breit, länglich, im unteren Teil gefiedert, im oberen gelappt, die untersten 1–4 Paare der gesägten Blättchen einzeln nach oben hin kleiner werdend, auf der Oberseite graugrün, unterseits weiß und flaumig behaart.
Blüten: 1 cm breit, weiß, in 6–10 cm großen Doldenrispen angeordnet.
Frucht: 1,2 cm breit, kugelförmig, glänzend und rot.

Holzbirne
Pyrus communis
Bis 20 m.
Von diesem sommergrünen Baum stammt der Birnbaum ab, der in vielen Sorten gepflanzt wird und ein ausgezeichnetes Obst liefert. Die Holzbirne ist in Mittel- und Südeuropa sowie in Westasien heimisch. Sie wächst in trockenen Wäldern und auf Kalkböden.
Krone: Schmal, offen, mit durchlaufendem Stamm.
Rinde: Graubraun bis dunkelbraun, mit wenig tiefen Rissen.
Blätter: 5–8 cm lang, eiförmig bis kreisförmig, zugespitzt, an den Rändern stark gesägt oder glatt, glänzend, grün, mit 2–5 cm langen Stielen.
Blüten: 2–4 cm breit, mit 5 breiten, weißen Blütenblättern und zahlreichen roten Staubbeuteln, in dichten, 5–8 cm breiten Büscheln angeordnet und vor den Blättern erscheinend.
Frucht: 2–4 cm lang, fast kugel- bis birnenförmig, zuerst grün, später bräunlich, zur Reifezeit süß schmeckend, aber mit vielen Holzzellen.
Verwendung: Das harte, zähe, rötliche Holz wird in der Möbelindustrie und zu Schnitzereien verarbeitet, ist aber auch als gutes Brennholz geschätzt.

Gemeine Felsenbirne
Amelanchier ovalis
Bis 4 m.
Kleiner Baum oder Strauch. Wächst in lichten Wäldern und an felsigen Standorten in Südeuropa.
Krone: Unregelmäßig.
Rinde: An älteren Zweigen dunkelgrau bis schwarz, an jungen graubraun.
Blätter: 2,5–25 cm lang, oval, fein gezähnt, anfangs unterseits weiß behaart.
Blüten: 3–8 weiße Blüten in aufrechtem, traubigem Blütenstand. Einzelblüte ca. 2 cm im Durchmesser.
Frucht: Klein und rund, blauschwarz, mit süßem, eßbarem Fruchtfleisch.

Goldregen wird häufig in Gärten und Anlagen angepflanzt, weil seine goldgelben, hängenden Blütentrauben im Frühjahr gar zu schön aussehen. Vorsicht jedoch, alle Teile sind giftig!

Schmetterlingsblütengewächse
Familie *Leguminosae*

Diese Familie umfaßt mehr als 13 000 Arten, und es gehören nicht nur Bäume und Sträucher, sondern auch Kräuter und Stauden hierher. Sie ist weltweit verbreitet und liefert viele wichtige Nutzpflanzen. Alle Arten haben dieselbe Fruchtform: eine Hülse. Diese Hülse öffnet sich zur Reifezeit an ihren zwei Längsnähten und gibt die Samen frei. Schmetterlingsblütler sind Stickstoffsammler, denn ihre Wurzeln leben in Gemeinschaft mit stickstoffbindenden Bakterien, die sich in knöllchenartigen Verdickungen der Wurzeln ansammeln und die Fähigkeit besitzen, den Stickstoff der Luft zu binden.

Goldregen
Laburnum anagyroides
Bis 7 m.
Sommergrüner Strauch oder Baum, der in Mittel- und Südeuropa heimisch ist. Er wächst wild in Wäldern und Gebüschen vor allem in bergigen Gegenden und wird seit langem auch in Parks und Gärten angepflanzt. Alle Teile sind giftig!
Krone: Schmal, offen, unregelmäßig, mit aufrechten Ästen.
Rinde: Glatt, anfangs grün, später bräunlich.
Blätter: 3–8 cm lang, aus 3 eiförmigen, spitzen, ungestielten Blättchen zusammengesetzt, oberseits graugrün, auf der Unterseite blaugrün und weißlich behaart.
Blüten: 2 cm lange, goldgelbe Schmetterlingsblüten, die in 10–30 cm langen, herabhängenden Trauben angeordnet sind.
Frucht: 4–8 cm lange, trockene Hülse mit schwarzen Samen, anfangs grün und dicht und kurz behaart, später dunkelbraun und verkahlend.

Robinie
Robinia pseudacacia
Bis 30 m.
Dieser sommergrüne Baum ist im östlichen Teil Nordamerikas zu Hause. Bei uns wird er seit langer Zeit als Zierbaum in Parks und Anlagen angepflanzt, aber auch zum Aufforsten sandiger und nährstoffarmer Böden verwendet.
Krone: Unregelmäßig, offen, mit stark verzweigten, aufrechten Ästen an einem kurzen Stamm.
Rinde: Zuerst glatt und braun, später graubraun und tief in lange Streifen zerreißend.
Blätter: 15–20 cm lang, unpaarig gefiedert, aus 7–15 eiförmigen, kurz gestielten, 2,5–4 cm langen Blättchen zusammengesetzt, oberseits hellgrün, auf der Unterseite blaugrün.
Blüten: Weiße, duftende Schmetterlingsblüten, die in 10–20 cm langen, hängenden, dichten Trauben angeordnet sind.
Frucht: 5–10 cm lange, herabhängende und lange am Baum bleibende Hülse mit 4–10 harten Samen.

Judasbaum
Cercis siliquastrum
10–12 m.
Der Judasbaum ist in den Gebirgen Südeuropas und Westasiens zu Hause. Bei uns wird er in wärmeren Gebieten oft als Zierbaum angepflanzt.
Krone: Breit gewölbt, aber sehr unregelmäßig.
Rinde: Rötlich, später wenig tief zerreißend.
Blätter: 8–12 cm lang, 10–12 cm breit, fast kreisrund, am Grund herzförmig, gelblichgrün bis frischgrün, ihre Stiele etwa 5 cm lang.
Blüten: Rosarote, etwa 2 cm große Schmetterlingsblüten, die in dichten Büscheln an den Zweigen, aber auch an den dicken Ästen sitzen und vor den Blättern erscheinen.
Frucht: Flache, anfangs rötliche, später braune Hülse, die lange am Baum stehenbleibt.

Gewöhnlicher Stechginster
Ulex europaeus
Bis 3 m.
Stacheliger, immergrüner, wärmeliebender Strauch, der an Wegrainen, in lichten, trockenen Wäldern und Gebüschen und auf Heideflächen anzutreffen ist. Die Pflanze wird oft auch als Wildfutter angebaut.
Blätter: Nadelförmig, einfach oder dreizählig, stechend, 1,5–2,5 cm lang, graugrün.
Blüten: Zu 1–3 in den Achseln der oberen Blätter, goldgelb, ca. 1,5 cm lang auf kurzen Stielchen. Erscheinen schon sehr früh im Jahr.
Frucht: Schwarze Hülsenfrucht, 11–20 mm lang, haarig.
Verwendung: Wurde früher als Brennmaterial gesammelt.

Gemeiner Besenginster
Sarothamnus scoparius
Bis 2 m.
Aufrechter, laubwerfender, reich verzweigter Strauch. Zweige kantig gefurcht, aufrecht, steif. Wärmeliebend. Kommt an Wegrainen, auf Lichtungen und Kahlschlägen, an Waldrändern und auf Bergwiesen vor.
Blätter: Kurz gestielt oder am Stengel ansitzend, 5–20 mm lang, länglich-elliptisch, behaart oder kahl.
Blüten: Auf 1 cm langen Stielchen einzeln aus den Blattachseln wachsend, goldgelb, 2 cm lang. Blütezeit Mai–Juni.
Frucht: Bis 4 cm lange, flache und seidig behaarte Hülsenfrucht, erst grünlich, dann schwarz.
Verwendung: Die Zweige wurden zur Herstellung von Besen verwendet.

Spanischer Ginster
Spartium junceum
1–3 (5) m.
Rutenförmiger Strauch mit graugrünen, kahlen Ästen. Wächst bevorzugt auf kalkhaltigen Böden im Mittelmeergebiet.
Blätter: 1–3 cm lang, lanzettlich, unterseits seidig behaart. Kommen nur äußerst selten an den Ästen vor, hauptsächlich dann an den Spitzen.
Blüten: Endständige Trauben goldgelber, 2–3 cm großer und duftender Schmetterlingsblüten.
Frucht: 4–8 cm lange, flache, zuerst seidig behaarte, später kahle, schwarzbraune Hülsenfrucht.
Verwendung: Früher als Heilpflanze, die langen Triebe auch zum Flechten von Körben.

Im Mittelmeergebiet belebt der Spanische Ginster von April bis Juli mit seinen goldgelben, duftenden Blüten die Macchien und Garigues.

Pomeranzen

Rautengewächse
Familie *Rutaceae*

Diese Familie umfaßt über 1600 Arten, die vorwiegend in tropischen und subtropischen Gebieten verbreitet sind. Die wirtschaftlich wichtigste Gruppe in dieser Familie ist die Gattung Citrusfrüchte (*Citrus*), zu der Zitrone, Grapefruit, Apfelsine und andere gehören. Die Bäume stammen ursprünglich aus Südostasien, werden aber in vielen subtropischen Gebieten angepflanzt. Alle haben dunkelgrüne, glänzende, immergrüne Blätter mit Öldrüsen und fünfzählige Blüten.

Zitrone
Citrus limon
6–7 m.
Dieser immergrüne Baum stammt aus Indien und wird seit der Römerzeit im Mittelmeergebiet angepflanzt.
Krone: Unregelmäßig, ausgebreitet.
Blätter: Eiförmig, zugespitzt, etwas ledrig, an den Rändern gewellt, glatt oder gezähnt, ihre Stiele sind schmal geflügelt.
Blüten: Groß, duftend, einzeln oder paarweise stehend, mit 5 breiten, rötlichweißen Blütenblättern und 20–40 Staubgefäßen.
Frucht: Anfangs grün, später gelb, fast kugelförmig bis etwas länglich, stets mit einer kleinen, kegelförmigen Spitze. Die Früchte haben eine dünne Schale und ein saftreiches, sauer schmeckendes Fleisch.
Verwendung: Früchte zum Würzen und zur Herstellung von Limonaden.

Orange, Apfelsine
Citrus sinensis
9–13 m.
Dieser immergrüne Baum ist wahrscheinlich in China heimisch und wurde im 16. Jahrhundert nach Südeuropa gebracht.
Krone: Rundlich oder pyramidenförmig, mit dornigen Zweigen.
Blätter: 7,5–10 cm lang, eiförmig, zugespitzt, mit glatten Blatträndern und einem geflügelten Stiel, oberseits dunkelgrün, auf der Unterseite heller.
Blüten: Weiß und duftend, in kleinen Büscheln zu 3–5 aus den Blattachseln wachsend.
Frucht: Kugelförmig, mit orangefarbener Schale und sehr saftreichem, süßem Fruchtfleisch.
Verwendung: Die Früchte werden als Obst gegessen, aber auch bei der Herstellung von Marmelade und Fruchtsäften verwendet.

Pomeranze
Citrus aurantium
6–12 m.
Dieser *Citrus*-Baum wächst wild im Himalaja und in Ostafrika und wird seit langem im Mittelmeergebiet angepflanzt.
Krone: Rundlich, ausgebreitet.
Blätter: Dunkelgrün, mit geflügelten Stielen.
Blüten: Weiß und duftend, einzeln oder in kleinen Büscheln in den Achseln der Laubblätter.
Frucht: Etwa 8 cm breit, kugelförmig, orangefarben, am oberen und unteren Ende abgeflacht, mit bitter schmeckendem Fruchtfleisch.
Verwendung: Aus den grünen Teilen des Baumes wird ein Öl (Essence de Petit Grain) gewonnen, aus den Blüten das zur Parfümherstellung verwendete Neroliöl. Die Schalen der Früchte werden zur Herstellung von Likör verwendet.

Tangerinen sind in unreifem Zustand dunkelgrün und nehmen erst mit zunehmender Reife ihre orange Farbe an.

Diese Grapefruit-Früchte sind schon reif und können geerntet werden.

Zitronen sind eher länglich als rund – auch diese Frucht ist erntereif.

Tangerine
Citrus deliciosa
Bis 8 m.
Mandarinen-Sorte. Kleiner, dorniger Baum mit sehr kleinen Früchten.
Blätter: Schmal-elliptisch, zugespitzt, olivgrün-glänzend.
Blüten: Mittelgroß, weiß, einzeln oder in kleinen Büscheln aus den Blattachseln wachsend.
Frucht: Fast kugelig, 3–7,5 cm im Durchmesser, an den Enden eingedrückt, mit dünner, leicht schälbarer Schale.

Grapefruit
Citrus paradisi
10–15 m.
Dieser Baum ist wahrscheinlich auf den Westindischen Inseln entstanden.
Krone: Pyramidenförmig, abgerundet.
Blätter: Eiförmig, zugespitzt, an den Rändern glatt, anfangs hellgrün, später dunkler, vor allem auf der Oberseite, Stiele breit geflügelt. In den Achseln der Blätter stehen meist Dornen.
Blüten: Groß, weiß, einzeln oder in kleinen Büscheln.
Frucht: 10–15 cm breit, kugelförmig, bis 0,5 kg schwer, gelb, mit einem sehr saftigen Fleisch, das schwach sauer schmeckt.
Verwendung: Die Früchte werden als Obst verzehrt, der Saft wird getrunken oder konserviert.

Zitronat-Zitrone
Citrus medica
Bis 10 m.
Dieser kleine Baum stammt aus Vorderindien und wird im Mittelmeergebiet häufig kultiviert.
Krone: Unregelmäßig und ausgebreitet.
Blätter: Eiförmig, zugespitzt, an den Rändern gesägt, in den Achseln meist mit kurzen Dornen, ihr Stiel drehrund oder schmal geflügelt.
Blüten: Groß und duftend, mit weißrosa gefärbten Blütenblättern, zahlreichen Staubgefäßen und roten Knospen.
Frucht: 15–25 cm lang, eiförmig oder länglich, sehr groß und bis 2,5 kg schwer, gelb, mit sehr dicker, weißer Innenschale und wenig ausgebildetem Fruchtfleisch.
Verwendung: Die weiße Schale wird mit Zucker eingekocht und kommt unter dem Namen Zitronat in den Handel.

Buchsbaumgewächse
Familie *Buxaceae*

Buchsbaum
Buxus sempervirens
5–8 m.
Dieser immergrüne Strauch oder kleine Baum ist im Mittelmeergebiet und in Kleinasien zu Hause. Bei uns kommt er nur an der Mosel und am Oberrhein wild vor. Meist wird er in Parks und Gärten angepflanzt, vor allem als Beeteinfassung. Er läßt sich stark beschneiden.
Krone: Dicht und schmal, mit einem schlanken Stamm.
Rinde: Hellbraun, dünn, bei alten Bäumen hellgrau und in kleine Platten zerreißend.
Blätter: 1,5–3 cm lang, eiförmig, am oberen Ende abgerundet, ledrig, glatt und kahl, auf der Oberseite dunkelgrün, unterseits heller, an den Rändern oft etwas nach unten eingerollt.
Blüten: Klein, weißlich-gelb, in Büscheln in den Blattachseln stehend. Männliche und weibliche Blüten in getrennten Büscheln.
Frucht: Dreiteilige, eiförmige Kapsel, die zur Reifezeit oben aufspringt und 6 glänzende Samen freigibt.

Diese blauen Weintrauben sind reif zum Ernten.

Verwendung: Das gelbe Holz ist sehr fein und hart und wird für Tischler- und Drechslerarbeiten, aber auch zum Bau von Instrumenten genommen.

Rebengewächse
Familie *Vitaceae*

Weinstock, Kultur-Rebe
Vitis vinifera
5–20 m.
Rankender Strauch, der aus Südosteuropa und Südwestasien stammt, als Kulturform bei uns in warmen Lagen aber vielerorts angebaut wird.
Blätter: Wechselständig, 3- bis 5lappig, grob stachelspitzig.
Blüten: Gelblichgrün, klein, in dichten Trauben.
Frucht: Grünliche, gelbliche, rote oder dunkelblaue Beeren (je nach Sorte) in dichten Trauben.
Verwendung: Früchte zur Weinherstellung, frisch als Obst, getrocknet als Rosinen oder Sultaninen zum Backen.

Kreuzdorngewächse
Familie *Rhamnaceae*

Purgier-Kreuzdorn
Rhamnus cathartica
Bis 10 m.
Laubwerfender, stacheliger Strauch oder kleiner Baum. Männliche und weibliche Blüten auf verschiedenen Individuen. In Hecken und Dickichten und an Waldrändern in Europa weit verbreitet.
Krone: Schwach gewölbt, Äste fast rechtwinklig vom Stamm abstehend.
Rinde: Dunkelgrau bis schwarz.
Blätter: 3–7 cm lang, gegenständig, oval bis elliptisch, vorne abgestumpft, mit schlanker Spitze, Rand fein gezähnt.
Blüten: Hellgrün, klein (4 mm Durchmesser), auf dünnen Stielchen, einzeln oder in Büscheln am Ende der Vorjahrestriebe, süß duftend.
Frucht: Kugelige, 6–8 mm breite Steinfrucht, zuerst grün, dann schwarz.

Faulbaum, Pulverholz
Frangula alnus
Bis 5 m.
Kleiner, dornenloser, laubwerfender Strauch oder Baum. In Europa in feuchten Wäldern oder in Weidegebüsch mit Ausnahme des hohen Nordens und Teilen des Mittelmeergebietes. Alle Teile sind giftig!
Krone: Fast kugelig, Äste aufrecht bis aufsteigend.
Rinde: Braun, glatt, mit einem Netzwerk purpurner Zeichnungen.
Blätter: Stumpf-spitz, ganzrandig, mit 7–9 Paar Seitennerven, grün, im Herbst rötlich-gelb.
Blüten: Einzeln oder in Büscheln an den jungen Trieben, weißlich-grün, 3 mm im Durchmesser.
Frucht: Kleine, bis 1 cm breite, kugelige Steinfrucht, erst grün, dann rot bis schwärzlich.

Stechpalmengewächse
Familie *Aquifoliaceae*

Stechpalme
Ilex aquifolium
Bis 10 m.
Immergrüner Baum, der in Süd- und Westeuropa überall vorkommt. In Gärten und Parks wird er als Zierbaum angepflanzt und oft strauchförmig gehalten.
Krone: Kegelförmig, bei alten Bäumen unregelmäßig, mit aufrechten Ästen.
Rinde: Silbergrau, glatt, später rauh und eingerissen.
Blätter: 6–8 cm lang, eiförmig, spitz, ledrig, hart. Die an den unteren Ästen stehenden Blätter haben einen welligen Rand und stechende Zähne, die an den oberen Zweigen stehenden sind oft ganzrandig und dornenlos. Oberseite dunkelgrün und glänzend, unterseits hellgrün, bei Zierbäumen aber auch gelb gestreift.
Blüten: Klein, weiß, in dichten Büscheln in den Blattachseln stehend, männliche und weibliche auf verschiedenen Bäumen.
Frucht: 4samige Steinfrucht, 7–10 mm im Durchmesser, kugelförmig, korallenrot.
Verwendung: Das weiße, harte und schwere Holz wird zu Drechsler- und Einlegearbeiten verwendet.

Götterbaum

Pfaffenhütchen

Bittereschengewächse
Familie *Simaroubaceae*

Götterbaum
Ailanthus altissima
Bis 25 m.
Dieser schnellwüchsige, sommergrüne Baum ist in China heimisch. Er wird in Süd- und Westeuropa häufig als Schattenbaum angepflanzt und kann hier als eingebürgert gelten. Er ist unempfindlich gegen Rauch und Abgase.
Krone: Groß und gewölbt, etwas unregelmäßig und mit dicken, aufrechten Ästen und einem kurzen Stamm.
Rinde: Glatt, graubraun bis schwarzbraun, später in Querstreifen zerreißend.
Blätter: 30–60 cm lang, unpaarig gefiedert, aus 11–45 Blättchen zusammengesetzt. Blättchen eiförmig, lang zugespitzt, 7–15 cm lang, mit 1–3 spitzen Lappen, auf deren Unterseite sich eine große Drüse befindet. Die Blätter zuerst rot gefärbt, dann grün, mit 7–15 cm langen Stielen.
Blüten: Klein und unansehnlich, in großer Zahl in hängenden Rispen angeordnet. Männliche und weibliche meist an verschiedenen Bäumen.
Frucht: 4 cm lang, schmal, mit einem Samen in der Mitte, zur Reifezeit braun.

Spindelbaumgewächse
Familie *Celastraceae*

Pfaffenhütchen
Euonymus europaeus
Bis 6 m.
Dieser sommergrüne Strauch oder kleine Baum ist fast über ganz Europa verbreitet – mit Ausnahme des Nordens – und kommt auch in Kleinasien, im Kaukasus und in Westsibirien wild vor. Er gedeiht am besten auf nährstoffreichen, kalkhaltigen Böden.
Krone: Vielästig, breit gewölbt.
Rinde: Glatt und grün, später rotbraun und mit breiten Korkleisten.
Blätter: 3–10 cm lang, schmal, zugespitzt, an den Rändern fein gesägt, auf der Oberseite blaugrün, unterseits heller. Im Herbst erst gelblich, dann braunrot und rot verfärbt.
Blüten: Etwa 10 mm breit, mit 4 schmalen Blütenblättern und 4 Staubgefäßen, sternförmig, in kleinen Büscheln zu 3–8 zusammenstehend.
Frucht: 4klappige, scharlachrote Kapsel, die sich zur Reifezeit öffnet und 2–4 Samen freigibt, die an Fäden aus der Frucht hängen und einen rosa gefärbten, fleischigen Mantel haben. Giftig!
Verwendung: Das helle, kernlose Holz ist sehr feinporig und wird zu Drechslerarbeiten genommen. Aus der Rinde wird Guttapercha gewonnen.

Ahorngewächse
Familie *Aceraceae*

Diese Familie umfaßt über 150 Arten, von denen die meisten zur Gattung *Acer* gehören. Ihre Blüten sind meist klein und unauffällig. Die Früchte sind lang geflügelt und zerfallen zur Reifezeit in 2 Teilfrüchte.

Felsen-Ahorn, Französischer Ahorn
Acer monspessulanum
Bis 15 m.
Dieser sommergrüne Baum ist im Mittelmeergebiet von Spanien bis zum Kaukasus verbreitet, bei uns kommt er nur am Mittelrhein, an der Mosel und am Oberlauf des Mains vor.
Krone: Gewölbt und dicht.
Rinde: Dunkelbraun, mit waagrechten Rissen.
Blätter: 4–8 cm breit, 3lappig, mit breiten, abgerundeten, ganzrandigen Lappen, auf der Oberseite dunkelgrün, unterseits graublau.
Blüten: Unauffällig und klein, bräunlich, in kleiner Zahl in aufrechten oder überhängenden Büscheln.
Frucht: Flügelfrucht, 1,2 cm lang, Flügel wenig gespreizt bis fast parallel, mit etwa 4 cm langem Stiel, oft rötlich überlaufen.
Verwendung: Holz für Möbel, Parkett und Drechslerarbeiten.

Eschen-Ahorn
Acer negundo
Bis 20 m.
Dieser sommergrüne, schnellwüchsige Baum ist in Nordamerika heimisch und wird bei uns häufig in Gärten, Anlagen und Parks angepflanzt.
Krone: Unregelmäßig gewölbt, oft etwas einseitig gewachsen.
Rinde: Zuerst glatt und graubraun, später braun und eingerissen.
Blätter: Unpaarig gefiedert, 15–20 cm lang, aus 3–7 eiförmigen, spitzen, stark gesägten und deutlich gestielten Blättchen zusammengesetzt, hellgrün, bei Gartenformen aber auch weißlich gerandet, mit 6–8 cm langen Stielen.
Blüten: In hängenden Büscheln, männliche und weibliche an verschiedenen Bäumen.
Frucht: Flügelfrucht, 2 cm lang, weniger als rechtwinklig gespreizt, zur Reifezeit hellbraun.
Verwendung: Holz für Möbel, Parkett und Drechslerarbeiten.

Feld-Ahorn
Acer campestre
Bis 25 m.
Dieser sommergrüne Baum ist in Europa, Nordafrika und Kleinasien heimisch, in Skandinavien kommt er nur in Südschweden vor. Er wächst bei uns wild in Laubwäldern. Außerdem wird er häufig als Zierbaum in Parks und Anlagen gepflanzt.
Krone: Niedrig, gewölbt.
Rinde: Hellbraun, netzartig zerrissen und oft mit Korkleisten versehen.
Blätter: 5–8 cm breit, mit 3–5 ganzrandigen oder gebuchteten, an der Spitze breit-abgerundeten Lappen, beim Entfalten rötlich überlaufen, später auf der Oberseite dunkelgrün, unterseits heller, über den Nerven behaart, im Herbst goldgelb oder rötlich verfärbt, ihre Stiele 5–9 cm lang.
Blüten: Grünlich, in kleinen, aufrechten Doldenrispen angeordnet und fast mit den Blättern erscheinend.
Frucht: Flügelfrucht, 5–6 cm lang, fast waagrecht gespreizt, zuerst gelbgrün, später rotbraun, jede Spaltfrucht mit einer kugeligen Nuß.
Verwendung: Das Holz ist hart und rötlich gefärbt. Es wird zu Tischlerarbeiten benutzt.

Spitz-Ahorn
Acer platanoides
Ca. 20 m.
Dieser sommergrüne, sehr langsam wachsende Baum kommt überall in Europa vor, mit Ausnahme von England und Holland.
Krone: Groß, gewölbt und ausgebreitet, oft mit kurzem Stamm.
Rinde: Glatt, graubraun, später netzartig zerrissen.
Blätter: Bis 15 cm breit, 5lappig, mit lang zugespitzten, stark gezähnten Lappen, dazwischen bogig eingeschnitten, beiderseits frischgrün, im Herbst leuchtend gelb verfärbt, ihre Stiele bis 15 cm lang.
Blüten: Klein, gelblichgrün, in kleinen, aufrechtstehenden Doldenrispen angeordnet, zwittrig oder eingeschlechtlich, vor den Blättern erscheinend.
Frucht: Flügelfrüchte, 6–10 cm lang, fast waagrecht gespreizt, braun.
Verwendung: Das feste, feinporige Holz wird zu Drechslerarbeiten verwendet.

Berg-Ahorn
Acer pseudoplatanus
Bis 35 m.
Dieser immergrüne Baum wird aber seit langem in allen Teilen Europas angepflanzt.
Krone: Breit gewölbt, dicht, mit stark verzweigten Ästen.
Rinde: Glatt und grau, später etwas rötlich und in unregelmäßige Streifen zerreißend.
Blätter: 8–16 cm breit, 5lappig, mit eiförmigen, spitzen, gleichmäßig gesägten Lappen und dazwischen mit spitzen Einschnitten, Oberseite dunkelgrün, Unterseite heller, mit 15 cm langen Stielen.
Blüten: Zahlreich in 6–10 cm langen, hängenden Rispen angeordnet, nach den Blättern erscheinend.
Frucht: Flügelfrucht, 6 cm lang, mit breiten Flügeln.
Verwendung: Das weiße bis gelblich gefärbte Holz wird zur Herstellung von Möbeln und anderen Tischler- und Drechslerarbeiten verwendet.

Sumachgewächse
Familie *Anacardiaceae*

Große Familie fast ausschließlich tropischer Gewächse mit über 600 Arten. In Europa kommen nur 7 Arten vor. Alle besitzen kleine, 5blättrige Blüten, die in Büscheln zusammenstehen. Viele von ihnen sind besonders harz- und gummihaltig.

Perückenstrauch
Cotinus coggygria
2–5 m.
Der Perückenstrauch kommt wild in Südeuropa bis Mittelchina und im

Nordwest-Himalaja vor und wird bei uns als Zierstrauch angepflanzt.
Blätter: 3–8 cm lang, verkehrt-eiförmig bis länglich, frischgrün.
Blüten: Klein, gelblich, in 15–20 cm langen Rispen, mit verlängerten, grünen oder rötlichen Fruchtstielen.
Frucht: Klein, rundlich, bräunlich, in lockeren Trauben, deren Fruchtstiele lange, federartige, gelblichrote bis graue »Haare« tragen.

Immergrüner Sumach
Rhus coriaria
Bis 3 m.
Kleiner, immergrüner Strauch oder Baum. Kommt im Mittelmeergebiet im Gebüsch an trockenen Standorten vor.
Krone: Breit gewölbt bis kugelig.
Blätter: Wechselständig, unpaarig gefiedert, mit 7–21 Fiederblättchen, Fiederblättchen 1–5 cm lang, am Rand gezähnt, dick und flaumig behaart.
Blüten: Grünlich, in dichten, endständigen Rispen, bis 10 cm hoch, Einzelblüte 3–4 mm breit.
Frucht: 4–6 mm breite, kugelige, bräunliche Steinfrucht in dichter Traube.

Terpentin-Pistazie
Pistacia terebinthus
Bis 5 m.
Laubwerfender, kleiner Strauch oder Baum. Im Mittelmeergebiet und bis Südwestasien verbreitet.
Rinde: Graubraun, grob gefurcht.
Blätter: Unpaarig gefiedert, mit 3–9 Fiederblättchen, Fiederblättchen breit-oval, glatt, etwas ledrig, dunkelgrün.
Blüten: In Rispen bis 15 cm Länge, grünlichgelb oder bräunlich.
Frucht: Purpurbraun bis rot, verkehrt-eiförmig, 5–7 mm lang.

Mastixstrauch
Pistacia lentiscus
Bis 8 m.
Meist ausgebreiteter, immergrüner Strauch oder Baum. Im Mittelmeergebiet auf trockenen, sonnigen Hängen.
Krone: Weit ausgebreitet.
Blätter: Dunkelgrün, ledrig, paarig gefiedert, mit 6–12 Fiederblättchen.
Blüten: Gelblich oder purpurn, in kleinen, dichten Büscheln wachsend.
Frucht: Kugelig, etwa 4 mm Durchmesser, anfangs rötlich, später schwarz.

Echte Pistazie
Pistacia vera
Bis 6 m.
Kleiner, laubwerfender Baum, der aus Westasien stammt und im Mittelmeergebiet häufig angebaut wird.
Krone: Breit ausladend.
Rinde: Graubraun, rauh, mit kurzen Leisten.
Blätter: Meist mit 5 Fiederblättchen, Fiederblättchen breit-oval, dünn, dunkelgrün.
Blüten: Grünlich, in 7–10 cm langen, lockeren Blütenständen.
Frucht: Eiförmig, 2,5 cm lang, hartschalig, rötlichbraun, in lockerer Traube.

Perückenstrauch in voller Frucht. Die hellrosa »Wolken« rühren von den langen Haaren her, die an den Fruchtstielen sitzen.

Roßkastaniengewächse
Familie *Hippocastanaceae*

Diese kleine Familie mit ca. 30 Arten ist fast ausschließlich in den gemäßigten Gebieten der nördlichen Erdhälfte verbreitet. Es handelt sich um Laubbäume mit großen, fingerförmig geteilten Blättern und kerzenartigen Blütenständen.

Roßkastanie
Aesculus hippocastanum
Bis 30 m.
Dieser sommergrüne Baum ist auf dem Balkan heimisch, wurde aber bereits vor 400 Jahren bei uns eingeführt und ist seither vollständig eingebürgert.
Krone: Groß, gewölbt, mit verhältnismäßig kurzem Stamm.
Rinde: Dunkel graubraun, später tief in Streifen zerrissen.
Blätter: Bis 25 cm lang, fingerförmig, mit 5–7 großen, stark gesägten Blättchen, zuerst filzig behaart, später auf der Oberseite dunkelgrün, unterseits gelbgrün, im Herbst gelbgrün, goldgelb oder rötlich verfärbt. Blattstiele bis 25 cm lang, nach dem Abfallen große, hufeisenförmige Narben an den Zweigen hinterlassend.
Blüten: Etwa 2 cm breit, deutlich schief, mit gefransten weißen, zuerst gelb, dann rot gefleckten Blütenblättern, in großer Zahl in einer aufrechten, 30 cm langen Rispe (Kerze) angeordnet.
Frucht: Kugelförmige, stachelige, grüne Kapsel, die 1–2 (selten 3) glänzende Samen (Kastanien) enthält.
Verwendung: Die Kastanien werden als Futter für das Rotwild genommen. Das Holz des Baumes ist weich, weißlich und leicht zu bearbeiten, es wird daher gerne in der Möbelindustrie verwendet.

Rotblühende Roßkastanie
Aesculus × carnea
Bis 20 m.
Dieser Baum ist eine Kreuzung zwischen der Roßkastanie (*Aesculus hippocastanum*) und der amerikanischen Art *Aesculus pavia*. Die Rotblühende Roßkastanie wird gerne als Park- oder Alleebaum angepflanzt.
Blätter: Ähnlich wie bei der Roßkastanie, aber die Blättchen sind dunkler gefärbt, gerunzelt und an den Rändern gröber gesägt.
Blüten: Rot gefärbt, in aufrechten, 12–20 cm großen Rispen.
Frucht: Meist ohne Stacheln, mit 2–3 kleineren, dunkelbraunen Samen.

Die Schönheit eines Kastanienbaumes kann man erst richtig im April/Mai bewundern, wenn der Baum in voller Blüte steht.

Lindengewächse
Familie *Tiliaceae*

Die Familie der Lindengewächse umfaßt mehr als 400 verschiedene Bäume und Sträucher, die vorwiegend in tropischen und subtropischen Gebieten verbreitet sind.
In den nördlichen gemäßigten Breiten wachsen ca. 30 verschiedene Lindenarten, die alle zur Gattung *Tilia* gehören und sich durch folgende gemeinsame Merkmale auszeichnen: sehr faserhaltige Rinde; weiche, herzförmige Blätter; 5zählige, zwittrige Blüten in langgestielten Blütenständen, die am Grunde ein flügelähnliches Blatt tragen, das später den Samen als Flugblatt dient; die Frucht ist eine 1- bis 3samige Nuß.
Die Blätter der Linden werden sehr häufig von Blattläusen heimgesucht, auf deren süßen, klebrigen Ausscheidungen (Honigtau) sich dann auch noch schwarze Rußtaupilze ansiedeln und die Blätter unansehnlich werden lassen.

Winter-Linde
Tilia cordata
Bis 30 m.
Dieser sommergrüne Baum kommt in fast allen Gebieten Europas vor und ist auch im Kaukasus zu finden. Er wird bei uns häufig als Straßenbaum angepflanzt.
Krone: Groß, dicht, gewölbt.
Rinde: Glatt, grau, später dunkelgrau und zerreißend.
Blätter: 4–7 cm lang, 3–5 cm breit, herzförmig, an den Rändern gesägt, oberseits dunkelgrün, unterseits heller und in den Achseln der Nerven rostrot behaart; die Stiele sind bis 3,5 cm lang.
Blüten: Weißgelb, duftend, zu 4–15 zusammenstehend, der Stiel des Blütenstandes mit einem etwa 6 cm langen, dünnhäutigen Blatt verwachsen.
Frucht: 6 mm breit, kugelförmig, hart, undeutlich gerippt, 1- bis 2samig.
Verwendung: Das weiche, weiße Holz wird für Schnitzereien, Drechselarbeiten und Holzzellstoff verwendet. Aus den Blüten macht man einen schweißtreibenden Tee; sie liefern auch einen sehr guten Honig.

Sommer-Linde
Tilia platyphyllos
Bis 40 m.
Dieser sommergrüne Baum ist ebenfalls in Europa weit verbreitet, geht aber nicht so weit nach Norden wie die Winter-Linde. Er wird häufig angepflanzt.
Krone: Groß, gewölbt, mit aufrechten Ästen.
Blätter: 6–15 cm lang, herzförmig, zugespitzt, an den Rändern stark gesägt, auf der Oberseite dunkelgrün, auf der

Viele kleine Triebe, die am Grunde des Stammes und im unteren Bereich des Baumes entspringen, sind ein typisches Merkmal für Holländische Linden.

Unterseite heller, in den Achseln der Nerven mit weißen Haarbüscheln, Stiel 2–5 cm lang.
Blüten: Gelblichweiß, zu 3–4 zusammenstehend, das flügelähnliche Blatt 5–12 cm lang.
Frucht: 8–10 mm breit, kugelförmig, dicht behaart und mit 5 hervortretenden Rippen.
Verwendung: Das weiche, weiße Holz wird in der Hauptsache für Drechsel- und Schnitzarbeiten verwendet. Aus den stark duftenden Blüten macht man einen schweißtreibenden Tee; sie liefern auch einen guten Honig.

Silber-Linde
Tilia tomentosa
Bis 30 m.
Dieser Baum ist in Südosteuropa, in den Balkanländern und in Südwestasien zu Hause. Bei uns wird er als Zierbaum angepflanzt.
Krone: Breit-kegelförmig, gewölbt, mit aufrechten Ästen.
Rinde: Dunkelgrün, mit waagrechten Streifen, später grau und netzartig zerreißend.
Blätter: Bis 12 cm lang, herzförmig, zugespitzt, an den Rändern stark gesägt, am Grunde schief, auf der Oberseite dunkelgrün und runzelig, unterseits graugrün und dicht behaart, Stiele 6 cm lang.
Blüten: Gelblich, in kleinen Büscheln zu 6–10 zusammenstehend, das flügelartige Blatt bis 9 cm lang.
Frucht: 6–10 mm lang, eiförmig, mit kleinen Warzen bedeckt.
Verwendung: Holz vor allem für Schnitzarbeiten.

Holländische Linde
Tilia × vulgaris
Bis 40 m.
Dieser Baum ist wahrscheinlich eine in der Natur entstandene Kreuzung zwischen der Sommer-Linde und der Winter-Linde. Er wird seit langer Zeit als Straßenbaum angepflanzt und ist in Ortschaften häufiger anzutreffen als die beiden Stammformen. Kann 500–1000 Jahre alt werden!
Krone: Groß, gewölbt, dicht und stark verzweigt.
Rinde: Grau und glatt, später rauh und netzartig zerreißend.
Blätter: 6–10 cm lang, herzförmig, an den Rändern stark gesägt, auf der Oberseite dunkelgrün, unterseits rein grün und glänzend, in den Achseln der Nerven mit weißlichen Haarbüscheln, im Herbst gelb verfärbt; die Stiele sind 2–5 cm lang.
Blüten: Gelblichweiß, zu 7–11 in den langgestielten Rispen angeordnet.
Frucht: 8 mm breit, verstreut behaart, dickschalig, mit schwach hervortretenden Rippen, Samen werden sehr selten ausgebildet.
Verwendung: Das weiche, cremeweiße bis rötliche Holz wird vor allem für Schnitzereien verwendet. Früher wurde der Bast, den die innere Rindenschicht liefert, wirtschaftlich stark genutzt.

Granatapfelgewächse
Familie *Punicaceae*

Granatapfelbaum
Punica granatum
Bis 6 m.
Dieser immergrüne Baum ist in Südwestasien heimisch, wird aber seit langer Zeit im Mittelmeergebiet kultiviert und gedeiht überall dort, wo auch Zitronen wachsen. In Kultur wird er meist strauchig gehalten.
Krone: Breit ausladend mit aufrechten Ästen.
Blätter: 2–8 cm lang, schmal, am oberen Ende abgerundet, ledrig, dunkelgrün und glänzend, kurz gestielt.
Blüten: 3–4 cm breit, leuchtend rot. Die Kelchblätter sind zu einer Röhre verwachsen, aus der am oberen Ende die Blütenblätter und zahlreiche gelbe Staubgefäße herausragen. Manche Gartenformen haben gefüllte Blüten.
Frucht: Von der Größe einer Zitrone, rot oder auch gelbrot gefärbt, kugelförmig, mit einer derben, zähen Schale und mehreren Kammern mit zahlreichen Samen.
Verwendung: Die einzelnen Samenkörner werden von einer fleischigen Hülle umgeben, die sehr safthaltig ist und angenehm schmeckt. Dieser Saft wird zu Limonaden verarbeitet.
Die Rinde enthält Gerbsäure und diente früher als Fiebermittel.

Myrtengewächse
Familie *Myrtaceae*

Tasmanischer Blaugummibaum
Eucalyptus gunnii
20–30 m.
Dieser immergrüne Baum ist in Tasmanien und Südaustralien zu Hause. Er wird vorwiegend in Nordwesteuropa angepflanzt.
Krone: Kegelförmig, später breit gewölbt und stark verzweigt.
Rinde: Glatt und grau unter den rötlichen, abreißenden Streifen.
Blätter: 8–10 cm lang, länglich, am oberen Ende zugespitzt, ganzrandig, ledrig, auf der Oberseite blaugrün, unterseits gelbgrün, beim Zerreiben nach Apfel duftend, die jungen Blätter breiter und rundlich.
Blüten: In kleinen Büscheln zu dritt in den Blattachseln stehend, grauweiß und becherförmig, mit zahlreichen gelben Staubbeuteln.
Frucht: Etwa 5 mm lang, becherförmig und hart.

Brautmyrte
Myrtus communis
Bis 5 m.
Dieser immergrüne Strauch ist im Mittelmeergebiet heimisch und wächst wild in voller Sonne in Wäldern und Gebüschen. Er wird häufig angepflanzt und auch bei uns in Kübeln gehalten. Die kleinen blühenden Zweige dienen als Brautschmuck.
Blätter: 2–3 cm lang, 1,5 cm breit, am Grunde und am oberen Ende zugespitzt, lederig, dunkelgrün und dicht mit dunklen Drüsen besetzt, beim Zerreiben stark aromatisch riechend.
Blüten: Etwa 2 cm breit, angenehm duftend, mit 5 weißen Blütenblättern und zahlreichen Staubgefäßen. Einzeln auf langen Stielen in den Blattachseln stehend, mit kleinen, kugelförmigen Knospen.
Frucht: 6 mm breite, kugelförmige, blaurote Beere.
Verwendung: Aus den Blättern, Blüten und Früchten wird ein Öl gewonnen, das bei der Parfüm- und Seifenherstellung gebraucht wird.

Blaugummibaum
Eucalyptus globulus
Bis 40 m.
Immergrüner Baum, der in Südaustralien heimisch ist. Er wird in Süd- und Westeuropa als Zierbaum, aber auch zur Trockenlegung von Sümpfen angepflanzt.
Krone: Kegelförmig oder gewölbt, hoch und dicht.
Rinde: Hellbraun, später in langen Streifen abblätternd, so daß die graubraune innere Rinde zu sehen ist.
Blätter: 10–30 cm lang, etwa 4 cm breit, schmal, lang zugespitzt, meist sichelförmig gebogen, lederig, glänzend, dunkelgrün, mit Drüsen besetzt, auf der Unterseite graublau bis weißlich. Stiele kurz und kahl.
Blüten: Etwa 4 cm breit, weißlich, mit zahlreichen sternförmig angeordneten gelben Staubbeuteln, einzeln in den Blattachseln stehend.
Frucht: 1,5–2,5 cm groß, becherförmig, hart und verholzt, dunkelbraun, mit graublauem Deckel, der zur Reifezeit abspringt und die Samen freigibt.
Verwendung: Aus den Blättern wird Eukalyptusöl gewonnen.

Zistrosengewächse
Familie *Cistaceae*

Lack-Zistrose
Cistus ladanifer
Bis 2,5 m.
Aufrechter, stark drüsig-klebriger, aromatisch riechender Strauch, der auf trockenem, steinigem Gelände vor allem im Mittelmeergebiet vorkommt.
Blätter: 3–9 cm lang, lanzettlich, oben glatt und klebrig, unten weißlich-wollig.
Blüten: 5–10 cm groß, 5blättrig, weiß mit gelbem Fleck am Grund jedes Blütenblattes, meist einzeln an der Spitze von Seitenzweigen.

Salbeiblättrige Zistrose
Cistus salvifolius
Bis 1 m.
Dichter, graugrüner Strauch, bevorzugt auf saurem Gestein im Mittelmeergebiet.
Blätter: Bis 2 cm lang, oval, hellgrün.
Blüten: 2–4 cm, 5blättrig, weiß mit vielen gelben Staubblättern, einzeln oder bis zu 4 im Büschel.

Weißliche Zistrose
Cistus albidus
Bis 1 m.
Dichter, vielverzweigter Strauch, der vorwiegend auf kalkigem Untergrund im Mittelmeergebiet vorkommt.
Blätter: 2–3 cm lang, weißfilzig.
Blüten: Rosarot, 6 cm, auf bis zu 2 cm langen, kräftigen Blütenstielen, zerknittert aussehend.

Tamariskengewächse
Familie *Tamaricaceae*

Afrikanische Tamariske
Tamarix africana
Bis 6 m.
Lockerer Strauch oder kleiner Baum mit rutenförmigen Zweigen. Häufig an der Küste oder auf Kiesbänken in Flüssen.
Blätter: Sehr klein, schuppenförmig den Zweigen anliegend, spitz, hellgrün.
Blüten: Weiß oder rosa, 3 mm, 5blättrig, in 3–6 cm langen, kätzchenartigen Blütenständen.

Ölweidengewächse
Familie *Elaeagnaceae*

Sanddorn
Hippophae rhamnoides
Bis 10 m.
Reichverzweigter, laubwerfender Strauch oder kleiner Baum. Männliche und weibliche Blüten auf verschiedenen Individuen.
Rinde: Längsrissig, abschuppend.
Blätter: Bis 6 cm lang, schmal, ganzrandig, zuerst graugrün-filzig, später hellgrün und glatt.
Blüten: Etwa 3 mm breit, unauffällig vor dem Laubaustrieb erscheinend.
Frucht: Oval bis rundlich, bis 8 mm breit, hellorange, eßbar.

Ganz oben: Salbeiblättrige Zistrose

Oben: Weißliche Zistrose

Hartriegelgewächse
Familie *Cornaceae*

Roter Hartriegel
Cornus sanguinea
Bis 5 m.
Dieser sommergrüne Baum ist in Europa – mit Ausnahme des Nordens – weit verbreitet. Die östliche Grenze seines Vorkommens ist die Linie Ostsee – Kaspisches Meer. Bei uns wächst er auf nährstoffreichen, oft kalkhaltigen Böden. Im Winter fallen vor allem seine dunkelroten Zweige auf.
Rinde: Graugrün.
Blätter: 4–10 cm lang, eiförmig, zugespitzt, mit stark hervortretenden, bogig verlaufenden Nerven, im Herbst zuerst hellgrün, dann dunkelrot verfärbt.
Blüten: Klein, 4zählig, mit weißen, schmalen Blütenblättern und 4 Staubblättern, in 4–5 cm großen, gewölbten Doldenrispen angeordnet.
Frucht: 6–8 mm im Durchmesser, kugelförmig, schwarz. Die Beere hat ein bitter schmeckendes Fleisch und einen Kern mit 2 Samen.
Verwendung: Das sehr harte, zähe und helle Holz wird für Tischler- und Drechslerarbeiten genommen.

Heidekrautgewächse
Familie *Ericaceae*

Diese Familie umfaßt etwa 2500 Arten, die in den gemäßigten und kalten Gebieten der Erde, aber auch in tropischen Gebirgen verbreitet sind.

Erdbeerbaum

Blüten und Früchte

Rinde

Erdbeerbaum
Arbutus unedo
Bis 12 m.
Dieser kleine, immergrüne Baum ist in Südwesteuropa zu Hause und kommt wild bis Nordwestirland vor. Er wächst auf trockenen Hügeln, in Gebüschen und lichten Wäldern und wird hin und wieder auch angepflanzt.
Krone: Niedrig, dicht, rundlich, mit aufrechten, verzweigten Ästen und sehr kurzem Stamm.
Rinde: Dunkelrötlich, später in graubraunen Streifen abreißend.
Blätter: 5–10 cm lang, 2–3 cm breit, schmal, an beiden Enden spitz zulaufend, an den Rändern gesägt, oberseits dunkelgrün und glänzend, auf der Unterseite heller. Stiele kurz und behaart.
Blüten: 8 mm lang, krugförmig, am oberen Ende fein gezähnelt, weiß, grünlich oder rot überlaufen, in kleinen, 5 cm langen, herabhängenden Büscheln angeordnet.
Frucht: 2 cm im Durchmesser, kugelförmig, anfangs gelb, dann rosa, zuletzt rot, stark warzig.
Verwendung: Aus dem rötlichbraunen Holz werden Geräte und Holzkohle hergestellt.

Rhododendron
Rhododendron ponticum
3–5 cm.
Immergrüner Strauch, der aus Südeuropa stammt und heute viel als Veredelungsunterlage für die verschiedensten Rhododendron-Sorten verwendet wird.
Rinde: Braungrau mit zahllosen flachen Spalten.
Blätter: 10–15 cm, länglich lanzettlich, lederartig, dunkelgrün, oberseits glänzend, unterseits matt und heller gefärbt.
Blüten: Hell purpur-violett, ca. 7 cm im Durchmesser, zu 10–15 in einem Büschel.
Frucht: Trockene, braune Kapsel.

Baum-Heide
Erica arborea
1–4 (15) m.
Immergrüner Strauch oder kleiner Baum, der vor allem auf sauren Böden im Mittelmeergebiet, auf den Kanaren und in Zentralafrika vorkommt.
Blätter: 3–5 mm lang, nadelförmig, dunkelgrün, in Quirlen meist zu viert um den dicht weißbehaarten Zweig stehend.
Blüten: Glockig, weiß bis weißrosa mit dunkelbraunen Staubbeuteln, 4–5 mm lang, in dichten, reichblütigen Blütenständen an den Enden der Triebe.

Der Rhododendron ist inzwischen zu einem beliebten Gartenstrauch geworden, der in vielen verschiedenen Blütenfarben und -formen gezüchtet wird.

Geißblattgewächse
Familie *Caprifoliaceae*

Wolliger Schneeball
Viburnum lantana
Bis 5 m.
Dieser sommergrüne Strauch oder kleine Baum ist in Südeuropa und Kleinasien zu Hause. Er wächst bei uns an sonnigen Hängen und in lichten Wäldern, meist auf kalkhaltigem Boden.
Blätter: 5–12 cm lang, herzförmig, spitz, an den Rändern fein und regelmäßig gezähnt, auf der Oberseite dunkelgrün, unterseits heller und dicht weißlich behaart. Stiele kurz und behaart.
Blüten: 6 mm breit, weiß, alle fruchtbar, in dichten, 6–10 cm breiten, fast kugelförmigen Blütenrispen angeordnet.
Frucht: Schmal, walzenförmig, an beiden Enden abgerundet, zuerst grün, dann rot, zuletzt blauschwarz gefärbt. Giftig!

Gemeiner Schneeball
Viburnum opulus
Bis 5 m.
Dieser sommergrüne Strauch oder kleine Baum ist – mit Ausnahme von Skandinavien – in Europa, Westasien und Nordasien weit verbreitet.
Krone: Ausgebreitet, unregelmäßig.
Blätter: 5–8 cm lang, 3- bis 5lappig, an den Rändern tief und unregelmäßig gesägt, mit 2 auffallenden Drüsen am Blattstiel, anfangs behaart, später verkahlend, grün, im Herbst hellrot verfärbt. Stiele 3–4 cm lang.
Blüten: Weiß, in einer 5–10 cm breiten, flachen Doldenrispe angeordnet, die äußeren 2 cm breit und unfruchtbar, die inneren viel kleiner und fruchtbar – bei Gartenformen aber auch groß und steril.
Frucht: 8 mm breite, kugelförmige, rote Steinfrucht mit einem Samen. Giftig!

Schwarzer Holunder
Sambucus niger
Bis 10 m.
Dieser sommergrüne Strauch oder kleine Baum ist über ganz Europa verbreitet. Er wächst in Gebüschen, an Waldrändern, Feldwegen und Schuttstellen.
Krone: Unregelmäßig, vielästig.
Rinde: Graubraun, mit zahlreichen Korkporen, später dunkler und tief netzartig zerreißend.
Blätter: Unpaarig gefiedert, aus 5–7 eiförmigen, zugespitzten, stark gesägten, 3–9 cm langen Blättchen zusammengesetzt, auf der Oberseite grün, unterseits graugrün.
Blüten: Etwa 5 mm breit, weiß, in dichten, flachen, 10–20 cm breiten Doldenrispen angeordnet.
Frucht: Kugelige, blauschwarze, beerenartige Steinfrucht mit 3 Samen.
Verwendung: Die »Holunderbeeren« werden gegessen, doch sollte man vorher die Samen entfernen, denn sie sind – wie alle grünen Teile des Baumes – schwach giftig!
Das Holz ist hart, fest und weiß und wird für Tischlerarbeiten gebraucht.

Im Mittelmeergebiet werden Ölbäume in großen Plantagen angepflanzt.

Blüten

Ölbaum

Rinde

Ölbaumgewächse

Familie *Oleaceae*

Pflanzenfamilie mit etwa 600 Arten, die hauptsächlich in wärmeren Gebieten verbreitet sind. Es handelt sich zum einen um Holzpflanzen mit einfachen oder gefiederten Blättern und kleinen, unauffälligen Blüten oder um bekannte Ziersträucher wie den Flieder, die Forsythie, den Liguster und den Jasmin. Der wichtigste Vertreter dieser Familie ist der im Mittelmeergebiet heimische Öl- oder Olivenbaum.

Ölbaum
Olea europaea
Bis 15 m.
Dieser langsam wachsende, immergrüne Baum ist die Charakterpflanze des Mittelmeerraumes. Er wird hier seit undenklichen Zeiten angebaut, wächst aber auch heute noch wild oder verwildert an trockenen, felsigen Orten.
Krone: Breit gewölbt, flach, unregelmäßig, mit meist kurzem, gedrehtem Stamm.
Rinde: Grau, im Alter netzartig zerrissen.
Blätter: 2–8 cm lang, schmal, an beiden Enden zugespitzt, lederig, oberseits dunkelgrün, auf der Unterseite silbergrau. Stiele sehr kurz.
Blüten: 4zählig, klein, weiß, mit ausgebreiteten Blütenblättern und 2 Staubgefäßen, in dichten, aufrechten Trauben in den Blattachseln stehend.
Frucht: 1–3 cm lange, eiförmige bis kugelige Steinfrucht, anfangs grün, später blauschwarz bis braungrün, glatt.
Verwendung: Die Früchte kommen unter dem Namen »Olive« in den Handel. Sie enthalten etwa 20% Öl, das seit alters her als Speiseöl geschätzt wird. Industriell wird es auch in der Seifen- und Textilindustrie sowie als Schmieröl verwendet.
Das harte und zähe Holz nimmt man für Drechslerarbeiten und stellt auch Holzkohle daraus her.

Esche
Fraxinus excelsior
Bis 40 m.
Dieser sommergrüne Baum ist in ganz Europa und im Kaukasusgebiet verbreitet und wird seit langer Zeit überall angepflanzt. Sein Ursprungsgebiet ist deshalb schwer festzustellen. Er braucht einen nährstoffreichen, feuchten Boden.
Krone: Groß und gewölbt, locker und mit aufrechten, verzweigten Ästen.
Rinde: Hellgrau, zuerst glatt, später netzartig zerreißend.
Blätter: Unpaarig gefiedert, 20–35 cm lang, aus 9–15 ungestielten, schmalen, zugespitzten, an den Rändern grob gesägten, bis 12 cm langen Blättchen zusammengesetzt, auf der Oberseite mattgrün, unterseits heller und flaumartig, im Herbst gelblich verfärbt.
Blüten: Klein und unauffällig, in dichten Büscheln zusammenstehend, gelbviolett oder gelbrot gefärbt, die männlichen und weiblichen entweder auf getrennten Bäumen oder auf einem Baum, manchmal sind die Blüten auch zwittrig. Sie erscheinen vor den Blättern.
Frucht: 2,5–5 cm lange und schmale geflügelte Nuß, anfangs grün, später braun. Bleibt lange an den Zweigen stehen, auch wenn die Blätter bereits abgefallen sind.
Verwendung: Das harte, elastische Holz wird zur Herstellung von Geräten, z. B. von Stielen und Deichseln, genommen, außerdem werden Skier und Ruder daraus hergestellt. Eschenholz ist auch ein gutes Brennholz und zur Herstellung von Holzkohle geeignet.

Manna-Esche
Fraxinus ornus
Bis 20 m.
Dieser sommergrüne Baum ist in Süd- und Südosteuropa heimisch, wo er auf trockenen Hügeln, in Wäldern und Gebüschen wächst. Bei uns wird er seit langem in Anlagen und großen Parks als Zierbaum angepflanzt.
Krone: Breit gewölbt, mit vielen verzweigten Ästen.
Rinde: Grau und glatt, später rauh.
Blätter: Unpaarig gefiedert, 25–30 cm lang, aus 5–9 schmalen, lang zugespitzten, an den Rändern unregelmäßig gezähnten, 10 cm langen Blättchen zusammengesetzt, auf der Unterseite dicht behaart.
Blüten: Weiß und duftend, mit 6 schmalen, abstehenden Blütenblättern, in dichten, 15–20 cm langen, aufrechten Rispen an den Enden der Zweige zusammenstehend.
Frucht: 1,5–2,5 cm lange, einseitig geflügelte Nuß, die durch den Wind verbreitet wird, anfangs grün, später braun gefärbt.
Verwendung: Der Saft der Rinde (Manna) wird fest und gummiartig. Er spielt in der Pharmazie eine Rolle.

Der Flieder gehört zu den ersten Frühjahrsblühern und erfreut uns im April/Mai mit seinen großen, duftenden weißen, hell- und dunkellilafarbenen Blütentrauben.

Der Sommerflieder wird in letzter Zeit immer häufiger in Parks und Gärten angepflanzt, da er sich als ausgezeichnete schmetterlingsanlockende Pflanze herausgestellt hat.

Gemeiner Liguster, Rainweide
Ligustrum vulgare
Bis 5 m.
Buschiger, sich flach ausbreitender Strauch, der in ganz Europa weit verbreitet und häufig ist. Er bevorzugt kalkhaltigen Untergrund in sommerwarmen Lagen und wird sehr häufig als Heckenpflanze angepflanzt.
Rinde: Glatt, grün bis graugrün, jung oft rötlich.
Blätter: Bis 6 cm lang, einfach, dunkelgrün, ledrig, teilweise wintergrün.
Blüten: Ca. 50 mm große, gelblichweiße, 4blättrige Trichterblüten in endständiger, aufrechtstehender Rispe, stark duftend.
Frucht: Erbsengroße, kugelige, erst grüne, dann glänzend schwarze Steinfrucht. Giftig!

Gemeiner Flieder
Syringa vulgaris
2–6 m.
Kleiner Baum oder Strauch, der schon seit dem 16. Jahrhundert bei uns als Zierstrauch – seiner schönen und duftenden Blüten wegen – angebaut wird und in zahlreichen Sorten gezüchtet wurde. Stammt aus dem Bergland des Balkangebietes und bevorzugt nährstoffreiche, kalkhaltige Böden.
Rinde: Grau, grün, rötlich oder braun, spiralig gefurcht.
Blätter: 5–12 cm lang, hellgrün, ledrig, breit eiförmig, ganzrandig.
Blüten: Vielblütige, dichte, 10–20 cm lange Rispen aus weißen, lila, blauen, roten oder violetten, 4zipfligen Blüten mit röhrenförmiger Blütenkrone. Stark duftend.
Frucht: Bis 1 cm lange, spitz eiförmige, braune Kapsel, die zwei geflügelte Samen enthält. Giftig!

Brechnußgewächse
Familie *Loganiaceae*

Sommerflieder, Schmetterlingsstrauch
Buddleia davidii
3–5 m.
Beliebter Zierstrauch aus China, der als schmetterlingsanziehende Gartenpflanze sehr in Mode gekommen ist. Verwildert leicht, bevorzugt nährstoffreichen, durchlässigen Boden in warmen Lagen.
Blätter: Bis 25 cm lang, dunkelgrün, unterseits weißfilzig behaart, einfach, ganzrandig, speerförmig.
Blüten: 10–30 cm lange, zugespitzte, endständige, aufrechte bis leicht gebogene Rispen aus 4zipfligen, trichterförmigen lila, rosa, blauen oder weißen Blütchen.
Frucht: Zweiklappige Kapsel mit zahlreichen sehr kleinen Samen.

Kapitel 8

Moos- und Farnpflanzen

Moose und Farnpflanzen sind blütenlose Gefäß-Sporenpflanzen, die sich anstelle von Samen durch winzige Sporen vermehren und einen sogenannten Generationswechsel durchlaufen, d. h. einen Wechsel zwischen einer sich geschlechtlich fortpflanzenden Generation und einer oder mehreren ungeschlechtlichen (siehe Entwicklungszyklus rechts).

Farnpflanzen

Farnpflanzen sind vorwiegend landbewohnende, krautige, seltener holzige Sporenpflanzen mit echten Wurzeln und Gefäßen (Leitbündel) und einem ausgesprochenen Generationswechsel:

Aus der Spore entsteht ein kleines, herzförmiges, einschichtiges, blattartiges, wenig bewurzeltes Gebilde, der sogenannte Vorkeim (Prothallium), auf dessen Unterseite sich männliche (Antheridien) und weibliche (Archegonien) Geschlechtszellen entwickeln, die miteinander verschmelzen (Befruchtung). Aus einer befruchteten Eizelle entwickelt sich dann die ungeschlechtliche Generation, die eigentliche, in Stamm, Blätter und Wurzeln gegliederte Pflanze. Auf dieser Pflanze werden nun die Sporen erzeugt, die dann wieder zu den Vorkeimen auskeimen können.

Zu den Farnpflanzen gehören die 3 Klassen Bärlappe, Schachtelhalme und Farne.

Moospflanzen

Die große Gruppe der Moospflanzen gehört ebenfalls zu den Sporenpflanzen mit ausgeprägtem Generationswechsel. Es handelt sich um meist landbewohnende, feuchtigkeitsliebende Pflanzen, die noch einfacher gebaut sind als die Farnpflanzen: Sie besitzen nämlich keine echten Wurzeln, sondern besondere Einrichtungen (Rhizoide), die die Funktion der Wurzel übernehmen. Man unterscheidet Moose, die kleine Stämmchen, Blätter und wurzelähnliche Gebilde entwickeln (Laubmoose), und Moose, die ein flächiges Lager ausbilden (Lebermoose). Im Unterschied zu den Farnpflanzen liegen bei den Moosen die männlichen und weiblichen Geschlechtszellen nicht auf einem Vorkeim, sondern auf der jungen Moospflanze. Nach der Befruchtung entwickelt sich aus der befruchteten Eizelle eine sporentragende Pflanze.

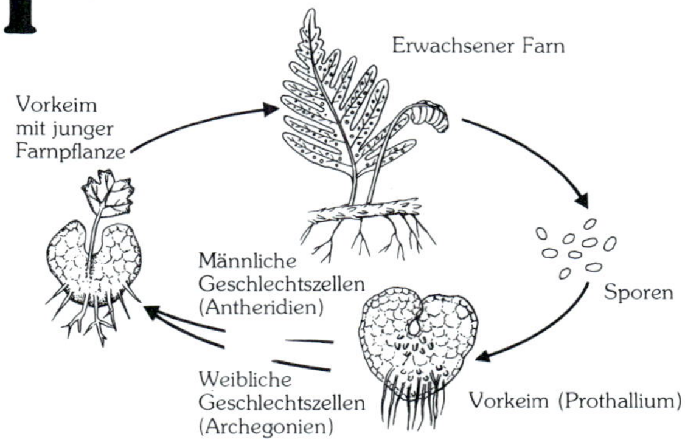

Entwicklungszyklus eines Farns

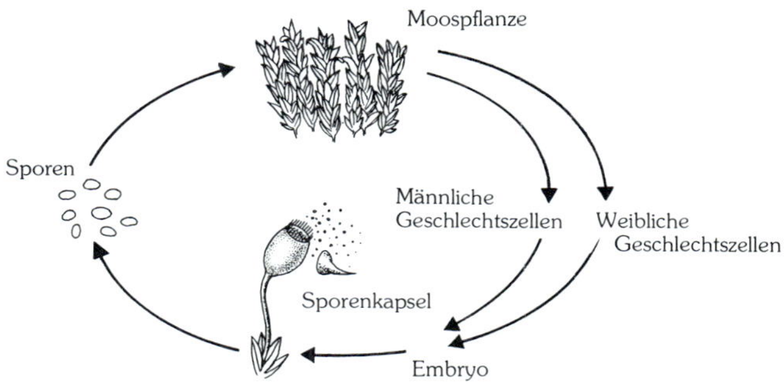

Entwicklungszyklus eines Mooses

Links: Die Wedel des Gemeinen Wurmfarns, die im zeitigen Frühjahr erscheinen, sind in der Jugend auf typische Weise spiralig eingerollt.

Oben: Der Große Algenfarn ist ein kleiner Schwimmfarn mit gabelig verzweigten Stengeln und zweizeilig angeordneten, lappigen Blättern. Die Pflanze ist sehr zerbrechlich, jedes Teilstück wächst jedoch wieder zu einer ganzen Pflanze heran.

Farne
(Filicales)

Krautige, seltener baumförmige Gefäß-Sporenpflanzen mit großen, meist gestielten und gegliederten, reich geaderten, in der Jugend spiralig eingerollten Blättern (Wedeln). Die Blätter tragen auf der Unterseite zu Häufchen angehäufte Sporenbehälter (Sporangien). Etwa 4000 Arten, die vor allem in feuchten Lebensräumen vorkommen. Zur Bestimmung wichtig sind Form der Wedel und Stellung und Form der Sporenhäufchen, die rundlich, länglich oder oval, braun oder schwarz sein können.

Gemeiner Wurmfarn
Dryopteris filix-mas
Mehrjährige, 30–150 cm hohe Farnpflanze aus der Familie der Schildfarngewächse. Mit aufrechten oder bogig überhängenden, sattgrünen Wedeln. Verbreitet bis häufig in Laubmischwäldern und Hochstaudengebüschen.
Sporenreife: Juli – September.
Sporenhäufchen: 4 – 12 relativ große, braunschwarze, herzförmige Häufchen, in zwei Reihen auf der Unterseite jedes Fiederblättchens.
Wedel: Bis 1,5 m lang, Stengel mit kurzen hellbraunen Schuppen bedeckt. Jeder Wedel in 20–35 Seitenäste geteilt, von denen die mittelsten am längsten sind. Jeder dieser Seitenäste ist wiederum in viele kleine, gezähnte, an der Spitze abgerundete Fiederchen aufgeteilt.

Dorniger Schildfarn
Polystichum aculeatum
Mehrjährige, 60–100 cm hohe Farnpflanze aus der Familie der Schildfarngewächse. Mit langgestielten, aufrechten und bogig überhängenden Wedeln. Verstreut bis selten in Schluchtwäldern und schattigen, feuchten Hangwäldern.
Sporenreife: Juli – August.
Sporenhäufchen: In zwei Reihen auf der Unterseite jedes Fiederblättchens. Rundliche Häufchen, die je mit einem schildförmigen, kreisrunden Schleier bedeckt sind.
Wedel: Bis 1 m lang, Stengel mit braunen Schuppen bedeckt. Mit mehr als 50 Seitenästen pro Seite; jeder Seitenast mit bis zu 30 Fiederblättchen. Fiederblättchen gezähnt, das unterste, zur Blattspitze weisende ist deutlich größer als alle anderen.

Adlerfarn
Pteridium aquilinum
Mehrjährige, 50–400 cm hohe Farnpflanze aus der Familie der Adlerfarngewächse. Größte und am häufigsten vorkommende einheimische Farnart. Häufig und bestandsbildend in Laubmischwäldern und Kiefernwäldern, an Wald-

rändern, auf Schlägen und vernachlässigten Weiden; gerne auf sandigen Böden.
Sporenreife: Juli – August.
Sporenhäufchen: Auf der Unterseite der Fiederblättchen in einer zusammenhängenden Linie längs des Blattrandes, der umgeschlagen ist und die Sporenhäufchen bedeckt.
Wedel: Einzeln am Ende eines unterirdisch kriechenden Rhizoms, auf langem Stengel, bis 4 m. Im Umriß dreieckig, 2- bis 4fach gefiedert, hellgrün. Fiederblättchen linealisch, stumpf gerundet, ganzrandig.

Braunstieliger Streifenfarn
Asplenium trichomanes
Mehrjährige, 5–25 cm hohe Farnpflanze aus der Familie der Streifenfarngewächse. Wedel in Büscheln. Wintergrün, verbreitet an Mauern und Felsen an frischen und schattigen Standorten. Sehr formenreich.
Sporenreife: Juli – August.
Sporenhäufchen: Verlängert oder linear, 1–2 mm lang, gleich gerichtet auf der Unterseite der Fiederblättchen neben den Nerven, mit einem zarten Schleier bedeckt.
Wedel: Graugrün, ca. 20 cm lang, dicht an Mauern und Steinen anliegend. Stengel und Blattmittelrippe braun, rötlichbraun, schwarz, kurz. Bis 40 Paar ovale Fiederblättchen.

Mauerraute
Asplenium ruta-muraria
Mehrjährige Farnpflanze aus der Familie der Streifenfarngewächse mit ausgebreiteten oder herabhängenden Wedeln. Häufig an Felsen oder in Mörtelfugen von Mauerwerk an lichten, mäßig trokkenen Standorten, bevorzugt kalkigen Untergrund.
Sporenreife: Juli – September.
Sporenhäufchen: Linealisch, ca. 2 mm lang, später zusammenfließend und die ganze Unterseite bedeckend.
Wedel: 3–15 cm lang, Stengel länger als Blatt, ziemlich derb, matt- bis graugrün, im Umriß breit dreieckig, 2- bis 4fach gefiedert. Fiederblättchen rundlich bis keilförmig, vorne leicht gekerbt oder gezähnt.

Hirschzunge
Phyllitis scolopendrium
Mehrjährige, 15–50 cm hohe Farnpflanze aus der Familie der Streifenfarngewächse mit aufrechten oder leicht schräg stehenden Wedeln. An schattigen Felsen und Mauern auf feuchten, oft kalkhaltigen Böden. Selten. Geschützt.
Sporenreife: Juli – August.
Sporenhäufchen: In langen Streifen entlang der Quernerven auf der Unterseite der Wedel; zuerst noch mit einem feinen Schleier bedeckt.
Wedel: Bis 60 cm lang, zungenförmig, hellgrün glänzend, in dichten Büscheln wachsend. Stengel purpurfarben bis schwarz, in jungem Stadium noch mit blaßbraunen Schuppen bedeckt.

Braunstieliger Streifenfarn

Mauerraute

Hirschzunge

Rippenfarn
Blechnum spicant
Mehrjähriger, 15–50 cm hoher Farn aus der Familie der Rippenfarngewächse. Kalkmeidend. Verbreitet bis verstreut in Nadel-, Hang- und Bruchwäldern.
Sporenreife: Juli – September.
Sporenhäufchen: Auf der Unterseite der Fiederblättchen in zwei langen, parallel angeordneten Reihen, die mitunter miteinander verschmelzen können.
Wedel: Der Rippenfarn besitzt zwei verschiedene Wedel-Typen: sterile, niederliegende Wedel, bis 50 cm lang, im Umriß länglich-lanzettlich, regelmäßig gefiedert, mit bis zu 30 Fiederpaaren, in einer Rosette angeordnet. Sporenhäufchen tragende Wedel aufgerichtet, weniger dicht gefiedert, in der Mitte der Blattrosette, nach der Sporenreife absterbend.

Königsfarn
Osmunda regalis
Mehrjähriger, stattlicher, 50–150 cm hoher Farn aus der Familie der Rispenfarngewächse mit großen, aufrechten, hellgrünen Wedeln. In sumpfigen Wäldern und Moorwäldern. Selten. Geschützt.
Sporenreife: Juni – August.
Sporenhäufchen: Dicht gehäuft in einer langen Rispe im oberen Teil des Wedels, durch Verkleinerung der Blattfläche aus normalgrünen Wedelbereichen hervorgegangen.
Wedel: Bis 3 m hoch und 1 m breit, mit zahlreichen ganzrandigen oder schwach gekerbten, bis 6 cm langen Fiederblättchen. In Büscheln stehend, äußere Wedel stets steril.

Gemeiner Tüpfelfarn
Polypodium vulgare
Mehrjähriger, 10–50 cm hoher Farn aus der Familie der Tüpfelfarngewächse. Sehr formenreich. Verbreitet in Wäldern, oft auch epiphytisch auf Baumstämmen und Ästen wachsend. Mit beschupptem, kriechendem Rhizom, aus dem die Wedel einzeln hervorwachsen.
Sporenreife: August – September.
Sporenhäufchen: Rundlich, 1–3 mm im Durchmesser, in zwei Reihen auf der Unterseite der Fiederblättchen.
Wedel: Bis 50 cm lang, mit bis zu 25 Fiederpaaren, im Umriß schmal dreieckig, ledrig derb, wintergrün.

Gemeine Natternzunge
Ophioglossum vulgatum
Mehrjähriger, kleiner, 5–30 cm hoher Farn aus der Familie der Natternzungengewächse. Verstreut bis selten in meist kalkhaltigen Magerwiesen. Geschützt.
Sporenreife: Juni – Juli.
Sporenhäufchen: In Haufen in einer endständigen Ähre, die aus dem Wedelgrund wächst.
Wedel: Jede Pflanze produziert nur einen gestielten, ovalen, hellgrün glänzenden, 5–30 cm langen, ungeteilten, ganzrandigen Wedel.

Schachtelhalme
(Equisetales)

Krautige oder baumförmige Land- und Sumpfpflanzen mit hohlem Sproß. Heute nur noch ca. 25 Arten der Gattung Schachtelhalm. Pflanzen mit unterirdischem Rhizom und aufrechten Stengeln, an denen quirlig angeordnet schmale Blättchen stehen. Sporen in Ähren auf astlosen, bleichen oder rötlichen Stengeln.

Riesen-Schachtelhalm
Equisetum telmateia
Mehrjährige, 20–200 cm hoch werdende Pflanze. Wächst an feuchten, schattigen Standorten. Sterile Triebe graugrün. Sporentragende Triebe weißlich bis hellbraun, bis 40 cm hoch mit 4–8 cm langer Ähre.
Sporenreife: April – Mai.

Teich-Schachtelhalm
Equisetum fluviatile
Mehrjährige, 50–150 cm hohe Pflanze. Verbreitet in Gräben, Sümpfen, Röhrichten, an Teich- und Bachufern. Oft bestandsbildend. Stengel grün, manchmal ohne Äste, meist jedoch mit wenigen kurzen Ästen an der Spitze. Sterile und fertile Triebe gleichgestaltet.
Sporenreife: Juni – Juli.

Bärlappe
(Lycopodiales)

Immergrüne, krautige Pflanzen. Die sporentragenden Blätter sind am Ende der Sprosse zu kolbenartigen Ähren gehäuft. Die meisten der über 200 Arten kommen in den Tropen vor.

Tannen-Bärlapp
Lycopodium selago
Mehrjähriger, 10–30 cm hoher Bärlapp mit aufsteigenden bis aufrechten, reich gabelig-büschelig verzweigten Stengeln. Äste aufrecht, dichte Büsche bildend. Blätter dunkelgrün, nadelig, spitz, dicht spiralig an den Ästen stehend.
Sporenreife: Juni – August.

Keulen-Bärlapp
Lycopodium clavatum
Mehrjährige, 5–30 cm hohe Pflanze, verstreut in Heiden, Nadelwäldern und Hochmooren. Geschützt. Stengel vielfach gabelig geteilt mit ungleich langen Ästen, kriechend. Blätter sattgrün, dicht schuppig angeordnet, an der Spitze in ein weißes Haar auslaufend. Sporenkapseln in einer langgestielten, endständigen Ähre.
Sporenreife: Juli – August.

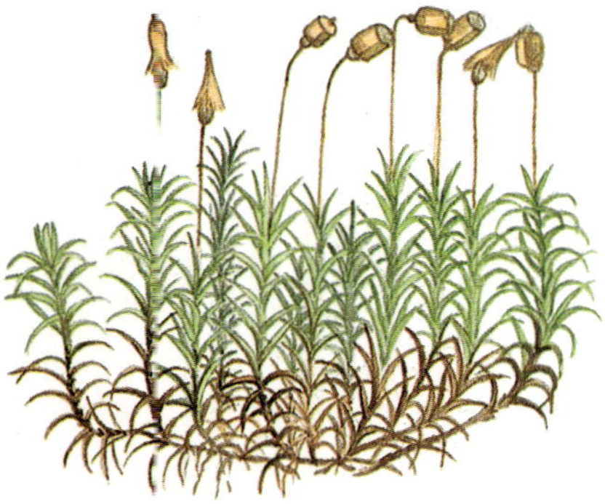

Goldenes Frauenhaar

Echtes Seidenmoos

Haar-Birnmoos

Tamarisken-Thujamoos

Verlängertes Schnabelmoos

Die Bleich- oder Torfmoose (Sphagnum-Arten) umfassen ca. 100 Arten mittlerer bis großer, gelbgrüner, bräunlicher oder rötlicher Laubmoose, die besonders in Hochmooren und feuchten Wäldern schwammige Polster und Rasen bilden.

Laubmoose
(Bryopsida)

Die Laubmoose bilden eine der beiden Klassen der Moose. Ein Laubmoos gliedert sich in 3 Teile: ein mehr oder weniger aufrechtes Stämmchen, spiralig oder in Reihen angeordnete Blättchen (meist mit Mittelrippe), gestielte Sporenkapseln. Die Sporenkapseln können auf verschiedene Art ihre Sporen entlassen: Entweder der Kapseldeckel wird abgesprengt, oder die Kapsel öffnet sich mit 4 Längsrissen.

Goldenes Frauenhaar
Polytrichum commune
10–40 cm hohes Laubmoos aus der Familie der Haarmützenmoose. Wächst in lockeren, dunkel- oder blaugrünen Rasen verbreitet auf feuchten Wald- und Heideböden.
Sporenkapsel: Auf 6–12 cm langem, gelbrotem Stiel an der Spitze eines beblätterten Stengels. Vierkantig und schachtelförmig, zur Reifezeit waagrecht abstehend.

Echtes Seidenmoos
Camptothecium sericeum
Etwa 8–15 cm langes Laubmoos aus der Familie der Kurzbüchsenmoose. Stengel liegend oder eingekrümmt aufsteigend, reich verzweigt. Bildet dichte, seidig glänzende, gelbgrüne Polster an Baumstümpfen, Mauern und Felsen.
Sporenkapsel: Aufrechte, zapfenförmige, 2–3 mm lange, gelbgrüne Kapsel auf 1–3 cm langem, rotbraunem Stiel.

Haar-Birnmoos
Bryum capillare
1–3 cm hohes Laubmoos aus der Familie der Birnmoose, mit aufrechten, sattgrünen Stengeln, die dichte, weiche Rasen bilden. Recht häufig an lichten bis schattigen Standorten.
Sporenkapsel: Birnenförmig bis zylindrisch, 5 mm lang, gelblich bis rötlichbraun, waagrecht abstehend bis hängend, auf 2–4 cm langem, bogig gekrümmtem, gelbbraunem Stiel.

Tamarisken-Thujamoos
Thuidium tamariscium
3–10 cm langes Laubmoos aus der Familie der Thujamoose. In ausgedehnten, hell- bis gelbgrünen, lockeren und oft lückigen Rasen mit liegenden oder schwach aufsteigenden, dreifach gefiederten Stengeln. Verstreut bis verbreitet in Bachauen und Nadelforsten.
Sporenkapsel: Auf 3–5 cm langem, rotem Stiel, der aus dem seitlichen Kurztrieb wächst. Kapsel walzlich, braunrot mit spitzkegeligem Deckel.

Verlängertes Schnabelmoos
Eurhynchium praelongum
Bis 10 cm langes Laubmoos aus der Familie der Schnabelmoose. Stengel dicht gefiedert, kriechend. In dichten olivgrünen Rasen, die Steine und Erde an feuchten Stellen im Wald überziehen.
Sporenkapsel: Eiförmig, 1–3 mm lang, rötlichbraun, mit langer, leicht gebogener Schnabelspitze.

Lebermoose
(Hepaticae)

Die Klasse der Lebermoose umfaßt ca. 10000 Arten in 3 Ordnungen, die überwiegend an feuchten Stellen vorkommen. Es handelt sich entweder um flache, thallöse Gebilde oder um Arten, die zwei bis drei Reihen kleiner, nervenloser Blättchen besitzen. Die Sporen liegen in einfachen Scheiben, die bei der Sporenreife aufspringen und dann wie 4zackige Sterne aussehen.

Brunnenlebermoos
Marchantia polymorpha
Verbreitetes Lebermoos mit lappigem, grünglänzendem Lager. Oft in dichten Überzügen auf Erde und Gestein an feuchten Standorten.
Sporenkapsel: Weibliche Sporenkapseln fransig-sternförmig, männliche gestielt und flach schildförmig.

Mondbechermoos
Lunularia cruciata
Lappiges, grünglänzendes, meist dichte und mehrere cm^2 große Überzüge bildendes Lebermoos. Brutbecher auf der Oberseite der Lappen, von halbmondförmigem Rand umgeben. Wächst an feuchten Stellen, häufig in Gärtnereien.
Sporenkapsel: Männliche Sporenkapseln ungestielt und seitlich am Thallus sitzend, weibliche vierstrahlig, auf etwa 2 cm langen Stielen.

Gemeines Beckenmoos
Pellia epiphylla
Bildet dichte, flächige, dunkelgrün glänzende Überzüge auf kalkarmen oder kalkfreien Unterlagen.
Sporenkapsel: Weibliche Sporenkapseln auf 5–10 cm langen, weiß-durchsichtigen Stielen, kugelig, schwarzbraun, mit 4 Klappen aufspringend. Männliche in die Oberfläche des Thallus eingesenkt und zuerst grüne, dann rote Buckel bildend.

Brunnenlebermoos

Mondbechermoos

Gemeines Beckenmoos

Kapitel 9

Pilze

Die Pilze bilden eine sehr umfangreiche Organismengruppe mit mehr als 50000 Arten, die sich in ihrem Aufbau sehr von den uns bekannten Pflanzen unterscheiden. Pilze sind Sporenpflanzen ohne Blattgrün, d. h., sie können ihre Nahrung nicht wie die grünen Pflanzen aus anorganischen Vorstufen mit Hilfe des Sonnenlichtes aufbauen, sondern benötigen von anderen Lebewesen vorgefertigtes Material. Sie leben daher entweder saprophytisch in oder auf toten oder absterbenden Pflanzen oder aber parasitisch in oder auf lebenden Pflanzen und Tieren.
Der Pilzkörper besteht im wesentlichen aus einer Menge schlanker, haarfeiner Zellfäden, den sogenannten Hyphen, die ein feines, spinnwebenartiges, dichtes und recht ausgedehntes Geflecht, das Myzel, entwickeln, das im wesentlichen der Nährstoffaufnahme dient.
Alle Pilze vermehren sich durch Sporen – winzige staubähnliche Gebilde, die normalerweise vom Wind verbreitet werden. Die Einteilung der Pilze hängt hauptsächlich davon ab, wie und wo die Sporen gebildet werden. Man unterscheidet die folgenden 4 Klassen: Urpilze, Algenpilze, Schlauchpilze und Ständerpilze.
Ur- und Algenpilze bilden die Niederen Pilze (Phycomycetes), Pilze, die sehr häufig parasitisch in oder an lebenden Organismen leben und diese stark schädigen, wenn nicht sogar töten können. Sie tragen ihre Sporen auf ganz einfachen Fäden. Von diesen Pilzen wird hier nicht die Rede sein.
Wir beschäftigen uns vielmehr mit den Höheren Pilzen, den **Schlauch-** (Ascomycetes) **und Ständerpilzen** (Basidiomycetes), die ihre Sporen in relativ komplizierten Fruchtkörpern entwickeln. Diese Fruchtkörper werden aus dicht verflochtenen Pilzfäden gebildet und erscheinen normalerweise nur zu bestimmten Jahreszeiten. Sie sind das, was landläufig als »Pilz« angesehen und bezeichnet wird!
Die Sporen der Schlauchpilze entwickeln sich innerhalb bestimmter kleiner keulen-, flaschen- oder schlauchförmiger Zellen, die normalerweise auf oder in kugeligen, krugförmigen oder schüsselförmigen Fruchtkörpern sitzen. Zu den Schlauchpilzen gehören z. B. die Hefepilze, die Morcheln, die Trüffeln und Keulenpilze (Seite 387).
Die Sporen der Ständerpilze entwickeln sich – meist zu vieren – auf der Außenseite besonders spezialisierter Zellen (Basidien). Zur Reifezeit lösen sich die Sporen ab, fallen vom Pilz und werden vom Wind verbreitet. Die Ständerpilze, mit denen sich das folgende Kapitel fast ausschließlich befaßt, werden nochmals unterteilt in Nichtblätterpilze, Blätter- oder Lamellenpilze, Röhrenpilze und Bauchpilze.

Links: Der farbenprächtige und unverkennbare Fliegenpilz gehört zu den Giftpilzen.

Nichtblätterpilze besitzen Fruchtkörper ohne Lamellen. Zu ihnen gehören die Rindenpilze, Stachelpilze, Löcher- oder Porenpilze, Reischlinge, Keulenpilze und Leistenpilze.
Blätter- oder Lamellenpilze besitzen einen saftig bis ledrigen, meist zentral oder seitlich gestielten Fruchtkörper, der unter dem Hut strahlige Lamellen trägt. Hierzu gehören die Wachsblättler, Gelbfüßler, Dünnblättler, Sprödblättler und Kremplinge.
Röhrenpilze sind zentral gestielt mit einer leicht abtrennbaren Röhrenschicht unter dem Hut des Fruchtkörpers.
Bauchpilze entwickeln ihre Sporen im Innern geschlossener Fruchtkörper, die von einer einfachen oder doppelten Haut umgeben sind. Hierher gehören die Gallertpilze, Brandpilze und Rostpilze.

Pilze bestimmen
Zur sicheren Bestimmung eines Pilzes, und die ist unbedingt notwendig, wenn man Pilze zum Essen sammelt, muß man alle in diesem Kapitel beschriebenen Merkmale sorgfältig prüfen. Bei den geringsten Zweifeln sollte man eine Pilzberatungsstelle aufsuchen. Arten, die giftige Doppelgänger besitzen, sollte der Laie ganz außer acht lassen! Es ist auch unverantwortlich, unbekannte Wildpilze in Massen einzusammeln, um sie dann zur Pilzberatungsstelle zu bringen. Von diesen Pilzen genügen stets 1–2 Exemplare zur Bestimmung. Die unbekannten Pilze sollten gesondert von den bekannten Speisepilzen transportiert und aufbewahrt werden.
Bei der Bestimmung eines Pilzes muß man also zuallererst genau überprüfen:
Größe, Farbe und Form des Hutes;
Höhe, Breite, Farbe und Form des Stieles;
Farbe, Form und Anheftung der Lamellen und Röhren.

Pilze sammeln
Nochmals: Sammeln Sie nur Pilze, die ganz sicher bekannt und unverwechselbar sind!
Alte Exemplare, die vielleicht sogar schon anfangen, sich zu zersetzen, läßt man ebenfalls stehen, denn in diesem Zustand können sogar erstklassige Speisepilze Vergiftungen verursachen.
Unbekannte, ungenießbare und giftige Arten stehenlassen und auch nicht mutwillig zertreten.
Pilze, die im Boden wachsen, werden vorsichtig herausgedreht, und das entstandene »Loch« im Boden wird wieder mit Humus und Laub abgedeckt, damit das Pilzgeflecht nicht austrocknet.

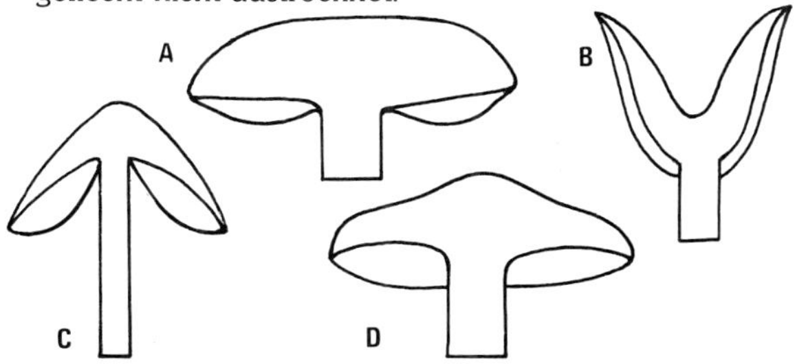

Ständerpilze
(Basidiomycetes)

Zweitgrößte Pilzklasse mit ca. 1500 Arten in 3 Unterordnungen (Blätter- oder Lamellenpilze, Röhrenpilze, Nichtblätterpilze).

Blätter- oder Lamellenpilze
(Agaricales)

Fleischige, saftige Pilze mit meist zentral bis seitlich gestieltem Fruchtkörper, unterseits mit strahligen Lamellen (Blättern).

Grüner Knollenblätterpilz
Amanita phalloides
Hut: 6–9 cm breit, gewölbt, dann flach-gewölbt. Olivgrün in der Mitte bis gelbgrün gegen den glatten Rand. Oberfläche mit feinen, strahlenförmig verlaufenden Rillen.
Stiel: 7–9 cm hoch; 1–1,5 cm dick; weiß, zylindrisch oder nach oben zu dünner; an der Basis deutlich erkennbare, offen abstehende, weiße, sackartige Scheide. Mit hoch angesetztem, weißem Ring.
Lamellen: Weiß, frei.
Standort: Im Herbst in Laubwäldern, besonders unter Buchen und Eichen. Häufig. Tödlich giftig!

Gelber Knollenblätterpilz
Amanita citrina
Hut: 6–8 cm breit, gewölbt, dann flach. Blaßgelb bis schwach zitronengelb; auf der Oberseite ein paar große oder mehrere kleine, dicke, flache, weißliche bis bräunliche Flecken von den Hüllresten.
Stiel: 8–11 cm hoch, 1–2 cm dick, relativ lang; weiß, zylindrisch; an der Basis auffallende, bis zu 3 cm dicke Knolle mit scharfem Rand. Mit hoch angesetztem, weißem Ring.
Lamellen: Weiß bis blaßgelb.
Standort: Im Herbst in Laub- und Nadelwäldern. Sehr häufig. Schwach giftig.

Fliegenpilz
Amanita muscaria
Hut: Bis zu 15 cm breit, gewölbt, dann ausgebreitet mit leichter Vertiefung in der Mitte. Scharlachrot mit weißen Warzen, die zum gerieften Rand hin spärlicher werden, später verschwinden oder völlig fehlen. Die Hutfarbe verblaßt oft

bis ins Orangerote. Der ganz junge, noch knopfförmige Pilz ist in das dicke, weiße Velum eingehüllt, das schließlich zu Schuppen zerreißt.
Stiel: 20 cm hoch, 3 cm dick, weiß, nach oben zu hellgelb, zylindrisch und brüchig, leicht verdickte Basis mit mehreren Gürteln weißer Warzen, den Überresten der Scheide. Mit hoch angesetztem, weißem Ring.
Lamellen: Weiß, frei.
Standort: Im Herbst unter Birken, aber auch in Nadelwäldern. Häufig. Giftig.

Pantherpilz
Amanita pantherina
Hut: 6–8 cm breit, gewölbt, dann flach. Dunkelgraubraun bis olivbraun, manchmal heller und eher gelbbraun, von zahlreichen gleichmäßig verteilten, kleinen, weißen, eckigen Warzen bedeckt. Rand leicht gerieft.
Stiel: 7–10 cm hoch, 1–1,5 cm dick, weiß, ziemlich lang, zylindrisch, an der Basis leicht verdickt; die Scheide reißt hier in konzentrische Ringe auf; der oberste Ring bildet einen schmalen, eng anliegenden, aber freien Wulst. Um die Stielmitte weißer Ring.
Lamellen: Weiß, frei.
Standort: Im Herbst in Laub- und Nadelwäldern. Selten. Giftig.

Perlpilz
Amanita rubescens
Hut: 8–12 cm breit, zuerst glockig, dann gewölbt, schließlich ausgebreitet mit leichter Vertiefung in der Mitte; schwach rosabräunlich mit dunklerer rotbrauner Mitte bis völlig rotbraun; mit dünnen mehligen Flecken bedeckt, den Überresten der weißlichen oder blaßgrauen Scheide, die bei älteren Pilzen im allgemeinen verschwinden.
Stiel: 8–11 cm hoch, 2,5–3,5 cm dick, gedrungen und kräftig, zylindrisch mit leicht verdickter Basis; weißlich, nach unten zu schwach rosabräunlich, besonders an Druckstellen. Scheide auf unauffällige, konzentrische Schuppenringe verkümmert. Mit hoch angesetztem, weißem Ring.
Lamellen: Weiß, bei älteren Pilzen oft rötlich gesprenkelt.
Standort: Im Spätsommer und Herbst in Laub- und Nadelwäldern. Sehr häufig. Eßbar, aber leicht zu verwechseln mit giftigen Arten.

Rotbrauner Scheidenstreifling
Amanita fulva
Hut: 3,5–5 cm breit, bleibt noch lange eiförmig, dann glockig, später ausgebreitet, aber oft mit einem Buckel in der Mitte. Leuchtend gelb-bräunlich, in der Mitte oft dunkler, kahl. Rand gerieft, gefurcht oder gerillt.
Stiel: Bis zu 11 cm hoch, 1 cm dick, schlank, zerbrechlich, hohl, zylindrisch, blaß orangebraun mit gut ausgebildeter, sackartiger Scheide, die oft an der leicht verdickten Basis haftet. Ohne Ring.
Lamellen: Weiß, frei.
Standort: Von Spätsommer bis Herbst in Laub- und Nadelwäldern. Sehr häufig. Eßbar.

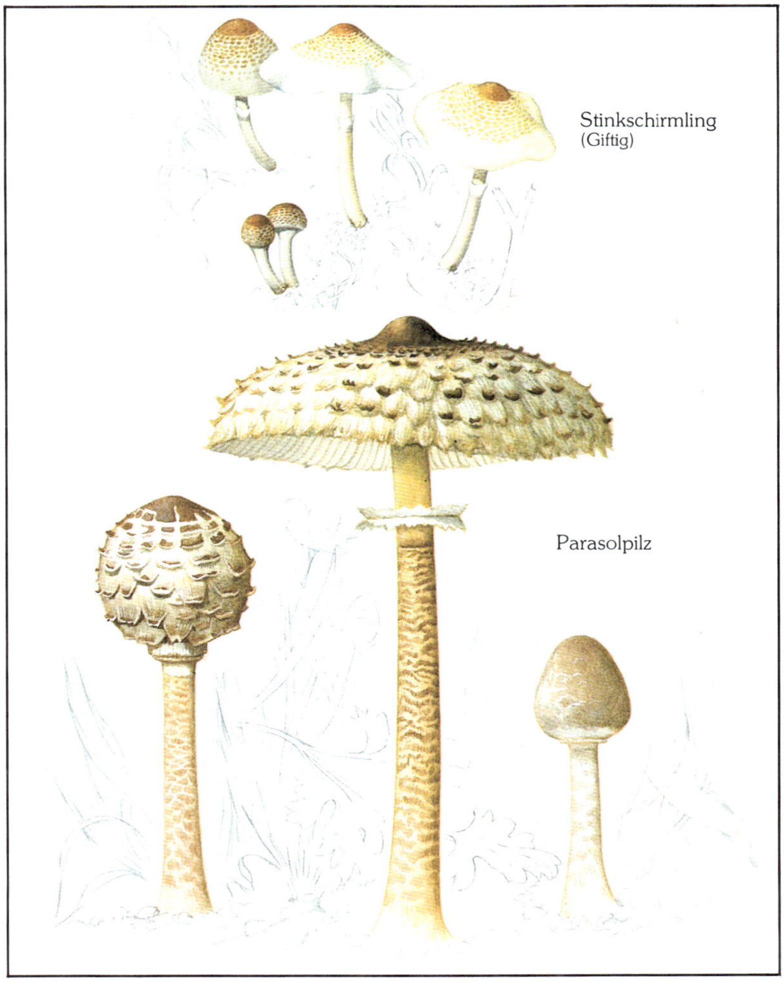

Stinkschirmling
Lepiota cristata
Hut: 2–4 cm breit, glockig ausgebreitet; die Oberfläche bricht zu winzigen rotbraunen Schuppen auf weißem Grund auf; die Schuppen verschwinden, so daß der Hut am Rand und auf einem kleinen braunen Fleck in der Mitte kahl ist.
Stiel: 2–5 cm hoch, 4–6 cm dick, weiß, zylindrisch, zur Basis hin leicht verdickt. Mit hoch angesetztem, weißem Ring, der später abfällt.
Lamellen: Weiß, frei.
Standort: Im Herbst in Laubwäldern, oft im Gras am Wegrand. Häufig. Giftig.

Parasolpilz
Lepiota procera
Hut: 12–22 cm breit, schirmförmig, in der Mitte gebuckelt. Dunkelbraun, die Huthaut zerreißt zu großen, oft aufgebogenen, dunkelbraunen Schuppen auf schmutzig-weißem, faserig-rauhem Grund; zum Rand hin werden die Schuppen größer und spärlicher.
Stiel: 20–30 cm hoch, 1,5–2 cm dick, schlank, dünn, zylindrisch mit knolliger, bis zu 4 cm dicker Basis; hell, dunkelbraun genattert. Mit großem, abstehendem, doppeltgerandetem, verschiebbarem, weißlichem Ring.
Lamellen: Weich, frei, angeheftet an einem manschettenartigen Rand um die Stielspitze.
Standort: Im Herbst häufig auf Weiden, an Waldrändern und im Gras an Wegrändern. Eßbar.

Falscher Pfifferling
Hygrophoropsis aurantiaca
Hut: 3–6 cm breit, trichterförmig mit eingerolltem Rand, waschlederartige Oberfläche. Orangefarben oder orangegelb.
Stiel: 2–4 cm hoch, 5–7 cm dick, wie der Hut gefärbt, beim alten Pilz unten oft bräunlich.
Lamellen: Herablaufend, dicht, mehrfach gegabelt, kräftig orangefarben.
Standort: Im Herbst in Nadelwäldern und Heideland. Häufig. Eßbar, aber wertlos.

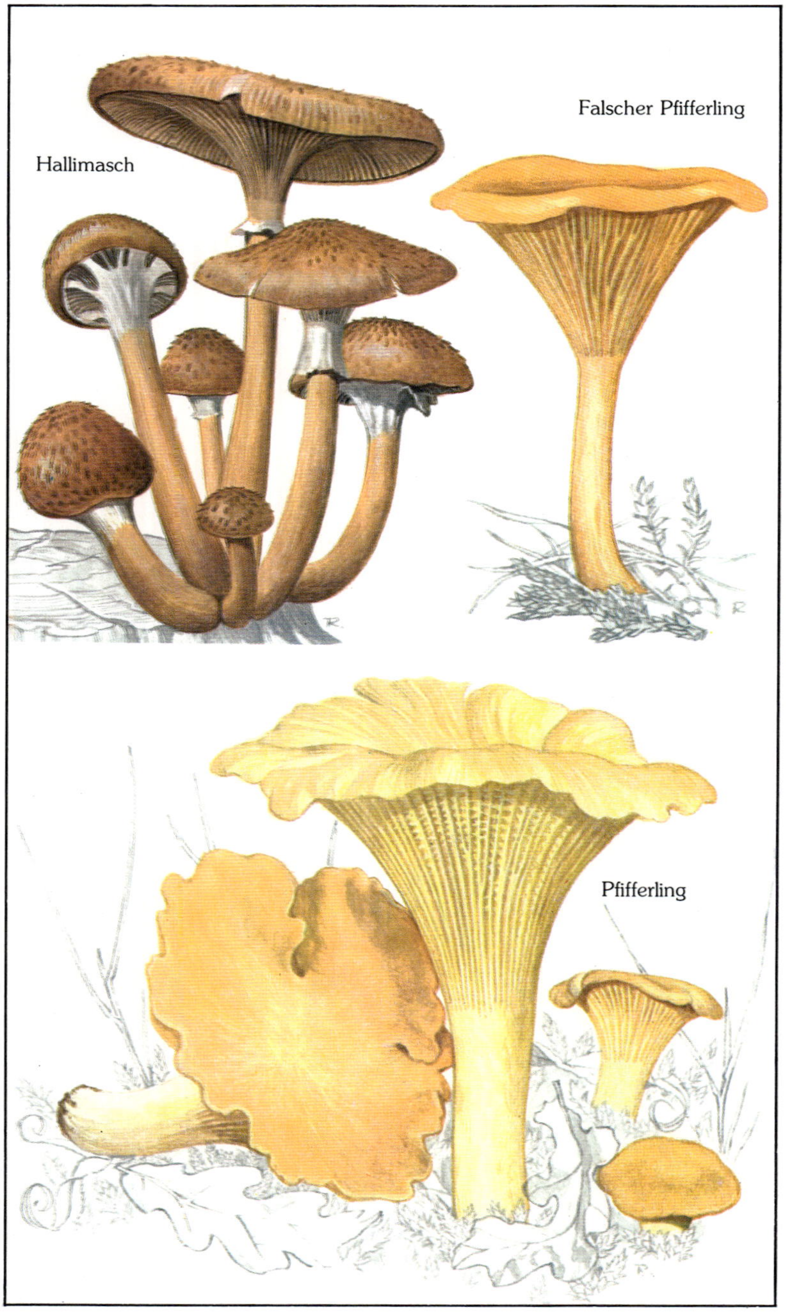

Pfifferling
Cantharellus cibarius
Hut: 2,5–6 cm breit, mit breit umgeschlagenem Rand, in der Mitte oft etwas eingedrückt, verjüngt sich nach unten zu einem kurzen Stiel; glatt, feucht. Eigelb.
Stiel: 2–6 cm hoch, 6–16 mm dick, kurz und gedrungen.
Lamellen: Herablaufend, stumpfrandig, unregelmäßig verzweigt, leistenartig, netzartig miteinander verbunden.
Standort: Im Herbst in Laubwäldern, besonders auf sandigem oder lehmigem Boden im Moos. Häufig. Eßbar.

Hallimasch
Armillariella mellea
Hut: 6–12 cm breit, gewölbt, dann flach mit einer Vertiefung in der Mitte. Honiggelb, gelbbraun oder zimtbraun, gegen den schwach gerieften Rand hin heller. Von zarten, dunkelbraunen, haarigen Schuppen bedeckt, die beim jungen Pilz aufgebogen und dicht gedrängt, beim alten Pilz aber nur noch in der Mitte vorhanden sind.
Stiel: 9–14 cm hoch, 1–2 cm dick, zäh, zylindrisch, blaß braungelb, oben weißlich. Mit hoch angesetztem, dickem, wattigem, weißlichem Ring.
Lamellen: Schmutzig-weiß bis fleischfarben; breit angewachsen.
Standort: Im Herbst sehr häufig am Fuß von lebenden und toten Baumstämmen oder -stümpfen. Jung eßbar.

Tannenreizker
Lactarius turpis
Hut: 8–20 cm breit, leicht trichterförmig oder gewölbt mit einer Vertiefung in der Mitte, Oberfläche klebrig, glatt bis auf den eingerollten filzigen Rand. Dunkel olivbraun bis fast schwarz, am Rand gelblich-oliv.
Stiel: 4,5–7 cm hoch, 2–2,5 cm dick; kurz, gedrungen, klebrig, heller als der Hut, oft grubig. Mit weißer, scharfer Milch.
Lamellen: Mehr oder weniger weit herablaufend, schmutziggelb, an Druckstellen braun und fleckig.
Standort: Im Herbst in Heideland und auf Weiden, oft von Gras überwachsen, jedoch fast nur unter Birken. Häufig. Ungenießbar.

Flatter-Reizker
Lactarius tabidus
Hut: 2,5–4 cm breit, flach oder leicht eingedrückt; unregelmäßig strahlenförmig verlaufende Falten um einen kleinen Buckel in der Mitte; orangebraun, gelblich-lederbraun verblassend, trocken.
Stiel: 2–4 cm hoch, 4–6 mm dick, gleichfarben wie Hut. Mit milder, weißer Milch.
Lamellen: Herablaufend, lederfarben.
Standort: Im Herbst häufig in Laubwäldern.

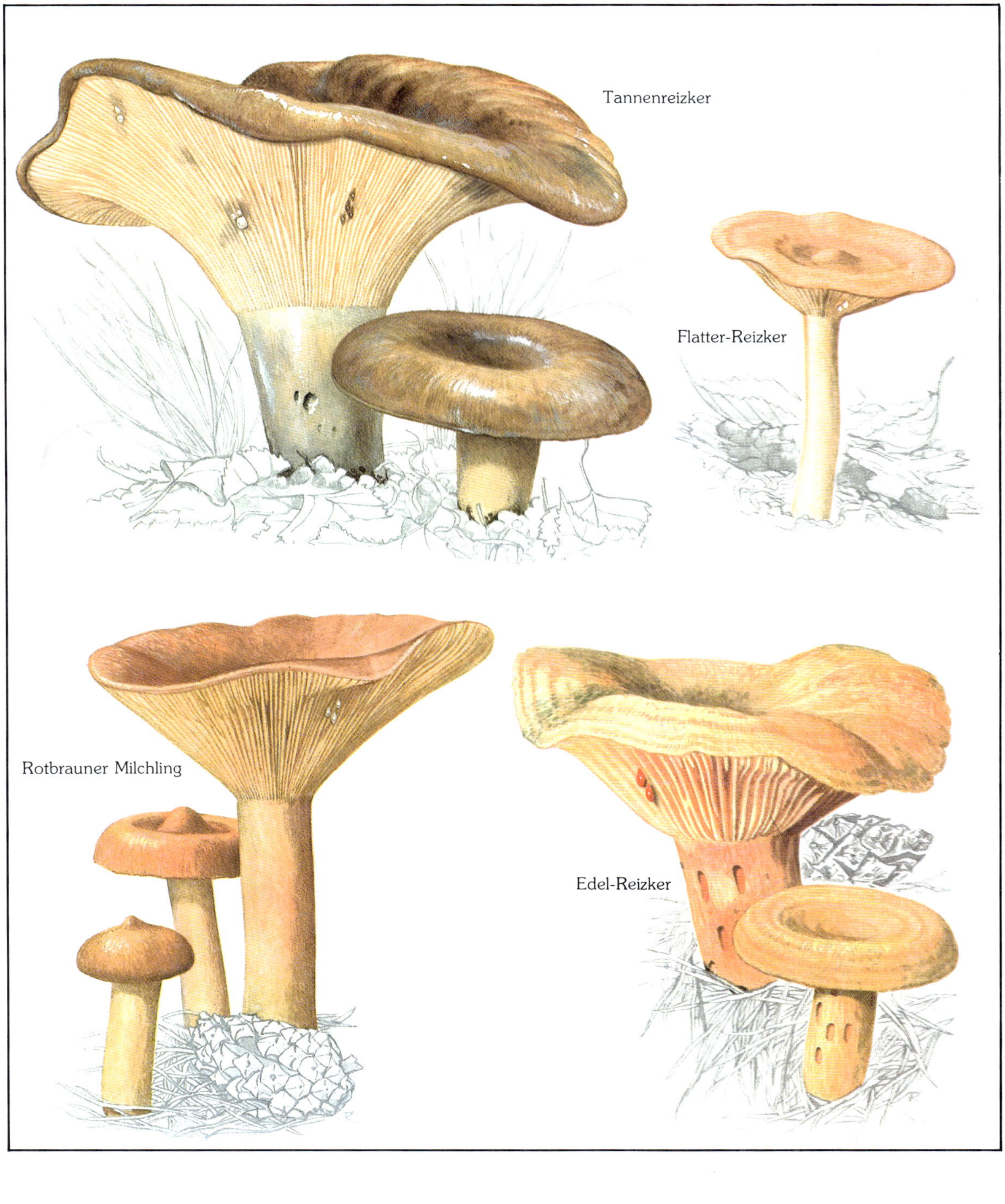

Rotbrauner Milchling
Lactarius rufus
Hut: 4–6 cm breit, trichterförmig, in der Mitte gebuckelt, rotbraun, Oberfläche glatt, trocken; grießig, aber nicht körnig.
Stiel: 4,5–5,5 cm hoch, 5–7 mm dick, heller als der Hut, unten weißlich. Mit weißer, scharfer Milch.
Lamellen: Herablaufend, blaß fleischfarben.
Standort: Im Herbst in Nadelwäldern, sehr selten unter Birken. Häufig. Ungenießbar.

Edel-Reizker
Lactarius deliciosus
Hut: 6–10 cm breit, gewölbt und in der Mitte eingedrückt oder leicht trichterförmig. Feucht, rötlich-orangefarben mit dunkleren, grünlichen Zonen und unterschiedlichen grünen Flecken.
Stiel: 6–8 cm hoch, 1,5–2 cm dick, orangefarben, oft grubig. Mit leuchtend karottenroter Milch.
Lamellen: Orange-gelb, später grün gefleckt.
Standort: Im Herbst in Nadelwäldern, besonders unter Kiefern. Häufig. Eßbar.

Buchen-Schleimrübling
Oudemansiella mucida
Hut: 3–7 cm breit, weich, schlaff, gewölbt, sehr schleimig. Weiß, später ins Graue gehend, geriefter Rand, fast durchscheinend.
Stiel: 5–7 cm hoch, 4–6 mm dick, oft krumm, zäh, knorpelig, zylindrisch; an der Basis oft tellerartig verbreitert; weiß bis ins Graue gehend. Mit abstehendem, oben weißem, unten grauem Ring.
Lamellen: Entfernt; breit, weich, weiß.
Standort: Im Herbst in kleinen Büscheln ausschließlich auf Stämmen, Ästen oder Stümpfen von Buchen. Häufig. Ungenießbar.

Nebelgrauer Trichterling
Clitocybe nebularis
Hut: 7–16 cm breit, kräftig, fleischig, gewölbt mit einem leichten Buckel in der Mitte, später ziemlich flach. Nebelgrau, manchmal wie von einer mehlig-weißen Schicht bedeckt.
Stiel: 7–10 cm hoch, 1,5–2,5 cm dick, zylindrisch, heller als der Hut, oft gerieft.
Lamellen: Herablaufend, dicht gedrängt, blaß gelblich-grau.
Standort: Im Herbst in Laub- und Nadelwäldern, besonders auf humusreichen Böden; in der Nähe von vermodernden Gras- oder Laubhaufen, normalerweise in Scharen; bildet auch oft Hexenringe. Häufig. Eßbar, aber oft schwer verträglich.

Speitäubling
Russula emetica
Hut: 4–7 cm breit, gewölbt, später eingedrückt. Leuchtend scharlachrot mit schmieriger, glänzender Oberfläche, Rand schließlich grob gerieft.
Stiel: 5–8 cm hoch, 1,5–2 cm dick, recht schlank, zerbrechlich, rein weiß, im unteren Teil gewöhnlich etwas keulenförmig.
Lamellen: Angeheftet, weiß.
Standort: Im Herbst in Laub- und Nadelwäldern. Häufig. Giftig.

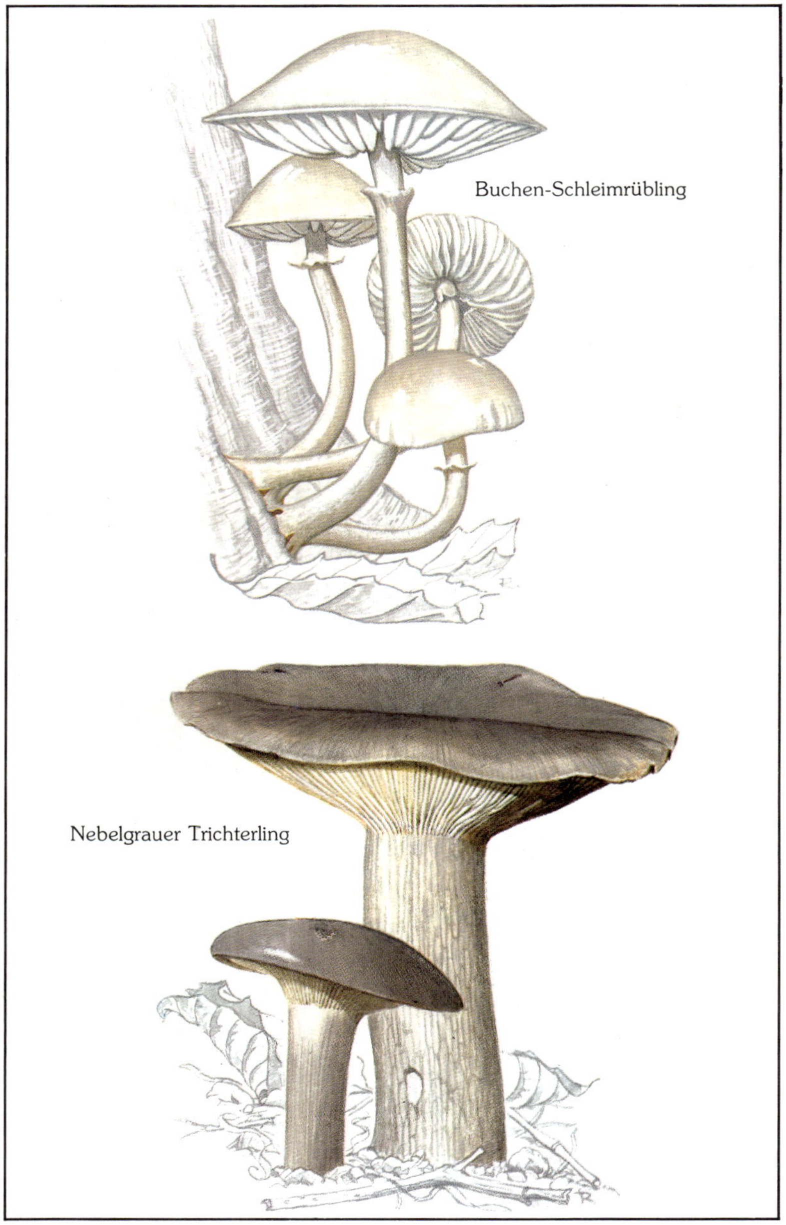

Purpurvioletter Täubling
Russula sardonia
Hut: 6–10 cm breit, gewölbt bis glockig ausgebreitet. Dunkel purpurrot oder rot-violett bis rötlich-schwarz.
Stiel: 7–12 cm hoch, 1,5–2 cm dick, recht schlank, herrlich purpurfarben.
Lamellen: Angeheftet, zitronengelb; am Rand hängen oft wässerige Tröpfchen.
Standort: Im Herbst in Kiefernwäldern. Häufig. Giftig.

Schwarzpurpurner Täubling
Russula atropurpurea
Hut: 4–10 cm breit, gewölbt, manchmal leicht gebuckelt. Feucht, dunkel purpurrot bis fast schwarz, ältere Pilze in der Mitte oft gelb gesprenkelt.
Stiel: 5–7 cm hoch, 1,5–2 cm dick, kurz, gedrungen, weiß, rostfarbene Basis.
Lamellen: Angeheftet, weißlich bis blaßgelb, oft verblaßt mit rostfarbenen Flecken.
Standort: Im Herbst in Laubwäldern. Häufig. Eßbar, aber ein wenig bitter.

Zitronentäubling
Russula ochroleuca
Hut: 5–8 cm breit, leicht trichterförmig, feucht, leuchtend ockergelb bis grünlich-gelb.
Stiel: 6–8 cm hoch, 1,5–2 cm dick, ziemlich weich mit fester Rinde, weiß, später gräulich; Oberfläche von schwachen, dicht gedrängten, in Längsrichtung verlaufenden Adern bedeckt.
Lamellen: Weißlich.
Standort: Bis weit in den Spätherbst sehr häufig in Laub- und Nadelwäldern. Eßbar.

Frauentäubling
Russula cyanoxantha
Hut: 7–10 cm breit, gewölbt, in der Mitte etwas eingedrückt. Feucht, dunkel gräulich-purpurn mit Olivtönen.
Stiel: 8–11 cm hoch, 1,5–2 cm dick, weiß, hart.
Lamellen: Weiß, weich und biegsam.
Standort: Im Herbst in Laubwäldern. Häufig. Eßbar und wohlschmeckend.

Speitäubling
(Giftig)
Purpurvioletter Täubling
(Giftig)
Zitronentäubling
Schwarzpurpurner Täubling
Frauentäubling

Rötlicher Holzritterling
Tricholomopsis rutilans
Hut: 6–12 cm breit, gewölbt bis glockig ausgebreitet. Gelb, übersät von winzigen fleckigen, prupurfarbenen Schuppen, die in der Mitte recht dichtgedrängt sind, zum Rand hin aber spärlicher werden.
Stiel: 6–9 cm hoch, 1–1,5 cm dick, ähnlich gefärbt wie der Hut; im unteren Teil ebenso von purpurfarbenen Schuppen übersät, die zur gelben Spitze hin allmählich verschwinden.
Lamellen: Gelb.
Standort: Im Herbst auf Nadelbaumstümpfen. Recht häufig. Jung eßbar.

Samtfußrübling
Flammulina velutipes
Hut: 2,5–5 cm breit, leicht gewölbt, dann allmählich flach. Leuchtend gelbbraun oder goldbraun, in der Mitte oft dunkler und bräunlicher. Wenn naß, klebrig, wenn trocken, glänzend.
Stiel: 2,5–5 cm hoch, 4–6 mm dick, tief dunkelbraun und auffallend samtig, obenzu gelb verblassend.
Lamellen: Angeheftet, ziemlich entfernt, blaßgelb.
Standort: Im Spätherbst und Winter auf Stämmen und Ästen, besonders von abgestorbenen Ulmen, oft recht zahlreich; bildet kleine dachziegelartige Büschel; wächst sehr selten auf vergrabenen Wurzeln. Eßbar.

Lilastieliger Rötelritterling
Lepista saeva
Hut: 6–8 cm breit, gewölbt, dann flach. Leder- bis gräulich-lederfarben.
Stiel: 5–6 cm hoch, 1,5–2 cm dick, an der Basis oft verdickt, hellviolett, mit streifig-faseriger Oberfläche.
Lamellen: Weißlich bis blaß fleischfarben.
Standort: Im Herbst auf Gras, oft in Hexenringen. Häufig. Eßbar.

Violetter Rötelritterling
Lepista nuda
Hut: 6–10 cm breit, leicht gewölbt, dann allmählich flach, erscheint oft schmierig oder mit Wasser vollgesaugt. Einheitlich violett bis rötlichbraun mit violetter Färbung am Rand.
Stiel: 6–8 cm hoch, 1,5–2 cm dick, kräftig bläulich-lila.
Lamellen: Zuerst kräftig violett, später allmählich rötlich.
Standort: Vom Spätherbst bis weit in den Winter in Laubwäldern, auf Komposthaufen. Eßbar.

Rötlicher Lacktrichterling
Laccaria laccata
Hut: 2–4 cm breit, leicht gewölbt bis glockig ausgebreitet, in der Mitte manchmal etwas eingedrückt; Oberfläche filzig oder schorfig. Blaßrosa bis rot-braun mit gerieftem Rand, trocken blaß lederfarben und matt, nicht gerieft.
Stiel: 4–5 cm hoch, 5 mm dick, zäh, gerieft, faserig, rötlich-braun, oft verdreht.
Lamellen: Breit, dick, entfernt, wachsartig, rosa-fleischfarben und wachsartig glänzend.
Standort: Im Herbst oft in Gruppen in Laub- und Nadelwäldern, in Heideland. Sehr häufig. Eßbar.

Violetter Lacktrichterling
Laccaria amethystea
Hut: 2,5–4 cm breit, gewölbt, später etwas abgeflacht, in der Mitte oft eingedrückt, schorfig-filzige Oberfläche. Feucht kräftig violett, trocken blaß lederfarben mit Lilatönung.
Stiel: 4–6 cm hoch, 6 mm dick, tief violett, bei Trockenheit jedoch heller.
Lamellen: Breit, dick, entfernt, breit angewachsen oder nur angeheftet. Kräftig violett, trocken hell fleischfarben.
Standort: Im Herbst in Laubwäldern. Häufig. Eßbar.

Gefleckter Rübling
Collybia maculata
Hut: 5–9 cm breit, gewölbt. Weiß mit stecknadelkopfgroßen oder auch größeren rotbraunen Flecken, später verfärbt sich oft der ganze Hut blaß rotbraun.
Stiel: 8–10 cm hoch, 1–1,6 cm dick, fest, weiß, oft längsgestreift; verjüngt sich nach unten zu einer kurzwurzelnden Basis.
Lamellen: Dicht gedrängt, schmal, blaßgelb mit rotbraunen Flecken.
Standort: Im Herbst in Nadelwäldern oder in Farn auf Heideboden; oft in Gruppen, manchmal in Hexenringen. Häufig. Ungenießbar.

Brennender Rübling
Collybia peronata
Hut: 4–6 cm breit, sehr weit glockig ausgebreitet bis flach, in der Mitte manchmal gebuckelt, glatt, sehr zäh und lederartig. Ockerfarben bis rötlichbraun, trocken heller.
Stiel: 7–9 cm hoch, 5 mm dick, schlank, dünn, aber sehr zäh, blaß gelblich-lederfarben, nach unten zu mit dikkem, hellgelbem, wolligem Filz überzogen.
Lamellen: Zäh, lederartig, entfernt, angeheftet, bilden um die Stielspitze eine falsche Manschette; hutfarben.
Standort: Im Herbst vor allem in Laubwäldern im vermodernden Laub. Häufig. Ungenießbar.

Spindeliger Rübling
Collybia fusipes
Hut: 3–7 cm breit, glockig ausgebreitet, mit einem Buckel in der Mitte, glatt. Dunkelrotbraun, trocken rötlich lederfarben oder schwach gelbbraun.
Stiel: 8–10 cm hoch, 1–1,5 cm dick, zäh, hutfarben, nach unten zu allmählich dicker, an der wurzelnden Basis aber stark zugespitzt; Oberfläche deutlich gefurcht.
Lamellen: Angeheftet, breit, entfernt, weißlich, dann leicht rotbraun getönt, oft auch braun gefleckt.
Standort: Vom Spätsommer bis in den Frühherbst gelegentlich in Büscheln am Fuß von Baumstämmen, besonders unter Eichen. Wertlos.

Nelkenschwindling
Marasmius oreades
Hut: 3–5 cm breit, gewölbt, mit breitem Buckel in der Mitte, zäh, glatt. Rötlichgelbbraun, trocken blaß lederfarben; Rand oft gefurcht.
Stiel: 4,5–5,5 cm hoch, 2,5–3 mm dick, fest zäh, blaß lederfarben.
Lamellen: Angeheftet, breit, entfernt, weißlich.
Standort: Vom Frühjahr bis in den Herbst auf Weiden, Wiesen und an Straßenrändern. Der Nelkenschwindling ist der Pilz, der am häufigsten (nicht immer!) in Wiesen Hexenringe bildet. Häufig. Eßbar.

Mairitterling
Tricholoma gambosum
Hut: 5–10 cm breit, leicht gewölbt, oft mit gewelltem Rand, glatt. Weiß bis sehr blaß lederfarben in der Mitte.
Stiel: 4–7 cm hoch, 1,5–2 cm dick, kurz, gedrungen, weiß.
Lamellen: Ausgebuchtet, gedrängt, weiß.
Standort: Auf Weiden, an Straßenrändern und in Hecken; erscheint bereits im Frühjahr. Häufig. Eßbar.

Frühlingsrötling, Geflammter Rötling
Entoloma clypeatum
Hut: 3–6 cm breit, glockenförmig, dann leicht glockig und in der Mitte gebuckelt. Graubraun mit dunklerer, strahlenförmiger Maserung; trocken heller.
Stiel: 4–6 cm hoch, 6–15 mm dick, schmutzig-weiß bis gräulich, mit faseriger Oberfläche.
Lamellen: Ausgebuchtet, breit, entfernt, gräulich, später rosa, Rand gewellt.
Standort: Im Frühjahr in Gebüschen und Gärten, vor allem unter Obstbäumen. Eßbar.

Kegeliger Saftling
Hygrophorus conicus
Hut: Bis 3 cm hoch, spitz kegelförmig mit faseriger Oberfläche. Gelb oder orangefarben; bei Berührung oder im Alter schwarz verfärbend.
Stiel: Bis 6 cm hoch, 5 mm dick, faserig, gelb; wird später schwarz.
Lamellen: Bauchig, fast frei, hellgelb.
Standort: Im Herbst recht häufig auf grasigen Plätzen. Wertlos.

Weißmilchender Helmling
Mycena galopoda
Hut: 1 cm breit, glockig ausgebreitet. Hell, in der Mitte braun, strahlenförmig gerieft.
Stiel: Bis 5 cm hoch, 2 mm dick, unten gräulich, oben fast weiß; sondert an Bruchstellen weiße Milch ab.
Lamellen: Angeheftet, weiß.
Standort: Im Herbst in Wäldern, Hecken und auf Heideland. Recht häufig. Eßbar, aber wertlos.

Rosablättriger Helmling
Mycena galericulata
Hut: 2–4,5 cm breit, glockig ausgebreitet, später flach und in der Mitte gebukkelt, zäh, lederartig. Graubraun bis lederfarben, Rand gerieft bis leicht gefurcht.
Stiel: 7–10 cm hoch, 3–5 mm dick, zäh, knorpelig, glatt, poliert, graubraun.
Lamellen: Breit angewachsen mit herablaufendem Zahn, entfernt, etwas aderig, weißlich, dann fleischfarben.
Standort: In Büscheln auf Stümpfen oder aus vergrabenem Holz wachsend. Vereinzelt das ganze Jahr über zu finden, meist aber recht zahlreich im Herbst. Hüte eßbar.

Austernseitling
Pleurotus ostreatus
Hut: 5–12 cm breit, dachziegelartig, gewölbt, konsolenförmig, glatt. Blaugrau bis lederfarben.
Stiel: 2–3 cm lang, 1,5–2 cm dick, seitenständig, haarig, weiß.
Lamellen: Herablaufend, entfernt, weißlich.
Standort: Meist im Herbst in dachziegelartigen Haufen auf stehenden oder gefällten Stämmen, besonders auf Buchenstämmen. Häufig. Eßbar.

Beringter Flämmling
Pholiota spectabilis
Hut: 6–12 cm breit, gewölbt, fleischig. Leuchtend gelbbraun oder goldgelb, Oberfläche faserig oder zu leicht faserigen Schuppen aufreißend.
Stiel: 7–15 cm hoch, 1,2–3 cm dick, verjüngt sich nach unten, faserig, heller als der Hut, mit hoch sitzendem, gelblichem Ring.
Lamellen: Breit angewachsen, gedrängt, manchmal mit herablaufendem Zahn; gelb, später rostfarben.
Standort: Im Herbst in dichten Büscheln am Fuß von lebenden Baumstämmen oder auf Stümpfen von Laubbäumen. Selten. Ungenießbar.

Sparriger Schüppling
Pholiota squarrosa
Hut: 6–8 cm breit. Blaß ockergelb mit abstehenden Schuppen.
Stiel: 6–10 cm hoch, 1–1,5 cm dick; unterhalb des faserigen Rings auch von sparrig abstehenden Schuppen bedeckt.
Lamellen: Breit angewachsen mit herablaufendem Zahn, gelb, dann rostfarben.
Standort: Parasitär an Laubbäumen; im Herbst Büschel an Stämmen. Häufig. Ungenießbar.

Stockschwämmchen
Kuehneromyces mutabilis
Hut: 3–6 cm breit, gewölbt bis glockig ausgebreitet. Feucht wässerig dattelbraun mit gerieftem Rand, beim Trockenwerden deutlich von der Mitte aus gelbbraun verfärbend.
Halbtrockene Hüte deutlich zweifarbig: gelbbraune Mitte, breite wässerigbraune Randzone.
Stiel: 3–5,5 cm hoch, 3,5–5 mm dick, oben hellgelblich; unterhalb des Rings allmählich dunkelbraun, von helleren, abstehenden Schuppen bedeckt.
Lamellen: Breit angewachsen mit herablaufendem Zahn, blaß, später zimtbraun.
Standort: Ab Mai in Büscheln auf Stümpfen von Laubbäumen. Häufig. Eßbar.

Kahler Krempling
Paxillus involutus
Hut: 5–11 cm breit, gewölbt, mit stark eingerolltem Rand, später in der Mitte leicht eingedrückt, bei Regenwetter schleimige Oberfläche. Gelblich-braun, glatt, zum Rand hin aber oft geädert und flaumig.

Stiel: 6–7 cm hoch, 1–1,2 cm dick, zentral, heller als der Hut, oft gerieft.
Lamellen: Herablaufend, gelblichbraun; an Druckstellen dunkel rotbraun werdend.
Standort: Im Herbst sehr häufig in Heideland, vor allem unter Birken. Giftig.

Behangener Faserling, Zarter Saumpilz
Psathyrella candolleana
Hut: 2,5–5 cm breit, leicht glockig bis flach. Ocker-sahnefarben bis weißlich, besonders beim trockenen Pilz; beim jungen Pilz hängen am Hutrand feine, gezackte Reste des Velums.
Stiel: 4–6 cm hoch, 4–5 mm dick, weiß, hohl, sehr brüchig.
Lamellen: Breit angewachsen, weißlich, dann grau-lila bis bräunlichschwarz.
Standort: Frühjahr bis Herbst büschelig auf Holz. Häufig. Eßbar.

Rotscheidiger Zärtling
Psathyrella gracilis
Hut: 1,5–2,5 cm breit, glockig. Feucht dunkelbraun oder rötlich-braun mit gerieftem Rand, trocken semmelfarben.
Stiel: 8–10 cm hoch, 2 mm dick, sehr schlank, zerbrechlich, rein weiß mit weißen, haarigen Fasern an der Basis.
Lamellen: Breit angewachsen, schwärzlich mit rötlichem Rand.
Standort: Im Herbst einzeln oder gesellig in Laubwäldern, an Staßenrändern. Häufig. Wertlos.

Früher Erdschüppling
Agrocybe praecox
Hut: 3–5 cm breit, gewölbt, glatt. Blaßgelb, in der Mitte mehr ockerfarben.
Stiel: 5–7 cm hoch, 5–7 mm dick, schlank, weiß, mit weißlichem Ring.
Lamellen: Breit angewachsen, braun.
Standort: Im Frühjahr auf Gras und an Straßenrändern. Häufig. Eßbar.

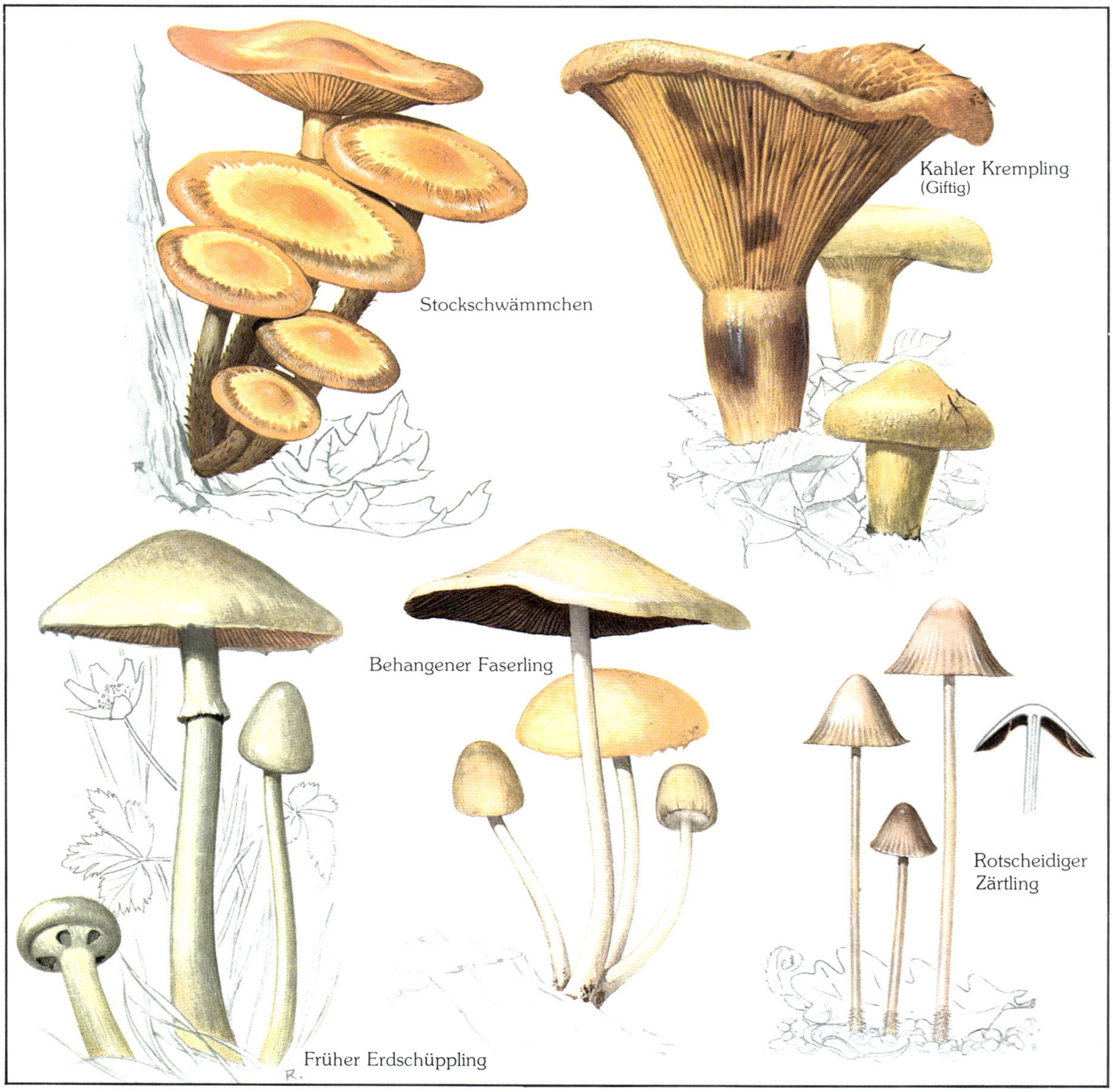

Rad-Tintling
Coprinus plicatilis
Hut: 2–3 cm breit. Zuerst eichelförmig. Gelblich-braun und dicht gerieft, dann flach, grob gefurcht und grau mit einem gelbbraunen Fleck in der etwas eingedrückten Mitte; sehr dünn, verwelkt schnell, fast durchscheinend.
Stiel: 6–8 cm hoch, 3 mm dick, weißlich, sehr zart.
Lamellen: Frei, an einer Manschette um die Stielspitze angeheftet, kaum zerfließend.
Standort: Im Herbst in feuchtem Gras, in Rasen und an Straßenrändern. Häufig.

Schopftintling
Coprinus comatus
Hut: 6–14 cm hoch, zylindrisch; öffnet sich leicht nach unten, später glockenförmig. Weiß mit lederfarbenem Fleck in der Mitte; die Oberfläche ist zu zottigen Schuppen aufgerissen; der dicht geriefte Rand verfärbt sich gräulich und ist beim reifen Pilz dann schwarz. Der ganze Hut zerfließt allmählich vom Rand her als schwarze, tintenartige Flüssigkeit.
Stiel: Bis 30 cm hoch, 1–1,5 cm dick, weiß mit beweglichem hautartigem Ring im unteren Teil.
Lamellen: Frei, gedrängt, in der Nähe der Stielspitze weiß, dann rosa und schließlich am Rand schwarz.
Standort: Im Herbst in Scharen auf Schuttplätzen, an Straßenrändern, in Feldern und Gärten. Häufig. Eßbar, solange die Lamellen noch nicht zu zerfließen beginnen.

Faltentintling
Coprinus atramentarius
Hut: 5–7 cm hoch, glockenförmig, unregelmäßig geädert und rundherum gefurcht. Grau, in der Mitte oft wenige unauffällige, bräunliche Schuppen.
Stiel: 7–9 cm hoch, etwa 1 cm dicke Basis mit ungleichmäßig verlaufender Ringzone, weiß.
Lamellen: Frei, weißlich, später grau und schließlich schwarz, zerfließend.
Standort: Im Herbst, vereinzelt aber vom Frühling an das ganze Jahr über, in Büscheln neben Laubbaumstümpfen oder aus Wurzeln wachsend, oft in Gärten, Feldern usw. Häufig. Bedingt eßbar, mit Alkohol genossen verursacht er Übelkeit.

Rasiger Tintling
Coprinus disseminatus
Hut: 5–10 cm hoch, eichelförmig bis halbkugelförmig. Blaß gelblich-lehmfarben, am Rand später gräulich, bis fast zur Mitte dicht gefurcht.
Stiel: 1–3,5 cm hoch, 1–1,5 mm dick, weiß, sehr zart und brüchig.
Lamellen: Breit angewachsen, dunkelgrau bis schwarz, kaum zerfließend.
Standort: Tritt in Scharen auf, so daß oft ganze Baumstümpfe mit unzähligen kleinen, semmelfarbenen Fruchtkörpern überzogen sind. Im Herbst, vereinzelt aber auch das ganze Jahr über. Häufig. Wertlos.

Anis-Champignon
Agaricus arvensis
Hut: 6–11 cm breit, halbkugelförmig, später leicht gewölbt. Weiß, im Alter oft blaßgelb, bei Berührung manchmal schwach gelb verfärbend.
Stiel: 8–12 cm hoch, 1,5–2 cm dick, schlank, zylindrisch, mit knolliger Basis, weiß, mit hautartigem, großem, schlaff herabhängendem Ring. Nach Anis riechend.
Lamellen: Weiß, dann rötlich-braun.
Standort: Im Herbst in Wiesen, Gärten, oft in Hexenringen. Häufig. Eßbar.

Wiesenchampignon
Agaricus campestris
Hut: 4,5–8 cm breit, gewölbt, dann flach. Weiß; die Oberfläche reißt oft, vor allem in der Mitte, zu unauffälligen faserigen Schuppen auf.

Stiel: 4–6 cm hoch, 1–1,5 cm dick, kurz, gedrungen, an der Basis zugespitzt, mit schwach ausgebildetem Ring.
Lamellen: Frei, zuerst rosa, dann rötlichbraun.
Standort: Im Sommer und Herbst auf Wiesen und Weiden, oft in Hexenringen. Häufig. Eßbar. Vorsicht! Zu verwechseln mit giftigem Karbolchampignon und sehr giftigem Knollenblätterpilz.

Tränender Saumpilz
Lacrymaria velutina
Hut: 4–6 cm breit, glockig, oder gewölbt. Gelblich-braun bis lehmbraun, dicht strahlenförmig faserig, mit eingerolltem, fransig wolligem Rand.
Stiel: 6–7 cm hoch, 5–8 mm dick, heller als der Hut, faserig oder schuppig mit deutlicher Ringzone aus weißlichen, wattigen Fasern, die durch die herabfallenden Sporen oft schwarz werden.
Lamellen: Angeheftet oder breit angewachsen, fast schwarz gefleckt.
Standort: Vom Frühjahr bis in den Herbst in Laubwäldern; wächst in Büscheln aus Wurzeln oder vergrabenem Holz. Häufig. Ungenießbar.

Grünblättriger Schwefelkopf
Hypholoma fasciculare
Hut: 2–4 cm breit, leicht glockig bis gewölbt. Schwefelgelb, in der Mitte etwas dunkler, am Rand Reste der Hülle.
Stiel: 4–7 cm hoch, 4–8 mm dick, hutfarben, unten manchmal leicht bräunlich, oben schwach ausgebildete purpurbraune faserige Ringzone.
Lamellen: Ausgebuchtet, schwefelgelb, später oliv.
Standort: Im Herbst, vereinzelt aber das ganze Jahr über, in Büscheln am Fuß von Baumstümpfen. Sehr häufig. Giftig.

Röhrlinge
Familie *Boletaceae*

Fleischige Fruchtkörper mit Hut und zentralem Stiel, der bei manchen Arten einen Ring trägt. Unterseite des Hutes schwammartig mit winzigen Poren, den Mündungen der dichtstehenden Röhren.

Kuhröhrling
Suillus bovinus
Hut: 4–7 cm breit, zuerst gewölbt, dann ausgebreitet, feucht schleimig. Lederfarben bis bräunlich-fleischfarben mit hellem Rand.
Stiel: 4,5–7 cm hoch, 6–9 mm dick, nach unten verjüngt, hutfarben. Ohne Ring.
Poren: Herablaufend, groß, unregelmäßig. Jede einzelne Pore ist durch Scheidewände in kleinere Poren unterteilt; schmutziggelb bis rostbraun.
Standort: Im Herbst in Kiefernwäldern. Häufig. Eßbar.

Butterpilz
Suillus luteus
Hut: 7–12 cm breit, glockig, dann ausgebreitet, in der Mitte oft leicht gebukkelt, feucht schleimig. Dunkel schokoladen- oder rötlich-braun; später manchmal rötlich-gelbbraun.
Stiel: 6–8 cm hoch, 1–2 cm dick, über dem kräftigen weißen oder gräulichen Ring gelb mit dunkleren körnigen Punkten, darunter weißlich oder schwach bräunlich.
Poren: Breit angewachsen bis herablaufend, schmutzig-gelb bis tief ockergelb.
Standort: Im Herbst in Kiefernwäldern. Recht häufig. Eßbar.

Birkenpilz
Leccinum scabrum
Hut: 5–10 cm breit, gewölbt bis flach gewölbt. Graubraun.
Stiel: 8–12 cm hoch, 2–3 cm dick, schlank, zylindrisch, unten oft verdickt, weiß, aber voller schwarzer Schuppen.
Poren: Fast frei, winzig, schmutzigbraun, an Druckstellen gelblich-braun.
Standort: Im Herbst unter Birken, besonders auf Heideboden. Häufig. Eßbar.

Flockenstieliger Hexenröhrling
Boletus erythropus
Hut: 7–11 cm breit, gewölbt, trocken, fein samtig. Dunkel kastanien- bis rotbraun.
Stiel: 8–11 cm hoch, 1,5–2,5 cm dick, gelb, übersät mit roten Pünktchen. Fleisch an Schnitt- und Druckstellen sofort indigoblau verfärbend.
Poren: Frei, winzig, blutrot.
Standort: Schon ab Mai in Laub- und Nadelwäldern. Häufig. Eßbar trotz der erschreckenden Verfärbung des Fleisches.

Satanspilz
Boletus satanas
Hut: 10–18 cm breit, gewölbt, mit eingerolltem Rand. Weißlichgrau.
Stiel: 7–12 cm hoch, unten sogar bis zu 12 cm dick, oben gelb, unten rot, auffallend rot genetzt. Fleisch beim Anschneiden schwach blauend.
Poren: Frei, winzig; blutrot.
Standort: Im Herbst in Buchenwäldern auf Kalkboden. Selten. Giftig.

Kuhröhrling
Butterpilz
Birkenpilz

Maronenröhrling
Xerocomus badius
Hut: 6–10 cm breit, gewölbt. Dunkelbraun, feucht, etwas klebrig; glänzend, am Rand seidig.
Stiel: 7–8 cm hoch, 1,5–2 cm dick, hellbraun mit dunkleren Streifen. Bei Berührung schnell blaugrün anlaufend.
Poren: Breit angewachsen oder angeheftet, klein, blaßgelb bis zitronengelb, auf Druck blaugrün anlaufend.
Standort: Im Herbst in Laub- und Nadelwäldern. Häufig. Eßbar.

Steinpilz
Boletus edulis
Hut: 10–16 cm breit, stark gewölbt. Normalerweise kastanienbraun.
Stiel: 6–12 cm hoch, 2,5–4 cm dick, zylindrisch, an der Basis manchmal aber bis zu 10 cm dick; hell, zumindest oben weiß genetzt.
Poren: Angeheftet, weißlich, später grünlich-gelb.
Standort: Von Spätsommer bis Herbst in Laub- und Nadelwäldern. Recht häufig. Eßbar.

Rotfußröhrling
Xerocomus chrysenteron
Hut: 5–7 cm breit, gewölbt. Rotbraun, manchmal mit leichter Olivtönung. Huthaut oft felderig gerissen, dort blaß rötlich verfärbend; feinfilzige Oberfläche.
Stiel: 6–8 cm hoch, 1 cm dick, gelblich, unten rot gefärbt. Fleisch an Schnittstellen schwach blauend.
Poren: Angeheftet bis breit angewachsen, groß, erst blaß-, dann olivgelb.
Standort: Im Herbst in Laub- und Nadelwäldern. Häufig. Eßbar.

Porlinge
(Polyporaceae)

Porenpilze wachsen gewöhnlich auf Holz, entweder mit seitlichem Stiel in sternförmigen Büscheln oder als einzeln oder dachziegelartig wachsende Konsolenpilze von holziger oder lederartiger Beschaffenheit.

Dauerporling
Coltricia perennis
Hut: 2–10 cm breit, dünn, lederartig, trichterförmig, benachbarte Fruchtkörner oft miteinander verwachsen, samtige Oberfläche. Abwechselnd gelbbraun und rostbraun konzentrisch gezont, zur Mitte hin manchmal zu graubraun verblassend.
Stiel: 3–5,5 cm hoch, 3–6 mm dick, samtig, rostbraun.
Poren: Klein, erst heller als der Stiel, später dunkler; oft seidig schimmernd.
Standort: Im Herbst auf sandigem Heideboden. Die toten, schwarz gewordenen Fruchtkörper stehen noch monatelang.

Flacher Lackporling
Ganoderma applanatum
Fruchtkörper: Bis 30 cm breit; flach, ohne Stiel, konsolenartig, mehrere Jahre überdauernd, unregelmäßig gewellte Oberfläche mit dicker, höckeriger, dunkelbrauner Kruste, konzentrisch gefurcht. Braun; dünner, scharfer Rand.
Poren: Sehr klein, weißlich, auf Druck braun verfärbend.
Standort: Über mehrere Jahre als Parasit an Stämmen und Stümpfen. Häufig. Ungenießbar.

Schuppiger Porling
Polyporus squamosus
Hut: 13–50 cm breit, fächerförmig. Hellbraun mit braunen, konzentrischen Schuppenringen.
Stiel: 3–8 cm hoch, 3–8 cm dick, relativ kurz, oben hell und genetzt durch die verkümmerten, herablaufenden Poren, unten schwarz und verdickt.
Poren: Weiß bis blaßgelb, sehr groß, 1–3 mm breit.
Standort: Als Parasit an abgestorbenen oder lebenden Stämmen von Laubbäumen, besonders an Ulmen, Buchen und Bergahornbäumen, oft in beachtlicher Höhe. Frühjahr bis Sommer. Häufig. Eßbar, aber relativ wertlos.

Büschelporling
Grifola frondosa
Fruchtkörper: Bis 30 cm breit; mit unzähligen kleinen, rauchbraunen Hüten, die gezont, fächerförmig und 3–7 cm breit sind und einen exzentrischen, weißen, sich nach unten verjüngenden Stiel und eine gemeinsame Basis haben.
Poren: Herablaufend, unregelmäßig, weiß.
Standort: Sommer und Herbst gelegentlich am Fuß von Laubstämmen und -stümpfen. Ungenießbar.

Schmetterlingsporling, Bunte Tramete
Trametes versicolor
Fruchtkörper: 3–8 cm breit; oft auch

Dauerporling

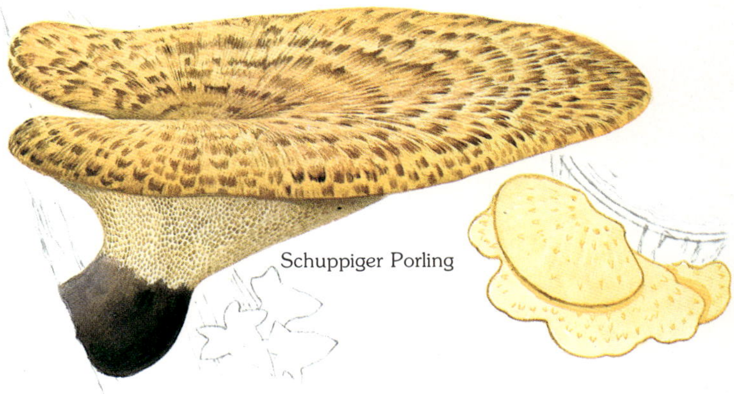

Schuppiger Porling

Flacher Lackporling
(rechts Unterseite)

Büschelporling

Der Schmetterlingsporling ist einer der häufigsten Porenpilze.

Birkenporling

Leberpilz

Rötliche Tramete

breiter, wenn benachbarte Exemplare miteinander verwachsen; dünn, biegsam, stiellos, konsolenförmig; filzige Oberfläche mit zahlreichen Farbzonen. Fast schwarz oder blauschwarz über rauchbraun bis gelbbraun oder hellbraun, besonders am Rand.
Poren: Klein, blaßgelb.
Standort: Das ganze Jahr hindurch oft dachziegelartig, manchmal einzeln, an Stümpfen, Stämmen, herabgefallenen Ästen von Laub- und Nadelbäumen, auf Pfählen und Bauholz. Sehr häufig. Ungenießbar.

Birkenporling
Piptoporus betulinus
Fruchtkörper: Bis 20 cm breit, hufförmig, an der Basis gelegentlich zu einer Art kurzem Stiel verdickt.
Oberfläche von einer gräulichen oder hellbraunen bis braunen, ablösbaren glatten Haut überzogen; Rand eingebogen.
Poren: Sehr klein, bilden sich erst später, weiß.
Standort: Parasit an lebenden und abgestorbenen Birkenstämmen; einzeln stehende Konsolen, die aber an einem Baum an mehreren Stellen auftreten können. Das ganze Jahr über, häufig. Ungenießbar.

Leberpilz, Ochsenzunge
Fistulina hepatica
Fruchtkörper: Bis 15 cm breit, einzeln stehend, fächerförmig mit schmalem Ansatz, manchmal mit kurzer stielartiger Basis. Leberfarben, auf der Oberseite zum Rand hin von winzigen Warzen bedeckt, die eigentlich verkümmerte Röhren sind; sonst glatt.
Poren: Gelblich-fleischfarben.
Standort: Im Herbst auf Eichenstümpfen und -stämmen, gewöhnlich in Bodennähe. Selten. Jung eßbar, aber von minderer Qualität.

Rötliche Tramete
Daedalea confragosa
Fruchtkörper: Bis 15 cm breit, ausgebreitet, muschelförmig, haftet manchmal mit buckelartig verdickter Basis am Holz; Oberfläche konzentrisch gefurcht und oft unregelmäßig radial gerunzelt. Gezont in helleren und dunkleren Rotbrauntönen; scharfer, oft weißer Rand.
Poren: Radial verlängert, schlitzartig, weiß bis schwach grau; solange der Fruchtkörper noch wächst, verfärben sie sich an Druckstellen rot; bei alten Exemplaren werden die Poren gleichmäßig rötlichbraun. Weißer Sporenstaub.
Standort: Das ganze Jahr über einzeln oder gesellig; an meist dünnen Stämmen oder Zweigen von Laubbäumen sind oft mehrere Konsolen zu finden; besonders an Weiden. Häufig. Ungenießbar.

Schicht- und Rindenpilze

Fruchtkörper auf Holz oder Boden wachsend. Formen: Konsolen, Korallen mit flachgedrückten Zweigen, Rosetten; Unterseite glatt, ohne Lamellen, Poren oder Stacheln, höchstens gerunzelt.

Runzeliger Schichtpilz
Stereum rugosum
Fruchtköper: Großflächige, blaßgelbe Krusten auf der Unterseite von Ästen; bildet nur manchmal sehr schmale, steife Konsolenkanten mit dunkelbrauner, leicht filziger oder kahler Oberfläche. Bei Verletzungen verfärbt sich die blaßgelbe Krustenfläche rot. Im Bruch sind unter der Lupe die verschiedenen Schichten des Fruchtkörpers zu erkennen.
Standort: An dünnen Stämmen, auf der Unterseite von abgestorbenen oder lebenden Ästen von Laubbäumen, besonders an Haselzweigen. Das ganze Jahr über, häufig. Ungenießbar.

Erdlederpilz
Thelephora terrestris
Fruchtkörper: 2–6 cm breit, in Form von kleinen, unregelmäßigen, trichterförmigen oder am Boden angedrückten Rosetten, dunkelbraun mit weicher, poröser, filziger, radialfaseriger Oberfläche. Unterseite gerunzelt, rauh, kakaobraun.
Standort: Im Herbst auf sandigem Boden und in Nadelwäldern. Häufig. Ungenießbar.

Umberbrauner Borstenschichtpilz
Hymenochaete rubiginosa
Fruchtkörper: 4–7 cm breit, geschichtet, konsolenförmig, konzentrisch gefurcht und gerunzelt, dunkelbraun und glatt, jung samtig und rostbraun. Unterseite schokoladenbraun; sieht aus wie gewachst; am Rand rostbraun oder blaßgelb. Braunes Fleisch.
Standort: Das ganze Jahr über auf alten Eichenstümpfen. Häufig. Ungenießbar.

Violetter Schichtpilz
Chondrostereum purpureum
Fruchtkörper: 2–4 cm breit; dünne, biegsame, lederartige Konsolen, die oft aus einem krustenförmigen Teil wachsen; manchmal nur in Form von Krusten zu finden. Oberseits filzig, ein- oder mehrfach konzentrisch gefurcht, blaß gräulich-lederfarben, oft mit einer dunklen Linie am gewellten Rand. Solange der Pilz wächst, ist die Unterseite leuchtend violett bis purpurfarben, später bräunlich verblassend.
Standort: Das ganze Jahr über, von Faulstoffen, an verschiedenen Laubbäumen (Stümpfen, Zweigen usw.) oder parasitisch lebend. Als Parasit verursacht der Pilz manchmal Silberfärbung der Blätter, zum Beispiel bei der Silberblattkrankheit von Pflaumenbäumen. Sehr häufig. Ungenießbar.

Erdlederpilz

Umberbrauner Borstenschichtpilz

Violetter Schichtpilz

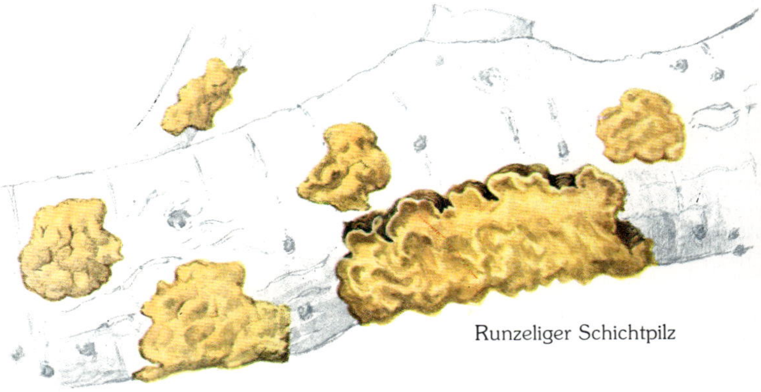
Runzeliger Schichtpilz

Goldgelber Zitterling

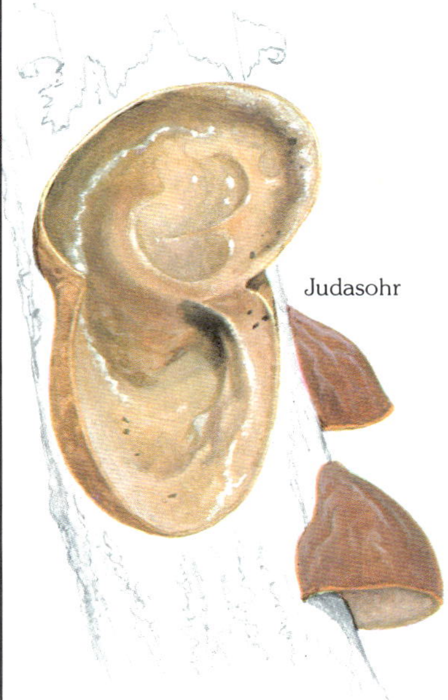

Judasohr

Klebriger Hörnling

Gallertpilze
(Tremellales)

Fruchtkörper meist auf Holz wachsend, in den verschiedensten Formen, aber fast immer gallertartig. Bei Trockenheit oft sehr unscheinbar und hornig oder nur als lackartiger Fleck vorhanden. Bei Feuchtigkeit quellen die Fruchtkörper jedoch auf und werden wieder gallertig.

Judasohr
Auricularia auricula-judae
Fruchtkörper: 3–10 cm breit, ohrmuschelförmig. Dattelbraun, gallertartig, samtig. Die von Falten und Adern durchzogene Innenseite erinnert an eine Ohrmuschel und ist blaß rötlich-braun.
Standort: Das ganze Jahr über an Ästen von Laubbäumen, besonders an Holunderästen. Häufig. Eßbar.

Goldgelber Zitterling
Tremella mesenterica
Fruchtkörper: 1,5–5 cm breit, besteht aus einer hängenden, gallertartigen, hirnartig geformten Masse.
Standort: Das ganze Jahr über auf toten und abgefallenen Ästen von Laubbäumen und Sträuchern. Häufig. Ungenießbar.

Klebriger Hörnling
Calocera viscosa
Fruchtkörper: 4–8 cm hoch, verzweigt, keulenförmig. Leuchtend eigelb, von gallertartiger Konsistenz, mit gemeinsamer weißer, wurzelartig verlängerter Basis.
Standort: Im Herbst auf Nadelbaumstümpfen. Häufig. Ungenießbar.

Gemeine Stinkmorchel (Phallus impudicus). Die gesamte Hutoberfläche ist mit olivgrünem Sporenschleim bedeckt, der einen starken Aasgeruch ausströmt und Insekten anlockt, die dann für die Verbreitung der Sporen sorgen.

Entwicklung einer Stinkmorchel

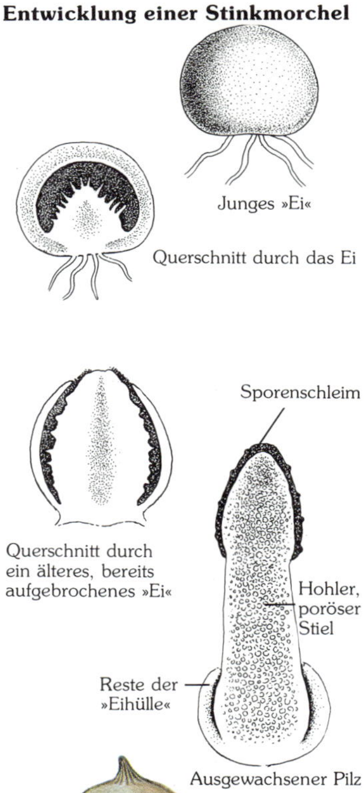

Kragen-Erdstern

Halskrausen-Erdstern

Bauchpilze
(Gasteromycetales)

Zu den Bauchpilzen gehören die Stinkmorcheln, die Erdsterne, die Hartboviste, die Stäublinge und die Boviste. Alle diese Pilze bestehen im frühen Stadium aus einem eiähnlichen Gebilde mit einer dicken gallertartigen Hülle. Der Innenteil durchbricht dann diese Hülle, streckt sich rasch empor und ist nach etwa einer Stunde voll entfaltet. Er besteht aus einem porösen Stiel mit einem glockenförmigen, sporenbildenden Hutteil oder mit einer Spitze, die die braune, schleimige Sporenmasse trägt. Der Fruchtkörper kann blüten- oder sternförmig sein oder an eine genetzte Hohlkugel erinnern. Er ist oft rosa oder rötlich gefärbt und hat einen starken Aasgeruch. Dadurch werden Insekten angelockt, die den olivfarbenen Sporenschleim verbreiten.

Gemeine Stinkmorchel
Phallus impudicus
Fruchtkörper: 10–14 (30) cm hoch. Besteht aus einem leicht geneigten, glockenförmigen Hut auf einem zerbrechlichen weißen, porösen, hohlen Stiel mit einer sackartigen Scheide, die von den gallertartigen Überresten der Eihülle gebildet wird.
Hut weiß mit honigwabenartiger Oberfläche, die erst sichtbar wird, wenn der olivfarbene, stark nach Aas riechende Sporenschleim von Insekten abgetragen worden ist.
Standort: Im Sommer und Herbst einzeln oder gesellig in Laubwäldern oder Parks, wo er mit weißen Myzelsträngen an Wurzeln oder vergrabenem Holz angeheftet ist. Häufig. Im eiförmigen Stadium genießbar.

Kragen-Erdstern
Geastrum striatum
Fruchtkörper: Entfaltet 3–6 cm breit.
Innenhaut: Etwa 1 cm breit, kurzgestielt, abgeflacht oder kugelförmig mit abgeflachter Basis; mit deutlichem Rand oder Kragen an der Basis; die Sporen entweichen aus einer ausgeprägten, spitz zulaufenden, gefurchten Mündung. In reifem Stadium fast schwärzlich.
Außenhaut: Bis zu 8 Zungen, die sich unter den Fruchtkörper zurückbiegen.
Standort: Im Herbst meist in Nadelwäldern. Selten. Ungenießbar.

Halskrausen-Erdstern
Geastrum triplex
Fruchtkörper: Entfaltet 6–10 cm breit.
Innenhaut: Bis 3 cm breit, glatt, stiellos, kugelförmig, blaß-braun; sitzt in einer Schale, die von der Basis der dickfleischigen Kragenscheibe gebildet wird;

beim Wachsen löst sich die Außenhaut ab, spaltet sich in Zungen, die sich nach außen umbiegen.
Außenhaut: 4- bis 8lappig, fleischig, gelblich bis blaßbraun.
Standort: Herbst in Laubwäldern. Selten. Ungenießbar.

Gemeiner Kartoffelbovist
Scleroderma citrinum
Fruchtkörper: 5–10 cm breit, knollenförmig, oben oft etwas abgeflacht; mit dicken, manchmal wattigen Myzelsträngen im Boden verhaftet. Gelblich oder ockerfarben mit auffallend rauher, grobschuppiger Oberfläche. Ein Schnitt durch den Fruchtkörper läßt eine dicke weißliche Hülle erkennen, die sich oft rötlich verfärbt. Die von dieser Hülle umschlossene feste Sporenmasse ist rötlich-schwarz und wird bei der Reife pulverig.
Standort: Im Sommer und Herbst auf sandigen Heide- oder Waldböden. Sehr häufig. Ungenießbar.

Beutelstäubling
Calvatia excipuliformis
Fruchtkörper: Bis 12 cm hoch, stößelförmig mit sporenbildendem Kopf und kräftigem Stiel. Die gräulich-lederfarbene Oberfläche ist im oberen Teil dicht bedeckt mit feinen, schorfigen, weißlichen, haarigen Stacheln und winzigen körnigen Warzen. Ein Schnitt durch den sporenbildenden Kopf läßt die olivbraune, pulverartig-faserige Sporenmasse erkennen.
Standort: Im Herbst stellenweise auf Weiden, Heiden und in Laubwäldern. Jung eßbar.

Münzenstäubling
Lycoperdon pratense
Fruchtkörper: 2–4 cm breit, birnenförmig mit sporenbildendem Kopf und sterilem Stiel. Weiß bis blaßgelb, mit schorfigen weißen Körnchen und kleinen Stacheln bedeckt. Bei der Reife verschwinden die Stacheln und Körnchen. Die Oberfläche ist dann mehr oder weniger glatt, hellbraun und glänzend. Ein Schnitt durch den reifen Fruchtkörper zeigt, daß die dunkelolivbraune, pulverig-faserige Sporenmasse im Kopf durch ein Häutchen von dem porösen Stiel getrennt ist.
Standort: Vom Sommer bis in den Herbst in kurzhalmigem Gras auf Weiden und Wiesen, oft in Hexenringen. Ungenießbar.

Riesenbovist
Langermannia gigantea
Fruchtkörper: Bis 30 cm breit, manchmal sogar noch größer; sieht aus wie ein glatter, weißer Ball mit feinlederiger Oberfläche. Innenmasse zuerst weiß und fleischig, später gelblich, schließlich olivbraun und wattig. Der Pilz ist mit feinen Myzelfäden im Boden verhaftet.
Standort: Im Herbst in Feldern, Gärten und Waldboden. Selten. Eßbar, solange das Fleisch noch weiß ist.

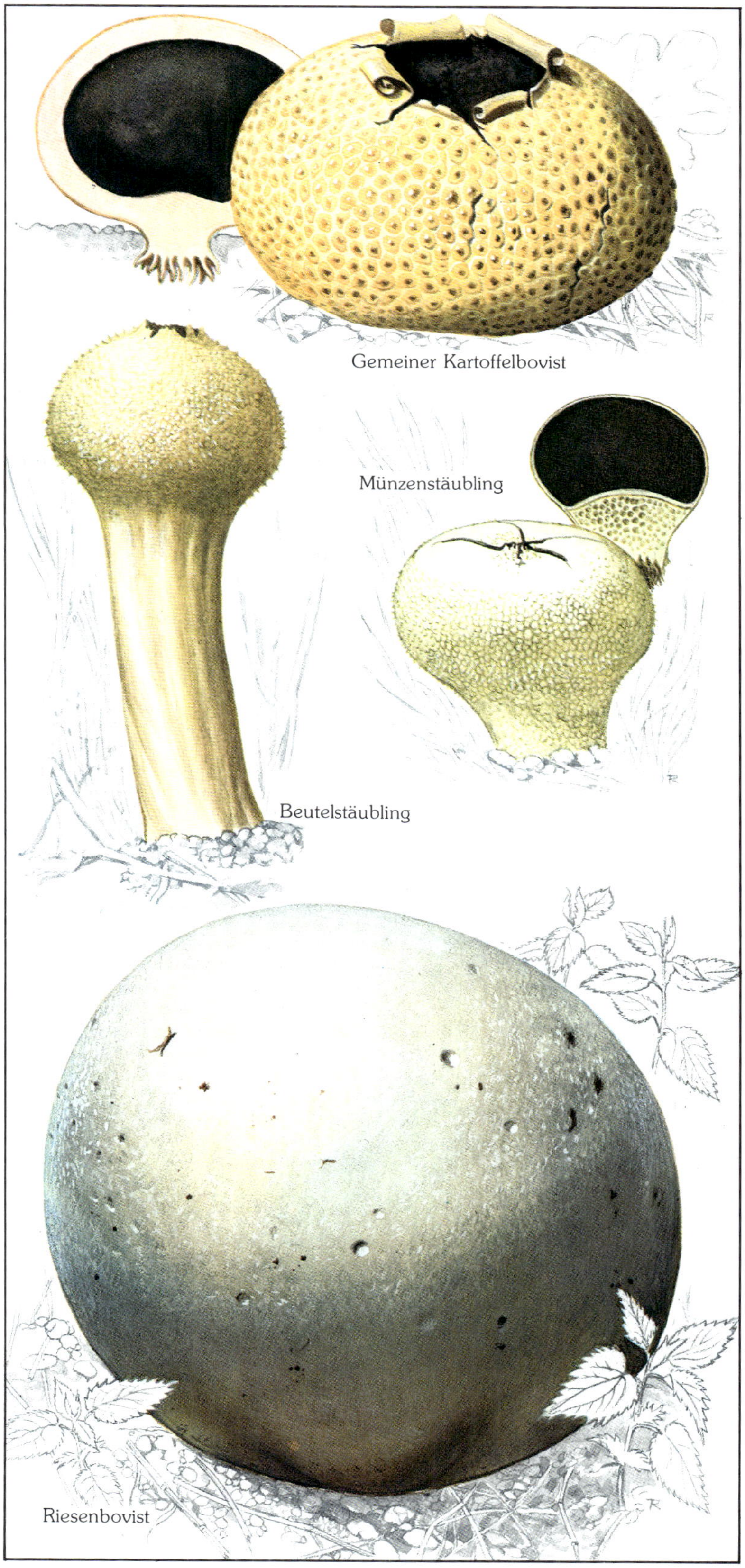

Birnenstäubling

Birnenstäubling
Lycoperdon pyriforme
Fruchtkörper: Bis 6 cm hoch, 3 cm breit, keulen- oder birnenförmig, oft recht schlank. Weißgrau oder blaß bräunlich, dicht bedeckt von feinen, schorfigen Körnchen. Stiel mit kräftigen weißen Myzelsträngen im Boden verhaftet, innen porös, aber recht fein gekammert.
Standort: Im Herbst gesellig, oft sehr zahlreich auf und in der Nähe von Laubbaumstümpfen. Sehr häufig. Jung eßbar.

Flaschenstäubling

Flaschenstäubling

Flaschenstäubling
Lycoperdon perlatum
Fruchtkörper: Bis 8 cm hoch und 5 cm breit, keulenförmig mit ausgeprägtem Kopfteil und langem zylindrischem Stiel. Weiß bis hellbraun, Kopfteil übersät mit leicht abwischbaren, weißen, eckigen Warzen, die von einem Kranz winziger Körnchen umgeben sind. Wenn bei alten Exemplaren die Warzen verschwunden sind, bilden diese Körnchen auf der Oberfläche ein Netzmuster. Stiel innen porös.
Standort: Im Herbst einzeln, gesellig oder sogar in kleinen Büscheln in Wäldern. Sehr häufig. Jung eßbar.

Schwärzlicher Bovist

Schwärzlicher Bovist
Bovista nigrescens
Fruchtkörper: 3–6 cm breit, kugelig, zuerst weiß; die äußere Hülle zerfällt aber bei der Reife völlig, so daß die darunterliegende, etwas glänzende, schwärzliche innere Hülle sichtbar wird. Fruchtkörper mit sehr feinen Myzelfäden im Boden verhaftet, löst sich gewöhnlich an der Unterlage ab.
Standort: Im Herbst auf Grasflächen und Dünen. Jung eßbar.

Napf-Teuerling

Napf-Teuerling
Cyathus olla
Fruchtkörper: 8–12 mm breit, 8–15 mm hoch, kelchförmig, ungestielt, außen filzig. Gelblichgrau, innen silbergrau und glatt, enthält mehrere erbsenförmige, Pilzsporen enthaltende Gebilde.
Standort: Wächst in kleinen Gruppen auf der Erde, auf Zweigen und anderem pflanzlichen Material. Ungenießbar.

Schlauchpilze
Familie *Ascomycetes*

Sehr umfangreiche Pilzklasse, deren gemeinsames Merkmal ein Schlauch (Ascus) ist, ein Organ, das der geschlechtlichen Vermehrung dient. Bisher sind ca. 15000 Arten bekannt. Die bekanntesten Gattungen sind die Lorcheln, Becherlinge, Morcheln und Trüffeln.

Speisemorchel
Morchella esculenta
Hut: 6–10 cm hoch, rundlich. Gelblichbraun; die Vertiefungen sind durch scharfkantige Leisten begrenzt.
Stiel: 6–10 cm hoch, weiß-gelblich, fast glatt, an der Basis leicht gefurcht.
Standort: April bis Mai in Laubwäldern und Gebüsch. Ausgezeichneter Speisepilz, der jedoch roh nicht verzehrt werden darf!

Orangeroter Becherling
Peziza aurantia
Fruchtkörper: 2–4 cm große, flache, becherförmige, rundliche oder lappige Gebilde. Orangerot. Stiellos.
Standort: Gesellig auf Waldwegen, an Grabrändern oder auf nacktem Lehmboden. Häufig. Eßbar, aber wertlos.

Sommertrüffel
Tuber aestivum
Fruchtkörper: 2–6 cm breit; von groben, wabenartigen Warzen bedeckt. Schwarzgrau. Innenmasse grau-violett, von blassen Adern durchzogen.
Standort: Sehr seltene Art, die nur in kalkreicher Erde zu finden ist. Eßbar.

Geweihförmige Holzkeule
Xylaria hypoxylon
Fruchtkörper: 1–7 cm hoch, abgeflacht, nur am Grunde noch rundlich, unregelmäßig geweihartig verzweigt. Am Grunde schwarz, an den Enden weißlich.
Standort: Verbreitet auf abgestorbenem Holz von Laubbäumen. Ungenießbar.

Kohliger Kugelpilz
Daldinia concentrica
Fruchtkörper: 2–10 cm breit, halbkugelig bis kugelig-knollig. Anfangs braun, bald schwarz, etwas glänzend. Fleisch silbergrau, schwärzlich gebändert.
Standort: Gesellig auf abgestorbenem Holz. Verbreitet, Ungenießbar.

Blutroter Pustelpilz
Nectria cinnabarina
Fruchtkörper: Kolonien in zwei Typen, zum einen kleine zinnoberrote, flaschenförmige Gebilde auf einer kissenförmigen Unterlage, zum andern korallenrote Pusteln.
Standort: In Mengen auf toten Zweigen von Laubgehölzen. Ungenießbar.

Speisemorchel

Orangeroter Becherling

Blutroter Pustelpilz

Sommertrüffel

Geweihförmige Holzkeule

Kohliger Kugelpilz

Von Napfflechten überzogener Stein. Die graubraunen, weißgrauen und rötlichgrauen Lager der einzelnen Flechten sind von einem deutlichen dunklen Rand begrenzt, so daß eine richtige »Landkarte« entsteht.

Hundsflechte

Gelbe Blattflechte

Rentierflechte

Graugrüne Strauchflechte

Rötlichbraune Bartflechte

Flechten
(Lichenes)

Bei dieser Pflanzengruppe handelt es sich um eigenartige Doppelwesen aus Pilzen und Algen, die nach Bau und Leben eine Einheit darstellen, d. h., ihr Körper besteht aus Pilzfäden (meist Schlauchpilze) und winzigen Algen (meist Grün- oder Blaualgen), die in enger Verbindung miteinander leben. Die etwa 25 000 Arten werden in 3 größeren Gruppen zusammengefaßt:

Krustenflechten sind oft nur sehr dünne, flächige Gebilde, die ihrer Unterlage – Gestein, Rinde, Erde – so dicht anliegen, daß sie nur mit Gewalt abgelöst werden können.

Blatt- oder Laubflechten bestehen aus zahlreichen schuppen- oder blattähnlichen, flachen Lappen, die oft kreisrunde Flecken bilden.

Strauchflechten sehen aus wie kleine Büsche und stehen oder hängen von Ästen und Zweigen.

Die meisten Flechten reagieren sehr empfindlich auf Luftverschmutzung – sie werden daher heute immer mehr als Indikatoren für den Schwefeldioxidgehalt der Luft eingesetzt.

Hundsflechte
Peltigera canina
Laubflechte aus der Familie der Schildflechten. Weit verbreitet an Mauern und Felsen, auf Sanddünen und Grasflächen.

Gelbe Blattflechte
Xanthoria parietina
Laubflechte aus der Familie der Gelbflechten. Einige sehr ähnliche Arten. Kann leicht abgelöst werden. Weit verbreitet auf Holz, Mauern, Dächern und Felsen, vor allem im Küstenbereich.

Rentierflechte
Cladonia rangiferina
Ca. 8 cm hohe Strauchflechte, die vor allem im arktischen und subarktischen Bereich Europas vorkommt.

Graugrüne Strauchflechte
Cladonia coccifera
Auffallende Strauchflechte. Vor allem im Bergland verbreitet auf Sand, Felsen, Mauerkronen und morschem Holz.

Rötlichbraune Bartflechte
Usnea subfloridana
Strauchflechte aus der Familie der Bartflechten mit dünnem, meist hängendem Lager. Sehr viele ähnliche Arten. An Bäumen und Holz, jedoch nur in sauberer Luft.

Kapitel 10

Algen und Tange

Algen sind ein- oder mehrzellige, blütenlose, niedere Pflanzen, die entweder im Wasser oder auf feuchtem Boden vorkommen. Sie besitzen keine Wurzeln, und ihr Körper ist nicht klar in Stengel und Blatt gegliedert. Viele Arten sind winzig klein und bestehen nur aus einer einzigen freischwimmenden Zelle, andere wiederum können beachtliche Größen erreichen. (Diese Arten nennt man ganz allgemein Tange.)
Alle Algen enthalten Blattgrün (Chlorophyll) und sind daher in der Lage, ihre Nahrung durch Photosynthese (Herstellung von nährstoffreichen, organischen Stoffen aus nährstoffarmen, anorganischen Stoffen mit Hilfe des Blattgrüns und der Sonnenenergie) selbst herzustellen. Die einzelligen Algen spielen aus diesem Grund eine wichtige Rolle in der Nahrungskette des Meeres, sie bilden das sogenannte Phytoplankton, eine »Suppe« winzig kleiner, schwebender Pflanzen, die vielen Meerestieren als Nahrung dient – kleinen, aber auch großen.
Die Algen werden in folgende Klassen eingeteilt: Geißelalgen, Kieselalgen, Jochalgen, Grünalgen, Armleuchtergewächse, Braunalgen und Rotalgen.

Solch eine Versammlung verschiedener Algen – Rot-, Grün- und Braunalgen – ist relativ untypisch. Meist wachsen so viele verschiedene Algen nicht so dicht beieinander.

Tange

Tange sind größere, derbe Meeresalgen, die in der Hauptsache zu den Braun-, Rot- und Grünalgen gehören. Der Körper (Thallus) einer typischen Meeresalge besteht in der Regel aus einer saugnapfförmigen Scheibe am Grund, dem sogenannten Haftorgan, das der Verankerung der Pflanze dient, und einem mehr oder weniger großen, zur Photosynthese befähigten Abschnitt, der bei einigen Arten stengel- oder blattähnlich geformt und gegliedert sein kann. Im Gegensatz zu den höheren Pflanzen sind bei den meisten Algen die Pflanzenkörper noch wenig in verschiedenartige Gewebe differenziert, und es gibt keine speziellen Leitbündel, die Wasser und Nahrung transportieren. Bei vielen Tangen wird das Blattgrün durch rote oder braune Farbstoffe völlig überdeckt. Diese Farbstoffe verbessern jedoch die Lichtaufnahme unter Wasser. Rot ist der beste Lichtabsorber, und daher können rote Meerestange (Rotalgen) in größeren Tiefen vorkommen als braune und grüne.
Tange ähneln im großen und ganzen in ihrem Entwicklungszyklus den Farnen: Es wechseln sich eine geschlechtliche und eine ungeschlechtliche Generation ab. Im folgenden beschäftigen wir uns mit den 3 größten Gruppen, den Grün-, Braun- und Rotalgen.

Grünalgen
(Chlorophyceae)

Grünalgen kommen in Salz- und Süßwasser, einige sogar an Land – allerdings in feuchter Umgebung – vor. Sie umfassen winzige einzellige Formen, aber auch vielzellige große Arten mit fädigen, büscheligen, gegliederten oder blattartigen Körpern. Sie vermehren sich vorwiegend ungeschlechtlich durch Zellteilung oder begeißelte Sporen (Zoosporen), aber auch geschlechtlich durch männliche und weibliche Geschlechtszellen.

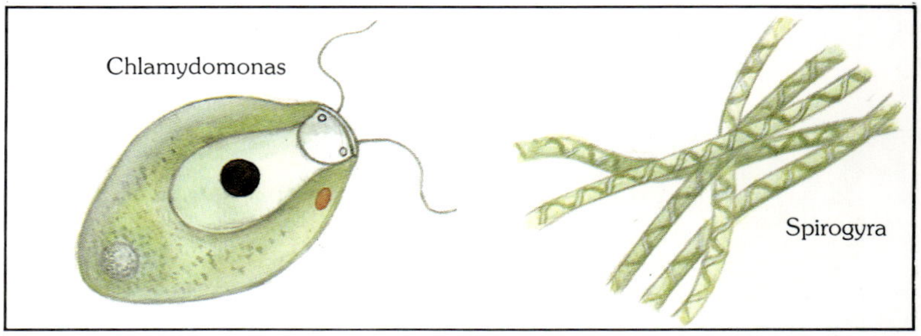

Hüllflagellaten
Chlamydomonas
Gattung mikroskopisch kleiner, einzelliger Grünalgen aus dem Süßwasser mit behäuteten Zellen und ungeschlechtlicher (durch Längsteilung entstehen aus einer Zelle 2–16 Schwärmer) und geschlechtlicher Vermehrung. Die Pflanzen bewegen sich mit Hilfe von 1 oder mehreren Geißeln schwimmend durchs Wasser. Der Lichtwahrnehmung dient ein rotgefärbter Augenfleck.

Schraubenalgen
Spirogyra
Gattung schleimiger, freischwimmender, unverzweigter, fädiger Grünalgen aus der Gruppe der Faden-Jochalgen. Die Fäden bestehen aus zylindrischen Zellen mit zweischichtiger Hülle. Die grünen Chloroplasten in den Zellen bilden spiralig angeordnete Bänder.

Meersalat
Ulva lactuca
Durchscheinend grüne Alge mit salatblattähnlichem, 15–50 cm hohem Thallus. In allen Küstenzonen in den oberen Regionen bis in etwa 10 m Tiefe. Eßbar.

Darmtang
Enteromorpha intestinalis
Hellgrüne Alge mit 5–100 cm langem, röhrenförmigem, unregelmäßig aufgeblähtem und gewundenem Thallus. Meist unverzweigt. Oben verbreitert, an der Basis gestielt.

Braunalgen
(Phaeophyceae)

Vielzellige, olivgrüne bis braune, fast ausschließlich im Meer lebende Algen, die häufig eine beachtliche Größe erreichen und im allgemeinen am Grund verankert sind. Bei ihnen ist das Chlorophyll von einem braunen Farbstoff fast völlig überdeckt. Sie vermehren sich ungeschlechtlich durch Ablösung von Thallusstücken und geschlechtlich. Braunalgen sitzen fast immer an felsigen Küsten in mittlerer Tiefe unterhalb der Grün- und oberhalb der Rotalgen.

Trichteralge
Padina pavonia
Etwa 10 cm hohe, fächerförmige Braunalge, deren Thallus sich mit zunehmendem Alter mehr und mehr zu einem Trichter einrollt. Außenseite braungrünlich gestreift, Innenseite kalkig weißlich-grün.

Blasentang
Fucus vesiculosus
15–100 cm langer, derber, riemenartiger Brauntang. Gabelig verzweigt mit gewellten Rändern, in Gruppen von 2–3 angeordnet, auffälligen Luftblasen, deutlicher Mittelrippe und scheibenförmigem Haftorgan.

Sägetang
Fucus serratus
Etwa 60–100 cm langer, orangebrauner Brauntang mit kurzem Stiel, der sich in einen derben, gabelig verzweigten »Blattteil« mit dicker Mittelrippe erweitert. Ränder gesägt. Haftorgan wurzelartig verzweigt.

Rinnentang
Pelvetia canaliculata
5–15 cm langer, deutlich gefurchter oder an einer Seite rinnenförmig ausgehöhlter Brauntang, gabelig verzweigt, ohne Mittelrippe und Luftblasen.

Riementang
Himanthalia elongata
Braunalge mit bis zu 3 m langem, schmal streifenförmigem, gabelig verzweigtem, grün-braunem Thallus, der aus einer trichterförmigen Basis, die direkt über dem Haftorgan liegt, wächst.

Fingertang
Laminaria digitata
1–3 m lange Braunalge mit wurzelförmigem Haftorgan und dickem, rundem Stiel, der sich nach oben zu einem breiten, glänzenden Blatteil verbreitert, der sich während des Wachstums in Bänder aufspaltet.

Rotalgen
(Rhodophyceae)

Festsitzende, rosenrote bis violette, in der Hauptsache vielzellige Algen, bei denen das Chlorophyll durch einen roten Farbstoff überdeckt ist. Sie kommen ausschließlich im Meer in gemäßigten und warmen Gewässern vor und sitzen mit Haftfäden oder -scheiben befestigt in größeren Tiefen an felsigen Küsten, wo sie noch das schwache kurzwellige Licht ausnützen können. Sie sind entweder fädig, stark verzweigt, fiederig oder blattartig oder überziehen krustenförmig Gestein und Muschelschalen und werden oft für Korallen gehalten.

Offizinelles Korallenmoos
Corallina officinalis
5–15 cm hohe, buschige, purpurrote bis gelb-weiße Rotalge mit krustenförmigem, verkalktem Haftorgan. Der Hauptstamm und die Nebenäste dieser Alge bestehen aus vielen Kalksegmenten, die länger als breit sind.

Purpurtang
Porphyra umbilicalis
5–20 cm lange, rot-purpur-grüne Rotalge, die aus unregelmäßigen, gallertartigen, zarten »Blättern« besteht, die gewöhnlich mit einer kleinen Haftscheibe befestigt sind. Wird mancherorts gegessen.

Knorpeltang
Chondrus crispus
7–15 cm lange, rot-purpurne Rotalge mit scheibenförmigem Haftorgan und äußerst variablem Erscheinungsbild. Thallus im unteren Teil schlank und verzweigt, im oberen gabelig verzweigt. Die Seitenäste bilden Fächer. Der ganze Tang ist von knorpeliger Konsistenz (Name!).

Schwarzer Röhrentang
Polysiphonia nigrescens
7–30 cm lange, purpurbraune bis schwarze Rotalge, die in Büscheln wächst. Fein verzweigt mit wurzelartigem Haftorgan.

Meersalat
Darmtang
Trichteralge
Fingertang
Riementang
Sägetang
Rinnentang
Blasentang
Purpurtang
Schwarzer Röhrentang
Offizinelles Korallenmoos
Knorpeltang

Register

Fotografennachweis

A–Z Collection (219, 251, 341, 353 oben) Angel, H. (6, 7, 32, 69, 84, 100, 106 oben, 116, 117 unten, 119, 125, 131 oben, unten rechts, 132 oben, 140, 149 oben links, 203, 223, 233, 250, 279, 287, 313, 342, 351 unten, 354, 360, 362, 383 oben, 386) Bain / Cambridge (344) Balharry, R. (31) Barnes, A. (91) Beaumont, A. (384) Bisserat, S. C. (228) Blackburn, F. (57, 79) Blossom, I. (96) Brown, N. (201) Burton, J. (9) Cambridge, G. J. (387 oben) Chinery, M. (115, 131, 135, 146, 147, 149 unten links, oben rechts, 153, 155, 180, 183, 184, 191, 193, 194, 196, 198, 206, 218, 220, 224, 231, 234, 237, 252, 255, 257, 252, 265, 267, 269, 277, 281, 285, 289, 291, 292, 300, 307, 315, 317 rechts, 334, 337, 347, 355, 387 unten, 388) Coleman, B. (83) Collow, N. A. (72, 178) Dalton, S. (26, 106 unten, 113, 131 oben links, 166, 353 unten) George, J. D. (141, 389) Halliday, S. (302, 317 links) Hawkens, B. (41, 45, 54, 68, 71, 75, 82, 109, 381 unten, oben links, 382 unten, 383 unten) Hosking, D. (38) Janes, E. A. (210) Laverack, M. (132 unten) Merrylees, K. (303, 309, 324) Morris, P. (37, 351 oben) Mylne, C. K. (61) Nature Photographus (149 unten rechts, 202) Newman, C. (17) Newman, O. (23) NHPA (305) Nimmo, M. (308, 310, 332, 336 Mitte, 348) Polunin, O. (335, 336 rechts, links) Reid, D. (380, 381 unten rechts, 382 oben) Reinhard, H. (117 oben, 238) Revels, R. C. (172) Savonius, M. (349) Sterry, P. (161) Taylor, K. (14) Thompson / Lane (120) Zefa (294, 304, 311)